WULIANWANG JINRONG
ZHIDU BIANQIAN YANJIU

物联网金融
制度变迁研究

阙方平 朱新蓉◎著

中国金融出版社

责任编辑：丁　芊　黄　羽
责任校对：李俊英
责任印制：张也男

图书在版编目（CIP）数据

物联网金融制度变迁研究（Wulianwang Jinrong Zhidu Bianqian Yanjiu）/阙方平，朱新蓉著．—北京：中国金融出版社，2017.3
ISBN 978 - 7 - 5049 - 8902 - 4

Ⅰ．①物…　Ⅱ．①阙…　②朱…　Ⅲ．①互联网络—应用—金融体制—研究　②智能技术—应用—金融体制—研究　Ⅳ．①F830.2 - 39

中国版本图书馆 CIP 数据核字（2017）第 032537 号

出版
发行　**中国金融出版社**

社址　北京市丰台区益泽路 2 号
市场开发部　（010）63266347，63805472，63439533（传真）
网上书店　http：//www.chinafph.com
　　　　　　（010）63286832，63365686（传真）
读者服务部　（010）66070833，62568380
邮编　100071
经销　新华书店
印刷　保利达印务有限公司
尺寸　167 毫米 × 234 毫米
印张　31.5
字数　570 千
版次　2017 年 3 月第 1 版
印次　2017 年 3 月第 1 次印刷
定价　68.00 元
ISBN 978 - 7 - 5049 - 8902 - 4
如出现印装错误本社负责调换　联系电话（010）63263947

本书为"产业升级与区域金融湖北省协同创新中心"项目系列成果之一。

序

　　早在 20 世纪 80 年代，美国著名社会学者托夫勒就将人类社会划分为三个演进阶段：农业社会、工业社会和信息化社会。进入 21 世纪以来，托夫勒预言的"第三次浪潮"正汹涌而来，席卷并颠覆了人类社会的生产、生活、社交、传播以及思维方式。信息科技革命的"潘多拉宝盒"一旦打开便一发不可收拾，以"大云平移"（大数据、云计算、平台化、移动化）为代表的互联网 2.0 方兴未艾，物联网技术又应运而生，成为社会上提及频率最高的词汇之一，令人眼花缭乱、目不暇接，也让众人惊呼：互联网即将消失，我们正在迈向一个"万物万联"的崭新世界！物联网对人类社会的改造是方方面面的，例如，依托物联网技术，以金融媒介为平台，可以实现资金流、物资流和信息流的高度融合，这便是目前金融发展的高级形态之———物联网金融。

　　物联网技术是物联网金融的"母体"。近年来，物联网技术不断孕育发展并风靡全球，谷歌眼镜、小米手环、虚拟现实等智能科技产品不断发展创新，物流仓储、身份识别、移动支付等方面的应用快速拓展，阿姆斯特丹、维也纳、巴塞罗那等地的智慧城市建设日益推进。物联网逐渐引领了互联网之后的新一轮信息技术革命，日益成为未来全球科技竞争的制高点和产业升级的驱动力。继美国的"工业互联网"、德国的"工业 4.0"计划后，我国也提出了"制造业 2025"蓝图，2015 年《政府工作报告》中指出："要推动移动互联网、云计算、大数据、物联网等与现代制造业结合，促进电子商务、工业互联网和互联网金融健康发展"。可以预见，物联网的发展将进入"井喷期"，不仅会成为我国战略性新兴产业的重要组成部分，也将成为落实创新发展理念和推动产业升级的重要引擎。

　　金融创新是物联网金融的"胚芽"。一部金融发展史就是一部金融创新史。就金融创新的动因而言，学术界形成了林林总总的诸多理论，技术推进论是其中典型代表之一。金融创新站到物联网技术的"风口"，不仅拓展了物联网的应用前景，也改变了金融业的运行模式，拉开了一场新金融革命的序幕。近年来，物联网金融蓬勃兴起，如通过读取金融 IC 卡进行的随时随地离场支付，基于对商品或抵质押物"可视追踪"开展的贸易融资，通过车联网实时监测车辆状态开展的保险业务等。现在以及未来，金融机构还可以凭借物联网技术的应用，对核心流程、服务及产品进行更新再造，改善客户体验，降低运营成本，提升服务效率，形成一种"智慧金融"的服务模式。金融业积极拥抱物联网浪潮，不仅有利于摆脱"21世纪灭绝的恐龙"的命运，而且能够迎来广袤无垠的发展空间，成为"智慧城市"建设中的引领者和"弄潮儿"。

我们已经看到，在物联网时代，金融创新呈现出许多新的特点和趋势，极大提高了金融效率、降低了交易成本。例如跨界融合，信息科技和金融业务相向而行，经营边界趋于模糊，产业协同成为常态，日益形成你中有我、我中有你的格局，典型的是NFC支付；再如服务免费，新的金融玩法是面向"长尾市场"、抢夺入口资源，用免费或低价赚取用户，用增值服务来盈利，实现"羊毛出在狗身上，由猪来埋单"的利润递延，典型的是滴滴红包；又如零边际成本，未来物联网时代将形成协同共享系统，构建横向规模经济，每个人都可以更直接地在物联网上提供并相互分享产品和服务，这就是美国趋势学家里夫金预言的"零边际成本社会"，典型的是金融知识"慕课"分享。我们同时看到，物联网金融创新既有便利的一面，也会带来一些风险和挑战。物联网金融并没有改变风险的本质，不确定事件随时可能出现，而且在"网络效应"下更容易传染和扩散，由节点性风险演变为系统性风险。物联网金融会带来什么新型风险？风险触发机制和传染路径是什么？金融监管如何调整和适应？这些都是摆在我们面前的重大现实课题。

顺应物联网金融蓬勃兴起的趋势，产业升级与区域金融湖北省协同创新中心组织力量进行研究，形成了《物联网金融制度变迁研究》的研究成果。我认为该成果具有以下几个特点：一是选题立意新颖。物联网金融作为新生事物，目前有关的学术文章寥寥无几，专门的著作更是付之阙如。课题组紧密跟踪金融前沿领域，在全面搜集现有资料的基础上进行了大量前瞻性、开创性的思考探索，系统研究了物联网金融的发展历程、现实影响和演进趋势，有效填补了这一学术领域的空白。二是内容框架系统。课题梳理了物联网金融产生的路径依赖因素、业务模式、主要特点，阐述了物联网金融对金融市场、金融功能、金融组织的影响，研究了物联网金融的风险特征和监管对策，预判了物联网金融的未来发展趋势（分享金融），包罗万象，内容丰富，堪称物联网金融领域的一本"百科全书"。三是研究方法科学。物联网金融是互联网金融的"升级版"，代表先进金融业态的发展方向。课题组沿袭了制度经济学的研究范式，采用历史比较、实证演绎、案例分析等方法，使得每一部分的"制度变迁"过程都显得条理分明、脉络清晰，有利于读者更好把握物联网金融"从哪里来、到哪里去"的问题。四是适用对象广泛。该成果具有原创性的理论研究和专业规范的学术体系，可以作为专家学者参考和借鉴的工具书，也可以成为高等教育和课堂教学的教科书。

"一切新生事物之可贵，就因为在这新生的幼苗中，有无限的活力在成长，成长为巨人，成长为力量。"现代科技日新月异的发展，为金融业插上了腾飞的翅膀，也使得新金融业态如雨后春笋般涌现，其颠覆性影响和革命性意义难以估量。我相信，该成果将吸引更多有识之士关注和研究物联网金融等新兴金融业态，百花齐放，百家争鸣，共同推动中国金融业勇立时代潮头、迎接全面变革、拥抱光明前景！

2017 年 1 月

目　录

图目录

表目录

导　论

物联网金融：一场新的金融革命正悄然来临

当前，物联网在全球范围内兴起并得到广泛运用。物联网与金融结合产生了一种全新的金融业态——物联网金融。本书在梳理物联网金融的概念和特点的基础上，分析了物联网金融相对于互联网金融的优势，从十个方面阐述了物联网金融的革命性影响。基于物联网金融的重大意义和广阔前景，其必将成为金融界重点关注和研究的新领域。

"物联网"概念自1999年在美国首次提出以来，被广泛认为是继计算机、互联网之后信息产业革命的第三次浪潮。物联网从预言走向现实，已蔓延到经济社会的各个角落，金融业也将成为受影响最为深远的领域之一。物联网与金融的不断互动、融合和发展，产生了一种全新的金融业态——物联网金融，不仅拓展了物联网的应用前景，也改变了金融业的运行模式，拉开了一场新金融革命的序幕。

一、什么是物联网金融？

物联网就是"物物相连的智能互联网"，通过射频识别（RFID）、红外感应器、全球定位系统、激光扫描器等信息传感设备，按约定的协议把任何物品与互联网相连接，进行信息交换和通信，以实现对物品的智能化识别、定位、跟踪、监控和管理的一种网络。一般认为，物联网是由感知层、网络层和应用层三个层次架构构成，通过物联网的运用，人类可以更加精细和动态地管理生产生活，提高资源利用效率和生产力水平，改善人与自然之间的关系。

物联网的发展，可实现物理世界数字化，实现所有物品的网络信息化。与此同时，金融信息化的发展，也使金融服务与资金流数字化。数字化的金融与数字化的物品有机集成与整合，便自然而然地产生了物联网金融。物联网金融是指依托于物联网技术，以金融媒介为平台，实现资金流、物资流和信息流高度融合的一种新兴金融，如通过读取金融IC卡进行的随时随地离场支付、基于对商品或抵质押物"可视追踪"开展的贸易融资、通过车联网实时监测车辆状态开展的保险业务等。在物联网金融模式下，金融服务创新融入整个物理世界，可以使物品的使用属性与物品具有的价值属性有机融合，达到商品流、信息流和资金流的完美统一，给经济金融领域带来深刻影响与变革。

二、物联网金融是互联网金融的"升级版"

物联网金融和互联网金融都是建立在互联网基础之上，因此也具有互联网金融"开放、协作、分享"的基因，较之传统金融业务具备透明度更强、参与度更高、协作性更好、交易成本更低、操作上更便捷等一系列特征。但从辩证唯物主义的角度看，发展绝不是同一事物的简单重复，新事物必然是"吸收、继承并发展了旧事物中的积极因素，并且增加了旧事物中所没有的新内容"。物联网金融在很多方面实现了对互联网金融的超越和升华，是对互联网金融的"帕累托改进"。

（一）从本质属性看，互联网金融主要服务"虚拟经济"，而物联网金融服务"实体经济"

互联网金融源于虚拟经济高速增长到一定规模后驱动金融创新发展，本质上是服务于虚拟经济的新型金融业态，如服务于虚拟经济基础建设的网络信贷、服务于虚拟经济交易的第三方支付、服务于规避虚拟经济风险的虚拟财产保险产品等。大多数情况下，互联网金融并不创造价值和使用价值。以近年火热的互联网理财产品"余额宝"为例，它以低投资门槛吸引银行活期存款客户，又以协议存款形式回流银行，其高收益完全来源于虚拟经济，与实体经济没有任何联系，更谈不上贡献。物联网金融则是建立在实体世界已有的智能化、网络化基础之上的，借助物联网技术整合商品社会各类经济活动，提高市场交换和资源配置效率，在此过程中创造社会财富。因此，物联网金融是始终面向实体经济、服务实体经济的新型金融业态。以供应链金融为例，将银行信用融入上下游企业的购销行为，增强其商业信用，为整个供应链上的企业提供金融服务，从而促进上下游企业与核心企业建立长期战略协同关系，提升供应链企业的核心竞争能力，有利于实体经济的结构调整。所以，物联网金融的实际价值远远超越了互联网金融。

（二）从运行机制看，互联网金融侧重"人—人"联系，而物联网金融侧重"人—物—人"联系

互联网实现的是人与人的远程交流，互联网金融也就是人与人之间通过互联网直接完成的金融交易活动。互联网金融生态中各成员的关系较为复杂，

信息呈现高度离散型特征和非对称状态，生态系统中的"物种"联系是网状的。这就产生了一个难以克服的问题：无法完全准确地评估交易对手的特征。以 P2P 特别是纯线上的 P2P 为例，由于用户获取、信用审核及筹资过程都是在线上完成，这就给借款人进行隐匿、伪造和欺骗活动留下了空间，致使坏账率大幅增加。物联网实现了人与物、物与物的即时交流，物联网金融也就是人与人之间通过物的媒介间接完成的金融交易活动。物联网金融生态中各成员的关系虽然也很复杂，但嵌入了物品这一纽带，信息便呈现连续性特征和对称性状态，生态系统中的"物种"联系变成了链状。借助物联网进行的融资活动，由于物品既可以开口"说话"，也不会"骗人"，可以通过生产过程、成品积压、销售情况等物品信息精准地评估交易对手信用，最大限度地规避道德风险。所以，物联网金融的可靠性远远超越了互联网金融。

（三）从影响程度看，互联网金融是金融"量变"，而物联网金融是金融"质变"

互联网金融创新的是业务技术和经营方式，P2P、余额宝、阿里小贷等基于互联网技术，在交易技术、交易渠道、交易方式和服务主体等方面进行了创新，但并未超越现有金融体系的范畴，更谈不上彻底颠覆。其发展只是又一次印证了诺贝尔经济学奖得主莫顿的"金融功能论"①。物联网金融是物联网和金融的深度融合，变革金融的支付体系、信用体系、服务体系等，带来现有金融体系的升华。物联网金融不仅产生了仓储物联网金融、货运物联网金融、公共服务物联网金融等新的金融业务，还孕育了移动支付、智慧金融等新的金融模式，未来更将通过支持实体经济的物联网改造而催生新的金融范式。所以，物联网金融的革命性意义远远超越了互联网金融。

三、物联网金融带来新的金融革命

根据诺斯等制度经济学家的研究，决定社会和经济演化的技术变迁和制度变迁都具有较强的"路径依赖"。物联网的产生和发展，在需求、技术和制度等多个方面为金融改革创新准备了条件，推动现有金融体系走上一条高效率、良性循环的制度变迁路径，即将在金融领域产生新的革命，主要体现在以下十个方面。

（一）彻底解决交易信息不对称问题

在阿尔克洛夫和斯蒂格利茨等人创立的信息经济学中，以旧车市场和保

---

① 美国哈佛大学教授罗伯特·莫顿于 1993 年提出了功能主义金融观，认为金融功能比金融机构更为稳定，并且金融功能优于组织机构。

险市场为例，指出了信息不对称会导致道德风险和逆向选择，极端情况下市场会逐步萎缩和不存在。例如，保险公司事先不能准确知道投保人的风险程度，只能按平均概率厘定保单费率，最终结果是"劣币驱逐良币"，即高风险类型投保人把低风险类型投保人"驱逐"出市场。而在物联网金融模式，物质世界本身正在成为一种信息系统，可以随时随地掌握物品的形态、位置、空间、价值转换等信息，并且信息资源可以充分有效地交换和共享，彻底解决了"信息孤岛"和信息不对称现象。比如，针对汽车险的恶意骗保问题，可以在投保车辆上安装物联网终端，对驾驶行为综合评判，根据驾驶习惯的好坏确定保费水平；出现事故时，物联网终端可以实时告知保险公司肇事车辆的行为，保险员不到现场即可知道车辆是交通事故还是故意所为。总之，物联网信息系统的产生和运用，带领金融进入新古典经济学的"完备信息"①状态，对金融市场规模扩大和效率提高产生革命性影响。

（二）大幅降低交易费用

"科斯第一定理"提出，如果交易费用为零，不管产权初始安排如何，当事人之间的谈判都会导致那些财富最大化的安排。一直以来，交易费用为零的假设条件被认为是一种"理想状态"，寻找交易对手、进行讨价还价、订立契约并监督执行都要花费成本，这使很多压在"科斯地板"之下的潜在需求无法转变为现实交易。而泛在的物联网把更多的人、物、网互联互通，相当于提供了一个分布式、点对点的平台，统一的数据传输、沟通和存储加上云计算技术，能够推动银行和客户的资源有效整合和共享，促进服务的标准化和透明化，使多方高度有效的协同合作成为现实，从而大幅度降低交易费用。更重要的是，未来物联网时代将形成全球性协同共享系统，构建横向规模经济，淘汰垂直整合价值链中多余的中间人，这样每个人都可能变成金融产消者，可以更直接地在物联网上提供并相互分享产品和服务，这种方式的边际成本接近于零、近乎免费。这就像目前成百上千的爱好者和创业公司都已开始使用免费软件，利用廉价的再生塑料、纸张以及其他当地现成的材料，以接近于零的边际成本来打印出自己的3D产品，这就是美国趋势学家里夫金预言的"零边际成本社会"。②

---

① "完备信息"和"完全理性"、"完全竞争"一道构成了新古典经济学的基本假设，它是指经济活动的所有当事人都拥有充分的和相同的信息，而且获取信息不需要支付任何成本。

② 美国著名趋势经济学家杰里米·里夫金在其新书《零边际成本社会》中指出，新兴的物联网正在催生一种改变人类生活方式的新经济模式——协同共享。这一模式正极大提高人类社会的生产率，很多商品和服务的成本已趋近于零，从而在本质上使得商品或服务免费提供。

（三）优化社会资源配置

莫顿和博迪认为，金融系统的基本功能就是在不确定环境下进行资源的时间和空间配置。具体而言，就是通过合理引导资金流向和流量，促进资本集中并向高效率生产部门转移。但是信息不对称、交易费用等因素的存在，往往会造成金融对资源配置的扭曲。物联网的兴起将改变上述状况，使金融部门能够以更加精细、动态的方式对信息流、物流和资金流进行"可视化管理"，在此基础上进行智能化决策和控制，从而达到优化资源配置的目的。比如在宏观金融领域，美国等一些国家借助物联网开展现代货币物流管理，通过对货币物流系统进行实时监控和管理反馈，科学确定货币供应量及货币政策，进而合理调节社会总供求的平衡。在微观金融领域，银行借助物联网实时掌控企业的生产销售过程甚至是用户使用情况，不仅可以为信贷决策提供参考，而且可以做到按需贷款、按进度放款，确保贷款真正投放到那些有需求、有市场、有效益的企业。

（四）促进风险有效管控

金融业本质上是经营风险的行业，风险始终是悬在金融发展和创新之上的"达摩克利斯之剑"。物联网让金融体系从时间、空间两个维度上全面感知实体世界行为，对实体世界进行追踪历史、把控现在、预测未来，让金融服务融合在实体运行的每一个环节中，有利于全面降低金融风险。基于风险计量的《巴塞尔协议Ⅲ》有可能被迫全面修订。一是有效管控信用风险。例如，抵质押物特别是动产抵质押物的监管一直是银行经营管理难题，2014年发生的青岛港骗贷事件使银行损失惨重。物联网可实现对动产无遗漏环节的监管，让动产具备了不动产的属性，如钢铁贸易中物联网可全过程、全环节地堵住钢贸仓单重复质押、虚假质押等一系列动产监管中的问题，极大地降低动产质押的风险。再如，物联网可以解决汽车合格证重复质押贷款的管理难题。二是有效管控欺诈风险。例如，基于手机的移动支付中，有线与无线配合使用的双重验证提升了支付安全性，降低了黑客、不良商户、钓鱼网站等非法交易发生的频率。在不远的将来，还将通过指纹、虹膜、掌纹、掌静脉、声纹等独一无二的生物特征来验证用户身份，避免盗领、冒用等危害银行客户安全的事件。三是有效管控案件和操作风险。例如，通过发挥物联网的物物相连、智能管理优势，进行工作人员和来访人员管理，监控现金柜、库房、机房等重要资产设备，监控ATM等服务设施，大大提高了金融安防的可靠性。

（五）有力推动金融创新

就金融创新的动因而言，有技术推进论、货币促成论、财富增长论、约束诱导论、制度改革论、规避管制论和交易成本论等各种理论。以物联网为动力源的技术进步、制度变革和市场需求的协同作用引发了大量金融创新。其中，物联网带来的技术进步将提供金融服务的新的生产可能性边界，是金融创新的基础；物联网带来的制度变革将提高经济活动的激励水平及降低交易成本，是金融创新的保障；物联网带来的需求变化将推动基础设施完善和市场规模扩大，是金融创新的方向和驱动力。总之，物联网不仅带来的是金融产品和工具的创新，更带来金融理念和模式的革命，使以往不可能的创新服务变为可能。有人甚至预言，物联网及泛在移动技术的发展，将使金融创新形态发生改变，即"创新 2.0"时代，它是面向知识社会的下一代创新，是一种以客户为中心、以客户体验为核心、以社会实践为舞台的创新形态。例如，在未来的医疗保险中，通过苹果手表、谷歌眼镜等可穿戴设备，定期将被保险人的血压、体温、脉搏、呼吸、脂肪占比等个人健康信息传输到服务器，进行智能管理和监测，提供健康预警及医疗咨询等高附加值服务，这不仅可以减少保险公司的潜在赔偿损失，更能赢得客户信任并增强客户黏性。

（六）重构社会信用体系

现代市场经济本质上是信用经济，无论是促进市场经济正常运行、扩大居民消费和防范金融风险，都必须建立完善的社会信用体系。现阶段，我国社会信用体系发展比较滞后，企业每年因信用缺失导致直接和间接经济损失高达 6000 亿元，银行每年因逃废债行为造成直接损失超过 1800 亿元。2014年 6 月，国务院印发了《社会信用体系建设规划纲要（2014—2020 年）》，7 月国务院常务会议也强调要用"大数据"思维理念构建国家社会信用信息平台。物联网每天都在源源不断地产生海量的大数据，根据 IDC 的预测，到2020 年由 M2M（机器对机器）产生的数据将占到大数据总量的 42%，必将成为推动我国社会信用体系建设的有力工具。第一，物联网产生的物品信息，能够全面反映企业（个人）的自然属性和行为属性，在丰富信用维度的基础上提高信用体系的可靠性。第二，物联网具有的互联互通特征，有利于促进各部门（如工商、税务、质检、食品药品、海关等）信息的整合与共享，打破社会信用体系建设中的"信息孤岛"痼疾。第三，物联网上的信用信息采用云计算技术，避免了主观判断的影响，确保评价结果的真实性。同时，还能满足评价结果与信用信息的同步更新，保证了信用的实时性。基于物联网和"大数据"重构的社会信用体系，能够帮助金融机构精准判断、提前发现、及时预警风险，必将推动金融风险防控体系产生质的飞跃。

（七）助推普惠金融发展

尤努斯认为，普惠金融的核心理念是"每个人都公平享有金融权利"，党的十八届三中全会首次明确提出"发展普惠金融"，并将其作为金融改革创新的核心举措之一。现阶段，我国众多的小微企业饱受融资难、融资贵问题的困扰，贷款覆盖面和可获得性严重不足，是普惠金融发展的重点领域。通过物联网技术的应用，小微企业融资的"麦克米伦缺口"有望被彻底打破。例如，在物联网基础上发展起来的现代供应链金融，能够将核心企业和上下游的小微企业紧密联结提供金融产品和服务。一方面，通过物联网技术可以对各相关企业的信息流、资金流和物流进行可视化追踪，使上下游关联企业均能获取有效信息，包括产品销售、资金结算、应收账款清收等信息，从而保证整个供应链的融资安全，并进一步拓展客户范围和业务领域。另一方面，金融机构还可以利用获取到的信息资源，为供应链上的小微企业提供财务管理、资金托管、贷款承诺、信息咨询等综合金融业务，帮助小微企业发展壮大。可以预见，物联网将彻底颠覆传统金融服务的"二八定律"，汇聚小微企业、"三农"、个人客户等"长尾市场"，推动我国普惠金融长足发展。

（八）加速智慧金融和智慧社会形成

正如上一轮的经济发展引擎互联网一样，未来物联网的发展也将对经济社会和金融领域产生重大影响。美国已经针对物联网提出将在六大领域建立智慧行动方案，其中一项就是建立智慧金融。智慧金融是在信息社会，伴随物联网、云计算、社会化网络等技术在金融领域的深入应用，带来的金融体系和商业模式的变革。智慧金融具有透明性、便捷性、灵活性、及时性、高效性和安全性等特点，推动资金更顺畅地流通、更合理地配置、更安全地使用。例如，近年兴起的二维码支付，是电信智能卡与银行电子钱包功能整合后的移动支付服务，而这只是物联网在移动电子商务领域迈出的一小步。未来的物联网还可通过透彻感知，将支付行为与企业运营状态、个人健康、家庭情况的动态变化相关联，动态调整支付额度，智能化控制银行的风险。不止在金融领域，目前物联网还在农业、交通、建筑、能源、医疗、环境保护等领域得到越来越多的应用，加速"智慧社会"的形成，也为金融创新提供了更为广阔的空间和舞台。

（九）变革金融经营管理模式

传统金融业机构大多实行"科层制"管理，往往存在信息耗散、决策链条过长、效率低下等弊端。而物联网将改造金融组织架构、管理模式和服务方式，提高金融运行和服务效率。一是推动金融组织由垂直化向扁平化转变。随着物联网技术在金融部门的普及和推广，使用物联金融服务的客户会递增，梅特卡夫法则①将更加凸显。金融部门的组织架构将依靠信息管理系统进行链

---

①　指网络价值以用户数量平方的速度增长，网络价值等于网络节点数的平方。

接，更加扁平化，更加贴近用户，以提高应变能力和响应速度。二是推动业务流程由分散化向集约化转变。物联网的实现过程将是社会整体应用环境重塑的过程，得益于物联网技术所实现的信息"可靠传输"，将使金融部门从根本上重新思考和设计现有的业务流程，按照最有利于客户价值创造的运营流程进行重组。如传统信贷业务一般要经历贷前审查、信用评级、申报额度、合规性审核、层级审批等众多冗长流程，而物联网所构建的强大信息传递网将实现贷款"一条龙"或"一揽子"的集约式处理，从而极大提高业务办理效率。三是推动服务方式由标准化向个性化转变。通过物联网运用，金融机构能够顺畅地与客户交流，了解客户需求，提供有针对性的金融产品，将客户体验推向极致。例如，金融机构可以结合生物识别和 RFID 技术创造 VIP 客户的无干扰服务方案，只要客户进入营业网点，手中的借记卡或信用卡向外发射 RFID 射电脉冲或摄像头捕捉客户面相，与重点客户关系管理系统联结，向业务经理发送客户详细信息，包括客户需要什么、预约了什么业务或在网站上关注过什么，业务经理就可以有针对性地为客户提供量身定制的服务。

（十）拓展金融可能性边界

传统的"生产可能性曲线"是外凸的，表明在既定资源和技术条件的约束下，生产组合不可能无限扩张，这同样适应于传统金融业。而物联网的精髓是开放、协作及去中间化，交易成本和信息不对称程度大幅下降，金融产品服务提供的边际成本趋近于零，理论上金融交易可能性的边界就可以无限拓展。可以看到，金融服务已经向越来越多的领域扩展和渗透，例如日益兴起的公共服务物联网金融，在远程抄表系统的智能卡上集成金融服务，可在燃气、水表、电表等公共服务上应用，借助金融卡的集成作用作为通行证，打通各个公共服务物联网。同时，未来的金融服务可能不仅仅是由专业的金融机构提供，而是扩展到企业或个人。例如 IBM 创造的"智慧金融"方案，充分利用智能终端、生物识别和 DLP 等诸多技术，为客户提供财务共享服务中心、移动理财、全球支付平台等服务，这对传统金融产品服务的生产和提供机制是一个革命性的颠覆。

第一章 物联网及其路径依赖与变迁

互联网即将消失，一个高度个性化、互动化的有趣世界——物联网即将诞生。或者，我可以更直接地说，互联网将消失。

——谷歌董事长　埃里克·施密特

自 1999 年美国麻省理工学院 Kevin Ashton 教授首次提出物联网概念以来，短短 17 年的时间，物联网已成为当前信息技术的最热点、智能科学的中心区，无论是智慧城市还是智能家居，物联网对我们生产生活的渗透不断深入，逐步成长为提升生产力的新引擎。2016 年，我国物联网产业规模已经接近1 万亿元，目前仍处于爆炸式增长阶段，新技术不断突破、新应用喷发涌现，可以预见，物联网将深度影响社会经济发展进程。

本章主要介绍物联网的概念、历史和路径依赖因素，旨在梳理物联网的发展和演化脉络，同时，本章还介绍了当前物联网的主要应用及未来展望。通过本章，读者可以对物联网有一个全面的了解，为后续章节物联网金融概念的提出奠定基础。

第一节　物联网的产生及基本框架

一、物联网的概念

物联网的英文为 Internet of things。起始于 1999 年的美国麻省理工学院Auto – ID 研究中心，此后其概念不断演进和发展。

1999 年美国麻省理工学院最早提出了物联网的概念，他们主张将 RFID射频识别技术和互联网结合起来，通过互联网实现产品信息在全球范围内的识别和管理，形成 Internet of things。这是物联网发展初期提出的概念，强调物联网用来标识物品的特征。

在 21 世纪初，大部分学者对物联网定义为"将所有物体利用遥感技术通过网络平台进行信息交换的技术"，经过近十年的发展，物联网技术日新月异，边界也得到不断扩展，比较普遍认可的观点是："物联网是由具有标识、虚拟个性的物体/对象所组成的网络,这些标识和个性等信息在智能空间使用智慧的接口与用户、社会和环境进行通信。"2011 年,我国工业与信息化部发布的物联网白皮书中对物联网的定义为:物联网是通信网和互联网的拓展应用和网络延伸,它利用感知技术与智能装置对物理世界进行感知识别,通过网络传输互联,进行计算、处理和知识挖掘,实现人与物、物与物信息交互和无缝链接,达到对物理世界实时控制、精确管理和科学决策目的。①

目前,物联网的描述和界定还主要针对其技术核心,但是随着物联网的发展以及与其他产业的融合,物联网的内涵将会在广义上不断演变。另一方面,无论物联网的外延发生着怎样的变化,其内涵始终都是通过信息技术的创新实现智能化管理资源的目的。

二、物联网的体系结构

物联网的体系结构作为物联网系统的顶层全局性描述,指导各行业物联网应用系统设计,对梳理和形成物联网标准体系具有重要指导意义。目前,有许多国际标准化组织或联盟研究物联网参考体系结构,包括 ISO/IEC JTC1/WG10、ITU SG20、IEEE P2413、IIC、IoT–A、OneM2M 等。这些物联网的体系结构表现形式不同,但本质基本一致,主要与描述物联网的视角有关。

(一) ETSI TC M2M 功能体系结构

欧洲电信标准协会(ETSI)在 2009 年建立了一个新的技术委员会(TC)专门服务于机器与机器(M2M)通信研究。② 它是比较早的从事相关研究的标准化组织,旨在从实用角度提出一个端到端的解决方案。其研究内容包括:收集与确定相关需求,开发和维护端到端高层结构,填补现有标准不能实现的需求,统筹与其他标准组织的活动。研究的相关标准和报告有十多个,通信网络中终端、网络、应用的各个层面,M2M 技术都有涉及。而 M2M 的承载网络还包括 3GPP、TISPAN、IETF 定义的多种类型的通信网与互联网。

(二) ITU–T 体系结构

ITU–T NGN–GSI(Next Generation Networks Global Standards Initiative)一直主持泛在传感器网络(USN)的标准化工作。ITU–T 中 USN 架构自下而上分为五层:传感器网络、USN 接入网络、USN 基础骨干网络、USN 中间件、USN 应用平台。USN 分层框架的一个重要特点是依托下一代网络(NGN)架构,这从 USN 标准化工作在 NGN–GSI 中可以看出,NGN 作为核

---

① 资料来源:工业与信息化部电信研究院:《物联网白皮书》,2011–05。

② M2M 应用是物联网的一种方式。

心基础设施为 USN 提供网络支持，各种传感器在用户侧组成无线传感器网络。ITU 的研究中并没有单独对物联网的研究，而是将物联网作为泛在网的一个重要功能，纳入统一的泛在网的研究当中。

（三）工信部物联网体系结构

工业与信息化部电信研究院在其《物联网白皮书》中提出，物联网网络架构由感知层、网络层和应用层组成，如图 1-1 所示。感知层实现对物理世界的智能感知识别、信息采集处理和自动控制，并通过通信模块将物理实体连接到网络层和应用层。网络层主要实现信息的传递、路由和控制，包括延伸网、接入网和核心网，网络层可依托公众电信网和互联网，也可以依托行业专用通信网络。应用层包括应用基础设施/中间件和各种物联网应用。应用基础设施/中间件为物联网应用提供信息处理、计算等通用基础服务设施、能力及资源调用接口，以此为基础实现物联网在众多领域的各种应用。

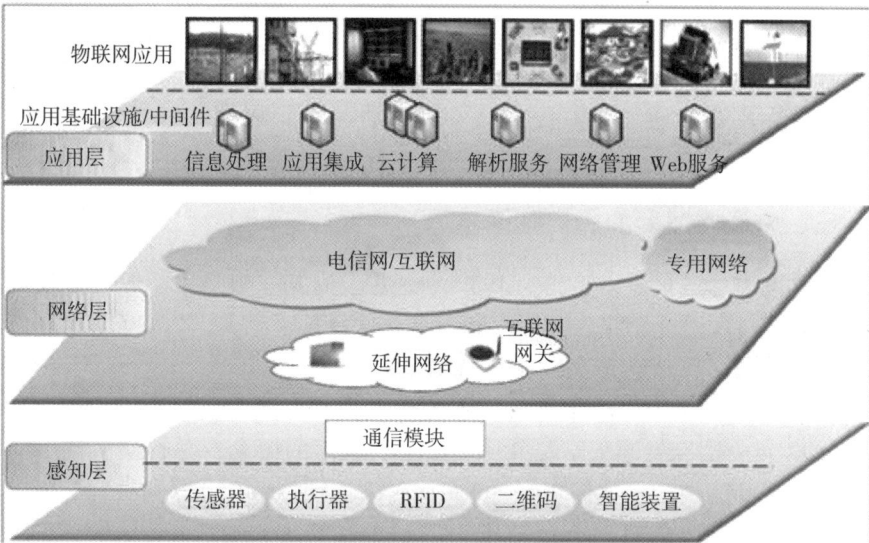

资料来源：工业和信息化部电信研究院网站，www. mit. gov. cn。

图 1-1　工信部物联网网络架构

1. 感知层

感知层是各类获取感知对象信息与操控控制对象信息的软硬件系统的实体集合，主要包括各种感知器件和终端设备。具体有二维码标签和识读器、RFID 标签和读写器、摄像头、GPS、传感器、终端、传感器网络等。可实现针对物理世界对象的本地化感知、协同和操控，并为其他层提供远程管理和服务的接口。

2. 网络层

网络层是指承载物联网信息传输的专用网络。用于实现信息的传递、路由和控制,主要包括局域网、广域网、广播网、电视网、通信网、互联网等各种有线或无线网络。网络层是实现物联网更加广泛的互联功能的基础,它能够把感知到的信息无障碍、高可靠性、高安全性地进行传送,需要传感器网络与移动通信技术、互联网技术相融合。它使物联网超越了传统的计算机网络虚拟的现实状态,使人类的网络生存去掉了"虚拟"二字,变成为一种现实技术,实现了人类真正的数字化和智能化生存。

3. 应用层

应用层包括应用基础设施/中间件和各种物联网应用,是承载物联网智慧的中心。物联网应用层是物联网与行业专业技术的深度融合,与行业的需求结合,实现行业智能化,这类似于人的社会分工,最终构成人类世界。应用层主要包含应用支撑平台子层和应用服务子层。其中应用支撑平台子层用于支撑跨行业、跨应用、跨系统之间的信息协调、共享、互通的功能。应用服务子层包括智能交通、智能医疗、智能家居、智能物流和智能电力等行业应用。

三、物联网演变的历史脉络

物联网理念最早可以追溯到 1982 年,在卡内基—梅隆大学,一台改良后的可乐机通过联网能够报告其库存和新加注饮料是否凉爽,"与互联网连接的智能设备的网络"概念首次出现。

1995 年,比尔·盖茨在《未来之路》一书中提到了物互联的理念。

1999 年美国麻省理工学院最早提出了物联网的概念,并首次从技术的角度界定物联网的内涵。他们主张将 RFID 射频识别技术和互联网结合起来,通过互联网实现产品信息在全球范围内的识别和管理,形成 Internet of things。这是物联网发展初期提出的概念,强调物联网用来标识物品的特征。

2000 年后,随着互联网的深度发展,物联网的相关设备和技术的发展逐渐成熟,物联网已经被认为是互联网的下一个发展阶段,即是将人类社会中的真实存在的事物的相互连接形成网络,促使人类能够更好地管理和发展社会资源。

2005 年,在国际电信联盟发布的《ITU 互联网报告 2005:物联网》中首次定义物联网的概念:"将所有物体利用遥感技术通过网络平台进行信息交换。"国际电信联盟不仅界定了物联网的内涵,还描述了物联网的外延,就是当物联网技术广泛地应用到日常用品上，人们将随时随地地进行沟通，不受空间和时间的限制，信息交换的主体也由人与人的沟通扩大到人与物体以及物体之间进行数据连接。并提出了"任何时刻、任何地点、任意物体之间互联，无所不在的网络和无所不在的计算的发展愿景"，除 RFID 技术外、传感器技术、纳米技术、智能终端等技术将得到更加广泛的应用。

2009 年 9 月 15 日，欧盟第七框架下 RFID 和物联网研究项目组（European Research Cluster on the Internet of Things）发布了《物联网战略研究路线图》研究报告，提出物联网是未来 Internet 的一个组成部分，可以被定义为基于标准的和可互操作的通信协议且具有自配置能力的动态的全球网络基础架构。物联网中的"物"都具有标识、物理属性和实质上的个性，使用智能接口，实现与信息网络的无缝整合。

2009 年欧盟提出《欧盟物联网行动计划》，意图使欧洲在互联网的智能集成设施发展上领先全球。在信息通信技术研发领域投资 4 亿欧元，启动 90 多个研发项目提高网络智能化水平。2011—2013 年每年增加 2 亿欧元用于研发，投资 3 亿欧元支持与物联网相关的企业进行短期项目研发。

2009 年 IBM 提出"智慧地球"计划，希望美国政府投资物联网基础设施，让其成为振兴美国经济的增长点之一。这也明确了物联网将是下一个推动世界高速发展的"重要生产力"。此后各国政府开始把物联网纷纷纳入国家战略发展目标中，并将其作为提升本国在国际竞争中的地位的有效手段。2012 年，美国政府开始在"大数据"相关产业进行投资，以推进"智慧地球"战略的发展。

2010 年 3 月 5 日，温家宝总理在《政府工作报告》中提出，物联网是指通过信息传感设备，按照约定的协议，把任何物品与互联网连接起来，进行信息交换和通讯，以实现智能化识别、定位、跟踪、监控和管理的一种网络。它是在互联网基础上延伸和扩展的网络。

2011 年 5 月，我国工业与信息化部发布的《物联网白皮书》中对物联网的定义为：物联网是通信网和互联网的拓展应用和网络延伸，它利用感知技术与智能装置对物理世界进行感知识别，通过网络传输互联，进行计算、处理和知识挖掘，实现人与物、物与物信息交互和无缝链接，达到对物理世界实时控制、精确管理和科学决策目的。

2016 年 1 月，中国电子技术标准化研究院和国家物联网基础标准工作组发布的《物联网标准化白皮书》中对物联网的定义为：物联网是通过感知设备，按照约定协议，连接物、人、系统和信息资源，实现对物理和虚拟世界的信息进行处理并作出反应的智能服务系统。RFID 技术、M2M 技术、传感器网络技术、多媒体技术、生物识别技术、3S 技术和条码技术等感知技术，属于物联网技术体系的重要组成部分。这些技术在不同行业领域的物联网系统中应用，是物联网系统实现的重要技术手段。

2016 年国际电信联盟将物联网定义为"互联网、传统电信网等信息承载体，通过网络连接让所有物理设备（包括车辆、建筑物及其他内嵌有电子器件、软件、传感器、执行器和网络连接的物理设备）实现数据收集与交换的网络。"

通过以上物联网的发展脉络可以看出，技术和应用的发展促使物联网的内涵和外延有了很大的拓展，物联网已经表现为信息技术（Information Technology，IT）和通信技术（Communication Technology，CT）的发展融合，这正代表了信息社会发展的趋势。

第二节　物联网发展的路径依赖因素

物联网被称为继计算机、互联网之后，世界信息产业的第三次浪潮，其发展过程中离不开相关感知识别技术、互联网技术、云计算技术、虚拟现实技术（VR）、人工智能技术等核心技术的革新与进步。这些核心技术的发展将会全面开启物联网的时代。

一、感知识别技术

通过感知识别技术获取物品信息，是物联网得以将物理世界与信息世界融合的基础，是物联网区别于其他网络的最独特部分。物联网感知识别包括 RFID、条形码、摄像头、GPS、嵌入式传感器、终端设备等。

（一）射频识别技术

射频识别（Radio Frequency Identification，RFID）也被称为电子标签，是一种无线通信技术，可以通过无线电讯号识别特定目标并读写相关数据，同时它不需要读写器与识别目标之间建立光学接触，也不需要人为参与，这些特点为 RFID 的应用提供了便利条件。除此之外，RFID 技术还有着诸多优势，如射频识别过程几乎不会受到恶劣环境的影响、支持多目标识别、移动识别、不可视识别、能实现快速读写等，因此 RFID 技术有着广阔的应用空间。随着计算机技术的发展，以及天线、芯片技术的精进，RFID 系统的能耗、体积及成本都呈现出逐渐减小的趋势，加之方便快捷的操作、日趋多样的功能，RFID 技术已经成为当前最热门的识别技术之一。

RFID 的历史最早可以追溯到第二次世界大战。由于当时的雷达无法分辨出预警区域中飞机的敌我属性，德国人发现通过主动改变飞机的航线可以得到不同的雷达反射信号，从而与敌方攻击机进行区分，这是最早意义上的被动式 RFID 系统。同时英国开发出敌我识别器（IFF），这是最早的主动式 RFID 系统，之后 IFF 成为了现代空中交通管制的重要工具。但 IFF 系统成本较高且体积巨大，无法广泛应用。直到大规模集成电路技术、微处理器技术及软件技术发展起来以后，RFID 技术才逐渐开始推广应用。

在 20 世纪 60 年代，人们开始探索 RFID 技术应用到其他领域，Sensormatic、Checkpoint Systems、Knogo 等公司开发的电子物品监控 EAS 作为商业应用，被称为 1 - 比特标签系统，但它也只是防止被标识目标被偷，而无法区分被标识物体的区别。

在 20 世纪 70 年代，在各个领域内的学者、公司和政府等都开始积极研究开发 RFID 技术，挖掘其经济价值，代表性事件为 Los Alamos 实验室用于特殊环境下传输距离可达几十米的被动式标签原型的研制。

在 20 世纪 80 年代，RFID 技术得以完善，开始应用到不同的领域内。欧洲特殊的工业市场最早应用它来跟踪、定位不能使用条码技术的产品上；美国主要应用于运输业和访问控制；在挪威开始电子收费系统中应用，收到很好的效果。随后开始在世界范围内开始普及。

20 世纪 90 年代是 RFID 发展的黄金十年，美国开始大规模应用电子收费系统。随着 RFID 的大规模应用与推广，其通讯协议的标准化问题随之出现。标准化的纷争催生了多个全球性的 RFID 标准和技术联盟，主要有 EPC Global、AIM Global、ISO - IEC、UID、IP - X 等，但到目前仍没有统一的国际标准。

RFID 技术在国外起步较早，而中国却起步较晚，但是中国在短短的时间内取得了显著的成绩，不仅掌握了高频芯片的设计技术，并成功实现产业化，而且超高频芯片业已开发完成。中国开始使用 RFID 技术，例如中国的二代身份证、火车管理系统、智能交通、城市建设、移动支付等多领域中展开。如今，RFID 技术已经融入人们生活的方方面面，它给我们带来的方便和快捷已经让我们深深地感受到了物联网生活的美好。

（二）自动识别技术

自动识别技术包含光符号识别技术、生物计量识别技术（语音识别技术、虹膜识别技术、指纹识别技术等）、IC 卡技术、条形码技术（一维码与二维码技术）等，现在已广泛应用于我们的日常生活中，服务并影响着我们的物联网生活。

1. 光符号识别技术。起源于 20 世纪 60 年代的光符号识别器（ORC）研究，最主要的优点是信息密度高，但其价格昂贵，系统复杂，所以未在自动识别领域广泛应用，但在人工智能与图像处理等其他领域得到了发展进步。

2. 生物计量识别技术。通过生物特征来识别不同个体的方法，包括指纹识别、虹膜识别、人脸识别、视网膜识别、语音识别、签字识别等。

语音识别技术的研究早于计算机发明，早期的声码器被用来将人类语言转化为计算机输入。语音识别技术应用包括语音拨号、语音导航、室内设备控制、语音文档检索等。最早的语音识别系统是贝尔实验室的 Audrey 系统，能够识别十个数字。语音识别发展的一个重大突破是李开复博士引入隐式马尔科夫模型，开发了一个大词汇量、不确定语音、连续语音识别系统——Sphinx。

虹膜识别技术是基于眼睛中的虹膜进行身份识别，应用于安防设备（如门禁等），以及有高度保密需求的场所。人的眼睛结构由巩膜、虹膜、瞳孔晶状体、视网膜等部分组成。虹膜是位于黑色瞳孔和白色巩膜之间的圆环状部分，其包含有很多相互交错的斑点、细丝、冠状、条纹、隐窝等细节特征。而且虹膜在胎儿发育阶段形成后，在整个生命历程中将是保持不变的。这些特征决定了虹膜特征的唯一性，同时也决定了身份识别的唯一性。因此，可以将眼睛的虹膜特征作为每个人的身份识别对象。国内在 2000 年以前在虹膜识别方面一直没有自己的核心知识产权，经过 10 年的不断努力，截至 2013 年，国内已形成以北京为主的虹膜研发生产聚集地，在多年研究的基础上均开发出了各自虹膜识别的核心算法，成为了世界上少数几家掌握虹膜识别核心算法的单位之一，通过在矿山苛刻的环境下使用，证明了中国的虹膜产品不管是在识别速度、设备稳定，还是解决矿工黑脸问题上，都远胜国外虹膜产品。

指纹识别技术即指通过比较不同指纹的细节特征点来进行鉴别。指纹识别技术涉及图像处理、模式识别、计算机视觉、数学形态学、小波分析等众多学科。每个人的指纹不同，就是同一人的十指之间，指纹也有明显区别，因此指纹可用于身份鉴定。指纹识别技术是目前最成熟且价格便宜的生物特征识别技术。目前来说，指纹识别的技术应用最为广泛，我们不仅在门禁、考勤系统中可以看到指纹识别技术的身影，市场上也有更多指纹识别的应用，如笔记本电脑、手机、汽车、银行支付都可应用指纹识别的技术。

【专栏 1-1】

国家网络安全宣传周在武汉开幕　　市民可体验刷脸购物

今天，"2016 年国家网络安全宣传周"在武汉盛大开幕。作为宣传周重点活动之一，网络安全博览会今起至 25 日在武汉国际博览中心 A6—1 馆举行，95 家网络安全领域企业及 15 家小微企业参展，参展企业数量及展区规模均为历届之最。

只用"刷脸"就能购物的"扫脸付"；模拟黑客入侵改价的自动售货机；放入钱包就能显示银行卡信息的"网络透明人"……昨日，楚天金报记者走进展馆，打探本次展会上的尖板眼。

不用手机钱包　刷脸即可购物

时下，不带钱包出门，只用手机扫码即可轻松购物。而在未来，刷脸支付有望成为流行。昨日，记者在蚂蚁金服展台看到，一个模拟的超市卖场里，"顾客"在选了一瓶矿泉水后，不掏钱包，也不用手机，只用将脸部对准摄像头，就能通过人脸识别实现支付宝付款。

工作人员介绍，这是蚂蚁金服本次展会带来的全球领先生物识别支付技术"扫脸付"，面向参展观众开放体验。目前，该项技术正处在内测阶段，何时能实际应用还没有时间表，需等待程序调试到位。

一旦"扫脸付"技术投入使用，用户只需在支付宝平台上上传身份证信息，系统将以身份证照片为模板，根据眼纹等生物技术识别人脸完成支付。据称，"扫脸付"在人脸数据库上的公开测评精度超过 99.5。

一卡在手走江城　市民一卡通亮相

从 2011 年开始，武汉全面推进智慧城市建设。记者在展馆看到，"云端武汉·一卡通"能让市民真切感受"一卡在手、生活无忧"。

据了解，"云端武汉·一卡通"是国内首个集政务服务、公共服务与金融服务于一身的市民卡，该卡以社会保障卡为基础，以身份证号为唯一标识，整合社保卡、公交卡、老年卡、公共自行车租车卡、图书借阅卡、小额支付卡、驾驶证等多张卡片功能。市民可持卡到政府职能部门办理各项业务，也可应用于公交、地铁、小额零售支付等公共服务领域，以及银行金融领域，为武汉市民创造"一卡在手，通行无忧"的生活方式。

同时演示的"云端武汉·市民"，则是为市民打造的个人电子空间，集成个人社保、公积金、电子户籍、电子身份卡、信用、养老金年审、医疗等 130 余项线上服务，打造服务市民的掌上综合服务平台。

黑客擦身攻击　银行卡要收好

在奇虎 360 公司的展台上，"黑客时光机"、"黑客改号体验机"、"网络透明人"等一个个极具未来科技感的体验设备吸引了记者的注意。其中，"网络透明人"现场模拟出生活中黑客擦身而过实施攻击，获取个人银行卡信息的过程，让人大呼惊奇。

记者看到，这台体验机器由一个安检门、传送带和一个透明显示屏组成。

体验者在经过安检门后，将钱包放置在传送带的塑料筐中后，经过处理后的个人银行卡信息将会实时显示在大屏幕上，包括姓名、身份证号、银行账户、账户余额以及最近交易记录等。

在一旁"黑客时光机"上，体验者则可在迪拜、夏威夷和埃菲尔铁塔三个目的地中选择其一，等待90秒后实现时光穿梭，GPS定位显示为目的地的坐标和穿梭后的时间。

黑客程序植入　WiFi 切勿乱连

在百度安全的展台里，摆放着两个大器件——一台自动售货机和一辆轿车。这是用来做什么的呢？原来，现场将模拟黑客入侵，远程更改自动售货机的商品价格，并演示智能汽车破解。

记者看到，在现场的自动售货机上，所有商品的价格都被统一标示为1元。今天，黑客将现场演示如何通过利用自动售货机的程序漏洞实现远程入侵，将价格更改为0.01元。同样，黑客远程入侵也可以破译汽车钥匙的开关信号，通过复制信号实现远程开门。

观众还可在该展台体验公共WiFi风险。现场的公共WiFi路由器已提前植入黑客程序，观众只需连接WiFi，就能看到手机曾访问过的网址、浏览的网页、微信微博等。这一体验也是对当下公共WiFi连接风险的警示。

展台一侧的超大电子显示屏上，则实时监控用户端接收诈骗短信、诈骗电话情况，并对进行攻击的伪基站进行溯源搜索。

资料来源：《楚天金报》，作者：叶纯，2016 - 09 - 19。

3. IC卡（Integrated Circuit Card）。IC卡是指粘贴或嵌有集成电路芯片的一种便携式卡片塑料。卡片包含微处理器、I/O接口及内存，提供了数据的运算、访问控制及存储功能，卡片的大小、接点定义目前是由ISO规范统一，主要规范在ISO7810中。由法国人罗兰·莫雷诺于1974年发明，将具有存储加密及数据处理能力的集成电路芯片模块封装在和信用卡尺寸一样大小的塑料片基中，便构成了IC卡。法国布尔电脑公司于1976年首先制成IC卡产品，并开始应用在各个领域。IC卡由于其固有的信息安全、便于携带、比较完善的标准化等优点，在身份认证、银行、电信、公共交通、车场管理等领域正得到越来越多的应用，例如二代身份证，银行的电子钱包，电信的手机SIM卡，公共交通的公交卡、地铁卡，用于收取停车费的停车卡等，都在人们日常生活中扮演重要角色。

4. 条形码（Barcode）。条形码是将宽度不等的多个黑条和白条，按照一定的编码规则排列，用以表达一组信息的图形标识符。常见的条形码是由反射率相差很大的黑条（简称条）和白条（简称空）排成的平行线图案。条形码可以标出物品的生产国、制造厂家、商品名称、生产日期、图书分类号、邮件起止地点、类别、日期等许多信息，因而在商品流通、图书管理、邮政管理、银行系统等许多领域都得到广泛的应用。条形码是迄今为止最经济、实用的一种自动识别技术。条形码技术具有以下几个方面的优点：第一，输入速度快。与键盘输入相比，条形码输入的速度是键盘输入的 5 倍，并且能实现"即时数据输入"。第二，可靠性高。键盘输入数据出错率为三百分之一，利用光学字符识别技术出错率为万分之一，而采用条形码技术误码率低于百万分之一。第三，采集信息量大。利用传统的一维条形码一次可采集几十位字符的信息，二维条形码更可以携带数千个字符的信息，并有一定的自动纠错能力。第四，灵活实用。条形码标识既可以作为一种识别手段单独使用，也可以和有关识别设备组成一个系统实现自动化识别，还可以和其他控制设备联接起来实现自动化管理。另外，条形码标签易于制作，对设备和材料没有特殊要求，识别设备操作容易，不需要特殊培训，且设备也相对便宜。

二、虚拟现实技术

虚拟现实（Virtual Reality）是利用电脑模拟产生一个三维空间的虚拟世界，提供用户关于视觉等感官的模拟，让用户感觉仿佛身历其境，可以及时、没有限制地观察三维空间内的事物。用户进行位置移动时，电脑可以立即进行复杂的运算，将精确的三维世界视频传回产生临场感。该技术集成了计算机图形、计算机仿真、人工智能、感应、显示及网络并行处理等技术的最新发展成果，是一种由计算机技术辅助生成的高技术模拟系统。

（一）虚拟现实技术的特征

1. 沉浸感（Immersion），是指利用计算机产生的三维立体图像，让人置身于一种虚拟环境中，就像在真实的客观世界中一样，能给人一种身临其境的感觉。

2. 交互性（Interaction），在计算机生成的这种虚拟环境中，人们可以利用一些传感设备进行交互，感觉就像是在真实客观世界中一样，比如：当用户用手去抓取虚拟环境中的物体时，手就有握东西的感觉，而且可感觉到物体的重量。

3. 想象（Imagination），虚拟环境可使用户沉浸其中并且获取新的知识，提高感性和理性认识，从而使用户深化概念和萌发新的联想，因而可以说，虚拟现实可以启发人的创造性思维。

（二）虚拟现实技术的三种表现形态

1. 虚拟现实（Virtual Reality，VR），指利用计算机技术模拟产生一个为用户提供视觉、听觉、触觉等感官模拟的三度空间虚拟世界，用户借助特殊的输入/输出设备，与虚拟世界进行自然的交互。

2. 增强现实（Augmented Reality，AR），一种实时计算摄影机影像位置及角度，并辅以相应图像的技术。这种技术可以通过全息投影，在镜片的显示屏幕中将虚拟世界与现实世界叠加，操作者可以通过设备互动。

3. 混合现实（Mixed Reality，MR），指的是结合真实和虚拟世界创造了新的环境和可视化三维世界，物理实体和数字对象共存并实时相互作用，以用来模拟真实物体，是虚拟现实技术的进一步发展。

（三）虚拟现实技术发展的三个阶段

1. 第一阶段，是 20 世纪 50 年代到 70 年代。代表性的事件有：1956 年 Morton Heileg 开发出了一个叫作 Sensorama 的摩托车仿真器，Sensorama 具有三维显示及立体声效果，能产生振动和风吹的感觉；虚拟现实技术发展史上一个重要的里程碑是，1968 年美国计算机图形学之父 Ivan Sutherlan 在哈佛大学组织开发了第一个计算机图形驱动的头盔显示器 HMD 及头部位置跟踪系统。这一阶段是虚拟现实技术的探索阶段。

2. 第二阶段，是 80 年代初到 80 年代中期。这一时期出现了两个比较典型的虚拟现实系统，即 VIDEOPLACE 与 VIEW 系统。VIDEOPLACE 是由 M. W. Krueger 设计的，它是一个计算机生成的图形环境，在该环境中参与者看到他本人的图像投影在一个屏幕上，通过协调计算机生成的静物属性及动体行为，可使它们实时地响应参与者的活动。1985 年在 M. MGreevy 领导下完成的 VIEW 虚拟现实系统，装备了数据手套和头部跟踪器，提供了手势、语言等交互手段，使 VIEW 成为名副其实的虚拟现实系统，成为后来待发虚拟现实的体系结构。其他如 VPL 公司开发了用于生成虚拟现实的 RB2 软件和 DataG1OVa 数据手套，为虚拟现实提供了开发工具。这一阶段是虚拟现实技术走出实验室，进入实际应用阶段。

3. 第三阶段，是从 80 年代末至今。这一阶段是虚拟现实技术全面发展时期，是虚拟现实技术从研究转向应用阶段，在医学、航空、教育、商业经营、工程设计等方面都有所应用。代表性产品有谷歌公司的 Google Glass、Facebook 公司的 Oculus Rift 头盔、三星公司的 Gear VR、微软公司的 HoloLens 全息影像头盔、Magic Leap 公司在研技术，国内有 3Glasses 旗下产品的蓝珀 S1、HTC 公司的 Vive 虚拟现实头盔。

另外，国内的科研机构也在虚拟现实技术上开展了多项研究，并取得了丰硕的成果。如北京科技大学虚拟现实实验室成功开发出了纯交互式汽车模拟驾驶培训系统。国防科技大学研制的虚拟空间会议系统，北京航空航天大学计算机系虚拟现实系统，浙江大学 CAD&CG 国家重点实验室的桌面型虚拟建筑环境实时漫游系统，哈尔滨工业大学的虚拟人脸系统，清华大学计算机科学与技术系的对虚拟现实和临场感技术，西安交通大学信息工程研究所的虚拟现实中的关键技术——立体显示技术。另外，北方工业大学 CAD 研究中心、北京邮电大学自动化学院、西北工业大学 CAD/CAM 研究中心、上海交通大学图像处理模式识别研究所、长沙国防科技大学计算机研究所、华东船舶工业学院计算机系、安徽大学电子工程与信息科学系等单位也进行了一些研究工作和尝试。

2016 年被业界认为是虚拟现实行业真正的元年，环境、产业链初具雏形，从行业到消费者，从硬件到软件，关于虚拟现实，一切都处在被普及教育的阶段。随着三大巨头接连推出消费级产品，且"售罄"之讯频传，虚拟现实作为最受关注的新智能领域迅速席卷全球。数据显示，2016 年中国虚拟现实行业市场规模将达 56.6 亿元，2020 年市场规模预计将达到 556.3 亿元。虚拟现实硬件产品正在经历一场初期爆发式的增长。但目前依然是以 VR 盒子为主。整体来看，中国的 VR 市场现在还处于野蛮生长的阶段。相信在未来 VR 应用会逐步向直播、旅游、购物、电影、医疗、装修、房地产、教育等领域渗透。

三、互联网通信技术

互联网（Internet）又称网际网路，或音译因特网、英特网，是网络与网络之间串连成的庞大网络，这些网络以一组通用的协议相连，形成逻辑上的单一巨大国际网络，这种将计算机网络互相联接在一起的方法可称作"网络互联"，在此基础上发展出覆盖全世界的全球性互联网络称互联网。

互联网始于 1969 年，是美军在美国国防部研究计划署（ARPA）制定的协定下，首先用于军事连接，后将美国西南部的加利福尼亚大学洛杉矶分校、斯坦福大学研究学院、加利福尼亚大学和犹他州大学的四台计算机连接起来。这个协定由剑桥大学的 BBN 和 MA 执行，在 1969 年 12 月开始联机使用。最初，互联网由政府部门投资建设，只限于研究部门、学校和政府部门使用，除了直接服务于研究部门和学校的商业应用外，其他商业行为是不允许的。直至 1991 年，欧洲粒子物理研究所（CERN）的提姆·伯纳斯李（Tim Berners-Lee）开发出了万维网以及浏览软件，互联网开始向社会大众普及。1993 年，伊利诺伊大学美国国家超级计算机应用中心的学生马克·安德里森

（Mark Andreesen）等人开发出了真正的浏览器"Mosaic"，该软件被作为Netscape Navigator 推向市场，此后互联网开始爆炸性普及。在互联网中有交换机、路由器等网络设备、种类繁多的服务器、各种各样的连接链路和无穷多的计算机及终端，可以将信息瞬间发到千里之外的人手中，是信息社会的基础。

我国互联网的发展起步于 20 世纪 80 年代。1987 年 9 月 20 日，北京计算机应用技术研究所钱天白教授发出了中国第一封电子邮件，该邮件经意大利到达德国的卡尔斯鲁厄大学，成为我国互联网的开山之笔，揭开了中国互联网的发展序幕。1994 年 4 月，中关村地区教育与科研示范网络（NCFC）工程连入 Internet 的 64K 国际专线开通，实现了与 Internet 的全功能连接，从此中国被国际上正式承认为拥有全功能 Internet 的第 77 个国家。1999—2002 年，我国互联网进入普及和快速增长期，网上教育、网上银行、网络游戏、即时通信等纷纷出现并快速发展，新浪、网易、搜狐三大门户网站相继上市。掀起了我国互联网的第一轮发展热潮。我国互联网在短短二三十年里呈现出井喷式的发展，2013 年我国互联网经济占 GDP3.3%，超过美国达到领先水平，网络零售交易额也首次超过美国居全球第一。2014 年我国互联网网民达到6.48 亿人，互联网经济占 GDP 比重达 7%，互联网消费成为拉动 GDP 增长的新引擎。同时我国移动互联网技术的发展和智能手机的普及，促使网民的消费行为逐渐向移动端迁移和渗透，移动互联网应用呈现爆发式增长。2014 年移动互联网对 GDP 的直接贡献率为 3.8%；2015 年上半年，我国手机网民规模达 5.94 亿人，较 2014 年底增加 3679 万人，网民中使用手机上网人群占比同比提升 3.1%，手机支付、手机网购、手机旅行预订用户规模分别达到2.76 亿人、2.7 亿人和 1.68 亿人，半年增长率分别为 26.9%、14.5%和25%。

现在互联网已经融入人类社会的各个领域，深刻影响着世界经济、政治、文化和社会的发展，促进了社会生产生活和信息传播的变革。在政治方面大大改进了行政手段、行政方法，使行政效率得以大大提高，并增加了行政事务的透明性和公开性，甚至使整个世界的政治制度都趋向大同；在经济方面，互联网大大促进了资本、商品、劳务、技术、知识、服务的自由流通，为企业不断革新生产技术、优化资源配置、降低生产成本、吸引优秀人才、拓展产品领域提供了便利的平台与广阔的空间，加强了跨地区、跨行业企业间的交流与合作，世界市场日益成为一台统一而高速运转的生产机器，源源不断地创造出令人眼花缭乱的物质财富。同时无论存取钱、炒股、网上购物，还是电子商务、航空、邮政等各行各业都要用到互联网，而且互联网的普及大大促进和方便了经济市场的交易，决定着经济的命脉和走向。互联网已成为经济社会发展的重要引擎和关键基础设施，是国际竞争的战略制高点；在文化方面互联网将人类的社会交往拓展到前所未有的范围，为不同文化相互碰撞、冲突、整合、升华提供了新的条件。人们不仅可以获得大量关于"他群"的信息，甚至能够通过在线交流、视频技术等方式，走进不同文化背景的人们的内心世界、生活场景，获得了对于异域文化的新的感受方式。文化发展呈现出新的脉络：从纵向的传统继承转为横向的文化开拓。

互联网的出现将计算机之间相互连接起来，发展出覆盖全世界的全球性互联网络，被称为信息产业革命的第二次浪潮。

四、云计算

随着互联网时代信息与数据的快速增长，科学、工程和商业计算领域需要处理大规模、海量的数据，对计算能力的需求远远超出自身 IT 架构的计算能力，这时就需要不断加大系统硬件投入来实现系统的可扩展性。另外，由于传统并行编程模型应用的局限性，客观上要求一种容易学习、使用、部署的新的并行编程框架。在这种情况下，为了节省成本和实现系统的可扩放性，云计算的概念被提了出来。云计算是分布式计算、并行处理和网格计算的进一步发展，它是基于互联网的计算，能够向各种互联网应用提供硬件服务、基础架构服务、平台服务、软件服务、存储服务的系统。通常云系统由第三方拥有的机制提供服务，用户只关心云系统所提供的服务。

（一）云计算定义

对云计算的定义有多种说法。对于到底什么是云计算，至少可以找到 100 种解释。现阶段广为接受的是美国国家标准与技术研究院（NIST）定义：云计算是一种按使用量付费的模式，这种模式提供可用的、便捷的、按需的网络访问，进入可配置的计算资源共享池（资源包括网络、服务器、存储、应用软件、服务），这些资源能够被快速提供，只需投入很少的管理工作，或与服务供应商进行很少的交互。

（二）云计算的发展历程

1959 年 6 月，Christopher Strachey 发表虚拟化论文，虚拟化是今天云计算基础架构的基石。1965 年美国电话公司 Western Union 一位高管提出建立信息公用事业的设想。1984 年，Sun 公司的联合创始人 John Gage 说出了"网络就是计算机"的名言，用于描述分布式计算技术带来的新世界，今天的云计算正在将这一理念变成现实。1996 年，网格计算 Globus 开源网格平台起步。1997 年，南加州大学教授 Ramnath K. Chellappa 提出云计算的第一个学术定

资料来源：中国信息通信研究院：《云计算白皮书2014》。

图1-2　云计算发展的历史脉络

义，认为计算的边界可以不是技术局限，而是经济合理性。1998 年，VMware（威睿公司）成立并首次引入 X86 的虚拟技术。1999 年，Marc Andreessen 创建 LoudCloud，是第一个商业化的 IaaS 平台。1999 年，salesforce. com 公司成立，宣布"软件终结"革命开始。2000 年，SaaS 兴起。2005 年，Amazon 宣布 Amazon Web Services 云计算平台。2006 年，Sun 推出基于云计算理论的"BlackBox"计划。2007 年，Google 与 IBM 在大学开设云计算课程。2007 年 3 月，戴尔成立数据中心解决方案部门，先后为全球五大云计算平台中的三个（包括 Windows Azure、Facebook 和 Ask. com）提供云基础架构。2007 年 11 月，IBM 首次发布云计算商业解决方案，推出"蓝云"（Blue Cloud）计划。2008 年 2 月，EMC 中国研发集团云架构和服务部正式成立，该部门结合云基础架构部、Mozy 和 Pi 两家公司共同形成 EMC 云战略体系。2008 年 2 月，IBM 宣布在中国无锡太湖新城科教产业园为中国的软件公司建立第一个云计算中心。2008 年 10 月，微软发布其公共云计算平台——Windows Azure Platform，由此拉开了微软的云计算大幕。2009 年，思科先后发布统一计算系统（UCS）、云计算服务平台，并与 EMC、Vmware 建立虚拟计算环境联盟。2009 年 7 月，中国首个企业云计算平台诞生（中化企业云计算平台）。2011 年 2 月，思科系统正式加入 OpenStack，重点研制 OpenStack 的网络服务。2012 年 6 月，Oracle 公司推出 Oracle Cloud。这个云产品是第一个为用户提供一套完整的 IT 解决方案的云服务系统。

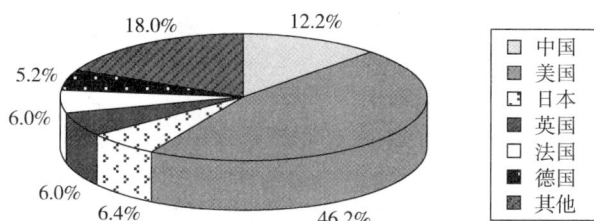

资料来源:《环球时报》,2016 – 06 – 21。

图 1 – 3 TOP500 超级计算机各国市场份额

(三) 云计算的特点

云计算是通过使计算分布在大量的分布式计算机上,而非本地计算机或远程服务器中,企业数据中心的运行将与互联网更相似。这使得企业能够将资源切换到需要的应用上,根据需求访问计算机和存储系统。它意味着计算能力也可以作为一种商品进行流通,就像燃气、水、电一样,取用方便,费用低廉。最大的不同在于,它是通过互联网进行传输的。被普遍接受的云计算特点如下:

1. 超大规模。"云"具有相当的规模,Google 云计算已经拥有 100 多万台服务器,Amazon、IBM、微软、Yahoo 等的"云"均拥有几十万台服务器。企业私有云一般拥有数百上千台服务器。"云"能赋予用户前所未有的计算能力。

2. 虚拟化。云计算支持用户在任意位置、使用各种终端获取应用服务。所请求的资源来自"云",而不是固定的有形的实体。应用在"云"中某处运行,但实际上用户无需了解、也不用担心应用运行的具体位置。只需一台笔记本或者一部手机,就可以通过网络服务来实现我们需要的一切,甚至包括超级计算这样的任务。

3. 高可靠性。"云"使用了数据多副本容错、计算节点同构可互换等措施来保障服务的高可靠性,使用云计算比使用本地计算机可靠。

4. 通用性。云计算不针对特定的应用,在"云"的支撑下可以构造出千变万化的应用,同一个"云"可以同时支撑不同的应用运行。

5. 高可扩展性。"云"的规模可以动态伸缩,满足应用和用户规模增长的需要。

6. 按需服务。"云"是一个庞大的资源池,客户可以按需购买;云可以像自来水、电、燃气那样计费。

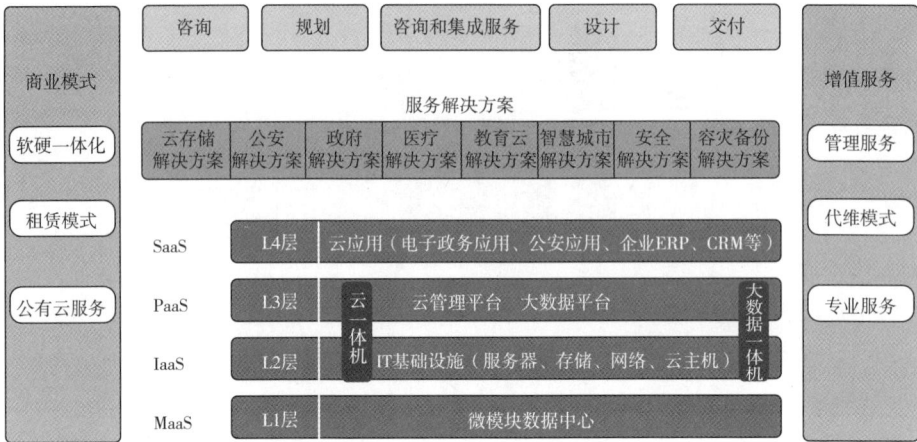

图 1 - 4　云计算的主要架构

7. 极其廉价。由于"云"的特殊容错措施可以采用极其廉价的节点来构成，"云"的自动化集中式管理使大量企业无需负担日益高昂的数据中心管理成本，"云"的通用性使资源的利用率较之传统系统大幅提升，因此用户可以充分享受"云"的低成本优势，经常只要花费几百美元、几天时间就能完成以前需要数万美元、数月时间才能完成的任务。

8. 潜在的危险性。云计算服务除了提供计算服务外，还必然提供了存储服务。但是云计算服务当前垄断在私人机构（企业）手中，而他们仅仅能够提供商业信用。政府机构、商业机构（特别像银行这样持有敏感数据的商业机构）对于选择云计算服务应保持足够的警惕。一旦商业用户大规模使用私人机构提供的云计算服务，无论其技术优势有多强，都不可避免地让这些私人机构以"数据（信息）"的重要性挟制整个社会。对于信息社会而言，"信息"是至关重要的。另一方面，云计算中的数据对于数据所有者以外的其他用户云计算用户是保密的，但是对于提供云计算的商业机构而言确实毫无秘密可言。所有这些潜在的危险，是商业机构和政府机构选择云计算服务，特别是选择国外机构提供的云计算服务时，不得不考虑的一个重要前提。

五、人工智能

人工智能（Artificial Intelligence，AI），是研究、开发用于模拟、延伸和扩展人的智能的理论、方法、技术及应用系统的一门新的技术科学。人工智能是计算机科学的一个分支，它企图了解智能的实质，并生产出一种新的能以人类智能相似的方式作出反应的智能机器，该领域的研究包括机器人、语言识别、图像识别、自然语言处理和专家系统等。人工智能从诞生以来，理论和技术日益成熟，应用领域也不断扩大，可以设想，未来人工智能带来的科技产品，将会是人类智慧的"容器"。

（一）人工智能定义

人工智能的定义可以分为两部分，即"人工"和"智能"。"人工"比较好理解，但是"智能"就存在很多不同观点。这涉及到其他诸如意识（Consciousness）、自我（Self）、思维（Mind），包括无意识的思维（Unconsciousmind）等问题。人唯一了解的智能是人本身的智能，这是普遍认同的观点。但是我们对自身智能的理解非常有限，对构成人的智能的必要元素也了解有限，所以就很难定义什么是"人工"制造的"智能"了。因此人工智能的研究往往涉及对人的智能本身的研究。其他关于动物或其他人造系统的智能也普遍被认为是人工智能相关的研究课题。

美国斯坦福大学人工智能研究中心尼尔逊教授对人工智能下了这样一个定义："人工智能是关于知识的学科——怎样表示知识以及怎样获得知识并使用知识的科学。"而另一位美国麻省理工学院的温斯顿教授认为："人工智能就是研究如何使计算机去做过去只有人才能做的智能工作。"这些说法反映了人工智能学科的基本思想和基本内容。即人工智能是研究人类智能活动的规律，构造具有一定智能的人工系统，研究如何让计算机去完成以往需要人的智力才能胜任的工作，也就是研究如何应用计算机的软硬件来模拟人类某些智能行为的基本理论、方法和技术。

（二）人工智能发展历程

1. 第一阶段

20 世纪 50 年代，人工智能概念首次提出后，相继出现了一批显著的成果，如机器定理证明、跳棋程序、通用问题求解程序、LISP 表处理语言等。但由于消解法推理能力的有限，以及机器翻译等的失败，人工智能走入了低谷。这一阶段的特点是：重视问题求解的方法，忽视知识重要性。代表性事件包括：1956 年的夏天，一场在美国达特茅斯（Dartmouth）大学召开的学术会议，多年以后被认定为全球人工智能研究的起点。1959 年，图灵发表了一篇划时代的论文《计算机器与智能》，文中提出了人工智能领域著名的图灵测试——如果电脑能在 5 分钟内回答由人类测试者提出的一系列问题，且其超过 30% 的回答让测试者误认为是人类所答，则电脑就通过测试并可下结论为机器具有智能。1956 年，Samuel 研制了跳棋程序，它在 1959 年击败了 Samuel

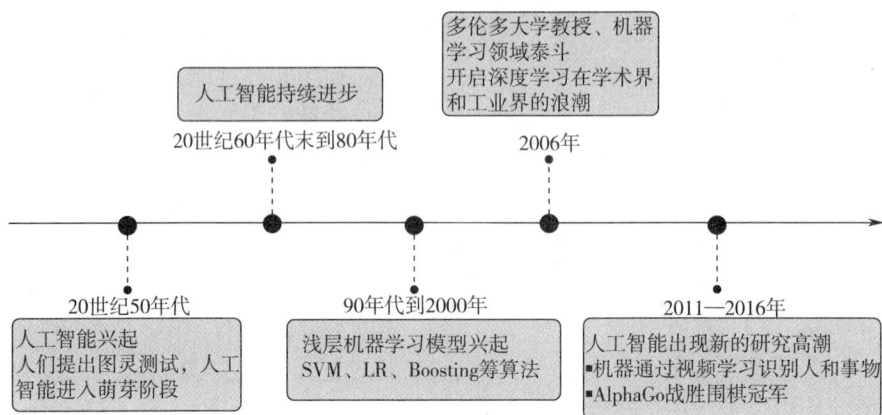

资料来源：www.useit.com.cn.

图1-5　人工智能的历史发展脉络

本人。1959年美籍华人学者、洛克菲勒大学教授王浩在"自动定理证明"上取得更大成就。

2. 第二阶段

20世纪60年代末到70年代，专家系统出现，使人工智能研究出现新高潮。DENDRAL化学质谱分析系统、MYCIN疾病诊断和治疗系统、PROSPEC-TIOR探矿系统、Hearsay-II语音理解系统等专家系统的研究和开发，使人工智能引向了实用化。代表性事件有：1969年成立了国际人工智能联合会议（International Joint Conferences on Artificial Intelligence，IJCAI）；1976年，"四色定理"的证明；1977年，曾是赫伯特·西蒙的研究生、斯坦福大学青年学者费根鲍姆（E. Feigenbaum）在第五届国际人工智能大会上提出了"知识工程"的概念；1976年，美国斯坦福大学肖特列夫（Shortliff）开发医学专家系统MYCIN。

3. 第三阶段

20世纪80年代，随着第五代计算机的研制，人工智能得到了很大发展。日本1982年开始了"第五代计算机研制计划"，即"知识信息处理计算机系统KIPS"，其目的是使逻辑推理达到数值运算那么快。虽然此计划最终失败，但它的开展形成了一股研究人工智能的热潮。代表性事件有：1980年，卡耐基·梅隆大学为DEC公司制造出了专家系统，这个专家系统可帮助DEC公司每年节约4000万美元左右的费用，特别是在决策方面能提供有价值的内容；1986年，多层神经网络理论和BP反向传播算法出现。

4. 第四阶段

20 世纪 80 年代末，神经网络飞速发展。1987 年，美国召开第一次神经网络国际会议，宣告了这一新学科的诞生。此后，各国在神经网络方面的投资逐渐增加，神经网络迅速发展起来。1989 年，也出现了能与人类下象棋的高度智能机器。此外，其他成果包括能自动识别信封上邮政编码的机器，就是通过人工智能网络来实现的，精度可达 99% 以上，已经超过普通人的水平。

5. 第五阶段

20 世纪 90 年代，人工智能出现新的研究高潮。由于网络技术特别是国际互联网技术的发展，人工智能开始由单个智能主体研究转向基于网络环境下的分布式人工智能研究。不仅研究基于同一目标的分布式问题求解，而且研究多个智能主体的多目标问题求解，使人工智能更面向实用。另外，由于 Hopfield 多层神经网络模型的提出，使人工神经网络研究与应用出现了欣欣向荣的景象。人工智能已深入到社会生活的各个领域。标志性事件为：1997 年 IBM 深蓝战胜国际象棋大师。在更加通用型的功能性方面，机器在数学竞赛、识别图片的比赛中，也可以达到或者超过人类的标准。人工智能的繁荣也促进了机器人的进步，包括把人工智能原理用在机器狗的设计上。无论是人工智能狗还是无人车驾驶，都不是用编程方法写出来，而是通过一套学习算法在模拟器中不断地走路和开车，让机器自己产生行为策略，这是人工智能和原先控制论最不同的地方。

6. 第六阶段

人工智能随着计算机技术和理论算法的改进飞速发展，取得了丰硕的成果与进步。标志性事件有：2015 年 12 月 10 日，微软亚洲研究院视觉计算组在 ImageNet 计算机识别挑战赛中再次打破纪录，获得图像分类、图像定位以及图像检测全部三个主要项目的冠军，将系统错误率降低至 3.57%。从 2012 年开始的 Google 公司的无人驾驶汽车项目取得了丰硕的成果，带动了汽车驾驶领域新一轮的革命。2016 年春天，一场 AlphaGo 与世界顶级围棋高手李世石的人机世纪对战，把全球推上了人工智能浪潮的新高。

人工智能创业迎来黄金期，还有另一个时代背景。微软亚洲研究院人工智能研究组首席研究员、卡耐基·梅隆大学博士生导师刘铁岩告诉记者，近年来全球机器学习领域的三大趋势包括更大规模的机器学习、更深度的机器学习以及更强交互性的机器学习，这些都是基于大数据与云计算的兴起。正是因为廉价的云计算和大数据技术，人工智能才有可能扩散到社会的每一个角落。

（三）人工智能的技术应用

1. 计算机视觉

计算机视觉是指计算机从图像中识别出物体、场景和活动的能力。计算机视觉技术运用由图像处理操作及其他技术所组成的序列来将图像分析任务分解为便于管理的小块任务。比如，一些技术能够从图像中检测到物体的边缘及纹理。分类技术可被用作确定识别到的特征是否能够代表系统已知的一类物体。计算机视觉有着广泛应用。其中包括，医疗成像分析被用来提高疾病的预测、诊断和治疗；人脸识别被 Facebook 用来自动识别照片里的人物；在安防及监控领域被用来指认嫌疑人；在购物方面，消费者现在可以用智能手机拍摄下产品以获得更多购买选择。机器视觉作为一个相关学科，泛指在工业自动化领域的视觉应用。在这些应用里，计算机在高度受限的工厂环境里识别诸如生产零件一类的物体，因此相对于寻求在非受限环境里操作的计算机视觉来说目标更为简单。计算机视觉是一个正在进行中的研究，而机器视觉则是"已经解决的问题"，是系统工程方面的课题而非研究层面的课题。因为应用范围的持续扩大，计算机视觉领域的初创公司自 2011 年起已经吸引了数亿美元的风投资本。

2. 机器学习

机器学习指的是计算机系统无须遵照显式的程序指令，而只是依靠暴露在数据中来提升自身性能的能力。其核心在于，机器学习是从数据中自动发现模式，模式一旦被发现便可用于做预测。比如，给予机器学习系统一个关于交易时间、商家、地点、价格及交易是否正当等信用卡交易信息的数据库，系统就会学习到可用来预测信用卡欺诈的模式。处理的交易数据越多，预测就会越好。机器学习的应用范围非常广泛，针对那些产生庞大数据的活动，它几乎拥有改进一切性能的潜力。除了欺诈甄别之外，这些活动还包括销售预测、库存管理、石油和天然气勘探以及公共卫生。机器学习技术在其他认知技术领域也扮演着重要角色，比如计算机视觉，它能在海量图像中通过不断训练和改进视觉模型来提高其识别对象的能力。现如今，机器学习已经成为认知技术中最炙手可热的研究领域之一，在 2011—2014 年中这段时间内就已吸引了近十亿美元的风险投资。谷歌也在 2014 年斥资 4 亿美金收购 Deepmind 这家研究机器学习技术的公司。

3. 自然语言处理

自然语言处理是指计算机拥有的人类般文本处理的能力，比如，从文本中提取意义，甚至从那些可读的、风格自然、语法正确的文本中自主解读出含义。一个自然语言处理系统并不了解人类处理文本的方式，但是它却可以用非常复杂与成熟的手段巧妙处理文本,例如自动识别一份文档中所有被提及的人与地点;识别文档的核心议题;或者在一堆仅人类可读的合同中,将各种条款与条件提取出来并制作成表。以上这些任务通过传统的文本处理软件根本不可能完成,后者仅能针对简单的文本匹配与模式进行操作。请思考一个老生常谈的例子,它可以体现自然语言处理面临的一个挑战。在句子"光阴似箭(Time flies like an arrow)"中每一个单词的意义看起来都很清晰,直到系统遇到这样的句子"果蝇喜欢香蕉(Fruit flies like a banana)",用"水果(fruit)"替代了"时间(time)",并用"香蕉(banana)"替代"箭(arrow)",就改变了"飞逝/飞着地像(flies like)"与"苍蝇喜欢(flies like)"这两个单词的意思。自然语言处理,像计算机视觉技术一样,将各种有助于实现目标的多种技术进行了融合。建立语言模型来预测语言表达的概率分布,举例来说,就是某一串给定字符或单词表达某一特定语义的最大可能性。选定的特征可以和文中的某些元素结合来识别一段文字,通过识别这些元素可以把某类文字同其他文字区别开来,比如垃圾邮件同正常邮件。以机器学习为驱动的分类方法将成为筛选的标准,用来决定一封邮件是否属于垃圾邮件。因为语境对于理解"time flies(时光飞逝)"和"fruit flies(果蝇)"的区别是如此重要,所以自然语言处理技术的实际应用领域相对较窄,这些领域包括分析顾客对某项特定产品和服务的反馈、自动发现民事诉讼或政府调查中的某些含义,以及自动书写诸如企业营收和体育运动的公式化范文等。

4. 机器人技术

将机器视觉、自动规划等认知技术整合至极小却高性能的传感器、致动器以及设计巧妙的硬件中,这就催生了新一代的机器人,它有能力与人类一起工作,能在各种未知环境中灵活处理不同的任务。例如无人机,以及可以在车间为人类分担工作的"cobots",还包括那些从玩具到家务助手的消费类产品。

5. 语音识别技术

语音识别技术主要是关注自动且准确地转录人类的语音。该技术必须面对一些与自然语言处理类似的问题,在不同口音的处理、背景噪音、区分同音异形异义词("buy"和"by"听起来是一样的)方面存在一些困难,同时还需要具有跟上正常语速的工作速度。语音识别系统使用一些与自然语言处理系统相同的技术,再辅以其他技术,比如描述声音和其出现在特定序列和语言中概率的声学模型等。语音识别的主要应用包括医疗听写、语音书写、电脑系统声控、电话客服等。

第三节　物联网的发展现状及应用

经过近几年的培育和探索，全球物联网正从碎片化、孤立化应用为主的起步阶段迈入"重点聚焦、跨界融合、集成创新"的新阶段，市场快速启动，在诸多领域加速渗透，物联网正处于大规模爆发式增长的前夜①。

一、全球物联网发展现状及应用

目前全球物联网应用的主要情况是：美国、欧洲、日本、韩国等少数国家和地区起步较早，总体实力较强，中国物联网应用发展迅速。当前多为垂直领域物联网应用，应用水平较低、规模化应用较少。全球物联网应用有三大热点区域，分别是欧洲、亚太地区和美国。

（一）美国物联网应用发展

美国是物联网技术的主导和先行国之一，较早开展了物联网及相关技术的研究与应用。2005 年美国国防部将"智能微尘"（Smart Dust）列为重点研发项目。2007 年马萨诸塞州剑桥城就着手打造全球第一个全城无线传感网。2009 年 1 月，在奥巴马总统与美国工商界领袖举行的一次会议上，IBM 首席执行官彭明盛提出了"智慧地球"概念，掀起物联网关注热潮。2009 年 2 月 17 日，奥巴马总统签署生效的《2009 年美国恢复与再投资法案》中提出在智能电网、卫生医疗信息技术应用和教育信息技术进行大量投资，这些投资建设与物联网技术直接相关。美国在物联网的发展方面具有主导优势，EPCglobal标准已经在国际上取得主导地位，RFID 技术最早在美国军方使用，无线传感网络也首先用在作战时的单兵联络。2012 年 2 月，奥巴马总统发布了美国"先进制造伙伴（AMP）"计划，明确提出实施美国先进制造业战略的目标，推进信息技术与制造业的融合，重塑竞争优势；2014 年，由 GE、AT&T、Intel、Cisco、IBM 五家公司发起成立工业互联网联盟（Industrial Internet Consortium，IIC），以集合整个工业互联网的生态链，合力推动物联网产业发展，2015 年宣布投入 1.6 亿美元推动智慧城市计划，将物联网应用试验平台的建设作为首要任务。

（二）欧洲物联网应用发展

RFID 是欧洲最为重要的物联网应用，主要以德国、英国、法国、荷兰等

---

① 资料来源：工业与信息化部电信研究院：《物联网白皮书 2014、2015》与中国电子技术标准化研究院的《物联网标准化白皮书 2016》。

发达国家为主。1999 年欧盟在里斯本推出了"eEurope"全民信息社会计划。2005 年 4 月，欧盟执委会正式公布了未来 5 年欧盟信息通信政策框架"i2010"。2006 年就成立工作组，专门进行 RFID 技术研究，并于 2008 年发布《2020 年的物联网——未来路线》。2007 年至 2013 年，欧盟预计投入研发经费共计 532 亿欧元，推动欧洲最重要的第 7 期欧盟科研架构（EU - FP7）研究补助计划，为了推动物联网的发展，欧盟电信标准化协会下的欧洲 RFID 研究项目组 CERP 的名称也变更为欧洲物联网研究项目组 IERC - IoT。2009 年 6 月，欧盟委员会向欧盟议会、理事会、欧洲经济和社会委员会及地区委员会递交了《欧盟物联网行动计划》（Internet of Things - An Action Plan for Europe）。2011 年汉诺威工业博览会上，德国提出工业 4.0（Industrie 4.0），2012 年由德国政府出面，联合主要企业，成立"工业 4.0 工作组"，将工业 4.0 上升为德国 2020 战略项目，德国政府投资 2 亿欧元支持工业 4.0。2015 年成立了横跨欧盟及产业界的物联网创新联盟（AIOTI），并投入 5000 万欧元，通过咨询委员会和推进委员会统领新的"四横七纵"体系架构，包括 4 个横向工作组（IERC、Innovation Ecosystems、IoT - standisation、Policy Issues）和 7 个垂直行业工作组（Living、Farming、Wearables、Cities、Mobility、Environment、Manufacturing）。2016 年欧盟计划投入超过 1 亿欧元支持物联网重点领域。

（三）日韩物联网应用发展

2004 年日本政府就推出了"u - Japan"计划，着力于发展泛在网及相关产业，并希望由此催生新一代信息科技革命，在 2010 年实现"无所不在的日本"。2009 年 8 月，日本又将"u - Japan"升级为"iJapan"战略，提出"智慧泛在"构想，将传感网列为其国家重点战略之一，致力于构建一个个性化的物联网智能服务体系。日本在 TEngine 下建立 UID 体系已经在其国内得到较好的应用，并大力向其他国家，尤其是亚洲国家推广。同时，日本政府希望通过物联网技术的产业化应用，减轻由于人口老龄化所带来的医疗、养老等社会负担。日本大力推进农业物联网，计划十年内普及农用机器人，预计 2020 年市场规模将达到 50 亿日元。

韩国也十分重视信息技术产业化发展，2006 年韩国提出了为期十年的 U - Korea 战略。在 U - IT839 计划中，确定了八项需要重点推进的业务，物联网是 U - Home（泛在家庭网络）、Telematics Location based（汽车通信平台/基于位置的服务）等业务的实施重点。2009 年 10 月，韩国通信委员会通过了《物联网基础设施构建基本规划》，将物联网市场确定为新增长动力，确定了构建物联网基础设施、发展物联网服务、研发物联网技术、营造物联网扩散环境四大领域、12 项详细课题。并提出到 2012 年实现"通过构建世界最先进的物联网基础设施，打造未来广播通信融合领域超一流 ICT（信息通信技术）强国"的目标。2015 年起，韩国未来科学创造部和产业通商资源部将投资 370 亿韩元用于物联网核心技术以及 MEMS 传感器芯片、宽带传感设备的研发。

（四）国际物联网发展趋势及特点

1. 国际物联网产业生态的布局全面展开

芯片巨头、设备制造商、IT 厂商、电信运营商、互联网企业等从各自优势出发，积极进行物联网生态布局，芯片、云平台和操作系统成为布局的关键点。物联网产业生态正快速成长，物联网企业数量近年来成倍增长，国际机构预计到 2017 年，超过一半的物联网企业是新成立的企业。

构建产业联盟打造物联网产业生态体系。除了以技术手段争夺生态主导权，巨头还通过构建产业联盟以稳固物联网产业生态，构建竞争优势，其中工业、车联网、智能家居等领域成为布局热点。

2. 全球物联网应用呈现重点突破态势

M2M 物联网应用高速增长。代表物联网行业应用风向标的 M2M 连接数增长迅猛。截至 2014 年底，全球 M2M 连接数达到 2.43 亿，同比增长 29%，而基于智能终端的移动连接数同比增长率只有 4.7%。M2M 连接数占移动连接数的比例从 2013 年的 2.8% 提高到 2014 年的 3.3%，预计 2015 年底全球 M2M 连接数将达到 3.2 亿。从应用市场来看，公共安全、车联网、工业制造等万亿级垂直行业市场正在全面兴起，智慧医疗、智能家居、可穿戴设备等消费市场百花齐放。

工业物联网成为新一轮部署焦点。以美国工业互联网和德国工业 4.0 所确立的网络物理系统（CPS）为代表，物联网成为实现制造业智能化变革和重塑国家竞争优势的关键技术基础，围绕其的全球生态构建和产业布局正加速展开。政府层面，美国、德国将 CPS 体系建设提升到国家战略高度，通过成立指导小组、完善基础设施、设立研发创新机构等方式，大力推进行业中相关标准、共性技术与产品的研发以及推广应用。企业层面，工业和 ICT 领域的龙头企业正围绕工业物联网应用实施，加快工业数据云平台、工业数据连接和管理、工业网络、新型工业软件等方面的技术、标准、测试床和解决方案的研发部署，并扩展到能源、医疗、交通等多个领域。

移动互联与物联网加速融合，智能可穿戴设备出现爆发式增长。移动互联网与物联网形成从芯片到终端、操作系统的全方位融合，并基于开源软件和开源硬件，开启了全球性的智能硬件创新浪潮。一方面可穿戴设备成为其中发展和创新最快的领域。2015 年第三季度可穿戴设备全球共交付了 2100 万只，同比增长 197.6%，预计到 2019 年设备年出货量将飙升到 1.26 亿只。可穿戴设备的主要应用领域包括以血糖、血压和心率监测为代表的医疗领域，以运动监测为代表的健康保健领域，并以可穿戴设备为中心，集成医疗、健康、家居等 APP 应用，复制了云 + APP 的移动互联网应用与商业模式。另一方面，智能家居成为布局和竞争的重点。谷歌、苹果等互联网企业、高通、Intel、思科、三星等信息通信技术企业以及 ABB、博世等工业企业均加快推进智能家居布局，目前已形成了智能家电、智能家居等一系列创新产品，并可与智能手机、可穿戴设备等智能终端和移动 APP 应用进行充分互联和集成，实现协同化、服务化、智能化和个性化发展。

3. 智慧城市成为物联网集成应用的综合平台

物联网成为各国智慧城市发展的核心基础要素，在城市管理、节能减排、能源管理、智能交通等领域进行广泛应用，"前端设备智能化 + 后端服务平台化 + 大数据分析"成为通用模式。

资料来源：HUAWEI Technologies Co.，Ltd.

图 1-6　智慧城市将深度改变现代城市生活方式

智慧城市通过物联网应用汇集海量感知数据，依托城市综合管理运营平台和大数据分析，实现对城市运行状态的精确把握和智能管理。

国际智慧城市建设重视物联网技术在城市重要基础设施管理方面的应用，希望增强交通、能源等重点领域服务能力，促进城市绿色、低碳发展。

4. 物联网标准化持续推进，开放式架构成为重点

物联网标准包含体系架构、网络、应用等各个方面，涉及 ITU、ISO/IEC、

oneM2M、3GPP、IEEE 及各行业标准化组织，各标准化组织在标准制定方面各有侧重，又相互合作。目前，物联网标准化工作在持续推进，物联网架构标准的研究成为热点和重点。

各类无线连接技术标准不断演进。在 LTE 网络方面，3GPP R13 版本标准研制工作已启动，侧重对物联网低成本、低功耗和增强覆盖特性的支持，同时 GERAN 开展物联网专用技术 CIoT 的标准化研制。华为和沃达丰已经成功完成了全球首个基于 CioT 技术的智能手表演示。面向车联网应用需求，3GPP 在 SA1（需求工作组）和 RAN（无线技术工作组）已启动基于 LTE 的 V2X（可称为 LTE－V）技术需求和标准化工作。面向物联网应用场景的 IEEE 802.11ah 标准化工作已基本完成，可以实现低功耗和更广范围接入。

在行业领域，标准化不断深化，其中工业、家居两个领域标准化成为产业布局和竞争的焦点。在工业领域，美国国家标准技术研究院（NIST）和工业互联网联盟（IIC）积极推进工业互联网标准，2015 年 6 月，IIC 发布了工业互联网参考架构，并逐步推进重点方向的技术研究；德国工业 4.0 战略提出参考模型 RAMI 4.0，并提出网络通信、微电子、安全、数据分析等重点领域的研发方向。在智能家居领域，技术和标准呈现百花齐放的局面，Allseen 联盟、开放互联联盟（OIC）、Thread 联盟三大阵营正在推进各标准之间的互联互通。

二、我国物联网发展现状及应用

在近几年国家有力政策环境和产业技术创新的推动下，物联网呈现强劲发展势头，以北京—天津、上海—无锡、深圳—广州、重庆—成都为核心的四大产业集聚区各具特色，交通、安全、医疗健康、车联网、节能等领域涌现一批龙头企业，物联网第三方运营服务平台崛起，产业发展模式逐渐清晰。

（一）政策持续出台推动物联网发展

1. 国务院和各部委持续推进物联网相关工作

从顶层设计、组织机制、智库支撑等多个方面持续完善政策环境。继制定物联网"十二五"发展规划之后，国家建立物联网发展部际联席会议制度和物联网发展专家咨询委员会，以加强统筹协调和决策支撑，国务院出台《关于推进物联网有序健康发展的指导意见》进一步明确发展目标和发展思路，推出十个物联网发展专项行动计划落实具体任务。在国家其他有关信息产业和信息化的政策文件中也提出推动物联网产业发展。《关于信息消费扩大内需的若干意见》提出增强电子基础产业创新能力，重点支持智能传感器等三大产业发展。《关于促进智慧城市健康发展的指导意见》则高度重视和突出物联网在智慧城市发展中的重要作用。国家出台的多项政策对于提振产业信心、推动产业发展成效显著。

2. 地方政府积极营造物联网产业发展环境

以土地优惠、税收优惠、人才优待、专项资金扶持、产业联盟协调、政府购买服务等多种政策措施推动产业发展。如上海近年来仅市级财政支持物联网技术研发、产业化、应用示范和公共服务平台类项目超过 150 个，支持金额超过 3 亿元，通过政策引导，带动社会资金投入 50 亿元。重庆政府高度重视物联网产业发展，出台多项政策举措力图将重庆打造成为有国际竞争力的物联网产业高地。

【专栏 1 - 2】

表 C1 - 1   物联网相关政策汇编

序号	颁布部门	文件名称	主要内容	颁布时间
1	国务院	《国家中长期科学和技术发展规划纲要（2006—2020 年)》	涉及物联网内容，于 2009 年后，在核高基、集成电路装备、宽带移动通信专项中加大了对物联网的扶持力度。	2006 年 2 月 9 日
	国务院	《政府工作报告》	在《政府工作报告》中首次专门提及物联网。	2010 年 3 月 5 日
	国务院	《关于加快培育和发展战略性新兴产业的决定》	物联网作为新一代信息技术被纳入战略性新兴产业。	2010 年 10 月 18 日
	全国人民代表大会	《中华人民共和国国民经济和社会发展第十二个五年规划纲要》	"十二五"规划纲要把物联网确定为推动跨越发展的重点领域。	2011 年 3 月 14 日
	国务院	《关于推进物联网有序健康发展的指导意见》（国发〔2013〕7 号）	提出了推动我国物联网有序健康发展的总体思路。	2013 年 2 月 5 日
	国务院	《中国制造 2025》（国发〔2015〕28 号）	提出了我国实施制造强国战略第一个十年的行动纲领。	2015 年 5 月 8 日

序号	颁布部门	文件名称	主要内容	颁布时间
2	教育部	《关于战略性新兴产业相关专业申报和审批工作的通知》	对物联网专业的申报、招生和扶持政策进行了说明。	2010年2月25日
	国家标准化管理委员会	标委办工二联函〔2010〕105号、标委办工二联函〔2011〕164号、标委办工二联函〔2012〕69号	成立了物联网国家标准推进组、国家物联网基础标准工作组等组织，推进物联网标准化工作。	2010年10月28日
	工业和信息化部、财政部	《物联网发展专项资金管理暂行办法》	划拨5亿元专项资金，支持物联网技术、产业、标准等领域。	2011年4月6日
	财政部	《基本建设贷款中央财政贴息资金管理办法》	增加了为物联网企业提供场所服务的贴息。	2011年6月10日
	科学技术部	《国家"十二五"科学和技术发展规划》	提出推动物联网科技产业化工程，并促进物联网在相关产业的应用。	2011年7月4日
	工业和信息化部	《物联网"十二五"发展规划》	明确指出"十二五"期间我国物联网发展目标和重点任务。	2011年12月7日
	国家发展和改革委员会	《关于组织实施2012年物联网技术研发及产业化专项的通知》	2012年国家发展和改革委员会物联网专项投资规模有望达到6亿元，投向物联网。	2012年5月15日
	工业和信息化部	《无锡国家传感网创新示范区发展规划纲要（2012—2020）》	提出将加大对示范区内物联网产业的财政支持力度，加强税收政策扶持。	2012年8月17日
	住房和城乡建设部	《关于开展国家智慧城市试点工作的通知》	大力开展国家智慧城市试点工作。	2012年11月22日
	国家发展和改革委员会等八部委	《关于印发促进智慧城市健康发展的指导意见的通知》	切实加强智慧城市组织领导、工作推进、任务落实，确保智慧城市建设健康有序推进。	2014年8月27日
3	28省、4个直辖市、70%以上地级市	《政府工作报告》、《地方物联网发展规划》	明确提出推进物联网技术研发与应用发展的政策。	2010年至今

资料来源：中国电子技术标准化研究院：《物联网标准化白皮书》。

（二）传统行业借助物联网应用提振效能愈发明显

当前，物联网以泛在感知、精益控制、数据决策等能力要素集的形式向传统行业的上下游各个环节加速渗透、多维融合，促进产业升级和结构优化，推动新兴业态不断涌现。在工业制造领域，物联网在供应链管理、生产过程工艺优化、产品设备监控管理、环保监测及能源管理、工业安全生产管理等环节得到广泛应用。例如，工程机械行业通过采用 M2M、GPS 和传感技术，实现了百万台重工设备在线状态监控、故障诊断和后台大数据分析，使传统的机械制造引入了智能。采用基于无线传感器技术的温度、压力、温控系统，在油田单井野外输送原油过程中彻底改变了人工监控的传统方式，大量降低能耗。在农业领域，从田间地头的测土配方施肥、智能节水灌溉和农机定位耕种，再到农产品的收割、晾晒、储备各个环节，物联网支撑着新型农业生产手段的应用，推动大田耕种精准化、园艺种植智能化、畜禽养殖高效化，促进形成现代农业经营方式和组织形态。根据部分省市的统计测算，有效应用物联网系统后可使作物种植人员成本减少约 50%，总体经济效益提高约 10%；借助传感自调节实现设施内高精度环境控制，培育面向高端人群的高品质农产品，可使单位产品增值近 10 倍。在能源领域，借由能源管理虚拟化，以大数据建立动态能效模型，对峰谷电力消耗精确定位，实现错峰调谷，对大型工业园区，仅照明能耗优化一项即可下降 30%。

（三）基于物联网和移动互联网融合的消费性应用创新更为活跃

移动互联网业务发展迅猛，将带动物联网进入规模化发展新阶段。截至 2015 年上半年，我国 36 家主要第三方应用商店应用程序规模累计超过 386 万个，业已成为全球移动互联网最大市场，我国移动互联网市场的繁荣和产业优势，将对物联网发展起到强大的带动作用。

移动互联网应用通过开放接口方式连接物联网设备，使物联网能够依托移动互联网应用的入口优势和用户优势，打造国民级物联网应用。如微信平台已开放硬件接口，公众号可绑定家居、玩具、路由器、运动、可穿戴等各类智能设备，实现智能设备之间、智能设备与数亿微信用户之间的连接。不到一年时间内，微信已接入 2400 多个硬件厂商，设备激活量 2500 万，微信运动已有 1000 多万用户，带动了运动手环规模化发展。

融合应用广泛涉足家居、安全、医疗健康、养老等民生领域。在家居方面，移动 APP 发挥数据汇聚中心和控制中心作用，一方面获取温度、湿度等各类传感设备监测信息，另一方面作为遥控器反向控制照明灯、洗碗机、落地灯等家用电器，华为等众多企业已推出以智能手机为核心的智能家居解决方案。在安全方面，儿童防丢设备具有蓝牙防走散、安全区域报警、四重定位等功能，孩子佩戴后，家长在手机上即可随时查看孩子位置了解孩子动态，360 儿童卫士三个月销售 50 万台，目前已推出第三代产品。在养老方面，移动 APP 具备老人定位、报警、日常健康检测及大数据分析功能，帮助养老机构解决找人难、老人遇险报警难、遇到问题追溯难等问题，目前已在部分养老机构开展示范。此外，基于可穿戴设备的个人健康管理、运动统计等融合应用引发的流量占比越来越大。

（四）技术研究和标准化不断取得新的突破

近年来，我国企业系统开展物联网技术研究，在网络架构、传感器、M2M 等方面取得了一定的技术突破。同时，针对物联网共性基础能力和应用领域专业能力的标准规范逐步完善，国际标准影响力不断增强。

网络架构研究取得积极进展。国内多个研究机构和单位致力于物联网网络架构的研究并已形成初步研究成果，为我国不同物联网应用领域的系统设计提供了参考依据。

M2M 统一平台和 M2M 无线连接技术成为标准化重点。M2M 统一平台已成为运营商、互联网企业等布局物联网业务的重要抓手，我国三大电信运营商均大力推进 M2M 平台建设，在交通、医疗等垂直领域推出了一系列物联网产品。

MEMS 传感器已经形成局部亮点。我国传感器企业积极把握 MEMS 传感器的新需求和新技术，取得了局部突破，如研发了 MEMS 加速度计技术、基于专有热力学检测方法的 MEMS 传感器芯片和生产测试技术、基于背照技术的 500 万像素 CMOS 图像传感器、CMOS – MEMS 全薄膜封盖 MEMS 工艺和晶圆级集成封装工艺等核心技术，且建成了业内首条具有完整 MEMS 工艺能力的中试生产线，目前已在安防监控、汽车电子、消费电子等领域广泛应用。

（五）我国物联网发展面临的问题

我国物联网总体呈现出较好的发展势头，但物联网的基础条件和自有属性决定了物联网发展的长期性和艰巨性。随着应用规模和范围的不断扩大，制约发展的深层次问题进一步显现。核心技术落后使我国在物联网新一轮产业生态布局中依然被动，发展中涌现出的物联网新业务新模式又带来传统行业政策和体制机制不适应性等新问题。

1. 物联网产业生态主导权的竞争依然严峻

我国企业尚缺乏国际物联网产业生态的主动权，物联网基础传感器产业的技术能力仍然薄弱，多种因素制约企业战略性和基础性投入。物联网产业以中小微企业居多，而物联网技术研发又具有投入大、周期长、风险高的特点。一方面中小企业负担不起研发成本和长周期，导致应用产品和解决方案缺乏市场竞争力；另一方面，大企业为追求短期盈利，依然轻视对核心技术和高端产品的研发投入，重应用轻研发现象相当普遍。

2. 标准协调统筹和实施仍不能满足产业和应用需求

目前，物联网标准化工作虽在逐步落实推进，物联网国家标准、行业标准数量也在迅速增加，但统一的规划、推进、部署和协作仍然不足，造成物联网标准化组织一拥而上，标准化职责不明确、标准化范围不清晰，物联网标准的重叠和缺失较为严重，难以充分发挥各个标准组织的优势形成发展合力。此外，物联网应用种类繁多，需求差异较大，现有信息、通信、信息通信融合、应用等标准还不能全部满足产业快速发展和规模化应用的需求。如大部分电子车牌、食品溯源行业标准尚没有发布，园区、工业、照明、交通等行业标准缺失。目前物联网标准主要集中在垂直领域，面向未来水平化跨领域、开放互联的基础共性标准基础较差，缺乏重点布局。同时，标准制定流程复杂缓慢、推广力度不足造成标准化严重滞后于市场转变和企业需求，企业认知度差、参与度低、采用度少，标准对行业的指导作用亟需提升。

3. 协同性不足严重阻碍产业发展进程

市场与产业之间及产业链上下游之间缺乏协同，从而导致四个方面问题，影响产业发展速度和效益。一是市场与产业间供求信息交流不畅，使得技术产品与市场需求不对等；二是应用集成企业与研发企业缺乏协作，造成国内产品市场占有率低；三是资源整合及产业集中度低，低水平同质化竞争较为普遍；四是产学研各方分工不清晰，整体效率低，成果转化率低。

政务资源缺乏整合及部门间业务缺乏协同阻碍应用推广。政务信息资源的整合开放以及部门间业务的协同配合，是物联网应用成功实施的前提。

4. 新业务新模式与各行业政策和体制机制的不适应性更趋突出

物联网技术、产品、应用发展迅速，引发的新业务新模式层出不穷，与现有监管政策和体制机制间的矛盾也日趋突出。主要表现在：一是 ICT 产业与传统行业间的协调机制有待加强和完善，传统的监管模式和政策需要顺应物联网的发展需求不断创新和挑战。如以医疗健康领域为例，一批健康物联网应用示范工程已取得初步成效，但可持续发展在现有政策和管理下面临一系列问题，如医院收费项目不包括远程医疗服务，专业远程医疗诊断中心缺少资质认定办法，医保无法覆盖远程医疗，远程医疗终端设备准入缺少专门的标准，远程医疗合规性、服务标准、责任认定和追究制度欠缺等。二是缺乏培育和发展物联网融合创新的有效平台，新业务与新模式的开展面临跨行业协调难、服务监管不健全等问题。三是融合创新产品面临的标准缺失与认证困难等问题。传统的管理模式阻碍了融合产品的市场化进程，许多融合型创新企业饱受困扰。例如物联网融合新产品 Wi-Fi 插座，通过 Wi-Fi 无线网络可以实现对智能家电设备的远程控制，但由于在产品技术认证方面推进缓慢，限制了产品的进一步市场化推广。

【专栏 1-3】

表 C1-2 我国物联网示范应用进展情况

应用领域	主要进展
国家发展和改革委员会	2011 年 10 个首批国家物联网示范工程：城市智能交通、船联网、城市社会公共安全、环保物联网、设施农业、大田农业、水产养殖、智能林业、无锡综合示范、标准体系建设。2012 年 7 大领域国家物联网重大应用示范工程：海铁联运、智能电网、矿井安全生产监管、油气供应、食品安全追溯、粮食储运监管、航空运输。2013 年，批准了警用装备管理、监外罪犯管控、特种设备监管、快递可信服务、智能养老、精准农业、水库安全运行、远洋运输管理、危化品管控 9 个重点领域示范工程。
工业和信息化部	《物联网"十二五"发展规划》：工业、农业、物流、交通、电网、环保、安防、医疗和家具 9 个重点领域示范工程；《无锡国家传感网创新示范区发展规划纲要（2012—2020 年)》。
农业领域	2011 年，国家发展和改革委员会、农业部启动国家农业物联网示范工程项目（北京、黑龙江、江苏）。2013 年，农业部启动农业物联网区域试点工程项目（天津、上海、安徽）。2014 年，国家发展和改革委员会启动精准农业物联网示范工程（新疆、内蒙古）。
交通领域	交通部牵头启动了城市智能交通、船联网和海铁联运等国家物联网应用示范工程。2012 年中国城市智能交通市场 10 个细分行业的项目数量达到 4500 多项，市场规模达到 160 亿元。
公共安全领域	公安部在北京、无锡和深圳启动了 3 项国家物联网应用示范工程，开展智能安防、智能消防、智能交通领域应用。
林业领域	国家林业局在吉林和江西启动了 2 项国家物联网应用示范工程，提高林业资源安全监管与开发利用整体水平。
环保领域	环保部启动了无锡、成都和山东 3 项国家物联网应用示范工程。建成了全国污染源自动监控系统，对 15559 家工业污染源、700 家污水处理厂实施自动监控。
电网领域	国家电网公司启动了智能电网管理国家物联网应用示范工程。截至 2012 年底，国家电网的智能电表安装已完成 1.84 亿只。

资料来源：中国电子技术标准化研究院：《物联网标准化白皮书》。

三、物联网的产业前景

物联网正成为经济社会绿色、智能、可持续发展的关键基础和重要引擎。随着物联网技术产品的不断成熟，物联网的潜力和成长性正逐步凸显，应用将加速渗透到生产和生活各个环节，市场规模不断扩大；产业潜力将加快释放，市场化的资源配置机制逐步确立；物联网与传统产业的深度融合将加深。

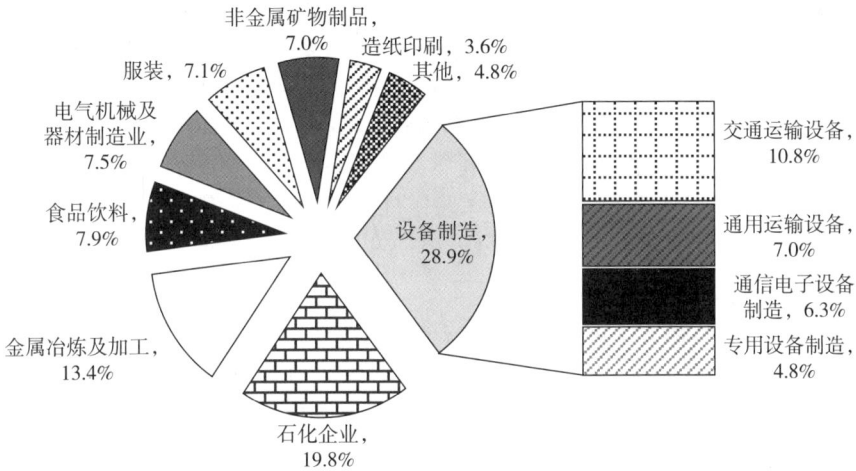

资料来源：腾讯科技，www. tech. qq. com/。

图 1－7　应用物联网技术制造业分布

（一）M2M、车联网市场最具内生动力，商业化发展更加成熟

市场需求、成本、标准化、技术成熟度、商业模式是影响物联网应用规模化推广的主要因素，M2M 和车联网市场内生动力强大，相关技术标准日趋成熟，全面推广的各方面条件基本具备，将成为物联网应用的率先突破方向。

M2M 继续保持高速增长。面向行业领域和消费领域的资产管理、工业设备管理、电力、交通、金融、公共服务、安全监控等大规模需求为 M2M 创造了广阔的市场空间。预计未来十年内，全球移动运营商每年至少 40% 以上的新增连接来自于 M2M，2020 年通过蜂窝移动通信网连接的 M2M 终端将达到 21 亿个，年复合增长率达到 35%。我国 M2M 市场将在规模居全球第一的基础上继续保持快速增长。标准化成为重要推手。统一的终端协议和统一的平台标准能够确保服务提供商实现业务发放、业务管理和海量终端管理，真正为服务提供商带来价值，并能实现全球化服务，统一标准的确立对 M2M 大规模发展起到关键推动作用。

车联网应用提速。全球汽车保有量以年均 20% 的速度持续快速增长，巨大的汽车市场以及人们对于舒适、智能、安全、低碳的驾驶体验诉求为车联网服务的增长提供了强劲的动力。GSMA 与 SBD 联合发布的车联网报告中指出，预计到 2018 年全球车联网市场总额将达 390 亿欧元，是 2012 年市场总额的 3 倍，互联网连接将成为未来汽车的标配，到 2025 年 100% 的汽车将具备移动互联网接入功能。这将是汽车行业发展 100 多年来经历的规模最大、动力最强的变革，未来车联网发展将以智能和互动为原则，集成无线通信、智能导航、泊车辅助、智能安全、免提语音识别、节能、娱乐影音等功能，没有配备车联网系统的汽车将失去市场竞争力。美国国家高速公路交通安全管理局（NHTSA）已向美国立法部门提议，到 2014 年美国所有汽车厂商必须为自家所生产汽车安装电子记录设备（ERD），以方便 NHTSA 对收集到的数据进行汇总分析，并最终达到减少车祸的目的。美国、德国汽车厂商已在汽车内加装 LTE 通信模块，结合卫星导航等提供统一服务，基于 LTE 的 M2M 通信模块将逐步发展为汽车标配。

（二）物联网与移动互联网融合方向最具市场潜力，创新空间巨大

移动互联网与物联网是最具发展潜力的两大信息通信产业：移动互联网主要面向个人消费者市场，侧重于提供大众消费性、全球性的服务；而物联网主要侧重于行业性、区域性的服务。当前，移动互联网正进入高速普及期，成功的产品和服务模式不断向其他产业领域延伸渗透，而处于起步阶段的物联网，也开始融入移动互联网元素，移动互联网与物联网的结合成为物联网发展最有市场潜力和创新空间的方向。

移动智能终端集成传感器和新型人机交互等技术支撑融合类应用。目前嵌入到移动智能终端的 MEMS 传感器已有几十种，如感知光线反射、压力、触觉、心跳、血压、手势、环境参数、温度、湿度、指纹、运动、情绪、高度的传感器等等，可以为用户提供个人健康管理、运动统计等新型感知应用。同时，终端与感知技术、应用服务深度融合不断催生新型终端形态，谷歌眼镜、iWatch 智能手表、耐克智能手环等可穿戴设备通过集成增强现实、语音识别、骨传导等新技术带来全新用户体验和应用服务。此外，以移动智能终端为控制中枢的多屏互动、智能家居等应用也开始起步，例如将安卓手机作为遥控器控制照明灯、洗碗机、落地灯等家用电器。

物联网借鉴移动互联网的技术、模式和渠道，开始从行业领域向民生领域渗透，基于移动智能终端的融合应用正在不断涌现。例如，智慧城市信息化系统开放城市管理数据和能力，通过移动智能终端向用户提供公共缴费、气象预警、交通引导等便民服务。目前，应用程序商店中已出现众多智慧城

市、智能医疗、环境监测、智能交通等物联网应用。智能家居和移动互联网的逐步融合，将推动智能家居行业形成"硬件＋软件＋数据服务"的平台化运营模式。从垂直到水平、从封闭到开放、从私有到标准化，借鉴移动互联网的成功经验，物联网应用将实现规模化发展。

物移融合将形成更为突出的马太效应。物联网与移动互联网两大产业通过相互的技术借鉴、模式学习和资源利用，将在终端、网络、平台等各个层面进行多种形式的融合，形成马太效应，对整个社会生产、生活产生巨大影响。一是多形态的终端并存，包括手机、便携设备、PC、服务器、智能电视、游戏机、智能家电等，终端具备全面感知能力，各类可穿戴终端（智能眼镜、智能手表、智能手环等）全面拓展应用场景；二是网络支撑平台将趋于一致，跨行业跨终端的统一支撑平台将推动数据开放，促成应用聚合创新；三是应用服务和内容趋向于个性化，融合应用带来更多移动互联网特质的面向个人的应用。

（三）物联网推动工业转型升级和新产业革命发展

物联网与工业的融合将带来全新的增长机遇。以物联网融合创新为特征的新型网络化智能生产方式正塑造未来制造业的核心竞争力，推动形成新的产业组织方式、新的企业与用户关系、新的服务模式和新业态，推动汽车、飞机、工程装备、家电等传统工业领域向网络化、智能化、柔性化、服务化转型，孕育和推动全球新产业革命的发展。美国制造业巨头通用电气公司充分利用物联网技术，已推出了二十余种工业互联网/物联网应用产品，涵盖了石油天然气平台监测管理、铁路机车效率分析、提升风电机组电力输出、电力公司配电系统优化、医疗云影像等各个领域。AT&T 基于 GE 的软件平台 Predix 开发 M2M 解决方案，越来越多的工业机器将通过 M2M 连接到网络。

工业物联网统一标准成为大势所趋。工业物联网涉及不同技术和设备供应商的网络连接与集成，只有消除标准的壁垒，才能形成统一的服务和商业模式，确保制造业企业的核心竞争力。德国《工业 4.0 计划实施建议》中明确将制定开放标准的参考体系作为第一个优先行动领域，由联邦 ICT 技术和新媒体协会（BITKOM）、机床设备制造联合会（VDMA）、电子电气制造商协会（ZVEI）三个协会牵头，博世、英飞凌、ABB、西门子、惠普、SAP、IBM、ThyssenKrupp、德国电信等 14 家企业以及 17 家大学和研究机构参与，组建了专项工作组开展相关工作。

物联网推动"两化"融合走向深入。近年来，我国政府通过工业化与信息化融合战略正在大力推进物联网技术向传统行业深度渗透。工业和信息化部于 2013 年 9 月发布的《工业化与信息化深度融合专项行动计划（2013—

2018 年)》中重点提出的互联网与工业融合创新试点工作已经进入了全面实施阶段。随着物联网基础设施的逐步健全及产学研互动合作的全面展开，物联网通过数据的感知与共享向多个领域的深度渗透，将进一步消除行业与地域间的界限，并促进融合创新研发团队与制造企业间的技术交流，成为促进新产品、新工艺、新市场的催化剂。在生产过程、供应链管理、节能减排等环节深度应用物联网将成为制造业企业的标配。同时，工业云平台、工业大数据等配套服务模式将逐步完善，进一步整合物联网服务资源，从而带动我国传统产业的全面转型升级。

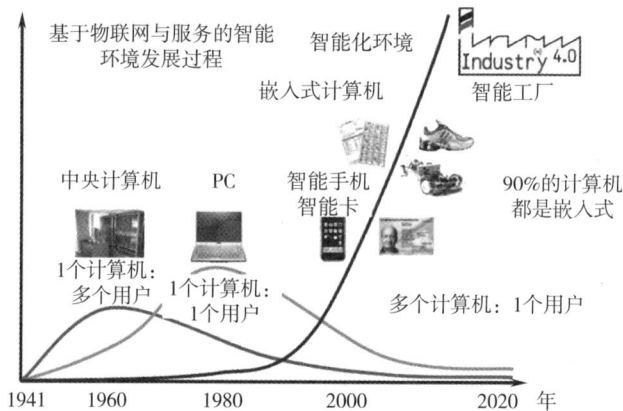

资料来源：http：//robotik. dfki – bremen. de/en/startpage. html.

图 1 – 8　工业 4.0：从智慧工厂到智能生产

（四）行业应用仍将持续稳步发展，蕴含巨大提升空间

行业应用仍然是物联网发展的重要领域。在工业、农业、电力、交通、物流、安防、环保等行业领域，物联网应用提升的空间广阔。在各行业"十二五"发展规划中，均将应用物联网等信息通信技术提升行业信息化水平纳入其中。智能电网领域，物联网将应用在智能运行、智能控制和智能调度等环节，推动电网的效率提升。农业领域应用物联网实现资源环境信息实时感知获取、农业生产过程管理的精细化以及农产品流通过程中的质量安全追溯，可以应对资源紧缺与生态环境恶化的双重约束，以及农产品质量安全等问题的严峻挑战。交通领域的交通信息资源动态采集和共享应用，物流领域的分散物流资源的高度集约化管理和智能化配置，医疗卫生领域的社区医疗资源共享、医疗用品管理、远程医疗服务等各个方面，节能环保领域的生态环境监测、污染源监控、危险废弃物管理等方面，公共安全领域的药品和食品安

全监控、城市和社区安全、重要设施安全保障等方面，网络化和智能化还处于起步阶段，对物联网技术的需求均比较迫切。

物联网深度应用将催生行业变革。近年来物联网技术不断用于国计民生重大领域，如食品溯源、粮食储运、油气野外运输、煤矿安全等。物联网多种技术手段，如传感、定位、标识、跟踪、导航等，可以实现动态、实时、无缝、全天候的监控，为行业实现精细化管理提供了有力的支撑，不仅大大提升管理能力和水平，而且能够改进行业运行模式，从技术的角度引发行业管理领域的革命，促使行业领域向着公平、开放、廉洁、高效、节约的方向发展。

（五）物联网产生大数据，大数据带动物联网价值提升

物联网产生的海量数据蕴含巨大价值空间。互联网的大数据来自虚拟世界，如社交网络、微博、微信、电商等业务，是以人为主的信息。物联网的大数据来源于物质世界，由大量感知终端产生，比如传感器、M2M 终端、智能电表、汽车和工业机器等，主要是物的信息。虽然目前互联网的数据量大于物联网感知到的数据量，不过随着物联网设备的普及和技术的进步，物联网数据量将快速增加，最终将发展到互联网数据量的十倍、百倍不止。将物联网产生的庞大数据进行智能化的处理、分析，可生成商业模式各异的多种应用，这些应用正是物联网最核心的商业价值所在，物联网产业链的重心将向下游的智能处理聚集。以智慧城市管理为例，大量感知终端采集上来海量的信息，有交通路况、建筑能耗、物流配送、空气质量、景区流量等，如果能在城市综合运营管理中心进行充分地分析、深入地挖掘，将能及时发现问题，进行预警疏导和调整优化，从而提高城市管理效率，减少城市事故灾害，保障公众安全，提升人们的幸福指数。

（六）物联网在智慧城市建设中的推广和应用更加深化

智慧城市为物联网应用提供巨大的市场需求。智慧城市已成为城市高水平发展的战略选择和必经之路，物联网技术和应用是智慧城市"智慧"能力的重要组成部分，在信息数据采集、城市精细化管理、生态环境保护、低碳节能运行、产业效率提升、公共服务均等化和普惠化方面作用显著。物联网在智能电网、楼宇能耗监控、水质监测、交通电子车牌、远程医疗与健康监护等领域的应用，也为智慧城市绿色、高效和均等的主题提供了有力支撑。智慧城市建设广袤的市场空间，将成为物联网发展的强大驱动力。

借助智慧城市的良好机制体制，推进物联网在智慧城市的集成应用。智慧城市对多个行业领域的整合，为物联网发展提供了优质的土壤和优厚的环境。借力智慧城市建设东风，紧密结合各地智慧城市的建设步伐和任

务，加快推进物联网在智慧城市中的集成应用，解决城市治理、民生服务以及产业发展的关键问题，在应用推广中进一步聚焦和深化需求，完善产品与解决方案，培育物联网相关产业持续发展，将是未来物联网发展的主要方向。

【专栏 1-4】

杭州被 G20 选中的最大"秘密"：不按套路出了三张牌

2016 年 9 月 4 日，G20 峰会在杭州召开，这个齐聚全球 20 位最有权势领袖的巅峰会议，将杭州推向世界的舆论中心：G20 此前的举办地都是华盛顿、伦敦、多伦多、圣彼得堡这样的国际城市，此次首次来到中国，没选北京或上海，而是选择了一座 1.5 线城市。

杭州凭什么爆发出如此洪荒之力？

1. 那些让北上广深也汗颜的表现

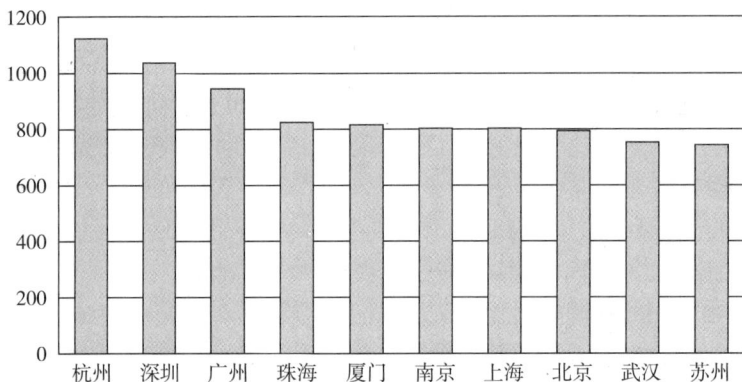

图 C1-1　互联网金融发展指数

如果不带现金，只带一部手机出门，哪座城市你能生活得最好？答案是杭州。杭州已悄然成为全球最大移动支付之城。杭州 98% 的出租车、超过 95% 的超市便利店都可使用移动支付，甚至相当部分的菜市场小摊也能用手机买单。杭州有最完善的公共自行车租赁网络，是中国唯一一个被 BBC 评为"全球公共自行车服务最棒的城市"。杭州有遍布全市的信用借还网络，凭芝麻信用分免费借雨伞、借充电宝。杭州是养老床位最充裕的城市；是白领年终奖最高的城市；是国内大城市中，真正做到"斑马线前车让人"的城市。北京大学 4 月发布的报告说，互联网金融发展指数杭州最高，拥有陆家嘴的上海和拥有金融街、中关村的北京，仅排在第七位和第八位。杭州当然还是电商之都、快递之乡，互联网金融的绝对中心，是中国新经济的代表。一个城市所有的荣耀，不管是生活还是商业、科技，杭州似乎都拿到了。

2. 取消西湖门票其实是一种互联网思维

杭州的这种成长蜕变，与四大一线城市不一样。

北上广深，多多少少都是政治助力的结果。杭州的成长蜕变，基本是靠自我生长，不按套路出牌，实现弯道超车。杭州式颠覆，有诸多要素，这里重点谈两个不按套路出牌的关键节点。

第一个节点，21 世纪初，杭州逆势而动，在西湖拆掉围墙，取消门票，成为全国第一个免门票的 5A 景区。这期间，黄山风景区，旺季门票由 80 元上涨至 230 元。张家界的武陵源核心景区，门票由 158 元上调至 245 元。杭州不按常规套路出牌，意图是：不以旅游作为直接盈利点，而是以旅游业作为导流的入口，发展其他产业。此后的发展按照杭州的预想进行。西湖免门票十年间，游客数量增加 2.1 倍，旅游总收入增长 3.7 倍，达到上千亿元。

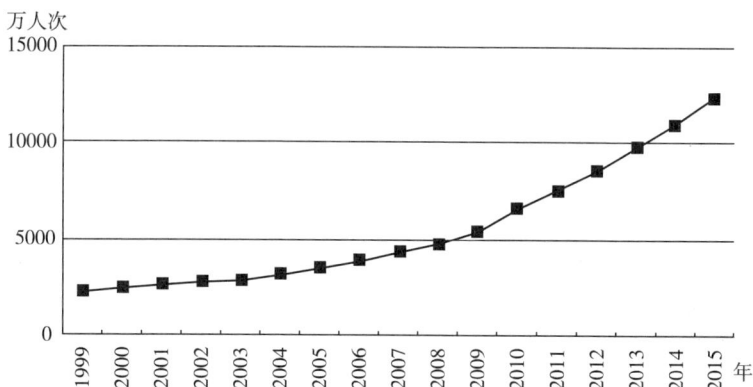

图 C1 - 2　1999 年以来杭州市接纳海内外旅客人次统计表

人流量的增加，使得杭州餐饮、旅馆、零售、交通等相关行业迎来井喷，摆脱了单纯依靠门票的低附加值发展模式，同时对整个第三产业的发展都有促进。15 年间，杭州市第三产业增长速度达到 9.3 倍，将同为旅游城市的西安、桂林近 5 倍增速远远抛下。相对于北京、上海这样的一线城市，杭州的第三产业也有速度优势。

回过头来看，西湖模式就是在用互联网模式发展城市：用免费的方式获取流量，不直接从入口挣钱，有了流量来发展其他业务。西湖模式的效果广受认可，但为何其他地方仿效得少？这背后有一个不可言说的秘密：门票收入比较确定，来钱快，更重要的是便于政府控制。如果免掉门票，客流可能增加一些，但旅游财富都流向各色小贩、旅行社、出租车公司、酒店等民间手里，藏富于民，但政府能够支配的财富就少了。这是很多地方政府不愿意面对的局面。敢于坚持流量入口意识，敢于藏富于民，这个不按套路出牌的路数，一下子给了杭州较大的格局。

第二个更为关键的节点，是真的互联网来了。

两个"不按套路出牌"者碰在了一起。一个是杭州市，没有按当时主流做法去发展重化工、制造业，而是重点发展第三产业，尤其是科技和金融。另一个是阿里巴巴，在当时也是个不按套路出牌的存在。马云那时还是个普通人，从一部叫《扬子江中的大鳄》的纪录片中可以看到，回杭州创业是不得已的选择，当时他在北京做网站，到处去找政府机构求合作，想帮他们在互联网上向世界展示中国，但几乎是被轰出门去的。马云后来说：阿里巴巴来到杭州，很多人问我为什么（总部）不在北京、上海，而选在杭州。我创业那会儿诺基亚很棒，它的总部在芬兰一个小岛上，所以重要的不是你在哪里，而是你的心在哪里，你的眼光在哪里。北京喜欢国有企业，上海喜欢外资企业，在北京上海我们什么都不是，要是回杭州，我们就是当地的"独生子女"。

互联网的嵌入和生长，帮助这个城市弯道超车，杭州从一个以旅游为主打标签的二线城市，升级为具有全局辐射力的中心城市。

弯道超车的过程中，杭州的气质也在变。"天堂硅谷"是杭州最新的一个称呼。天堂，代表好山好水，悠闲的一面；硅谷，代表创业创新，拼搏的一面。杭州不再是单纯的慢生活城市，而有了快节奏和拼搏氛围。由阿里巴巴开始，杭州逐渐形成了一个互联网生态圈。

这里有产业集群的效应。比如中国第一座互联网金融大厦落户在杭州，吸引了一大批互联网金融企业的入驻，包括我们熟悉的蚂蚁金服、挖财、铜板街、51信用卡、恒生电子、数米基金网等。在互联网金融的企业集群方面，杭州走在前面。

另一方面，阿里巴巴会根据员工入职先后编排公号，如今已排到了十多万，其中离开的有六七万人，很多都选择留在杭州创业或发展，阿里系成为杭州创业圈中的第一大系（阿里巴巴 IPO 后出来创业的阿里系、浙江大学为代表的高校系、以千人计划人才为代表的海归系，以及创二代、新生代为代表的浙商系，是杭州四大创业系，俗称"新四军"）。

互联网重镇形成后，杭州就成为各大巨头的必争之地。有人曾勾勒了杭州的互联网权力地图：杭城以西的余杭，是阿里系的"天下"。杭城以南的滨江，是网易系的"总部"。杭城西南方向，在富阳东洲新区，一个规划占地

500 亩，投资 13 亿元的电商产业园已经整装待发，投资者是京东。而从富阳往北延伸 30 公里，百度在杭州的首家分公司宣告成立不久，已经签约入驻"西溪籍"。与之相邻的，是几个月前盛大开园的腾讯杭州创业基地。

3. 第三次出牌

第一次不按套路出牌，用流量入口思维治理城市，打开了发展的格局。

第二次不按套路出牌，基于互联网和新经济实现了弯道超车，在经济转型上成为典范。

现在杭州在进行第三次出牌，试图把互联网变成水电气一样的基础设施。这在全世界还没有任何一个城市做到过。

2016 年 8 月 16 日起，杭州用支付宝就可以坐公交了，这是全国首例。8 月 20 日起，无须押金，只要芝麻信用分在 600 分以上，杭州居民和游客便可在景区、机场、公交站等 315 个点免费借雨伞和充电宝，这也是全国首例。

如文章开头所说，杭州城市的智慧程度已遥遥领先。第三次出牌有一个核心，就是金融，城市生活的便捷性绝大部分都与支付和信用相关。这其中，最关键是普惠金融的实现。普惠金融是联合国首先提出的概念，目前已成共识。用大白话解释，就是把金融服务变得和水电气一样，所有人，不论阶层，不论贫富，不论城乡，都能平等、方便享受到金融服务。做到这点的前提，一是保证风控安全，二是大大降低金融成本。

杭州敢于挑战普惠金融的难题，在于有互联网金融这张"王牌"。业内流传一件趣事，一个银行系统和一个蚂蚁金服的朋友在一起吃饭，别人问他们：你们对小额贷款的定义是多少？银行系统的说，50 万~200 万元吧。蚂蚁金服的说：最低几千元也贷，几万元也贷，平均获批额度在 5 万元左右吧。蚂蚁金服的朋友举了个例子，解释为何能服务那么多低净值用户：每笔线上贷款的 IT 成本不到 1 元钱，这个成本是银行的几百分之一。技术带来的成本降低和流程创新，使得普惠金融成为可能。2010 年以来，有 400 万家小微企业从蚂蚁金服获得贷款，其中 95% 贷款项目的额度都在 3 万元以下。

北京大学最近发布了《互联网金融发展指数报告》，其中一个结果比较有趣：不同城市距离杭州越近，距离北京、上海、深圳越远，互联网金融发展水平越高。该报告说，这主要是因为蚂蚁金服成为互联网金融的最大数据源，距离该数据源越近，互联网金融的推广力度越大，从而互联网金融发展水平越高，这也进一步说明互联网金融并不是完全超地理的金融现象。没有任何传统金融优势和政策倾斜的杭州，借助互联网金融的势能，意外地成为一个金融重镇，这是弯道超车的又一实例。它的意义甚至超出了国界。国际金融秩序一直由西方发达国家主导，但移动支付，中国却走在了前面。一位业内人士几个月前曾有过一段描述：美国大约有 15% 的用户用过 PayPal，Apple Pay 等移动支付，但实际上并没有成为日常生活习惯，对比中国移动支付发展的势头，可以说美国现在更像 2013 年的中国，在移动支付发展上落后中国 2 年以上。

　　资料来源：《智谷趋势》，作者：严九元，2016 - 08 - 24。

第二章 物联网金融的产生与发展

物联网既把互联网延伸到物理世界，同时又可以把互联网金融的服务广泛延伸到专业智能的物联网，未来将有广泛的想象空间。

——中国计算机行业协会副秘书长、赛迪公司总裁 孙会峰

物联网技术与人工智能、云计算、大数据不断渗透融合，在促进经济社会发展的同时，产生了海量、规则、关联、有序的立体网状数据仓库，逐步实现物理世界的数字化、信息化、智能化。这些特性为金融机构解决"信息不对称"难题开拓了一片新天地，物联网金融正是在这种背景下应运而生的。物联网金融模式可以实现物品的使用属性与价值属性的有机融合，达到商品流、信息流和资金流的完美统一，可以促进金融更好地服务实体经济和防控风险，物联网金融必将给经济金融领域带来深刻影响和变革。

本章通过三个部分来阐述物联网金融产生和发展的内生逻辑。首先，介绍物联网金融的概念、特点和当前较为成熟的几个应用模式。其次，深入剖析物联网金融在金融企业内部的孕育过程和演进轨迹。最后，介绍物联网金融与互联网金融的关系。

第一节 物联网金融的概念、特点及主要模式

物联网金融是物联网技术得到全面应用后，为解决当前金融中存在的几大困境应运而生，可以说，物联网金融从诞生以来就带着强烈的技术基因，它也会伴随着物联网技术的进步持续得到丰富和完善。物联网金融直接面向客观真实很难人为粉饰的物理世界，结合大数据和数据挖掘技术，有效解决信息不对称这一金融难题。目前，物联网金融已经在投融资、金融租赁、汽车保险、支付结算得到了很好的实践。

一、物联网金融的概念

物联网金融是在物联网技术和互联网金融高速发展融合的基础上逐步演化产生的。物联网在我国真正开始实践是 2009 年以后，因此物联网金融这一新业态的雏形也在 2010 年以后逐步形成。从掌握资料看，2012 年，王继祥第一次提

出"物联网金融"概念，根据他的定义，物联网金融是面向所有物联网的金融服务与创新，而不局限于金融物联网的使用。2014年，刘海涛也发表了物联网金融有关论文，他指出物联网金融是指利用物联网技术，在传统供应链金融的基础上，实现以信息流为共同载体，驱动价值流在现实社会顺畅、高效地流通，形成价值流、信息流和实体流融合驱动的金融系统。2015年，赵志宏提出物联网金融是实时智能银行"情境化金融服务"的滩头堡之一，是依托于物联网、云计算、人工智能等工具，实现金融商机识别、确认、交付和风险预警预控的新兴金融。平安银行行长邵平（2015年）认为，物联网金融是金融机构和物联网企业利用物联网技术和信息通信技术，实现支付、资金融通、投资、资产管理及信息中介等服务的新型金融业态，它能很好地提升客户体验，降低运营成本，控制金融风险的行为。同时，他指出互联网金融和物联网金融的差异最重要的是信用主体不同：物联网金融是变主观信用为客观信用，互联网金融公司的金融服务，其信用判断来自于从互联网采集大量的数据，这些数据交易数据少，社交数据为多，而且采集的方法主观因素比较多。物联网的数据是实实在在的，依据的是传感器实时采集的客观数据，具有实时全面客观的特点。

笔者认为，物联网金融是依托于物联网技术，以金融媒介为平台，实现资金流、物资流和信息流高度融合的一种新兴金融。物联网以其全新的架构体系，在实体世界实现有组织、主动的感知互动，让虚拟经济从时间、空间两个维度上全面感知实体经济行为、准确预测实体经济的走向，让虚拟经济的服务和控制融合在实体经济的每一个环节中，这必将推动传统金融模式的一场新革命，并催生一种全新的金融模式——物联网金融。物联网金融实现了资金流、信息流、实体流的三流合一，全面降低虚拟经济的风险，将深刻而深远地变革银行、证券、保险、租赁、投资等众多金融领域的原有模式。物联网金融可将金融网络、服务网络、商业网络进行全面融合，形成智能化、自动化的新型发展模式，实现金融服务无处不在，推动金融产业的大发展。同时，在互联网金融的基础上，现代的物联网金融可以实现物品的价值与物品无间隙对接，减少中间不必要的成本损失环节，创造智慧金融。

物联网金融是金融信息化演进到一定阶段的必然产物，其形成和发展有"三大支柱"：一是跨界融合。物联网金融是物联网和金融相互影响、渗透并不断融合的产物，两者间的界限趋于模糊，日益形成你中有我、我中有你的关联互动。一方面，物联网不断应用于金融服务的各个领域，如智能安防、VIP服务、移动支付、业务流程管理、远程结算等，促进现代金融的信息化和数字化发展。另一方面，金融服务嵌入信息交换和网络化管理，催生供应链金融等全新的商业模式，极大提高了商品生产、交换和分配效率，为物联网的发展壮大提供了有力支持。二是大数据支撑。根据 IDC 的调查分析，未来物联网将由数十亿个信息传感设备组成，由此产生的数据量每隔两年便增长一倍，到 2020 年将激增至 44 兆 GB。物联网产生的大数据与一般的大数据有不同的特点，通常带有时间、位置、环境和行为等信息，具有明显的多样性、非结构性和颗粒性。对金融机构而言，物联网提供的不是人与人的交往信息，而是物与物、物与人的社会合作信息，通过对海量数据信息的存储、挖掘和深入分析，能够透视客户的自然和行为属性，为金融机构大到服务战略、小到业务决策提供全面客观的依据。三是互联网基础。物联网本质上是把所有物品通过射频识别等信息传感设备与互联网连接起来，实现智能化识别和管理。因此，物联网的基础仍然是互联网，是在其基础上延伸和扩展的网络。同样的，物联网金融本质上是对物联网上的物品信息进行综合分析、处理、判断，在此基础上开展相应的金融服务，而物品信息生成后的标识、传输、处理、存储、交换共享的整个流程都是在互联网上进行的，没有互联网，物联网金融寸步难行。因此，可以认为物联网金融是金融信息化的不断延伸，是互联网金融的深化发展。

资料来源：易观智库，http://www.analysys.cn/。

图 2-1　"余额宝"引发的"宝宝"潮

综上所述，物联网金融是物联网与金融的不断互动、融合和发展所产生的一种全新的金融业态，它不仅拓展了物联网的应用前景，也改变了金融业的运行模式，拉开了一场新金融革命的序幕。需要指明的是，物联网在金融中的应用，和物联网金融是有本质差别的。前者是将现代金融融入物联网的各个领域，不断地拓展金融服务领域，而后者使之充分利用先进的物联网技术融入金融领域，服务于金融领域。物联网给现代金融业带来了重大改革，实现了物与物之间的联网，通过不断的研究和发展，进而形成实物物联网，实现现代金融领域的信息化和数字化发展。物联网金融时代的到来，可以将以前比较单一的金融服务对象拓展到整个世界的任何事物，经济实物货币甚至可以消失，现代的物联网金融可以实现物品的价值与物品无间隙对接，减少中间不必要的成本损失环节，创造智慧金融。比如，基于物联网的银行网点、金库的安防、高端客户的个性化的服务、远程抄表的远程金融结算等，是物联网在金融中的应用，并未改变金融的模式，应称之为金融物联网。而物联网金融是指物联网和金融的深度融合，全面变革金融的信用体系，将带来金融模式新革命。物联网与金融业相互融合、相互渗透，范围涵盖物联网、移动支付、移动金融、智慧金融、智能手机、运营商等众多领域。

二、物联网金融的特点

在物联网技术突飞猛进、应用日益广泛的大背景下，互联网金融加速向物联网金融演化，物联网金融的内涵和作用也不断得到补充和丰富。物联网金融在发展过程中呈现以下特点。

（一）网络金融是物联网金融的基础

20 世纪 80 年代以来，网络技术得到飞速发展，金融业务也进入"网络时代"，逐步实现了数字化和信息化，现代金融发展成为网络金融的新阶段。20世纪 90 年代，世界上第一家没有物理网点、完全通过网络经营管理的银行在美国诞生，随后如雨后春笋般在世界各国"遍地开花"。同时，传统银行业也积极发展网上银行，电子商务企业也涉足网络金融服务。根据公开资料，目前我国网络金融大致可以分为三类：一是通过网上银行进行体验式金融服务；二是电子商务中的第三方支付；三是通过互联网直接实现融资贷款服务。网络金融大大提升了服务效率，改善了服务体验。

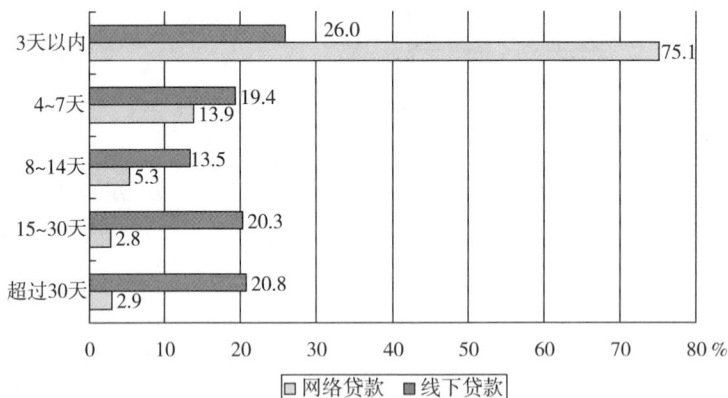

基数：成功申请到贷款的受访者，网络贷款N=565、线下贷款N=858。

资料来源：企鹅智库，http：//tech. qq. com/biznext/list. html/。

图 2－2　网络贷款：让借贷更快捷

物联网金融正是在网络金融基础上发展而来。从前面论述，大家可以认识到物联网是新的信息革命，物联网技术将现代化的互联网技术渗透到物理世界，同时金融服务也通过物联网技术融入到生产生活过程中。物联网与金融的融合，一方面可以拓宽业务范围和服务渠道，提升企业融资效能；另一方面，通过物联网技术激发金融创新，为金融业开拓新的发展空间，提供新的服务方式和手段，不断提升金融服务实体经济的广度和深度。

（二）物联网金融有效解决信息不对称

信息不对称是制约金融发展的最大障碍。互联网金融实现了信息流和资金流的二流合一，是虚拟世界和虚拟经济的融合，却没有改变金融机构的现行信用体系存在的根本问题——缺乏对实体企业的有效掌控。

不同于虚拟世界的互联网，物联网的产生和发展是建立在实体世界已有的智能化、网络化基础之上的。如果说互联网金融是平面的，物联网金融则是立体的；如果说互联网金融是普适性的，物联网金融则是差异化的。互联网面向虚拟世界，通过人为输入将物理世界带入虚拟空间，主观输入的信息不对称导致互联网金融的信用与风控难以保障，存在极大安全风险。2015 年岁末 700 亿元的互联网金融怪兽"e 租宝"轰然倒下，从"泛亚"、"e 租宝"到"中晋"，至 2016 年 4 月全国问题 P2P 平台累计已达 1856 家，占全部平台的比例高达42.7%。同样的风险也存在于仓单质押融资业务，从"上海钢贸事件"到"青岛港骗贷案"，空单质押、重复质押事件一而再地发生，折射出我国动产融资领域的巨大风险。而在物联网金融模式下，物质世界本身正在成为一种信息系统，可以随时随地掌握物品的形态、位置、空间、价值转换等信息，并且信息资源可以充分有效地交换和共享，彻底解决了"信息孤岛"和信息不对称现象。比如，针对汽车险的恶意骗保问题，可以在投保车辆上安装物联网终端，对驾驶行为综合评判，根据驾驶习惯的好坏确定保费水平；出现事故时，物联网终端可以实时告知保险公司肇事车辆的行为，保险员不到现场即可知道车辆是交通事故还是故意所为。物联网信息系统的产生和运用，带领金融进入新古典经济学的"完备信息"状态，对金融市场规模扩大和效率提高产生革命性影响。

（三）物联网金融大幅降低金融交易成本

金融通过调配资金服务实体经济，交易成本是衡量金融效率的重要因素。交易成本金融交易成本是整个金融制度运转的费用，包括信息成本、监督成本、产权界定和保护成本以及保险成本。改革开放以来，我国金融行业取得了与经济相媲美的成就，但与发达国家相比，金融交易成本高仍是阻碍我国经济发展和社会进步的重要因素，交易成本高企导致"融资难、融资贵"等问题日益引起政府、企业和研究者的高度关注。传统交易的成本一般包括时间成本、信息收集成本、人员开支成本、网点建设成本、日常运营成本（房租、水电、设备等）、签约成本、交易维护成本、社会（网络）外部负效应、信用等级评价成本、低效率成本（客户经理对客户的一对一）、风险管理成本以及坏账处理成本等。另外，交易手段的网点依赖性增加了额外的交易成本，技术和市场的垄断增加了交易的垄断成本，而大量的融资需求得不到满足增加了寻租成本。交易期限的单一性增大了交易的机会成本。

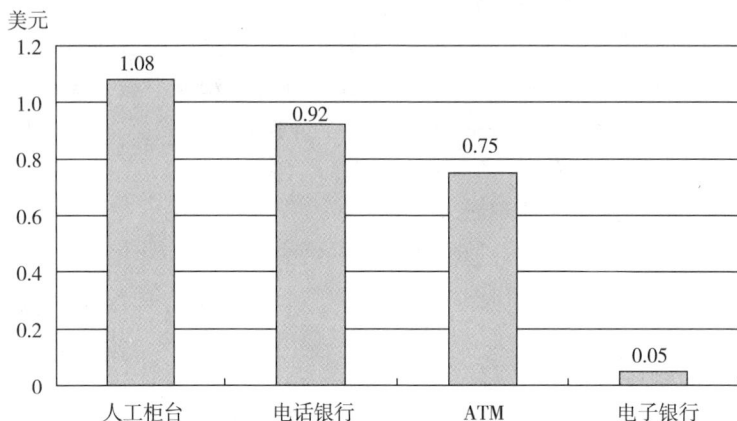

美元

人工柜台	电话银行	ATM	电子银行
1.08	0.92	0.75	0.05

资料来源：https：//www.bankofamerica.com/。

图 2 - 3　美国银行业不同服务渠道单笔交易成本

　　物联网把更多的人、物、网互联互通，相当于提供了一个分布式、点对点的平台，统一的数据传输、沟通和存储加上云计算技术，能够推动银行和客户的资源有效整合和共享，促进服务的标准化和透明化，使多方高度有效的协同合作成为现实，从而大幅度降低交易费用。更重要的是，未来物联网时代将形成全球性协同共享系统，构建横向规模经济，淘汰垂直整合价值链中多余的中间人。这样每个人都可能变成金融产消者，可以更直接地在物联网上提供并相互分享产品和服务。这种方式的边际成本接近于零、近乎免费，即美国趋势学家里夫金预言的"零边际成本社会"。

　　物联网金融模式的大数据和云储蓄技术作用于信息处理，打破了信息壁垒，降低了信息的不对称性[①]。一方面，金融机构可以极低的成本，快速收集云量的客户信息，并进行精准的筛选分析，增加信用评级的可信度，降低信用评级的成本，加强数据管理的灵活性，降低交易维护成本，增强风险的准

---

① 资料来源：程艳.互联网金融趋势下的商业银行发展研究［J］.当代经济，2015（25）.

确度和敏感度，减少交易的风险管理成本；另一方面，客户不但不必再四处奔波地寻找交易渠道和对象，而且交易信息沟通充分、交易透明，定价完全市场化，可以实现最优交易，从而降低信息不对称性带来的额外成本。同时，物联网金融会促生大量的金融创新服务模式和产品，大幅降低交易成本，甚至填补过去交易中的大量空白。

（四）物联网金融服务"长尾市场"

2004 年 Chris Anderson 提出了与传统的"二八定律"相对的长尾理论（The Long Tail），完成了对市场的另一种解读。在我国，传统商业银行是"二八定律"的忠实拥趸，在大客户数量有限的状况下竞争激烈。相反，数量众多的小微企业却面临"贷款难"的现实。过去，因条件限制，小微企业客户很难成为传统商业银行寻找新利润的"长尾"，一直是我国金融服务的短板，也是近几年中央政府倡导的金融业转型发展的重要课题。

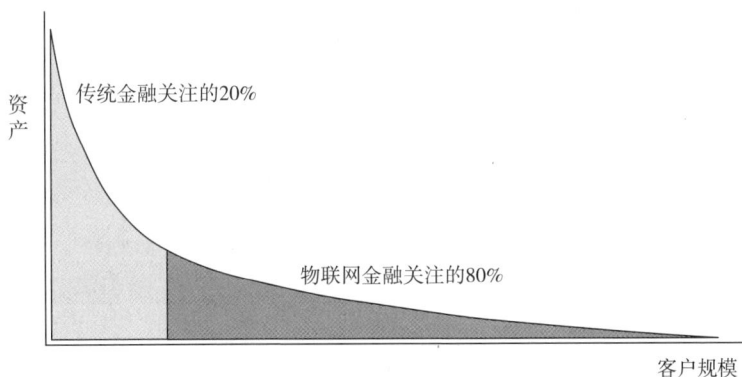

图 2-4 物联网金融更好服务"尾部"市场

据统计，目前，我国的中小微型企业数量超过 6000 万户，其中小微企业在企业总量中占比超过九成，而调查显示，90% 的小微企业因为规模和信息不充分问题，无法得到银行等传统金融企业的认可，从未获得过银行的经营贷款。而在物联网环境下，长尾理论在金融领域有了实现的土壤，小微企业融资的"麦克米伦缺口"有望被彻底打破。例如，在物联网基础上发展起来的现代供应链金融，能够将核心企业和上下游的小微企业紧密联结提供金融产品和服务。一方面，通过物联网技术可以对各相关企业的信息流、资金流和物流进行可视化追踪，充分利用"物联网 + 大数据 + 预测性算法 + 自动化系统"，采集企业信息的边际成本近乎为零，服务长尾客户再无边界限制，使得上下游关联企业均能获取有效信息，包括产品销售、资金结算、应收账款清收等信息，从而保证整个供应链的融资安全，并进一步拓展客户范围和业务领域。另一方面，金融机构还可以利用获取到的信息资源，为供应链上的小微企业提供财务管理、资金托管、贷款承诺、信息咨询等综合金融业务，帮助小微企业发展壮大。可以预见，物联网将彻底颠覆传统金融服务的"二八定律"，汇聚小微企业、"三农"、个人客户等"长尾市场"，推动我国普惠金融长足发展①。

目前中国的小微企业已经达到 **1200** 万户
个体户注册登记的约 **4000** 万户
没有注册的约 **2000** 万户
中国的生产性农户是 **2** 亿元

中小微企业总数占企业总数的 **99.8%**

中小微企业占全国

税收的 **50%** 多　　GDP 的 **60%** 多　　提供城镇就业岗位的约 **75%**

资料来源：http：//www. smesd. gov. cn/。

图 2-5　小微企业已经成为经济发展的"半壁河山"

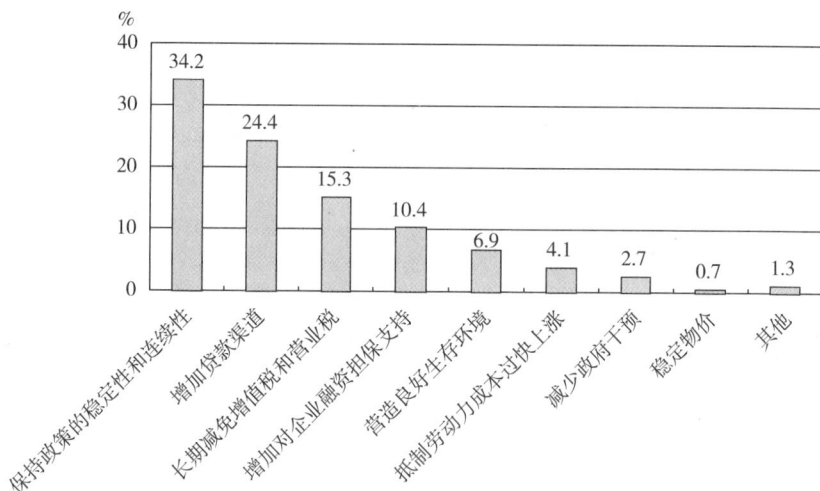

资料来源：《中国经济时报》小微企业生存现状调研组调查报告，作者：段树军等。

图 2-6　当前小微企业最亟需的政策支持

① 资料来源：邵平. 物联网金融与银行发展［J］. 中国金融，2015（18）.

三、物联网金融的主要模式

物联网金融虽然仍处于起步阶段，但已经展示出多元的辐射力和强劲的迸发力。物联网金融服务正在快速向各个行业延伸，很大程度上推动了金融产业的发展。在融资领域，借助物联网的全程监控、全面感知和基于大数据的价值曲线预测技术，可以赋予商品和交易行为以金融属性，如赋予动产以不动产属性。在租赁领域，通过物联网技术，可以激活闲置资源共享机制，机械设备所有权将被使用权取代，有助于降低机械的租赁成本。在保险领域，通过物联网大数据，可以通过传感器实时监测参保对象，有效防范骗保行为，有助于降低投保费用，提升赔付效率。在投资领域，通过物联网技术，可以赋予商品以金融属性，有助于实物资产证券化、财富化，等等。

（一）生产运营物联网金融模式①

在企业生产运营过程中，借助物联网平台，企业对产品进行交易或者抵押，使之贯穿物联网运行中的每个环节，并在各环节中进行创新。

1. 采购环节物流金融创新

主要涉及融资业务。对采购方来说，通过物联网进行有关条件的搜索结果，选择最低成本的融资方式，可以大大节约资源、提高效率。对融资方来说，可以通过物联网提供的大数据信息平台，多维度掌握企业的生产、存储、运营等各环节在内的经营状况，从而筛选出合格的融资对象。

2. 存储环节物流金融创新

此环节需要对材料和产品进行存放和管理，耗费大量的人力物力，因此管理成本较高，且占用大额资金。如果通过物联网，这一状况可以得到大幅度改善。例如企业可以在物联网上发布存储材料等有关需求，以此获得其他企业协商抵押或转售，释放被固化的周转资金；还可以把生产企业需要出售或抵押的产品通过物联网发布，以完成转售或抵押。总之，通过物联网信息平台，可以将存储环节积压的资金"变现"，从而大幅度降低企业经营成本。

3. 销售环节物流金融创新

主要包括款项收入和产品销售两个环节。比如，生产企业可以灵活选择仓单抵押或动产抵押方式获得融资，融资方详细查验企业的应收账款和应收票据情况，根据查验结果双方协商，融资方式既可以是抵押，也可以通过企业订单或应收票据抵押方式，以此实现企业资金周转。

---

① 资料来源：林志翔．物联网物流金融创新分析［J］．经营管理者，2014（35）．

（二）仓储货运物联网金融模式

仓储物联网金融是在仓储金融基础上发展起来的金融服务，借助物联网技术对仓单质押、融通仓、物资银行等服务进行进一步提升。通过物联网技术，可以对仓储金融服务实现网络化、可视化、智能化，使得过去独立的仓储金融服务得到发展，也可使金融创新服务风险得到有效控制。

货运物联网金融是一种基于货运车联网技术上的金融创新服务模式，将货运服务整合集成，具有很大的创新空间。通过货运物联网提供的金融管理和物联网管理服务，对货车运营中的一切商务活动提供金融支持。例如集成加油服务功能，可通过团购方式，获取更低的油价；又比如集成保险服务，实现价格更为低廉的团购保险。

（三）动产抵押物联网金融模式

动产抵押一直是银行业"爱恨交织"的融资方式，一方面，丰富的动产资源是企业信用风险的有效缓释；另一方面，动产资源在贷后管理中"看不透"、在风险处置中"抢不过"的困境严重影响银行的积极性。以"上海钢贸"和"青岛港骗贷案"为代表的风险事件即是动产融资的惨痛案例。各银行出于风险控制的考虑，不断压缩动产融资业务，甚至连正常经营的企业也难以获得动产融资。这种变化和趋势对广大中小企业，乃至整个社会的经济发展造成了消极的影响。

物联网时代可以通过对动产资源实施全方位监控，固化动产资源的移动属性，赋予动产资源不动产的属性，有效解决动产资源难管理症结，促进动产抵质押融资的快速发展。具体来说，可以利用 RFID、智能视频、工业二维码等技术，构建起物联网监管系统的底层平台，为贸易商提供仓单质押贷款等金融服务。这不仅可以提高管理效率，还节约了融资成本，有利于重构相关行业的信用体系，从而推动大宗商品贸易融资业务发展转型，动产融资的物联网金融服务，可以继续纵向深入发掘更大的价值。随着物联网技术的进一步发展，金融企业可以把普通仓单打造成具备唯一性标示的"标准化仓单"，金融企业可以构建风险模型，通过大数据分析、评估等方式对仓单进行定价。在此基础上，通过权威机构的介入，对仓单进行登记注册和认证，提升仓单的信用度，进行实现仓单的高效流通。通过这种标准化仓单交易模式，可能会延伸出一个基于物联网技术的大宗商品仓单的交易市场，从而重构这一市场。[1]

在实践中，上述设想还有一些难题待破，主要是制度约束。要解决这一

---

① 资料来源：邵平 . 物联网金融与银行发展［J］. 中国金融，2015（18）.

问题，可以抓住物联网快速发展这一机遇期，建立统一有效的动产融资登记和公示制度，规范动产抵质押程序，增强公示效力，明确抵质押物上各种债权的优先受偿顺序，以制度的完善促进动产融资业务健康稳定发展。

（四）物联网保险模式

传统的保险基于概率原理、大数法则，出事的概率低，赔付总和小于投保总额，保险公司就盈利。物联网让保险业对风险做到可控、可预期，部分甚至可预防，应用物联网技术，可以实时监测保险标的状态，对保险机构厘清赔偿责任、减少保险赔偿具有重要作用。如在汽车保险方面，通过在车身安装传感设备，可以实时监测车辆运行状态，并进行记录保存，在发生车辆损坏之后，通过调阅记录，可以帮助判断具体责任方，厘清保险公司的赔偿责任，防止各种骗保行为的发生。又如在医疗保险方面，可以为被保险人发放生命体征监测仪，定期将被保险人的血压、体温、脉搏、呼吸、脂肪占比等个人健康信息传输到服务器，进行智能管理和监测，对被保险人的健康问题进行预警，避免被保险人出现重大身体疾病，减少保险公司的赔偿损失。我国的物联网保险商业模式已逐步开始起步发展，如2014年12月16日，天安财险与感知集团签订了物联网金融保险战略性合作协议，共同加深资源共享、加强物联网金融项目合作、更好地服务客户，对物联网保险模式是一个有益的探索。

（五）公共服务物联网金融模式

公共服务物联网金融是基于物联网金融在公共服务领域的广泛运用，将物联网技术应用于水、电、燃气等各类公共服务的金融结算。例如在远程抄表系统的智能卡上集成金融服务，通过远程金融实现直接结算，为控制风险可以增加手机或网络实时授权确认功能。此项金融服务可以在燃气、水表、电表等公共服务上应用，完全可以集成在同一卡上，借助金融卡的集成作用作为一张通行证，从而打通了各个公共服务物联网，实现了各个公共服务领域的、孤立的物联网之间的共享服务。

【专栏2－1】

物联网金融与银行发展

商业银行作为金融市场的重要角色，可以依托物联网技术，变革银行的信用体系、防范经营风险、提升管理效能及改善客户体验，形成独特的物联网银行模式。

一是全面改造银行信用体系。在现行信用体系下，银行从业人员基本是通过调研企业运营情况，特别是财务数据、信用记录等信息，对企业进行信用评级，再给予贷款、投资等融资支持。而通过物联网为银行建立起客观信用体系，将帮助银行打造全新的商业模式。如结合物联网的货物质押系统，将实现对动产的全程无遗漏的监管。又如借助物联网技术，银行实时掌控贷款企业的采购渠道、原料库存、生产过程、销售情况，实现按需贷款、按进度放款，并可预防欺诈违约案件，提高银行风控水平。

二是开启感知支付时代。物联网的快速发展，将推动感知支付时代的来临。未来物联网在支付中应用后，会感知消费者的周边环境和自身的状态，以确保支付者的资金安全、人身安全。物联网还可通过透彻感知，将支付行为与企业运营状态、个人健康、家庭情况的动态变化相关联，动态调整支付额度，控制银行风险。

三是大大降低动产质押风险。由于物联网可实现对动产全程无遗漏的监管，极大地降低动产质押的风险。物联网让动产具备了不动产的属性，如在钢铁贸易中，物联网可全过程、全环节地堵住钢贸仓单重复质押、虚假质押等一系列动产监管中的问题。物联网下的动产质押将深刻改变供应链金融的模式，从而破解小微企业贷款难的问题。

传统银行的最优策略是跳出金融范畴，帮助客户去实现物联网化，包括为传统产业搭建网络基础设施，以及打造涵盖交易、订单分发、支付结算、物流管理等功能的网络系统或者平台，在充分抢占物联网入口的基础上，进一步构建起"物联网＋大数据＋客户洞察"三位一体的新型商业模式，并在此基础上提供其他金融服务。

第一，围绕客户洞察，强化数据分析能力建设。作为互联网＋智能硬件的自然延伸，物联网将带来体量更加庞大的实时传感器数据，物联网金融必然是"生态制胜，数据为王"的，商业银行经营方式将从以产品、客户为中心彻底过渡到以数据为中心，数据驱动成为不可逆转的发展趋势。但互联网和物联网的核心区别在于数据来源，互联网的数据由人产生，人是天然的智能终端，具备自主生成信息的能力，因此传统互联网无须过多关注其他信息源。物联网的数据则由物产生，数据处理变得更加复杂，物理世界的实体必须映射为数字世界的可识别模型才能构建起互联关系。但如今，沉淀在银行系统中的交易数据，90%以上没有得到利用。因此，银行需要不断提高数据分析能力，通过及时分析各种数据，厘清其中的深层含义，进而向客户提供高度个性化、有价值，且具实际意义的产品和服务。

第二，在消费领域积极推进智能渠道的协同建设。前两次信息技术革命极大地丰富了银行的服务渠道，自助设备、电话银行、网上银行、手机银行等新渠道的不断涌现，成为提高银行整体竞争力的关键。随着互联网向物联网的转变，消费者通过手机或手环的近场通信功能进行消费支付已经初露端倪，未来还将有更多的智能终端出现，或许是智能手表，或许是智能眼镜，商业银行必须进一步加大对该领域的探索投入力度，并与电信运营商、零售商以及科技公司等服务机构合作，才能确保跟上消费市场的物联网前沿运用，把握即将爆发的移动支付机遇，尽可能早地掌握物联网时代的底层入口。

第三，在产业领域积极构建物联网金融服务的生态圈。互联网公司带给银行的启示是，互联网时代必须做开放式平台。物联网碎片化的特点，决定了物联网金融必然是一个垂直应用领域，是一个单独生态圈。银行应该一方面对新的信息技术保持敬畏之心，利用好互联网已有的平台和系统，并结合物联网的新技术和优势，在功能、应用上进行创新，对传统金融服务进行创新升级；另一方面要以开放的心态拥抱物联网供应商，在诸多垂直领域与大型生产企业、交易平台、仓储物流企业合作，将银行的生态系统扩展为一个庞大的物联网络。银行的角色定位是从中获取大量的客户经营数据和以此为基础的对客户的洞察，以此为客户提供定制化、个性化的建议。

资料来源：邵平：《物联网金融与银行发展》，载《中国金融》，2015（18）。

第二节　金融信息化：催生物联网金融的关键因素

随着信息科技技术对传统行业的不断渗透，特别是现代信息技术与金融深度融合，传统金融业不断电子化、智能化，金融活动的结构框架重心从物理性空间向信息性空间转变，加速推进金融信息化进程。

一、金融信息化的概念、特点及其影响

（一）金融信息化的概念

金融信息化是指将现代信息技术应用于金融领域的过程。具体而言，即在金融领域全面发展和应用现代信息技术，以创新智能技术工具更新改造和装备金融业，使金融活动的结构框架重心从物理性空间向信息性空间转变的过程。金融信息化是建立在由通信网络、计算机、信息资源和人力资源四要素组成的国家信息基础框架之上，具有统一技术标准，通过不同速率传送数据、语音、图形图像、视频影像的综合信息网络，将具备智能交换和增值服

务的多种以计算机为主的金融信息系统互连在一起，从而构建金融经营、管理、服务新模式的系统工程。

金融信息化与金融电子化不同，金融电子化只是提供服务和管理初级手段。当信息技术在金融领域取得了长足的发展后，信息技术便逐步成为金融创新和发展的重要驱动力。金融信息化包括两方面内涵：一是金融信息技术化，也习惯称为金融电子化，金融电子化提供的只是服务和管理的初级手段；二是金融信息服务产业化，即通过金融电子化技术系统提供金融服务与金融信息服务。

总而言之，金融信息化是国家信息化的重要组成部分，它与整个社会的信息化，与其他宏观管理部门的信息化，与居民、企业的信息化密切相关、相辅相成。在经济全球化和日新月异的信息技术的推动下，金融服务与金融创新二者构成了现代经济的核心。

（二）金融信息化的特点

金融信息化具有开放性、互动性和保密性三个特点。一是开放性，只要科技不断向前发展，金融信息化的进程就没有终点。二是互动性，金融信息化的过程同时也是向金融客户提供金融服务、开展良性互动的过程，更是金融市场以及宏观经济形态的不断向前发展的过程。三是保密性，需要通过各类软、硬件方面的安全保障措施，确保不间断提供安全保密的信息服务。随着经济全球化趋势的进一步加快，金融业对信息技术表现出的依赖性越来越大，各类信息系统激发了传统金融行业的活力，金融信息化进程正以加速度向前发展。

（三）金融信息化对金融业的影响

1. 金融企业经营方式和组织结构发生巨大变化

一方面，信息技术的广泛应用改变着支付与结算、资金融通与转移、风险管理、信息查询等银行基本功能的实现方式。金融企业将传统的专用信息网络拓展到公共网络，各种信用卡、数字钱包得到了广泛应用；实时在线的网络服务系统能为客户提供全时空、个性化、安全快捷的金融服务；基于信息技术的各种风险管理与决策系统（如自动授信系统、风险集成测量系等）正在取代传统落后的风险管理方式，大大提高了工作效率和准确性；金融产品和服务创新速度不断加快；借助信息技术，传统金融企业也正在进行结构重构。另一方面，金融信息化促使金融企业形态的虚拟化。主要表现在金融企业可以通过网络化方式在线开展业务，客户在办公室、旅途中以及任何时间任何地点都能够获得金融机构提供的服务，为金融机构节约了大量的物理营业成本。

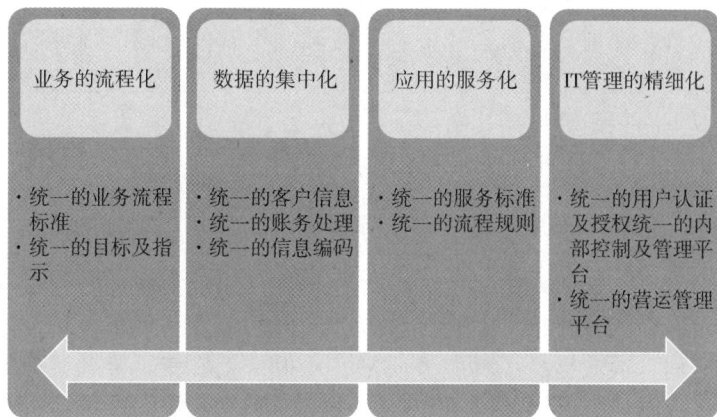

图 2－7 当前商业银行信息化建设的重点内容

2. 促进金融业科学决策

对金融活动的预测和决策需要综合考虑众多与金融市场相关的经济和社会因素。信息化的发展对于金融市场决策理论和技术产生了重大影响，使得金融市场的行为分析和管理越来越依赖于对变化环境具有适应性的计算模型和工具。随着并行、数字化信息的发展，在网络环境中发现和管理基于 Internet 上的金融信息资源，成为金融市场分析与决策最为关键的环节之一。对金融市场行为的把握实际上变成了对影响金融市场走向的政治、经济、社会等相关信息的发现、获取、分析、管理和决策[1]。

3. 加速金融全球化进程

金融信息化是金融全球化发展的重要推动因素。通讯技术具备低成本、高效率、短延迟和全天候的特点，为金融全球化创造了极为便捷的条件。计算机与通信技术的融合发展，加快了以数字化为核心的信息全球化进程，在全球建立起一个 360 度无死角、24 小时无间断的"信息网络"。在这种环境中，资金的转移成本几乎降低为零，在几秒钟内，数以亿计的资金从一个地区流向另一个地区，从一个国家流向另一个国家，从而使得金融全球化的实现成为可能。

二、金融信息化的内在逻辑和演进轨迹

20 世纪五六十年代，西方发达国家开始将信息技术应用于金融业，拉开

---

① 资料来源：李政，王雷. 论金融信息化及其对金融发展的影响［J］. 情报科学，2007，25 (11).

了金融信息化的序幕。金融信息化大体经历了脱机批处理阶段、联机实时处理阶段、经营管理信息化阶段、业务集成和决策智能化四个发展阶段。进入21世纪以来，金融信息化进入高速发展的创新阶段[①]。纵观金融信息化发展历程，有以下内在逻辑贯穿其中。

（一）信息技术使用面广，业务成本大幅降低

自1958年第一台计算机进入美国银行以来，发达国家的金融业随着世界新技术革命的发展，以惊人的速度推动着金融业务的电子化进程。这些大银行不惜花费大量资金更新主系统的硬件和软件，积极大胆地采用最新的计算机产品以及最新的软件技术。这些设备和技术的普及不仅降低了金融业务的服务成本，而且大大提高了其服务质量，从根本上改变了金融业务的处理手段，开拓了新的业务领域。据不完全统计，2005年美国的电子银行交易量已占到银行交易总量的一半左右。

（二）各项业务高效处理，服务日益完善

为了更加及时、高效地处理金融部门间频繁交易的支票、汇票等转账结算业务，发达国家实力雄厚的大型金融部门纷纷建立统一、标准化的资金清算体系，以实现快速、安全的资金清算。如美国联邦储备体系的资金转账系统（FEDWIRE）、日本银行金融网络系统（BOJ—NET）、美国清算所同业支付系统（CHIPS）、环球金融通信网（SWIFT）等，这些系统的建立不仅降低了交易成本，而且通过创新为客户提供各种新的金融服务，包括金融机构与企业客户建立的企业银行、金融机构与社会大众建立的电话银行、个人银行等，通过各类终端为客户提供细致多样的金融服务。

（三）关注前沿技术动态，积极利用先进技术

美国的商业银行电子化经历了五十年历史，其中每十年左右，信息技术就会在高层次对商业银行的经营和游戏规则进行重构，如1991年的大规模集成应用系统，1992年的个人银行，1993年的电子数据交换，1994年的互联网应用，1995年的数据挖掘，1996年的银行兼并后应用系统整合。观察一些西方系统重要性银行会发现，它们通过信息技术来探索一种先进的管理理念，善于运用信息技术也使它们具有鲜明的特性，一般总能领先竞争对手两到三年时间[②]。

（四）自动化程度不断提高，信息技术外包范围日益加大

随着西方发达国家金融信息化自动化程度不断提高，金融企业越来越专

---

① 资料来源：严莹莹. 金融信息化发展战略分析［J］. 当代经济，2012（9）.

② 资料来源：李东卫. 银行业金融信息化：我国发展现状、美欧经验及建议［J］. 中国房地产金融，2012（7）.

注于自己的核心业务而把信息技术相关业务承包给外部信息技术服务商。一是信息技术业务外包。以美国为例，据调查，2006 年美国银行业的信息技术经费中有高达 65% 的部分支付给了外部信息技术服务商。美国最大的储蓄账户信息处理中心是由专业的信息技术公司来运作的。一些信息技术公司的信息处理中心实际上成为银行的数据处理"车间"。近年来美国银行业信息技术业务外包发生了新的变化，其改变了以往直接委托外部专业公司的做法，转而采取聘请专业开发人员到本行来工作的方式。二是信息技术软件以外购为主。近年来美国银行业直接外购软件包的趋势十分明显。因为一方面软件专业公司已能开发出较为标准的银行业务软件包，使应用成本大大降低；另一方面直接引入软件专业公司开发的银行业务软件包，既快捷又会减少失败的风险①。

（五）金融信息化风险日益加剧，风险管控至关重要

金融信息化风险是指信息科技在商业银行运用过程中，由于自然因素、人为因素、技术漏洞和管理缺陷产生的操作、法律和声誉等风险。金融信息化风险表现全球性、传染性、复杂性、隐蔽性四个方面。金融信息化风险已成为"系统性"风险，表现为公众利益受损，如客户信息被泄露，客户资产被盗被窃；金融机构不能正常营业，甚至倒闭；局部的金融信息化问题可能影响到区域、国家乃至全球金融市场的稳定。近几年来，全球金融系统信息化风险事件频发，风险损失不断增加。因此风险管控至关重要，必须及时对风险加以防控与处置，各国在这方面都采取了有益措施。通过建立各类风险管控标准，包括风险管理类标准，如英国 BS7799（ISO27000）、ISO13335、AS/NZS4360，以及安全保障类标准，如美国 IATF、德国 ITBPM、美国 NIST，在推动业务创新、提高信息技术应用水平的同时，切实抓好信息系统风险管控工作，金融信息化风险蔓延得到了有效遏制。事实证明，金融行业的可持续发展与有效防范信息化风险是密不可分的，信息科技风险管理是金融信息化建设中的永恒主题②。

三、我国金融信息化现状与发展趋势

（一）我国金融信息化现状

20 世纪 70 年代，我国金融信息化开始起步，之后不断发展壮大，目前已实现了各项业务的自动化处理，覆盖全国的金融电子化服务体系也已经基本

---

① 资料来源：杨韧性. 加强信息化建设促进金融业的可持续发展［J］. 财经科学, 2004（S1）.

② 资料来源：骆鉴. 论国外金融信息化风险管理与控制［D］. 吉林大学硕士学位论文, 2010.

建成，在金融企业内部，上线了财务管理、物资管理、人力资源管理等在内的资源管理系统，促进了管理和决策的信息化、高效化、现代化和智能化。

虽然目前我国金融信息化进程推进速度很快，也取得了可喜的成绩，但一些问题仍不同程度地存在。一方面，与西方发达国家相比，国内信息技术企业在运行效率、信息分析和信息服务水平层面还有较大差距，包括：金融信息系统的安全性不佳；金融信息系统分析能力不强；金融信息化发展战略研究不足；金融信息化的技术标准与业务规范不完整；未形成跨行业、跨部门的金融网络；基于信息技术的金融创新匮乏。另一方面，人才已经成为制约我国金融信息化发展的首要因素，与发达国家相比，我国在金融信息技术人才的培育、支持和激励方面差距很大，特别是金融专业与创新人才严重供给不足。

（二）我国金融信息化未来发展趋势

金融信息化发展趋势是随着金融发展趋势而递进，而金融发展趋势又是在金融与信息技术相互作用中发生的。其中，具有重大意义的变化趋势是：跨国经营和混业经营成为金融业的主流模式，信息技术成为影响现代金融发展的关键要素；客户需求将主导金融服务业的市场走向；风险管理是金融管理的核心；创新成为金融业生存和发展的根本[①]。综合当前世情国情，我国金融信息化的未来发展趋势主要有以下几个方面：

1. 高度重视金融信息化的影响，充分挖掘现有信息系统的价值

据美国银行业统计，近 20 年美国平均每年有 13 家大银行利用信息技术来实施再造计划，银行再造之后的平均资产收益率和资本收益率分别从原来的 1% 和 14% 上升到 1.8% 和 25%，而平均的成本收益比从 63% 下降到40% ~ 50%，信息技术对金融的重要作用已经从后台支持上升到了前台创造利润。国内银行信息化建设推进较快，在注重新项目建设的同时，应高度重视对现有信息系统的充分利用，从而深度挖掘和发挥现有的系统价值。

2. 充分引入竞争机制，注重社会的合理分工和协作

在西方发达国家，IT 行业和金融服务提供商行业都竞争充分且高度发达。如摩根银行与 CSC 公司，大通银行与 FDC 公司都开展了外包合作；美国 68%的信用卡业务处理、10% 的 ATM 处理均是由外部服务公司承担。另外，还有专业的金融信息服务提供商，如标普、穆迪、惠誉等，向金融业提供金融市场数据和各种评级信息。这种专业外包的方式符合社会化分工和协作的特点，不仅提高了工作效率，节约了成本，降低了风险，而且使得银行能够专注发

---

① 资料来源：严莹莹. 金融信息化发展战略分析［J］. 当代经济, 2012 (9).

展自己的核心业务，目前我国金融信息化的发展进程也呈现了这一趋势。

3. 注重信息化管理和信息化应用建设

据统计，我国银行业的 IT 投入 57.8% 用了硬件设备上，软件投入占比为 24.3%，服务上的投入更少，只有 17.9%。而发达国家银行业的 IT 投入中，硬件、软件和服务的占比分别是 30%、30% 和 40%。这种明显的对比说明，我国金融业对信息化建设的认识还不够准确。随着数据大集中建设的基本完成，对软件和服务方面的投入、管理信息化和服务信息化将是未来金融业建设的重点。

4. 加强金融信息化风险预警与管控工作

结合我国金融市场及金融业发展现状[①]，银行应该从自身出发，加强信息科技内部安全管理、开展全面的信息科技风险管控工作，逐步建立健全从信息科技风险评估、信息科技风险体系设计、信息科技风险控制持续实施、监控和持续演进的全方位管控机制。同时，建立一个有序、健康、可靠的外部环境，加快针对计算机进行金融犯罪的立法，健全金融行业信息化方面的专项法律，从而有效地规范和约束金融信息化应用环境，打击网上银行、手机银行犯罪行为，有效化解金融企业信息化风险。

5. 深入开展客户及业务需求分析，加强客户关系管理

目前发达国家商业银行信息化的竞争主要体现在两个方面：银行的业务需求同信息技术的结合程度以及对客户关系的管理水平。由于我国正在经历信息系统的大量应用和开发阶段，随着时间的推移，各大银行在开发层面和设备技术投入方面的差距将逐渐缩小，而客户关系的管理和业务需求的提炼将成为银行信息化的重点，并进而成为银行核心竞争力重要因素。应当从现在开始逐步重视对客户偏好及业务需求的分析，并培养一批真正面向客户的系统需求分析人才。

6. 注重兼具金融业务和信息技术专业知识的复合型人才的培养

未来行业的迅速发展扩张，离不开一个有效的信息技术支持系统。而我国金融部门的一般模式是业务部门提出业务目标和业务流程，再和信息技术人员进行沟通，产品最终产生的质量和速度，取决于几个部门沟通的效果，显然不符合金融信息化时代的特征。信息技术已经渗透到从业务到管理到决策的所有环节、从渠道到核算到设计的所有领域。无论是设计业务产品，还是面向客户系统需求分析，无论是业务流程的优化，还是现有信息数据的深度挖掘和运用，都需要一批既懂金融业务又有信息技术专业知识的复合型人

---

① 资料来源：赵天行. 我国金融市场的发展与经济增长浅谈. 财经界（学术版），2014（9）.

才才能完成高效运作。

【专栏 2 - 2】

大数据思维与数据挖掘能力正成为大型商业银行的核心竞争力

银行发展战略成功的关键是培养自己的核心竞争力。什么是核心竞争力？一般来说，产品是可以被复制的，客户是经常有流动的，这些都难以成为银行的核心竞争力。而大数据能力则不同，由于其特有的性质，正在逐渐成为银行真正的核心竞争力。阿里、腾讯、百度，这三个中国互联网的领军企业，它们有合作有竞争，但是彼此之间都无法复制，一个重要原因就是其数据基础不同，分别在电商交易数据、社交数据、搜索数据方面占据了制高点，由此建立起来的竞争力是不可替代的。进一步观察，银行大数据能力表现在多方面，但大数据思维和数据挖掘能力则是最关键、也是最重要的。

一、数据挖掘能力成为商业银行核心竞争力的关键因素，事关银行转型成败

实现大数据价值有一个重要前提，就是要能从纷繁芜杂的数据中去伪存真、找出规律，发现有价值的信息，这仅靠专家的经验和智慧是难以完成的，需要借助各种数据挖掘技术。

波特竞争理论表明，企业要在竞争中胜出，必须获取"差异化"的能力。例如，当行业内的许多企业都提供类似的产品，使用类似的技术，在相同的地点服务同一个客户群体时（国内大型银行的竞争基本是这一格局），高效的业务流程就成了最后实现差异化的关键。就商业银行而言，好银行的一个共同特点，就是选择一种或几种差异化能力，在此基础上构建其战略。也就是说，好银行能够对大量的内外部数据进行深入挖掘分析，以此来形成差异化决策。麦肯锡调查了不同行业中运用大数据的企业在过去 10 年中增长率的差异：在线零售行业，大数据领先企业收入增长 24%，税前利润增长 22%，而其他竞争企业则分别下降 1% 和 15%；信用卡公司，大数据领先企业收入增长 14%，税前利润增长 9%，其他竞争企业分别增长 9%、下降 1%。数据挖掘和应用能力强的企业表现出明显竞争优势。

随着经济增速放缓、跨界竞争加剧、利率市场化推进、客户忠诚度降低，银行业盈利空间被逐步压缩，大型银行面临一系列严峻挑战。首先，客户财富在新的业态环境下呈现分散化趋势，尤其是随着移动技术发展，便利的网银和手机银行可以让客户迅速自如地实现资产转移。其次，优质企业融资的渠道增多，优质客户呈现"脱媒"趋势，致使存量信贷资产质量不断下降，逐步放开的利率市场化导致净利差收窄，银行利润增速放缓。最后，除同业竞争以外，银行也面临来自互联网企业、其他产业资本的跨界竞争，监管机构放宽银行的准入门槛，新兴的民营银行不断涌现。因此，传统银行必须转型，而银行转型成败的关键是寻找新的利润增长点。从发达市场银行发展经验看，通过深入挖掘分析客户真实需求、提供更有针对性的服务，就可以大幅提高盈利水平，这是体现数据挖掘价值最直接的地方。比如花旗银行亚太地区，近年来有25%的利润来自于数据挖掘；汇丰银行通过数据挖掘开展交叉销售，使客户贷款产品响应率提高了5倍；澳大利亚联邦银行运用大数据分析来提供个性化的交叉销售，成功将交叉销售率从9%提高到60%；VISA把发现信用卡欺诈的时间从1个月缩短到13分钟，极大地降低了信用卡欺诈带来的风险。

数据挖掘在客户挽留、客户细分等领域有非常好的应用效果，相比于传统的跑马圈地、扩张规模的做法，可以起到事半功倍的作用。例如，我们有几亿的个人客户，这些客户在购买产品、出差时的消费记录都可以记录下来，如果我们知道一个客户购买了机票或火车票去异地出差，就可以为他推荐目的地的酒店，就像艺龙、携程那样，不仅可以方便客户，还会带来可观的利润。利用大数据技术这是可以做到的。大数据会使银行能够真正介入客户日常生活，成为客户各项活动的"安排者"或伙伴，这会为银行的经营方式带来革命性的改变，就像Brett King在Bank 3.0中说的，银行变为一种行为，渗透到客户的每个日常活动。

再譬如风险管理问题，传统银行的风险计量更多的是依靠客户财务数据，不仅滞后，往往还有很严重的数据质量问题，但大数据方法为识别客户风险提供了全新的思路。例如，使用客户交易行为数据、舆情数据甚至企业主的行为数据，可以更加及时、准确地发现企业的潜在风险，比起传统上通过下户调查、分析财务数据的方法更加有效。可以说，银行转型的各个方面都可以从大数据方法中获益，发达市场商业银行经验表明，在很多领域数据挖掘都会产生巨大的价值。

从更宏观的层次来观察，2008年国际金融危机之后，各国银行都在探索转型路径，寻找未来银行的发展方向。经过多方观察和深入思考，我们发现大部分银行的转型都有一个共同的特点，就是转型的设计方案都是建立在大量数据分析的基础上，数据已成为当前银行最突出的各种矛盾、各种潜力、各种机遇的一个集合点。从数据入手，我们有可能找到大型银行未来转型的一个事半功倍、"给一个支点就能撬动地球"的着力点。通过数据挖掘，可以准确理解市场发展方向、客户需求、风险特征，能够使我们正确配置资源，实施有效创新。一些先进银行的经验已经表明,数据挖掘会创造很可观的效益,尤其是对数据分析基础还比较薄弱的银行,只要稍稍投入就会产生出巨大的效益。进入大数据时代,随着数据处理技术的进步和数据来源的迅速扩展,银行业的一切业务活动都被数字化,商业银行得以在更多领域和更深层次获得并使用更加全面、完整、系统的数据。这些数据涉及客户的方方面面,对这些数据的深入分析可以得到过去不可能获得的知识和无法企及的商机。深入的数据挖掘分析对银行客户营销、产品创新、绩效考核以及风险管理等必将发挥日益重要的作用,数据应用能力将成为银行核心竞争力的重要体现。因此,大数据不是一地一隅的事情,事关银行战略转型全局。

二、数据正成为大型商业银行的重要战略资产,未来银行必将是数据驱动型银行

长期以来,经济学将资本、人力、土地称为企业的生产要素。进入工业时代以后,技术成为独立的生产要素,离开技术的发展,企业已经很难正常经营。在信息时代,数据已成为新的关系到产业兴衰和企业存亡的关键生产要素,其作用就像农耕时代的土地,如果企业拥有完整、全面的数据,将在新的竞争环境中占据重要优势。随着企业管理走向"数据化驱动",对数据资源的管理和使用将成为企业经营中的核心内容,那些拥有优质数据资源、深度挖掘分析能力的银行,可以借数据优势不断侵袭同业甚至其他行业的领地。银行价值将与其拥有的数据规模、活性和运用数据的能力成正比,传统上的资金、人力、渠道等要素需要根据数据资源的情况进行重新优化配置。可以说,数据成为资产已成为银行业发展的不可逆转的趋势。

现在,客户的每一个行为、资金流转的每一个细节、每一个决策、每一次交流都成为数据,这些数据一旦得到深入分析使用,会深刻改变银行创造价值的模式。与其他资产不一样,数据的价值在被发掘后还能够不断产生新的价值,其真实价值就像浮在水面上的冰山,我们发现的只是一角,绝大部分都隐藏在表面以下。未来占据先机的银行一定是数据驱动型银行,其特点是一切经营活动数据化、有良好的大数据分析平台、有一支高素质数据挖掘和分析团队、制定开放性的数据共享制度、有战略性的数据资源储备。银行的经营方式将从过去的以产品为中心、以客户为中心过渡到以数据为中心,数据驱动成为商业银行发展的不可逆转的方向。

数据资产甚至决定了大型银行发展的战略方向,不同的数据资产会产生不同的战略选择和商业模式,并在一定程度上引领着产业的发展方向。将来,拥有独一无二的数据资产的银行,将会获得难以置信的发展速度,发育出令人叹为观止的商业模式。

三、大数据价值的实现，关键在于挖掘分析能力

海量数据是银行的一个金矿而且是富矿，大型银行基本都建立了庞大的数据仓库，但目前数据挖掘深度和广度还远远不够，还缺乏一批真正的数据挖掘分析专家，数据价值没有得到充分体现。更深入分析，大数据在三个方面深刻影响着银行的企业文化、战略和组织结构。第一，大数据将颠覆传统的价值链，使以前以设计产品、销售的模式，向信息时代以客户为中心的模式转变。第二，数据驱动的产业链合作，使银行与其他行业进行密切协作、网络化运营成为可能。第三，大数据使企业的疆界变得模糊，员工和客户的界限逐渐消弭，使企业的组织结构发生倒置，企业文化和战略应随之调整。

这里我们尤其想强调依托数据挖掘技术促进风险经营的精细化专业化。已有理论与实践表明，大数据技术有助于降低信息不对称程度，增强风险控制能力。银行在原来贷款人提供的财务报表等信息之外，可以对其资产价格、账务流水、相关业务活动等更鲜活的数据进行动态和全程的监控分析，从而有效提升客户信息透明度。国外先进银行的经验表明，数据挖掘技术在提高银行风险智能方面具有广阔用途。包括：（1）通过对行内外的海量数据挖掘分析，打破客户信息孤岛，构建全方位立体的客户信息视图，有效降低银企信息不对称的风险。（2）提高风险计量的精准度，通过利用更加广泛的客户风险数据，提高风险计量模型精度，有效降低风险计量的误差概率，更精确量化客户违约可能性。（3）提升风险的实时监控能力，对客户实施全方位的复合式动态风险评估和深度的相关关系分析，实现风险管理由历史数据分析向客户实时行为分析的转变，及时发现其潜在的风险及变化趋势。（4）为小微企业风险管理提供了新的思路，通过大数据平台，银行可实时监控社交网站、搜索引擎、物联网和电子商务等客户动态行为数据，建立小微企业信用数据库和信贷风险预警机制，为解决小微企业融资中财务数据缺失、抵押品不足等问题提供了思路，能够有效提高小微企业的信贷获得率。（5）创新风险管理模式，将风险管理前置，对与银行有业务往来的客户的日常交易、资金流、订单、周期性变化、成交速度和频率等数据进行跟踪分析，精准地把握客户经营和资金需求的走向，及时发现风险并预警。目前，花旗、富国、UBS 等先进银行已经能够基于大数据，整合客户的资产负债、交易支付、流动性状况、纳税和信用记录等，对客户行为进行 360 度评价，计算动态违约概率和损失率，提高贷款决策的可靠性。这方面我们与国际先进银行的差距还比较大，尤其在对客户动态行为数据和外部数据的挖掘方面。例如，如果能够整合客户资金交易过程中的各种备注文本信息（包括资金用途等）、客户所在行业和所在区域的各类外部资讯信息，结合现有数据仓库数据，通过数

据挖掘技术研究客户风险行为，识别有风险预警的客户群体，那么将会大大提高现有主要依据事后的财务信息的风险计量模型的有效性。

四、数据挖掘的核心价值是预测，数据挖掘能力建设的关键是行动

社会事物往往都具备一定规律，是可以预测的，海量数据的挖掘能力使人类第一次看到预测的曙光。全球复杂网络权威巴拉巴西认为，人类行为93%是可以预测的；2010 年 Science 上刊登的一篇文章也指出，虽然人们的行为模式有很大不同，但我们大多数人的行为是可以预测的。互联网、移动互联、物联网技术的发展，使数据记录的粒度、频率和范围大幅扩展，基于数据的预测成为现实。利用互联网搜索中与"新订单"等与经济指标有关的单词，结合其他相关经济数据，IBM 开发了"经济指标预测系统"，仅用了 6 小时，就计算出了分析师需要花费数日才能得出的预测值，而且预测精度几乎一样。在大数据时代，每个人的每项行为都将被如实记录，将这些记录数据完整地融合到一起，可以发现隐藏在大量细节背后的规律，理论上我们就能够根据个体之前的行为轨迹预测其未来行动的可能性。从这个角度看，数据对银行经营管理影响之深远，将远超以前所有的技术。

预测在银行经营管理领域有着迫切需求，也有基础，当然也有非常多的成功案例。20 世纪 90 年代中期，大通银行采纳了丹·斯坦伯格的数据挖掘技术，借助其研发的系统来评估、处理大量的银行按揭贷款，精确预测按揭申请人未来的还款行为，由此极大降低了信贷风险并增加了盈利。如果大型商业银行能够预测个体资产的风险变化和价值，将形成不可撼动的市场竞争优势。银行客户在日常交易过程中，形成了大量的行为数据，例如刷卡交易行为、转账行为、理财行为、网站浏览行为、电话银行记录等，这些数据为我们预测客户行为提供了基础。阿里巴巴在第三方支付、支付宝、小额信贷等领域之所以取得成功，除了其良好的用户体验外，最重要的就是它们对客户行为数据进行挖掘，能够预测客户的喜好甚至下一步的行为。这是现在银行与互联网公司间最大的差距。

以数据挖掘为基础的行动通常要求分析人员和决策者之间建立一种紧密的、相互信赖的关系。在银行内部，对三类人的数据挖掘技能和数据分析导向要分别考虑。第一是管理队伍，特别是管理层，负责确定数据文化的基调，制定最重要的决策，并推动数据挖掘能力建设；第二是专业的数据挖掘人员，他们收集分析数据、解释结果，并将结果报告给管理者；第三是业务数据挖掘/分析人员，这类人数量很多，涉及面广，他们主要的任务是使用数据挖掘结果来提升工作业绩。数据挖掘能力建设中最重要的是管理层的认识，如果管理层不支持以数据为基础的决策过程，那么很难集中专业数据挖掘人员。

管理层需要非常信任数据挖掘分析，在尊重数据的前提下进行决策，如果管理层对数据挖掘工作不是充满激情，就不可能激发员工改变行为；管理层还应该对数据挖掘工具和方法有所了解，例如知道哪些工具适用于哪些具体的业务问题，以及工具存在的局限性；应该愿意按照数据挖掘结果采取行动，愿意支持建立一个专业的数据分析精英人员队伍。

在大数据时代，必须用大数据思维去发掘大数据的潜在价值。数据挖掘要能够真正产生业务价值，关键还需要商业敏感性，具备将业务与数据紧密结合起来的大数据思维能力。大数据思维要求我们在日常经营活动中形成主动分析和使用数据的习惯。大数据首先是一种思维方式，必须融入企业的每一个毛细血管中。只有忠实记录客户的每一项行为数据，才能像巫师的水晶球一样，具备洞察未来的能力。树立大数据管理理念，有助于我们更深刻理解现代商业银行。从业务本质上看，商业银行是经营风险的企业，这一理念已被广泛接受。但风险的本质是不确定性，而不确定性主要源于信息不对称。现代银行在信息不对称方面已经发生了很大变化：一方面，随着信息网络化、计算机技术的发展和征信体系的日益健全，银行获取内外部信息的能力、掌握信息的广度和深度、处理信息的技术和方法等方面都有质的提升，原先困扰银行的信息不对称问题得到明显缓解；另一方面，信息化带来的海量数据，为银行更为有效地甄别风险并从中发现市场机会提供了可能。因此，现代银行风险管理的理念和方法也有了新的变化，已经从被动地承担风险向积极主动的经营风险转变，其核心要义不是"控"与"堵"，而是通过对数据信息的定量采集与分析，寻找发展的机会，平衡风险与收益之间的关系，将积极的风险经营与严谨的内部控制相结合。按照这种理念，数据信息的收集与分析对银行风险管理来说就显得至关重要：一是可以最大限度地减少信息不对称带来的风险；二是在分析基础上开展积极主动的风险识别、风险选择和风险安排，最终实现风险的价值创造；三是银行在选择风险时需要考虑整体的投入产出，后续是否有足够大的市场空间尤为重要，这些选择都是建立在全面的数据分析和科学判断基础之上的，没有数据，就无法量化风险，上面的选择也无从谈起。

资料来源：《征信》2016 年第 2 期，作者：黄志凌，有删减。

第三节　物联网金融是互联网金融的"帕累托改进"

互联网金融横空出世以来，以其低成本、高效率、广覆盖的优势迅速搅动了整个传统金融市场。但是，植根于互联网思维的互联网金融从一诞生就暗藏着危机。而物联网金融的出现，可以很好解决互联网金融面临的这些问题。物联网金融不仅保留了互联网金融"开放、协作、分享"的基因，而且借助物联网呈现的"客观世界"，很好地解决了信息不对称这一症结，成为互联网金融的"升级版"。从本质属性看，互联网金融主要服务"虚拟经济"，而物联网金融服务"实体经济"；从运行机制看，互联网金融侧重"人—人"联系，而物联网金融侧重"人—物—人"联系；从影响程度看，互联网金融是金融"量变"，而物联网金融是金融"质变"。可以说，互联网金融是物联网金融的基础，而物联网金融则是网络金融的延续和进步，在很多方面实现了对互联网金融的超越和升华，形成了对互联网金融的"帕累托改进"。

一、帕累托改进与金融资源配置

（一）帕累托改进与帕累托最优

帕累托改进（Pareto Improvement）又称帕累托改善，是以意大利经济学家帕累托（Vilfredo Pareto）命名的，并基于帕累托最优（Pareto Optimality）基础之上。帕累托最优是指在不减少一方福利的情况下，就不可能增加另外一方的福利；而帕累托改进是指在不减少一方的福利时，通过改变现有的资源配置而提高另一方的福利。帕累托改进可以在资源闲置或市场失效的情况下实现。在资源闲置的情况下，一些人可以生产更多并从中受益，但又不会损害另外一些人的利益。在市场失效的情况下，一项正确的措施可以消减福利损失而使整个社会受益。

帕累托改进是制度经济学研究的重要课题，目标是在约束条件下作出最优制度安排，从而避免在制度迁徙或社会变革中出现输家，让更多人获益[1]。帕累托改进是基于人们的既得利益而言，而不是人们正在试图取得的东西，如果一种改进剥夺了一部分人的既得利益，不管是否能带来更大的整体利益或者是否有助于实现崇高的目标，都不是帕累托改进。帕累托改进是通过持续改善，不断提高社会的公平与效率，从而使社会和事物发展达到最优状态。简而言之，各方都有利、都同意的事情或制度安排，一定是帕累托改进，社会没有理由不让每个人都得到好处的事情进行。例如，一条溪流之水终年不断，外来至此的人从溪流中取点水饮用，从正常供水的角度看对附近居民并无任何影响，那么，这种外来人员的取水饮用就是帕累托改进。再比如，张三有一个苹果，该苹果对他来说价值 1 元。李四想要这个苹果，这个苹果对

---

① 资料来源：陈蔼贫. 物业管理与帕累托改进 [J]. 中国物业管理，2004 (2).

他来说价值2元。对张三来说，在1元以上的任何价格出卖都是有利的，而对李四来说在2元以下买到该苹果也是有利的。假如张三出价1.8元，李四接受了，他们交易的总收益就是1元，张三得0.8元，李四得0.2元，张三和李四从交易中都获得了好处，相对于没有交易来讲，张三和李四的交易是帕累托改进。

帕累托最优，也称为帕累托效率、帕累托改善，是博弈论中的重要概念，并且在经济学、工程学和社会科学中有着广泛的应用[①]。帕累托最优是指资源分配的一种理想状态，假定固有的一群人和可分配的资源，从一种分配状态到另一种状态的变化中，在没有使任何人境况变坏的前提下，使得至少一个人变得更好，这就是帕累托最优化。帕累托最优的状态就是不可能出现帕累托改进的可能；换句话说，帕累托改进是达到帕累托最优的路径和方法。帕累托最优是公平与效率的"理想王国"。比如，一辆有30个座位的客车，有序地一次性安排满载运行，即是帕累托安排。在没有满载之前，每增加一个乘客，即是一个帕累托改进。车辆达到30位乘客满载运行，即达到了帕累托最优。

一般来说，达到帕累托最优时，会同时满足以下三个条件：

1. 交换最优。即使再交易，个人也不能从中得到更大的利益。此时对任意两个消费者，任意两种商品的边际替代率是相同的，且两个消费者的效用同时得到最大化。

2. 生产最优。这个经济体必须在自己的生产可能性边界上。此时对任意两个生产不同产品的生产者，需要投入的两种生产要素的边际技术替代率是相同的，且两个消费者的产量同时得到最大化。

3. 产品混合最优。经济体产出产品的组合必须反映消费者的偏好。此时任意两种商品之间的边际替代率必须与任何生产者在这两种商品之间的边际产品转换率相同。

帕累托改进、帕累托安排、帕累托标准和帕累托最优是人类进步、事物前进和社会发展的不竭动力之一，并存在和作用于社会的一切领域。

（二）引导市场资源配置是金融的核心

如何充分发挥金融在资源配置中的作用是金融永恒的话题。在社会经济生活中，由于金融资源的稀缺性以及金融通过自身的配置来调配其他社会经济资源的特殊性，其配置的结果具有两种可能，具有双重作用，是一把"双

[①]　资料来源：互动百科，www.baike.com/wiki/帕累托最优。

刀剑"，即对经济和社会发展的正面效应和负面效应①。一方面，良性的金融资源的开发、配置会推动经济资源的良性开发和配置，进而推动社会资源的优化组合和配置，提高整个金融、经济、社会的良性发展和循环。金融、经济、社会协调可持续发展，发挥正的效应，金融效率得到提高和优化。另一方面，不合理的金融资源的开发、配置会破坏、阻碍经济资源的开发和配置，进而扭曲社会资源的组合，导致整个金融、经济、社会的恶性发展和循环。金融、经济、社会的不协调发展，将发挥负的效应，使得金融效率降低和破坏。因此，认识金融资源的属性，提高稀缺性的金融资源配置的合理性，并通过其自身配置的合理性来提升整个社会经济资源配置的合理性和效益，充分发挥金融的正效应，提高金融资源配置的效率，才是"理性人"的正确选择。

改革开放以来，中国金融发展呈现出"高增长、低效率"的特点。运用数据包络（DEA）分析方法对我国金融效率的分析结果表明，我国金融体系在动员储蓄方面是有效的，但投资转化率以及资源配置效率则较为低下。并且，由于人们对金融的社会属性认识不足以及观念的落后，有些金融资源丰富的单位严重浪费金融资源，并通过金融资源对社会其他资源的索取权，严重浪费社会其他经济资源，产生了恶劣的影响，导致了经济、社会的不协调、不可持续发展。由此可见，我国的金融行业处于非完全竞争的市场结构，行业的效率不可能"自然"达到帕累托最优，如何提高金融资源效率、修正市场失灵的不足之处，已成为中国金融发展和经济增长的关键问题。

（三）我国金融资源配置亟需帕累托改进

改革开放以来，作为在市场经济条件下承载资源配置机制的金融体系改革也不断深化，对经济发展的"供血功能"持续增强，但"融资难、融资贵"等问题仍困扰着金融业健康发展。概括来讲，目前我国金融体系在有效引导配置市场资源方面主要存在六个方面的问题：一是金融市场架构基本完整，但引导市场得以有效配置资源的基准价格——利率、收益率曲线和汇率尚未完全市场化；二是虽然我国整体上不存在资金短缺，但是长期资金尤其是股权资金的供给却严重不足；三是金融服务覆盖面不断扩大，但是面向社会所有阶层和群体特别是弱势群体的普惠金融仍不完善；四是防范和化解金融风险依然主要依靠政府隐形担保，市场化管理风险的体制

---

① 资料来源：余秀荣. 金融资源属性与金融资源效率问题探讨［J］. 特区经济, 2006, 213 (10).

机制仍未完全落地；五是对外开放已迈出重大步伐，但资本项目尚收到严格管制；六是金融监管框架已经初立，但是各领域之监管的有效性、针对性、稳健性均有待改善。以上问题，需要在继续深化金融改革中实现帕累托改进。

提高金融资源配置效率是金融体制改革的重要任务，目前亟需在以下四个方面发力。一是更加注重市场投融资活动。在稳定货币政策的前提下，控制金融市场杠杆率，不走盲目投资的老路，要通过推进价格要素的市场化，完善资金引向实体经济的制度安排与运行机制。二是强化市场主体财务约束，让资金价格反映资金的使用效率和风险状况。让"僵尸"企业退出市场，分清风险责任，做好社会保障，进而取消刚性兑付，让市场发挥决定性作用。三是尊重居民财富自主权，提高直接融资比重。要深化改革资本市场，给每一个想创业的人以股本融资的机会，给每一个股份制的企业以多轮融资、逐步成长的机会，推动大众创业、万众创新。四是加强金融市场基础设施建设，有效防范和化解金融风险，包括资金的支付清算体系，金融产品的登记、托管、交易体系，金融业综合统计体系。只有建立了信息集中和共享的金融宏观审慎管理框架，建立跨市场的分析、监测制度，才能够有效防范和化解金融风险，守住不发生区域性、系统性金融风险的底线①。

二、物联网金融是对互联网金融的升级改造

（一）互联网金融的产生与发展

1. 互联网时代孕育互联网金融

近几年，互联网金融横空出世，以其低成本、高效率、广覆盖的优势迅速搅动了整个传统金融市场，最具代表性的余额宝上线 18 天，注册用户达到 250 多万人，融入资金达到 66 亿元，短短几个月时间，成为国内规模最大的公募基金。从互联网金融产生并得到井喷发展的原因分析，除了互联网快速发展、网络技术不断革新为互联网金融提供了技术支持外，中国金融业存在着严重的制度和功能上的弊端也是互联网金融蓬勃发展的重要因素。具体看，一方面来源于长期以来的金融压抑，我国传统的金融市场主要服务于政府基建和大型企业，小微企业和个人对金融的需求没有在金融市场上得到满足，而互联网金融通过大数据、云计算和移动通信的技术支持，帮助这些原来没有享受到金融服务的"长尾市场"的投融资问题得到部分舒缓。另一方面是金融政策红利的释放，传统的金融市场的准入门槛极高，且受到利率、资本

---

① 资料来源：吴晓玲在"2015 清华五道口全球金融论坛"上的发言。

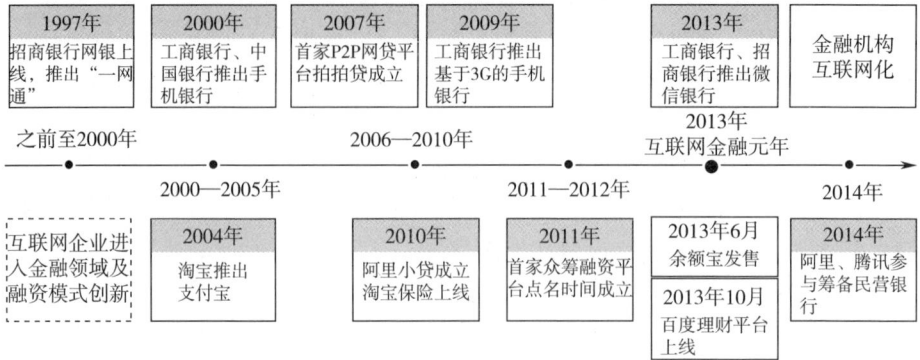

资料来源：易观智库，http://www.analysys.cn/。

图2-8　互联网金融发展的主要时间节点

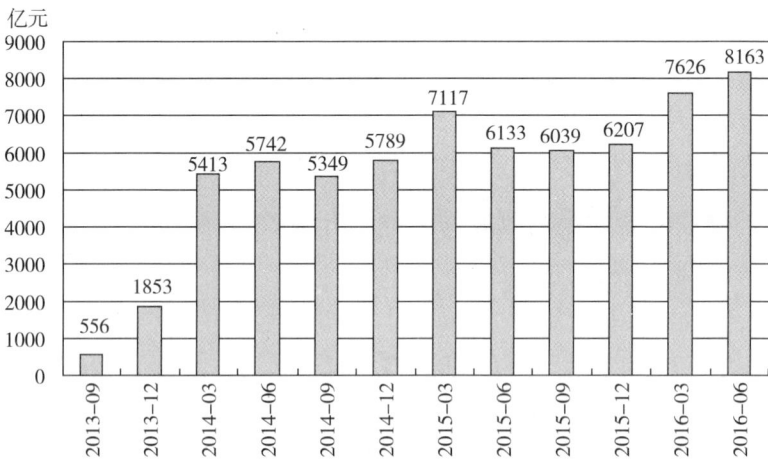

资料来源：余额宝官网，https://yebprod.alipay.com/yeb/index.htm。

图2-9　余额宝规模增长趋势

充足率、贷存比等严格限制，而互联网新型的金融模式不受到传统监管的约束。因此，互联网金融诞生之初，就受到各方人士的热捧，表现出强劲的生命力，得到爆炸式增长。

2. 互联网金融的主要优势

与传统金融相比，互联网金融有三大优势：

一是通过社交网络或电子商务平台可以挖掘各类与金融相关的信息，获取部分个人或机构没有完全披露的信息①。例如，facebook 超过 8 亿实名制的客户形成了巨大的信息充分共享网络社区；国内的阿里巴巴通过其庞大的电子商务平台，可以解决平台用户的信用评级、交易费用、风险评估等问题。在未来，通过互联网可以及时记录查看交易记录、评估个人信用等级、分析财产状况、消费习惯等。

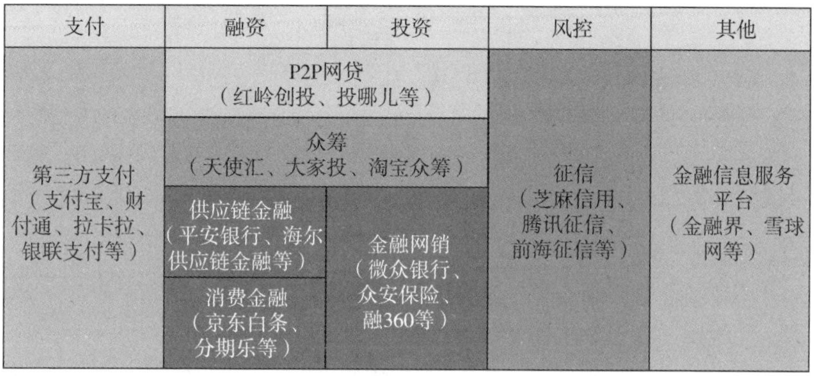

支付	融资	投资	风控	其他
第三方支付（支付宝、财付通、拉卡拉、银联支付等）	P2P网贷（红岭创投、投哪儿等）		征信（芝麻信用、腾讯征信、前海征信等）	金融信息服务平台（金融界、雪球网等）
	众筹（天使汇、大家投、淘宝众筹）			
	供应链金融（平安银行、海尔供应链金融等）	金融网销（微众银行、众安保险、融360等）		
	消费金融（京东白条、分期乐等）			

资料来源：清科研究中心，2015 - 08。

图 2 - 10　互联网金融生态系统的主要成员

二是智能满足用户金融需求。在传统模式下，很多人提供多余资金，也有很多需要资金的借款人，二者都通过银行中介完成。如果有人想申请个人无抵押贷款，传统的方式是借款人去各家银行咨询，精心比较各种贷款材料，最后选定了某家银行申请，也可能是审批漫长，额度不够，费时费力。而如果借款人申请的是抵押贷款，则需要前往银行网点多次，平均一个月方能实现放款。在互联网金融模式下，智能搜索引擎通过对信息的组织、排序和检索，能有针对性地满足信息需求，大幅提高信息搜集效率。

三是交易方式的变革②。在交易上，由于互联网金融可以及时获取供求双方的信息，并通过信息处理使之形成时间连续、动态变化的信息序列，并据此进行风险评估与定价，这对传统金融无疑是一个相当大的挑战，在供需信息几乎完全对称、交易成本极低的条件下，互联网金融模式形成了"充分交易可能性集合"。另外，互联网金融的优势不仅仅在于信息的收集和处理，在一些互联网平台的交易体系设计中，还能有效地将众多交易主体的资金流置于其监控之下，与传统金融模式相比，这在一定程度上降低了风险控制成本。

① 资料来源：杨再平. 互联网金融为何让银行家彻夜难眠［J］. 东方管理评论，2015.
② 资料来源：罗明. 走向十字路口的互联网金融：创新与监管［J］. 时代金融，2014（12）.

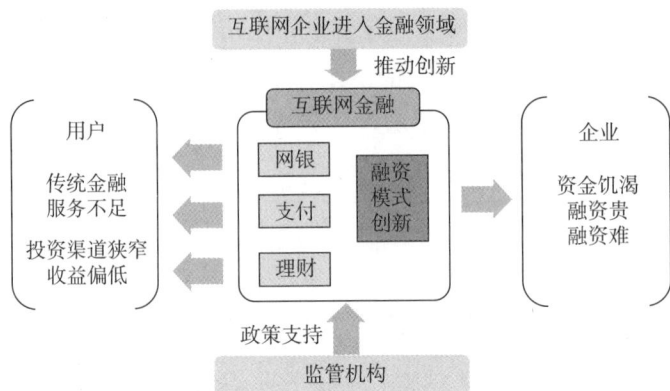

资料来源：易观智库，http：//www.analysys.cn/。

图 2 - 11　互联网发展的主要推动因素

3. 互联网金融的主要问题

一是信用风险管控难。中国信用体系建设迟缓，互联网金融有关法律法规不健全，传统金融业务的风控、合规和清收机制在互联网金融并不适用，造成互联网金融违约成本低、传播速度快、负面影响大，极易发生恶意骗贷、卷款跑路等问题。例如当前蓬勃发展的 P2P 网贷领域，准入门槛低、监管力量弱，已经成为不法分子从事非法集资和诈骗等犯罪活动的新载体。2015 年以来，淘金贷、优易网、安泰卓越等一批平台先后出现"跑路"事件。

互联网支付稳定增长

2015年互联网支付市场稳定增长
交易规模达140 064.3亿元
同比增长55.4%

移动支付持续爆发

2015年移动支付市场持续爆发
交易规模达163 626.0亿元
同比增长104.2%

资料来源：易观智库，http：//www.analysys.cn/。

图 2 - 12　第三方支付发展迅猛

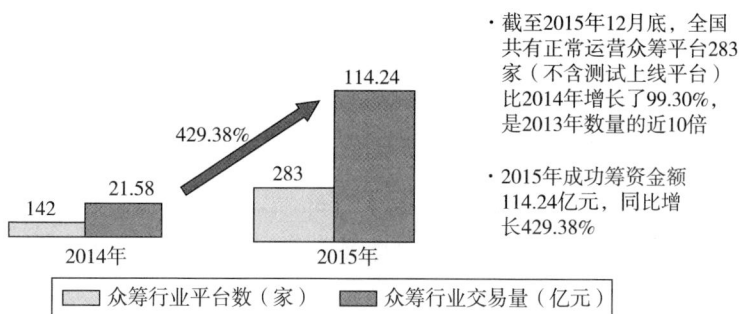

资料来源：盈灿咨询，http：//www.yingcanzixun.com/。

图 2-13 互联网众筹成为互联网金融的"独角兽"

二是网络安全风险大①。中国互联网安全问题突出，网络金融犯罪问题不容忽视。一旦遭遇黑客攻击，互联网金融的正常运作会受到影响，危及消费者的资金安全和个人信息安全。目前还没有一部法律法规为个人信息提供直接的行政法保护，无法规制那些侵犯银行客户个人信息且尚未构成犯罪的行为。

三是网络支付风险隐患突出。在信息社会中，如果掌握客户的系统性数据信息具有重要意义。一些不法分子看到这一"商机"，通过种种违法手段获取他人金融信息，而大多数金融企业尚未形成消费者信息保护意识，或者防控能力有限，造成个人金融信息侵权行为时有发生。据数据统计，超过八成的个人信息泄露案件中有内部人员参与。

【专栏 2-3】

2015 年 1000 多家互联网金融企业跑路

2015 年 11 月以来，全国非法集资案件集中爆发，从 e 租宝到 2016 年 4 月 6 日被指涉嫌非法吸收公众存款和非法集资诈骗犯罪的"中晋系"，每个案子都涉及几百亿元资金，投资者遍布全国，其中，e 租宝的受害人数以万计。这些案件有个共同特点，即打着各种"金融创新"尤其是"互联网金融"旗号，非法吸收公众资金，扰乱了金融秩序，也给民众带来巨大损失。

这些案件涉众广泛，往往会影响到社会安定问题，以致一些地方政府纷纷出台政策，暂停新的网贷公司或任何跟互联网金融和投资理财有关的公司

---

① 资料来源：刘鑫. 我国互联网金融的发展情况及模式浅析［J］. 当代经济，2014（24）.

注册。禁令之下，"中晋系"们是不是能就此不会再现？怎样在鼓励金融创新的同时，又能避免互联网金融野蛮生长？

1. 真假互联网金融如何鉴别

"在回答这样的问题之前，我们可能先要厘清互联网金融的概念。"上海交通大学互联网金融法治创新研究中心许多奇说。在许多奇看来，"中晋系"这类涉嫌非法集资企业和互联网金融还是有一定区别的，它们多是线上打着互联网金融旗号，却在线下通过广泛的递推形式，明目张胆违法吸收公众资金。如果将它们都定义为互联网金融企业，很可能会"倒洗澡水将孩子也倒掉了"。

那么，如何鉴定真假互联网金融？许多奇认为，它首先必须有"金融科技"，包含互联网、大数据、云计算等。比如 e 租宝，在案发前已有信息说，深圳警方对 e 租宝进行调查，e 租宝辟谣说是例行检查。其间，网贷之家公布了一个分析数据，在 e 租宝界面发出借款融资标的之前的 30 天左右，这些融资公司 97% 以上更换了法定代表人，同时，大量公司的注册资本从几十万元增加到 2000 万元或 3000 万元。

"的确，如果是真正的互联网金融，e 租宝的资金异动信息会传递得非常快，并引起投资者的警觉。但非常奇怪的是，e 租宝的负面评价数据在网上发布后，其融资行为并没有终止，客户、投资方也没有采取行动。因为它的投资者都不是通过线上方式获得的，而是通过雇用人员，通过开设门店等吸收投资者。"上海市检察院一位检察官谈到 e 租宝案件时说。

互联网金融需要鉴定标准，而这些标准其实也是它的市场准入标准。许多奇分析，除了上述的"金融科技"，还包括它的普惠金融性，通过互联网平台使更多中小企业、个人消费者获得高质量的金融服务。

许多奇说，另外还有一点就是在进行制度设计时，应当考虑有一个投资限额，投资的数额不能给生活带来重大影响和损失的限额。比如，法规做相关限制，收入的 1/10 作为投资者能够投入互联网金融投资的限额。这就能保证在市场经济资本主导的体制中，人不会受到更多的诱惑而进行自害。

2. 现代金融呼唤互动监管

但是，这并不是说，互联网金融企业没有非法吸资的问题。2015 年初，全国互联网金融企业大约有 3000 家。"当时我们做了一个调研，预计大约到年底的时候，会有 1000 多家互联网金融企业跑路。"许多奇说，"为什么？因为在和评级排名前 70 名的互联网金融企业老总沟通的时候，90% 的人处于非常焦虑的状态，担心自己的资金链会断掉。果真，到年底，仅据网贷之家统计，就有 1000 多家跑路了。这当中，有的是经营不善，有的就是利用互联网做非法集资平台。"

上海市黄浦区人民法院发布统计数据显示，2014 年至 2016 年 1 月，该院共受理 P2P 网络借贷纠纷案件 77 件，受案逐年上升，2014 年受案 7 件，2015 年受案 46 件，2016 年 1 月受案 24 件。互联网金融案件的频发，折射出监管体制与现代金融不匹配。"监管部门的割据，使得监管的缝隙、漏洞凸显，监管部门和市场之间缺乏良性互动，监管部门不知道市场在很短时间内发生了怎样的变化，这就导致了虚假金融创新的出现和伪互联网金融的泛滥。"许多奇说。

英国的 ZOPA 是全世界第一家 P2P 企业，当时的英国金融部门采取怎样的监管方式，兼具风险控制和鼓励创新？据了解，ZOPA 在设立时，发起人主动寻求金融监管部门的支持，金融监管部门比如英格兰银行也会不断了解 ZO-PA 具体做什么，并告诉他们可能存在哪些风险。通过这样持续的互动，监管部门就能够知道市场发生什么样的变化，往哪个方向发展，并指导企业如何在规范之内进行发展，然后在互动过程当中形成监管的细则。

"金融监管是个互动的、持续的、动态的与业界交流的过程。如果金融监管层面与市场分离，没有信息沟通互动的渠道，不善于倾听市场的声音，那么，其出台的监管措施要么使得市场一潭死水，要么会乱象丛生。"许多奇说。

3. 需要第三方监督力量加入

互联网时代，金融企业的触角可以无限延伸，这也给违法犯罪者更多的空间，像 e 租宝一类，它们织就的诈骗网络跨越多个地区，单单靠一地政府或是专业金融监管机构来监管是不够的。

"金融市场监管需要第三方力量。"许多奇说，"前面所说的网贷之家应该算是第三方力量的一种。它主营互联网金融公司评级排名，通过网络上海量数据的抓取，分析这些公司资金变化，如果这些数据能够为监管者参考，它就能起到很强的预警作用。"但据了解，目前像网贷之家这样的评级机构全国并不多。

上海市浦东新区人民法院对涉互联网金融纠纷做了深入的司法统计分析，提出"三重边界综合治理"：经营边界——应尽快出台制定专门性法律，对互联网借贷平台的法律属性、准入门槛、监管主体、责任追究等予以确认，以划定 P2P 网贷经营边界；信用边界——目前我国征信系统已经逐步建立，但其有效性的提升和发挥需要一个过程，应加强独立审计部门、行业自律规则等的共治作用，并促进当前互联网金融行业和征信系统的有效衔接；信息边界——确保 P2P 网贷平台的信誉信息、借款需求的风险信息、借款人的还款能力信息、借贷资金流向信息明晰透明，让市场机制这双"看不见的手"推进行业优胜劣汰。

4. 投资人要弄清责任主体

记者在上海某基层法院采访互联网金融案，受访法官很为难，不愿意透露更多的信息。因为一旦被投资人知道是哪位法官办案，很快就有人找上门来，指责谩骂，甚至恐吓。

"岂止法官，我身边一个朋友也曾经遭遇过类似的事件。"许多奇说，"e 租宝出事后，大约是 2015 年 12 月 29 日，朋友去一家电视台做个理财类节目，做了两期，一个是 e 租宝，一个是关于十部委发布的《关于促进互联网金融健康发展的指导意见》，我朋友说得比较保守，说 e 租宝不是真正的互联网金融，是递推的，有明显欺诈行为。2016 年 1 月 16 日，这个节目播出了，到了晚上，电视台就给我朋友打电话，说节目要取消了，因为有很多人到电视台拉横幅。并且，大量的网络水军将朋友微博攻陷掉了。朋友的电话号码被人肉搜索，那几天，天天接到全国各地的恐吓电话。"

"办案中，我们也发现，许多投资者有一种担心，你把它定性为诈骗、非法吸收公众存款之后，他们的钱要不回来，竟然希望它能骗一天是一天。一些投资者认为，只要你不预警，公司还可以骗下一家，就有下一波投资人接棒，只要我不是最后一棒就好。"上海市检察院一位检察官说。

投资者要理性，要对责任主体有清晰的认识，任何投资都是有风险在里面的。不要将互联网金融等理财投资作为一种保本付息来看待。这是共享经济，共享利益，也分享风险。

资料来源：《人民日报》，2016 - 04 - 15。

【专栏 2 - 4】

人民银行等十部委发布《关于促进互联网
金融健康发展的指导意见》

为鼓励金融创新，促进互联网金融健康发展，明确监管责任，规范市场秩序，经党中央、国务院同意，中国人民银行、工业和信息化部、公安部、财政部、国家工商总局、国务院法制办、中国银行业监督管理委员会、中国证券监督管理委员会、中国保险监督管理委员会、国家互联网信息办公室日前联合印发了《关于促进互联网金融健康发展的指导意见》（银发〔2015〕221 号，以下简称《指导意见》）。

《指导意见》按照"鼓励创新、防范风险、趋利避害、健康发展"的总体要求，提出了一系列鼓励创新、支持互联网金融稳步发展的政策措施，积极鼓励互联网金融平台、产品和服务创新，鼓励从业机构相互合作，拓宽从业机构融资渠道，坚持简政放权和落实、完善财税政策，推动信用基础设施建设和配套服务体系建设。

《指导意见》按照"依法监管、适度监管、分类监管、协同监管、创新监管"的原则，确立了互联网支付、网络借贷、股权众筹融资、互联网基金销售、互联网保险、互联网信托和互联网消费金融等互联网金融主要业态的监管职责分工，落实了监管责任，明确了业务边界。

《指导意见》坚持以市场为导向发展互联网金融，遵循服务好实体经济、服从宏观调控和维护金融稳定的总体目标，切实保障消费者合法权益，维护公平竞争的市场秩序，在互联网行业管理，客户资金第三方存管制度，信息披露、风险提示和合格投资者制度，消费者权益保护，网络与信息安全，反洗钱和防范金融犯罪，加强互联网金融行业自律以及监管协调与数据统计监测等方面提出了具体要求。

下一步，各相关部门将按照《指导意见》的职责分工，认真贯彻落实《指导意见》的各项要求；互联网金融行业从业机构应按照《指导意见》的相关规定，依法合规开展各项经营活动。

资料来源：新华社，2015 - 07 - 18。

（二）物联网金融有效解决互联网金融的几大难题

事实上，植根于互联网思维的互联网金融从一诞生就暗藏着危机。互联网面向虚拟世界，通过人为输入将物理世界带入虚拟空间，主观输入的信息不对称导致互联网金融的信用与风控难以保障，存在极大安全风险。而物联网金融的出现，可以很好解决互联网金融面临的这些问题。物联网金融不仅保留了互联网金融"开放、协作、分享"的基因，而且较之传统金融业务具备透明度更强、参与度更高、协作性更好、交易成本更低、操作上更便捷等一系列特征，如果说互联网向人们呈现的是美轮美奂的"电影场景"，而物联网向人们展示的则是真真切切的"现实世界"。

1. 物联网金融解决了互联网金融与实体经济融合的问题

一方面，互联网金融源于虚拟经济高速增长到一定规模后驱动金融创新发展，本质上是服务于虚拟经济的新型金融业态，如服务于虚拟经济基础建设的网络信贷、服务于虚拟经济交易的第三方支付、服务于规避虚拟经济风险的虚拟财产保险产品等。在大多数情况下，互联网金融并不创造价值和使用价值。以近年火热的"余额宝"为例，它以低投资门槛吸引银行活期存款客户，又以协议存款形式回流银行，其高收益完全来源于虚拟经济，与实体经济没有任何联系，更谈不上贡献。另一方面，物联网金融是建立在实体世界已有的智能化、网络化基础之上的，借助物联网技术整合商品社会各类经济活动，提高市场交换和资源配置效率，在此过程中创造社会财富。因此，物联网金融是始终面向实体经济、服务实体经济的新型金融业态。以供应链金融为例，将银行信用融入上下游企业的购销行为，增强其商业信用，为整个供应链上的企业提供金融服务，从而促进上下游企业与核心企业建立长期战略协同关系，提升供应链企业的核心竞争能力，有利于实体经济的结构调整。所以，物联网金融的实际价值远远超越了互联网金融。

物联网发展最终将带来零边际成本的金融行为，使得全面服务中小企业成为可能。得益于"物联网 + 大数据 + 预测性算法 + 自动化系统"，采集企业信息的边际成本近乎为零，服务长尾客户再无边界限制。融合了物联网技术的金融服务，全过程电子化、网络化、实时化和自动化，能大大降低运营管理成本。对于中小企业的差异化信贷需求，银行能够作出更加及时、准确的反应，同时银行在数据管理平台可以提供财务管理咨询、现金管理、企业信用评价等中间业务服务，银行与企业的联系更加密切。[①]

以供应链物联网为例，在物联网技术支持下，企业可以实时掌控采购渠道、原料库存、生产过程、成品积压以及销售情况，实现对供应链全程无遗漏的掌控和管理，并借助物联网传送的数据信息，作出准确的经营决策，改变上下游商业模式，提升整体供应链运作效率。同时，银行根据物联网传送的数据信息，可准确把控核心企业与上下游企业的交易的商流、物流、资金流信息，准确预测上下游资金需求，以此提供定制化的融资，润滑供应链，提升链条的整体竞争力。通过对这些数据的分析挖掘，能够将核心企业和上下游的小微企业紧密联结提供金融产品和服务。一方面，通过物联网技术可以对各相关企业的信息流、资金流和物流进行可视化追踪，使上下游关联企业均能获取有效信息，包括产品销售、资金结算、应收账款清收等信息，从而保证整个供应链的融资安全，并进一步拓展客户范围和业务领域。另一方面，金融机构还可以利用获取到的信息资源，为供应链上的小微企业提供财务管理、资金托管、贷款承诺、信息咨询等综合金融业务，帮助小微企业发展壮大。

2. 物联网金融解决了互联网金融风险难控的问题

金融是经营风险的特殊行业，风控是金融运营的核心逻辑。理性来看，互联网金融，更多的是服务方式和终端渠道上的创新，而在风险计量和控制

---

① 资料来源：邵平. 物联网金融与银行发展 [J]. 中国金融，2015 (18).

上还相对薄弱。互联网金融从人人交互的大数据出发，样本即整体，大数据预测技术突破了传统的统计技术，使得主观信用开始向客观信用过渡。但互联网金融基于虚拟经济，在大数据采集的来源上无法避免人工数据的主观性问题（最典型的就是社交数据中存在大量的假数据、僵尸数据，而且数据更多是个人的意愿表达，而非客观呈现），再加上与实体经济缺少连接，这些数据无法有效验证，因此采集过程就出现很多不可控的因素。互联网金融生态中各成员的关系较为复杂，信息呈现高度离散型特征和非对称状态，生态系统中的"物种"联系是网状的。这就产生了一个难以克服的问题：无法完全准确地评估交易对手的特征。以 P2P 特别是纯线上的 P2P 为例，由于用户获取、信用审核及筹资过程都是在线上完成，这就给借款人进行隐匿、伪造和欺骗活动留下了空间，致使坏账率大幅增加。因此，为避免小部分不法分子的道德诈骗，只能做 B2C 的市场；为克服主观信用的问题，通常也需要引入中介作为交易和投融资担保；一旦出现风险，风控是被动、事后、延迟的。

与互联网金融侧重"人—人"联系不同，物联网金融更为强化"物"的作用，即实现与物理世界更为契合的"人—物—人"联系。互联网金融也就是人与人之间通过互联网直接完成的金融交易活动，而物联网实现的人与物、物与物的即时交流，物联网金融也就是人与人之间通过物的媒介间接完成的金融交易活动。物联网金融生态中各成员的关系虽然也很复杂，但嵌入了物品这一纽带，信息便呈现连续性特征和对称性状态，生态系统中的"物种"联系变成了链状。借助物联网进行的融资活动，由于物品既可以开口"说话"、也不会"骗人"，可以通过生产过程、成品积压、销售情况等物品信息精准地评估交易对手信用，最大限度地规避道德风险。所以，物联网金融的可靠性远远超越了互联网金融。

物联网金融可以实现完全客观的信用体系，风险管控的可靠性和效率将得到明显提升。物联网金融从人、机、物的客观感知数据出发，能够有效避免社交和消费平台上的假数据问题。物联网能采集包括行为轨迹、消费习惯、医疗数据、场景数据、供应链数据等，这些数据都是当下金融技术没有覆盖的地方。物联网金融将虚拟经济和实体经济连接之后，有效解决了数据的客观性问题。互联网金融停留在你看到的、你听到的信息上，而物联网金融将基于你看不到、听不到，或者以往忽略的信息之上，是全景式的。基于此将会产生更好的信贷模式、信用评估和风控模型。比如，针对汽车险的恶意骗保问题，可以在投保车辆上安装物联网终端，对驾驶行为综合评判，根据驾驶习惯的好坏确定保费水平；出现事故时，物联网终端可以实时告知保险公司肇事车辆的行为，保险员不到现场即可知道车辆是交通事故还是故意所为。

在传统金融中，风险无时不在、无处不在，因此传统金融环境下，金融机构需要承担不确定的损失和收益。根据经济学"风险与收益对称"的基本原理，风险与收益是成正比的。其中，风险又可称为不确定性。在传统金融环境中，由于信息不对称的广泛存在，不确定性是普遍现象。不确定性与收益共生共存，承担风险是获取收益的前提；收益是承担不确定性的成本和报酬。对于不确定性较大的资产，其要求的收益率相对较高；反之，不确定性相对较小的资产收益率较低。例如，在存款—国债—股票的金融资产组合中，存款的不确定性最小，收益也最低；股票的不确定性最大，收益也最高；国债的不确定性与收益则均为居中水平。又如，小微企业及科技型企业由于经营风险大、发展前景不明朗，不确定性较高，因此银行业机构对其发放贷款时，往往要求更高的利息作为风险补偿，小微企业融资难、融资贵问题成为难题，降低了融资效率，并未达到风险收益的最优状态。

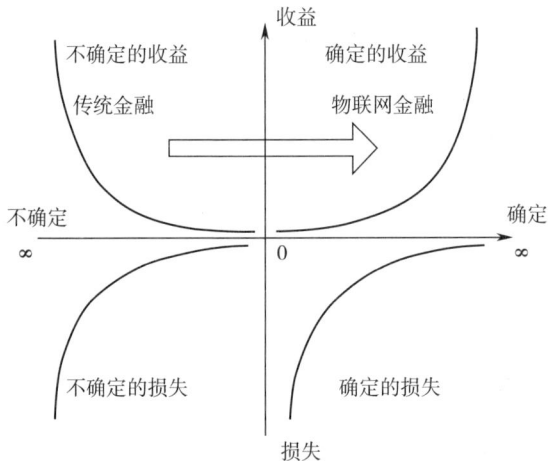

图 2 - 14　物联网金融与传统金融收益四象限理论模型

在物联网环境中，这一情形将发生颠覆性变化，因为风险的确定性大幅提升，收益的确定性也可以得到显著提高，正如图 2 - 14 所示，风险收益曲线将会由传统金融的二、三象限迁移至一、四象限。第二象限为"不确定的收益"，第三象限为"不确定的损失"；第一象限为"确定的收益"，第四象限为"确定的损失"。随着物联网技术的广泛应用，金融机构可以充分掌握交易客户的各类信息，消除"信息不对称"所带来的不确定性，使得"高确定性、高收益、低损失"的理想组合得以实现。在物联网条件下，金融机构面临的是确定的环境，确定性与收益成正比，与成本成反比。金融机构可以根据自身风险偏好对市场上的客户进行筛选，评估交易机会对应的损失可能性，主动选择具有"确定的收益"的交易机会，规避"确定的损失"，使风险收益达到最优平衡，大大提升风险管控水平，从而提高金融市场效率。例如，物联网可实现对动产无遗漏环节的动态监管，规避重复质押、虚假质押等风险，从而极大地降低动产质押信用风险，增加信贷业务收益。又如，物联网可通过指纹、虹膜等生物特征验证用户身份，避免支付盗刷、冒用等欺诈风险事件，规避确定的风险。

3. 物联网金融解决互联网金融支付安全的问题

随着互联网技术的日新月异，特别是移动互联网的出现，移动支付已经成为金融支付的主要方式。互联网支付大大降低了支付成本、提升了支付体验，但同时，互联网具备开放的信息交换方式，使得互联网支付容易受到病毒、木马、钓鱼网站的侵害，导致很多人对于网络支付心存顾虑，而互联网这种自身的开放性，决定了网上支付活动将面临不同类型的网络安全方面的挑战。

现阶段移动支付只是物联网一个相对初级的层面，移动互联网在物联网中只能起到基本的辅助作用。随着物联网不断深入发展，移动支付将能够实现自动支付，经过移动授权后，就能够实现移动物联网与商贸物联网的结合，使用户在进行金融交易时更加便捷、安全可靠。比如说，以金融 IC 卡为载体，结合物联网的行业应用，实现一卡多用，实现跨行业支付标准，采用安全的金融标准，把实施手机移动支付应用于支付产业的重点来抓。由此可见，移动支付将成为未来物联网金融发展的主力，是未来物联网金融发展的趋势。例如，近年兴起的二维码支付，是电信智能卡与银行电子钱包功能整合后的移动支付服务，而这只是物联网在移动电子商务领域迈出的一小步。未来的物联网还可通过透彻感知，将支付行为与企业运营状态、个人健康、家庭情况的动态变化相关联，动态调整支付额度，智能化控制银行的风险。物联网支付可以有效管控欺诈风险。例如，基于手机的移动支付中，有线与无线配合使用的双重验证提升了支付安全性，降低了黑客、不良商户、钓鱼网站等非法交易发生的频率。在不远的将来，还将通过指纹、虹膜、掌纹、掌静脉、声纹等独一无二的生物特征来验证用户身份，避免发生盗领、冒用等危害客户安全的事件。[①]

我们完全可以想象未来这样一个场景：在一个没有一个工作人员的书店里，一位购书者拿着一摞挑好的图书径直走出去，书店门口射频识别到图书

---

① 资料来源：蒋洪印，李沛强. 物联网金融及其在现代物流创新发展中的应用［J］. 商业时代，2014（10）.

信息后自动计价，同时通过购书者随身携带的银行卡完成了结算。

【专栏 2 – 5】

金融支付领域上线首个物联网云平台

国内金融支付信息安全领域领先企业证通电子日前上线了金融支付领域的首个物联网云平台——"机器互联中心"。"机器互联中心"是一个按照银行级安全要求规范建设的智能终端全生命管理和服务平台，能够追踪智能终端从生产组装到运维的各环节数据，并为智能终端生命周期中的各环节活动提供支持。它支持客户对智能终端进行远程监控和故障诊断等运维活动，也支持应用程序、固件和媒体等内容分发和软件升级服务。

物联网是下一代信息技术的重要组成部分，是在互联网基础上的延伸和扩展。物联网云平台是通过云计算技术和大数据分析手段为物联网终端提供接入、管理、诊断、数据存储和分析的平台。亚马逊、阿里、腾讯等互联网企业和华为、TCL 等终端企业都纷纷推出了各自的物联网云平台。相对通用物联网云平台来说，"机器互联中心"是一个定位于为智能金融终端提供服务的物联网云平台，内置金融终端管理与服务相关的特性组件。

证通电子是一家专注于金融支付信息安全领域的国内上市企业，其主要产品是金融 POS、密码键盘和自助服务终端。经过二十多年的发展，该企业已经成为一家拥有外观设计、结构设计、专用部件定制、机柜生产、整机装配和软件服务外包的自助终端全产业链运营的高新技术企业，为客户提供柔性定制服务是其主要特色。近几年来证通电子通过自主研发、收购和参股等方式进入到互联网数据中心、互联网金融和云计算等领域，着力打造更全面的金融支付信息安全基础设施服务，从而为客户提供一站式产品服务体验。"机器互联中心"是证通电子通过云计算技术为客户提供柔性定制能力的重要补充。

"机器互联中心"是一个 PaaS 级的物联网云平台，内置密钥管理、证书管理、应用管理、配置管理、系统管理等重要组件，通过证通电子自有的南沙、东莞数据中心对外提供服务。该平台支持多样化终端的接入，能够通过开放的 WebService 接口与第三方业务系统快速集成。结合证通电子的 TAF 平台，第三方业务系统能够自由运行于证通电子生产的各类型终端上，做到"一次开发、多形态支持"。

作为细分行业的物联网云平台，证通电子选择了服务于自身柔性定制的客户。依托于自建的互联网数据中心，"机器互联中心"不仅达到了银行级的安全要求，还为客户后续的运维和管理工作节省了大量的成本，从而加速行业创新的进程。作为一个以安全为核心切入点的物联网云平台，"机器互联中心"弥补了通用物联网云平台难以提供金融相关服务的缺点，为物联网更广泛的应用和部署探索了一个新的方向。

资料来源：搜狐公众平台，作者：王德青，2016 - 05 - 03。

三、物联网金融将深度影响金融生态体系

物联网金融带来新的金融革命物联网的产生和发展，在需求、技术和制度等多个方面为金融改革创新准备了条件，推动现有金融体系走上一条高效率、良性循环的制度变迁路径，即将在金融领域产生新的革命。

（一）金融自动化与智能化程度不断提高

在信息社会，伴随着社会化网络、物联网和云计算等技术在金融领域的深入应用，带来了金融体系和商业模式的变革，从而推动了资金更顺畅的流通、更合理的配置、更安全的使用。物联网金融可以借助物联网技术整合商品社会各类经济活动，实现金融自动化与智能化。借助物联网技术，金融企业在获取海量客户数据的基础上，进行智能化分析和处理，提出精准的决策，通过与合作伙伴的分工协作，共同为客户提供高质量、便捷、即时的金融服务。物联网金融的业务流程基本可以分为六个步骤：感知、分析、决策、分工、反应、服务。金融自动化与智能化具备透明性、便捷性、灵活性、即时性、高效性和安全性的特性，代表了未来金融业的发展方向，也大大推动了资本和生产要素的有效运用，实现了社会资源的优化配置。美国已经针对物联网提出将在六大领域建立"智慧行动"方案，其中一项就是建立"智慧金融"。智慧金融是在信息社会，伴随物联网、云计算、社会化网络等技术在金融领域的深入应用，带来的金融体系和商业模式的变革。智慧金融具有透明性、便捷性、灵活性、及时性、高效性和安全性等特点，推动资金更顺畅地流通、更合理地配置、更安全地使用。

比如，物联网金融还可以为客户提供量身定制服务。通过物联网的应用，金融机构在 VIP 客户服务中能更快地识别客户，了解客户需求，为客户定制详细的服务方案，方便与客户交流，提升客户体验。具体来说，金融机构可以结合生物识别和 RFID 技术创造 VIP 客户的无干扰服务方案，来推动 VIP 客户的快速识别，只要客户进入金融网点，手中的借记卡或信用卡向外发射 RFID 射电脉冲或摄像头捕捉客户面相，并与存储在服务器上的面相模板进行比对，判别客户类型，管理网络就会将收集的信息与重点客户关系管理系统联结，向客户经理发送进入网点 VIP 客户信息，告之客户是谁、他们需要什

么、之前他们预约了什么业务，或在网站上关注过的事项等，客户经理就可以有针对性地为客户提供量身定制的服务。

（二）重构社会信用体系

现代市场经济本质上是信用经济，无论是促进市场经济正常运行、扩大居民消费和防范金融风险，都必须建立完善的社会信用体系。现阶段，我国社会信用体系发展比较滞后，企业每年因信用缺失导致直接和间接经济损失高达 6000 亿元，银行每年因逃废债行为造成直接损失超过 1800 亿元。2014年 6 月，国务院印发了《社会信用体系建设规划纲要》，7 月国务院常务会议也强调要用"大数据"思维理念构建国家社会信用信息平台。物联网每天都在源源不断地产生海量的大数据，据 IDC 的预测，到 2020 年由 M2M（机器对机器）产生的数据将占到大数据总量的 42%，必将成为推动我国社会信用体系建设的有力工具。第一，物联网产生的物品信息，能够全面反映企业（个人）的自然属性和行为属性，在丰富信用维度的基础上提高信用体系的可靠性。第二，物联网具有的互联互通特征，有利于促进各部门信息的整合与共享，打破社会信用体系建设中的"信息孤岛"痼疾。第三，物联网上的信用信息采用云计算技术，避免了主观判断的影响，确保评价结果的真实性。同时，还能满足评价结果与信用信息的同步更新，保证了信用的实时性。基于物联网和"大数据"重构的社会信用体系，能够帮助金融机构精准判断、提前发现、及时预警风险，必将推动金融风险防控体系产生质的飞跃。

（三）释放强大金融创新能量

资料来源：蚂蚁金服官网，http：//www. antgroup. com/。

图 2 - 15　阿里巴巴的金融生态圈

就金融创新的动因而言，有技术推进论、货币促成论、财富增长论、约束诱导论、制度改革论、规避管制论和交易成本论等各种理论。以物联网为动力源的技术进步、制度变革和市场需求的协同作用引发了大量金融创新。其中，物联网带来的技术进步将提供金融服务的新的生产可能性边界，是金融创新的基础；物联网带来的制度变革将提高经济活动的激励水平及降低交易成本，是金融创新的保障；物联网带来的需求变化将推动基础设施完善和市场规模扩大，是金融创新的方向和驱动力。总之，物联网不仅带来的是金融产品和工具的创新，更带来金融理念和模式的革命，使以往不可能的创新服务变为可能。有人甚至预言，物联网及泛在移动技术的发展，将使金融创新形态发生改变，即"创新2.0"时代。它是面向知识社会的下一代创新，是一种以客户为中心、以客户体验为核心、社会实践为舞台的创新形态。例如，在未来的医疗保险中，通过苹果手表、谷歌眼镜等可穿戴设备，定期将被保险人的血压、体温、脉搏、呼吸、脂肪占比等个人健康信息传输到服务器，进行智能管理和监测，提供健康预警及医疗咨询等高附加值服务。这不仅可以减少保险公司的潜在赔偿损失，更能赢得客户信任并增强客户黏性。

【专栏2-6】

习近平：建设全国一体化的国家大数据中心

2016年10月9日，中央政治局集体学习，关注"实施网络强国战略"话题。习近平主持并做重要讲话，提出明确要求。

1. 建设网络强国要六个"加快"

加快推进网络信息技术自主创新，加快数字经济对经济发展的推动，加快提高网络管理水平，加快增强网络空间安全防御能力，加快用网络信息技术推进社会治理，加快提升我国对网络空间的国际话语权和规则制定权。

2. 网络信息技术改变三大"格局"

当今世界，网络信息技术日新月异，全面融入社会生产生活，深刻改变着全球经济格局、利益格局、安全格局。世界主要国家都把互联网作为经济发展、技术创新的重点，把互联网作为谋求竞争新优势的战略方向。

3. 社会治理模式三个转变

从单向管理转向双向互动，从线下转向线上线下融合，从单纯的政府监管向更加注重社会协同治理转变。

4. 建设国家大数据中心

要深刻认识互联网在国家管理和社会治理中的作用，以推行电子政务、建设新型智慧城市等为抓手，以数据集中和共享为途径，建设全国一体化的国家大数据中心，推进技术融合、业务融合、数据融合，实现跨层级、跨地域、跨系统、跨部门、跨业务的协同管理和服务。

5. 领导干部要懂网用网

现在，各级领导干部特别是高级干部，如果不懂互联网、不善于运用互联网，就无法有效开展工作。各级领导干部要学网、懂网、用网，积极谋划、推动、引导互联网发展。

6. 不断提高四种"能力"

要正确处理安全和发展、开放和自主、管理和服务的关系，不断提高对互联网规律的把握能力、对网络舆论的引导能力、对信息化发展的驾驭能力、对网络安全的保障能力，把网络强国建设不断推向前进。

资料来源：央视新闻，2016 – 10 – 10。

第三章 物联网金融制度变迁原理

技术进步、投资增加、专业化和分工的发展等，并不是经济增长的决定性因素，决定经济增长的因素是制度。

——诺斯

本章通过三个部分来探寻中国物联网金融的制度变迁。首先，介绍制度与制度变迁理论，其次，分析物联网金融产生的制度环境，最后，介绍物联网金融制度变迁的模式、行动集团和路径依赖。

第一节 制度与制度变迁理论概述

一、制度

经济社会发展中，制度因素无时无刻不影响着各方当事人，它界定人们的选择空间，制约着当事人的行为，促进或抑制金融创新行为。制度构成了经济博弈基础的博弈规则以及博弈当事人最终达到均衡的交易范围。如果经济中制度缺失，社会成员的互动将不可能发生，人们将为了其自利性的效用最大化而陷入无休止的争斗之中。

（一）制度的定义

制度一般指要求成员共同遵守的办事规程或行动准则，也指在一定历史条件下形成的法令、礼俗等规范。新制度经济学家中从最一般意义上界定过制度的有诺斯、舒尔茨和拉坦等。

诺斯认为，制度就是一种"规范人的行为的规则"。他认为，制度是社会的游戏规则，是为决定人们的相互关系而人为设定的一些制约，它构成了人们在政治、社会或经济方面进行交换的激励结构，以减少人们日常生活的不确定性。从实际效果看，制度"定义的是社会，特别是经济的激励结构"。

舒尔茨在他的著作《制度与人的经济价值的不断提高》中将制度定义为管束人们行为的一系列规则。他认为，制度是为经济提供服务的，可以区分为：第一，用于降低交易费用的制度，如货币、期货期权市场等。第二，用于影响生产要素的所有者之间配置风险的制度，如合同、公司、保险、社会养老计划等。第三，用于提供职能组织与个人收入流之间的联系的制度，如经济法、劳动法等。第四，用于确立公共产品和服务的生产与分配的框架的制度，如学校、机场、车站、高速公路等①。

拉坦在《诱致性制度变迁理论》中将制度定义为一套行为规则，它们被用于支配特定的行为模式和相互关系。

我们认为制度的内涵至少应当体现这样几点内容。

（1）习惯性。制度都具有习惯性特点，都是历史的一种沉淀，先有重复性，而后被固定下来。最初某些人发现某种规则有利可图，之后将其坚持下来，接着被更多人接受，最后成为一种习惯，成为历史沉淀物被保留下来。

（2）确定性。只要是制度，都告诉人们能干什么、不能干什么，都给人类行为划定了边界。也正是具有这样的特点，才使其具有确定性，从而为人类行为提供稳定的预期。一个有效的规则从两个方面看都是确定的：必须是可知的、透明的，必须能够对未来提供可靠的指导。确定性的最大化表示一般居民都能够清晰地把握制度的信号，指导违反制度带来的后果，对自己行为的影响是清楚的。

（3）普遍性。在没有特别理由的情况下，对所有人都是同样适用的，没有区别对待的情况。任何制度都有它的适用范围，在这个范围内所有社会成员、所有社会组织都应当遵守。除特殊情况外，制度不应有"区别对待"的现象。没有人能凌驾于制度之上，每个人在制度面前都是平等的，人们把普遍性看成是公平的一个部分，如果根据一个人的社会地位来决定其对制度的遵守程度，则肯定被认为是不公平的。制度的普遍性如果受到破坏，意味着制度本身受到破坏。

（4）符号性和禁止性。制度一般用简单的符号明确给定人们行为标准，大大节约了认识成本。简单的红绿灯信号告诉我们什么时候该停止什么时候该出发，银行账单符号表示一定的价值，很显然，符号是一种物质性的东西，如印在纸上，但是它的功能却依赖于它所代表的制度。符号一般都代表一个复杂的制度安排。与符号性相似的是制度的禁止性特征。符号性和禁止性能使复杂的问题简单化，使对规则的执行更加直截了当。

（5）公理性。所有制度都有确定所指，都是针对确定行为的，只要是相同性质的事件，一般都遵从相同的规则，制度可能性曲线如图 3 - 1 所示。

---

① 资料来源：舒尔茨．制度与人的经济价值的不断提高［M］．载科斯，等．财产权利与制度变迁：产权学派与新制度学派译文集．上海：上海三联书店，1991：253.

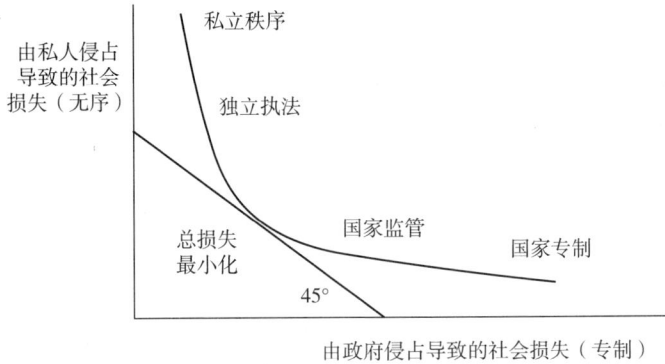

由私人侵占
导致的社会
损失（无序）

私立秩序

独立执法

总损失
最小化

国家监管

国家专制

45°

由政府侵占导致的社会损失（专制）

图 3-1 制度可能性曲线

（二）制度的特征

通过以上对制度定义的分析可以看出，制度具有以下特征：

1. 制度与经济发展程度有密切关系

在政治经济学领域，马克思指出，要深刻理解上层建筑（如伦理、法律及精神等）的本质，就必须对其经济基础及与之相适应的生产关系进行全面分析，这种生产关系（即不同集团和阶级在社会分工协作中因利益分配而形成的关系）就是所谓的制度。马克思的制度观强调了生产力的发展状况如何决定了生产关系的性质和状况，即经济增长的程度决定了与之相适应的制度的有效程度（如表 3-1 所示）。

表 3-1　　　　　　　　　人类经济史上的基本经济制度

经济时间	原始经济时代	农业经济时代	工业经济时代	知识经济时代
历史时间	人类诞生至公元前 4000 年	公元前 4000 年至公元 1763 年	公元 1763 年至 1970 年	1970 年至 2100 年
经济形态	原始经济	农业经济	工业经济	知识经济
基本制度	原始公有制	农业经济制度	市场经济制度	知识经济制度（形成中）
生产制度	集体劳动	农业生产制度	工业生产制度	弹性工作、知识生产
流通制度	实物交换	地区性贸易、关税	全国性市场、高关税	市场全球化、低关税
分配制度	平均分配	按权力和地权分配	按资本或按劳动分配	按贡献分配、按需要调节
消费制度	实时消费	自行消费	赋税消费、高消费	绿色消费、合理消费
环境制度	自然崇拜	适应自然	改造自然	生态与经济协调

2. 制度与人的动机、行为有着内在的联系

从深层次看，历史上的任何制度都是当时人的利益及其选择的结果。人

理性地追求效用最大化是在一定的制约条件下进行的，这些制约条件就是人们创造的一系列规则、规范等。如果没有制度的约束，那么人人追求效用（或收入）最大化的结果，只能是社会经济生活的混乱或者低效率。

3. 制度是一种"公共品"

萨缪尔森把"公共品"定义为某个人消费这些产品或服务不会有损其他任何人的消费。制度作为一种行为规则，并不是针对某一个人的，它是一种公共规则。制度作为一种"公共品"又与其他"公共品"有一定区别，主要表现为：首先，一般公共品都是有形的，表现为具体的实物，如城市公共设施等；而作为"公共品"的制度则是无形的，它是人的观念的体现以及在既定利益格局下的公共选择，或者表现为法律制度，或者表现为规则及其规范，或者表现为一种习俗。其次，一般公共品不具有排他性，但作为"公共品"的制度，有的可能具有排他性，如对大多数人有益的制度可能对少数人并不利，因为一些制度（或规则）是根据少数服从多数的原则形成的。

（三）制度的类型

制度种类繁多，一般而言，可以分为两大类，即正式制度和非正式制度。正式制度主要指政府、国家或统治者有意识创造的一系列政策法规，包括政治规则、经济规则和契约，以及由这一系列规则构成的一种等级结构，从宪法到成文法和不成文法，再到特殊的细则，最后到个别契约等，它们共同约束着人们的行为。非正式制度是人们在长期的社会生活中逐步形成的习惯习俗、伦理道德、文化传统、价值观念、意识形态等对人们行为产生非正式约束的规则。正式制度与非正式制度作为社会制度体系的两个组成部分，是不可分割、相互依存、互为条件、相互补充的。

正式制度与非正式制度的区别在于：第一，从变革的速度看，正式制度可以在短时间内形成、变更或废止，非正式制度的形成是一个漫长的过程，改变较之正式制度也困难得多。第二，从制度的实施机制来看，正式制度依据的是政府的强制手段，非正式制度主要取决于社会成员的相互作用和他们对某种团体习惯的自发遵从。第三，从制度的可移植性来看，一些正式制度尤其是那些具有国际惯例性质的正式规则是可以从一个国家移植到另一个国家的，非正式制度则具有内在的传统性和历史性，其可移植性较差。

二、制度变迁及其成因

制度由个人或组织生产出来的，这就是制度的供给，由于人们的有限理性和资源的稀缺性，制度的供给是有限的、稀缺的，随着外界环境的变化或自身理性程度的提高，人们会不断提出对新的制度的需求，以实现预期增加的收益。当制度的供给和需求基本均衡时，制度是稳定的，当现存制度不能使人们的需求满足时，就会发生制度变迁。

（一）制度变迁的定义

制度变迁（Institutional Change）是新制度产生，并否定、扬弃或改变旧制度的动态过程，通俗地说，是一种效率更高的制度对低效的旧制度的替代过程。作为替代过程，制度变迁是一种效率更高的制度替代原制度；作为转换过程，制度变迁是一种更有效率的制度的生产过程；作为交换过程，制度变迁是制度的交易过程。制度变迁是制度稳定性、环境变动性和不确定性及利益极大化追求三者之间持久冲突的结果，这是一个必然的和合理的过程。合理的制度沿时间空间展开后逐渐会变得不合理，人们唯一的选择就是改变失去了合理性的制度，创造新的合理的制度，制度变迁就是在约束条件改变（外在环境变动）的情况下对制度的重新求解，如图 3 - 2 所示。

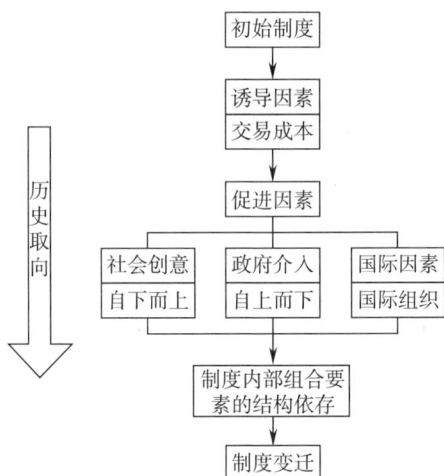

图 3 - 2 制度变迁分析图

（二）制度变迁的成因

制度变迁的成因来源于供给和需求两个方面：制度变迁供给与制度变迁需求。两者在规模经济、外部成本、风险、市场等一系列约束条件下为实现帕累托改进追求新的潜在利益的必然要求。从成本与收益的角度讲，只有当人们预期制度变迁的潜在收益大于成本时，制度变迁才会发生。因此，制度变迁供给是一种新制度的"生产者"在制度变迁收益大于制度变迁成本时设计和推动制度变迁的活动，制度变迁需求是对更高效益的制度的需求。作为制度变迁理论奠基人的诺斯，认为制度变迁是一种制度非均衡—均衡—非均衡的反复循环的过程。他认为制度均衡是在制度变迁需求和制度变迁供给影响因素一定时，制度安排呈现出的一种短暂的相对静止的状态。当这种状态被打破时，制度变迁的必要前提条件——制度非均衡就产生了。诺斯将路径依赖概念和理论引入制度变迁分析，用来解释不同国家制度变迁的不同路径和无效经济制度长期存在的现象。

三、制度变迁理论的形成和发展

诺斯是制度变迁理论最早的研究者之一，他认为，一项新的制度安排是人们对它的预期收益超过预期成本，很多外部事件都能够导致利润的形成，但是现有的经济制度的安排又不可能使人们获得这些利润。只有通过制度创新形成规模经济，使外部性内部化，规避风险和降低交易费用，才能使人们的总收入增加，创新者才可能在不损失任何人的利益情况下获取收益。

拉坦①在诺斯分析的制度变迁的一般原因的基础上，就诱致性的制度变迁模型进行了深入的研究。他认为，制度是一套行为准则，它被用于支配特定的行为模式与相互关系，制度变迁是经济发展的力量。拉坦提出了一个诱致性制度变迁的模型，即制度变迁可能是由对与经济增长相联系的更为有效的制度绩效的需求所引致的。他论证了技术变迁、制度变迁与经济发展之间非常复杂的相互关系，即"土地（或自然资源）价格相对于劳动力价格的提高诱致了用于减少对由土地的无弹性供给所导致的有制约的生产技术变迁，同时也导致能更准确地定义与配置土地的产权的制度变迁。劳动力相对于土地（自然资源）的价格的提高，导致了能使资本替代劳动的技术变迁。同时也导致了能增进代理人的生产能力并增进工人对他自己的就业条件进行控制的制度变迁。由技术变迁所形成的新的收入流以及制度效率的收益引致了对产品的相对需求的变化，以及新的和更为有利可图的产品创新的机会的开辟。这导致了消费模式更为多样化，而且由技术变迁或制度变迁所形成的新的收入流又引致了用于修正新的收入流在要素所有者之间进行分割以及改变个人与集团之间的收入分配的进一步的制度变迁。"②

我国的经济理论工作者也对制度变迁的理论展开了分析和研究。林毅夫③

① 资料来源：拉坦. 诱致性制度变迁理论［M］//科斯，等. 财产权利与制度变迁：产权学派与新制度学派译文集. 上海：上海三联书店，1991：336.

② 资料来源：科斯，等. 财产权利与制度变迁：产权学派与新制度学派译文集［M］. 上海：上海三联书店，1991：338.

③ 资料来源：科斯，等. 财产权利与制度变迁：产权学派与新制度学派译文集［M］. 上海：上海三联书店，1991：371 - 403.

认为，制度变迁中有诱致性制度变迁与强制性制度变迁，诱致性制度变迁是现行制度安排的变更或替代，是新制度安排的创造，它由一个人或一群人在响应获利机会时自发倡导、组织和实行。强制性制度变迁则是由政府命令、法律引入和实行的。制度变迁是一种公共物品，存在搭便车的问题。如果新制度安排仅靠诱致性创新的话，一个社会中的制度安排就会满足不了需求，需要国家干预以弥补制度安排供给的不足，即实施强制性制度变迁。

从制度变迁理论的发展沿革来看，制度变迁的方式是多种多样的，不同的制度变迁既是对立的，同时又是统一的，制度变迁的方式不同，制度安排的内容就会不完全一样。新的制度安排不仅要充分考虑到个人和集团的利益，以调动两者的积极性，同时又要有一定的规则约束个人和集团的选择行动，利益矛盾总是存在的，要通过完善制度来协调统一。

【专栏 3 – 1】

五个小故事让你看懂制度的力量

没有制度的组织是危险的。我们没必要非要讨论人性本善还是本恶，合理的制度，必然是授权与监督同时存在的，既相信你的能力，又怀疑你的本性，用制度来激发你性格中天使的一面，还要用制度来威慑你恶魔的一面。通过下面五个小故事让你看懂制度的力量。

第一个故事：合格率的检查制度

第二次世界大战期间，美国空军降落伞的合格率为 99.9%，这就意味着从概率上来说，每一千个跳伞的士兵中会有一个因为降落伞不合格而丧命。军方要求厂家必须让合格率达到 100% 才行。厂家负责人说他们竭尽全力了，99.9% 已是极限，除非出现奇迹。军方（也有人说是巴顿将军）就改变了检查制度，每次交货前从降落伞中随机挑出几个，让厂家负责人亲自跳伞检测。从此，奇迹出现了，降落伞的合格率达到了百分之百。

第二个故事：付款方式

英国将澳洲变成殖民地之后，因为那儿地广人稀，尚未开发，英政府就鼓励国民移民到澳洲，可是当时澳洲非常落后，没有人愿意去。英国政府就想出一个办法，把罪犯送到澳洲去。这样一方面解决了英国本土监狱人满为患的问题，另一方面也解决了澳洲的劳动力问题，还有一条，他们以为把坏家伙们都送走了，英国就会变得更美好了。

英国政府雇用私人船只运送犯人，按照装船的人数付费，多运多赚钱。很快政府发现这样做有很大的弊端，就是罪犯的死亡率非常之高，平均超过了10%，最严重的一艘船死亡率达到了惊人的37%。

政府官员绞尽脑汁想降低罪犯运输过程中的死亡率，包括派官员上船监督，限制装船数量等，却都实施不下去。最后，他们终于找到了一劳永逸的办法，就是将付款方式变换了一下：由根据上船的人数付费改为根据下船的人数付费。船东只有将人活着送达澳洲，才能赚到运送费用。新政策一出炉，罪犯死亡率立竿见影地降到了1%左右。后来船东为了提高生存率还在船上配备了医生。

第三个故事：抽水马桶的清洁标准

某日本高级酒店，检测客房抽水马桶是否清洁的标准是：由清洁工自己从马桶中舀一杯水喝一口。可以想象，这样的马桶会干净到什么程度。

第四个故事：粥的分配制度

七个人住在一起，每天分一大桶粥。要命的是，粥每天都是不够的。一开始，他们抓阄决定谁来分粥，每天轮一个。于是乎，每周下来，他们只有一天是饱的，就是自己分粥的那一天。后来他们开始推选出一个口口声声道德高尚的人出来分粥。大权独揽，没有制约，也就会产生腐败。大家开始挖空心思去讨好他，互相勾结，搞得整个小团体乌烟瘴气。然后大家开始组成三人的分粥委员会及四人的评选委员会，互相攻击扯皮下来，粥吃到嘴里全是凉的。最后想出来一个方法：轮流分粥，但分粥的人要等其他人都挑完后拿剩下的最后一碗。

为了不让自己吃到最少的，每人都尽量分得平均，就算不平，也只能认了。大家快快乐乐，和和气气，日子越过越好。

第五个故事：互助与共赢的天堂

有一位行善的基督教徒，去世后向上帝提出一个要求，要求上帝领去参观地狱和天堂，看看究竟有什么区别。到了地狱，看到一张巨大的餐桌，摆满丰盛的佳肴。心想：地狱生活不错嘛？过一会儿，用餐的时间到了，只见一群骨瘦如柴、奄奄一息的人围坐在香气四溢的肉锅前，只因手持的汤勺把儿太长，尽管他们争着抢着往自己嘴里送肉，可就是吃不到，又馋又急又饿。上帝说，这就是地狱。他们走进另一个房间，这里跟地狱一般无二，同样飘溢着肉汤的香气，同样手里拿着的是特别长的汤勺。但是，这里的人个个红光满面，精神焕发。原来他们个个手持特长勺把肉汤喂进对方嘴里。上帝说，这就是天堂。同样的人，不同的制度，可以产生不同的文化和氛围以及差距巨大的结果。

这，就是制度的力量！你看明白了吗？

第二节　物联网金融产生制度与技术条件

一、中国金融制度变迁

金融制度是一个国家用法律形式所确立的金融体系结构，以及组成这一体系的各种金融机构的职责分工和相互联系，它是在长期发展中逐渐形成的。金融制度的最上层是法律、规章制度和货币政策，即一般意义上的金融活动和金融交易规则；金融制度的中间层是金融体系的构成，包括金融机构和金融监管机构；金融制度的基础层是金融活动和金融交易参与者的行为，金融交易参与者包括资金富余的人或部门、资金短缺的人或部门、金融中介机构、金融市场和金融监管当局。中国金融制度变迁是在制度供给绝对约束状态下起步的，总体来说可以分为四个阶段。

（一）计划经济时期的中国金融制度（1949—1977 年）

新中国成立初期，为尽快掌控局面维护政权稳定，新政府采取了"政府主导"的强制性制度变迁方式，几乎一夜之间，存在几百上千年的旧制度被"消灭"，而从未存在过的新制度被宣布建立。作为第一行动集团的政府在这场制度变迁的过程中发挥了举足轻重的推动作用，中国的金融制度在第一行动集团的推动下快速转变为计划型金融制度，国民党官僚资本银行被接管成为中国人民银行的分支机构，私营银行和钱庄则被政府清理整顿并纳入监管，在华外商银行的特权彻底被废除后多数因"特权利润"消失后相继申请歇业，通过一系列的接管和清理整顿措施，政府在结束建国初期金融混乱局面的同时，统一了国家财政经济工作，加强了其金融控制能力。而政府在基本控制全国经济金融形势后，则开始对私营金融业进行社会主义改造，积极引导其资金投放和业务经营，并组织联合经营和联合管理，进而在"联营"的基础上成立公私合营银行，1955 年全国公私合营银行全部并入当地人民银行储蓄部，政府掌握了银行部门的全部信贷资金，中国进入"计划金融"时期。

资金供给制是当时计划金融制度的核心，通过银行贷款支持工业包产、商业包销、物资统配、财务统管的计划经济体制的运转，金融制度的终极目标是服务于国家计划，为国家"守计划，把口子"。1952 年，中国人民银行出台《综合信贷计划编制办法》，要求全国各级银行根据该办法编制信贷计划，逐级上报审批，由中国人民银行总行统一平衡全国信贷收支指标下达各地执行。1969 年中国人民银行与财政部合署办公，地方金融工作归地方革委会生产指挥部领导。总的来说，这个时期的中国金融制度是为高度集中的计划经济体制服务的，早期这一制度具有集中有限金融资源支持经济建设的优势，对于当时中国资本极度匮乏又迫切需要实现经济赶超的局面，这一金融制度无疑具有帕累托改进的意义，有力地促进了当时国民经济的快速恢复和发展，特别是有力地配合了中国重工业优先发展战略的推进，到1976年，中国从一个原来火柴都需要进口的落后国家发展成为世界上六个最大的工业国之一。但是政府权力干预强度有某种临界值，一旦超越效率就会大幅降低，政府权力在市场缺位的情况下干预程度不断加深，其"非理性行为"亦不断增多，银行的金融资源配置功能不断下降，逐步沦为财政部门的辅助机构。金融制度也在"强财政、弱金融"格局下演变成为"财政性金融制度"，导致银行主要发挥"核算和会计"职能，从而造成了极大的效率损失和金融资源浪费。

（二）恢复建设时期的中国金融制度（1978—1992年）

中国在计划经济时期的"大一统"金融制度虽然使作为第一行动集团的政府具备了较强金融资源动员能力，在国民经济恢复过程中和社会主义建设初期发挥了关键作用。但是当经济低效率使垄断金融制度的成本收益结构开始影响到国家效用目标最大化时，即当效率损失无法弥补其收益时，政府权力控制型的金融制度达到了"极限"。十一届三中全会之后，中国确立了改革开放的方针政策，金融业的发展也逐步打破了计划经济体制的束缚，开始进入新的发展时期，与之相适应的是中国金融制度的变迁演化，表现为计划性的金融制度逐步减少，市场化的金融制度逐步引入。在这一过程中，政府始终承担了"第一行动集团"的职责，以强制性制度变迁的方式推动金融领域改革，金融机构作为"第二行动集团"受益于改革并配合改革完成。

在金融机构体系建设方面，1978年，中国人民银行正式脱离财政部升级为部级单位；1979年2月，国务院发出《关于恢复中国农业银行的通知》，再次恢复了农业银行；同年3月，中国银行从中国人民银行分离，成为国家专营外汇和外贸业务的专业银行；1983年4月，中国人民建设银行从财政部分离，成为以基本建设贷款和固定资产投资贷款为主的专业银行；同年9月，国务院作出《关于中国人民银行专门行使中央银行职能的决定》；1984年1月，中国工商银行正式成立。人民银行原有的商业银行职能陆续向各专业银行转移，中国金融制度实现了行政职能与商业职能的初步分离，一级银行体制开始向二级银行体制转变。各专业银行开始自主经营、独立核算，经营性质逐渐向企业化实体靠拢，政府推出了"统一计划，分级管理，存贷挂钩，差额包干"的信贷资金管理办法，"差额包干"确定"各级银行在存差完成，借差计划不突破的条件下，多吸收存款就可以多发放流动资金贷款"，银行系统开始实行"全额利润留成制度"，把各项指标考核与利润留成挂钩，这一改革行动使"第一行动集团"政府储蓄动员的国家理性与"第二行动集团"金融组织扩大存款的个体理性共容，使各方利益主体的效用都得到增进，实现了资源配置的帕累托改进。

这一时期，金融市场也开始萌芽和发育：1980 年恢复保险业务，1981 年恢复国债的发行，1982 年试办票据承兑和贴现，1984 年开始发行企业债券。从 1985 年到 1992 年期间，国家建立和发展了多种金融机构，运用多种渠道融资，一批新型的商业银行应运而生，先后成立了中信实业银行、交通银行、招商银行、深圳发展银行、广东发展银行、福建兴业银行、中国光大银行、华夏银行等，国家对专业银行的信贷资金在部分城市进行资产负债管理试点。1986 年 3 月，国务院发布的《中华人民共和国银行管理暂行条例》规定"专业银行之间的资金可以相互拆借"，"专业银行之间相互拆借的利率由借贷双方协商议定"。同年 12 月，邓小平在听取中央政府负责人汇报时，要求"金融改革的步子要迈大一些"、"要把银行办成真正的银行"。从 1987 年开始，银行拆借市场、银行间债券回购市场和银行票据贴现市场等逐步出现。1990 年和 1991 年相继成立的上海证券交易所和深圳证券交易所，标志着新中国资本市场的创立，增强了中国金融体系的市场化特征。国有独资商业银行体制以外的多元化金融产权体系和多方面的融资渠道逐步形成。

这一时期，"第一行动集团"政府推进金融制度变迁具有强烈的目的性，即在"放权"后国家财政能力迅速下降的情况下，通过控制金融机构支持经济体制改革。"第一行动集团"政府权力的深度介入使得高度垄断的金融制度在中国形成，国有银行在政府的推动下快速恢复重建并成为"准政府机构"，并不是真正"市场"意义上的银行，在 1985 年实行固定资产"拨改贷"后承担了全部国有企业建设发展资金，其信贷资金运用具有明显的"财政化"倾向。而这一时期逐渐成长的市场力量——非国有经济部门的力量是相对较弱的，虽然非国有经济的工业总产值比重由 1978 年的 22.4% 上升到 1993 年的 57.6%，但非国有部门从国有银行获得的信贷支持却微不足道，其贷款份额一直低于 20%，反而非国有部门的"剩余"通过银行被政府用于支持国有企业改革。同时，金融业自身的"市场组成"也是极少的，严格准入制度使国有金融机构具有得天独厚的垄断优势，据统计，1992 年国有专业银行占金融机构存贷款业务的比例分别为 70.4% 和 70%。"第一行动集团"政府正是通过这一垄断金融制度推动了中国的计划经济体制转轨，而国有经济部门改革也是在这一垄断金融制度的支持下才得以顺利推进。

（三）商业化改革时期的中国金融制度（1993—2002 年）

1992 年，邓小平南方谈话和中共十四大明确了建立社会主义市场经济体制的改革目标，1993 年国务院发布《关于金融体制改革的决定》，开始在金融部门推进商业化改革，如图 3 - 3 所示。人民银行的央行地位被确立，国有银行商业化改造取得进展，"分业经营，分业监管"的市场化金融体制基础建立，这一时期的金融制度变迁中，主要力量虽然仍是"第一行动集团"政府，但是，"第二行动集团"金融机构开始发挥重要作用，招商银行、光大银行、华夏银行和民生银行等全国性股份制商业银行陆续成立，这些金融机构在一定程度上起到了"鲶鱼效应"，在法人治理结构和激励约束机制等方面对国有银行形成了一定的竞争压力。体制外的压力成为体制内金融机构改革的动力，1995 年 5 月颁布的《商业银行法》明确了商业银行企业法人地位，确立了"自主经营、自担风险、自负盈亏、自我约束"的经营原则，并实行资产负债比例管理。

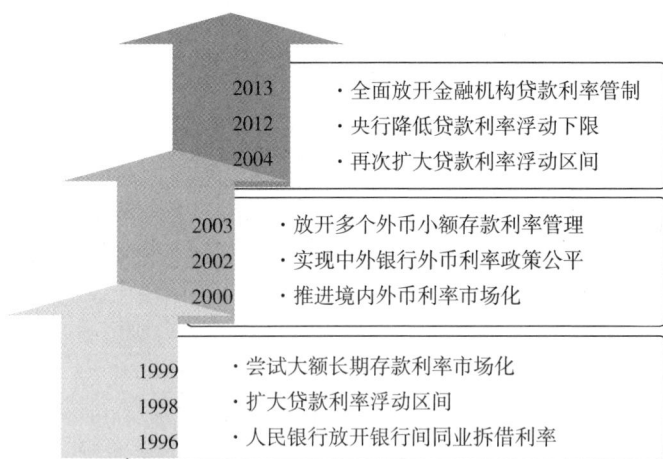

2013	·全面放开金融机构贷款利率管制
2012	·央行降低贷款利率浮动下限
2004	·再次扩大贷款利率浮动区间
2003	·放开多个外币小额存款利率管理
2002	·实现中外银行外币利率政策公平
2000	·推进境内外币利率市场化
1999	·尝试大额长期存款利率市场化
1998	·扩大贷款利率浮动区间
1996	·人民银行放开银行间同业拆借利率

图 3 - 3 利率市场化改革进程一览表

这一时期的其他主要改革举措还包括：第一，设立政策性银行，"剥离"国有专业银行的政策性业务，政策性业务与商业性业务分离，政策性银行制度"配套"建立，1994 年三家政策性银行成立并专门负责政策性贷款业务。第二，央行不再对非银行金融机构贷款，不再对财政透支。第三，实现汇率并轨，建立以市场汇率为基础的、单一的、有管理的人民币浮动汇率制度，采取措施实行经常项目下人民币有条件可兑换。第四，1998 年，中央政府以间接调控手段为主的基础建设基本完成，决定在逐步推行资产负债比例管理和风险管理的基础上，实行"计划指导，自求平衡，比例管理，间接调控"的信贷资金管理体制，等等。

这一时期，国有专业银行改革成为国有独资商业银行，仍是"第一行动集团"政府基于效用函数干预金融制度变迁的结果，改革初期国家控制金融机构有效地支撑了中国经济转轨，实现了帕累托改进，但是，"第二行动集团"金融机构在这个过程当中的运行效率越来越低，承担了渐进改革的成本，形成了大量不良资产。1995年，四大国有银行的不良资产率高达21.4%，且资本充足率也不断下降，由1989年前的平均10%以上降至1995年的平均仅为3.3%，其制度成本急剧上升，1989—1998年四大国有银行在管理费用增长8.9倍的情况下仅取得利润总额增长26%的业绩，到2003年，各家银行不良资产率均高于10%，如表3-2所示。当"第二行动集团"金融机构垄断制度成本超过其收益的"拐点"出现时，"第一行动集团"政府作为国有银行风险的最后承担者，基于其自身效用目标函数的变化推动国有银行改革则成为必然之事。"第一行动集团"政府通过剥离不良资产和注资的方式解决了"第二行动集团"金融机构的制度成本，并实施了一系列改善金融机构内部治理和外部经营环境的措施，试图通过增强金融机构经营自主权实现渐进式制度变迁的目标。

表3-2　　　　四大国有银行资产充足率和不良资产率变化情况表　　　单位：%

项目	资本充足率				不良资产率			
年份	2000	2001	2002	2003	2000	2001	2002	2003
工商银行	5.5	6.1	5.8	-8.8	29.4	25.8	22.5	21.7
农业银行	0.4	-4.8	-4.8	-4.8	39.8	35.1	30.4	30.4
中国银行	9.8	8.9	8.7	5.4	28.2	24.2	18.8	18.8
建设银行	4.4	8.3	7	6.7	18.1	14.9	11.9	11.9

资料来源：四大国有银行年报。

（四）改革深化时期的中国金融制度（2003年至今）

2003年，中国进入深化金融体制改革、完善与社会主义市场经济相适应的金融体制的新阶段，"第一行动集团"政府择机推出了一系列涉及全局的金融改革举措，主要体现在改善银行产权结构、完善银行组织构架、强化银行核心业务和加强银行风险控制与管理能力等多个方面。这一时期的中国政府向市场放权的速度和力度都不断提高，不断加强市场经济主体的"权力"，"第二行动集团"金融机构在制度变迁中发挥越来越重要的作用，甚至在部分领域成为推动改革的主力，承担了"第一行动集团"的职责，引领了中国金融制度创新浪潮，推动中国金融制度改革进程。

　　2003 年 3 月，十届全国人大一次会议决定成立中国银监会，依法对银行、资产管理公司、信托公司以及其他存款类机构实施监督管理，这与早在 1992 年 10 月成立的证监会和 1998 年 11 月成立的保监会形成了"分工明确、互相协调"的分业监管体制。"一行三会"（中国人民银行、银监会、证监会和保监会）是代表"第一行动集团"政府行使监管责任的部门，其监管也实现了历史性跨越，突出表现在：监管理论由盲目模仿走向务实创新、监管制度由零散粗浅走向系统全面、监管治理由"单向约束"走向"双向约束"、监管手段由简单粗放走向精细量化、监管效率由边际模糊走向积极凸显、监管地位从默默无闻走向权威积极，"一行三会"的监管威慑力得以充分发挥，成为推动这一时期金融制度创新的主要力量之一。2003 年 12 月 27 日，十届全国人大常委会第六次会议通过了《中华人民共和国银行业监督管理法》及修改后的《中国人民银行法》和《商业银行法》，并于 2004 年 2 月 1 日正式实施，从而也搭建起了中国银行业的新制度。"三法"的实施标志着中国新型银行监管制度的正式确立，依法监管进入了一个高级演进阶段，各类银行也改革上了一个新台阶，国有独资商业银行逐步开展了股份制改革，成为国家控股商业银行；原有的各种股份制银行进一步完善了公司治理结构并提高了经营管理水平；政策性银行也在开发性金融的指导下逐渐展开了适合自身发展的改革；城市商业银行和农村信用社等不断提高自身的服务水平（如图 3 - 4 和图 3 - 5 所示）。

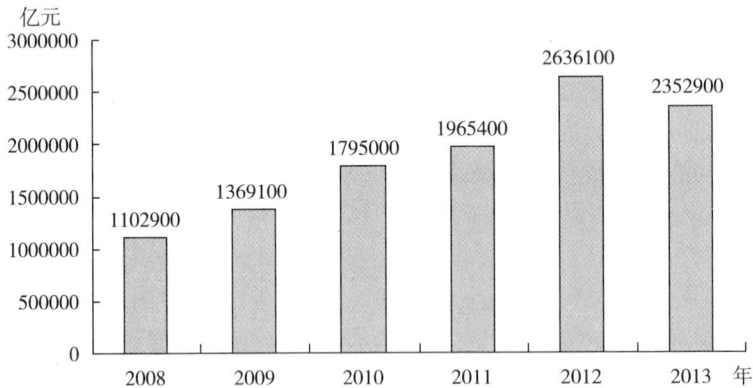

资料来源：中国人民银行网站。

图 3 - 4　同业市场交易量变化图

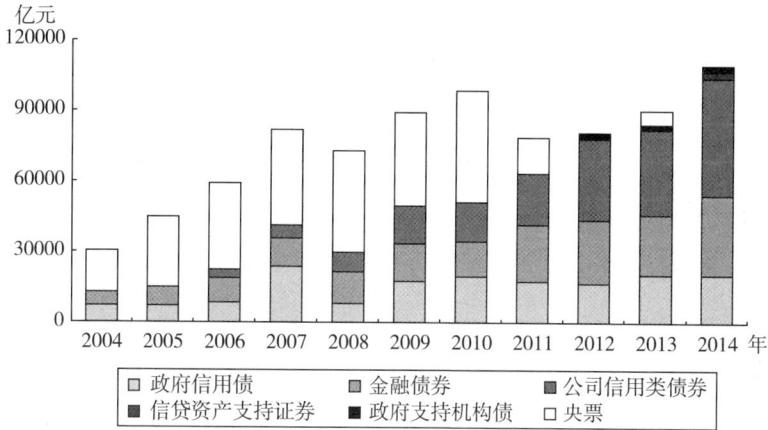

资料来源：中央国债登记结算有限责任公司、上海清算所。

图 3 – 5 近年来银行间债券市场主要债券品种发行量变化情况

2004 年 10 月，我国对金融机构存贷款利率分别实行上下限管理，建立了作为市场定价基准的上海银行间同业拆借利率（Shibor），如图 3 – 6 所示。2005 年 7 月，中国实行以市场供求为基础、参考一揽子货币进行调节、有管理的浮动汇率制度，人民币汇率形成机制改革迈出历史性一步。在金融基础设施方面，建立了高效安全运行的现代化支付体系，银行卡等非现金支付手段在全国推广运用。征信及社会信用体系建设稳步推进，建立了全国统一的企业和个人信用信息数据库。金融对外开放进一步向纵深推进，2006 年，中国加入国际清算银行董事会，打破了一直从发达国家中央银行推选董事的局面，2009 年，中国正式加入金融稳定理事会等国际金融标准制定机构，通过 G20 平台积极参与全球经济金融治理，中国在国际金融事务中的影响力进一步扩大。2010 年 6 月，进一步推进人民币汇率形成机制改革，对人民币汇率浮动进行动态管理和调节。2012 年 5 月银监会发布《关于鼓励和引导民间资本进入银行业的实施意见》，明确表态支持民营资本与其他资本按同等条件进入银行业，2015 年 6 月，中国首批 5 家民营银行开始营业，在推进银行机构多元化方面迈出了实质性一步。

以 2002 年末和 2015 年末银行监管数据对比看（银监会于 2003 年 4 月成立），截至 2015 年 12 月末，全国银行业金融机构总资产从 2002 年末的 23.7 万亿元增加到 199.3 万亿元，增长了 7 倍多；主要商业银行不良贷款率从 2002 年末的 23.6% 下降到 1.7%，下降了 21.9 个百分点；当年利润从 2002 年的 364 亿元增加到 1.6 万亿元；达标银行从 2003 年末资本充足率达标银行仅有 8 家，2015 年末，商业银行资本充足率 13.5%，整体风险抵补能力保持稳定。从湖北省情况来看，在银行监管部门的推动下，截至 2015 年末，全省银行业总资产和总负债双双突破"五万亿"关口，分别达到 5.1 万亿元和 5 万亿元，整体规模大幅上升，贷款年均增幅 15.3%，高于 GDP 年均增幅 4.6 个百分点，高于全国贷款年均增幅 1.2 个百分点，余额 2.9 万亿元，经营效益实现井喷式增长，彻底改变了过去巨额亏损、包袱不断叠加的艰难局面。截至 2015 年末，全省银行业金融机构不良贷款率 1.69%，比 2003 年末的 22.48% 下降 20.79 个百分点；经营效益从 2002 年巨额亏损 59.66 亿元，变为 2015 年盈利 568.11 亿元。这些指标都反映出近几年商业银行核心竞争力明显提高，显示出银行经营和监管效率的极大提升。

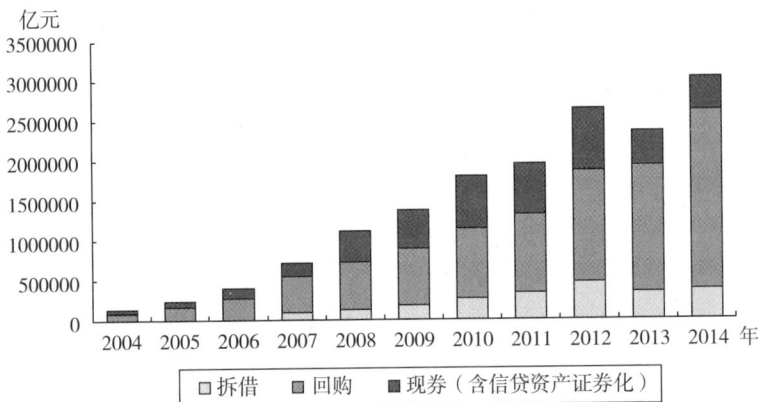

资料来源：全国银行间同业拆借中心。

图 3－6　近年来银行间市场成交量变化情况

这一时期的金融体制变革仍是在"第一行动集团"政府推动下的强制性制度变迁，并为此付出了变迁成本，2003 年政府向国有银行注资 3800 亿元，中国的这种制度变迁方式是适合中国国情的，金融机构在政府的"保驾护航"下稳健变革，经受住了 2008 年美国次贷危机的影响，外部经济环境的变化并未对我国金融部门产生较大不利影响，但政府垄断不利于金融业国际竞争力的提升，为使中国金融业能够经历金融全球化的"风雨"，政府进一步深化金融体制改革，利率市场化改革向纵深推进，2013 年 7 月中国人民银行下发《关于决定进一步推进利率市场化改革的通知》，全面放开金融机构利率管制，而利率市场化的关键配套制度——存款保险制度也已取得突破性进展，2015 年 5 月，中国开始实施《存款保险条例》，政府权力真正开始逐步放弃对金融机构的"隐性担保"。中国的金融制度变迁开始由政府主导型的强制性金融制度变迁慢慢向以金融机构等微观主体为主导因素之一的复合型制度变迁转换，从而为物联网金融的发展提供了良好的制度环境。

回顾中国金融制度变迁的历程，无不是从上而下的政府强制供给行为，是在政府的主导下渐进式的改革，这种制度变迁方式有着激进制度变迁无可比拟的优越性。

1. 它减少了制度变迁的风险，使制度变迁平稳有序地推进。中国的金融改革一直服从于经济体制改革的总体目标，虽然世界上存在着比较成功的市场经济模式，以致一些西方学者非常推崇事先设计一个完美的变革蓝图，采用激进的改革方法在极短时间实现向市场经济的过渡，俄国和其他东欧国家的"休克疗法"就是一个典型的例子。但是，事实证明，这样的道路并不成功。这是因为，转型的国家虽然可以通过书本或其他传输渠道获得有关市场经济的知识，但并不能获得那些难以言传的、只能靠直接实践活动才能获得的知识。更何况，任何一种市场经济的模式都是在一个相对特定的条件下形成的，它不可能完全照搬到别国那里去。这种信息的不完全性决定了决策者几乎不可能事先设计出一个完美无缺的市场化方案，而一次性地迅速实现市场制度变迁。如果一开始就大规模地、整体地对旧体制进行根本改造，其可行性和适应性都存在着很大的风险。此外，激进的改革会使新的制度安排与旧的制度结构产生不相适应而不能发挥作用。中国的改革一开始就选择了相对稳定的渐进式改革方式，金融制度变迁也延续了渐进式的改革逻辑，新制度安排的时机、步骤、利弊和进程都在政府的把握范围内，保持了制度变迁的相对稳定和有效衔接，实现制度变迁的有序推进。同时，随着经济的高速发展，1980 年到 2009 年间，中国财政支出不论是在总量还是在结构上均呈现出较大的变化，财政支出年均增长率超过 15% ，有效地保障和缓解了制度变迁给人民生产生活带来的冲击，如表 3 – 3 所示。这种渐进式的改革方式，营造了一个相对稳定的环境，赢得了人们对政府的信赖和支持拥护。

表 3 – 3　　　　　　　中国财政支出及与 GDP 的占比　　　　单位：亿元

年份	财政支出		国内生产总值（GDP）		财政支出占 GDP 的比重
	金额	增长率	金额	增长率	
1980	1228.83	– 4.1%	4545.6	11.9%	27.0%
1981	1138.41	– 7.4%	4891.6	7.6%	23.3%
1982	1229.98	8.0%	5323.4	8.8%	23.1%
1983	1409.52	14.6%	5962.7	12.0%	23.6%

续表

年份	财政支出		国内生产总值（GDP）		财政支出占GDP 的比重
	金额	增长率	金额	增长率	
1984	1701.02	20.7%	7208.1	20.9%	23.6%
1985	2004.25	17.8%	9016.0	25.1%	22.2%
1986	2204.91	10.0%	10275.2	14.0%	21.5%
1987	2262.18	2.6%	12058.6	17.4%	18.8%
1988	2491.21	10.1%	15042.8	24.7%	16.6%
1989	2823.78	13.3%	16992.3	13.0%	16.6%
1990	3083.59	9.2%	18667.8	9.9%	16.5%
1991	3386.62	9.8%	21781.5	16.7%	15.5%
1992	3742.20	10.5%	26923.5	23.6%	13.9%
1993	4642.30	24.1%	35333.9	31.2%	13.1%
1994	5792.62	24.8%	48197.9	36.4%	12.0%
1995	6823.72	17.8%	60793.7	26.1%	11.2%
1996	7937.55	16.3%	71176.6	17.1%	11.2%
1997	9233.56	16.3%	78973.0	11.0%	11.7%
1998	10798.18	16.9%	84402.3	6.9%	12.8%
1999	13187.67	22.1%	89677.1	6.2%	14.7%
2000	15886.50	20.5%	99214.6	10.6%	16.0%
2001	18902.58	19.0%	109655.2	10.5%	17.2%
2002	22053.15	16.7%	120332.7	9.7%	18.3%
2003	24649.95	11.8%	135822.8	12.9%	18.1%
2004	28486.89	15.6%	159878.3	17.7%	17.8%
2005	33930.28	19.1%	184937.3	15.7%	18.3%
2006	40422.73	19.1%	216314.4	17.0%	18.7%
2007	49781.35	23.2%	265810.3	22.9%	18.7%
2008	62592.66	25.7%	314045.4	18.1%	19.9%
2009	76299.93	14.2%	340506.9	8.4%	22.4%
平均值	—	15.4%	—	16.0%	18.7%

资料来源：根据中国统计年鉴及国家统计局相关数据整理得出。

2. 它使制度变迁的成本最小化。激进式的制度变迁由于在极短的时间内就触及到传统的制度内核，因而会损害到较多的既得利益者，使社会的利益格局急剧分化，导致利益的不平衡，引发一系列新的矛盾。由于没有较好的变革积累，新制度的收益又存在一定的时滞，难以对失益者进行适当的补偿，因而会引起社会的动荡不安，增加制度变迁的成本。而渐进式的变迁则不同，它以局部的、试验性的方式进行改革，可以把试错的成本分散化，避免过大的失误。另外，渐进式变迁能够及时提供在哪些领域进行改革具有最大收益的信号，使制度产生自我强化的效果，沿着可以取得成效的方向推进，减少了制度变迁过程的实施成本。最后，渐进式的变迁有较好的试验积累，并随着经济实力的增强可以对制度推广所造成的失益者进行适当的补偿，从而减轻他们对变革的抵制，减少制度摩擦成本，如表 3 - 4 所示。

表 3 - 4　　　　　　　　改革开放 30 年对比表 （一）

对比项目	1978 年	2007 年	增长率
财政收入（亿元）	1132. 30	54304. 00	47 倍
GDP（亿元）	3645. 20	249529. 90	67 倍
进出口总额（亿美元）	206. 40	21738. 30	104 倍
固定资产投资（亿元）	669. 00	137239. 00	204 倍
外汇储备（亿美元）	1. 67	15282. 49	9150 倍

资料来源：根据国家统计局网站数据整理。

当然，渐进式制度变迁也存在一些局限性，主要是：各地利用市场机制的先后次序不同，导致地区之间的金融资源分布不均，最终导致发展不均衡，形成制度变迁水平的区域性差异，并可能因此引起地区之间的摩擦，影响统一市场的形成；渐进改革所产生的良好的经济绩效可能会被人们当作反对较为激进的对传统体制深入改造的借口，从而延缓制度变迁的进程；利用局部改革和增量改革的成效对传统体制和失益者进行的补偿可能使旧体制能继续维持下去，而不需变革；改革的不配套使某些必要的改革措施滞后，出现调节机制上的真空，比如利率市场化过程中相关配套制度的滞后，导致利率市场化进程在 2015 年前迟迟未实现根本性推进；长期的双轨制也为寻租和腐败提供了便利的机会。因此，需要认真分析制度变迁中出现的各种新情况、新矛盾，克服变革的阻力，抓住变革的时机，不断实施新的改革措施，最后进行总体推进和突破，才能实现对传统体制的根本变革，如表 3 - 5 所示。

表3-5　　　　　　　　　　改革开放30年对比表（二）

内容	1978年	2007年	比较
人均纯收入	133.6元	4140元	增加30倍
恩格尔系数	67.71%	43.1%	减少24.6%
城乡居民消费水平	城市：405元 农村：138元 城乡比：2.93	城市：11777元 农村：3210元 城乡比：3.67	
第一产业GDP	1027.5亿元	28095.0亿元	增加27068亿元
粮食总产量	3.0477亿吨	5.0147亿吨	增加2亿吨
绝对贫困人口	2.5亿人	1479万人	减少2.3521亿人
贫困发生率	30%	3%	减少27%

资料来源：根据国家统计局网站数据整理。

【专栏3-2】

中国金融改革展望（摘录）

展望一：中国未来金融机构的产权格局会发生很大的变化

非国有的金融机构会越来越多，这是挡不住的大趋势。

9月末，银行类机构总资产217万亿元，已经是全世界最大了。其中工商银行、农业银行、中国银行、建设银行、交通银行的份额，只占到80万亿元，一半都不到。近年来，很多民营银行获批成立，今天的这些小银行，将来会越做越大。

保险行业的几大保险公司是国有的，但其市场份额也在下降，非国有的保险机构发展很快，这几年大家都看得见。

证券行业本来就没有特别大的国有控股的证券公司，它是一个充分竞争的市场。其他很多非银行金融机构、类银行金融机构、类金融机构，如信托、资产管理公司、私募基金、担保公司，这些公司大部分都是非国有的。

所以大家应该看到，在未来的中国金融改革和金融发展过程中，非国有的金融机构会发展很快。特别是，很多PE类机构基本上都是非国有的，它们投了很多企业，也是非国有的。

非国有金融机构的发展将引发人才流动格局的变化，各位应该明显感觉到，大量人才都向非国有金融机构流动。所以中国金融改革的趋势之一，就是非国有金融机构的发展壮大，以及金融人才逐渐流入这些非国有金融机构。

展望二：资本外流或许还要持续一段时间

近年来，人民币出现了贬值趋势，外汇储备也在减少。之所以会出现资本外流，是因为我们面临一些新的问题：

一是不能重新回到行政监管或干预过多的监管轨道，这与市场化改革方向不一致。

二是人民币加入特别提款权篮子货币后，按照国际货币基金组织的规则，人民币是可自由使用货币，不能人为施加过多的限制。

三是很多国家已经把人民币作为储备货币，在全国银行间市场，很多外国银行来买我们的债权，在这种情况下，管得太严是不合适的。

四是对资本管制太严，会在国际上影响我们的市场经济地位。

五是国内资产的国际配置需求增大。随着对外开放步伐的加快，国内机构投资者和高净值人士对海外资产的配置力度逐渐加大，这种趋势也难以逆转。

展望三：金融科技将改变中国金融版图

金融科技的基础是大数据、人工智能、区块链、虚拟现实等，这些底层的基础设施利用的是互联网。中国金融科技，在全世界现在数一数二，而且它发展之快，改变之大，任何力量也难以阻挡。

大家知道，中国的第三方支付是全世界最好的，中国（也包括美国）已经在实验区块链支付，将来有可能在网上一对一支付。虚拟现实则可以把银行大部分柜台业务替代掉，远程在家里就可以感觉跟银行柜台一模一样，金融机构的网点收缩已经不可避免了。

人工智能在股票方面的应用，我们叫投顾，监管部门目前是禁止的，但中国在这方面的研究已经跟上了潮流。互联网技术、金融科技技术在保险的应用，中国走得很快。所以，将来搞金融、搞财富管理的，一定要花相当多的时间，好好跟踪金融科技的进展，这个进展，对我们未来金融改革和发展会产生很多颠覆性的东西。

资料来源：《凤凰财经》，作者：谢平，2016 - 11 - 04。

二、互联网技术对现代金融制度的影响

随着金融的全球化和互联网的普及，尤其是以移动网络、云计算、大数据等为代表的现代信息技术的高速发展，金融行业已逐步进入一个全新的互联网金融时代，对已经进入改革深化时期中国金融制度形成了较为强烈的冲击。互联网金融的兴起，既是信息技术特别是互联网技术飞速发展的产物，

也是适应电子商务需要而产生的网络时代的金融运行模式，它给传统金融的机构形态、业务边界、产品服务、商业模式、风险管控等多个方面带来了一系列冲击和变革需求。

（一）互联网金融兴起的制度与技术原因

互联网金融又称电子金融（E-finance），是指借助于互联网、移动网络、云计算、大数据和数据挖掘等技术手段在互联网中实现的金融活动，包括互联网金融机构、互联网金融交易、互联网金融市场和互联网金融监管等。目前中国的金融行业已进入了一个全新的互联网时代。

1. 客户行为模式的变化带动主要交易向互联网和移动网络迁移

随着互联网技术的发展，互联网应用已经在全国各个城市都得到了广泛的普及。根据中国互联网信息中心（CNNIC）数据，截至 2016 年 6 月末，我国网民规模达 7.1 亿人，手机网民 6.56 亿人，这么庞大的网民数量表明，客户的生活、工作平台均大规模向互联网转移。越来越多的人开始了互联网模式的生活，互联网金融也因而有了广泛的目标客户群体。互联网普及率的快速提高，为互联网金融提供了广阔的发展空间，也成为互联网金融的重要载体。

2. 大数据、云计算为互联网金融奠定技术基础

大数据、云计算技术的发展与应用，使得数据与信息的收集、加工和传递日益迅速，金融市场的信息披露更加充分与透明。互联网技术不仅使客户能享受到方便、快捷、高效和可靠的全方位金融服务，也节约了客户的交易成本和时间成本，成为互联网金融强大的技术后盾。一方面，传统金融业借助互联网技术可以显著降低双方的交易成本；另一方面，客户通过互联网可以足不出户地办理各项业务，这些都导致互联网金融的迅速发展。

3. 金融机构对互联网金融模式的不断创新

当前的金融业已进入数字化时代，信息技术的发展，互联网、移动互联、移动终端的出现，及其带动形成的大数据、云计算所搭建起的平台已经成为互联网金融的主要推动力量。面对这场变革，不少金融机构都在积极反应。目前，80% 以上的商业银行都已经推出了手机银行，多家商业银行还推出金融商城。微信作为新的交流、通讯工具，也已经成为金融机构开展移动互联的平台。例如，招商银行推出的微信银行，不仅可以实现账户查询、转账汇款、信用卡还款、积分查询等卡类业务，也可以实现招行网点查询、贷款申请、办卡申请、手机充值、生活缴费等多种便捷服务，还有在线智能客服服务等。

（二）互联网金融的主要模式

当前，中国互联网金融发展模式众多，先后出现了传统金融机构信息化、第三方支付、P2P 网络借贷、大数据金融和众筹等多种主要模式。

1. 传统金融机构信息化

传统金融机构信息化是指通过采用信息技术，对传统运营流程进行改造或重构，实现经营、管理全面电子化、网络化的银行、证券和保险等金融机构。传统金融机构的信息化工作始终没有停止过，以银行业为例，银行信息化建设处于业内领先水平，不仅具有国际领先的金融信息技术平台，建成了由自助银行、电话银行、手机银行和网上银行构成的电子银行立体服务体系，而且构建了涵盖大数据金融在内数据集中工程。我国传统银行发力电商平台，增加用户粘性，累积用户数据，利用大数据金融战略构建基础设施工程。以建设银行、交通银行、招商银行和农业银行为典型代表。金融机构信息化从经营模式上是流程自动化，是提高金融服务客户体验、降低经营成本、加强风险管理和控制全面解决方案。传统金融机构在互联网金融时代，最关键的是要考虑如何更快、更好地充分利用互联网等信息化技术，依托自身资金实力雄厚、品牌信任度高、人才聚焦、风控体系完善等优势，来应对非金融机构的竞争。

2. 第三方支付

第三方支付（Third – Party Payment）是指借助通信、计算机和信息安全技术，采用与各大银行签约的方式，在用户与银行支付结算系统间建立连接的电子支付模式，如图 3 – 7 所示。

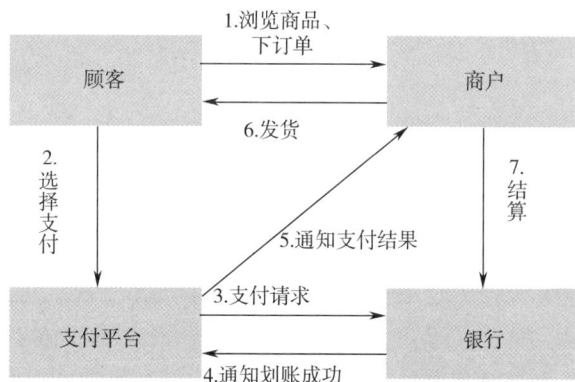

图 3 – 7　第三方支付交易流程图

中国人民银行在 2010 年定义了非金融机构支付服务，认为第三方支付是指非金融机构作为收、付款人的支付中介所提供的网络支付、预付卡、银行卡收单及中国人民银行确定的其他支付服务。第三方支付并不局限于互联网支付，而是覆盖线上线下，并且涵盖了移动互联网，成为电子商务发展背景下应用场景更为丰富的综合支付工具。我国目前第三方支付的代表有支付宝、财付通等。从发展路径可以将第三方支付分为独立第三方支付和依托平台的第三方支付两类。

（1）独立第三方支付。独立第三方支付模式是指第三方支付平台完全独立于电子商务网站，只提供支付产品和支付系统解决方案，不具备担保功能。比如易宝支付以网关模式立足，针对行业做垂直支付，后以传统行业的信息化转型为契机，凭借对具体行业的理解量身定制全程电子支付解决方案，如图 3 - 8 所示。

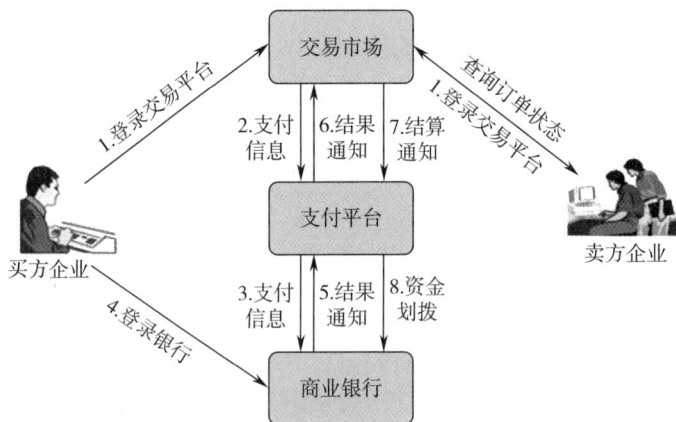

图 3 - 8 独立第三方支付

（2）依托平台的第三方支付。平台依托模式的第三方支付是指货款暂由平台托管并由平台通知卖家货款到达、进行发货。在此类支付模式中，买方在电商网站选购商品后，使用第三方平台提供的账户进行货款支付，通过验物并进行确认后，就可以通知平台付款给卖家，此时第三方支付平台再将款项转至卖方账户。典型案例是支付宝、财付通，为其 B2C、C2C 平台提供担保功能。第三方支付公司主要有交易手续费、行业解决方案的收入和沉淀资金利息三个收入来源，如图 3 - 9 所示。

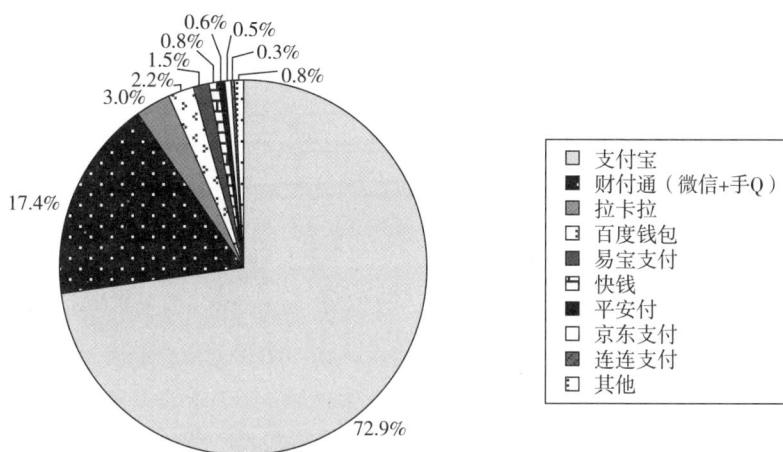

注：只统计了中国第三方支付机构，不含银行、银联、经营商。

资料来源：比达（Big Data – Research）数据中心。

图 3 – 9 2015 年中国第三方移动支付交易规模市场份额

目前央行颁发的支付牌照接近 300 家。第三方支付在牌照监管下将形成巨头竞争格局。随着支付行业参与者不断增多，在银行渠道、网关产品以及市场服务等方面的差异性减小，支付公司的产品会趋于同质化，这意味着第三方支付企业需要不断寻找新的业绩增长点。移动支付、细分行业的深度定制化服务、跨境支付将成为新的竞争领域。拥有自己独特竞争力及特色渠道资源成为众多第三方支付企业生存及竞争的筹码。第三方支付的兴起，不可避免地在结算费率及相应的电子货币或虚拟货币领域给银行带来挑战。第三方支付平台与商业银行的关系由最初的完全合作逐步转向了竞争与合作并存。随着第三方支付平台走向支付流程的前端，并逐步涉及基金、保险等个人理财等金融业务，银行的中间业务正在被其不断蚕食。另外，第三方支付公司利用其系统中积累的客户的采购、支付、结算等完整信息，可以非常低的成本联合相关金融机构为其客户提供优质、便捷的信贷等金融服务。同时，支付公司也开始渗透到信用卡和消费信贷领域。第三方支付机构与商业银行的业务重叠范围不断扩大，逐渐对商业银行形成替代效应，如图 3 – 10 所示。

3. P2P 网络借贷

P2P 网贷（Peer to Peer Lending），是指通过第三方互联网平台直接进行

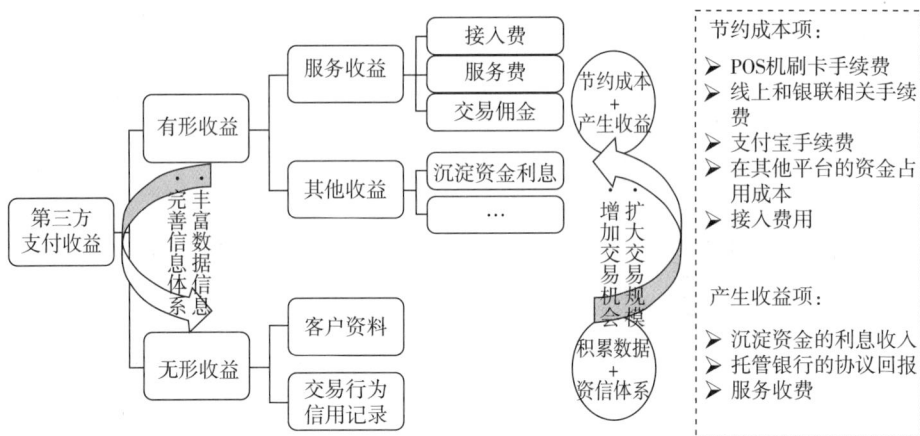

图 3 - 10　第三方支付的盈利模式

资金借贷的资金融通行为，是一种个人对个人的直接融资模式。具体操作是借款人在平台发放借款信息，招标一个或多个投资者提供固定利率贷款。这种债务债权关系的形成脱离了银行等传统的融资媒介，资金出借方可以明确地获知借款者的信息和资金的流向。

P2P 网络借贷起源于 P2P 小额借贷，是一种将集中小额度的资金借贷给资金需求者的商业模式，发源于英国，流行于美欧，适用于个人征信体系较发达的环境。其社会价值主要体现在满足资金需求、发展信用体系和提高社会闲散资金利用率上，由孟加拉国经济学家尤努斯教授于 1979 年首创。随着互联网技术的快速发展普及，P2P 小额借贷逐渐由单一的"线下"模式转变为"线下"与"线上"并行，P2P 网络借贷平台也就应运而生。2005 年全球第一家 P2P 网络借贷平台 Zopa 成立于英国。目前典型的 P2P 网贷平台有美国的 Prosper、Lending Club，英国的 Zopa，德国的 Auxmoney 等。

国内首家 P2P 网贷平台是 2007 年成立的拍拍贷，在国际金融危机期间，国内信贷市场资金流动性不充足，加上国内制造业不景气及房地产信贷调控收紧等多种因素，催生了 P2P 网贷的繁荣发展。国内的 P2P 模式逐渐演变出有担保的线上模式、无担保的线上模式、营业部模式以及理财模式等种类。目前，我国 P2P 网贷公司主要分布于广东、深圳、上海和北京及杭州等城市，这与整个行业的发展与地区经济情况和接受程度有关。其中广东 P2P 平台数量占比近 30%，P2P 行业在地域分布上呈现江浙地区高速发展，内陆刚刚起步的特点。由于国内信用环境尚不完善，P2P 网贷平台发展面临两个问题，一是由于信息不对称等问题导致出借人因担心异地借款风险高而不敢在网上交易；二是工薪族为消费而借款非常少见，借款需求较多来自于小微企业、个体工商户等，这些借款用途与还款来源高度关联，借款风险较难掌控。

4. 大数据金融模式

大数据金融是指集合海量非结构化数据，通过对其进行实时分析，可以为互联网金融机构提供客户全方位信息，通过分析和挖掘客户的交易和消费信息掌握客户的消费习惯，并准确预测客户行为，使金融机构和金融服务平台在营销和风控方面有的放矢。大数据金融目前有平台金融和供应链金融两种模式。

（1）平台金融。建立在 B2B、B2C 或 C2C 基础上的现代产业通过在平台上凝聚的资金流、物流、信息流组成了以大数据为基础的平台金融。它是基于电商平台基础上形成的网上交易信息与网上支付形成的大数据金融，通过云计算和模型数据处理能力而形成信用或订单融资模式。与传统金融依靠抵押或担保的金融模式之不同在于，阿里小贷等平台金融模式主要基于对电商平台的交易数据、社交网络的用户交易与交互信息和购物行为习惯等的大数据进行云计算来实时计算得分和分析处理，形成网络商户在电商平台中的累积信用数据，通过电商所构建的网络信用评级体系和金融风险计算模型及风险控制体系，来实时向网络商户发放订单贷款或者信用贷款，批量快速高效，例如阿里小贷可实现数分钟之内发放贷款。

（2）供应链金融模式。供应链金融模式是企业利用自身所处的产业链上下游，充分整合供应链资源和客户资源而形成的金融模式。京东商城是供应链金融模式的典型代表，其作为电商企业并不直接开展贷款的发放工作，而是与其他金融机构合作，通过京东商城所累积和掌握的供应链上下游的大数据金融库，来为其他金融机构提供融资信息与技术服务，把京东商城的供应链业务模式与其他金融机构实现无缝连接，共同服务于京东商城的电商平台客户。在供应链金融模式当中，电商平台只是作为信息中介提供大数据金融，并不承担融资风险及防范风险等。

大数据在传统金融行业也得到应用。比如 IBM 为欧洲主要支付网络制作的系统利用大数据金融实现了跨 36 个国家并满足合规和风控要求的清算平台。我国传统产业也在产业创新的大环境下加紧布局大数据金融。包括工商银行、建设银行、农业银行、中国银行和交通银行在内的金融机构都在布局电商业务，全面发展微信银行、手机银行、网上银行等业务。传统产业如宝钢等也在布局产业链金融模式，抢占互联网入口及大数据金融的战略制高点。传统企业在拥有大数据的核心资产的同时，可以通过控制产业链上下游的物流、资金流、信息流进一步掌控产业链的资金，通过布局大数据金融来发展和掌控整个产业链。

5. 众筹

众筹（Crowd funding）即大众筹资，是指项目发起者利用互联网的社交网络传播特性，集中大家的资金、渠道筹集资金的一种融资方式；主要是采取团购＋预购的形式向网友募集项目资金。众筹平台是初创企业用于筹资的有效商业模式，尤其适用于文化创意产业融资；让小企业、艺术家或个人在众筹平台上展示创意，进而获得资金、渠道等方面的支持和帮助。作为最初艰难奋斗的艺术家们为创作筹措资金的一种手段，众筹现已演变为非营利性组织和初创企业为项目融资的一种机制，扮演着天使投资人角色。众筹平台的运作模式一般为资金需求方将项目策划交付众筹平台，审核后在平台建立项目网页向公众介绍项目。众筹规则主要包括：第一，每个项目必须设定筹资目标和筹资天数；第二，在设定天数内，达到目标金额即成功，发起人即可获得资金，项目筹资失败则已获资金全部退还支持者；第三，众筹不是捐款，所有支持者一定要设有相应的回报。另外，网站会从中抽取一定比例的服务费用。

众筹作为一种商业模式起源于 20 世纪末的美国，繁荣于欧美各地。据统计，全球众筹平台数量由 2007 年的不足 100 个发展到 2012 年底超过 700 个。2012 年全球众筹平台筹资金额接近 30 亿美元，同比增长超过 100%。众筹模式逐渐发展成为项目融资的方式之一。美国的 Kick Starter 成立于 2009 年，是众筹的典型代表。众筹商业模式的构建是通过社交网络与"多数人资助少数人"的募资方式交叉相遇，通过众筹平台的协议机制来使不同个体之间融资筹款成为可能。构建众筹商业模式要有项目发起人（筹资人）、公众（出资人）和中介机构（众筹平台）三个组成部分。根据项目所提供的筹款回报来划分，众筹融资大致可以分为股权、债权、奖励和捐赠四类众筹融资模式。其中，奖励众筹融资占比最大，发展速度较快，其年复合增速达 79%；而债权众筹融资占比最小，复合增速为 50%；股权众筹融资则保持最快增速，复合增长率达 114%，欧洲地区呈现高速增长。

（三）互联网技术条件下的金融制度安排

互联网金融的兴起和发展将对现代金融制度带来一系列影响，包括对传统金融机构、金融市场、金融工具及金融监管制度等多方面带来冲击。

1. 互联网金融对传统金融机构的冲击

互联网金融深刻地影响和改变着银行的服务理念及经营模式。首先，第三方支付不仅影响银行的服务渠道，还与银行在信用创造和融资服务上直接竞争，它使得存、贷、汇等服务的渠道多元化，替代了大量原本属于银行的支付业务，逐渐蚕食银行支付结算市场份额。其次，从银行客户的交易端、电子商务端衍生的互联网金融，迫使银行在理念上必须重新审视被割裂的资金流、物流和信息流，并进行整个商务链条的整合，银行机构将不得不重塑其服务体系和经营模式。再次，银行目前遭受互联网金融业务发展最为直接的压力是存款吸收能力下降及存款成本上升。最后，互联网的发展和普及放大了金融脱媒的冲击，使银行业面临着金融体系"资本性"脱媒和互联网"技术性"脱媒的双重冲击。

2. 互联网金融对金融市场的冲击

首先，互联网金融将单一的渠道转化为平台，提升直接融资比例。目前，我国仍主要依靠银行贷款，间接融资比例较高，融资手段较为单一。互联网金融拓宽了融资渠道，使得客户能够自主地选择金融服务的渠道。其次，互联网金融加速了利率市场化步伐，有效推进金融要素价格市场化。以余额宝为例，它深刻改变了银行主导的资金供求模式和定价机制，资金价格的确定更加市场化。此外，互联网平台降低了产品信息不对称，平台上的产品透明度和可比性增强，投资者可以比较挑选各类金融产品，从而增大固定收益类产品竞争压力，推动了利率市场化进程。最后，互联网金融促进交易所向微型化发展，未来交易所将利用云计算技术，以数据为驱动，实时了解消费者的金融需求，更多地围绕消费者需求的个性化群体化的特征进行设计和开发，小规模多样化快速反应将会成为交易所未来的趋势。

3. 互联网金融促进了金融工具的不断创新

互联网金融加速了金融体系的创新步伐，互联网金融产品可得性强、公平性高、便利性好，是非常好的创新性金融服务。在余额宝推出之后，绝大部分国有商业银行、股份制银行都推出了相似的竞争性产品，这对于加速金融创新的步伐，满足居民和企业多元化的金融需求，促进金融工具的不断丰富和发展，具有创新推动意义。

4. 互联网金融对金融监管制度的影响

首先，互联网金融的发展对目前金融分业监管体系有着较大影响。随着互联网金融业务的飞速发展，我国银行业与证券、保险之间的联系愈发密切，我国金融行业有向混业经营靠拢趋势，但我国目前实行的是分业监管体制，互联网金融的发展倒逼完整的网络金融监管制度体系尽快建立完善。其次，互联网金融的发展促使现行的监管手段亟待完善和改进。由于互联网金融是传统金融与信息网络共同发展的产物，传统与现代的结合解除了时空的限制，使得监管当局预测市场资金流动性的难度不断加大。传统的监管检查手段和监管组织形式已难以适应瞬息万变的互联网金融市场，亟待改进。最后，部分互联网金融机构缺少金融牌照，相关监管部门亟待建立。许多互联网金融机构应运而生，然而，接踵而至的 P2P 网贷平台跑路事件，反映出了当前我国互联网金融行业呈现鱼龙混杂的现状，一部分的互联网金融机构在没有获取金融牌照的情况下违规经营，应对风险、化解风险的能力极差，信息不对称问题非常突出。对此，我国政府高度重视，2016 年 7 月，中共中央办公厅、国务院办公厅印发《国家信息化发展战略纲要》，其中第二十三点提到"引导和规范互联网金融发展，有效防范和化解金融风险"，将互联网金融风险监管再次提上国家层面。

三、现行互联网金融制度安排难以满足金融需求

现行金融制度安排下，互联网金融发展面临一系列问题，难以满足金融消费者日益多元化的金融需求，表现在以下几个方面。

（一）外部监管及法律规范滞后

互联网金融飞速发展，而相关的法律法规以及监管规则却相对滞后和缺位，不能适应其发展的步伐。首先，没有法律法规对互联网金融以及互联网金融机构的准入规则进行明确，从而导致从事互联网金融的公司鱼龙混杂、参差不齐，极大地增加了互联网金融的操作风险。其次，由于互联网金融发展创新的速度很快，至今还没有一部互联网金融的专门法律法规用以规范互联网金融机构的所有业务行为。最后，我国的金融监管模式是"分业经营，分业管理"，而互联网金融模糊了各金融领域之间的界限，根据目前的监管分工，很难界定应该是哪个部门对互联网金融机构和业务进行日常监管和管理，难免会出现监管真空，加大监管难度。

（二）互联网金融的风险控制能力面临巨大挑战

作为互联网技术与金融全面结合的产物，互联网金融不但面临传统金融活动中存在的信用风险、流动性风险、操作风险、市场风险等风险，还面临由互联网信息技术引起的技术风险，由虚拟金融服务引起的业务风险以及由法律法规滞后引起的法律风险。一是互联网环境下交易对手引发的信用风险更为复杂。例如，互联网金融服务的虚拟化致使交易双方互不见面，尽管通过数据分析在一定程度上降低了信息不对称程度，但信息真实性问题还是不能轻视和回避的，目标贷款客户身份验证的虚拟化，导致信用风险较传统金融大幅上升。二是流动性风险发生深刻变化。在互联网金融的多种形态中，对银行流动性管理冲击最大的是互联网理财，储蓄存款从银行体系转向互联网理财，再通过货币基金以同业存款等形式流回银行体系，导致银行的存款结构发生深刻变化，加大了流动性风险管控难度。三是操作风险复杂化。互

联网金融业务及交易多借助于网络、移动通信以及信息技术等渠道，不再是传统金融的面对面沟通及确认模式，操作风险比较复杂。例如，在身份认证方面，互联网金融普遍采用短信认证、预约码验证以及预留信息验证等方式，由于客户安全意识薄弱、频繁的人际关系互动易造成密码被破解或盗窃，同时随着4G、WIFI的普及，通过钓鱼WIFI站点、通信截取等手段窃取客户资料等事件时有发生。四是互联网金融加剧了市场风险。由于互联网金融本身具有开放性和跨时空性，更多业务、更多机构、更多客户能够突破时空的约束参与其中，业务规模将会不断扩大，产品创新效率进一步提高，交易频率快速提升，由此带来的价格波动更为剧烈频繁，市场风险更加难以量化、不可预测性程度更高，并以更快的速度蔓延。

（三）信息安全问题不容忽视

互联网金融任何业务都要基于网络平台来完成，网络平台一旦出现问题，常常会涉及巨额的资金和庞大的个人和企业隐私数据库，因此信息安全问题不可小觑。目前，互联网金融信息安全隐患主要表现在：一是信息泄露风险。随着互联网和信息技术的发展，互联网已融入日常生活中，包括身份认证信息、银行卡信息、个人通信信息等大量数据被存留于各类商户中，而各类商户的数据安全管理水平良莠不齐，部分商户在数据安全方面的薄弱环节可能会被黑客利用，从而产生信息泄露的潜在风险。二是网络欺诈风险。第三方支付的蓬勃发展给网络支付市场注入了活力，但随着第三方机构规模的扩大，管理不规范的问题逐渐凸显，主要体现在套用虚假商户、二级商户信息缺失、平台接入不规范等，这些降低了银行风险部门监控网络欺诈的效率和准确率。

（四）信用体系建设尚待完善

在互联网金融发展中，企业、机构之间的信用信息是不参与交换的，信用信息的共享能力差，形成了各家互联网金融机构各自为政的现象，降低了信用信息的使用效率，也给不法分子提供了可乘之机。同时，互联网金融机构没有接入中国人民银行的征信系统中，各家机构对企业和个人的信用审查只能通过自身的业务资源和水平，无法实现线上线下信用信息的对接，影响了互联网金融的健康发展。

四、自贸区：为物联网金融提供了全新的制度条件

（一）中国自贸区概况

自由贸易区有广义和狭义之分，广义的自由贸易区（FTA）指两个或两个以上的国家或地区组成的区内取消关税和其他非关税限制，区外实行保护贸易的特殊经济区域或经济集团，如北美自由贸易区，东盟自由贸易区等。

狭义的自由贸易区（FTZ）指一个经济体单方、主动向世界各经济体提供的贸易投资自由化优惠措施的特殊经济区域，本书提到的自由贸易区属于这种。2013 年 9 月 29 日，中国（上海）自由贸易试验区正式挂牌成立，它是中国境内第一个自由贸易区，是先行先试、深化改革、扩大开放的重大举措，意义深远。2015 年 3 月，中央政治局会议审议通过广东、天津、福建自由贸易试验区总体方案，进一步深化上海自由贸易试验区改革开放方案。目前，上海、广东、天津、福建自贸试验区建设已经取得初步成效。2015 年 12 月，国务院印发了《关于加快实施自由贸易区战略的若干意见》，2016 年 8 月，党中央、国务院决定，在辽宁省、浙江省、河南省、湖北省、重庆市、四川省、陕西省新设立 7 个自贸试验区，这 7 个横跨沿海内陆、贯通东西、兼顾东北的新自贸试验区将推动国内"两横三纵"格局的统筹，体现了对区域战略布局和区域改革发展的总体考虑，表明中国自贸区建设进入了试点探索的新阶段。

中国自贸区建设的核心就是制度创新，主要体现在金融市场制度创新、金融监管制度创新、投资管理制度创新、货币汇率制度创新等方面。自贸区建设工作启动以来，上海、广东、天津、福建 4 个自贸区立足国家发展战略，结合自身区域优势，在金融服务、投资、事中事后监管、创业创新等多个方面进行了深入探索，突破原有管理体系、制度、流程的制约，激发了市场活力，形成以开放促改革、促发展的新局面。新设的 7 个自贸试验区，将继续依托现有经国务院批准的新区、园区，继续紧扣制度创新这一核心，进一步对接高标准国际经贸规则，在更广领域、更大范围形成各具特色、各有侧重的试点格局，推动全面深化改革扩大开放。

（二）中国自贸区金融制度安排

经过 30 余年的改革探索，中国的金融改革整体已经步入了"深水区"，利率市场化、汇率市场化、资本项目可自由兑换、金融市场创新、金融服务实体经济等一系列重要领域都亟待破题，而中国自贸区建设对于深入推进关键领域的金融改革是有效且可行的路径选择。中国自贸区建设实质就是利用更大限度上的开放与融入国际金融体系，倒逼国内金融领域的各项改革，金融改革与开放在自贸区总体框架中被赋予了重任。按照党中央、国务院的部署，中国自贸区的改革任务基本可以归纳为四个方面：一是深化边境开放，主要是针对货物贸易领域；二是扩大边境后开放，主要针对服务贸易领域；三是营商环境法治化、国际化，重点体现在法律、法规的修订和重建，要依靠与国际接轨的法律和规章制度来塑造新的营商环境；四是政府职能转换，包括投融资改革要适应准入前国民待遇和实行负面清单管理；等等。

金融改革属于扩大服务贸易领域开放的内容，同时又与营商环境改革、政府管理方式改革的关系十分密切，涉及金融主体准入（商业存在）、金融市场开放（市场交易和规则）以及金融中间商和专业人员流动（自然人流动）等各方面。以上海自贸区建设为例，建设之初，"一行三会"便出台了51条措施，即"金改51条"，其中人民银行30条意见包括自由贸易账户体系、资本账户可兑换、利率市场化、人民币跨境使用、外汇管理体制改革和风险管理六个方面内容；银监会的8条措施主要是支持中外资银行入区经营发展，支持民间资本进入区内银行业；证监会的5条措施旨在深化资本市场改革、提升我国资本市场对外开放度；保监会的8项措施侧重于完善保险市场体系，促进功能型保险机构的聚集。

上海自贸区成立三年多来，一批创新性金融制度相继建立，如建立了利率市场秩序自律委员会，探索出"利率不上升、存款不搬家"的利率市场化改革操作模式；推动跨境人民币业务全面开放，便利实体经济充分利用境内外两种资源、两个市场；开通第三方支付机构跨境人民币支付业务，促进互联网金融发展；促进资本市场在自贸区进一步开放，支持面向国际的交易平台建设，服务实体经济的金融体系更加完备；建立开放条件下的反洗钱、反恐怖融资和反逃税"三反"机制，为自贸区金融改革保驾护航。在政府职能转换方面，上海自贸区积极探索实践简政放权和负面清单的管理理念，对跨境人民币业务推出了完全的事中事后监管模式，不搞事前行政审批，支付机构开展跨境人民币支付业务实行事后备案。金融监管部门从商业银行和支付机构采集相关的跨境人民币资金流动信息和跨境人民币交易信息，对监测发现的风险，及时发出风险提示，并采取必要的纠偏措施，从而避免了以往为遏制局部和个别的违规而收紧整体金融服务环境，增加全体经济主体经营成本的情况。2015年10月30日，中国人民银行会同商务部、银监会、证监会、保监会、国家外汇管理局和上海市人民政府联合印发《进一步推进中国（上海）自由贸易试验区金融开放创新试点　加快上海国际金融中心建设方案》，标志着自贸区金改金融"4.0"时代。上海自贸区"金改40条"亮点诸多，涉及五个方面任务措施，包括率先实现人民币资本项目可兑换，合格境内个人投资者试点再提速，金融服务业对内开放进一步加强，自贸区内企业投融资全面放开，自贸区金改与上海国际金融中心建设联动发展。其中，金融市场准入负面清单制度的引入，有利于对接国际高标准经贸规则；支持民营银行、建立非标资产交易平台、公募基金、自保公司等项目，大大拓展了金融服务业的开放程度；支持互联网金融的创新发展，在资本市场开放的情况下，其在投资境外信托产品等方面有较大优势，这也为物联网金融创新发展提供了新的平台和制度条件。

除上海自贸区外，试点的广东、天津、福建三个自贸区也稳步推出了一系列金融制度创新举措，如广东、天津、福建自贸区试点推出公募房地产信托投资基金产品、中小微企业贷款风险补偿、"银税互动"诚信小微企业贷款免除担保等。三个自贸区初步形成了严密高效的事中事后监管体系，事前诚信承诺、事中评估分类、事后联动奖惩构成了自贸区全链条信用监管体系，信用信息公示平台普遍建立。

（三）中国自贸区金融改革展望

随着信息技术和互联网应用的发展，各个领域的信息和数据呈爆发式增长，数据的多样性、低价值密度性、实时迅速性和巨容量的特征，对自贸区的金融创新提出了新的要求。而作为新时期中国推进改革和提高开放型经济水平的试验田，中国自贸区也为物联网金融的发展提供了更广阔的平台和制度环境。

一是新设立自贸区会产生"弯道超越"效应。弯道超越，原是赛车场上的术语，就是要在拐弯处超越对手，竞相发展的地区，如同在赛车场上飞驰的一辆辆赛车，弯道之处，一些人习惯性降速慢行，而高明的赛车手却能够看清路面、打稳方向、加踩油门，在弯道实现超越，领跑对手。2016年中国第三批自贸试验区分别在辽宁省、浙江省、河南省、湖北省、重庆市、四川省、陕西省七个地区设立，对这些地区来说，设立自贸区就是发展的"弯道"，这些地区要做高明的赛手，善作善成，人无我有，人有我新，实现弯道超越目标。以中部地区湖北为例，获批自贸区，为湖北持续稳健推进经济增长与结构转型提供了新引擎，作为定位为发展战略性新兴产业和高技术产业基地的省份，湖北再迎重大战略机遇，建设自贸区将充分释放改革红利、政策红利，用创新实现弯道超越。

二是利用物联网技术创新金融共享工作机制。自贸区金融创新过程中可以利用物联网、互联网等技术，建立商流、信息流、物流和资金流的"四流合一"的金融共享平台和工作机制。例如，在第三批自贸试验区中，湖北承东启西、连南接北，区位优势明显。长江干流通航里程2800多公里，湖北就占了其中1060余公里，多达37%。武汉历来被称为"九省通衢"之地，是中国内陆最大的水陆空交通枢纽，与北京、天津、上海、重庆、西安等特大中心城市的距离都在1200公里左右，京广、京九、汉丹、沪汉蓉、京港5条铁路干线，以及京珠、泸蓉等6条国道在此交汇，是全国四大铁路运输枢纽之一；水运已形成"干支一体，通江达海"的客货运网络，武汉港是我国长江流域重要的枢纽港和对外开放港口；华中地区最大的航空港武汉天河机场，是华中地区唯一可办理落地签证的出入境口岸，为全国四大枢纽机场，市场辐射的比较优势尤为突出。湖北自贸区建设可以利用这一区位优势，引导区内企业基于价值共创合作互动，促进生产要素在区域间的有效运转，加快湖北有序承接产业转移、建设一批战略性新兴产业和高技术产业基地的步伐，发挥其在实施中部崛起战略和推进长江经济带建设中的示范作用。

三是利用大数据建立信息共享平台。随着大数据时代来临，大数据与金融产业的融合正在改变着金融传统发展模式，是自贸区金融创新的核心引擎之一。而湖北作为科教大省，在运用大数据方面的优势较为明显。武汉是中国最重要的科教基地之一，科教综合实力居全国大城市前列，拥有包括武汉大学、华中科技大学、华中师范大学等69所普通本专科高校，各类科研机构106所，国家实验室1个（武汉光电国家实验室），国家重大科技基础设施1项，国家级重点实验室13个，在汉中国科学院与工程院院士共47名，智力资源和人力资源十分丰富。湖北自贸区可以在创新驱动上做足文章，通过实现产学研融合，重点建设大数据公共服务平台，围绕数据源中心，打造金融产业特色"孵化地"，并在区内形成辐射效应。

四是加快金融基础设施建设。完善国际化的金融资产交易平台，建立便捷、高效的支付结算系统，为自贸区金融系统发展夯实基础。以美国为例，美联储的Fedwire系统和私有的CHIPS系统日均交易规模分别达到3.5万亿美元和1.5万亿美元，这两个系统每天运行20小时以上，为美元的国际地位和纽约作为国际金融中心提供了有力支撑。面对越来越激烈的国际金融竞争，我国在现代化支付系统（CNAPS）之外，也要加快推进中国人民币跨境支付系统（CIPS）网络建设。例如，湖北自贸区可积极推进跨境支付结算系统建设，探索支持自贸区内银行和支付机构、托管机构与境外银行和支付机构开展跨境支付合作，为国际贸易活动提供便利的金融服务。

五是作为金融市场主体的金融机构实现外延式扩张。自贸区应着力培育和吸引新型金融业态机构集聚，引入新资源，发挥新功能，构建多层次、广覆盖、有差异的金融服务体系。以湖北为例，2016年8月末，湖北武汉、宜昌、襄阳三地正式获批中国第三批自贸区，应积极推进金融机构外延式扩张。例如，积极探索鼓励和支持符合条件的发起人在自贸区内设立银行和非银行金融机构；支持符合条件的金融机构设立分支机构；允许具备条件的民间资本依法发起设立金融机构。总而言之，让金融机构的品种多元化、差异化、专业化、渠道化，既相互竞争又相互协作，产生协同效应。

六是金融市场客体的金融工具（产品）创新层出不穷。新设立的自贸区应乘上政策"东风"，主动拥抱变革，大胆开展金融工具创新。一是创新债权性金融工具。鼓励金融机构从贷款额度、期限、定价、还款方式、担保方式等维度创新产品。例如，湖北获批第三批自贸区，可引导银行业机构积极探索开发知识产权、商标权抵质押、动产融资、年审贷等新品种，积极开展贴现、转贴现、并购贷款等业务，支持自贸区高新技术企业发展、企业贸易结算和"走出去"需求。二是创新股权性金融工具。鼓励金融机构探索"商行+投行"业务，积极发展股权融资业务。以湖北为例，可积极引导金融机构积极探索 PE 股权融资、PPP 融资等新模式，支持长江经济带和东湖高新区重点项目建设。三是创新混合性金融工具。包括支持金融机构探索股权+债权模式，开展投贷联动、资产证券化、债转股、可转换贷款等创新业务。以湖北为例，武汉东湖国家自主创新示范区、汉口银行已纳入全国首批投贷联动试点，汉口银行、国家开发银行湖北省分行及中国银行湖北省分行三家试点银行正积极探索投贷联动"武汉模式"，破解风险收益不对称的难题，目前已与 28 家投资公司开展合作，支持科创企业 56 家，贷款余额 2.44 亿元。又如，建设银行落实国务院《关于市场化银行债权转股权的指导意见》，积极探索"股加债"模式，设立了 120 亿元有限合伙制基金和 120 亿元契约型基金，支持武钢集团"去杠杆"。同时，还可依托自贸区平台，搭建信贷资产流转交易平台，扩大信贷资产证券化业务试点，推动银行业机构盘活存量资产，提高资产质量和流动性。

七是金融市场规模不断扩大。从前期上海自贸区的经验来看，自贸区的建设扩大了企业融资特别是境外融资规模和渠道，改善了企业融资状况。如上海自贸区成立以来，各类境外融资发生 1300 余亿元，企业和金融机构的人民币境外融资利率为 3.3%，明显低于境内，降低了经济主体的融资成本。同时，上海自贸区不断扩展自由贸易账户功能，至 2015 年底，已有 38 家商业银行和财务公司等金融机构接入自由贸易账户监测管理信息系统，开立自由贸易账户 3.6 万户，跨境收支累计发生 14883 亿元。自贸区金融改革以贸易和投融资便利化为导向，在自贸区平等、自由和竞争的经营环境下，传统金融服务与以物联网技术为代表的新兴技术相互碰撞和融合，为金融机构转型发展带来活力，也将推动金融市场规模的倍增。

八是创新自贸区金融监管制度。自贸区金融政策分别由人民银行、国家外汇管理局、商务部和金融行业监管部门等会同制定，自贸区资本项目可兑换与混业竞争对监管制度提出了新的机遇和挑战。2013 年中国人民银行牵头建立的"金融监管协调部际联席会议制度"致力于实现"金融信息共享和金融业综合统计体系的协调"，并作为"交叉性金融产品、跨市场金融创新""金融监管、法律法规"之间的协调机制，强调了"一行三会"各自在宏观审慎监管架构中的作用和协作。这些金融监管制度创新做法，为在非自贸区进行"一行三会"的合作，共同预防系统性金融风险的产生提供了制度借鉴。

五、物联网金融应运而生

亚当·斯密认为，劳动分工是技术进步的源泉。农业经济、工业经济，及当今正在发展过程中的服务经济的许多新产品、新工艺和新市场是由劳动分工的不断深化而引起的。在物联网行业，专业化分工已经达到了高度发达和精细的程度，极大地促进了金融制度创新、金融业务创新和金融组织结构创新。它既包括了各种货币和信用形式的创新以及所导致的货币信用制度、宏观管理制度的创新，又有金融机构组织和经营管理上的创新以及金融业结构的创新，也包括了以 ICT 大规模全方位推广应用为特征、以提高服务水平和服务效率为核心的金融服务创新，物联网金融从根本上改变了金融服务部门的服务生产和提供方式。相比而言，互联网金融没有改变金融的本质，没有产生对实体经济真正有用的产品和服务，更没有从根本上解决风险控制的问题。因此，随着制度变迁的制度环境及技术条件的降临，互联网金融注定会被一种全新的更高级的金融形态——物联网金融所取代。

与互联网金融相比，物联网金融基于人们看不到、听不到的信息上，是全景式的，对实体+虚拟经济的全面映射，而互联网金融停留在人们看到的、听到的信息上，它在风险计量和控制上的薄弱是不得不面对的问题，同时，互联网金融更多的是在服务方式和终端渠道上的创新，基于"长尾效应"，它确实填补了传统金融服务的一部分空白，创造了增量市场，但互联网金融的逻辑是"流量为王、价格驱动"，在流量变现的过程中，营销成为焦点所在，在传播手段路径上的创新不能对实体经济产生有效的支持作用。而物联网金融则能通过海量的、客观的、全面的数据建立相对客观的信用体系，风险管控的可靠性和效率性将得到提升，并会产生更好的信贷模式、信用评估和风险模式。

物联网金融是金融信息化演进到一定阶段的必然产物，其形成和发展的支柱来源于三个方面。

（一）跨界融合

物联网金融是物联网和金融相互影响、渗透并不断融合的产物，两者间的界限趋于模糊，日益形成你中有我、我中有你的关联互动。物联网一定要与金融相结合，才能对经济产生深远的影响，金融作为物联网产业发展的支点，可以撬动数以万亿元计的资本蓝海。

一方面，物联网不断应用于金融服务的各个领域，如智能安防、VIP 服务、移动支付、业务流程管理、远程结算等，促进现代金融的信息化和数字化发展。另一方面，金融服务嵌入信息交换和网络化管理，催生供应链金融等全新的商业模式，极大提高了商品生产、交换和分配效率，为物联网的发展壮大提供了有力支持。

（二）大数据支撑

根据 IDC 的调查分析，未来物联网将由数十亿个信息传感设备组成，由此产生的数据量每隔两年便增长一倍，到 2020 年将激增至 44 兆 GB。物联网产生的大数据与一般的大数据有不同的特点，通常带有时间、位置、环境和行为等信息，具有明显的多样性、非结构性和颗粒性。对金融机构而言，物联网提供的不是人与人的交往信息，而是物与物、物与人的社会合作信息，通过对海量数据信息的存储、挖掘和深入分析，能够透视客户的自然和行为属性，为金融机构大到服务战略、小到业务决策提供全面客观的依据。

（三）互联网基础

物联网本质上是把所有物品通过射频识别等信息传感设备与互联网连接起来，实现智能化识别和管理。因此，物联网的基础仍然是互联网，是在其基础上延伸和扩展的网络。同样地，物联网金融本质上是对物联网上的物品信息进行综合分析、处理、判断，在此基础上开展相应的金融服务，而物品信息生成后的标识、传输、处理、存储、交换共享的整个流程都是在互联网上进行的。物联网金融是金融信息化的不断延伸，是基于互联网金融的帕累托改进。

第三节　物联网金融的制度变迁

物联网的发展与普及，特别是智能设备的普及化，打破了传统金融模式的路径依赖，对传统金融制度产生了颠覆性的创新与变革，推动现有的金融体系走上了一条高效、良性循环的制度变迁之路。

一、模式：强制性制度和诱致性制度的复合变迁

制度变迁有强制性变迁和诱致性变迁两种方式。诱致性变迁是由个人或一群人，在响应获利机会时自发倡导、组织和实行；而强制性变迁则由政府命令和法律引入和实行。物联网金融是打通实体经济和虚拟经济的全新的金融生态模式，它的产生和发展绝不仅仅只是一种金融产品和服务的创新，更是一种金融制度的创新与变迁，这种制度变迁是强制性制度和诱致性制度的复合变迁。

中国传统金融制度是由国家严格管控的，改革开放以来，通过引入西方

发达国家的市场化金融制度，逐渐放开国家对金融市场的准入制度，不断深入推动金融机构市场化进程，近年来，股份制商业银行、城市商业银行、非银机构发展态势良好，也成为推动市场化进程的主力军。但是从总体来看，出于对金融行业风险的管控要求，金融行业的各项规则、规章制度仍处于政府机构的严格限制之下，中国的金融制度变迁依然是以"自上而下"的强制性制度变迁为主。党的十八届三中全会提出了"全面深化改革"，加大了改革的力度，政府进一步放权让利，此时，微观主体一旦认识到新制度安排具有潜在收益时，就会利用下放的决策权实施制度创新，形成"自下而上"的诱致性制度变迁。

从物联网金融的产生和发展的原因来看，主要有两个方面：

一是新制度的潜在利润。金融市场中的各类主体，对于降低运营成本和融资费用，提高信息透明度和融资效率，存在着强烈需求。谁能够满足这一市场需求提供新的市场制度，即可在这一新制度下获取最大利润，企业因此具有较大的动力去推动制度创新，特别是掌握可穿戴设备、生物识别技术、大数据、云计算等物联网技术的企业，更具备推动制度创新的技术、资金等物质基础。

二是原有制度自身难以克服的缺陷。价格与供求关系是市场经济制度的核心，而在金融市场，利率定价长期处于政府的实际管制之下，这主要是政府出于渐进式金融改革的需要不得已作出的选择。因此，在我国的经济、金融体系中存在大量要素价格扭曲和资源错配现象。比如，作为我国经济发展的重要力量，小微企业在吸纳就业、科技创新等方面发挥着举足轻重的作用，但是长期以来，金融业未能有效满足小微企业和"三农"领域的金融需求，小微企业和"三农"融资难、融资贵引起社会广泛关注。

物联网金融能通过海量的、客观的、全面的数据建立相对客观的信用体系，风险管控的可靠性和效率性将得到提升，原有金融制度自身难以克服的缺陷在物联网金融的推动下，将可以获得根本性解决。金融市场中的微观主体，为获得潜在利润和市场机会将会自发倡导和组织实施对现行制度安排进行变更或替代，将物联网不断应用于金融服务的各个领域，如移动支付、业务全流程管理，用物联网所构建的强大信息传递网实现贷款"一揽子"的集约式处理等。小微企业和"三农"融资难、融资贵的问题在物联网金融的不断发展下，将获得根本性解决。可以预见，在这种由企业和个人等微观主体"自下而上"推动的诱致性制度变迁下，物联网金融会以较快速度发展壮大。然而，在这种模式下，需要政府后续制度跟上，因为诱致性制度变迁所需的信用意识和信用环境在我国尚未建立，创新行为可能被扭曲，使金融风险增大。物联网金融市场不能盲目生长，政府"自上而下"的强制性制度变迁必不可少，需要全面完善政府规制，加快物联网金融立法，加强物流网金融监管，为物联网金融制度创新供应核心制度和后续制度，物联网金融的发展是强制性制度和诱致性制度的复合变迁过程。例如，在网络支付发展一定时间后，为进一步鼓励支付创新，并规范支付业务，促进网络支付业务健康发展，2015 年末，中国人民银行发布了《非银行支付机构网络支付业务管理办法》，于 2016 年 7 月 1 日起施行，该办法采用扶优限劣激励制约措施，鼓励非银支付机构开展技术创新、流程创新和服务创新。

二、行动集团："第一行动集团"和"第二行动集团"

根据新制度经济学相关理论，由于制度创新需要付出巨大的费用，或者在获得潜在经济利益时遇到私人产权的阻碍，或者私人市场还不曾得到充分发展，在这种情况下，个人或团体都难以承担"第一行动集团"的职责，这时制度创新由政府来进行则较为有利。从较为宏观的中国金融改革创新视角来看，中国政府始终承担了"第一行动集团"的职责，以强制性制度变迁的方式推动中国金融领域改革，个人和企业作为"第二行动集团"受益于改革并配合改革完成。而在改革的局部领域甚至是关键的微观环节，个人和企业作为市场中最为活跃的主体也承担了"第一行动集团"的职责，以诱致性制度创新的方式，引领了物联网金融这一金融制度的创新浪潮，有力推动了中国金融改革的进程。

制度变迁过程中不同主体的角色定位和转换主要取决于制度变迁对各自利益的影响。物联网金融在发展的初期，传统金融机构、物联网金融制度创业者、公众用户等为利润、市场机会、体验成本等驱动因素自发倡导和组织实施对现行制度安排进行变更或替代，建立新的制度安排，此时，这些微观市场主体承担了"第一行动集团"的职责。传统金融机构是这一制度变迁过程的主导者，在传统的金融制度秩序下，传统金融机构凭借其主导地位，从新旧金融制度的相对价格差中获取超额利润，在物联网金融制度不断证明其高效运行和获利能力时，资本的逐利特性使得它们必然开始转型升级，通过开展相应业务或与之合作进入新的市场分取蛋糕。随着对新制度路径的日渐熟悉和业务规模的不断扩大，传统金融机构凭借其自身拥有的资本、市场、客户以及政府支持等先天优势，将逐渐发展成为物联网金融制度中的中坚力量，并依旧主导国内金融发展方向。

物联网金融制度创业者是传统金融向物联网金融制度变迁这一过程中的主角和能动者，它们的出现打破了在相对价格的效率机制作用下岌岌可危的旧金融制度，在为自身谋求利益最大化的同时，也解放和发展了生产力，为广大公众用户带来了利益。同时，由于金融行业是关系国计民生的重要行业，国家和政府的宏观掌控使得其不可能超越传统金融企业而成为行业主导者，为获得持续发展，其必然需要依附传统金融行业，与之成为互利共生关系，并作为处于制度变迁中的传统金融机构的先行官和排头兵，积极探索物联网金融中新的细分市场、组织架构和获利方式等。

政府作为"第一行动集团"，对这场金融变革持审慎和观望态度，从政府角度讲，既要确保经济安全稳定运行，又要寻找能够解放生产力、促进经济发展的助推剂。

当物联网金融发展到一定阶段后，制度设计和安排者容易忽视核心制度的再创新或者根本无力推动核心制度创新，造成后续制度供应不足和制度滞后，从而积累矛盾和问题。此时，政府部门作为强制性制度变迁的制度供给方，"自上而下"推动物联网金融发展，此时的政府部门承担了"第一行动集团"的职责，主要为物联网金融的发展供应保障制度，它的主要任务是"严监控，保稳定"。一方面，政府继续加大物联网金融行业监管力度，规范、引导行业发展；另一方面，对传统金融机构的变迁过程进行管控，使其在维持传统金融服务平稳运转的条件下进行渐进型变革，确保国内金融秩序的稳定和向物联网金融制度的平稳过渡。

三、物联网金融路径依赖因素

路径依赖（Path - Dependence）是指具有正反馈机制的体系，一旦在外部偶然事件的影响下被系统所采纳，便会沿着一定的路径发展演进，而且很难为其他潜在的甚至更优的体系所取代。路径依赖原理告诉我们"历史是至关重要的"，"人们过去作出的选择决定了他们现在可能的选择"，路径依赖不仅起因于制度的收益递增，而且也是因为制度市场的不完全性及其因此而产生的正的交易费用。作为一种制度变迁过程，物联网金融的路径依赖形成来自于它形成最初的正效应、既得利益者的支持、个体和集体学习以及后续政策的强化。

物联网金融制度变迁的初始禀赋构成了其路径依赖的因素，主要体现在三个方面：一是银行转型发展的需要，二是经济下行带来的发展瓶颈如图3-11所示，三是供给侧结构性改革的需要。

（一）银行转型发展的需要

面对复杂多变的国内外经济环境，国内金融改革的步伐加快，2015年，央行先后5次降准降息，市场利率低位稳定运行；存款利率浮动区间放开，

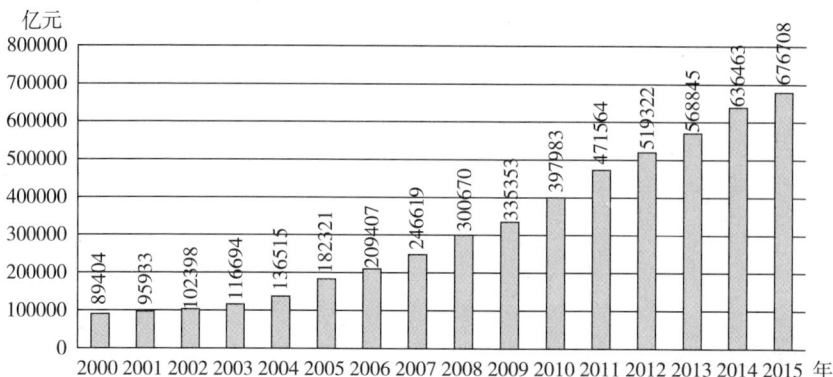

资料来源：根据国家统计局网站各年统计公报整理而得。

图 3-11　国内生产总值

利率市场化基本完成（如图 3-12 所示）；完善人民币兑美元汇率中间报价机制，市场机制在汇率形成中的决定性作用进一步增强；存款保险制度平稳推出；人民币迈向国际化，成功加入国际货币基金组织特别提款权货币篮子等，这些都深刻影响着中国金融界。受净息差缩窄、净利息收入增速下降、不良反弹等影响，银行业整体净利润增速下滑，收入结构变化，在客观上要求长

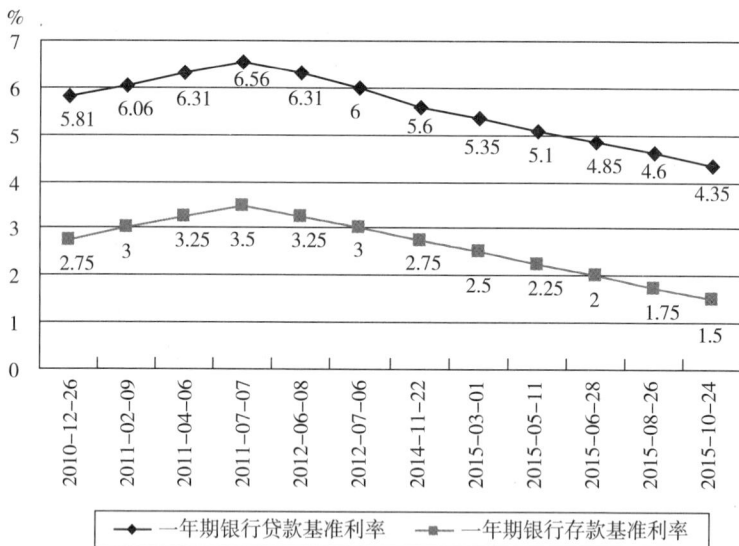

资料来源：中国人民银行网站。

图 3-12　银行存贷款利差图

期以存贷利差为主要收入来源的银行业金融机构加快转型发展，开发出更多个性化、差异化的产品和服务满足客户日益增长的多元化金融需求。物联网技术的广泛应用让万物互联，高度智能化、便捷化、定制化催生智慧金融，物联网金融是"生态制胜、数据为王"的，在强大的信息数据支撑下，商业银行可以进一步夯实客户为中心的经营模式，更加重视客户体验，针对客户的金融需求和消费习惯，为客户量身定制优质的金融产品和服务。

（二）经济下行压力

当前，全球经济形势复杂多变，主要经济体复苏艰难，国际金融市场震荡加剧。中国经济进入增速换挡、结构调整、新旧动能转换的新常态，以2015年为例，全年实现GDP67.67万亿元，增长6.9%，较上年回落0.4个百分点，经济下行压力较大（如图3-13所示），银行业也面临不良贷款快速上升等诸多挑战，更需要银行业金融机构迅速找到一种路径，深刻认识和把握风险轮廓和结构变化，不断提高资金配置效率，坚决守住不发生系统性、区域性风险的底线。物联网则正好能有效促进金融业风险管控，它让金融体系从时间、空间两个维度上全面感知实体世界行为，对实体世界进行追踪历史、把控现在、预测未来，让金融服务融合在实体运行的每一个环节中，实现全方位监控。例如，基于手机的移动支付中，有线与无线配合使用的双重验证提升了支付安全性，降低了黑客、不良商户、钓鱼网站等非法交易发生的频率。在不远的将来，还将通过指纹、虹膜、掌纹、掌静脉等独一无二的生物特征来验证用户身份，避免发生盗领、冒用等危害银行客户安全的风险事件。

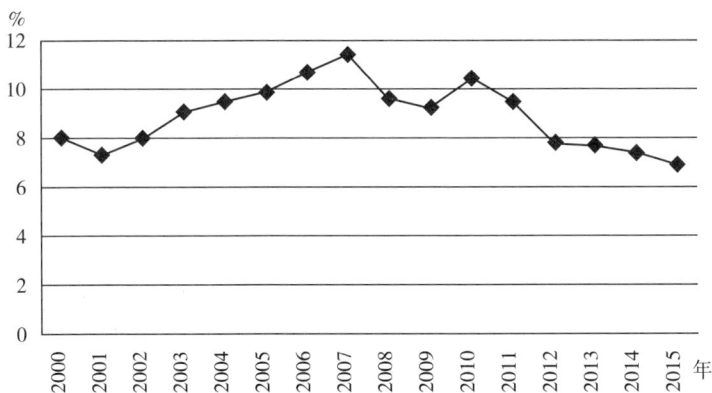

资料来源：根据国家统计局网站各年国民经济和社会发展统计公报整理而得。

图3-13　2000—2015年国内生产总值增长率

(三) 供给侧结构性改革的需要

从 2015 年开始,以去产能、去库存、去杠杆、降成本、补短板为重点的供给侧结构性改革已正式拉开大幕。供给侧结构性改革旨在调整经济结构,使要素实现最优配置,提升经济增长的质量和数量。莫顿和博迪认为,金融系统的基本功能就是在不确定环境下进行资源的时间和空间配置,即通过合理引导资金流向和流量,促进资本集中并向高效率生产部门转移。但是信息不对称、交易费用等因素的存在,往往会造成金融对资源配置的扭曲。物联网的兴起将改变这种状况,使金融部门能够以更加精细、动态的方式对信息流、物流和资金流进行"可视化管理",在此基础上进行智能化决策和控制,从而实现优化资源配置,扩大有效供给,提高供给结构对需求变化的适应性和灵活性,提高全要素生产率,更好地满足广大人民群众的需要,促进经济社会持续健康发展。加强供给侧结构性改革,从金融的角度来看,就是要能进一步降低融资成本,特别是降低中小微企业的融资成本,放松供给约束,解决金融的供给抑制,提高供给效率,依靠"大众创业、万众创新"刺激新供给、创造新需求。

以供应链金融为例,物联网核心技术所实现的对物品的"可视跟踪",不仅能及时、有效地了解核心企业下游客户的销售信息,而且可以使核心企业下游客户利用存货融资的范围扩大,如拓展到药品、医疗器械、农产品等领域。同时,除了发挥供应链融资中介作用外,金融机构在财务供应链管理方面还可以提供若干中间业务,如财务管理咨询、现金管理、应收账款清收、结算、资信调查和贷款承诺等服务;在涉及国际贸易的领域,还可以提供货币和利率互换等金融创新服务。通过一系列专业服务的开展,商业银行既可以帮助作为供应商的中小企业合理安排应收账款账期结构与数量,缓解它们通过赊销扩大销售规模的冲动,也可以帮助供应链上的核心企业分析供应链不同环节企业特别是中小微企业的资金需求和融资能力,从而提出降低整体供应链财务成本的最优方案并协助其实施,从根本上解决中小微企业融资难、融资贵问题。

【专栏3-3】

《人民日报》:深刻认识和有效推进供给侧结构性改革

推进供给侧结构性改革,是以习近平同志为总书记的党中央着眼我国经济发展全局提出的重大战略思想,是适应和引领经济发展新常态的重大战略部署,对推动我国经济转型升级具有重大指导意义。当前,我们应深刻领会供给侧结构性改革的重要思想，科学把握和认真落实五项重点任务，坚决打赢供给侧结构性改革这场硬仗。

深刻领会供给侧结构性改革的重要思想

推进供给侧结构性改革，是我们党适应和引领经济发展新常态的重大创新，是对中国特色社会主义政治经济学的丰富发展，具有科学的体系和丰富的内涵。

在全面掌握科学体系中深刻领会供给侧结构性改革的重要思想。2015年11月以来，习近平同志多次深入阐述供给侧结构性改革的现实依据、深刻内涵、根本目的、工作要求和科学方法，为推进供给侧结构性改革提供了科学指导和根本遵循。深刻领会供给侧结构性改革的重要思想，应全面掌握其科学体系。一是深刻理解"当前和今后一个时期，我国经济发展面临的问题，供给和需求两侧都有，但矛盾的主要方面在供给侧"这个重要论断，认清我国经济发展面临的产能过剩问题是一些行业的结构性产能过剩，而大量关键装备、核心技术、高端产品还依赖进口；认清我国需求变化情况，尤其是消费需求不是需求不足而是需求变了，还存在大量"需求外溢"。解决这些结构性问题必须从供给侧发力，把改善供给结构作为主攻方向。二是深刻理解"供给侧结构性改革的根本目的是提高社会生产力水平，落实好以人民为中心的发展思想"这个重要论断，通过推进供给侧结构性改革，使供给能力满足广大人民日益增长、不断升级和个性化的物质文化和生态环境需要。三是深刻理解"供给侧结构性改革，重点是解放和发展社会生产力，用改革的办法推进结构调整，减少无效和低端供给，扩大有效和中高端供给，增强供给结构对需求变化的适应性和灵活性，提高全要素生产率"这个重要论述，进一步明确推进供给侧结构性改革的主要目标和基本路径，更加注重以深化改革推动结构调整，通过体制机制创新矫正要素配置扭曲。四是深刻理解当前供给侧结构性改革中去产能、去库存、去杠杆、降成本、补短板五项重点任务，从生产端入手，促进过剩产能有效化解，促进产业优化重组，降低企业成本，发展战略性新兴产业和现代服务业，增加公共产品和服务供给。五是深刻理解"五个搞清楚"的工作要求，即搞清楚现状是什么、搞清楚方向和目的是什么、搞清楚到底要干什么、搞清楚谁来干、搞清楚怎么办，加强调查研究，制定好工作方案和行动计划，扎扎实实推进工作。六是深刻理解"把握好五个关系"的科学方法，即把握好"加法"和"减法"、当前和长远、力度和节奏、主要矛盾和次要矛盾、政府和市场的关系，坚持统筹兼顾、综合施策，做到推进蹄疾步稳、工作有力有序有效。

在中国特色社会主义政治经济学的大框架下深刻领会供给侧结构性改革

的重要思想。从认识、适应、引领经济发展新常态到确立新发展理念，再到推进供给侧结构性改革，以习近平同志为总书记的党中央创造性地发展了中国特色社会主义政治经济学。这些重要思想是源于我国经济实践的重大理论创新，顺应世界经济发展潮流，适应我国经济转型升级的现实要求，为解决我国经济面临的突出问题提供了科学的理论指导，不仅在国内而且在国际社会得到高度关注和广泛认同。这也标志着与我国作为世界第二大经济体的地位相适应，我们党对经济发展理论的创新达到了新的高度。我们必须把习近平同志关于供给侧结构性改革的重要论述与习近平同志系列重要讲话精神结合起来学习、贯通起来理解，牢牢把握中国特色社会主义政治经济学的重大原则，切实增强推进供给侧结构性改革的理论自觉和行动自觉。

科学把握和认真落实五项重点任务

去产能、去库存、去杠杆、降成本、补短板这"三去一降一补"，是当前供给侧结构性改革的工作重点。应科学把握这五项重点任务的内涵，通过得力的政策举措逐项加以落实，切实解决我国经济供给侧存在的问题。

"去"是为了给有效供给腾出空间，必须主动去、坚决去、去到位。退一步是为了进两步，只有现在去到位，才能今后进得好。当前，部分行业产能过剩，很多地方房地产库存积压，一些领域负债率高企。这表明我国经济存在资源错配、市场信号扭曲、市场主体活力不足、经济运行效率不高等突出问题，必须坚决去产能、去库存、去杠杆。去产能必须遵循市场经济规律，促进市场出清。鼓励和支持企业走出去，对接好"一带一路"建设，加强国际产能合作。引导优势企业根据自身发展需要，积极审慎地参与兼并重组。按照企业主体、政府推动、市场引导、依法处置的办法，把握好"僵尸企业"出清的时机、节奏和力度。政府协助企业做好职工安置工作，更加细致地做好社会政策托底工作，防止引发社会风险。去库存必须针对房地产市场的区域性特点，因地施策。通过有效释放农业转移人口在城镇购房需求、深化住房制度改革、适度提高棚户区改造货币化安置比例等办法，尽量缩短商品住宅去库存时间。认真研究房地产市场规律，提高调控精准度，因城施策，防止"一刀切"，切实促进房地产市场平稳健康发展。从中长期看，应降低地方政府对土地财政的依赖，进一步提高城市可持续发展能力。去杠杆应针对政府和企业杠杆的不同特点，分类审慎操作。继续严控新增政府性债务，可将符合条件的政府存量债务置换为政府债券。通过加大直接融资比重来降杠杆，鼓励企业上市挂牌，扩大企业债券发行规模，支持企业利用资本市场做大做强。深入了解、密切监控企业资金问题，防止企业资金链断裂产生连锁反应。对互联网金融、民间借贷等领域的违法行为，加强专项清查整治，规范金融市场秩序。

"降"是为了提高企业竞争力，必须动真格、下真功、见实效。降成本是为企业排忧解难的现实举措。必须确保中央相关政策措施落地，通过降低或取消行政性收费、全面清理"红顶中介"、降低第三方评审费用等尽力为企业减负。把简政放权、优化服务进一步引向深入，采取含金量更高的改革措施减少审批事项，积极推广多评合一、多图联审、联合测绘、联合验收等方式，切实提高审批效率，降低隐性成本。

"补"是为了补齐供给体系中的短板，必须"补"在薄弱处、关键处、紧要处。2015年底的中央经济工作会议强调了打好脱贫攻坚战、支持企业技术改造和设备更新、完善软硬基础设施、加大投资于人的力度、继续抓好农业生产五个方面的重点任务。应聚焦影响供给体系质量和效率提高的突出瓶颈、影响全要素生产率提高的重点问题、影响市场主体活力释放的关键环节，研究实施补短板专项工程。各地发展阶段不同，补短板的轻重缓急也不同。欠发达地区要重点补全面建成小康社会的短板，发达地区则要补率先开启基本实现现代化新征程的短板。同时，进一步放开市场限制，推出一批发展前景好的合作项目，让社会资本参与进来，形成政府投资和社会投资良性互动局面。

以强有力的举措保证供给侧结构性改革有序有效推进

推进供给侧结构性改革，应注意利用好窗口期，处理好各种利益关系，强化全国一盘棋思想，以强有力的举措贯彻落实好中央各项决策部署。

加强对理论和实践问题的学习研究。领导干部作为经济工作推动者，面对各种新情况新问题，必须加强学习研究。对供给侧结构性改革这个全新课题，应善于从理论和实践结合上把握本质、摸清规律。发扬创新和钻研精神，钻进去、深下来，摸到窍门、找到钥匙，力求在实践中不走弯路、掌握主动。

把贯彻中央要求与立足本地实际更好结合起来。对中央明确提出的任务，坚持项目化推进，不折不扣落实；对中央提出的指导性意见，结合各自实际细化实化具体化，创造性地贯彻好。把使市场在资源配置中起决定性作用和更好发挥政府作用结合起来，更多运用市场化、法治化手段推动工作、落实任务，同时强化政府的组织引导和政策配套，着力解决那些单靠市场力量不能有效解决的问题。把供给侧改革和需求侧管理结合起来，既重点抓好供给侧改革各项任务落实，又注意适度扩大总需求，推动形成供给侧与需求侧平衡匹配、协调发展新格局。把促改革和稳增长、防风险结合起来，统筹安排好各项工作，平衡好各方面关系，最大限度地减少风险隐患。把解决当前突出问题和完善体制机制结合起来，既抓好当前重点任务落实，又致力于解决中长期问题，尽快形成有利于供给侧结构性改革的体制机制。

凝聚合力，深入推进供给侧结构性改革。供给侧结构性改革涉及面广、任务重、难度大，必须调动各方面的积极性。对于广大干部，应在严格要求、严格管理的同时强化正向激励。按照"三个区分"的要求，把干部在推进改革中因缺乏经验、先行先试出现的失误和错误，同明知故犯的违纪违法行为区分开来；把上级尚无明确限制的探索性试验中的失误和错误，同上级明令禁止后依然我行我素的违纪违法行为区分开来；把为推动发展的无意过失，同为谋取私利的违纪违法行为区分开来。重用那些想干事、能干事的优秀干部，建立完善容错纠错机制，推动干部积极作为、敢于担当。对于广大企业家，要充分尊重其劳动，充分理解其创业的艰辛。在他们遇到困难的时候主动上前、贴心服务，多帮助他们解决实际问题；在他们面对困惑的时候，多沟通、多交心，为他们解疑释惑，给他们吃下"定心丸"。要按照习近平同志提出的"亲""清"二字要求，构建新型政商关系。"亲"是情感纽带，相亲相近才能相互理解、相互激励，增强干事创业的动力；"清"是原则底线，洁身自好、光明磊落才能各归其位、各得其所、行之久远。"亲""清"相处，定能形成强大合力，共同把改革发展推向前进。

资料来源：罗志军：《深刻认识和有效推进供给侧结构性改革》，载《人民日报》，2016 - 05 - 16。

第四章 物联网金融与
金融功能制度变迁

所谓"创新"是指建立一种新的生产函数，把一种从来没有过的关于生产要素和生产条件的"新组合"引入生产体系，从而实现创新。

——熊彼特

本章主要从金融的基本功能谈起，分析在物联网金融下，金融的货币物流管理功能、支付结算功能、资源配置功能、激励功能和融资功能五个方面的制度变迁。

第一节 货币物流管理功能变迁

金融的货币物流管理功能关系到国家法定货币安全、有效、顺畅地发行与流通，对金融系统乃至整个国民经济发展具有重大影响。

一、传统金融：现行货币物流管理功能的现状及问题

货币作为一种交易媒介，具备流通和存储的多种职能，我国货币物流管理主要涉及的供应链主体主要有印钞造币厂、人民银行、银行业金融机构、社会公众四类，目前，我国货币物流管理体系还处于比较落后的人工阶段，需要较多的人员参与，成本较高且不安全，信息管理系统相对落后。

（一）我国货币物流管理的主要流程

目前我国的货币发行与物流管理原则上遵循 1988 年《中国人民银行货币发行管理制度（试行）》的规定，在中国人民银行总行，省、自治区和直辖市分行，地市二级分行和县支行分别设立人民银行总库、省分库（必要时设立重点库和后备库）、中心支库、县支库四级发行库，并辅以各个商业银行相应业务支持机构。我国货币物流管理体系如图 4－1 所示。

国内现钞货币供应的主要过程如下：首先是印钞造币厂印制现钞货币，然后人民银行总行重点库负责将印钞造币厂印制的现钞在全国范围内储备与调运。省级分库从总行重点库调运现钞货币，并负责辖区内现钞货币的供应，

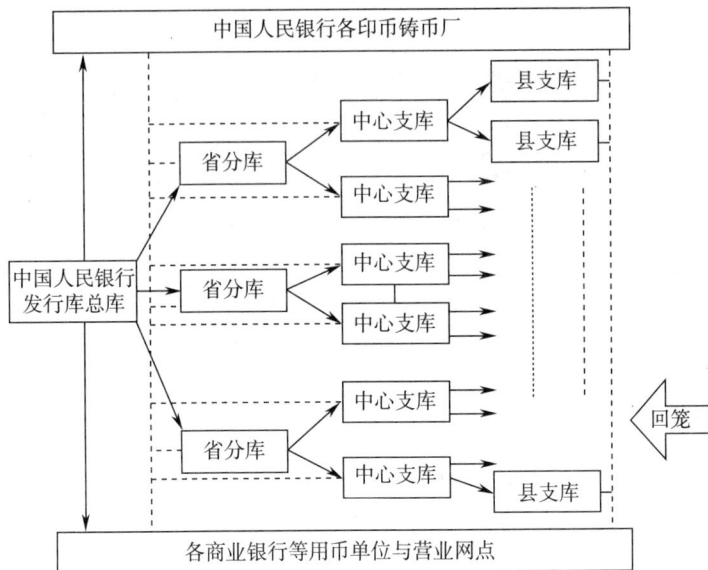

图4-1　我国货币发行与物流管理体系

地市中心支行从省级分库调运现钞货币，并负责地市（含县）辖区内在人民银行开户银行业机构现钞的投放、回笼，银行业金融机构从人民银行发行库取现后，承担现钞进入流通的主渠道职能以及现钞进入流通后的循环供应功能。

现钞发行需求的归集则是人民银行各级分支机构及商业银行提交的流动性需求信息汇总后，提交至人民银行总行货币政策执行部门，以供决策。

（二）现行货币物流管理功能的现状及问题

中国人民银行《中国货币政策执行报告》（2016年第二季度）显示，我国是世界上现钞发行量最大的国家，截至2016年6月末，流通中的货币 M_0 余额为6.3万亿元，同比增长7.2%，远远高出美国等货币电子化水平较高的国家，如图4-2所示，这将给我国货币物流管理带来巨大的压力。

1. 货币物流管理成本日益增高

在现钞发行量不断增长的同时，现金物流管理的成本也快速上升。面对现金物流成本的挑战，发达国家中央银行提出基于现金供应链现金物流管理模式的转变。其主要做法是，中央银行仅保留现金市场准入、市场退出和反假货币三项职能，其他的现金押运、保管、清分等物流活动移向下游的商业银行，促使商业银行承担更多的现金物流业务。商业银行或通过成立自己的现金处理中心，如英国的四大商业银行；或将现金物流业务外包给专业的第三方押运运输公司等方式，以应对这种变革。两种方式，分别为企业内部市

亿元

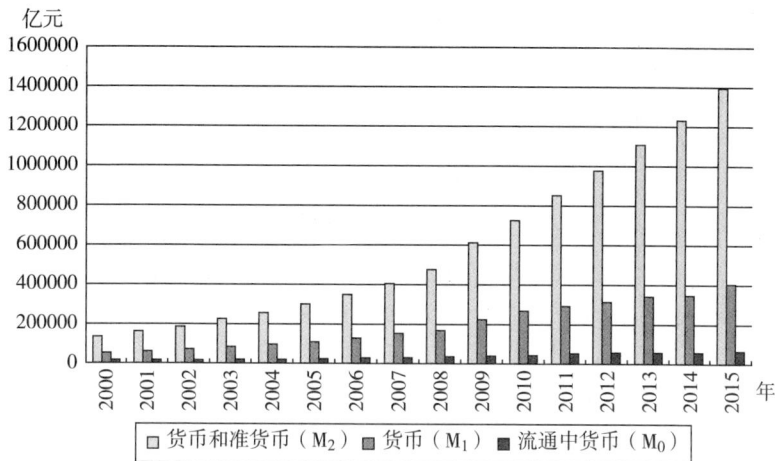

资料来源：中国人民银行网站。

图 4 - 2　2000—2015 年货币供应量

场化和市场对企业的替代，都是以市场化手段来实现降低现金物流成本目的。与之相随的是，商业银行原有的第一方现金物流模式（尽管现金调运已有押运公司负责护卫，但守库和押钞工作仍由银行自己承担）各种弊端逐渐显现，主要表现为现金物流成本高、效率低和风险大。这些问题的深层次原因是，在经济转轨的背景下，中国银行业现金物流管理模式受制于国内体制和行业技术创新应用的发展。在物联网技术日益发展的今天，有必要探索适合中国国情的货币物流管理模式，以满足不同层次客户现金业务需求。

2. 货币物流管理基础设施及物件管理有待提升

据人民银行网站数据显示，截至 2015 年，人民银行共有各级发行库 2093 个，库房建筑面积 459 万平方米。地市级金库大部分为平面库。这些库房中部分建于 20 世纪八九十年代，超过 30 年历史，当时没有充分考虑物流管理的集约化、自动化和高效率要求。各种物联网配套设施不完善，现代化的激光导引车、智能化堆垛机、条形码阅读机、现金清分设备、身份识别工具等未得到普及应用。

货币物流管理链条中的商业银行等金融机构有大量的现金资产需要流转，例如整点中心现钞箱、柜面现钞箱、自助设备现钞箱等物件在流转过程中需要通过技术手段实现追溯性安全管理，以提升安全性，减少人为的操作风险。

3. 货币物流管理模式原始低效、管理信息系统落后

中国人民银行对货币物流管理系统的实地调研发现，全国 90% 以上地区的货币发行和物流管理还处于半自动机械管理阶段，各级库超过 30% 的管理

资源消耗在发行和回笼货币的管理中。

在物流调度方面，主要运输工具为一般机械化运钞车；在出入库操作管理方面，自动化程度较低，处于半机械化状态；在各级发行库核对、保管、统计方面，由库管理人员肉眼确认、验钞机或手工点数，部分金融分支机构仍然存在用传统帆布钱袋保管货币，货币物流信息统计主要采用人工方式；在发行物流管理决策方面，主要采取总库统筹、分库规划、中心支库自行调配和支库具体实施的传统模式进行。

在管理信息系统建设方面，一方面，各商业银行及其分支机构的货币收付数据没有与人民银行的货币管理系统联网，使得人民银行不能实时获得货币需求的信息，无法对货币物流进行准确的监测与分析，导致货币库存与实际需求偏离较大，增加了货币的保管成本。另一方面，尽管目前在人民银行系统内自上而下应用推广了货币金银管理信息系统（简称货金系统），但该系统还存在以下缺陷：一是不能跨地区查阅库存信息，难以实现就近调拨；二是缺乏分析、预警功能，即使某库或某一券别库存严重短缺或长期胀库，系统不能自动预警；三是不能反映任何时段各券别出入库的流量水平，调拨管理员难以掌握券别供求趋势和规律；四是与货币物流供应链上的下游金融机构的现金需求信息没有对接，业务库存状况及现金需求信息没有与货金系统兼容，容易造成人民币供应的结构性失衡。由于没有完备的信息系统支撑，所获得的信息没有贯穿整个货币物流供应链，难以从全局战略的高度来对货币物流管理起到优化、整合、科学预测的指导作用。

二、物联网金融：货币物流管理功能的帕累托改进

物联网是通过部署射频识别、红外感应器、全球定位系统、激光扫描器等具有一定感知、计算和执行能力的信息传感设备，按约定协议把目标物品与互联网连接起来进行通讯的网络。其目的是实现物与物、物与人，所有物体与网络的连接，随时随地获取物体信息，以实现智能化识别、定位、跟踪、监控和管理，具有全面感知、可靠传递、职能处理等特点。货币物流管理中存在多种物联网技术：主动式射频识别（RFID）技术是兴起于 20 世纪 90 年代的一种自动识别技术，主要利用射频信号通过空间耦合（交变磁场或电磁场）实现无接触信息传递并通过所传递的信息达到识别目的的技术。该技术的核心要件为智能芯片、标签天线、读写器以及后台支持 Internet 接口系统，在定位精度、信息采集准确和管理安全性方面，达到了与现有金库管理和货币物流调度管理所要求的水平。其他硬件技术如条形码技术、激光扫描器、全球定位系统、新型货币管理支持硬件均具有安全可靠、成本低、准确度高

的特点。基于物联网的货币物流管理系统，是结合物流管理理论和国内外实践经验设计出的货币物流管理系统，具有较好的可行性、安全性与兼容性。

（一）基于物联网的货币物流管理系统设计

基于物联网的现代银行货币物流管理系统由六大功能子系统构成，包括现代钱袋钱箱管理子系统、金库管理子系统、营业网点管理子系统、货币发行与流通统计子系统、计划决策子系统、运钞车管理子系统，见图4-3。

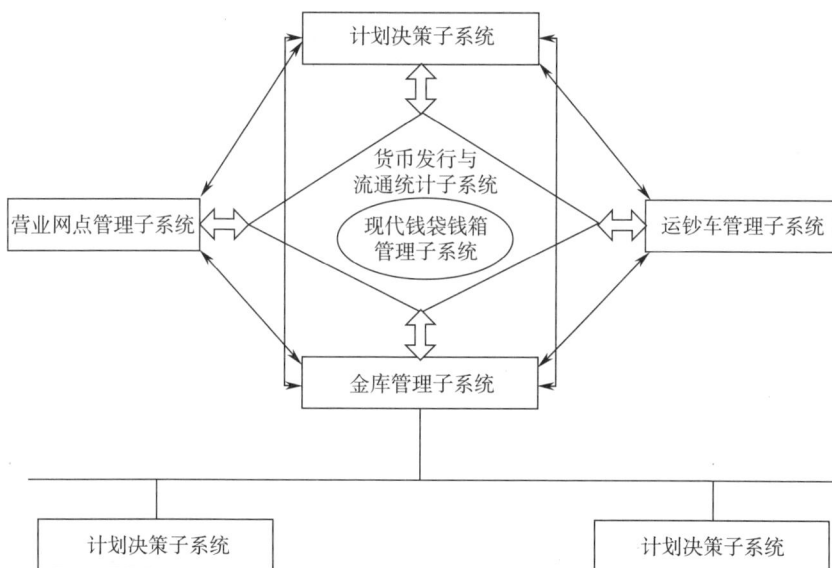

图4-3　现代货币物流管理系统

在整个系统中，以现代钱袋钱箱管理子系统为基础的核心功能要件，该系统为其他的信息管理系统提供必要的信息支撑；金库管理子系统和营业网点管理子系统是建立在现代钱袋钱箱管理子系统和货币发行与流通统计子系统基础上，负责各级金库和银行网点货币物流管理的高一级功能系统；货币发行与货币流通统计子系统是采集现代钱袋钱箱和其他子系统运行信息进行综合集成和数据库管理的子系统，负责为计划决策子系统和其他各系统的运行信息资料提供参考；计划决策子系统是整个管理系统的大脑，负责在货币发行与货币物流统计子系统采集的信息基础上进行综合计划、决策和预测，并对各相关功能子系统进行指导性反馈；运钞车管理系统是实施货币发行物流调度管理的执行系统，它根据各系统的信息指令具体实现货币物流调度，各子系统通过货币物流管理物联网进行统一联结，形成一个有机整体。

（二）物联网对货币物流管理功能的优化作用

将物联网技术融入货币物流管理中有助于实现货币物流管理功能的帕累托改进，将实现货币物流管理功能的最优化。

1. 通过物联网技术的运用，实现业务处理的简洁高效

通过主动式射频识别和芯片的使用，将实现业务处理更加简洁高效，实现对款箱上缴、现金调拨、精确控制的目的。同时在业务中大大减少人为干预的因素，明确责任，防范了业务中存在的风险。例如，射频识别技术、条形码技术的应用可以提高货币物流管理的识别速度；激光扫描器可以加速货币数据的信息输入，对每个钱捆的信息采集、管理和追踪；货币储存系统上如果增加提示、预警功能，可以对长期积压、胀库等不同状态作出预警提示。

2. 物联网金融有利于加强统计分析，全面掌握信息，提高业务预测效率

利用物联网技术，对平日的现金收付数据进行收集和总结，掌握现金收付规律，实现头寸管理的电子化和信息化，提高头寸预测的准确性，提高现金综合运用率。在化解金库头寸匡计失误引起可能的支付风险的同时，减少对现金的无效占用率，提高商业银行效益和同行业竞争力。在宏观金融领域，美国等一些国家借助物联网开展现代货币物流管理，通过对货币物流系统进行实时监控和管理反馈，科学确定货币供应量及货币政策，进而合理调节社会总供求的平衡。

3. 物联网金融能有效控制与规避商业银行金库管理中存在的风险

商业银行金库管理风险主要有：库房内部管理中的风险、现金管理的匡计失误、节假日领现控制中的风险、交接环节中的控制风险等等。物联网技术的使用期望通过对钱箱保管、调拨、交接的过程进行实时监控，降低库房内部操作风险；通过对相关数据的收集、分析，利用科学的金融规模、对金库、营业网点的资金需求作出合理的预测，降低现金管理中的匡计失误及节假日领现的风险；通过采用统一的接口对人员身份及交接权限进行验证，同时对线路、网点、款箱类型等多个信息进行合法性验证，避免款箱交接的失误，控制交接环节中的风险。

第二节　支付结算功能变迁

一、传统金融：支付结算存在的弊端

（一）我国传统银行支付结算体系的发展

我国传统的银行支付结算体系按照实现方式不同可以分为手工操作、单

机操作和联机操作三个阶段。

1. 手工操作阶段（1993 年以前）

新中国成立初期，我国实行的是大一统的人民银行体制，1984 年形成了中央银行和专业银行的二元银行体制，工商银行行使工业领域的银行职能，农业银行行使农业领域的银行职能，中国银行行使国际业务领域的银行职能，建设银行行使建设领域的银行职能。四大专业银行之间条块分割，业务几乎没有交集，不存在业务竞争。在此阶段，我国的支付结算体系是在借鉴前苏联的经验基础上建立起来的，同城、异地、国际结算分别通过不同的渠道进行。同城结算需要结算人将保存好的纸质票据提交至票据交换所，交换所的工作人员在认真审核票据后，进行手工轧差清算；异地结算需要结算人通过邮政部门将纸质票据寄到目的地，通过邮路传输支付凭证；国际结算由中国银行独家办理。这个时期的网络完全不发达，因此，银行结算只能依靠手工方式，银行还没有形成完善的支付结算系统，只能通过纸质票据进行支付结算，由于大多数银行网点只办理居民储蓄业务，办理结算的银行网点很少，结算方式单一、十分不便捷。

2. 单机操作阶段（1993—1999 年）

从 1994 年起，互联网开始兴起，在金融行业也得到了普遍运用，相比手工操作阶段，支付结算效率得到很大的提高。除了互联网的兴起，这个阶段我国的银行体系也发生了重大的变化：1994 年以前，工商银行、农业银行、中国银行、建设银行的商业化，使得很多股份制商业银行不断涌现；我国正式在 1994 年设立了三家政策性银行。银行体系的变化，加速了银行间的竞争，也带来了支付结算方式的不断优化。

在同城结算方面，票据交换所普及到许多县级以上城市，发达地区的票据交换所使用自动清分机进行票据的清分，大大加快了票据的清分速度。部分经济关联度高的相邻省（市）周边地区打破行政区划，建立了跨省（市）的区域性票据交换中心。在异地结算方面，借助互联网的力量各地方的银行之间逐渐实现了联网操作，央行和各国有商业银行相继建立了系统内机构间的支付系统，支付结算方式不再是邮路传输，而是以电子传送的方式进行支付操作。各国有银行以地方为单位进行联网操作，同一地区（市）行内结算业务实现了个人账户的通存通兑和对公账户的通存，部分银行实现了对公账户的通兑。异地联行结算网络则借助于通讯线路，实现电子传送支付信息。

3. 联机联网操作阶段（2000 年以后）

21 世纪以后，互联网技术不断发展，各银行的信息网络技术的应用也不断升级更新，不但实现了跨行传送电子支付信息，还在全国范围内建设了若干

ATM 和 POS 机，加快了支付结算体系的建设，以现代化的支付结算系统为核心的银行支付结算体系初步形成。票据交换所运用计算机系统对支票电子信息进行清算；部分业务量大、经济发达城市的票据交换所采用了票据清分机处理系统，自动清分处理票据，开发了联结本地区各银行的支付系统（分批量支付和实时支付），实现了贷记支付业务的电子信息传递。2002 年，中国银联成立，积极推动了我国银行卡产业的发展，不仅使人民群众用卡更加方便快捷，还通过跨行交易系统实现了互通互联，将银行卡的异地和跨国使用进行了推广。2007 年，在支付结算系统中加入了影像采集系统，同时实现了全国范围内支票影像交换，银行支付结算体系初步形成，全国同城票据支付处理金额同比上涨了 80%。

目前，我国银行支付结算已经进入成熟的联机联网阶段，以现代化支付系统为核心、商业银行行内系统为基础、各地同城票据交换系统和卡基支付系统并存的支付结算体系已经形成。全国范围的支付结算系统包括全国大额实时支付系统（简称全国 RTGS）、全国小额支付系统、全国支票影像系统、借助于中国银联网络的银行卡跨行 ATM 取现及 POS 交易系统，各大行的通存通兑或实时汇兑系统；同城范围的支付结算系统包括同城票据影像系统、同城支付结算系统（分批量支付和实时支付）、同城外币实时支付系统；跨境的结算系统包括深港外币实时支付系统、深港票据交换系统、覆盖全球 200 多个国家和地区的 SWIFT 系统。各商业银行开通了行内呼叫中心、电话银行、网上银行、微信银行等现代化结算服务。

（二）传统银行支付结算体系存在的问题

经过各个阶段的发展，我国传统的银行支付结算系统一直不断发展和完善，但也存在较多问题，主要体现在以下三个方面。

1. 支付结算系统存在的问题

第一，国内现有结算系统没有国际结算功能；第二，个别结算系统运行要求不合理，直接给银行带来风险和隐患；第三，大额支付系统受运行时间限制，影响票据抵用率；第四，结算系统存在数量过多以致功能趋同的问题；第五，各系统间没有统一的运行规则，使系统的管理和维护难度增加；第六，支付结算系统功能还不能完全满足用户对结算速度和便利性的要求；第七，结算工具的功能具有局限性。

2. 支付结算机构及服务设施存在的问题

第一，银行结算系统的账务组织不够科学；第二，系统缺少科学完善的安全保障措施；第三，个别银行的业务操作系统还不能与时代相接轨，管理不到位。

3. 结算工具的多样性及其功能的局限性

例如，虽然《票据法》已经实施多年，但是票据市场欠发达，除了人们对现金主观偏好外，一个重要原因就是票据结算控制较严，手续繁琐，客观上影响了客户办理票据业务的积极性。

二、物联网金融：构建高效安全的支付结算体系

支付结算体系是实现资金快速有效流动的重要工具，物联网金融的发展为支付结算体系提供了极大的便利，构建了高效安全的支付结算体系。中国人民银行发布的《2016 年第一季度支付体系运行总体情况》显示，我国电子支付业务保持较快增长，移动支付业务笔数涨幅明显。2016 年第一季度，银行业金融机构共处理电子支付业务 303.22 亿笔，金额 793.97 万亿元，其中，网上支付业务 104.43 亿笔，金额 657.84 万亿元，同比分别增长 46.60% 和 9.11%；电话支付业务 0.54 亿笔，金额 3.18 万亿元，同比分别增长 9.31% 和 10.70%；移动支付业务 56.15 亿笔，金额 52.13 万亿元，同比分别增长 308.08% 和 31.05%，银行业电子支付业务分布如图 4-4 所示。

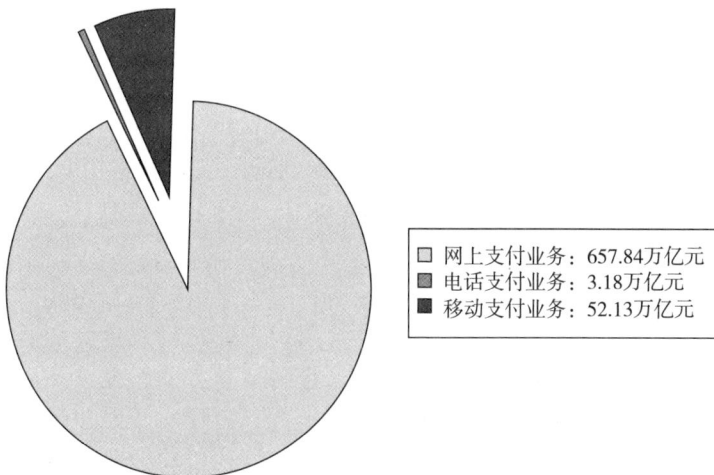

资料来源：中国人民银行网站。

图4-4　银行业电子支付业务分布

（一）物联网金融下的支付结算模式

物联网商业模式的运行使得支付系统趋向移动化、支付结算工具便携化。而今，移动支付允许用户使用其移动终端（通常是手机）对消费者的商品或服务进行账务支付，整个移动支付价值链包括移动运营商、支付服务商、应

用提供商、设备提供商、系统集成商、商家和终端用户。目前，在国内已经广泛应用的基于物联网技术的支付工具常见的有校园一卡通、公交一卡通、城市一卡通等，另一项重要应用就是公路收费站自动识别不停车收费系统（ETC），通过安装在车辆挡风玻璃上的电子标签与在收费站 ETC 车道上的微波天线之间的专用短程通讯，通过联网与银行进行后台结算处理，从而达到车辆通过路桥收费站不需停车就能缴纳费用的目的。而各运营商正在大力推广的手机支付业务把 RFID 智能卡和移动终端相结合，为用户在对所消费的商品或服务进行账务支付时提供一种全新的结算支付方式。

移动支付可以分为远程支付和近场支付两种：一是远程支付，用户通过拨打电话、发送短信或者使用手机上网功能接入移动支付系统，移动支付系统将此交易的要求传送给移动应用服务提供商，由移动应用服务提供商确定此次交易的金额，并通过移动支付系统通知用户，在用户确认后，付费方式可通过多种途径实现，如直接转入银行、用户电话账单或者实时在专项预付账款上借记，这些都将由移动支付系统来完成。二是近场支付，指消费者在购买商品或服务时，即时通过手机向商家进行支付，支付的处理在现场进行，使用手机射频（NFC）、红外、蓝牙等，实现与售货机的通讯，通过与商家 POS 机的交互，完成支付过程，商家 POS 机账户与运营商账户通过网络融合联通进行结算。其中，近距离无线通讯（Near Field Communication，NFC）是目前近场支付的主流技术，它是一种短距离的高频无线通讯技术，允许电子设备之间进行非接触式点对点数据传输交换数据。该技术由 RFID 射频识别演变而来，并兼容 RFID 技术，其最早由飞利浦、诺基亚等主推，主要用于手机等手持设备中。

移动支付体系是物联网节点对于金融信息的融合，用户的移动终端和商户都是其商业模式系统当中的节点，系统当中主要是以现金流和信息流为主体，物联网的价值体现在移动终端的个人金融信息和支付能力集成，使得购买行为可以集成化和移动化，简化了支付流程，方便对于账户进行管理。根据移动公司的观点，移动支付实际上就是把传统钱包功能融入到移动终端当中，而根据传统钱包的功能特点，除了现金、银行卡这些金融信息外，个人身份信息、商户信息、个人联系网络、会员资格、优惠券等也是常用信息，移动支付的高级阶段就是把这些信息与金融信息统一融合到移动终端当中，以购买行为的累积实现价值的流动和增值，将便利性和商业价值统一起来。

目前我国的移动支付产业有多种商业模式并存，例如传统电子商务企业主导模式、电信运营商主导模式、金融机构主导模式、第三方支付平台为主导的模式以及以电信运营商与金融机构为主的合作模式等，这里重点介绍金融机构主导模式。金融机构主导模式是银行通过专线与移动网络实现互联，将银行账号与手机账号绑定，用户通过银行账户进行移动支付，银行为用户提供交易平台和付款途径。例如各大银行开展的手机银行业务、银联开展的"手付通"业务。中国银联与有关合作方推出的手机支付是以手机中的金融智能卡（SIM卡或智能SD卡）为支付账户载体，以手机为支付信息处理终端的支付方式，它将手机与银行卡合二为一，既能实现远程支付也可进行现场支付，既支持小额消费也支持大额支付。艾瑞咨询统计数据显示，2015年，中国互联网支付交易规模达到263730亿元，同比增长57.4%。尽管互联网支付交易规模的同比增速有所下滑，但是从图4-5的数据可以明显看出，自2006年以来，中国国内的互联网支付交易规模不断上升。2006年仅有451亿元，而2015年已达到了263730亿元，增长了584倍。据统计，2014年中国第三方支付市场整体交易规模为12.9万亿元，同比增长54.2%。艾瑞咨询数据显示，预计到2017年，市场总体交易规模将突破50万亿元。

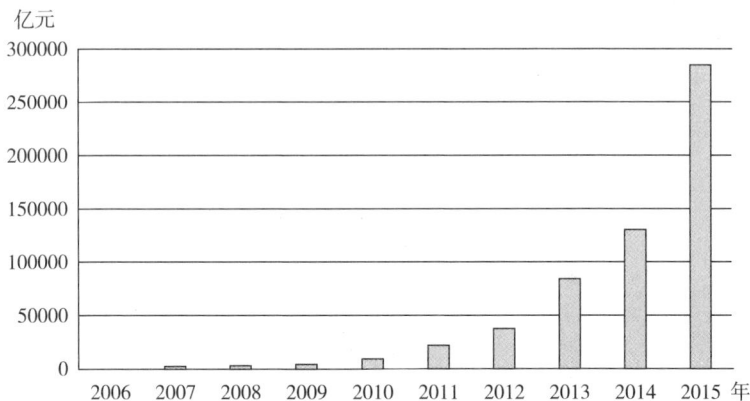

资料来源：国家统计局网站。

图4-5　2006—2015年我国第三方支付交易规模

（二）基于物联网金融的支付结算体系未来发展

1. 支付结算体系的服务质效将不断提升

未来，在物联网环境下，商品的规格、价格、支付、物流等信息都可以储存在一张具备射频功能的芯片中，芯片放置到电子海报、杂志、商品包装等之中。用户使用智能手机读取这些商品信息，让手机根据相关信息生成支付订单，订单通过手机渠道完成支付业务，进一步提高支付结算效率。同时，进一步建设以手机为核心的银行卡环境，推进银行卡虚拟化进程，推动移动支付向中小城市、农村地区进一步延伸，实现全覆盖。

2. 物联网金融带来支付结算合作模式的不断创新

在合作模式上，产业中更深入的合作要数以股权为联结纽带，移动运营商不具有金融牌照，只有小额支付权限，与银行合作可解决这一难题。譬如中国移动成为浦发银行第二大股东后，其工作重点将从近距离支付转向远程支付，进行转账、大额交易及汇款等业务，而由于移动支付必须绑定银行账户，这项合作也有利于浦发银行开发新的客户资源。在中国，运营商、银行、用户、芯片厂家、卡片厂家、手机制造商、商家、POS 机终端等主体之间的利益关系非常复杂，多元化合作是必然趋势。这样的合作模式解决了以往很多支付结算体系中存在的问题。

3. 支付结算技术进一步提升

未来，物联网金融中可以加入指纹、虹膜等独有的个体生物特征来验证用户身份，提供支付服务，从而避免盗领、冒用等危害银行客户安全的事件发生。银联 NFC 技术将逐步统一，以利于产业摆脱前期的重复投入，集中精力发展产业链相关产品，未来，NFC 网络也将与通信网络深度融合。此外，未来移动支付的额度将不再限于小额支付，支付账户的统一化管理将使得用户更有信心和意愿使用移动支付，大额支付将逐渐开展并最终成为市场的利润主体。而通过银联的合作，移动支付还可以实现透支支付，形成移动支付的信用体系，融合物联网技术的移动支付前景必将越来越广阔。

第三节　资源配置功能变迁

莫顿和博迪认为，金融系统的基本功能就是在不确定环境下进行资源的时间和空间配置。具体而言，就是通过合理引导资金流向和流量，促进资本集中并向高效率生产部门转移。但是信息不对称、交易费用等因素的存在，往往会造成金融对资源配置的扭曲。物联网的兴起将改变上述状况，使金融部门能够以更加精细、动态的方式对信息流、物流和资金流进行"可视化管理"，在此基础上进行智能化决策和控制，从而达到优化资源配置的目的。

一、传统金融：资源配置效率较低

我国传统金融虽然通过不断地发展改革，取得了很大成效，但依旧存在许多问题，其中最典型的问题就是金融体系资源配置效率低下，其产生原因也是来自多方面的。

（一）金融制度缺陷和金融生态恶化导致金融资源配置效率低下

中国传统金融体制是由国家严格管控的，尽管国家正在不断推动市场化进程，金融市场的进入和退出机制不断完善，但是经营效率低下的金融机构退出很少，它们占据了大量低效率的金融资源。在市场化进程不断完善的过程中，过多的国有经济成分决定金融资源必然优先流向国有企业，形成了银行"贷大贷多贷垄断"的问题，同时也不利于中小金融机构的生存和发展。中国新生的经济力量需要新生的金融资源的支持，这一通道虽然已打通，但运行起来效果并不明显。这样形成了长期的金融资源配置效率不高，中小微企业融资难、融资贵等问题。这种状况阻碍了生产力的解放，形成投资增长与失业并存的扭曲状态。

（二）资本市场不能有效配置金融资源

资本市场的形成有一个不断发展的过程，企业融资关系的形成一般情况下第一步是私募，第二步是 ESOP 和资产证券化等，第三步是产业基金、信托基金等，第四步才是一级市场、二级市场、三级市场等。中国的资本市场几乎是一步就跨到了第四步。由于第四种方式融资门槛很高，对于处于发展初期的中小微企业来讲融资成本巨大，使得资本市场在金融资源配置方面存在严重的畸形。我国企业在很大程度上仍依赖银行贷款来维持自身的生存与发展，企业负债率普遍比较高。发达国家直接融资和间接融资的比例一般水平为 5:5，而我国目前为 4:6，且因证券市场长期低迷，难以吸引长期投资者，融资功能有继续下降的趋势。

（三）关系型融资使得投资过分向国有大中型企业倾斜

在国内的银行信贷方面，关系型融资的特征十分明显。根据人民银行的调查统计，大约 70% 的银行贷款投向大中型国有企业，中小企业得到的贷款十分有限。这种投资结构与目前我国各种经济成分在国民经济中所占比重正好相反。这种结构上的扭曲必然导致金融资源的错配和资金使用的低效率，并导致中小企业资金短缺问题日趋严重。日本、韩国的发展经验表明，中小企业解决的就业量占总量的 70%~80%，中小企业才是吸收富余劳动力的主力军。要使经济增长与充分就业同步，必须大力支持中小企业的发展，金融资源的配置只有向中小企业倾斜，才能实现配置效率的提高。从金融体制看，我国缺少与中小企业相匹配的中小银行，不仅数量严重不足，而且面临进一步发展的诸多障碍。民间资本难以进入银行体系，即使有少量民间资本得以进入银行业，也因受到行政控制而无法真正按照市场准则运行。所以，中小企业的融资问题深层原因是制度障碍以及转轨时期的制度创新。

（四）地区间资金配置不平衡影响金融效率，导致部分地区金融长期供给不足

我国的许多金融政策没有充分考虑到地区差异，地区间要素禀赋不同，

无差异的金融政策造成了实际意义上的不平等。例如，名义上支持中西部的相关政策，其政策效果却可能导致资金的倒流，国家支持中西部发展的资金，大部分用于购置东部地区企业生产的机器设备等，实际上是支持了东部的经济发展。

此外，受内外部种种因素制约，县域信贷投放渠道不畅，储蓄无法有效转化为投资，资金外流严重，日益形成资源配置的"马太效应"。以湖北为例，到 2015 年末，全省县域贷款 9149.6 亿元，仅占全部贷款总额的 31%，全省县域存贷比仅为 51.8%，低于全省平均水平 19.5 个百分点，近 1/4 的县域存贷比低于 35%。特别是欠发达县域的国有银行，存贷比较全省县域平均水平普遍低 20~38 个百分点，形成资金"抽水机"效应，加剧了欠发达县域发展"失血"局面。

（五）大量资金流向投机性交易易形成系统性金融风险

由于通往中小企业、个人自主创业、农业和服务业的金融通道的堵塞，银行过多的流动性投向了投机性交易，如房地产、股市、期货炒作。一旦资产价格发生剧烈下跌，就会使金融业产生危机，美国的次贷危机就是这样产生的。转轨国家经济的资产价格的波动性是诱导过度投资的主要原因。在中国的金融市场中，各项要素价格的管制性特征是比较明显的。利率市场化程度不高，过低的存款利率剥夺了存款人的利益，金融体系吸收国内储蓄的能力被削弱，造成了资金供给不足。过低的贷款利率又刺激了企业对于资金的过度需求，导致金融资源配置的寻租行为，助长金融腐败。

（六）中国金融市场存在"过度竞争"和"垄断"并存的格局，这种格局加剧金融资源的错配，投资畸形恶化

一方面，已有的金融企业进行粗放型扩张，为了争夺存款资源，把贷款与存款挂钩，使资金剩余的企业更加容易得到贷款，弱势的中小企业无法获得资金，被排除在金融体系之外，只能转而寻求内部融资的方式来实现资本积累。大型企业容易得到贷款，有进行大规模的扩张倾向，又会造成产能过剩。另一方面，金融资源向大中型金融机构倾斜，在市场竞争中，中小金融机构的市场竞争能力较弱，导致这些金融机构也倾向于贷大贷长，符合中国中小企业发展和个人创业投资需要的创新性银行严重缺乏，实质是存在金融垄断。这种垄断形成了对中小企业和金融产品消费者的"消费者剩余"剥夺，最终拉低了经济的增速。

（七）金融资源错配的内部原因是银行业内部管理体制滞后

例如，我国农村金融体系中，作为农村金融市场主力军的农村信用社等法人机构，除政府部门的监管外，还存在省联社严格的行业管理；其他非法

人机构（县域分支机构）则几乎没有自主管理权特别是信贷审批权，大型国有银行县域网点信贷审批权限几乎全部上收总行和省行，县域的金融机构在信贷审批权限、流程再造、资源配置等方面没有足够的自主空间，从而导致金融支持"三农"发展的内生动力不足。再如，面对众多的中小微企业客户，银行的风险管理能力明显不足，在对中小微企业信息收集上如果没有技术性的突破，由于信息不对称等问题，极易形成不良贷款。

二、物联网金融：对优化资源配置的作用

物联网是对经济社会发展第三次信息技术革命，通过将智能化服务与网络信息化结合起来，以构建人与物、物与物之间的实时信息传递生态链，以及对物联网络任意节点的有效感知，可以实时了解不同资源的状态与需求，并在多维化信息的基础上实现对于资源需求的掌控及服务的及时有效提供，从而起到提高生产效率、优化资源配置、降低成本的作用。

（一）物联网金融有利于提高金融资源使用效率

物联网使人们能够以精细、动态的方式对信息流、物流、资金流进行"可视化管理"，银行借助物联网实时掌控企业的生产销售过程甚至是用户使用情况，不仅可以为信贷决策提供参考，而且可以做到按需贷款、按进度放款，确保贷款真正投放到那些有需求、有市场、有效益的企业。

物联网金融还能通过有效整合优化金融机构管理模式，提升客户响应能力，优化金融资源配置。传统金融业机构大多实行"科层制"管理，往往存在信息耗散、决策链条过长、效率低下等弊端。而物联网将改造金融组织架构、管理模式和服务方式，提高金融运行和服务效率，优化资源配置。随着物联网技术在金融部门的普及和推广，金融部门的组织架构将依靠信息管理系统进行链接，更加扁平化，金融机构能够顺畅地与客户交流，了解客户需求，提供有针对性的金融产品，提高应变能力和响应速度，将有限的金融资源配置到真正有需求的客户手中。例如，金融机构可以结合生物识别和 RFID 技术创造 VIP 客户的无干扰服务方案，只要客户进入营业网点，手中的借记卡或信用卡向外发射 RFID 射电脉冲或摄像头捕捉客户面相，与重点客户关系管理系统联结，向业务经理发送客户详细信息，包括客户需要什么、预约了什么业务或在网站上关注过什么，业务经理就可以有针对性地为客户提供量身定制的服务，减少金融资源浪费。

（二）物联网金融有利于供应链融资的优化

物联网能把所有物品通过射频识别等传感设备与互联网连接起来，达到

智能化识别与管理效果，通过加强供应链上下游企业间的合作，将产品供需信息对接，使供应链管理透明化、精细化，帮助供应链上的中小微企业提高管理效率，提升用信资质，促进供应链金融的深入发展。

在物联网金融运作模式中，物流企业作为独立的第三方参与质押动产监管活动，与银行、中小企业联系紧密。质押动产监管必须借助强大的信息平台和精准的监管流程设计，保证对符合银行要求的质押动产进行监管。而物联网使物流仓储机构充分发挥信息传递功能，银行通过"可视化追踪"识别中小企业实力。在加强供应链上企业与企业之间的合作联系的前提下，未来供应链金融将朝着不断延伸链上的金融服务长度的方向发展。而物联网在未来发展中，随着核心技术加强、标准统一，银行通过物联网同核心企业和物流监管机构合作，及时获知授信客户的还贷能力，大大降低信息不对称引发的风险。

对银行而言，物联网为银行和企业群架起了一座信息交流的桥梁，物联网可以提高自己对链上企业、仓储机构的信息流和资金流的监管效率，而且可以加快结算速度。通过物联网信息流通渠道，银行掌握不同供应链上产品流、资金流动特点，设计个性化服务方案，以更简便流程为供应链企业办理融资手续。相应地，物联网降低供应链金融服务过程中的操作风险。

（三）物联网金融有利于银行从源头上管控风险，优化金融资源配置

1. 物联网辅助银行对企业进行用信调查

申请授信的客户向银行融资，在以往，除了提供营业执照、税务登记证、公司章程、近期财务报告等纸质证明材料之外，还需要提供一段时间内的企业生产经营、拟抵押货物信息，如报关单、货运单等。若银行通过互联网接口进入其管理系统，查询近期企业经营信息，由此决定是否对企业用信，省去了企业收集整理用信资料的时间。

2. 物联网加快贷款审批速度

一般而言，银行在受理一项业务后，通常至少需要一个工作周的时间来审核业务的可行性，业务团队从亲自并且多次走访收集待授信客户的信息，到资料整理、方案洽谈、申报审批、签署合同及至贷后管理等一系列工作，在实际工作中，都需要相应专职人员跟踪服务，增加沟通时间。所以，如果物联网在企业中被运用，银行通过物联网掌握企业更准确的资金流、产品流的情况，这将极大减少人力成本，省去很多沟通时间。

3. 物联网提升贷后管理效率

贷款审批通过后，银行对货权进行严格审核复核，然后通过物联网内部

系统加强管理，减少人为管理环节，降低操作风险，提高企业授信管理效率。

4. 物联网信息管理系统实时报告企业经营状况

物联网如同一台监视器。银行在线实时监控授信企业日常与现金流状况，银行将结合仓储机构提供的质押物的信息，共同对授信企业的经营变化与财务状况予以掌握，及时采取风险预警措施。

综上来看，物联网金融的运用优化了供应链融资，提升了金融机构管控风险的能力，对金融业优化资源配置起到了极大的作用。

第四节　激励功能变迁

一、传统金融：激励功能缺失

经济增长理论告诉我们，在一定经济基础上的最佳消费量是经济高速、健康、持久运行的必要保证，通过消费拉动经济增长，通过发展经济来满足人类的消费需求，这应该是消费最重要的作用。然而与发达国家居民"寅吃卯粮"的消费习惯相比，中国消费者更倾向于"量入为出"，传统消费观念和"生产性特色"的中国金融体系在很大程度上限制了人们的消费需求，成为制约我国消费市场发展的重要因素，传统金融的激励功能严重缺失。

群体是指一定数量以上的人通过一定的社会关系结合起来进行共同活动而产生相互作用的集体，消费是人们通过消费品满足自身欲望的一种经济行为，经济学中将有消费行为且具有一种或多种相同的特性或关系的集体，统称消费群体。

十八大报告中指出，"要牢牢把握扩大内需这一战略基点，加快建立扩大消费需求长效机制，释放居民消费潜力，保持投资合理增长，扩大国内市场规模。牢牢把握发展实体经济这一坚实基础，实行更加有利于实体经济发展的政策措施，强化需求导向，推动战略性新兴产业、先进制造业健康发展，加快传统产业转型升级，推动服务业特别是现代服务业发展壮大，合理布局建设基础设施和基础产业。"2015 年，高盛曾发布关于中国经济再平衡的研究报告，报告称，从宏观来看，中国经济再平衡取得的进展有限，但从微观出口和大宗商品消费的视角观察，中国经济转型的成效正逐渐显现，经济再平衡正在发生缓慢而清晰的转变。中国经济增长模式过度依赖于投资和出口，为维持经济的可持续增长，中国必须完成向需求拉动型经济的转变。中国经济再平衡的过程可以由投资/GDP 比例来衡量，从投资/GDP 比例来看，2015 年中国该项指标为 43%，是全球最高的国家之一，仅比 2010 年的 45% 降低了 2 个百分点。

阿瑟·克罗伯把中国人分为两个群体：糊口群体（10 亿人以上，主要集中在农村）；消费群体（1 亿 ~ 3 亿人）。中国低收入者（糊口群体）有消费欲望但没消费能力，而高收入群体（消费群体）有消费欲望和消费能力，但又无可消费的商品，最终是国内消费不足。以"2005 年马来西亚人口约 2500 万人，人均 GDP 约为 5000 美元"为基数，把这两个数乘积定义为 1 个消费单位。2005 年末，中国是 6 个消费单位，低于西班牙的 8 个消费单位（人口 4410 万人），美国的 100 个消费单位（人口 3 亿人），日本的 37 个消费单位（人口 1.27 亿人），德国的 18 个消费单位（人口 7000 多万人）。2015 年末，中国已达到 16 个消费单位，超过西班牙的 12 个消费单位（人口 4600 万人），但仍落后于德国的 22 个消费单位（人口 8000 万人），日本的 26 个消费单位（人口 1.3 亿人）和美国的 119 个消费单位（人口 3.2 亿人）。[①] 2020 年实现全面建成小康社会宏伟目标，实现国内生产总值和城乡居民人均收入比 2010 年翻一番（城镇居民人均纯收入 42066 元，农村居民人均纯收入 11838 元），意味着糊口群体增收，一部分糊口群体就可转化为消费群体，简单推理：消费群体由 3 亿人变为 6 亿人。

高盛认为，中国对新经济商品的消费已经显著高于旧经济商品的消费。小麦、钢铁和柴油的需求在过去几年一直相对稳定，但对于大豆、镍和汽油的需求迅速上升。例如，2010 年到 2016 年，对大豆的消费量增加了 50%，汽油消费量翻了一倍，镍消费量增加了一倍多，如图 4 - 6 所示。

资料来源：美国农业部、中国海关、彭博社等。

图 4 - 6　中国对新经济商品和旧经济商品的消费量比较

---

① 资料来源：世界银行。

通过金融安排激励消费群体的消费行为，能有效刺激消费。在我国传统金融体系中，发展消费信贷是刺激消费群体消费行为的主要方式，但目前，我国消费信贷业务存在以下主要问题。

1. 消费信贷业务品种单一

目前，商业银行针对个人的消费信贷业务多限于个人住房贷款、汽车贷款、旅游贷款、大额耐用消费品贷款以及信用卡贷款等少量贷款服务品种。与发达国家相比产品种类单薄得多，很难满足消费者对消费信贷业务不同层次的需要。在发达国家，除了住房贷款、汽车贷款外，还有税收和保险金贷款、医疗贷款、学生贷款、个人资金周转贷款以及不指定用途的支票贷款等。以美国和英国为例，2015 年末，美国消费信贷余额（包括证券化的）达 3.5 万亿美元，占当年 GDP 的比重为 19.7%，见表 4－1；2015 年末，英国消费信贷余额（不含学生贷款）占 GDP 比重为 9.6%，见表 4－2。

表 4－1　　　　2011—2015 年美国消费信贷余额及占 GDP 比重

单位：百万美元、%

类别	2011 年	2012 年	2013 年	2014 年	2015 年
消费信贷余额	2755441	2922882	3098812	3317215	3533071
GDP	15517900	16155300	16663200	17348100	17947000
消费信贷余额/GDP	17.8	18.1	18.6	19.1	19.7

资料来源：美联储、美国经济分析局（BEA）。

表 4－2　　　　2011—2015 年英国消费信贷余额及占 GDP 比重

单位：百万英镑、%

类别	2011 年	2012 年	2013 年	2014 年	2015 年
消费信贷余额（不含学生贷款）	160528	156979	158295	168873	178735
消费信贷余额（含学生贷款）	206410	210147	219365	240720	—
GDP	1619480	1665213	1734949	1817234	1864640
消费信贷余额（不含学生贷款）/GDP	9.9	9.4	9.1	9.3	9.6
消费信贷余额（含学生贷款）/GDP	12.7	12.6	12.6	13.2	—

资料来源：英格兰银行。

在市场主体构成方面，美国消费信贷的第一大供应主体为存款类机构，其市场份额稳定在40%以上，见表4-3；英国的消费信贷主体中货币金融机构的市场份额则不断在下降，见表4-4。

表4-3　　2011—2015年美国消费信贷供应主体构成（按服务主体分类）

单位:%

类别	2011年	2012年	2013年	2014年	2015年
存款类机构	43	42	41	40	41
财务公司	25	23	22	21	19
信用社	8	8	9	9	10
联邦政府	18	21	24	25	27
非营利教育机构	3	2	2	2	1
非金融公司	2	2	1	1	1
资产证券化池	2	2	2	2	1

资料来源：美联储。

表4-4　　　　2010—2015年英国消费信贷余额及其供应主体构成

单位：百万英镑、%

类别	2010年	2011年	2012年	2013年	2014年	2015年
消费信贷余额	172574	160528	156979	158295	168873	178735
其中：货币金融机构	126545	117685	111670	107107	114723	119860
货币金融机构占比	73.4	73.4	71.2	67.6	67.9	67.1
其他放款人	45922	42738	45270	51288	54174	58894
其他放款人占比	26.6	26.6	28.8	32.4	32.1	32.9

注：其他放款人包括其他专业放款人、零售商和保险公司等。
资料来源：英格兰银行。

目前，对我国传统金融领域提供的消费贷款而言，通常限制用于指定项目，中高收入阶层是其主要目标客户群体，额度大、期限长，当今社会消费者的消费需求是多样化的，面对银行现有产品数量的局限，无奈被拒之门外。同时，我国个人消费信贷业务中除个人住房贷款余额稍高外，其他消费业务的贷款余额较少，发展极不平衡，见表4-5。

表 4 – 5 2011—2015 年我国金融机构个人消费贷款余额及占比

单位：亿元、%

类别	2011 年	2012 年	2013 年	2014 年	2015 年
个人住房消费贷款余额	71000	81000	98000	115200	141800
汽车消费贷款余额	2636	2615	3308	4145	—
信用卡信贷余额	8130	11372	18462	23400	30900
其他消费贷款余额	7012	9452	10049	11014	—
非住房类消费贷款余额	17778	23439	31819	38559	47720
个人住房消费贷款余额占比	80.0	77.6	75.5	74.9	74.8
汽车消费贷款余额占比	3.0	2.5	2.5	2.7	—
信用卡信贷余额占比	9.2	10.9	14.2	15.2	16.3
其他消费贷款余额占比	7.9	9.1	7.7	7.2	—
非住房类消费贷款余额占比	20.0	22.4	24.5	25.1	25.2

资料来源：中国人民银行网站。

2. 个人消费信贷业务手续烦琐，降低了消费者的借款意愿

长期以来，在我国，缺乏有效公开的个人信用信息和市场化运作的征信服务中介机构，我国商业银行无法通过个人信用评估系统高效准确获得个人信用报告，其唯一的选择就是进行严格的信用审查。由于个人的所有财务信息分散在申请人所在单位、人民银行、商业银行、证券公司、工商部门、税务部门等，这些单位分别归属于不同的部门，相互之间信息交流渠道不畅，因此，商业银行想深入了解申请人的信用状况，提高风险防范水平，在办理个人消费信贷业务方面自上而下制定了一套信贷管理方法，加大了审查力度，使贷款办理手续十分繁杂。对客户而言，办理一笔贷款要涉及银行、保险、商家、企业、公正、房地产交易管理、个人担保等多个部门，其手续繁杂不亚于跑一个项目，如此烦琐的环节对办理少量消费信贷业务的个人增加了心理上的负担。大部分有意办理个人消费信贷业务的因此望而却步，制约了消费信贷的发展。

3. 消费者的消费观念滞后

个人消费信贷业务在我国刚刚起步，同国外相比我国绝大部分居民消费观念仍然落后，人们对其接受能力尚需一个认识过程，不愿意"寅吃卯粮"，保持"勤俭持家"和"兴家立业"仍是中国人的消费观念。同时，既无外债

又无内债，有多少钱办多少事是中国人崇尚的治家之道，不愿意或者不习惯借钱消费，认为借钱消费违背传统。由此看来，转变消费观念，显得十分迫切。目前，我国的社会福利保障体系落后于西方发达国家，各项保障制度也不健全，加上住房、医疗、教育、就业等改革不断深化，使人们对远期消费信心不足。同时，当前经济面临下行压力，人们用于个人消费的多余资金相对较少，在消费者对经济发展前景分析不清楚、社会保障体系不完善的情况下，消费者无法形成准确的收入、支出预期，他们对自己将来是否有足够的财力来承担还贷义务把握不准。西方国家个人消费信贷业务之所以发展较快，其主要原因有四：其一，西方国家有一套健全的个人消费信贷法律体系；其二，西方人一味追求个人价值，崇尚消费享受；其三，西方国家几百年的商品经济积累，经济相对发达，个人收入相对较高；其四，西方国家有其健全的福利及个人保障体系，人们可以大胆消费。因此，如何改善经济环境，改变居民消费习惯，研究和制定个人消费信贷的营销策略，是目前商业银行开展个人消费信贷业务急需解决的重要问题，也是金融业乃至全社会应重点关注的问题。

4. 消费信贷的成本过高

银行出于风险防控的考虑，在提供消费信贷产品时，大多数贷款都要求抵押担保、评估、保险等，这些银行获取信息的高成本被转嫁到消费者身上，使消费信贷价格偏高，制约消费信贷的发展。作为消费者来说，消费信贷的成本不仅包括银行贷款利息，而且还有与之相关的额外费用，如财产评估费、抵押费、合同公证费、银行手续费等。目前，银行贷款利率较低，短期贷款年利率六个月以内（含六个月）4.35%、六个月至一年（含一年）4.35%；中长期贷款年利率一至五年（含五年）4.75%、五年以上4.90%，但由于是浮动利率，将来会不会升？要升多高？额外费用在总成本中占多大比例？哪些费用该收？哪些费用是不合理的？这些重要的信息消费者很难得到，都造成了消费者对消费信贷成本的过于忧虑，制约了消费信贷的发展。

5. 传统金融法规、制度不健全

理想的社会法律环境是发展消费信贷的基础条件，而我国目前尚未建立完备的社会法律环境，缺乏一部统一规范消费信贷活动和调整消费信贷关系的全国性法律。目前，各商业银行开展消费信贷业务以及居民个人申请消费贷款基本上仍沿用《商业银行法》、《贷款通则》、《担保法》、《合同法》等法律法规的相关规定。但是这些法律、法规一般都是为生产信贷而立，针对消费信贷的法律法规还很少，使得银行对个人消费信贷业务的忧虑较多，因而出现重安全防范而轻业务发展。再者是银行监督个人信用的有效机制和环境还没有形成，抵押物二级市场的发育程度不高，有的甚至还没开放，个人信用违约后出现执行难、担保抵押难和金融机构处理资产难等一系列棘手问题，在一定程度上制约了个人消费信贷业务的发展。

【专栏 4 - 1】

消费金融的三种模式：资金驱动、场景驱动和技术驱动

依据我国消费金融发展的历史阶段、参与主体及其核心竞争力的不同，可以把不同机构从事消费金融的内在驱动力和优势划分为资金驱动、场景驱动和技术驱动三种模式。

传统消费金融的资金驱动模式

商业银行是我国最早开展消费金融业务的机构，其突出特点是资金成本低，风险容忍度低，内部流程严格，运营模式较重，业务成本高。有效运用低资金成本和高信用度客户的优势，提升放贷量，获取利差（或手续费）收入是商业银行从事消费金融业务的主要驱动力。

以商业银行为代表，传统消费金融业务主要包括两大类：信用卡和个人消费贷款（分期）。

1. 信用卡

信用卡包含信用支付和消费信贷（分期）双重功能，采取的是"一次授信，循环使用"的模式，根据不同用户的信用水平，给予不同的授信额度。持卡人可以在信用卡额度内进行消费，还可以对产生的账单选择分期还款。传统线下申请信用卡一般需要 15 个工作日左右，线上申请信用卡减少了资料寄送等时间，可以大大缩短这个周期，有的银行只需要 3 个工作日左右。不过由于银行信用卡一般都是由总行信用卡中心管理和发卡，寄送信用卡还需要 1 ~ 3 天的时间。剔除住房贷款，信用卡是目前我国规模最大的消费金融产品。截至 2015 年末，信用卡应偿信贷余额为 3.09 万亿元，占非住房消费贷款余额的 65%；信用卡和借贷合一卡在用发卡数量共计 4.32 亿张，信用卡人均持卡量为 0.29 张。

2. 个人消费贷款（分期）

商业银行个人消费贷款主要是针对消费者的耐用消费品、购车、教育、装修、旅游等消费需求而发放的贷款，包括有担保（抵押/质押）和无担保（纯信用）两种，以有担保的消费贷款为主。无担保的纯信用贷款一般额度较小或者只针对银行的高端和优质用户。

3. 优劣势分析

资金驱动模式以银行主导的消费金融业务为代表，这种模式既有优点，也有不足之处。

（1）优势

①贷款额度高、利率低。资金优势是由银行机构性质决定的（能够吸收存款），与其他机构相比，银行的消费金融产品一般额度更大、利率更低。

②风控严格、流程规范。银行受到的监管更为严格，因此其风险偏好较低，风控较为严格，并且建立了完整规范的审批流程。

③占有金融牌照优势。牌照优势，加之低成本的资金优势，使得银行能够依靠利差就获得较高的利润，银行消费金融的盈利模式主要以利差为主。

（2）劣势

①以我为主的业务模式，用户感知不友好。占有资金及垄断优势，使得银行能够对用户进行更挑剔的选择，由于服务门槛高等因素，给一般用户的感知较为冰冷。

②征信主要依托强变量，用户覆盖率低。银行对借款人的信用评估主要依托金融相关的强变量，如收入、资产、信用记录等，其优势是评估可靠，但人群覆盖率低。

③服务门槛高，用户集中于少部分高收入人群。信用卡一般要求申请人有较高的收入水平和良好的信用记录；金额稍大的消费贷款一般都需要抵质押。

④运营成本高，效率低，覆盖度低。银行消费金融业务具有较为完整规范的业务流程，但整个流程中存在大量人工环节和审批程序，运营成本很高，导致银行的消费金融业务主要集中于金额相对较大的领域，大量的日常消费场景难以覆盖。

电商消费金融的场景驱动模式

场景驱动的特点是金融产品与消费场景高度融合，从场景获客，并依托场景提高风控能力和用户体验。电商消费金融产品包括代付类消费贷款（分期）和现金贷两种，其中代付类产品能够与场景有效结合，是电商消费金融最典型的产品类型。

1. 代付类消费贷款（分期）

代付类消费贷款（分期）是指消费者不接触资金，资金由消费金融服务商直接支付给供应商，包括循环授信类和单次分期类。前者主要为大型电商采用，后者是一些垂直类平台的主要产品形式。

表 C4 – 1　　　　　　　　　　　电商平台典型代付类产品

产品名称	推出机构	上线/推出时间	额度	免息期	可分期数
白条	京东金融	2014 年 2 月	最高 10 万元	30 天	3、6、12、24 期
花呗	蚂蚁金服	2014 年 12 月	0.1 万～3 万元	最长 41 天	3、6、9、12 期
任性付	苏宁金融	2015 年 6 月	最高 20 万元	最长 41 天	3、6、12、24 期
买呗	蘑菇街	2015 年 7 月	500～2 万元	最长 41 天	3、6 期
库支票	寺库	2016 年 4 月	—	最长 41 天	3、6、9、12 期

资料来源：零壹研究院根据公开资料收集整理。

额度授信类产品与银行信用卡的功能相似，平台根据用户的信用水平给予一个总的授信额度，用户在额度内进行信用支付并享受一定的免息期，还可以申请分期消费。电商消费金融的额度授信类产品一般只能在电商平台内使用。

垂直类平台则针对某个细分消费场景中的人群，例如租房、装修、教育、旅游等，直接根据消费对象提供分期付款服务。

目前，代付类产品是互联网消费金融最主要的产品形式，特别是在大型电商的带动下，这类业务呈现爆发式增长。例如 2015 年 11 月首次参与"双 11"的蚂蚁花呗，在前半小时交易额就达到了 45 亿，全天交易总笔数 6048 万笔，占支付宝整体交易 8.5%；2016 年京东"6·18"店庆当天，白条交易额 8 分钟破亿元。

表 C4 – 2　　　　　　　　　　　电商平台典型现金贷产品

产品名称	推出机构	贷款期限	额度	利率	到账时间
趣白条	趣分期	1、3、6、9、12、15、18 期，按月计息	最高 5000 元	每月手续费 1.1%～1.4%（全部本金）	24 小时左右
借呗	蚂蚁金服	6、12 期，可随借随还，按日计息	最高 30 万元	日息万分之五，期限长可享受利率优惠	3 分钟左右
金条	京东金融	1、3、6、12 期，可随借随还，按日计息	最高 10 万元	日息万分之五，期限长可享受利率优惠	30 分钟左右

资料来源：零壹研究院根据公开资料收集整理。

2. 现金贷

在代付类消费贷款的基础上，一些大型电商平台还推出了现金贷款产品，例如京东金融的金条、蚂蚁金服的借呗等。

电商消费金融的现金贷产品与循环授信类产品的开通流程相似，由系统进行综合评估，邀请部分用户测试后逐步扩大用户覆盖率，现金贷产品对用户信用水平要求更高。

3. 优劣势分析

与资金驱动模式相比，电商消费金融的场景驱动模式有以下特点。

（1）优势

①能够与场景深度融合，提高用户体验，例如：由于不需要跳转网银，支付更便捷且成功率更高［支付宝发布的数据显示，2014年1月全国170家银行的支付宝平均支付成功率为86.74%（包括储蓄卡和信用卡），其中最高的新加坡星展银行也仅为95.7%。而根据花呗、白条公布的数据，即使在"双11"、"6·18"这种支付高峰期，二者的支付成功率也高达99.99%]。消费者在享受消费的同时就可以完成分期申请等。

②结合场景，提高风控水平。由于能够掌握消费场景，电商的消费金融用户具有更加真实的消费意图，平台本身也能有效管控借款人的资金流从而提高风控水平。

③定价、盈利模式更为灵活多样。电商连接消费者和供应商，既可以从C端获取收入，也可以从B端获取收入，因此在消费金融定价上具有更大的灵活性。

④征信手段和数据维度更为丰富。与传统消费金融相比，电商消费金融对用户信用的评估不局限于金融强变量，还包括用户的消费数据、物流数据、行为数据等，能够覆盖许多传统模式难以服务的用户人群。

⑤更加注重以用户为中心的业务模式。电商消费金融能够更加高效地与用户连接，更加贴近用户并注重用户体验。

（2）劣势

①场景融合度高，灵活性相对较差。电商主要依托自身的场景和积累的用户数据来发展消费金融，垂直类的分期平台更是将获客、风控、服务与特定场景深度融合，其对于不同场景适用的灵活性较差。

②额度相对较小，部分产品利率高。前互联网消费金融普遍以相对小额的产品为主。许多产品的利率也高于银行，不过由于定价模式更为灵活，也存在许多低息、零息甚至负利率的产品。

第三方消费金融服务的技术驱动模式

随着综合电商平台依托自身场景建立起数据化、自动化的消费金融风控及运营系统并尝试向外输出，以及部分技术实力较强的消费金融服务机构着力打造智能信贷决策引擎，广泛开展第三方合作，消费金融的技术驱动模式蓄势待发。

表 C4 – 3　　　　　　　京东金融的消费金融产品与技术输出

产品线	主要产品	产品简介	主要合作方
白条 +	白条（旅游）	针对用户旅游出行推出的分期服务产品。	首付游
	白条（安居）	与房相关的金融服务，主要包括白·居·易和租房白条两类产品。	居然之家、绿豆家装、自如友家、丁丁租房
	白条（汽车）	与车相关的金融服务。	易鑫车贷
	白条（教育）	教育白条是京东金融提供的应用于教育产品及服务的专项信贷服务。	新东方在线教育、沪江网校、51talk、职业蛙、猪兼强
白条联名卡	中信·小白卡	白条与中信银行联合推出的联名信用卡。	中信银行
	光大·小白卡	白条与光大银行联合推出的联名卡。	光大银行
金条	—	为信用良好的白条用户提供的现金借贷服务。	上海银行

1. 电商平台的风控技术扩展与输出

电商平台大多依靠场景驱动获得消费信贷的首批用户，迅速利用自身的大数据优势和技术优势进行大数据风控实验，构建起基于大数据的消费信贷风控系统，把场景驱动升级为技术驱动，并向内部和外部两个维度延伸。

内部延伸是把大数据风控经验向交易和支付环节推广，其典型代表是蚂蚁金服的 CTU 系统。CTU 的核心功能就是判断交易是否由账户的主人在操作，对可疑交易进行验证，继而拦截。目前，交易的打扰率已经下降了 65%，日常操作中 80% 左右的风险事件在智能风控这个环节就可以得到解决。

外部延伸是把大数据风控能力向平台之外的机构输出，其典型代表是京东金融"白条 +"和京东"金条"。前者走出京东商城的生态圈，通过与旅游、装修、租房、汽车、教育等行业平台对接，为该行业的消费者提供信贷服务，并与银行联名发布信用卡，进行联合风控；后者则于 2016 年 6 月开放给银行，与银行联合授信。

表 C4 – 4　　　　　　　典型的第三方消费金融技术服务商

公司名称	代表性案例/方案	上线时间	主要合作机构
众安在线	买单、分单、千单、宇宙立方等	—	赶集网、蘑菇街、电信翼支付等
百度	百度有钱花	2015 年 4 月	樱花日语、新东方烹饪学校等培训机构
读秒	读秒驱动	2015 年 6 月	法国安盛、康德乐（中国）、乐视、去哪儿、携程等
泰康在线	消费金融云	2016 年 3 月	线下中小旅行社
阳兆信保	库支票	2016 年 5 月	寺库

资料来源：零壹研究院根据公开资料收集整理。

电商平台把消费金融产品和风控能力向外输出,一方面有助于打破外界对其封闭生态能力的质疑,融合外部数据和用户;另一方面,电商平台在此过程中成为"第三方",为其他机构提供金融技术服务,有助于提高整个行业的技术应用水平。

2. 独立第三方的技术方案输出

在电商平台把自己的金融能力向外输出的同时,涌现了一批既不依赖资金、又不依赖场景,甚至自身并不进行任何放贷业务的独立第三方消费金融技术服务商,其核心能力为全流程的自动化消费信贷解决方案。

独立第三方消费金融技术服务商专注于广泛用户需求发掘和通用型技术研发,与合作伙伴没有商业利益上的潜在冲突,决策系统也不依赖单一体系的数据源,可以方便地与各类企业展开合作。从其业务合作伙伴的量级和应用效果来看,这类公司的技术水平即使与互联网巨头相比也并不逊色。

3. 消费金融技术驱动模式的特点

(1)数据化

数据化是消费金融技术驱动的基础,对数据特别是大数据的运用是技术驱动模式与传统模式的关键区别。消费金融数据化又包括两个方面的内容:数据化信用评估和数据化精准运营。

数据化信用评估主要是利用大数据及相关技术解决以下几个问题:一是提高用户信用评估的精确性以及速度效率;二是通过多维数据的运用,改变传统消费金融完全依赖金融数据对用户进行信用评估的模式,解决缺乏信用记录人群的信用评估问题;三是增加动态数据,提高用户信用评估的实时性,有效提高信用评估的准确性及有效性。

数据化精准运营是以数据为基础,通过对各类用户数据的挖掘和分析,提高消费金融业务运营的科学性、精准性和精细化程度。例如基于用户画像,精准锁定目标客户,提高客户转化率;基于动态数据的监测分析,对用户还款进行及时提醒,对高危用户进行实时预警;基于用户数据分析,针对特定用户设计差异化的消费金融产品等。

(2)自动化

自动化是消费金融技术驱动提升效率的关键,它使用机器学习、数据挖掘等技术建立审贷模型,在用户提交申请资料后使用模型自动进行审批,从而用机器和算法代替人工,极大地节省了人工成本,并大大加快了信贷审批速度,实现分钟级乃至秒级的授信决策,达到"无感化"的用户体验。

与此同时,自动化不仅仅体现在审贷环节,还贯穿于消费与信贷的始终,包括交叉营销、贷后管理等。例如,在对用户授信之后,技术驱动系统可以实时监控用户动向，自动生成还款提醒、逾期催收等方案，继续节省消费信贷的人力成本。

（3）柔性化

消费金融技术驱动不依赖于场景，但又可以与场景相结合，获得更好的风控效果和用户体验。这意味着技术驱动系统存在着标准模型，可针对无场景用户提供标准化的消费信贷服务；标准模型又是极度柔性、灵活的，可以快速根据具体场景进行调整和定制，为场景方提供超越标准模型的风控能力。

柔性化的另外一层含义在于消费场景千差万别，场景方的需求各不相同，有的仅需信用评估服务，有的需要信贷决策服务，而有的需要全流程服务，这就要求技术驱动系统高度模块化，可根据实际需求进行灵活分拆和组合，从而随时随地嵌入场景方的交易过程，按需提供服务。

资料来源：零壹财经，2016 - 10 - 29。

二、物联网金融：对现代个人消费的影响

物联网金融是以每一个消费者为个体单位，将企业供给及消费者的需求广泛融合，通过感知消费者周边环境和自身的状态为其量身定制属于自己的消费行为和习惯，让消费行为变得更加简单、细化、便捷，从而对社会经济中的个人消费产生极大的影响。

（一）物联网金融提升了个人消费的便利性

在物联网时代，移动支付的广泛使用将大幅提升个人消费的便捷性，极大地刺激个人消费的欲望。物联网金融模式下，通过使用集成 RFID - SIM 卡的手机，并对该手机账户进行充值后，在任何一个无线信号能够到达的地方，直接对选中的商品进行"刷手机"结算，可以极大地提升个人消费的便捷性。例如，通过 RFID - SIM 卡手机，在相应的自助终端上，可以直接购买其提供的产品或支付水、电、燃气费；刷手机可以支付地铁、公交、连锁超市、加油站等各类费用；同时，因为该卡内部写入身份信息，除了支付功能，还可以实现城市领域的"一卡通"；甚至对于企业而言，可代替原有的员工卡，实现考勤、门禁等功能。

（二）物联网金融提升了个人消费的质量

物联网时代的到来，促使金融业务模式从传统的电子商务模式向全平台整合型金融服务发展，物联网万物互联的理念将给消费者带来革命性的改变，提升个人消费的质量。

未来广泛存在的物联网，使得公众可以随时接入，消费者可以随时随地

享受物联网时代的公共、医疗、社保、市政、文化、金融、购物等服务。如今互联网金融已经实现的网上理财、网上购物等金融服务，在物联网时代将得到全面变革。

例如，在物联网技术下的可穿戴设备将全面提升个人消费体验。近期，随着谷歌公司研发的眼镜、智能手表等智能消费终端的推出，一股由可穿戴设备掀起的科技浪潮正试图开启物联网 2.0 时代的大门。相较于物联网 1.0 时代对传统行业的信息化模式，物联网 2.0 时代将致力于突破孤岛，实现各种应用的互联。可穿戴技术主要探索和创造能直接穿在身上或是整合进用户的衣服或配件的设备。其目的主要是通过"内在连通性"实现快速的数据获取，通过超快的分享内容能力，高效地保持社交联系，摆脱传统的手持设备局限，获得无缝的网络访问体验。2011 年 12 月 5 日，一款由浙江嘉兴统捷科技研发，针对中老年人的手机手表式健康检测远程跟踪监护器面世。这款名为"腕宝"的手表式监控器成为中国第一款传感物联网的应用产品。目前，这类型的可穿戴设备，大多基于运动、医疗、保健的原理，通过佩戴在消费者身上，推测出用户消耗热量和睡眠质量等信息，以表格和图表的形式把相关数据应用到健康管理和减肥之中。未来，物联网技术的应有领域必将更加宽阔，随着可穿戴产品的日益丰富，新产品所带来的新用户体验必将引领社会消费需求的扩张。

（三）物联网金融开启感知支付新时代

随着移动通信、互联网和近场通信技术的融合发展，支付手段从面对面的货币现钞支付，演变成随时随地的电子支付，在此过程中，智能卡、密码等安全手段被大量使用，利用指纹、虹膜、掌纹、掌静脉、声纹等进行个人身份鉴定的生物识别技术日趋成熟，密码支付正在向识别支付过渡。物联网的快速发展，将推动感知支付时代的来临。未来，物联网在支付中应用后，会感知消费者的周边环境和自身的状态，以确保支付者的资金安全、人身安全。物联网还可通过透彻感知，将支付行为与企业运营状态、个人健康、家庭情况的动态变化相关联，动态调整支付额度，控制银行的风险。

（四）物联网金融能有效刺激个人消费增长

一方面，物联网对个人消费来说，方便了个人消费，以一切智能转账、电子支付方式为主，都在降低生活工作中的不必要消耗，比如：智能家电，远程控制开关，在外面可以控制电源，有效节电，能降低家庭不必要的开支，从而刺激其他方面的消费支出。

另一方面，物联网金融与其他行业结合，能有效刺激消费。比如，物联网金融＋旅游能让消费者享受现阶段经济能力范围之外的旅游消费。很多电商平台与旅游网站为消费者提供旅游分期支付服务，由于旅游分期相对于其他分期产品而言，风险控制上有天然优势，消费者出游可以有效保证真实消费、防止套现行为，加上物联网技术，与场景紧密结合，可以有效防控违约风险。

第五节　融资功能变迁

一、传统金融：融资难、融资贵

长期以来，"融资难、融资贵"一直困扰着我国实体经济的发展，特别是"三农"、小微企业等薄弱领域的"融资难、融资贵"问题尤为突出。近年来，尽管国家出台了一系列金融改革措施，着力引导社会各类资金用于支持实体经济发展，但实体经济薄弱领域的"融资难、融资贵"问题依然没有得到有效缓解。"融资贵"不仅加重企业负担、蚕食了实体经济薄弱的利润空间，而且影响宏观调控效果，也带来了金融风险隐患。

以小微企业为例，通常商业银行给予小微企业的利率一般要在基准利率的基础上上浮20%以上，最高可达60%。除了上浮基准利率外，还会收取一定比例的财务顾问费、银行承兑汇票手续费、承诺费等；同时还有一些中介机构收费，主要包括担保费、资产评估费等10余种。除此之外，一些银行在给中小企业贷款时存在"以贷转存利息照付"、"购买保险"、"过桥续贷"等或明或暗的规则，一般高达20%左右，这些方式使得中小企业融资的综合成本上升。全国工商联的一份抽样调查表明，在过去数年内，私企支付给银行的利息率平均与国企相比要高出225个基点。通过民间融资的成本更高，且事实上很多民间资本也是从银行渗透出去的，银行往往通过贷转存、卖理财产品等方式，间接提高中小企业的综合融资成本。此外，小微企业的金融覆盖率低，根据调查，某省有各类小微企业61.5万户，占全省企业数量的98.4%，但其中仅有不到10%的企业与银行发生借贷关系，小微企业综合金融覆盖率较低。当前在融资总量总体稳定的情况下，一些经济薄弱领域融资难、融资贵并非总量原因导致，更多的是结构性问题。造成实体经济融资成本居高不下，既与当前经济转型升级的宏观发展阶段、发展模式和市场环境有关，又与体制机制障碍、金融机构市场化选择和实体经济自身发展等因素有关，是传统金融中各种因素共同作用的结果。而在国外，小微企业贷款是银行利润的主要来源之一，如表4-6所示。

表 4 - 6　　　　　　　美国小企业贷款（小于 100 万美元）占比情况

单位：亿美元、%

年份	2006	2007	2008	2009	2010
小企业贷款	6342	6868	7115	6952	6522
商业银行贷款总额	20210	22235	25093	24506	22513
占比	31.4	30.9	28.6	28.4	29.0

资料来源：U. S. Small Business Administration，兴业证券研究所。

（一）货币政策传导机制不畅

1. 资本市场不完善

在融资结构方面，我国资本市场的发展还不完善。长期以来我国以银行信贷为主的间接融资占据社会融资总量的 80%~90%，目前我国股票市场发展还相对较缓，尽管近年来债券市场发展较快，但融资规模依然占比很小。相对于直接融资方式，间接融资方式直接抬高了融资主体的负债比率，大大降低了融资主体的再融资能力，并且提供融资服务的银行等中间机构收取的费用大大增加了经济主体的融资成本和财务风险。

2. 中小企业融资渠道匮乏

从金融机构的结构来看，在正规金融体系中，我国银行系统主要以几大国有商业银行为主导，缺乏专门服务于小微企业的政策性金融机构和小型商业银行，大大限制了中小企业的融资渠道。国内外的研究表明，大型金融机构因其在解决小企业信贷过程中的信息问题和实现有效监督方面缺乏优势，通常不愿向信息不透明的小企业提供贷款；而规模小、组织复杂程度较低的小型金融机构在处理小企业贷款过程中的信息问题上存在优势。根据银监会的数据，从总量上看，截至 2015 年末，全国小微企业贷款余额 23.46 万亿元，占各项贷款余额的 23.90%。从类别来看，截至 2015 年末，小微型企业贷款余额 18.70 万亿元，同比增长 14.9%；个体工商户贷款余额 2.83 万亿元，同比增长 9.8%；小微企业主贷款余额 1.93 万亿元，同比增长 4.7%，如图 4 -7 所示。

3. 市场化程度不足

由于金融改革滞后，反映在金融市场、金融机构、金融产品等微观层面的非市场化因素导致货币政策传导机制不通畅，使得资金难以抵达实体经济。一是银行业准入方面的政策障碍导致缺乏充分的市场竞争和市场定价，市场同质化严重，从而快速催生了影子银行体系。二是借贷主体的非市场化导致信贷市场上的不公平竞争和信贷资源配置的结构性问题。地方政府的预算软

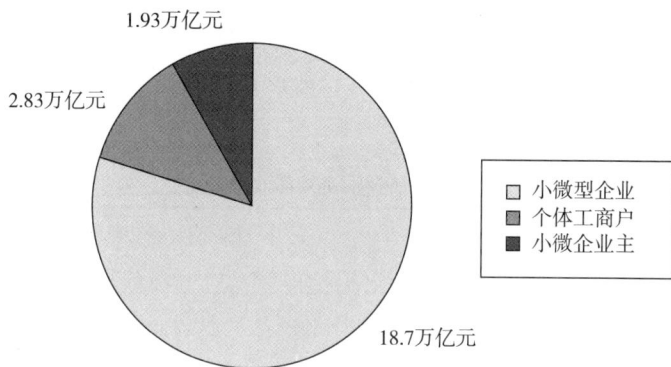

1.93万亿元

2.83万亿元

□ 小微型企业
□ 个体工商户
■ 小微企业主

18.7万亿元

图 4 - 7　2015 年全国小微企业贷款的类型分布图

约束，国有企业的政府隐性担保，以及一些对资金价格不敏感的低效部门占用了大量信贷资源，挤占了其他实体经济部门的融资机会。三是市场机制的缺失导致金融创新扭曲。最突出的问题是"刚性兑付"现象，人为抬高了无风险利率，放大了金融体系的潜在风险。此外，货币市场的发展不健全、货币市场和资本市场存在着不同程度的分割现象等严重制约了货币政策效果的发挥。

（二）过度僵化的信贷体制导致金融供求矛盾突出

目前多数银行实行的是一种"科层制"管理体制，容易产生决策链条长、业务流程复杂、制度效率损耗等问题，难以适应小微领域信贷需求"小、频、急"的特点。这主要表现在信贷准入方面过于强调企业的信用评级，且没有专门的小微企业评级体系，使部分小微企业被挡在信贷门槛之外；信贷审批权限很小，除小额质押贷款等低风险业务外，对其他贷款只有调查权而无审批权，导致审批链条过长，审批手续烦琐，放贷速度迟缓；审批权上收导致客户信息与信贷决策分离，形成信息不对称，贷款审批人仅仅通过规范文本难以获得企业的"活情况"、"软信息"，导致部分有市场、有潜力客户因部分指标不达标被拒之门外。

（三）金融创新异化

金融创新异化是推高实体经济融资成本的重要因素。在我国金融抑制的环境下，传统正规金融体系根本满足不了企业对融资、对风险的分担和对信息不对称的克服与规避的需求，以及大量社会闲置资金的投资需求。因此包括各种"民间金融"、"草根金融"在内的"影子银行"体系快速发展。传统银行信贷（本外币贷款）占社会融资规模的比重，已经由 2008 年的 73% 下降至 2013 年的 55%。2013 年的银行表外融资中，委托贷款、信托贷款和未贴现的银行承兑汇票占同期社会融资规模比重相比 2012 年提高 7 个百分点，达到 29.6%，成为仅次于人民币贷款的重要融资渠道。其中委托贷款快速增长，2013 年同比新增 2.5 万亿元，2014 年上半年又同比新增了 1.35 万亿元。从 2012 开始，社会融资规模不断扩大。

表 4-7　　　　　　　　　　　社会融资规模　　　　　　　　　　单位：亿元

项目	2012 年	2013 年	2014 年	2015 年
社会融资规模	16282	12532	16945	18114
人民币贷款	4546	4824	6973	8323
外币贷款（折合人民币）	1486	509	540	-1308
委托贷款	2079	2727	4551	3530
信托贷款	2598	1111	2102	370
未贴现银行承兑汇票	2637	1679	601	1546
企业债券	2126	287	761	3535
非金融企业境内股票融资	135	369	658	1518

尽管在近期决策层加强监管、投资者提升风险意识等因素影响之下，信托资产和部分银行同业业务规模有所缩减，但由于其他类型的影子信贷继续扩张，同时一些新型影子信贷产品不断涌现，尤其是证券公司和基金子公司的资产管理计划规模迅速膨胀，导致影子信贷整体规模仍在增长。根据中国证券业协会公布的数据，2013 年证券公司资管计划的资产规模同比增加了 3.3 万亿元，而 2014 年上半年又继续快速扩张了 1.6 万亿元，目前余额已达 6.82 万亿元。

中国"影子银行"体系的迅速增长是由于金融改革的滞后和金融双轨制的存在而产生的监管套利。传统银行为了规避银行业的利率管制、绕过存款准备金率、存贷比和贷款额度等限制，通过银信合作、银证合作、银保合作等通道业务和各种资产管理计划等结构性金融产品设计，延长了实体经济的融资链条，不仅提高了实体经济的融资成本，而且异化了金融创新，使中国经济脱实向虚日益严重。

（四）无效融资需求

预算软约束融资主体的无效融资需求是融资成本居高不下的直接原因。从当前货币信贷增速来看，流动性总体充裕，因此融资成本高并非总量原因所致，而是由于金融资源配置的结构性不合理所致。其中主要由于一些预算软约束的融资主体对资金价格不敏感因而沉淀了大量债务，占用了大量信贷资源，由此挤出了薄弱经济领域的信贷资源，并直接抬高了社会融资成本。

近年来，大量信贷资金通过"影子银行"体系进入预期收益率很高的如房地产领域、一些产能过剩行业、具有地方政府隐性担保的地方融资平台与其他地方国有企业。即便在央行控制流动性的情况下，这些预算软约束融资主体在政府信用支持下依然能够通过信托等影子银行渠道变相获得信贷资源，而新兴产业、技术创新领域和小微企业则不可避免地面临融资难、融资贵的问题，其中，相当多中小企业更是经常地面临银行抽贷的局面。在当前依赖投资的经济增长模式下，一旦大量金融资源被锁定在某行业，则新增的资源很可能继续投入以维持现有体系，而出于以新还旧的目的，此类融资主体将占用大量新增信贷资源。这也就是虽然国家实施一系列试图将金融资源引导至新兴产业、技术创新领域和小微企业的定向降准或降息政策，然而定向配给的低成本信贷资金仍然通过各种渠道变相流向房地产、地方政府和一些产能过剩行业，从而导致政策效果差强人意的原因。

（五）弱势群体自身特点导致的市场化选择

传统金融中，融资难、融资贵是在中小企业等弱势群体自身原因下市场化选择的结果。由于中小企业经营风险大、缺乏抵押物、信用级别低、财务信息不透明，银行对中小企业贷款的风控成本高、利润低，造成银行对中小企业惜贷。因此广大"三农"和小微企业等相对弱势领域往往融资无门，而不得不选择从银行体系外的其他渠道以更高的资金成本获取资金，导致正规金融体系中金融资源在实体企业间分配不均衡。在当前宏观经济减速的背景下，中小企业等微观主体破产风险上升，通过定向调控增加相关商业银行流动性的做法显然难以实现其对中小企业或者"三农"贷款较快增长的目标。这是因为资本的本质是逐利的，决定货币流向的是资本的回报率，增加特定领域的货币供给会通过各种渠道流向资本回报率较高的其他领域，导致定向调控政策效率大幅降低。因此，在当前的银行体系下，尤其在经济下行阶段，经济薄弱领域"融资难、融资贵"是金融机构市场化选择的结果，亟需找到制度突破口，缓解薄弱领域"融资难、融资贵"难题。

二、物联网金融：助推普惠金融发展

普惠金融的概念由联合国在 2005 年首次提出，是指"立足于机会平等要求和商业可持续原则，以可负担的成本为有金融服务需求的社会各阶层和群体提供适当、有效的金融服务"。尤努斯认为，普惠金融的核心理念是"每个人都公平享有金融权利"。党的十八届三中全会首次明确提出"发展普惠金融"，并将其作为金融改革创新的核心举措之一。物联网金融建立在物联网基础之上，天然具有"开放、协作、分享"的基因，能有效助推普惠金融发展。

　　发展普惠金融的意义：一是政治意义。尤努斯认为贷款是基本人权，从中国实际看，金融受益权就是人权，这是普惠金融的核心含义。中国是社会主义国家，发展普惠金融，让社会中每个公民都平等享受改革成果，使现代金融更多惠及广大人民群众，既是我国社会主义市场经济体制的内在要求，实现每个公民人权的必由之路，也是实现包容性增长，将经济增长排斥效应减到最低，让每位公民都分享到改革红利的关键。二是经济意义。改革开放三十多年，我国逐步形成了公有制经济、民营经济和外资经济等多种所有制并存的局面，经济的多元化也需要金融的多元化，需要在商业性金融和政策性金融之间寻找金融创新地带，而介于这两者之间的普惠金融为经济多元化提供了有效的金融保障。三是金融意义。普惠金融为金融机构提供了广阔的发展空间，进一步丰富金融体系，提高金融覆盖面。当前，我国已进入全面建设小康社会的关键时期和深化改革、加快转变经济发展方式的攻坚阶段，发展普惠金融将促进金融平衡发展和实体经济均衡发展。

【专栏 4 - 2】

G20 重要成果文件：数字普惠金融高级原则

　　G20 正处于一个前所未有的时期——在此时期内，我们的领导人得以利用数字技术所带来的机遇，通过提升数字金融服务推动包容性经济增长。全球有 20 亿成年人无法获得正规金融服务，也无法获得改善生活的机会。尽管我们在普惠金融领域已取得显著成果，但数字金融服务与有效监管（可通过数字化实现）对缩小普惠金融差距仍至关重要。数字技术能够为无法获得金融服务的群体（妇女在其中占大多数）以可负担的方式提供金融服务，如教育储蓄、支付、获取小额商业贷款、汇款以及购买保险等。2010 年《G20 创新性普惠金融原则》推动了最初的努力和政策行动。以之前的成功为基础，2016 年《G20 数字普惠金融高级原则》鼓励各国根据各自具体国情制定国家行动计划，以发挥数字技术为金融服务带来的巨大潜力。

　　原则一：倡导利用数字技术推动普惠金融发展

　　促进数字金融服务成为推动包容性金融体系发展的重点，它包括采用协调一致、可监测和可评估的国家战略和行动计划。

　　原则二：平衡好数字普惠金融发展中的创新与风险

　　在实现数字普惠金融的过程中，平衡好鼓励创新与识别、评估、监测和管理新风险之间的关系。

原则三：构建恰当的数字普惠金融法律和监管框架

针对数字普惠金融，充分参考 G20 和国际标准制定机构的相关标准和指引，构建恰当的数字普惠金融法律和监管框架。

原则四：扩展数字金融服务基础设施生态系统

扩展数字金融服务生态系统，包括加快金融和信息通信基础设施建设，用安全、可信和低成本的方法为所有相关地域提供数字金融服务，尤其是农村和缺乏金融服务的地区。

原则五：采取负责任的数字金融措施保护消费者

创立一种综合性的消费者和数据保护方法，重点关注与数字金融服务相关的具体问题。

原则六：重视消费者数字技术基础知识和金融知识的普及

根据数字金融服务和渠道的特性、优势及风险，鼓励开展提升消费者数字技术基础知识和金融素养的项目并对项目开展评估。

原则七：促进数字金融服务的客户身份识别

通过开发客户身份识别系统，提高数字金融服务的可得性，该系统应可访问、可负担、可验证，并能适应以基于风险的方法开展客户尽职调查的各种需求和各种风险等级。

原则八：监测数字普惠金融进展

通过全面、可靠的数据测量评估系统来监测数字普惠金融的进展。该系统应利用新的数字数据来源，使利益相关者能够分析和监测数字金融服务的供给和需求，并能够评估核心项目和改革的影响。

G20 和金融标准制定机构在技术指导方面的丰富经验为这八项原则的形成奠定了基础。在进行风险管理及鼓励开发数字金融产品和服务的同时，有必要对金融创新予以支持。

资料来源：数字普惠金融高级原则［N］. 第一财经日报，2016 – 09 – 20.

（一）物联网金融有利于解决信息不对称难题，促进金融资源向小微企业流动

首先，从理论上分析，小微企业等弱势群体融资难、融资贵的原因在于信息不对称和交易成本过高。由于小微企业及部分个人等社会弱势群体信用记录较少，缺乏有效的抵质押品，传统金融机构难以获得有效的信息及信息甄别机制来降低信息不对称程度，进而有效防控风险。为了与风险相匹配，银行可能会征收较高利息，进而导致逆向选择问题，社会弱势群体面临的金融排斥得不到有效解决。其次，弱势群体金融活动的单笔交易金额小，规模

效应难以发挥，导致运营成本过高。为了降低经营成本、提高利润，银行有动机"嫌贫爱富"，不愿意向社会弱势群体提供基本金融服务。这些因素的存在导致现阶段我国众多的小微企业饱受融资难、融资贵问题的困扰，贷款覆盖面和可获得性严重不足，是普惠金融发展的重点领域。

物联网为小微企业的发展带来了新的机会，它能有效解决信息不对称，缓解中小微企业抵质押物难寻、融资难、融资贵问题，通过物联网技术的应用，小微企业融资的"麦克米伦缺口"有望被彻底打破。传统的信贷技术包括财务报表类信贷技术、抵押担保类信贷技术、信用评分技术和关系类信贷技术等。对于小微企业、农民等社会弱势群体，大多缺乏央行征信系统的信用记录，缺乏房地产等有效抵质押物，难以采用传统的信贷技术。而物联网金融企业的优势是"大数据"，它掌握了客户过去的商品和货物的交易记录、账户数量、还款情况、行为习惯等，通过技术手段分析客户交易历史数据，进行内部信用评级和风险计算，了解客户需求和交易行为，较好解决了传统银行很难解决的小微企业的信用评估问题，降低了信息不对称程度。

例如，在物联网基础上发展起来的现代供应链金融，能够将核心企业和上下游的小微企业紧密联结提供金融产品和服务。一方面，通过物联网技术可以对各相关企业的信息流、资金流和物流进行可视化追踪，使上下游关联企业均能获取有效信息，包括产品销售、资金结算、应收账款清收等信息，从而保证整个供应链的融资安全，并进一步拓展客户范围和业务领域。另一方面，金融机构还可以利用获取到的信息资源，为供应链上的小微企业提供财务管理、资金托管、贷款承诺、信息咨询等综合金融业务，帮助小微企业发展壮大。再如，P2P网络借贷平台，帮助资金的供需双方在平台上通过数据筛选实现直接交易，供需双方信息几乎完全对称，从而提高了交易成功的概率。

(二) 物联网金融降低了交易成本，提高了金融服务的可获得性

目前发展较为迅速的基于物联网技术的移动支付，契合了普惠金融发展的本质要求，能对金融体系进行多个层面的帕累托改进。

1. 移动支付具有开放性及边际成本递减效应

首先，物联网的开放性决定了移动支付具有不受时空限制的基本属性，由此，支付活动的渗透面和交易人数大大提升，客观上满足了普惠金融广覆盖和可获得性的基本要求。其次，移动支付具有低交易成本的优势。以移动支付为代表的物联网支付业务显著减少了交易环节，经过更加充分的撮合和交易，会自行强化物联网金融服务的边际成本递减和边际收益递增的特征，进而改变了传统金融服务固有的"二八定律"，促进金融行业间支付活动交易

费用降低，有效满足普惠金融的可获得性和平等性要求。

2. 移动支付适应了小微客户对信息流、资金流和物流的实际需求

移动支付的出现，使得原来无法踏入银行结算门槛的众多小微客户，可以在不同银行账户之间，瞬间完成交易费用几乎为零的头寸转移。而且，移动支付可以跳开时间和空间的限制，实时掌握承担支付属性的客户账户信息、具有身份属性的住址等信息以及具有交易属性的金融产品或服务的信息，并利用搜索引擎、大数据和云计算等技术，进一步降低市场信息不对称程度，这对拓宽小微客户的投融资渠道尤其重要。

3. 移动支付能够刺激以小微客户为主体的金融创新

移动支付业务操作流程完全标准化，资金支付的效率得到提高。移动支付的存在，使得各种电子商务交易活动的债权债务清偿可以与交易活动同时完成，也就意味着以资金或价值交换为目的的金融活动可以十分方便地通过物联网进行，这也构成了物联网金融的基础。借助物联网配置资源完全可以不受空间的限制，这客观上促使资金更多地流向传统金融不能覆盖的小微层面，由此而形成的金融创新会更加丰富和多元。

4. 移动支付能够促进金融服务供给主体多元化

物联网开放和分享的属性，使资金在各个主体之间直接交易变成了可能，资金可以不通过金融中介，直接由供给者提供给需求者，因此，传统金融机构的中介作用被大大弱化。物联网及互联网支付机构作为独立于银行和客户的第三方，利用其物联网支付平台向客户提供基于银行账户或虚拟账户的支付服务，成为零售支付服务体系的重要补充。作为专门提供支付服务的专业化机构，支付机构的运营成本低、产品创新快、行业和区域特征明显，可以根据客户需要灵活定制产品和服务，能够较好地满足各种群体的零售支付需求。

（三）物联网金融有效地扩大了金融服务覆盖范围

物联网金融依托全天候覆盖全球的虚拟网点网络，可突破时空局限，覆盖到因偏远分散、信息太少而很难得到金融服务的弱势群体。根据中国互联网信息中心（CNNIC）数据，截至2016年6月末，我国网民规模达7.1亿人，手机网民6.56亿人，手机上网使用率92.51%，这些都为移动支付等物联网金融的发展提供了广阔的市场空间，也突破了农村地区受金融机构物理网点覆盖不足等限制，可以有效满足农村地区转账、消费、小额取款等基础金融服务的需求。

（四）物联网金融有效拓展了普惠金融服务边界

物联网金融机构通过信息技术进行金融产品创新，将网民的"碎片化资

金"整合起来，形成巨大的长尾市场，降低了服务门槛，可为更多的人提供金融服务。2013 年 6 月 13 日，支付宝和天弘基金合作推出余额宝，规定最低投资额是 1 元，降低了理财产品的门槛，普通老百姓也可以参与，仅仅 17 天就吸引用户 251.56 万人，累计存量转入资金规模达 57 亿元，人均投资额仅 1912.67 元，远远低于传统基金的户均 7 万 ~ 8 万元。之后活期宝、现金宝等产品不断推出，满足了普通老百姓的碎片化理财需求，拓展了金融服务的边界。

综合来看，可以预见，物联网将彻底颠覆传统金融服务的"二八定律"，通过网络平台实施大数据分析，可以全面深入挖掘客户信息，提高精准定价能力，避免盲目"一浮到顶"，切实减轻融资负担，汇聚小微企业、"三农"、个人客户等"长尾市场"，推动我国普惠金融长足发展。

【专栏 4 – 3】

小微申贷获得率逾九成
湖北"网格化"金融服务成效显著

"金融服务网格化是湖北银监局引导银行业发展普惠金融的重要探索，实施一年多来，湖北省小微企业申贷获得率达到 91.95%，减轻小微企业利息负担 2.2 亿元，已在湖北省搭建起银行、企业、地方政府多方共同参与的'金融生态圈'。"湖北银监局党委书记、局长赖秀福近日在中国银监会银行业例行新闻发布会上介绍说。

据了解，2015 年，湖北银监局借鉴地方政府网格化管理做法，提出"金融服务网格化"的设想，推动银行与政府综治部门合作，依托综治网格化信息平台的大数据优势，将乡镇、街道、社区、村组划分成若干网格，每个网格落实责任银行，建设金融服务网格化工作站，配备网格员，由网格员定期收集企业、居民的金融需求信息，并利用互联网技术将相关信息同步上传至信贷审批后台，从而使基础金融服务更快捷、更精准。

"'金融服务网格化'战略借助综治部门网格化信息平台，挖掘信息，拓展客户，能够激活沉睡的政府信息，有效缓解普惠金融缺信息和缺信用两大梗阻。"据赖秀福介绍，"金融服务网格化"战略明确了"三步走"目标，2015 年为启动探索年，2016 年为复制推广年，2017 年为巩固提升年，确保网格覆盖率每年增长 30% 以上，县域存贷比每年提高 1 至 2 个百分点。

数据显示，截至 2016 年 3 月末，湖北省已划分金融服务网格 20334 个，建立金融服务网格化工作站 13869 个，网格化金融服务点授信金额达 722.51

亿元，已发放贷款 527.1 亿元。

截至 3 月末，"金融服务网格化"战略已惠及小微企业 3.35 万户，"三农"客户 8.24 万户。另据不完全统计，2015 年以来发放的网格化贷款中，有 3.25 万笔下调利率，累计少收利息 2.2 亿元。

资料来源：小微申贷获得率逾九成 [N]. 经济日报，2016－05－12 (B6).

第五章　物联网金融与
金融市场制度变迁

　　随着物联网的兴起，我们都将进入可穿戴式电脑新时代，因此，在社会、政府管理、经济、商业、贸易等领域正在发生根本性的变革。

——克里斯·斯金纳（Chris Skinner）

（《互联网银行——数字化新金融时代》作者）

　　本章将着重介绍物联网金融对金融市场带来的影响，将分别从市场交易成本、交易信息、交易价格、供求关系、市场效率等方面讨论物联网金融带来的金融市场制度变迁。主要包括：通过加强物联网技术在实体经济的应用和完善物联网金融相关制度，从技术和制度两个层面降低交易成本；通过改善交易过程中的信息条件，消除市场壁垒，获取和利用海量数据信息等途径来实现金融市场的"完备信息"；通过去中心化、去中介化和智能化等促进均衡价格形成。物联网金融将改变传统金融市场格局，打破原有的市场均衡，促进金融市场竞争更加充分，市场效率得到改进。金融机构应该通过加快融入物联网金融生态环境，对接新经济发展，实行轻资产化经营等策略，抢占物联网金融发展的先机。

第一节　金融市场交易成本变迁

　　根据"科斯第一定理"，如果交易费用为零，不管产权初始安排如何，当事人之间的谈判都会导致财富最大化的安排。一直以来，交易费用为零的假设条件被认为是一种"理想状态"，寻找交易对手、进行讨价还价、订立契约并监督执行都要花费成本，这使很多压在"科斯地板"之下的潜在需求无法转变为现实交易。而泛在的物联网把更多的人、物、网互联互通，提供了一个分布式、点对点的平台，统一的数据传输、沟通和存储加上云计算技术，能够推动银行和客户的资源有效整合和共享，促进服务的标准化和透明化，使多方高度有效的协同合作成为现实，从而大幅度降低交易费用。更重要的是，未来物联网时代将淘汰垂直整合价值链中多余的中间人，每个人都可能变成金融产消者，可以更直接地在物联网上提供并相互分享金融产品和服务，这种方式的边际成本接近于零、近乎免费，从而实现美国未来学家里夫金关于"零边际成本社会"的预言。

一、金融市场交易成本的构成

交易成本指市场交易中所花费的时间和金钱，交易成本是影响市场体系效率的主要因素。科斯认为，交易成本是获得准确的市场信息所需要付出的费用，以及谈判和经常性契约的费用。诺斯则进一步指出交易费用下降是经济增长的源泉，经济制度的变迁正是为了节约交易成本。阿罗将交易费用定义为"经济系统（制度）的运行费用"，包括：（1）信息费用和排他性费用；（2）设计公共政策并执行的费用。张五常认为交易费用"是一系列制度费用，包括信息费用、谈判费用、起草和实施合约的费用、界定和实施产权的费用、监督管理的费用和改变制度安排的费用"，亦即"交易费用包括一切不直接发生在物质生产过程中的费用"。

对于金融业而言，作为买卖双方之间的中介，属于交易服务部门（沃利斯和诺斯，1986），其运行成本均属于交易成本范畴。简言之，金融市场交易成本就是金融交易前为达成一项合同而发生的成本和金融交易后为监督、贯彻该项合同执行而发生的成本。

具体而言，金融市场交易成本大体包括以下几个方面：（1）信息搜寻成本。包括进行市场调查，获取关于金融产品风险定价方面的信息，寻找潜在交易对手等环节的成本。（2）谈判成本。当价格或利率由市场决定时，金融交易双方为确定对方的真实意图而讨价还价的过程。（3）签约成本。包括起草、讨论、确定交易合同条款的过程。（4）履约成本。指在一方未履约时遭受损失一方将提出起诉、要求赔偿的成本。（5）监督成本。即监督交易合同执行的成本，如银行的贷后管理产生的大部分费用大多属于此类交易成本。（6）风险控制成本。包括为保护债权人利益、降低潜在风险而要求债务人提供抵质押、保证等担保而产生的成本，以及对抵质押品进行评估和监管的费用等。

二、物联网对金融市场交易成本的影响

Deep Lal 认为，信息革命虽然可以降低用于交换的交易费用，但增加了用于监督的交易费用。其原因在于：（1）由于计算机网络的使用，专家咨询等业务能够避开税务当局的管制，人力资本可以像金融资本一样越来越具有流动性。（2）由于信息革命大大拓展了市场的范围，一次性的"匿名"交易

迅速增加，所以如果传统的道德被极度的个人主义替代，用于监督的交易费用将大大上升。这只是理论上的分析，现实情况并非如此，不仅未出现人力资本像金融资本一样的流动，网络交易还逐渐形成了自身独特的监督模式，用于监督的交易费用不升反降。芝麻信用等建立在网络基础上的信誉服务，与传统的征信服务类似，已经逐渐成为规范社会活动、确保遵守商定准则和建立社会信任的重要机制，直接降低了用于监督的交易费用[①]。

【专栏 5 - 1】

蚂蚁金服与芝麻信用

蚂蚁金融服务集团（以下简称"蚂蚁金服"）起步于 2004 年成立的支付宝。2014 年 10 月，蚂蚁金服正式成立。蚂蚁金服以"让信用等于财富"为愿景，致力于打造开放的生态系统，通过"互联网推进器计划"助力金融机构和合作伙伴加速迈向"互联网 +"，为小微企业和个人消费者提供普惠金融服务。蚂蚁金服旗下有支付宝、余额宝、招财宝、蚂蚁聚宝、网商银行、蚂蚁花呗、芝麻信用、蚂蚁金融云、蚂蚁达客等子业务板块。

芝麻信用是蚂蚁金服旗下独立的第三方信用评估及管理机构，通过云计算、机器学习等技术客观呈现个人的信用状况。在公测中的芝麻信用，已经在消费金融、融资租赁、信用卡、酒店、租房、出行、学生服务、公共事业服务等近百个场景为用户、商户提供信用服务，使众多用户享受到了信用的便利。人与人、人与商业之间的关系正因为信用而变得简单。此外，芝麻信用已完成企业征信的备案登记，并开始推出企业征信业务，让更多的小微企业享受到良好信用带来便利。

资料来源：http：//www. antgroup. com.

从交易费用的构成来看，无论是信息搜寻成本和谈判成本，还是监督成本或风险控制成本，都在一定程度上与索取有关交易信息的费用相联系。金融市场越发达，金融交易活动社会化程度越高，信息成本对交易成本的影响越大。物联网作为第三次信息化浪潮的核心技术，将从技术和制度两个层面大幅降低金融市场的交易成本。

（一）从技术层面降低交易费用

物联网金融利用云计算、大数据和智能控制等信息技术提高交易信息的可获得性、客观性，大幅降低交易信息搜寻和监督合同执行的成本，实现金

[①]　杰里米·里夫金. 零边际成本社会［M］. 北京：中信出版社，2014：269.

融交易过程的电子化、网络化、实时化和智能化，减少人工操作环节，优化人力资源配置效率，从而降低金融交易的成本，提高交易的效率。具体表现为：（1）支付领域，通过射频识别、近场通信、光子通信等现代技术在支付领域的应用，提高支付业务的效率、便捷性和安全性。（2）利用物联网"可视化跟踪"的优势，简化金融业务流程，提高风险管控水平，从而提高工作效率，优化资源配置，降低金融产品成本。尤其是在供应链金融和动产融资领域表现最为明显。（3）利用物联网实时动态的监控交易合同的执行情况，掌握交易的真实性、及时性和有效性，有效预警违约风险，预防欺诈和违约行为的发生。（4）利用自动识别技术和追踪定位技术提高对现金、贵金属和重要凭证等重要物品的保管的安全等级，降低案件风险或操作风险。

例如，以商业银行的信贷业务为例。在贷前、贷中、贷后的三个环节一共涉及多达数十项的业务流程和上百项的具体工作任务，包括贷前阶段的申请资料审核、实地走访调查客户、客户财务分析、客户评级、额度测算、撰写信用评价和贷款建议报告等，贷中阶段的审查审批、批复登记、合同签订、账户开立、贷款发放等，以及贷后阶段的贷后检查、资产质量分类、贷款损失计提、风险预警、抵质押品管理等工作。信贷业务流程复杂，审批周期慢长，需要投入大量的人力物力。在物联网金融环境下，通过物联网平台和各种泛在感知技术，深度整合和共享内部和外部的各种资源，加深专业化分工协作，可以实现整个信贷工作流程在线即时处理，银行客户经理只需负责统筹协调，不仅可以节省大量的人工成本，还可以提高信贷工作效率，增加客户满意度。

（二）从交易方式层面降低交易费用

1. 新经济催生出更加高效的交易方式

随着国家"互联网＋"战略的实施和"大众创业、万众创新"的发展，实体经济领域涌现大量的平台经济、分享经济和微经济等各种新经济模式。新经济模式充分利用现代先进的信息通信技术，比传统经济模式更加低碳环保、节能高效，并直接改变了金融业服务实体经济的方式，催生出与之相适应的更加高效的金融服务模式。例如，随着分享经济的发展，分享金融将逐渐成为未来金融发展的趋势之一，其中作为保险行业的两种基本形态之一的相互保险即为典型的分享金融模式。相比传统的股份制保险公司模式，一方面相互保险采用"自己投保自己承保"的方式，将保险人和被保险人的身份合一，从而规避了投保人和所有者之间的矛盾，降低运行成本；另一方面，相互保险组织作为一个互助性团体，成员往往对该团体的风险比较了解，能很好地克服信息不对称问题。此外，成员之间彼此了解、利益相关，产生道德风险的可能性也相对较低。

2. 去中介化、去中心化导致交易费用趋零

借助物联网提供的共享平台和区块链技术，大量的金融服务供需双方直接交易成为现实，金融去中介化、去中心化趋势日趋明显。除了部分以极低的成本提供分享服务的平台以外的各种中介服务将逐步被淘汰，作为市场主体的金融产消者可以直接在物联网上提供并获得金融服务。例如，在支付领域，随着网络货币的应用，未来在很多领域第三方支付中介甚至中央清算机构将逐步被淘汰，金融服务交易双方有望真正地实现"点对点"的直接交易，交易费用大幅降低，甚至趋零。

三、物联网金融实现零边际成本的路径分析

尽管物联网金融交易成本大幅降低已是大势所趋，但要完全实现零边际成本则不可能一蹴而就，而是一个漫长的过程，还需要从以下两个方面加以推进。

（一）推进物联网技术在实体经济和金融服务领域应用

一方面，物联网金融的交易成本降低很大程度上得益于大量物联网信息技术的在金融活动中的应用，而物联网金融中应用的大量技术都依赖于物联网技术在实体经济中的推广和应用。另一方面，物联网金融服务小众、长尾客户要求接入网络的物品和信息越多越好，形成规模效应和网络效应，否则难以充分发挥其优势。因此，零边际成本的实现还有待于提高物联网应用的深度和广度。

《国务院关于推进物联网有序健康发展的指导意见》明确将物联网作为战略新兴产业，并提出要在工业、农业、节能环保、商贸流通、交通能源、公共安全、社会事业、城市管理、安全生产、国防建设等领域实现物联网试点示范应用，培育一批物联网应用服务优势企业；《关于促进智慧城市健康发展的指导意见》则高度重视和突出了物联网在智慧城市发展中的重要作用，再次强调要加快物联网在高耗能行业、农产品生产流通、城市管理、交通运输、节能减排、食品要求安全、社会保障、医疗卫生、民生服务、公共安全和产品质量等领域的推广应用。这些政策为物联网技术的推广和应用提供了良好的发展环境，为物联网金融实现零边际成本奠定基础。

【专栏 5 - 2】

国务院关于推进物联网有序健康发展的指导意见

物联网是新一代信息技术的高度集成和综合运用，具有渗透性强、带动

作用大、综合效益好的特点，推进物联网的应用和发展，有利于促进生产生活和社会管理方式向智能化、精细化、网络化方向转变，对于提高国民经济和社会生活信息化水平，提升社会管理和公共服务水平，带动相关学科发展和技术创新能力增强，推动产业结构调整和发展方式转变具有重要意义，我国已将物联网作为战略性新兴产业的一项重要组成内容。目前，在全球范围内物联网正处于起步发展阶段，物联网技术发展和产业应用具有广阔的前景和难得的机遇。经过多年发展，我国在物联网技术研发、标准研制、产业培育和行业应用等方面已初步具备一定基础，但也存在关键核心技术有待突破、产业基础薄弱、网络信息安全存在潜在隐患、一些地方出现盲目建设现象等问题，急需加强引导加快解决。为推进我国物联网有序健康发展，现提出以下指导意见：

一、指导思想、基本原则和发展目标

（一）指导思想

以邓小平理论、"三个代表"重要思想、科学发展观为指导，加强统筹规划，围绕经济社会发展的实际需求，以市场为导向，以企业为主体，以突破关键技术为核心，以推动需求应用为抓手，以培育产业为重点，以保障安全为前提，营造发展环境，创新服务模式，强化标准规范，合理规划布局，加强资源共享，深化军民融合，打造具有国际竞争力的物联网产业体系，有序推进物联网持续健康发展，为促进经济社会可持续发展作出积极贡献。

（二）基本原则

统筹协调。准确把握物联网发展的全局性和战略性问题，加强科学规划，统筹推进物联网应用、技术、产业、标准的协调发展。加强部门、行业、地方间的协作协同。统筹好经济发展与国防建设。

创新发展。强化创新基础，提高创新层次，加快推进关键技术研发及产业化，实现产业集聚发展，培育壮大骨干企业。拓宽发展思路，创新商业模式，发展新兴服务业。强化创新能力建设，完善公共服务平台，建立以企业为主体、产学研用相结合的技术创新体系。

需求牵引。从促进经济社会发展和维护国家安全的重大需求出发，统筹部署、循序渐进，以重大示范应用为先导，带动物联网关键技术突破和产业规模化发展。在竞争性领域，坚持应用推广的市场化。在社会管理和公共服务领域，积极引入市场机制，增强物联网发展的内生性动力。

有序推进。根据实际需求、产业基础和信息化条件，突出区域特色，有重点、有步骤地推进物联网持续健康发展。加强资源整合协同，提高资源利用效率，避免重复建设。

安全可控。强化安全意识,注重信息系统安全管理和数据保护。加强物联网重大应用和系统的安全测评、风险评估和安全防护工作,保障物联网重大基础设施、重要业务系统和重点领域应用的安全可控。

二、主要任务

(一)加快技术研发,突破产业瓶颈。以掌握原理实现突破性技术创新为目标,把握技术发展方向,围绕应用和产业急需,明确发展重点,加强低成本、低功耗、高精度、高可靠、智能化传感器的研发与产业化,着力突破物联网核心芯片、软件、仪器仪表等基础共性技术,加快传感器网络、智能终端、大数据处理、智能分析、服务集成等关键技术研发创新,推进物联网与新一代移动通信、云计算、下一代互联网、卫星通信等技术的融合发展。充分利用和整合现有创新资源,形成一批物联网技术研发实验室、工程中心、企业技术中心,促进应用单位与相关技术、产品和服务提供商的合作,加强协同攻关,突破产业发展瓶颈。

(二)推动应用示范,促进经济发展。对工业、农业、商贸流通、节能环保、安全生产等重要领域和交通、能源、水利等重要基础设施,围绕生产制造、商贸流通、物流配送和经营管理流程,推动物联网技术的集成应用,抓好一批效果突出、带动性强、关联度高的典型应用示范工程。积极利用物联网技术改造传统产业,推进精细化管理和科学决策,提升生产和运行效率,推进节能减排,保障安全生产,创新发展模式,促进产业升级。

(三)改善社会管理,提升公共服务。在公共安全、社会保障、医疗卫生、城市管理、民生服务等领域,围绕管理模式和服务模式创新,实施物联网典型应用示范工程,构建更加便捷高效和安全可靠的智能化社会管理和公共服务体系。发挥物联网技术优势,促进社会管理和公共服务信息化,扩展和延伸服务范围,提升管理和服务水平,提高人民生活质量。

(四)突出区域特色,科学有序发展。引导和督促地方根据自身条件合理确定物联网发展定位,结合科研能力、应用基础、产业园区等特点和优势,科学谋划,因地制宜,有序推进物联网发展,信息化和信息产业基础较好的地区要强化物联网技术研发、产业化及示范应用,信息化和信息产业基础较弱的地区侧重推广成熟的物联网应用。加快推进无锡国家传感网创新示范区建设。应用物联网等新一代信息技术建设智慧城市,要加强统筹、注重效果、突出特色。

(五)加强总体设计,完善标准体系。强化统筹协作,依托跨部门、跨行业的标准化协作机制,协调推进物联网标准体系建设。按照急用先立、共性先立原则,加快编码标识、接口、数据、信息安全等基础共性标准、关键技术标准和重点应用标准的研究制定。推动军民融合标准化工作，开展军民通用标准研制。鼓励和支持国内机构积极参与国际标准化工作，提升自主技术标准的国际话语权。

（六）壮大核心产业，提高支撑能力。加快物联网关键核心产业发展，提升感知识别制造产业发展水平，构建完善的物联网通信网络制造及服务产业链，发展物联网应用及软件等相关产业。大力培育具有国际竞争力的物联网骨干企业，积极发展创新型中小企业，建设特色产业基地和产业园区，不断完善产业公共服务体系，形成具有较强竞争力的物联网产业集群。强化产业培育与应用示范的结合，鼓励和支持设备制造、软件开发、服务集成等企业及科研单位参与应用示范工程建设。

（七）创新商业模式，培育新兴业态。积极探索物联网产业链上下游协作共赢的新型商业模式。大力支持企业发展有利于扩大市场需求的物联网专业服务和增值服务，推进应用服务的市场化，带动服务外包产业发展，培育新兴服务产业。鼓励和支持电信运营、信息服务、系统集成等企业参与物联网应用示范工程的运营和推广。

（八）加强防护管理，保障信息安全。提高物联网信息安全管理与数据保护水平，加强信息安全技术的研发，推进信息安全保障体系建设，建立健全监督、检查和安全评估机制，有效保障物联网信息采集、传输、处理、应用等各环节的安全可控。涉及国家公共安全和基础设施的重要物联网应用，其系统解决方案、核心设备以及运营服务必须立足于安全可控。

（九）强化资源整合，促进协同共享。充分利用现有公共通信和网络基础设施开展物联网应用。促进信息系统间的互联互通、资源共享和业务协同，避免形成新的信息孤岛。重视信息资源的智能分析和综合利用，避免重数据采集、轻数据处理和综合应用。加强对物联网建设项目的投资效益分析和风险评估，避免重复建设和不合理投资。

三、保障措施

（一）加强统筹协调形成发展合力。建立健全部门、行业、区域、军地之间的物联网发展统筹协调机制，充分发挥物联网发展部际联席会议制度的作用，研究重大问题，协调制定政策措施和行动计划，加强应用推广、技术研发、标准制定、产业链构建、基础设施建设、信息安全保障、无线频谱资源分配利用等的统筹，形成资源共享、协同推进的工作格局和各环节相互支撑、相互促进的协同发展效应。加强物联网相关规划、科技重大专项、产业化专项等的衔接协调，合理布局物联网重大应用示范和产业化项目，强化产业链配套和区域分工合作。

（二）营造良好发展环境。建立健全有利于物联网应用推广、创新激励、有序竞争的政策体系，抓紧推动制定完善信息安全与隐私保护等方面的法律法规。建立鼓励多元资本公平进入的市场准入机制。加快物联网相关标准、检测、认证等公共服务平台建设，完善支撑服务体系。加强知识产权保护，积极开展物联网相关技术的知识产权分析评议，加快推进物联网相关专利布局。

（三）加强财税政策扶持。加大中央财政支持力度，充分发挥国家科技计划、科技重大专项的作用，统筹利用好战略性新兴产业发展专项资金、物联网发展专项资金等支持政策，集中力量推进物联网关键核心技术研发和产业化，大力支持标准体系、创新能力平台、重大应用示范工程等建设。支持符合现行软件和集成电路税收优惠政策条件的物联网企业按规定享受相关税收优惠政策，经认定为高新技术企业的物联网企业按规定享受相关所得税优惠政策。

（四）完善投融资政策。鼓励金融资本、风险投资及民间资本投向物联网应用和产业发展。加快建立包括财政出资和社会资金投入在内的多层次担保体系，加大对物联网企业的融资担保支持力度。对技术先进、优势明显、带动和支撑作用强的重大物联网项目优先给予信贷支持。积极支持符合条件的物联网企业在海内外资本市场直接融资。鼓励设立物联网股权投资基金，通过国家新兴产业创投计划设立一批物联网创业投资基金。

（五）提升国际合作水平。积极推进物联网技术交流与合作，充分利用国际创新资源。鼓励国外企业在我国设立物联网研发机构，引导外资投向物联网产业。立足于提升我国物联网应用水平和产业核心竞争力，引导国内企业与国际优势企业加强物联网关键技术和产品的研发合作。支持国内企业参与物联网全球市场竞争，推动我国自主技术和标准走出去，鼓励企业和科研单位参与国际标准制定。

（六）加强人才队伍建设。建立多层次多类型的物联网人才培养和服务体系。支持相关高校和科研院所加强多学科交叉整合，加快培养物联网相关专业人才。依托国家重大专项、科技计划、示范工程和重点企业，培养物联网高层次人才和领军人才。加快引进物联网高层次人才，完善配套服务，鼓励海外专业人才回国或来华创业。

资料来源：中国政府网，www.gov.cn，2013－02－17，有删减。

（二）制定物联网金融交易的相关制度

制度对交易成本有着重要的影响，不同的制度下交易费用差距明显，交易费用中包含大量的制度成本。现行的各种政策法规等正式制度都是在传统金融背景下逐步形成的，为保证金融交易活动顺利开展提供了保障，有效降低了交易成本。而物联网金融交易方式将有别于传统金融交易方式，制定和完善相关的交易规则、政策法规等制度对实现零边际成本尤为关键。物联网金融发展的过程中，已经出现了由于相关制度缺失导致交易成本增加，进而制约物联网交易开展的现象，建立健全包括登记公示、信息安全、网络认证等方面的制度，对于实现零边际成本尤为重要。

1. 完善动产融资登记法律制度

一方面，由于存在重复质押、货权不清等问题，大量的大宗商品动产无法充分发挥其本身质押的融资作用，一定程度上加剧了中小企业融资难、融资贵，必须建立和完善动产融资登记的法律制度；另一方面，物联网技术的应用为完善动产融资登记法律制度创造了技术条件。随着《动产抵押登记办法》、《应收账款质押登记办法》、《最高人民法院关于审理融资租赁合同纠纷案件适用法律问题的解释》等政策的出台，动产融资登记制度初步建立，解决了动产担保的公示力问题。建议进一步完善动产融资登记制度，制定有关实施细则，统一登记系统和标准，明确参与交易主体登记的权利和查询的义务。

2. 建立信息安全和保密方面的法律制度

物联网金融产生的大数据内容庞杂，涉及范围广泛，但目前尚缺乏针对物联网的信息安全和保密的法律规定，包括物联网技术信息安全的标准要求、信息保密、应急处置和责任追究等方面。随着物联网金融的深入发展，无论是维护国家金融安全还是保护金融消费者权益，都迫切需要建立信息安全和保密的法规。例如，物联网金融交易产生的数据和信息是否都属于个人隐私，如何进行保护，以及保护的范围、程度、期限等都需要通过法律制度加以明确。

3. 完善信息数据证据的法律制度

由于物联网金融高度数字化，很多交易证明都依赖于电子数据。在解决交易纠纷过程中，信息数据证据法律效力至关重要。而现行法规对于电子数据证据的调查、取证和保全上尚未形成完整的制度规范体系。建议在现有相关法规基础上，进一步完善有关规则，明确物联网金融产生的客观数据的存储、取证、举证、质证、保全等的具体法律规则。

第二节　金融市场交易信息变迁：实现"完备信息状态"

在阿尔克洛夫和斯蒂格利茨等人创立的信息经济学中，以旧车市场和保险市场为例，指出了信息不对称会导致道德风险和逆向选择，极端情况下市场会逐步萎缩和不存在。作为金融市场中普遍存在的现象，信息不对称是导致金融市场脆弱性的主要原因之一。信息在金融市场上发挥着举足轻重的作用，影响着投资者的信心和各项资产的价格。而在物联网金融模式，物质世界本身正在成为一种信息系统，可以随时随地掌握物品的形态、位置、空间、价值转换等信息，并且信息资源可以充分有效地交换和共享，彻底解决了"信息孤岛"和信息不对称现象，有望实现"完备信息"状态。

一、传统金融市场交易信息不完全、不对称问题

信息不完全和信息不对称是信息经济学的两个重要概念。所谓信息不完全是指市场参与者不拥有某种经济环境状态的全部知识，与之相对应的则是完全信息。信息不完全不仅包括由于认识能力的限制，人们不可能知道在任何时候、任何地方发生任何情况的绝对意义上的不完全，还包括相对意义上的不完全，即市场经济本身不能够生产出足够的信息并有效地配置它们。在实际经济运行中，不完全信息经济比完全信息经济更加具有现实性。信息不对称则指在市场经济活动中，不同市场参与者对有关信息的了解是有差异的，掌握信息比较充分的市场参与者往往处于比较有利的地位，而信息贫乏的则处于比较不利的地位。

传统金融交易市场存在的各种信息不完全、不对称问题，不仅造成金融资源配置无效率，还增加了金融风险，加剧金融系统的脆弱性，甚至引发金融危机。一般而言，金融市场信息不完全包括两种情况：一是金融交易双方对现实中客观存在着的交易价格、交易事实缺乏了解；二是融资者故意隐瞒金融产品的交易事实和真相、掩盖真实信息，甚至提供虚假信息。信息不对称在传统的信贷市场、证券市场和保险市场等金融市场中都普遍存在。

（一）信贷市场的信息不对称

1. 传统信贷模式中的信息不对称

银行本身作为金融中介，在很大程度上解决了银行资金的提供者与使用者之间的信息不对称，但在传统的银行信贷市场中仍然存在大量的信息不对称的情形，最典型的表现就是银行与借款人之间的信息不对称。首先，银行对借款人及借款投资的项目的了解程度低于借款人本身。尽管银行贷前调查过程中会通过各种途径力求做到"（KYC）知晓你的客户"，但无法从根本上消除信息不对称。其次，在借款人取得贷款后，银行会通过贷后管理来尽量消除信息不对称的影响，如对监控资金用途、实地查看项目进展、收集分析借款人或项目财务报表等。但在实际操作中，经常发生银行由于未能及时发现贷款的风险隐患进而主动采取补救措施，最终导致出现信用风险。

2. 网络借贷中的信息不对称

近年来，随着互联网金融的蓬勃发展，大量的网络借贷平台如雨后春笋

般疯长。相比传统的银行借贷，网络借贷具有门槛低、流程快捷等优势，曾一度被看好，但网络借贷中仍然存在大量信息不对称的问题。由于网络融资平台未纳入央行征信系统，在交易撮合时主要根据借款人提供的身份证明、财产收入证明、缴费记录等信息评价借款人的信用，不仅无法全面了解借款人信息，也难以确保信息的真实性。同时，平台也难以获取资金来源的合法性的真实信息。最终，网络借贷平台与借款人和出资人之间都存在信息不对称问题，而且仅仅通过互联网平台无法从根本上消除。在此背景下，如果网络借贷平台对出资人提供担保，承担还款责任，一旦遇到借款人风险暴露将面临较大的还款压力，容易出现资金断裂等问题，甚至倒闭。根据网贷之家的统计，仅2016年8月期间就有43家出现问题（见表5-1）。根据零壹研究院的统计，自2010年至2016年2月底，累积有2134家借贷平台出现问题，占到平台总数的55.6%。上述平台问题主要类型表现为：歇业停业、失联、恶意跑路、提现困难、涉嫌诈骗等形式（见图5-2）。

表5-1　　　　2016年8月出现问题的网络借贷平台一览表

序号	平台名称	问题时间	上线时间	注册资本（万元）	注册地	问题类型
1	子祥财富	2016-08	2015-07	1000	山西	跑路
2	商鼎贷	2016-08	2015-04	5000	上海	跑路
3	牛宝宝理财	2016-08	2015-11	3000	上海	跑路
4	中原贷	2016-08	2012	—	河南	提现困难
5	晋融贷	2016-08	2014-12	5000	广东	跑路
6	惠信宝	2016-08	2015-07	50000	广东	提现困难
7	三弟财富	2016-08	2016-07	2000	安徽	跑路
8	宝宝金服	2016-08	2016-05	5000	陕西	跑路
9	金钥匙（浙）	2016-08	2016-03	5000	浙江	提现困难
10	哈富在线	2016-08	2014-11	3000	广东	跑路
11	投融贷	2016-08	2014-05	5000	上海	提现困难
12	团团贷	2016-08	2016-05	5000	云南	跑路
13	启道金融	2016-08	2014-09	1000	新疆	提现困难
14	状元理财	2016-08	2015-05	3000	北京	提现困难
15	林登财富	2016-08	2015-06	5000	浙江	跑路
16	858金融	2016-08	2013-11	1000	广东	提现困难

续表

序号	平台名称	问题时间	上线时间	注册资本（万元）	注册地	问题类型
17	富国创投	2016 – 08	2015 – 01	8800	山东	跑路
18	嘉骏创投	2016 – 08	2016 – 03	2000	安徽	提现困难
19	德福财富	2016 – 08	2016 – 04	8000	广东	跑路
20	普临贷	2016 – 08	2016 – 03	5000	北京	跑路
21	丰登宝	2016 – 08	2016 – 03	5000	江苏	跑路
22	兴泰创富	2016 – 08	2015 – 04	1000	山东	提现困难
23	人企贷	2016 – 08	2014 – 01	10000	上海	提现困难
24	元祥金服	2016 – 08	2016 – 01	10000	浙江	提现困难
25	万合理财	2016 – 08	2015 – 09	2000	山东	跑路
26	东领在线	2016 – 08	2015 – 03	5000	山东	跑路
27	立贷通	2016 – 08	2015 – 03	1200	山东	跑路
28	兴投贷	2016 – 08	2015 – 05	10000	安徽	跑路
29	慧鸣贷	2016 – 08	2015 – 01	1000	上海	跑路
30	鼎天在线	2016 – 08	2016 – 06	6000	山东	跑路
31	汇乐贷	2016 – 08	—	2000	广东	跑路
32	鲸孚融	2016 – 08	2015 – 11	20000	湖北	提现困难
33	合胜贷	2016 – 08	2016 – 06	5000	上海	跑路
34	悦阔财富	2016 – 08	2013 – 09	5000	浙江	跑路
35	汉泰华泽	2016 – 08	2014 – 01	5010	湖北	跑路
36	贷投者	2016 – 08	2015 – 08	10000	上海	提现困难
37	孔方兄	2016 – 08	2013 – 12	1000	云南	跑路
38	搜搜贷	2016 – 08	2011	1000	广东	跑路
39	民鑫贷	2016 – 08	2014 – 12	1000	山东	跑路
40	嘉庆创投	2016 – 08	2014 – 11	1100	山东	跑路
41	顺鑫贷	2016 – 08	2015 – 01	—	山东	跑路
42	金金贷	2016 – 08	2015 – 01	2000	广东	跑路
43	正欣贷	2016 – 08	2015 – 05	1000	浙江	跑路

资料来源：网贷之家，http：//shuju. wdzj. com/problem – 1. html。

家

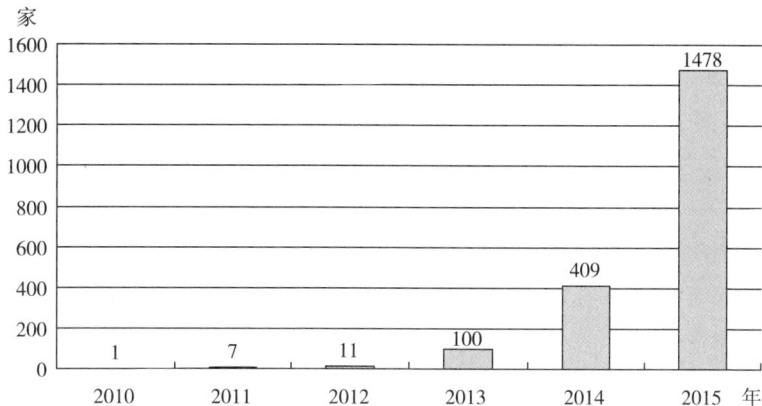

资料来源:《中国P2P借贷服务行业发展报告》,零壹研究院,2016。

图5-1　2010—2015年国内问题P2P平台数量图

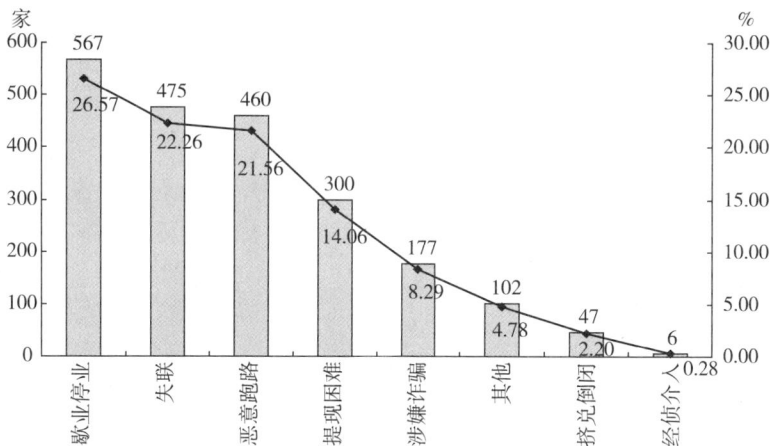

资料来源:《中国P2P借贷服务行业发展报告》,零壹研究院,2016。

图5-2　问题P2P平台的类型表现(截至2016年2月底)

【专栏5-3】

上海首创建立动产质押信息平台

2012年肇始的钢贸信贷危机,暴露出钢贸行业开具虚假仓单、重复质押、关联质押以获取银行贷款的业内乱象。25日,全国首创的上海银行业动产质押信息平台上线运行,平台将规范大宗商品质押融资管理体制,推进社会诚信建设。

钢贸融资存"一女多嫁"乱象

2012 年初,上海等地出现钢贸信贷危机,暴露出部分涉钢贸企业刑事诈骗案件。记者采访发现,危机背后,是动产质押参与各方之间(钢贸商、第三方监管公司、银行、仓储公司)信息不对称;部分企业诚信缺失质押物真实性无法保证;仓库良莠不齐,管理不规范;第三方监管服务不到位,质物监管形同虚设;缺乏规范化、系统化的全流程管控体系等问题。

西本新干线高级研究员邱跃成等业内人士表示,仓储、物流监理、融资性担保公司等钢贸中介,本应对钢贸企业的抵质押物进行全流程监管,但由于监管、信用程度比较差,部分中介机构失职甚至与钢贸企业相互勾结,出具虚假仓单,或者重复质押"一女多嫁",甚至"移花接木",利用其他钢贸企业货物质押套取银行信贷。

上海宝钢运输有限公司副总经理戈蕴文告诉记者,以前钢贸商造假很容易,只要有材料证明钢材是你的,就能拿到贷款。而上海仓储行业竞争激烈,利润极低,如宝钢运输一年 400 万吨的仓储量,利润只有 85 万元,每吨只赚 2 毛钱。一些不法仓库在利益诱惑下帮助钢贸商造假,今天挂个标签说货是这家银行的,明天换个标签说是那家银行的,分食骗贷蛋糕。

动产质押平台破解信息不对称

为了标本兼治,从制度上化解钢贸为代表的大宗商品质押信贷风险,上海市银行同业公会、上海银监局、上海金融办等相关部门联合牵头,委托东方钢铁电子商务有限公司搭建上海银行业动产质押信息平台。

东方钢铁电子商务有限公司总经理张志勇表示,平台将整合仓库、第三方监管等资源,面向金融机构及货主,提供"管得牢、控得住、易使用"的全流程管控体系。目前,平台已具备信息披露、信息查询、仓单登记、实物监管、仓单融资等业务功能,有效解决重复质押、虚假质押等问题。

记者了解到,平台有助于解决银行、仓储、第三方监管公司之间信息不对称的问题,通过动产质押信息登记、统一规范的电子仓单、数据比对校验,建立重复质押风险预警机制。平台建立了仓库准入标准,不定期进行抽盘库,抽盘库结果、仓库管理状况等记入仓库诚信档案,仓库使用统一的云计算仓储管理系统,并与平台进行无缝对接,杜绝了数据不实、篡改等问题。通过"技防+人防",实现了关键业务环节的全覆盖。

让信用产生价值　大宗商品领域"可复制"

记者采访发现,动产质押信息平台破解了各方信息不对称难题,使得质押融资链各方实现共赢,这一模式未来还可在铜、铝等大宗商品领域复制。

上海兴晟钢材加工有限公司副总经理明图杰表示，此前仓储行业普遍存在劣币驱逐良币的现象，规范经营的企业反而赚不到钱。加入动产质押信息平台的诚信仓库后，有融资需求的钢贸商就会把货放到诚信仓库，让守信者赚钱、失信者淘汰。

"平台制定了诚信仓库标准，对失信仓储企业将列入'黑名单'，进而加强行业自律。"上海市银行同业公会副会长陈子昊说。

张志勇认为，目前钢贸企业处于最艰难的时候，此前的失信行为使得资金不敢进入钢贸流通，进一步加剧了行业困境，平台的建立有助于为钢贸行业增信，降低企业融资成本。

工商银行上海分行小企业金融业务部副总经理杨洁说："动产质押可以解决小微企业缺少融资担保的难题，不能因为钢贸出了问题就否定这一融资方式。但在原来的业务模式下，银行信息严重滞后，很难判断质押物的真实性，平台的建立理顺了钢贸产业链上各方的权利义务，改变了银行'谈钢色变'的心态。"

上海银监局局长廖岷表示，上海银行业动产质押信息平台的推出，是上海银行业钢贸风险处置化解过程中，监管部门和管理部门纠建并举，推动银行业和仓储业加强合作的新尝试，开辟了动产质押业务风险管控的新路子。这对于支持小微金融服务、降低行业信贷风险、维护地区金融稳定等都具有重要的意义。平台建设有望形成可复制可推广的示范效应，借上海自贸区的东风，推动上海商品、物流、金融等多个市场体系建设。

资料来源：新华网，2014-03-25。

（二）证券市场的信息不对称

证券市场的信息不对称主要有两个方面：一是投资者与上市公司之间的信息不对称可能导致股东与管理层之间的委托—代理问题、投资者对公司股票或债券逆向选择问题。二是机构投资者与个人投资者之间的信息不对称可能导致市场操纵问题，以及进而导致的股票市场中出现逆向选择问题。尤其是市场中存在大量的违规违法的现象都与信息不对称导致缺乏必要的监督有关。

1. 财务造假，信息披露违规

部分经营状况不佳的上市公司出现亏损后，为骗取股东的信任进而继续获得投资，通过虚增营业收入，人为调节经营指标，虚增经营利润等手段在业绩报告上做手脚，美化财务报表，直到最后东窗事发，真实的经营情况才被暴露。此外，还有大量的上市公司通过各种类型的信息披露违规，达到对股价的不正当干预，最终对投资者造成损失。

表 5 - 2 2014 年十大黑榜上市公司一览表

序号	公司名称	股票代码	上榜理由	概况
1	南纺股份	600250	连续 5 年虚增利润	南纺股份于 2006 年至 2010 年，分别虚构利润 3109.15 万元、4223.33 万元、15199.93 万元、6053.18 万元、5864.12 万元，占其披露利润的 127.39%、151.22%、962.4%、382.43%、5590.73%。
2	獐子岛	002069	八亿扇贝不翼而飞	从预计盈利 7565 万元到突然称 2014 年前三季度净利润巨亏 8.12 亿元，150 万亩养殖海域颗粒无收。投资者对獐子岛的疑问主要有两个：如何证明即将采捕的扇贝确实死亡，如何证明 2011 年确实投了苗。
3	海联讯	300277	涉嫌 IPO 造假	2014 年 11 月 6 日，证监会判定海联讯存在涉嫌骗取发行核准和信息披露违法两项违法行为，对其共处 822 万元罚款。对控股股东、实际控制人章锋给予警告，共处 1203 万元罚款。
4	航天通信	600677	连续多年财务造假	2007 年被查出将资金套出，进行体外循环，虚增收入和利润；2010 年通过关联交易，虚增收入和利润；2012 年通过资产核算方法的调整，虚减成本，虚增利润；2014 年通过背靠背互开发票的方式进行虚假交易，虚增利润。
5	*ST 超日	002056	垃圾债延续刚兑"神技"	超日太阳自 2010 年 11 月 IPO，上市仅仅三年多就"披星戴帽"，因公司 2011 年、2012 年、2013 年连续三年亏损，股票自 2014 年 5 月 28 日起暂停上市。与此同时，*ST 超日发行的公司债券"11 超日债"于 5 月 30 日起终止上市。
6	皖江物流	600575	子公司曝百亿债务黑洞	2014 年 9 月 5 日，皖江物流子公司淮矿物流被银行起诉，9 月 24 日曝出 167.49 亿元债务危机并牵扯到 19 家银行，9 月 30 日子公司淮矿物流向法院申请重整。
7	*ST 新都	000033	担保被诉不披露	自 2011 年 3 月至 2011 年 12 月，公司对外签订 1 笔重大借款合同、3 笔重大及关联担保合同，原董事长李聚全代表公司签字并加盖公司公章，但公司既未按规定履行临时报告义务，亦未在相应定期报告中予以披露。2012 年 12 月起，上述借款或担保合同的债权人先后提起了 4 宗民事诉讼，累计涉案金额约 4 亿元；此外，还有 2 笔借款及担保被诉。上述所涉 7 宗重大诉讼事项应依法予以披露，但公司既未履行临时报告义务，亦未在相应定期报告中予以披露。

续表

序号	公司名称	股票代码	上榜理由	概况
8	光大证券	601788	保荐项目虚假记载	因公司在核查天丰节能首次公开发行股票并上市申请材料以及进行财务自查过程中未勤勉尽责，导致 2013 年 3 月 27 日出具的《发行保荐书》和 2013 年 3 月 28 日出具的《报告期财务报告专项检查的自查报告财务核查报告》存在虚假记载。
9	莲花味精	600186	信息披露违法违规	公司 2013 年年报中披露的第三大客户德宏州中汇仓储物流进出口有限责任公司名称不准确，实际为芒市锦利边贸有限责任公司；2013 年年报中披露的第一大客户河南莲花生态环保产业有限公司名称不准确，实际为河南莲花生态农业有限公司。此外，公司 2013 年列支销售费用——返利 207.24 万元系 2012 年销售收入产生的返利，不符合会计准则相关规定；2013 年末预付工程款余额 845.92 万元，应在资产负债"其他非流动资产"列示，公司在"预付账款"列示也不符合规定。
10	中科云网	002306	转型中财务造假、股东减持	一年内转型五次的中科云网（原湘鄂情）在其转型的过程中，拟收购的标的公司通常名不见经传且亏损累累，然后在披露收购意向的一段时间之内，公司又宣布因种种原因放弃收购。在这过程中，公司二股东王栋连续大手笔减持，持股已降至第四大股东。而王栋的持股，来自一年前时任中科云网董事长孟凯的协议转让。中科云网在增信、担保等多个财务问题上存在弄虚作假。

资料来源：根据《大众证券报》（2015 - 01 - 10）整理。

2. 违规经营，盲目承诺收益

此类问题主要是针对证券公司等券商而言。一是利用法律和监管漏洞的存在，挪用客户保证金等的违规经营行为时有发生；二是为改善经营绩效，利用自身信息优势盲目承诺保底收益来吸引投资者，以赚取手续费等中间收入。

3. 随意改变募集资金用途

由于外部客观条件发生变化，包括宏观经济走势、技术进步、产业政策调整和需求变化等，导致产品和市场状况不乐观，加上前期立项的草率，或合作方变化等因素的影响，导致原来立项的项目难以开展，公司不得不擅自变更其募集资金的用途或投向。对此，投资者往往无从知晓，最后容易出现利益受损的结局。

（三）保险市场的信息不对称

保险市场的信息不对称主要体现在两个方面：一是投保人不能为保险公司提供完全信息，导致保险公司经营成本上升，赔付率提高，甚至出现骗保等逆向选择和道德风险等情形；二是保险公司不能为投保人提供完全的信息，使受益人权益无法实现。

二、物联网实现金融市场交易信息完备的路径分析

物联网金融将有效消除传统金融市场中信息不完全、不对称现象，并有望最终实现完备信息状态，为金融交易发展创造良好的市场环境，有效防止因委托代理问题和道德风险而形成的金融风险。

一是通过改善交易过程中的信息条件，提高金融产品和金融交易信息的传递、加工和处理速度，提高金融交易的透明度和产品的标准化程度。比如，针对汽车险的恶意骗保问题，可以在投保车辆上装上物联网终端，对驾驶行为综合评判，根据驾驶习惯的好坏收取不同的保险费；出现事故时，物联网终端可以实时告知保险公司肇事车辆的行为，保险员不到现场即可知道车辆是交通事故还是故意所为。

二是物联网将在最大程度上消除市场壁垒，促进完整统一的金融市场的建立，实现金融资源自由流动和高效率分配。如此一来，投资者将完全共享各个市场的金融交易信息，获得完全、完整的价格信息；融资者则完全具备市场自主参与机会和能力，彻底摆脱了金融资源供给的束缚，能够以尽可能低的融资成本获取廉价金融资源。

三是物联网金融通过数据分析精确定位，满足客户个性化需求。物联网金融借助物联网数据平台产生了海量潜在用户和用户数据，记录了用户群体的海量消费行为特征，可以实现"客户画像"。一方面大数据和云计算技术可以支撑高效决策，实现更贴近客户需求的产品创新；另一方面，通过对于海量平台数据的挖掘和分析，预测投资者或金融消费者对产品和服务的反应，分析其内在关系，提高客户转化率，实现物联网金融的精准营销和全流程管理。

四是物联网数据平台提供了海量的数据素材，通过数据挖掘，可以获取消费者的购买偏好、消费水平、交易信息，企业和个人的交易动态、信用信息、客户评价等；可以获取消费者评价、商户口碑、经营条件等。通过大数据挖掘技术，找出内在规律，为金融创新提供依据，创造出更大商业价值。

【专栏 5 - 4】

首家物联网专业保险公司成立

2016 年 3 月 18 日，我国第一家基于物联网的装备与装备制造专业财险公司——久隆财产保险有限公司（以下简称"久隆保险"）在珠海成立。

久隆保险由中国装备制造业领军企业三一集团和珠海当地资本巨头珠海大横琴投资有限公司、珠海铧创投资管理有限公司等十五家股东共同发起设立。该公司是国内首家服务于装备与装备制造业有关的专业保险公司，总部设在广东珠海横琴自贸区，注册资本金 10 亿元人民币。久隆保险的定位是"中国第一家基于物联网的保险公司"。基于物联网的大数据使保险企业能更准确地识别风险与定价，从而根据客户的风险特性为客户定制保险产品与服务，改善市场供给，开启保险领域的供给侧改革。

依托股东在物联网领域十余年的探索积累，依靠万亿元级的海量装备工况和风险数据资源，久隆保险能全方位掌握装备风险状况以及客户的风险偏好和行为特征，清晰刻画客户的 7 风险图谱。一方面，通过产品创新，为装备使用者及装备制造业转型升级提供一系列专属风险解决方案，创新研发出设备工时指数保险、风力发电指数保险、UBI 保险等创新产品，填补高端制造业保险空白；另一方面，凭借实时传输的装备工况信息及环境信息，远程识别潜在风险，为客户提供实时风险指导，凸显防灾减损价值，变"风险转移"为"风险消除"，改写零和游戏，创造社会价值。

资料来源：中国证券网，2016 - 03 - 19。

三、"完备信息状态"对金融市场的影响

物联网金融的"完备信息状态"将促进完全竞争的金融市场的形成，进而有利于促进金融市场均衡价格的形成，降低均衡价格；提高金融市场效率，实现生产可能性边界的外扩（相关分析将在本章后续章节详细论述）。除此以外，"完备信息状态"还将对金融市场产生以下几个方面的积极影响。

（一）增强金融市场的稳定性

市场信息的不完全、不对称，容易误导投资者对市场行情的判断，在羊群效应作用下，引起市场动荡。物联网金融让投资者处于完备信息状态，及时获得高质量的动态市场信息，避免市场噪音的干扰，坚持理性投资决策，从而维持市场的稳健运行。

（二）促进普惠金融的发展

普惠金融之所以成为目前金融服务的短板，主要就是由于各种信息不完

全导致市场上大量的金融需求无法满足，互惠共赢的金融交易无法达成。物联网金融通过让交易双方具备完全信息，降低包括信息成本在内的交易费用，促成各种潜在的小众市场领域金融交易的实现。例如，以"三农"金融服务为例，通过物联网在农业和农村的应用，银行可以实现对农民的经营情况远程可视化动态掌握，包括对农机具等抵押物可以有效控制，进而降低了银行信贷资金风险，使得之前无法开展的信贷业务得以正常开展；物联网金融条件下大力发展的动产融资也将惠及大量的小微企业，提高普惠金融覆盖面。具体有关物联网金融如何推动普惠金融发展在本书第四章的相关内容有详细论述。

（三）有利于促进公平交易和投资者权益保护

物联网金融中投资者可以在最大程度上减少来自虚假信息、市场欺诈等方面的损失，并使交易双方能够处于同等市场地位，避免滥用市场权利。此外，大量的金融市场参与者通过分享经济模式参与金融市场交易，将使得传统的技术原因导致的市场垄断不复存在。这都将大大提升消费者在市场中的地位，促进消费者权益保护。

第三节　金融市场交易价格变迁：促进均衡价格形成

物联网通过降低金融市场交易成本、促进完备市场信息的实现对金融市场供给产生深刻影响，打破传统金融市场的均衡状态，并形成新的市场均衡。相比传统金融市场的头部均衡，物联网金融市场的均衡则为尾部均衡，均衡点位于市场需求曲线的尾部，均衡价格降低，均衡数量增加。

一、物联网金融市场均衡分析

（一）均衡价格理论基本分析框架

在现代西方经济学领域，马歇尔创立了局部均衡分析框架，运用均衡概念和均衡分析研究价格，考察了单个市场上某一种商品的供给和需求，以及由供求所决定的商品的均衡价格和均衡数量，或单个市场的均衡状态的形成。瓦尔拉斯则在马歇尔均衡理论基础上更进一步，创立一般均衡分析法，考察了市场上各种商品市场的供给和需求，注重各个商品市场之间、各个要素市场之间以及各个商品市场和要素市场间价格和数量的相互影响和相互联系，即所有市场都达到均衡的稳定状态。一般均衡理论认为整个经济体系处于均衡状态时，所有产品和要素的价格为均衡价格，对应的数量为均衡产量和均衡供应量，尤其是在"完全竞争"的均衡条件下，出售一切生产要素的总收入和出售一切产品的总收入必将相等。各种影响供给和需求的因素都会最终影响到均衡价格的形成。

（二）物联网金融市场供给曲线分析

对于物联网金融企业而言，从长期看企业要根据市场的增长而采用不同的技术水平组织生产，进而引起固定成本增加。但由于物联网金融业具有规模报酬递增效应，其长期平均成本随技术更新而下降，企业最优生产规模是无限大的产量。

对于整个物联网金融市场而言，各金融机构的边际成本趋近于零，能够获取整个市场的完备信息。对任何单一的金融产品而言，与传统金融市场最大的区别在于边际成本和平均成本降低，即表现为市场供给曲线向右平移，如图5－3所示。在同一供给数量下，物联网金融市场的价格低于传统金融市场；在同一价格水平下，物联网金融市场的供给要大于传统金融市场。

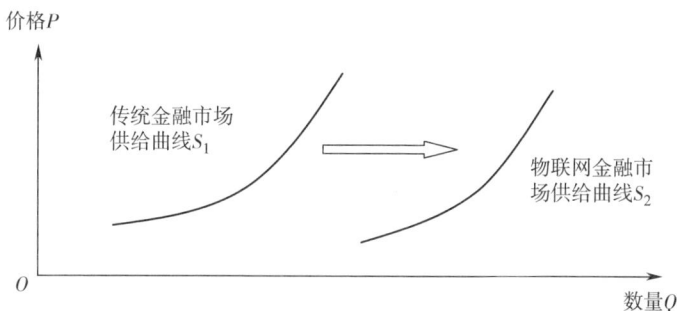

图5－3　物联网金融市场供给曲线

（三）物联网金融市场"尾部均衡"假说

1. 尾部均衡的含义

尾部均衡指市场均衡形成于市场需求曲线的尾部，即市场供给曲线与需求曲线相交于需求曲线的右下部分。如图5－4所示，传统金融市场均衡状态下，市场需求曲线 D 与供给曲线 S_1 相交于 E_1 点，对应的均衡数量和均衡价格分别为 Q_1、P_1。由于物联网金融市场的供给曲线发生了明显的变化，直接导致均衡状态发生了变化，均衡点由需求曲线的头部移动到尾部，即图中的 E_2 点，均衡数量和均衡价格分别为 Q_2、P_2。

2. 尾部均衡的意义

物联网金融改变了传统金融的头部均衡状态，形成了尾部均衡状态，均衡数量增加，均衡价格下降。在尾部均衡状态下，市场上金融产品的供给更加丰富，金融服务的价格下降，金融服务效率大大提高，金融服务覆盖率大幅提高，有效缓解了融资难、融资贵问题，并有利于普惠金融的发展。

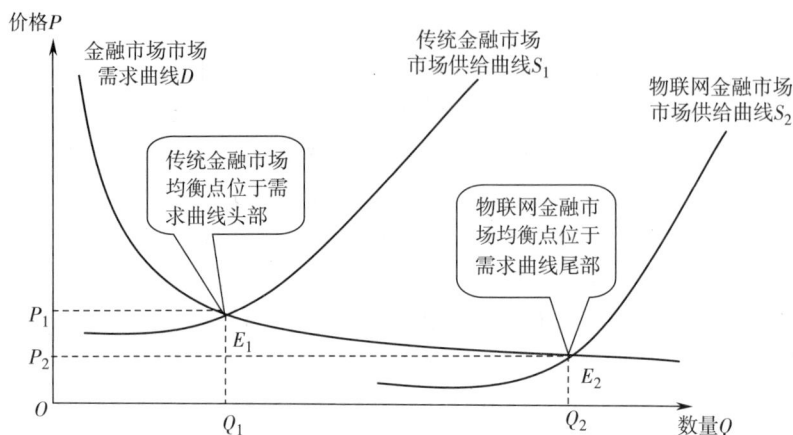

图 5 – 4　物联网金融市场的"尾部均衡"

二、金融市场均衡价格的主要影响因素

如果将金融产品视为单一产品，则金融市场均衡属于局部均衡，即金融市场上金融产品的需求和供给正好相等，价格水平维持在均衡价格，市场出清。根据供求定理，在其他条件不变的情况下，需求或供给的变动均会导致均衡价格的变化，直至形成新的均衡状态。因此，金融市场均衡价格变化的主要因素主要包括：（1）市场流动性。一般而言，在市场流动性较为充裕的情况下，市场供给曲线向右平移从而使得均衡价格下降，均衡数量增加。（2）投资者收入水平。投资者收入水平越高，则金融产品的资金来源越多，供给增加，同样会导致均衡价格的下降和均衡数量的增加。（3）金融创新。金融创新直接影响就是提高金融市场效率，降低市场均衡价格，增加市场供给量。（4）交易成本。如前所述，交易成本下降将导致均衡价格的下降和均衡数量的增加。（5）利率、汇率波动。汇率和利率一定程度代表着资金的价格，直接影响金融产品的成本，将导致均衡价格和均衡数量的变化。（6）市场预期。市场预期对金融市场的均衡价格影响较为复杂，简而言之，如果普遍预期看好金融市场发展前景，则会一定程度上同时增加供给和需求，导致供给曲线和需求曲线均向右移动，其对最终均衡价格的影响难以确定。（7）技术进步。技术进步对金融市场的影响，主要是通过降低交易成本和促进金融创新两个方面最终体现出来，最终表现为提高金融市场的效率，即同等条

件下降低均衡价格，增加均衡数量（如表5－3所示）。

表5－3　　　　　　　影响金融市场均衡价格的主要因素情况表

主要影响因素	对需求或供给的影响	对均衡价格的影响	对均衡数量的影响
市场流动性	流动性增加使供给曲线向右移动	下降	增加
收入水平	收入水平的提高使供给曲线和需求曲线均向右移动	不定	增加
利率和汇率	利率或汇率的上升使供给曲线向左移动	上升	减少
金融创新	金融创新使供给曲线向右移动	下降	增加
交易成本	交易成本的减少使供给曲线向右移动	下降	增加
技术进步	技术进步使供给曲线向右移动	下降	增加
市场预期	市场预期的好转一定程度上将导致供给曲线和需求曲线均向右移动，反之则均向左移动	不定	不定

三、物联网影响金融市场均衡价格的主要路径

如上所述，物联网金融通过利用大数据、云计算、智能感知等现代信息通信技术推动实体经济领域边际成本趋零，降低金融市场交易成本，实现金融市场完备信息，促进金融服务创新，使得供给曲线向右平移，即相同价格水平下供给量增加，进而降低均衡价格水平的同时增加金融服务有效供给，有效缓解融资难、融资贵问题。此外，平台经济、分享经济和微经济等新经济模式也创造了大量的个性化的小众金融服务利基市场，一定程度上增加了金融市场的需求，也将对金融市场均衡价格产生影响。从物联网金融发展的角度来看，物联网对均衡价格的影响主要通过去中介化、去中心化和智能化来实现。

（一）去中介化

物联网在实现了万物互联和实时遥控后，为金融产品（如资金）的供给双方直接进行交易创造了技术条件，传统金融机构支付中介、资金中介和信用中介的职能将逐步弱化，甚至被淘汰。金融脱媒趋势愈演愈烈之际，各种提供资金需求信息平台的金融科技纷纷涌现，并获得高速发展。例如，第三方支付机构的兴起使小额资金划转和支付不再需要通过银行；各种网上资金供求信息平台则直接撮合了资金交易双方，比传统的筹融资模式更加高效便捷。

（二）去中心化

网络金融服务领域更加分散，客户集中度将大大降低。实体经济领域广

泛兴起的平台经济、共享经济和微经济等新模式不仅催生了新的金融服务领域，同时也为金融去中心化创造了外部环境。面对大量分散的小微型市场主体，物联网金融在服务新经济过程中将一改传统金融服务中"抓大放小"的策略，更加重视服务大量的长尾客户。随着区块链等相关技术的进一步发展和应用，去中心化信息服务、去中心化的存储和云计算服务，以及在区块链上进行记录和交易土地和资产所有权等，乃至智能合同等，将进一步强化实体经济领域的去中心化发展趋势。金融在服务实体经济过程中，也必须在某些方面采取去中心化的发展策略。目前，在货币结算领域，由于区块链技术的应用，出现了各种形式的网络货币，使得各交易对手可以直接进行结算，而不需要经过中央清算机构。

【专栏 5 – 5】

基于银行视角的区块链应用挑战与机遇

区块链技术引发了全球各大金融机构的关注和研究，高盛、花旗、澳新银行等已在跨境汇款、积分、股权登记等方面进行了探索与实践。

一、区块链的本质与特点

作为比特币的底层技术，区块链（Block Chain）随着比特币的诞生而出现，是一串使用密码学方法生成的数据块。在比特币体系中，每一个数据块包含过去十分钟内所有比特币网络交易的信息，用于验证其信息的有效性并生成下一个区块。

在理想条件下，区块链通过数据区块（Block）取代目前互联网针对中心服务器的依赖，是交易各方信任机制建设的一个完美数学解决方案。在该机制下，任何互不了解的人都可以通过加入一个公开透明的数据库，实现点对点记账、数据传输及认证，不需要借助中间方来达成信用共识。所有交易记录、历史数据等都分布式存储并透明可查，以密码学协议的方式保证其不会被非法篡改。具体来说，区块链技术具有以下特点：

1. 去中心化：系统各节点之间的权利和义务是均等的，无需中枢性管理运行机构，系统功能由各节点统一维持，任一节点的损坏或者失效都不会影响整个系统的正常运作。

2. 开放性：系统信息及运作规则高度透明，数据对所有人公开，可以通过公开的接口查询区块链数据和开发相关应用。同时系统程序开源，通过开源社区吸引更多的机构和个人参与到整个系统的运作过程，从而形成网络效应，快速协同发展。

3. 隐私保护：节点间通过加密且不可篡改的机制建立相互信任，需要开放的仅是交互信息，节点本身无需公开身份，交易可以匿名完成。

4. 高度自治：区块链采用基于公开的协商一致的协议或算法，使整个系统中的所有节点能够在去信任的环境下自动安全地交换数据，不需要任何人为的干预。

5. 不可篡改：通过公开分发数据库的形式，让每个参与维护节点都能复制获得一份完整数据库的拷贝。除非能够同时控制整个系统中超过51%的节点，否则单个节点上对数据库的修改是无效的，也无法影响其他节点上的数据内容。因此，系统中的节点越多、计算能力越强，数据安全性就越高。

二、区块链的创新与定位

（一）推动社会组织经济形式革新

自然界中存在着以猴王、雄狮为中心，或以当前人类社会为代表的中心化组织形式，也有鱼群、蚂蚁等通过个体间的统一规则达到群体智慧的现象。区块链采用了分布式理念，并利用技术手段和规则设定来保证系统的稳定运行，这种去中心化的形式是一种简单、高效的社会经济组织方式，其理念类似古典经济学派所推崇的市场机制——"无形的手"来确保经济社会最终达到平衡；但市场也有失效的时候，凯恩斯主义主张政府统一协调，对市场进行调节和管控。总之，区块链既非软件、也非硬件，它是人类经济贸易方式的一种，完全是颠覆性的，将推动社会经济组织形式的革新。

（二）推动成本降低和价值转移

基于分布式、互信及不可篡改的特点，区块链可以摒弃中心或者权威提供的管理和担保。在经济贸易中意味着降低交易、流通成本，扩大市场范围；在金融领域中意味着区块链通过新的信用创造方式，能让交易双方在无需借助权威的第三方信用中介的条件下开展经济活动，从而实现全球低成本的价值转移。

（三）颠覆性替代仍具高成本和局限性

目前现有经济贸易组织形式并未出现严重危机，颠覆性地采用区块链技术缺乏说服力和内生动力。同时，随着有管理、有中心的经济金融体系本身的不断改善和提升，放弃现有体系机制，采用区块链技术的机会成本也会日渐提高。

与此同时，区块链尚未真正达到其理论上的特点，还具有一定局限性。区块链技术应用初期，更多的是在私有链和联盟链层级上实现，还有更高层级的机构或系统可以对整个区块链进行把控，其去中心化和不可篡改的特性是有限的；依赖于系统的加密共享技术，区块链暂无法实现绝对的安全性；

基于区块链技术所创造的信用，对大众而言仍然需要权威机构或平台的技术识别背书。

三、国内银行业引入区块链所面临的挑战

基于对现有区块链技术的分析，结合我国银行业发展实际状况，引入区块链技术需要做好详细论证与准备，才能绘制清晰的区块链转型发展路线图。

（一）银行自身数据治理机制与能力

区块链技术是对数据的颠覆式应用，银行利用区块链的前提是做好数据管理，还要探索向分布式管理模式做好过渡准备。区块链技术的应用需要商业银行在体制机制方面做好筹划，特别是要有集中的、可管理的大数据应用能力，具备完善的数据治理机制和统一清晰的数据标准，实现数据贯通，以利用大数据，进一步降低成本、提高效率，打散数据，施行区块链技术，保证数据的安全和有效性。

（二）物理集中式的一本账架构

国外金融巨头如汇丰、花旗等依靠不断兼并收购发展壮大，基本采用分散式管理的账本架构。与国外银行不同，中国银行业普遍采用物理集中式的一本账架构。引入区块链技术则需要提供必要的土壤，而探索革新传统的一本账结构将带来较高的机会成本，这将成为区块链技术应用的重要阻碍。

（三）银行业审慎经营态度

由于区块链技术尚待改进和时间检验，而金融领域对系统和技术的稳定性、安全性要求极高，银行业在引入全新技术架构应用时也持审慎态度，区块链技术还需要在其他领域经过实践检验的成功经验。同时，当前银行业有充分可靠的信用支持，尚不迫切需要通过区块链解决信用缺失问题。但在医疗欺诈、财政税收等信息壁垒较高的领域，需要区块链技术为相关方提供支持。

（四）监管态度等外部因素

区块链及比特币从一出现就受到各国金融监管机构的重点关注，虽有部分官方持肯定态度，但大部分态度比较谨慎，且其间又出现比特币被利用洗钱等事件。目前，金融监管者对于区块链的发展与推广普遍持谨慎态度，密切关注及严格审批，这在一定程度上制约了区块链技术在金融领域的应用。

四、国内银行业引入区块链所面临的机遇

尽管区块链技术应用还面临一定挑战和局限，其积极意义和未来发展潜力仍然值得广大金融机构的关注与研究，国内银行应该积极抢抓机遇，尝试在部分业务上实现突破。

（一）有控制的分布式记账

区块链去中心化强调共享群体自身的智慧与决策，从理论上看，区块链在金融领域的应用需要政府及银行放松对金融业务的管控权，将记账、交易等管理权分散至企业、政府机关、个人等社会各经济主体。鉴于政府对金融安全、社会安定以及打击犯罪等问题等综合考虑，必须对金融、货币有一定的掌控权，故建议现阶段可以考虑在一定层面建立有控制的授权式分布记账体系。

在这种有控制的分布式记账体系下，中央银行拥有各区块账簿的查询、修改、决定是否合法等最高权限，并有权决定参与机构的准入资格和操作权限，分布式清算体系和货币支付的记账权、账簿存储权仅向得到授权的金融机构开放。

（二）记账权的区块链应用

区块链账簿要保证不可篡改，需要实现分布式记账，即多个记账节点都保存一份账簿，这意味着从以前单个机构记一本账过渡到多个机构各记多本账。相较于比特币的参与者数量和交易频率，金融交易数据及交易频率量级更为庞大。分布记账首先将导致央行、大型机构等成倍增加存储和交易处理成本，而中小型机构则无法承载负荷记账任务。

在区块链实际应用中，可以不改变现有账簿的集中存储方式，而将记账权限作为区块链内容，在授权机构间分布存储，这样会避免存储和交易数据过大的问题，同时保证账簿的安全性。

（三）非资金交易领域的应用探索

1. 押品管理：利用区块链技术对银行的抵押品进行管理，抵押品的所有权和交易记录均分布记录在各家机构中，可以解决现有抵押品的管理和所有权转化过程中的成本和效率问题。

2. 积分平台：目前各银行的积分平台均存在着兑换物品采购和管理的限制，需要大量的采购和维护工作。积分区块链联盟建立后，各机构统一采用同一个互信的积分体系，并提供自有或整合的兑换资源，从而提升积分的使用便利性，扩大使用范围，提高积分的市场价值。

3. 信用体系：目前征信机构收集个人和企业的交易记录和身份信息，进行信用等级评价。但当各个使用信用评级的机构间建了区块链式的信用体系后，就无需专门的征信机构来采集并保存信用信息了，新的征信体系具有公开、公正、无法篡改的优势。

我们可以预见，区块链技术将释放出更多智慧，带来创新潜力爆发，革新未来的金融行业格局。从古埃及时代的纸莎草演进到今天的数字化，人类文明发展不断提速，生活在创新百花齐放的互联网时代实乃我辈之幸，作为银行从业者，瞥见改变未来的光束，从重塑自身出发，展望行业格局，愿它能照亮未来。

资料来源：《基于银行视角的区块链应用挑战与机遇》，财新网，作者：郭为民，2016 - 04 - 23。

（三）智能化

对于金融消费者而言，物联网金融比传统金融最大的优势就在于其高度智能化的特点。随着虚拟现实技术（VR 技术，Virtual Reality 的缩写，一种借助计算机及传感器技术创造的人机交互手段）和增强现实技术（AR 技术，Augmented Reality 的缩写，是一种实时地计算摄影机影像的位置及角度并加上相应图像的技术，其目标是在屏幕上把虚拟世界套在现实世界并进行互动）的应用，自助客户服务端将更加智能，并大力改善客户体验。物联网金融的客户服务终端可以是智能手机、运动手环、谷歌眼镜等一系列智能穿戴设备，在大数据服务与云计算服务的支持下，为客户提供各种高效便捷的金融服务的同时，还可以实现精准营销。智能穿戴设备市场的快速发展直接促进物联网金融市场的智能化和信息化水平，为完备信息市场奠定了基础。

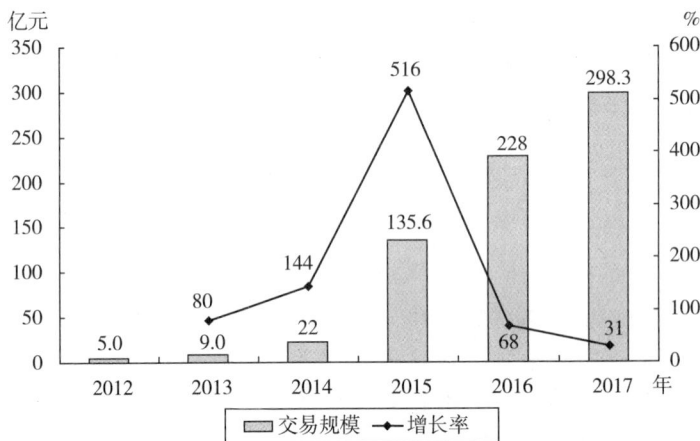

资料来源：互联网消费调研中心，zdc. zol. com. cn。

图 5 - 5　2012—2017 年中国智能穿戴设备市场走势及预测

第四节　金融市场供求关系变迁：打破市场竞争格局

物联网技术在实体经济和金融服务领域的应用将大幅减少金融市场交易

成本，消除市场交易信息不对称、不完全，促进均衡价格形成并下降，充分体现了技术进步对金融市场的影响。与之相适应，传统金融市场供求关系亦将发生深刻变化，原来的竞争格局将被打破，并形成全新的市场竞争格局。

一、金融市场供求关系主要影响因素

一般而言，市场供求关系是指在市场经济条件下，商品供给和需求之间的相互联系、相互制约的关系，是生产和消费之间的关系在市场上的反映。市场供求关系可以分为三种类型：供不应求、供大于求和供求平衡。由于市场供求双方力量对比经常处于调整状态，市场供求关系也始终处于不断变化中。供不应求和供大于求是市场供求关系的常态，而供求平衡则只是双方调整后暂时的稳定状态，是一种动态均衡。

对于金融市场而言，任何影响金融产品供给或需求的因素都会导致市场供求关系发生变化，其中最基本的决定因素包括实体经济发展状况、宏观经济政策、技术进步和金融创新。实体经济发展状况与宏观经济政策既可以影响到金融市场的供给，也可以影响到金融市场的需求，对市场供求关系起着决定性作用。技术进步和金融创新主要是对金融市场的供给产生影响，二者都有利于增加金融市场的供给，更好地满足需求，促进市场均衡。

二、物联网对金融市场供求关系的影响

在现代信息社会，物联网作为一种被广泛应用的信息通信技术，有力推动实体经济领域的技术进步，并为金融创新提供强大的技术支撑，有效提高金融服务供给的效率，并逐步建立新型的金融市场供求关系，直接对金融市场的深度和广度产生深刻影响。具体而言，新型的金融市场供求关系具有如下特征：（1）供给创造需求；（2）供求信息共享；（3）供求博弈重复次数减少；（4）供求自动出清均衡；（5）供求规模同步放大，交易效率提升。

（一）供给创造需求

古典经济学"萨伊定理"早就证明供给自动创造需求。客户的需求分为现实需求和潜在需求，现实需求往往都是基础性的，只有潜在需求才具有超额价值。在物联网时代，简单地满足客户现实需求已经很难脱颖而出，已不能成为金融机构保持高额盈利的动力，只有通过供给创造新需求，让客户需求从"潜在"变为"显在"，激发客户的高层次需求（如社交和成就感等），才能为金融机构创造真正的价值。例如，天猫"双十一"和 iPhone 手机都证明了需求是可以被创造出来的，"用户"全面代替了"顾客"。金融机构也可以在物联网的推动下，利用消费者的数据，利用消费者的接触点，利用消费

者的洞察力，重构产品和业务供应链，使消费者的需求得到更好满足，为客户和自身创造更多价值。

（二）供求信息共享

物联网首先解决的是信息不对称问题。因为物联网的产生，用户提供信息和企业获取信息成本非常低，甚至可以充分共享，这极大提高了供需对接效率。具体来说，过去人们受制于时间、地点、流程等信息不透明导致的高成本，在物联网时代以后就能实现在线化（24 小时接入）、规模化（一点接入、全网覆盖）、去渠道化（减少流通成本），供需双方的信息自由流动、更加透明，从而极大提高双方对接效率。典型的是打车软件对乘客和司机的快速撮合。如上文中提到的金融服务"网格化"平台中，银行可以轻松获取客户纳税、社保、水电甚至个人品行方面的信息，客户则可以随时查看银行产品信息目录，传统的供需信息鸿沟不复存在。

（三）供求博弈重复次数减少

根据信息经济学理论，信息越是不对称，供求双方的博弈次数越多，社会交易成本也就越高。从新制度经济学奠基人科斯《企业的性质》一文中我们知道，企业产生根本原因就是通过内部的协调代替市场的重复博弈。物联网的产生，不仅可以改善交易过程中的信息条件，提高金融交易的透明度和产品的标准化程度，还在最大程度上消除市场壁垒，促进完整统一的金融市场的建立，实现金融资源自由流动和高效率分配。如此一来，供求博弈重复次数减少，从而使得整个的社会交易成本大幅下降。

（四）供求自动出清均衡

市场出清是经济学的一个重要概念。在一般的经济分析中，常常假定通过市场出清，即价格的波动决定了消费者的购买量和厂商的生产量，并使供给量与需求量相等。但在现实经济中，由于信息不对称等因素的影响，容易产生"市场失灵"，很难达到供求自动出清均衡。而在物联网时代，由于供需双方处于"完备信息"状态，价格的波动性减小，可以据此合理调节供求。更进一步而言，由于物联网平台具有分布式、点对点的特点，每个人不仅可以通过网络进行消费，同时还可以通过平台与他人分享自己的服务和产品，既是消费者又是生产者，即"产消者"、"供给创造需求"。在平台经济、分享经济和微经济等新经济模式下，大量的产消者将成为市场主体，市场供给和需求双方逐步实现一体化，供求矛盾逐步缩小，供求关系更加稳定均衡。

（五）扩大市场供求规模

物联网不仅显著改善了市场效率，而且在供求两端都产生增量：供给端是"点石成金"，重构了生产流程和模式，或者将原先的闲散资源充分利用；

需求端则是"无中生有"，创造了原先不存在或者用户没有意识到的需求或者场景。如图5-4所示，物联网金融实现了传统金融难以实现的尾部均衡状态，均衡价格下降，均衡数量大大提高，市场规模扩大，生产可能性边界曲线向外拓展，市场交易效率提高。

三、金融机构如何在新的竞争格局中抢占先机

物联网对金融市场交易成本、交易信息、交易价格，以及供求关系产生深远影响，原有的市场竞争格局必将被打破。新的市场竞争格局一旦形成，将具有一定的稳定性，短期内维持均衡状态。因此，金融机构如何在金融市场新旧格局交替之际抓住机遇，获得物联网金融发展的先机，对其长远发展至关重要。鉴于物联网金融的发展趋势和特点，笔者认为金融机构应该从以下几个方面主动出击，争取物联网金融发展的主动权。

（一）全面融入

与传统金融相似，金融与经济相互依存的关系注定了物联网金融必须全面融入社会经济发展之中，方能在服务经济发展过程中实现自身的可持续发展。尤其是，随着物联网技术在各行业应用的普及和深化，社会生产和生活方式将发生深刻变化，交易方式和消费习惯网络化日趋明显。原有市场、用户、产品和价值链被重构，打破了传统的金融行业界限和竞争格局，金融生态发生颠覆性变化，金融服务必须融入更加广泛的整个社会经济系统，方能获得客户的青睐。金融机构应该争取嵌入到提供消费商品的商务圈、提供金融服务的金融圈以提供客户之间交流互动的社交圈，并以此为基础搭建更加完善的服务平台，让金融服务覆盖社会生产生活的各个环节，实现金融服务与实体经济发展的深度融合。

（二）对接新经济

在实体经济领域，平台经济、分享经济和微经济等新经济模式发展如火如荼。新经济的动力主要来自以云、端、网为构成的新基础设施，以大数据为主要内容的新生产要素和以大规模社会化协作为特征的新结构。物联网金融与新经济有着共同的基因，一脉相承，在服务新经济发展方面有着得天独厚的先天优势。为此，金融机构要把握新经济发展的趋势，积极对接新经济发展，参与新经济基础设施建设，利用物联网技术搭建金融服务平台，并对接新经济平台；加强对包括客户信息在内的新经济数据资源的获取、加工、开发和利用；主动调整优化自身组织结构，建立能够满足大规模社会化协作的架构。

（三）轻资产化

面对金融去中介化和去中心化趋势，金融机构必须改变传统的经营理念，

改变追求资产负债业务规模增长的"以量取胜"思路，注重改善客户对金融服务的体验，加强对交易数据和客户信息等无形资产的保护和利用，大力调整资产负债业务结构，实现资产结构的轻型化。物联网金融背景下，银行作为信用和支付中介的作用将逐步弱化，为客户提供融资功能和支付功能的职能向提供金融信息和交易平台服务转变，传统的金融资产对其业务的贡献率将下降，而交易数据和客户信息将成为银行重要的资产。因此，银行要通过加大对物联网、大数据和区块连接等技术的研究和投入，为客户创造个性化的场景服务；通过云计算和搜索技术对数据进行挖掘，提高数据资产的利用效率和资产收益率，通过轻资产化来迎接物联网金融时代的到来。

【专栏 5 - 6】

银行转型两大战略 PK：全资产与轻资产谁更胜一筹

在利率市场化等诸多因素冲击下，多数银行出现净利润增速放缓、不良率上升等情况，甚至有个别银行当季利润出现了负增长。显然，让所有银行轻松起舞的大风已然远去。没有风的时候，什么样的猪还可能飞起来？显然是体重相对较轻的猪。对我国银行业而言，那些体量轻、效率高的商业银行，将有华丽转身的更多机会。

由于运营成本的上升和存贷利差的减少，未来银行将改变简单依靠利差的盈利模式，单纯依赖资产拉动负债的经营模式也难以持续。不少商业银行已经通过零售金融、投行业务的发展，不断提高非息收入占比。其中，最引人关注的是浙商银行提出的"全资产"经营理念和招商银行提出的"轻资产"经营策略。

在整个银行业规模增长趋缓的情况下，浙商银行 2015 年前 9 个月存贷款业务同比增长超过 3 成，总资产增长超 50%，表内总资产已突破并稳定在万亿元关口，达到 10045 亿元。突飞猛进的背后，是信贷类资产、同业资产、交易类资产和投资类资产共同发展的直接结果，更是其"全资产"经营战略成功实施结下的硕果。

同样令人刮目相看的是，招商银行 2015 年前三个季度营业收入实现 1562 亿元，同比增长 25%，在上市银行中增幅排名第三。在总资产规模不到交通银行 73% 的情况下，招商银行的营业收入却比交通银行多出 98 亿元。其成功实现弯道超车的秘诀，是将"轻型银行"作为二次转型的方向，而"轻型银行"的重要内容便是"轻资产"。

注重"条线联动"的资产经营思维

在利率市场化的背景下，浙商银行的"全资产"经营理念是通过管理资产负债的期限结构和利率结构赚取错配利差，利用不同地区、不同行业、不同客户之间相关关系的差异降低风险资产占比，提高有限资本回报率。因此，"全资产"经营的核心要义在于通过综合经营与业务联动为客户提供全方位的金融解决方案，持续强化面向市场与客户体验导向的产品和商业模式创新。例如，加强与银行同业、非银金融机构和类金融机构的合作，实现信贷市场、货币市场、资本市场、外汇市场等金融市场的统筹管理与集约经营，推动各类资产的多元发展。该行运用"投贷联动"的模式，与企业大股东合作成立股权基金，提供信贷支持，同时通过商业银行以表外理财资金认购产业投资基金优先级的方式，对产业基金所投企业提供贷款融资。

同样地，招商银行也在其"轻资产"经营策略下，加强业务联动。运用融资、融智方式，为客户提供综合服务。运用"商行+投行"、"融资+融智"、"表内+表外"等模式，以提供综合金融服务方案为主，逐步由贷款提供者转变为资金组织者、撮合交易者和财富管理者。

"互联网+"成为获取资产的武器

浙商银行行长刘晓春提出，互联网金融的发展要发挥金融的核心优势，积极融入互联网的技术和精神，重构产品、服务和管理体系。在公司业务板块，该行致力于为企业提供流动性服务，创新"池融资"业务模式，通过池化平台产品，实现企业票据、存单、债券等金融资产入池，夯实资产端的基础。在零售金融业务中，该行将原电子银行部改名为"网络金融部"，开发有互联网基因的新产品，首推"理财产品网上免费转让"平台，将互联网平台的获客能力和商业银行强大的账户体系结合起来。

无独有偶，招商银行行长田惠宇认为，当互联网时代，传统银行应该做的，不是远离自己熟悉的领域，而是理解新的规则，寻找新的伙伴，运用新的工具，将原有的业务做得更好。该行以"流量、平台、数据"为结构布局，利用移动互联网轻渠道和大数据技术搭建获取大众客户的轻平台。如通过打造"批量化、智能化"的获客方式，运用微信、微博、APP等新媒体、新平台打造更好的服务体验吸引客户。在零售端上，打通流量的互联网获客入口，以手机、PDA等移动端为介质，不断创新产品，汇集流量，提升客户黏性。

其实，"轻资产"与"全资产"都摒弃了"负债至上"的传统理念，是一种差异化的经营思维。能够坚持差异化的战略定位和创新的经营理念，引领商业银行突出重围、转危为机的，都是英雄。

资料来源：《21世纪经济报道》，作者：董希淼、杨芮，2015-12-09。

第五节　金融市场效率变迁：拓展金融生产可能性边界

传统的"生产可能性曲线"是外凸的，表明在既定资源和技术条件的约束下，生产组合不可能无限扩张。传统金融业也面临着生产可能性曲线的约束。物联网使得金融市场交易成本和信息不对称程度大幅下降，金融产品边际成本降低，并趋近于零，理论上金融交易可能性的边界就可以向外逐步拓展。与此同时，随着新经济的发展，未来的金融服务可能不完全是由专业的金融机构生产提供，而是扩展到实体经济领域的企业或个人，出现大量的金融市场的产消者，将直接推动金融市场的生产可能性边界向外拓展，大大提升金融市场效率。

一、生产可能性边界理论回顾

生产可能性边界（Production – Possibility Frontier，PPF）用来表示经济社会在既定资源和技术条件下所能生产的各种商品（为便于分析说明，一般都简化为两种商品）最大数量的组合，反映了资源稀缺性与选择性的经济学特征，其几何形状一般为向右下方倾斜的凹向原点的曲线。生产可能性边界以内的任何一点，表示资源未得到充分利用，存在资源闲置；而生产可能性边界之外的任何一点，表示现有资源和技术条件无法达到的产出组合；只有生产可能性边界曲线上的点，才是资源配置最有效率的点，即最大产出组合。生产可能性边界曲线向右下方倾斜，表示在一定的资源和技术条件下，一种产品产出的增加必然伴随着另一种产品产出的减少；曲线凹向原点，即产品的边际转换率递增，说明随着一种产品的增加，机会成本是递增的。

资源数量的增加和技术进步都有可能导致生产可能性边界曲线移动。显然，通过资源数量增加导致两种产品产出增加属于一种粗放型、不可以持续的增长模式，而技术进步导致生产可能性边界向外拓展则代表着内生的、可持续的增长模式。

二、金融市场生产可能性边界分析

为便于分析，不妨将金融市场上的产品的要素投入简单分为资本（K）和劳动（L）两种要素，假设金融市场上有两种金融产品［C（信贷）和 D（债券）表示］。资本要素的价格以资金成本（以利率为参考指标）来衡量，劳动要素价格则以工资水平来衡量。短期内，要素投入数量和技术水平是一定的，对应着一条唯一确定的生产可能性边界曲线，代表着市场上两种金融产品的最大数量组合。从长期看，随着投入要素数量的增加或者技术进步都可能会导致生产可能性边界向外拓展，即市场可以提供的最优金融产品更加丰富。如

图 5 - 6 所示，在新的生产可能性边界 PPF_2 上任何一点 F 所对应的两种金融产品的数量均大于原来生产可能性边界 PPF_1 上任何一点 E 所对应的产品数量（ $OC_2 > OC_1$, $OD_2 > OD_1$ ）。

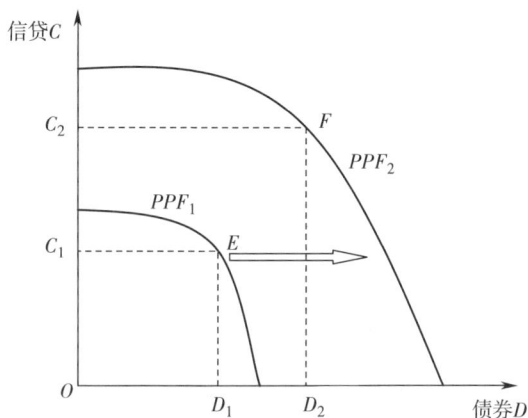

图 5 - 6　金融市场生产可能性边界的外扩

目前，传统金融市场的生产可能性边界的变化主要还是由于要素投入增加引起的，由技术进步推动的占比较少。例如，我国银行业总体规模持续不断增长，市场上金融服务或产品的数量也随之增长，其背后主要原因在于金融机构和从业人员数量的快速增加，以及市场流动性的不断释放，属于不可持续的增长。而新兴的网络金融的蓬勃发展则主要是依靠信息技术，其增长的动力更多来自技术进步。

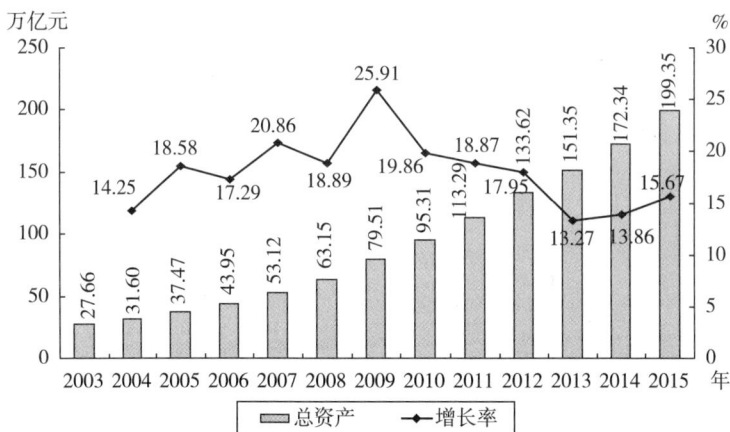

资料来源：《中国银行业监督管理委员会 2015 年报》。

图 5 - 7　2003—2015 年中国银行业金融机构资产总额

三、物联网对金融生产可能性边界的拓展

物联网不仅促进了实体经济领域的技术进步，推动零边际成本社会的形成，还可以降低金融市场的交易成本，提高生产效率，增加有效供给，从而以此来推动金融市场生产可能性边界的外扩，提高金融市场效率。

（一）创造新的供给

一方面，随着平台经济、分享经济和微经济等新经济模式的逐步发展壮大，传统金融市场意义上的金融消费者或服务需求者可以借助物联网平台，摇身一变成为金融服务的供给者，提供大量的个性化小体量的特色金融服务或产品，一改以往主要由金融机构提供金融服务的局面，从而丰富金融市场的供给。另一方面，物联网金融企业借助微贷技术、信贷工厂、动产质押等技术创新，提供特色化的金融服务，有效满足传统金融无法覆盖的部分长尾客户的金融需求。如前所述，尾部均衡会使得供给和需求相交于长尾部分，增加了有效市场供给，促使金融市场的均衡发生变化，即由头部均衡变为尾部均衡，并最终表现为生产可能性边界曲线的移动。

（二）提高生产效率

物联网将通过深度挖掘和利用客户交易数据、行为习惯等大数据信息资源，以及远程智能服务等大幅降低金融服务的成本，减少交易双方的信息不对称，即充分发挥物联网等信息技术带来的技术进步效应，提高生产效率，从而推动生产可能性边界的拓展，为物联网金融创造了传统金融难以实现的竞争优势。

第六章　物联网金融与
金融经营管理制度变迁

　　银行不只是一个"地方"，而是一种"行为"；客户需要的不是实体营业网点，而是银行的功能。

——布莱特·金（Brett King）（BANK 3.0 作者）

　　我认为 20 年后，传统银行会消失。

——凯文·凯利（美国《连线》杂志创始主编）

　　物联网金融不仅会诱发金融市场的制度变迁，同时还会对金融经营管理产生重要影响。传统金融业机构大多实行部门化、程序化、标准化的"科层制"管理模式，不仅存在信息耗散、决策链条过长、效率低下等弊端，还无法满足客户的个性化金融服务需求，难以有效对接平台经济、分享经济和微经济等新经济模式的发展。而物联网金融通过改造传统金融机构的组织形式、业务流程、产品定价、服务模式，以及信息科技和资本管理等经营管理制度，提高自身运营效率的同时，增强支持实体经济发展的力度。

第一节　金融组织形式制度变迁

　　由于物联网金融面临的包括经济发展模式、客户需求、市场结构等在内的金融市场环境发生了明显变化，传统金融组织形式已经逐渐暴露出一些不适应的问题。为适应这一变化，金融机构的组织形式也必然要作出相应的调整。

一、金融组织形式的现状及特点

　　传统的金融机构组织形式大多为公司制等现代企业制度，具体组织形式以矩阵式居多。从横向结构看，管理层一般都包括前台业务部门、中台支持部门及后台作业部门，各部门相互分工、制衡，各司其职。其中，直接与客户接触多为前台业务部门或者售后服务部门。以商业银行为例，业务部门一般按不同的客户类型划分成公司业务部、零售业务部等不同的具体业务部门，或者按产品类型来划分，如贸易结算部、信贷部、投行部、信用卡部等，或者直接以客户类型划分，如大企业部、中小企业部、机构客户部，或者以上划分兼而有之。中台则主要有授信审批、风险管理、合规部等部门，后台则主要包括人力资源、计划财务部、科技等支持保障部门。从纵向结构看，则分为集团公司（或母行）、区域总部、总行（子行）、分行、支行等层次。

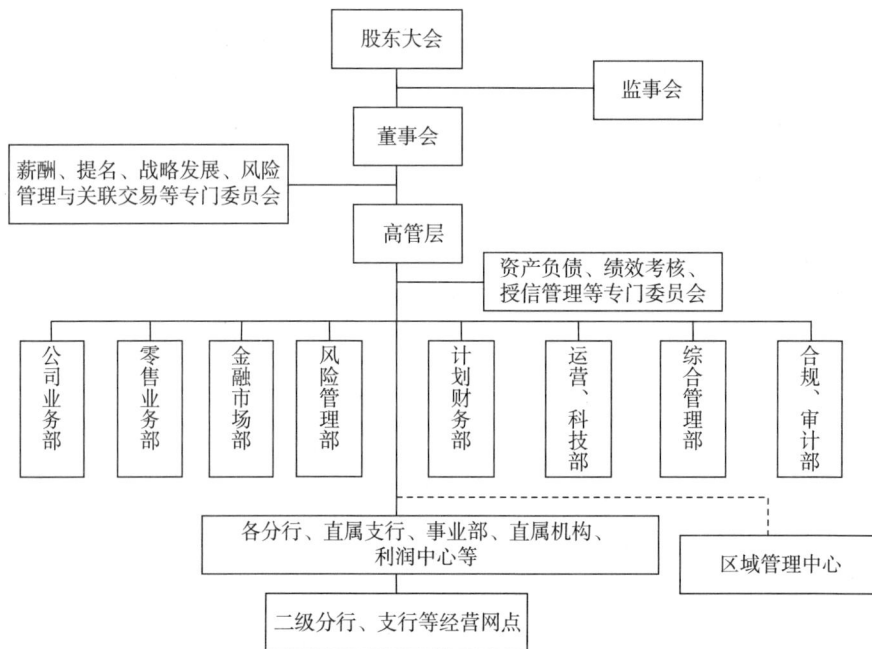

图 6 - 1　传统金融机构组织结构示意图（以商业银行为例）

　　传统金融机构组织形式突出特点就是大量的基层营业网点遍布城乡各地，以及庞大的从业人员队伍。截至 2015 年底，我国 4261 家法人银行机构在境内共有 22.4 万个营业网点，从业人数达 380 万人①。

　　传统金融机构组织形式的主要优点：一是业务和管理部门职责分工明确，专业化程度高，利于专业化经营管理；二是法人向下逐级授权便于对分支机构的管控，利于风险管控；三是条线管理和区块管理相结合，相互制衡，利于内部控制。

　　随着金融市场环境的变化和客户需求的升级，传统的组织形式也暴露出

---

　　①　资料来源：《中国银行业监督管理委员会 2015 年报》。

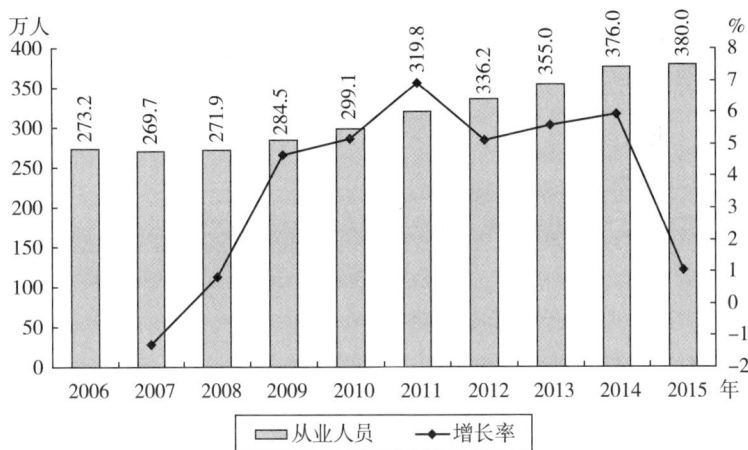

资料来源：根据中国银行业监督管理委员会2006—2015年报整理得到。

图6－2　2006—2015年全国银行业金融机构从业人数

一定的问题：一是决策链条过长，效率低下，市场响应迟缓；二是容易形成官僚作风，信息沟通渠道不畅；三是管理效益层层衰减，对底层部门管理被弱化；四是业务部门之间容易各自为政，不利于为客户提供个性化服务。

二、物联网对金融组织形式的影响

一方面，物联网的实时、动态、智能、泛在的特点为金融机构变革组织形式提供了技术支撑；另一方面，金融消费者的需求也发生了深刻变化，金融服务需求个性化、场景化日趋明显，金融服务的互动性、参与性日益增强。因此，在物联网时代，金融机构为更好满足客户需求，赢得市场，提高竞争力，组织形式将逐步呈现出扁平化、网络化和虚拟化的趋势。

（一）金融组织形式的扁平化

随着物联网技术在金融部门的普及和推广，使用物联网金融服务的客户会递增，梅特卡夫法则将更加凸显。金融部门的组织架构将依靠信息管理系统进行链接，更加扁平化，更加贴近用户，以提高应变能力和响应速度。

组织形式扁平化主要体现在两个方面的变化：一是横向压缩中后台管理部门。金融机构将通过物联网技术收集市场信息和客户信息，大幅提高中台管理部门的审核效率，从而有可能压缩部分中台部门规模。二是纵向减少分支机构层次。通过增加信息科技部门的力量，管理层级由三级或更多层级精简为两级，总行承担全部中后台职责，直接对网点集中管理管理；网点则专门负责前台等市场开发和客户服务工作，类似于电商的线下实体体验店，直接向总行反馈客户和业务信息。扁平化的极端就是压缩为一级管理，即除总行以外，无任何分支行等管理机构或营业网点。例如，微众银行、网商银行等在成立之初就均明确表示将不设立任何物理网点。此外，直销银行也是组织形式扁平化的典型例子，国内越来越多的商业银行开始试水直销银行模式，但其影响力还较为有限。

表 6 - 1　　　　　　　　2015 年第一季度全国直销银行排名情况

排名	银行名称	直销银行	用户体验	产品设计	市场影响力	总分
1	民生银行	民生银行直销银行	9.5	9.5	9.5	9.5
2	兴业银行	兴业银行直销银行	9.4	9.5	9.0	9.3
3	工商银行	工银融 e 行	9.4	9.5	8.8	9.3
4	恒丰银行	恒丰银行直销银行	9.2	9.0	8.3	8.9
5	江苏银行	江苏银行直销银行	9.0	9.0	8.0	8.7
6	微商银行	微商有才	8.9	8.8	8.0	8.6
7	包商银行	小马 bank	8.7	8.7	7.7	8.4
8	华润银行	华润银行直销银行	8.5	8.6	7.6	8.3
9	浙商银行	浙商银行直销银行	8.5	8.5	7.5	8.2
10	浦发银行	浦发银行直销银行	8.3	8.4	7.4	8.1
11	宁波银行	宁波银行直销银行	8.2	8.3	7.3	8.0
12	上海银行	上行快线	8.0	8.0	7.2	7.8
13	北京银行	北京银行直销银行	8.0	7.8	7.0	7.6
14	南京银行	你好银行	7.8	7.6	7.1	7.5
15	平安银行	橙子银行	7.7	7.5	7.0	7.4
16	华夏银行	华夏银行直销银行	7.5	7.4	7.2	7.4
17	南粤银行	南粤 e +	7.4	7.1	6.9	7.2
18	台州银行	台州银行直销银行	7.3	7.0	6.7	7.0
19	渤海银行	渤海银行直销银行	7.3	7.0	6.5	7.0

注：用户体验、产品设计、市场影响力分值在总分中的权重分别为 40%、30%、30%。

资料来源：互联网周刊，http：//www. ciweek. com/article/2015/0402/A20150402567606. shtml。

【专栏 6 - 1】

银行网点渠道变革的"五大趋势"

近两年，渠道转型和创新前所未有地成了所有银行家在制定业务发展战略时考虑的首要问题。互联网金融，尤其是移动金融的快速发展，虽然尚未动摇传统银行业务的根基，但是对其经营理念带来了巨大的冲击，"社区银行"、"直销银行"、"智能银行"等概念不断被提出、热议和实践。银行家们感到渠道转型迫在眉睫。笔者认为，过去银行单纯依托物理渠道拓展以追求规模扩张的发展模式将一去不返。

一、驱动因素

互联网金融飞速发展。互联网金融和移动金融的飞速发展，使电子渠道对物理渠道的替代越来越强，物理渠道的地位将进一步受到挑战。国外已经有多家"零"物理网点的"虚拟"银行、直销银行等新型银行模式获得了成功，国内多家领先银行在不断加大对电子渠道投入的同时，也纷纷试水直销银行。统计数据显示，各主要银行的电子渠道交易替代率都在迅猛增长，部分银行电子渠道交易替代率均达到70%以上。

利率市场化以及同业竞争。从国外的经验数据来看，利率市场化将导致银行业整体利润水平在短时间内出现大幅下滑，行业竞争加剧。网点作为银行最为"昂贵"的渠道资源，能否实现有效回报将决定银行的整体绩效水平。提升网点渠道整体投资回报率以及经营效率将成为银行家关注的核心问题。从国外银行的实践来看，利率市场化后银行将会更积极地进行网点布局和数量调整，网点小型化、专业化，以及不同银行对物理渠道的差异化定位和发展策略等情况都会出现。

客户行为模式和需求转变。银行客户的行为模式和需求正在发生改变。客户的偏好从"面对面的柜面交易"向更为便捷的电子渠道转移，电子商务、第三方支付和其他金融机构非银渠道的发展，使得客户在支付和投资等方面的选择更加自由和广泛。客户对网点的依赖和去网点的次数越来越少。

二、变革趋势

趋势一：客户定位更加精确

在银行3.0时代，网点不再是客户获取银行产品服务信息的唯一渠道，客户对网点的期望是能够满足更复杂的需求。而网点又同时面临内部和外部的双重压力，内部资源限制决定了多数网点不可能不计成本地配置功能，外部竞争压力决定了网点须至少在某类客群上形成相比竞争对手更大的吸引力。例如网点的装修风格等都能在一定程度上吸引一部分客户，"赶走"一部分客户。因此，未来银行网点的制胜之道是对客户进行更精准的定位，同时将网点打造成专业的综合化业务平台。专业化的客户定位，能够将网点资源聚焦，从硬件、人员、产品和服务配置，以及经营策略等各层面根据目标客户的特点进行定制，在业务开展的针对性和专业性上形成优势，更好地服务核心客户。

趋势二："泛金融"服务功能增加

网点金融交易将"去功能化"。网点未来承载的基础金融服务和交易功能将越来越少。由于监管政策、银行信息化和流程改造、电子渠道发展，以及业务创新对网点基础服务和交易功能的影响，网点承载功能的不可替代性将极大地降低。未来客户将拥有更多的选择，而网点作为银行最为昂贵的交易渠道，未来"去功能化"的趋势则不可避免。"去功能化"并不意味着网点将取消交易功能的服务，而是指网点将为客户提供更多选择，引导客户使用体验更好、成本更低的交易渠道，将网点更多的资源释放出来以进行更有价值的工作。

网点"泛功能化"的非金融服务将大量增加。未来银行网点的"泛功能化"趋势已经不可逆转，竞争越来越体现在谁能够为客户提供更有吸引力的体验，金融和非金融的边界将变得越来越模糊。当前这种千篇一律的"柜台银行"式网点在未来将快速减少，而更多的银行网点将是有"个性"和有"内容"的客户服务和体验中心。网点"泛功能化"的目标是吸引和保留客户，这就首先需要对客户进行比较准确的定位，然后在网点的风格、功能和成本上作出平衡和选择。

趋势三：回归销售和服务终端

网点不仅是银行向客户进行金融产品销售和提供金融服务的重要渠道，也是银行获取和维护个人客户的重要场所。究其本质，网点也是一种零售终端，只不过销售的是金融产品和金融服务。包括富国银行在内的多家国外银行都把自己的分支机构叫作"商店"，体现了其对网点作为一种零售终端的认识。在充分竞争的零售行业，客户体验是制胜根本。虽然国内银行间网点的服务差异不大，但在服务意识上，整个银行业的水平距离领先零售商的差距仍然十分明显。因此，银行网点有必要吸取零售商营销的成功经验，回归其销售和服务终端的本质。

趋势四："线上线下"渠道融合

未来银行网点智能化的投资将更加理性，以客户体验为核心的"线上线下"渠道融合将成为网点功能提升的重点。近年来，银行打造智能化网点的升级工作开展得如火如荼，虚拟柜员机、智能机器人、自动客户识别系统、互动触屏、网点移动终端（PAD）、自动业务处理设备（自助发卡机）、自助柜员机等层出不穷的设备创新和概念创新更让银行应接不暇。但是，一些银行忽略了客户的实际需求以及内部流程、数据和系统的整合，片面地认为使用了某个智能设备，或将业务迁移到电子渠道就可以实现智能化。然而，客户才真正是网点智能化的中心，而实现智能化的关键还在于：一方面应拆掉传统渠道之间的藩篱；另一方面应利用智能化的技术和手段改造现有的流程和客户服务模式，为客户提供更好的体验。

先进的技术和智能化设备得到大量使用。首先，基于互联网的云计算和大数据加强了客户信息的一体化，而无线技术和移动互联网技术使得网络信息推送、移动营销成为可能。其次，诸如指纹、人脸、虹膜等生物技术的使用促进了智能化的身份识别。再次，例如多媒体互动体验墙、触屏式叫号系统等多媒体感应技术推动了交互式体验服务的快速发展。最后，新支付技术的发展，推动了网点支付和结算方式的智能化，例如二维码扫码支付技术、声波支付技术、近距离无线通讯技术（NFC）等。

大数据的应用成为网点智能化的重要支撑手段。客户信息是否被充分整合和应用是银行制胜的关键之一。网点不仅是客户数据的重要信息来源，未来大数据的使用更将在网点智能化中发挥重要作用。首先，对大数据的应用是银行进行客户分析的必要依据。利用数据分析，银行可以更好地判断影响目标客户群选择的因素，从而制定更有效率的业务决策。其次，对大数据的应用是网点个性化服务和营销支持的内在要求。利用数据分析技术，使得银行能对客户进行更好的分类和细分，提供更加"个性化"的服务内容和智能化的推荐。最后，对大数据的应用是银行对网点进行智能化管理的重要手段。数据分析技术可以支持网点管理人员和运营人员制定更科学的业务经营决策和执行方案，例如网点的客户定位、网点日常营销活动的策划和组织、网点厅堂的管理等。

关注客户诉求是网点业务流程升级的关键。线上平台简单便捷，而线下渠道则强调人与人的交往互动，客户能够面对面体验到优质服务。随着客户操作习惯和对渠道的期望或偏好的变化，未来银行须关注客户选择网点渠道的诉求，升级网点的业务流程。一方面通过技术手段尽量提供给客户更加便捷的操作体验，另一方面又须精心设计与客户之间的"关键接触点"和"关键时刻"，突出线下渠道的独特价值。

趋势五：社区银行概念日益清晰

实施社区银行战略和建设社区型网点将成为银行不同层次的战略选择，而社区银行的概念将得到进一步诠释。近两年，"社区银行"已成为银行业的一股浪潮，全国几乎各大银行都提出向社区银行的转型方案，新建或改造已有社区网点。然而，很多银行在事实上混淆了"社区化银行"和"社区型网点"的概念，在制定社区银行发展战略的时候，没有对社区金融的业务模式进行详细规划，而是多以简单建设或改造社区型网点的形式拓展社区业务。

　　因此，对于银行来说，首要问题是确定银行发展的战略方向，是仅仅拓展社区型的网点渠道，还是向社区化的银行进行彻底的转型，两者的执行策略有着本质上的不同。举例来说，"社区型网点"策略在实质上是银行为了促进"服务进社区"而将渠道下沉的一种表现，通过这种方式可以有效解决社区金融服务"最后一公里"的问题，是银行零售业务进一步向社区拓展。而"社区化银行"战略，则是指银行以社区的中小企业和社区居民为战略客户，依据目标客户的特征，从产品、业务流程、风险管理措施等各方面进行相应的配套和差异化经营，从而达到目标客户群及业务充分渗透的一种业务经营模式。

　　未来客户需求和客户结构的快速改变、新技术和互联网金融的发展，对中国银行业将产生非常深远的影响。同质化的渠道竞争格局将被打破，银行将具有更多渠道的策略选择。目前，国内多家银行已经在直销银行、社区银行领域进行了积极的探索。因此，对于我国银行而言，重新设计和调整网点渠道发展战略势在必行，在此过程中，银行则需要对如何制定新渠道战略进行更具前瞻性和系统性的思考。在制定开展新网点渠道转型战略时应注意：首先，新网点渠道转型战略应与全行新的发展战略紧密衔接；其次，应将渠道战略升级到全行的核心战略和制胜战略层级；再次，应重新审视对目标客户洞察，更多关注客户在渠道偏好的变化趋势；最后，应重新对物理渠道和电子渠道进行定位。

　　资料来源：《银行家》，作者：支宝才、洪夙、张杨，2015（1）。

　　（二）金融组织形式的网格化

　　网格化最初是一种社会管理的模式，即根据属地管理、地理布局等原则，依托现代网络信息技术建立的一套精细、准确、规范的综合管理服务系统，将管辖区域划分成若干小的单元，即网格，并对每一网格实施动态、全方位管理，从而实现提高公共管理、综合服务的效率。金融组织形式的网格化则主要是指金融机构为深入挖掘和全面服务当地市场的潜在客户，借鉴社会管理中网格管理模式，将客户服务和市场营销的前端延伸至社区或农村的基层，利用物联网等现代信息和通信技术开展金融服务。

　　由于难以满足抵质押担保条件或缺乏信用记录等原因，市场上存在大量金融服务空白领域，存在各种类型的潜在的小众市场，主要包括涉农小额贷款、城市社区金融服务等。随着物联网技术在实体经济和金融服务领域应用的普及，市场信息更加完备和透明，金融市场交易成本大幅降低，使得这些小众市场领域的金融交易得以实现，并具有重要的商业价值，未来将成为金融机构竞相开发的新蓝海。

而上述小众市场一般都具有小额分散和交易信息碎片化的特点，需要金融机构批量化受理，拉网式收集客户信息。为此，金融机构的组织形式也必须作出相应调整，将业务前台部门网格化，在整合各种信息的基础上，综合判断和管控业务风险。

【专栏6-2】

湖北银监局助力普惠金融发展 服务网格化金融添活力

党的十八届三中全会和连续两年的《政府工作报告》都提到了"发展普惠金融"的决策部署。湖北作为中部农业大省，县域、小微企业和社会民生事业还存在不少"短板"，发展普惠金融大有可为、必有作为。湖北银监局正在全省探索实施的"金融服务网格化"战略，体现了创新性的工作理念，将金融服务与基层党建、社会综合治理进行有机结合，为"湖北版"普惠金融发展注入了蓬勃动力。

因势而谋

"金融服务网格化"战略是借鉴地方政府网格化管理做法，将每一个乡镇、街道、社区、村组划分成若干网格，每个网格落实责任银行，配备金融服务网格员，依托综治部门的网格信息平台，由网格员收集信息，对网格内的居民、企业提供有效的金融服务和知识普及，确保做到"信息覆盖、精准定位、高效服务、责任到人"，实现金融服务"城乡全覆盖、区域全覆盖、服务无差异"。湖北银监局探索实施"金融服务网格化"战略是基于长远和全局考量的。

"金融服务网格化"战略立足银行业转型和普惠金融发展，顺应"互联网+"趋势，借助综治信息平台的"大数据"优势，能有效缓解普惠金融"缺信息"和"缺信用"两大梗阻，从而提高金融服务覆盖面和可获得性，让广大群众都能分享金融"雨露甘霖"，同时还有利于推动现代金融文明在乡村社区的传播和普及，提高基层公众金融知识水平和金融风险意识，培育"平等、公开、共享、安全"的金融观，这对于全面建设小康社会具有极其重要和深远的意义。

依势而动

"金融服务网格化"战略主要依托地方政府建立的社区和农村网格化管理中心，推动银行与社区居委会（村委会）合作，利用社区（村）"普惠金融网格化工作站"向居民提供便捷的金融服务，从而将金融资源融入湖北省每个网格中。

坚持"四结合"的指导原则。一是坚持金融服务与社会综治管理相结合,实现平台共用、信息共享、发展共促。二是坚持城市与农村相结合,对城市允许交叉但不过度重复,对农村地区则以填补金融服务空白为主。三是坚持线上与线下相结合,既用好线下的银行物理营业网点,又用好线上的网上银行、手机银行、微信银行和电话银行。四是坚持科学规划与均衡推动相结合。

突出"五部曲"的核心举措。一是制定一个统一的实施方案。二是依托两个中心,即依托政府建立的城市社区网格化管理中心,以及农村的三级(县、镇、村)网格化管理中心。三是突出三个重点,即网格划分与管理,信息收集与运用,服务快捷与全面。四是搭建四项机制,即沟通合作、风险补偿、激励考评和金融创新机制。五是建立五项制度,即网格划分、信息采集及运用、金融创新、内部管理、激励约束等制度。

顺势而为

目前,"金融服务网格化"战略已在湖北省次第铺开、落地生根。全省已建立"普惠金融网格化工作站"1476个,服务覆盖城市5592个基层"四区"(社区、园区、校区和商区)和6500个行政村。各地网格化金融服务点发放贷款199.9亿元,涉及城市居民20.9万户,小微企业9600多户,社会薄弱环节和弱势群体充分享受金融创新"红利",开创了多方共建共促共赢的生动局面。

服务意识由"被动"转向"主动"。通过实施网格化战略,银行深入综治部门的网格化信息平台,主动下沉网点和服务,扎根农村和社区,经营理念更加务实和"接地气",服务覆盖面和辐射面大为提升。目前各行通过网格化战略的实施,已掌握基层居民档案近21.5万份,建立信贷档案4.4万份,发展贷款客户22.8万户,存款、结算、理财等金融服务客户达732.2万户。

信息收集由"碎片"转向"系统"。通过"金融服务网格化"平台,银行能够全面系统地掌握居民生产生活信息,不仅便于准确评估客户信用,而且有利于充分发掘客户潜在需求,提供个性化金融服务。

服务主体由"单一"转向"联动"。通过推动银行与政府及综治部门合作,整合自身的资金和服务优势以及政府部门的信息和管理优势,实现了平台共建、信息共享、优势互补,形成了普惠金融发展的强大合力。

服务过程由"粗放"转向"精细"。通过统筹实施"金融服务网格化"战略,银行从提高金融服务精细化水平着手,普遍建立了一整套工作机制,使普惠金融发展进入常态化发展轨道。在服务覆盖方面,监管部门统筹协调、平衡分配,确保网格划分不重复、不遗漏,使金融服务更多惠及欠发达地区和边远贫困地区。在责任划分方面，监管部门督促银行机构与综治部门签订合作协议、制定信息共享管理办法。在服务创新方面，督促银行机构适当下放贷款审批权限，扩大抵质押担保范围，简化业务审批流程，提高服务效率和水平。在考核机制方面，建立对网格化多层次考核评价制度，有效调动各方工作积极性和主动性。

小微融资由"难贵"转向"便捷"。"金融服务网格化"战略的实施，还为破解小微企业"融资难、融资贵"的问题提供了有效的抓手和平台。一方面，银行机构利用社会综治网格管理中心这一信息平台，能及时系统和准确地掌握企业缴纳水电费、医保、社保、住房公积金和雇工情况，便于从整体上把握企业的实际生产经营状况和实力，针对性地满足小微企业的融资需求，有效缓解融资难问题。目前，湖北省小微企业申贷获得率达91.7%，同比增加近3个百分点。另一方面，"金融服务网格化"有利于推动银行全面运用"互联网+"技术，对海量的小微企业信息数据实施大数据分析，加大产品创新和服务创新力度，加快差异化利率定价机制的形成，有效缓解融资贵的问题。2015年发放的网格化贷款中，有2.1万笔下调利率0.15个至0.87个百分点，有6356笔免除抵质押或担保环节，累计少收利息1.2亿元，减免担保费、抵质押评估费和抵押登记费0.6亿元。

防范非法集资由"浅止"转向"纵深"。依托"普惠金融网格化工作站"，将防范非法集资融入日常客户服务之中，打造了最贴近群众的"打非"工作基点。在宣传方面，与综治部门联合宣传防范非法集资和金融诈骗等知识，根本上铲除非法集资滋生的土壤。2015年，湖北省"普惠金融网格化工作站"共设置防范非法集资专门展架和橱窗1.4万个，深入社区、农村发放宣传手册144份，教育居民对非法集资做到能识别、不参与、敢揭发。在排查方面，将重点关注企业和人员信息嵌入网格信息平台，实现与地方政府信息共享、追踪预警。2015年湖北省银行业机构动态跟踪相关账户资金异常交易情况，通过网格化开展非法集资排查420次，助力非法集资打早打小。在打击方面，加强对非法集资案件从案件侦办、财产清查到信访接待、社会维稳等各方面全流程的信息支持，紧贴群众搭建起防范非法集资的情报网。

服务结果由"一盈"转向"多盈"。银行通过与综治部门和基层党组织合作，实行金融服务优化和金融文化传播并举，构建了多方共同参与的"金融生态圈"。对银行机构而言，"金融服务网格化"不仅降低了产业成本、推动了业务发展，也促进了风险防控和经营效益提升。目前通过金融服务网格发放的贷款不良率仅为0.35%，远低于各项贷款平均水平。对地方经济而言，"金融服务网格化"带动银行网点和资金下沉，推动了金融资源均衡配置。

5 月末湖北省县域贷款余额同比增长 23.9%，高于贷款平均增速 9 个百分点；县域存贷比提高 1.1 个百分点。对基层党建而言，基层党组织参与对居民的征信、授信和用信监督，工作职能得到拓展，推动发展、服务群众、促进和谐的作用更加彰显。

资料来源：《湖北银监局助力普惠金融发展　服务网格化金融添活力》，人民网—人民日报，作者：赖秀福，2015 - 09 - 10。

（三）金融组织形式的虚拟化

虚拟化原本为 IT 术语，是指计算元件在虚拟的基础上而不是真实的基础上运行，其目的在于简化管理、优化资源。IT 领域通过有限的固定的资源根据不同需求进行重新规划以达到最大利用率的思路，被称为虚拟化技术。金融组织形式的虚拟化，则主要是指金融机构借助物联网、移动智能终端、虚拟现实等现代信息通信技术，实现金融组织形式的变革，在减少物理网点等实体组织形式的同时扩大了组织机构的覆盖范围，突出表现在业务渠道与客户服务的组织形式变化。

传统金融机构都依赖分支机构等营业网点的扩张来改进业务渠道和客户服务，物联网金融机构则主要依靠网络来实现上述目的。以银行为例，从最早的 ATM（自动柜员机）、电话银行到网上银行、手机银行，再到 VTM（远程视频柜员机）等智能网点，商业银行组织形式虚拟化、智能化趋势日益明显。通过组织形式的虚拟化，金融机构可以借助网络生态获取潜在客户，在提高效率的同时，还可以大幅改进客户体验，提升客户满意度。

【专栏 6 - 3】

智能化重新定义银行网点

网点的智能化转型引发了一场渠道变革，这场变革是一次介质革命。其核心是通过智能化应用的不断突破，使银行与客户交互的时间和空间发生重新组合，进而促进生产关系重构和生产力提升。

过去五年，利率市场化的快速推进和移动互联网的深度普及，分别在经营环境和客户行为上对商业银行传统网点形成了挑战，银行网点面临转型的历史任务和战略使命。在这次转型中，智能化设备的广泛应用及其带来的流程变革发挥了关键的作用，为网点带来了崭新的定位和新的业务机会。

以智能化转型为核心的网点生产关系重构将银行网点的定义带入了一个新的历史时期，并在接下去很长一段时期内的市场竞争中成为一个引人注目的重要趋势。

网点变迁史：客户在哪里

银行一词源于意大利 Banca，其原意是长凳、椅子，是最早的市场上货币兑换商的营业用具。后来在英语中演化为 Bank，意为存钱的柜子。所以从银行的发源看，银行的物理场所本身即是客户接触银行和办理业务的唯一通道。在我国，"银行"起初也是指办理银钱相关业务的大机构，"行"本身就意味着某个行当，并默认是一种带有品牌属性的物理场所，供客户与商业机构接触，交流或办理业务。

自 1897 年成立中国第一家近现代商业银行——中国通商银行以来，百年间中国银行业历经变革，但基本保持通过物理场所与客户交流并达成合作的方式，客户按照银行既定的营业时间和营业地点，访问银行并接入银行的金融服务。

自 20 世纪 90 年代中后期固定电话在我国普及以来，各大商业银行逐渐建立了电话银行服务网络，并逐步通过电话、传真、短信等途径，向客户提供咨询、查询、交易、投诉等服务，通过自助服务＋集中后台人工的方式，首次实现了 7×24 小时服务覆盖，客户初步形成了非现场、全时段的服务习惯，对网点服务形成初步分流。

互联网出现后，在 20 世纪末、21 世纪初，国内银行业开始建立网上银行，进一步拓展了客户非现场、全时段、自助化的交易场景，对传统网点的柜面交易形成了显著的分流。如中国建设银行 1999 年推出网上银行服务，到 2015 年全年网上交易量达到 160.6 亿笔，交易额 223.6 万亿元，电子银行账务性交易量占比达到 77.56%。

2011 年移动互联网兴起后，手机银行迅速崛起，以非现场、全时段、自助化加上移动化的客户应用场景，赢得了更高速的客户增长机会。以建设银行为例，截至 2015 年末，手机银行用户数达到 18284 万户，当年手机银行累计实现交易额 15.4 万亿元，同比增长 108.9%，累计交易量达到 111.5 亿笔，同比增长 266.7%。

我们对百年来中国银行业发展史中客户与银行的接触渠道演化进行复盘，发现经过电话、互联网、移动互联网三次技术浪潮，银行客户慢慢从传统物理网点的接触方式迁移分布到各个渠道，逐步形成当下包含物理网点、自助终端、电话银行、网上银行、手机银行、微信银行等渠道在内的立体化、全天候银行服务网络体系。

在这个服务网络体系中，客户不再拘泥于传统的物理网点，而是通过广泛的场景和渠道接入银行服务，他们在现场，也在线上；在本地，也在全境；在某处，也在移动；在白天，也在夜晚。客户将无处不在、无时不在。

智能化谋变：网点的机会

客户的全渠道分布对银行网点带来了显著的冲击和挑战，网点面临一场深刻的转型。这场转型从渠道的整合优化入手，原先由网点承担的全量银行业务开始按照成本、效率和体验的基本法则，在线上、线下之间发生分化、分发、分流，大量标准化、交易类、被动式、信息型业务被线上替代，网点开始沉淀个性化、咨询类、主动式、价值型业务，不断聚焦形成网点全新的定位和市场机会。

在这场以网点重新定位和业务聚合为标志的渠道转型中，新兴智能化技术和设备在网点的应用部署起到了关键作用，在此作用下，网点快速形成了以下几种重要的智能化能力，构成网点发现市场机会、重新打造市场竞争力的核心基础。

基于生物识别技术的客户识别能力。近年来，指纹识别、语音识别、人脸识别等生物特征识别技术相继发展进入商用级别，银行网点依托部署在网点的生物信息采集设备，通过与系统比对分析运算，快速确认客户身份并同步分发推送给相应的员工和终端，从而为客户快速自助交易和营销商机调度创造了基础，从陌生接待的低效重复接触跃变为"一次认证、永久识别"的主动高效服务，大大提升了客户体验和网点经营效率。

基于体感技术的数字交互能力。传感器的规模化普及和体感技术的广泛部署，为人机交互的商业应用创造了可能，在触摸屏、iPad 等设备的基础上，以智能机器人为代表的交互设备进一步通过手势交互、语音交互及后台的图形、声音处理技术，使交互方式由菜单式向器官化演进，大大降低了设备的人机交互门槛，增强网点设备在互动能力上的可用性、易用性，引导客户主动探索和发现网点服务，打造网点随处可触发、可响应的智能交互环境，迎合移动互联网时代客户的社交化行为习惯。近年来风靡科技界的虚拟现实技术，也有望逐步应用于网点智能交互能力的部署。

基于数据洞察的精准推送能力。一方面，网点对客户进行全产品、全渠道、全关系链、全生命周期的 360 度全景数据洞察和挖掘，形成定制化产品和服务推送能力，根据客户的性别、年龄、职业、财务状况、行为习惯等数据，在客户到访网点的流程中精准嵌入个性化推送，在最合适的时机推送最适合每一位客户的产品方案，降低客户决策成本，从而提高服务的效率和销售的成功率，实现精准营销。另一方面，网点的所有界面都会成为客户交易行为数据的主动收集入口，进一步积累数据质量，通过大数据运算的优化提高客户画像和需求洞察的精确度。

基于渠道整合的可视化营销能力。依托裸眼 3D 等多媒体技术，将很多没有具象产品形体的金融产品有形化，通过模拟产品的生活情景，使客户对产品获得更直观、更趣味的可视化认知，从而对营销形成有效辅助。同时，无缝整合网点范围内的各类渠道、设备、界面、平台，打通线上、线下O2O切换节点，实现智能发布和多屏互动，更及时、更有效地展示业务。

受益于信息技术发展的外部性溢出及其商业化应用的规模化效益，网点通过智能化转型至少在两个方面实现了竞争力的提升：

一是服务能力的优化，主要体现在交易效率和服务体验的显著改善。二是经营成本的下降，主要体现在人员和场所投入的集约化所释放的成本空间。在智能化的驱动下，网点运用上述技术和能力的支撑，不断深化业务整合、优化流程创新，从而重新获得竞争优势。

未来已来：智能化驱动的网点业务

网点智能化的实质是推动渠道转型的一种手段，而渠道转型的实质是经营转型、业务转型。在智能化的推动下，网点业务出现可观的整合、优化和创新空间，形成新的业务内容和服务模式。

业务预发现、预处理。打造更加实时、透明、统一、高效的预约平台，提供智能预约服务，在此基础上，进一步对可分离、重复性的业务流程进行自助化开发，在手机、智慧柜员机等终端上提供无纸化预处理界面，减少柜员操作时长和客户等待时间，提升处理效率。此外，运用生物识别技术提前确认客户身份，并根据数据洞察预判客户需求，在员工与客户接触前完成服务方案规划和营销能力调度，在客户提出需求前实现"预处理"。

大堂综合引导。打造电子化的网点分区智能导览系统和客户服务指示系统，把网点功能分区和服务设计导航同步推送到客户手持移动终端或网点内的设备界面，实时解决客户引导问题，实现客户在网点内随处可发现、可探索、可到达。同时，大堂经理手持终端拥有智能导览系统后台界面，通过iPad等终端可实时动态掌握网点客户动线情况、排队情况、设备负载情况，从而对大堂客户流量变化和突发特殊情况进行人工干预和优化，实现最有效的客户分流和高密度大堂服务。

客户自主、自助业务处理。围绕智能化设备的部署，在智能化设备上实现预填单、自助发卡、电子银行签约、银行卡挂失、理财产品销售、打印等业务的自助化办理，迁移大部分的高、低柜非现金业务，推动业务办理模式由"柜员操作为主"向"客户自主、自助办理"转型，减轻柜面人员业务负荷，为柜面人员补充到柜外向营销服务人员转型创造条件。截至2016年6月末，建设银行累计投放2万余台智慧柜员机，最高业务处理效率比柜面平均提升5倍多，客户办理频次高的个人开户业务由柜面的9分钟缩短为3.94分钟，速度提升近 2.25 倍。

深度差异化服务。首先，智能设备的大规模应用实现了大量标准化交易类业务的自助办理，释放了网点劳动力资源，为客户分层差异化服务创造了条件。其次，依托客户识别技术和大数据洞察，网点人员可以第一时间识别高净值客户并作出商机判断，提高了客户分层服务的可视化和可执行性。再次，借助手持设备和智能化流程的部署，网点人员不但可以走出柜台，还可以进一步走出网点，变"坐商"为"行商"，为高端客户提供上门服务，打造个性化的服务价值和主动服务的竞争力。

远程人工服务。运用智能设备的交互能力和渠道协同，通过远程人工服务可以实现网点服务渠道的延展和深化，一方面，满足客户多渠道办理的体验选择，突破时空限制，解决网点业务峰值瓶颈问题。另一方面，快速调用高价值的专家服务，如投资顾问、留学顾问等业务，解决网点业务专业性能力问题。

在智能化的驱动下，网点的业务和服务将持续转型，整体上向综合性、多功能、集约化的业务能力发展，呈现出新的业务模式。建设银行坚持网点的业务优化和服务创新，在智能化的新兴技术力量支持下，加快了网点向"产品展示与销售、客户体验与互动、客户交流与咨询"三个平台转型的步伐，不断强化网点服务的识别度和差异化，引导客户可以按照个性化的偏好选择在银行合适的渠道、合适的网点类型上形成黏性，沉淀服务和商机。

重构银行生产力：介质革命

渠道的本质是承担客户与银行发生交互的功能，并把银行的产品和服务交付给客户。网点的智能化转型引发了一场渠道变革，这场变革就是一次介质革命。介质革命的核心是通过智能化应用的不断突破，使银行与客户交互的时间和空间发生重新组合，进而促进生产关系重构和生产力提升。银行通过智能化设备的应用部署和业务流程的整合创新，使生产力在网点的人和设备以及人和人之间重新分配，带来生产关系的深刻调整和生产函数的重构，技术的边际产出效应溢出，劳动的边际产出效益下降，规模经济创造的效能在技术的支持下得以释放。

从客户角度看，通过识别技术、交互技术、大数据洞察和渠道整合，客户与银行之间的交互方式和交互效率得到质的优化，交互中的信息不对称出现边际拐点，决策成本和交易成本出现非线性下降，从而显著影响客户到访网点的成本收益曲线，对客户来说，同样意味着一次生产力的跃升。智能化转型释放的银行生产力变革将是深层次、可持续的，在这一动力的长期驱动下，介质革命将在以下几个方向持续推进。

由前端的数字化向后端的集约化推进。网点智能化转型是一个由表入里的渐进式过程，初期以前端的数字化为主，通过智能化设备的应用部署、交互界面的优化，为精益服务创造了可能。前端的数字化意味着客户的数字化和服务的数字化，核心在于设备整合，做到扁平化部署，保障客户获得360度无死角的一致性体验。但前端的数字化只是智能化转型的开端，是转型成功的必要不充分条件，从智能化转型的整体进阶把握，智能化转型的价值绝不在于数字设备的堆砌，而在于建立起前端数字化基础上的后端集约化。设备替代人之后人去做什么，远程后台搭建后释放的劳动力又去做什么，新的流程下网点建多大、功能分区怎么安排，等等，这些都是智能化转型需要回答的重要命题。后端的集约化包括网点布局优化、功能分区设计、设备运维管理、劳动组合调整、柜面流程改造、营销资源部署、风险合规监测等方面，纵跨前、中、后台流程整合，旨在建立企业级运营能力。

考虑到后端的集约化是一个不断梳理生产力并逐步释放的过程，没办法一步到位，应当作出有梯度性的分阶段安排，根据对前端服务界面的响应设计，建立与前端一一对应的虚拟映射层，从映射层中分批次释放后端集约化的改造需求，有层次地开发和迭代，逐步释放转型成果。

由资源的云端化向服务的本地化推进。借助于云技术的商业化应用，通过云存储和云计算实现资源集约化共享成为了可能，网点的数据类、技术类、授权类资源可以通过云的方式实现集中，从而提高资源复用效率，降低资源调用成本，控制资源使用风险。同时在相反的方向，正是借助于资源的云端化使网点服务对资源的可依赖程度提高，资源调用的全面性、及时性得到保障，银行服务有能力在网点继续下沉，实现全面的本地化部署。对客户而言，网点将有能力受理任何本行业务需求，而客户在业务办理流程中对是否调用云端资源完成并没有感知，最终在网点实现"全面受理、云端协作"。

由流程的IT化向网络的拓扑化推进。智能化转型带来海量的流程优化和改造，而反之只有及时通过IT开发将流程固化、硬化下来，才能支持前端的数字化界面和后端的数据吞吐、资源响应、产品输送和风险管控，并与组织管理架构适配，实现流程的智能化。随着流程的逐渐成熟和IT化的逐步释放，必须对端对端的开发进行系统地集成，解决耦合和并发的问题，形成拓扑化服务网络。一方面，流程应该是复用的，根据最大并发原则强调效用最大化，提升单位开发的投入产出效率。另一方面，流程应该是开放的，在服务中可根据客户需求的动态变化，不断调整流程方向和通路的组合，形成服务网络通路的自适应、自协调机制，以最快的速度、最低的成本、最好的体验完成服务输送或产品交付。建立在流程IT化基础上的服务网络拓扑化，是银行智能化转型在流程整合上的深化，最终有望在网点打造形成光滑、连续、动态的服务网络有机体。

由业务的自助化向服务的智能化推进。智能设备提供了客户自助办理业务的平台，但这仍是被动的、浅层次的服务模式。随着设备的升级和流程的开发，未来有望向主动的、深层次的智能智慧服务系统进化。一方面，依托生物识别技术和大数据洞察，网点的服务系统将拥有感知力，具备智能"输入"能力，做到"认识"客户、"懂得"客户。另一方面，依托人工智能的发展应用，服务系统还有望形成反馈机制、学习机制，在与客户的交互中自动积累知识与经验，运算后反向发起交互，具备智能"输出"能力，做到"关心"客户、"陪伴"客户，甚至跟客户"做朋友"。

资料来源：《中国银行业》，作者：余静波，2016（8）。

第二节　金融业务流程制度变迁

物联网将推动金融部门业务流程由分散化向集约化转变。物联网的实现过程将是社会整体应用环境重塑的过程，得益于物联网技术所实现的信息"可靠传输"和"可视化追踪"，将使金融机构从根本上重新思考和设计现有的业务流程，按照最有利于客户价值创造的运营流程进行重组。

一、传统金融业务流程特点及存在的问题

由于存在一定程度的市场准入门槛，对大多数持牌金融机构而言，规模即利润。因此，在设计业务流程时都以快速扩张、增加市场份额的规模增长为目标，业务流程具有明显的部门银行特征。以银行为例，传统的银行业务都是按照垂直整合的流程设计的，最终向客户提供存款账户、支付处理、融资服务、投资理财等服务，形成了多样化的业务形态。这使得大多数客户通过一家银行就能够办理所有业务。但随着网络金融的兴起和发展，银行垂直整合的组织结构受到了挑战，传统银行的很多业务正逐步被分流和蚕食。

究其原因，主要是与新兴的网络金融机构相比，传统的金融机构业务流程存在以下突出问题：（1）具有明显的部门化特征，高度标准化、统一化的业务操作流程远远不能满足客户多样化的产品服务和个性化需求，缺乏必要的柔性化流程设计。（2）未建立起以"客户为中心"的、按照客户特征、业务类型、业务等级的不同而建立差异化的业务处理流程。（3）内部流程不协调，甚至存在冲突。为适应现有的组织架构及管理，一个完整的业务流程往

往被人为地切割放置于不同的业务部门，部门利益冲突则可能导致客户服务流程的不合理，容易导致"流程内耗"，协调内部冲突需要耗费大量精力、物力。

二、物联网金融业务流程的整合与再造

为克服传统金融服务流程的弊端，更好地满足客户需求，充分发挥物联网等信息通信技术的优势，金融机构将通过模块化、智能化、场景化等手段实现对业务流程的整合、再造和优化，提高金融服务效率和质量。

（一）模块化

所谓模块化，指处理一个复杂问题时逐层把系统划分成若干模块的过程。在系统中，模块是可组合、分解和更换的单元。网络金融与传统金融最明显的一个区别就是业务功能比较单一，如第三方支付、P2P和众筹都是专注于支付或者融资功能，还有的新型网络金融机构专门提供征信服务，并形成自身独特的竞争优势。如此一来，传统金融机构的业务功能将逐步被细分成最小的业务单元，在此基础上根据客户需求重新整合。与之相对应，金融服务流程必须作出类似的模块化调整。

金融服务模块化不仅有着广泛的需求，而且切实可行。一方面，金融服务是由一系列具有无形特征的活动所构成的过程，许多业务流程活动具有一定独立性，可以适当分离。另一方面，金融企业可以借助物联网技术构建任务流和价值链，使金融业务流程活动能够摆脱地域空间的限制，即对业务流程模块化创造了技术条件。金融机构可以通过对业务流程重构，实现跨越地域的定义、分析和分离，再根据客户需要对服务流程进行高度分化和高度综合。例如，以银行为例，银行可以把各种类型的银行业务模块设计成各种付费的服务应用，并将其嵌入其他服务中。如果用户需要提供更加复杂的功能，则可以通过应用程序编程接口（Application Programming Interface，API）解决。银行业务将从"垂直整合"端到端流程模式向客户可个性化组合的"水平整合"流程模式转变，银行服务成为即插即用的APP，可以提供支付服务、资产负债管理、现金管理、预算管理等各种银行服务，而且客户可根据需求进行自由组合。金融服务功能通过模块化演变成可以植入客户业务流程的服务应用程序，然后借助网络将这一服务方便快捷地提供给客户，不仅可以有效满足客户的个性化需求，还很好地契合了网络开放、共享的特点。

（二）智能化

金融业务流程的智能化最直接的体现就是智慧银行的蓬勃发展。越来越多的商业银行正通过智慧银行建设，提升业务流程智能化水平，改进客户体

验。一是大量使用智能设备提高服务流程的自动化水平。银行通过 ATM、VTM、PAD 等服务终端，在各类移动终端上集成移动银行、远程支付、近场支付等应用，通过利用人脸图像识别系统、智能机器人、预处理系统等多种智能应用实现远程操作和自动服务，突破传统银行服务的时间和地域限制，大大提高业务操作效率，降低了业务流程的成本。二是利用大数据技术处理海量数据，细分客户群体，智慧银行在为高端客户提供高质量服务的同时，还可通过网络渠道（如直销银行、微信银行）为中低收入个人客户和小微企业提供低成本、高效率的金融服务。泛在的物联网感知网络使银行可以随时获取客户在每一个接触传递的个人信息，并自动根据客户的个性化需求提供量身定制的服务方案和业务操作流程，极大地改进客户体验。

表 6 – 2　　　　　　工商银行某分行网点智能化投产前后服务效率对比

单位：分钟/笔

业务名称	柜面交易时间	智能设备交易时间	节约时间
开立银行卡	9.2	3.0	6.2
卡片启用	6.0	3.0	3.0
银行卡挂失	7.7	2.0	5.7
开通电子银行	8.4	2.0	6.4

资料来源：工商银行城市金融研究所. 网点转型 4.0 的探索与启示［J］. 研究报告，2016（44）.

【专栏 6 – 4】

Bank 3.0 时代来临　建设银行智慧银行城市增至 12 家

截至 2015 年 1 月 28 日，加之前期在深圳率先投入使用的前海智慧银行，建设银行在北京、上海、广州、天津、长春、南京、沈阳、济南、重庆、郑州、厦门 11 座城市部署的智慧银行正式开业，建设银行已经在 12 座大型城市实现了智慧银行布设，布局上横贯东西、南呼北应，全面拉开建设银行拥抱时代变革、加快银行服务创新的序幕。

自 1272 年在意大利佛罗伦萨诞生人类第一家银行"巴尔迪银行"以来，银行经历了数百年的风雨变革，作为人类社会经济活动的重要系统，支撑着人类经济和社会制度的每一次重大进步。最初的 Bank1.0 时代，银行完全基于网点提供银行服务，这一经营形态维持了数百年没有发生质的变化，而仅在 21 世纪初发生了现代零售银行转型的雏形，国内银行业开始从交易核算型向服务营销型转变。

图 C6－1

图 C6－2

　　Bank1.0 时代没有维持多久，在科技和 IT 的进一步突破下，网上银行破势而出，客户不再完全依赖网点来实现银行服务，所谓的 Bank2.0 时代已尾随而至。随着移动智能设备的全面普及，调用网上银行变得唾手可得，客户对银行服务需求的渠道场景迅速被解构，银行惊呼：客户对银行需要的不再是渠道，而是一种生活场景！Bank3.0 时代已经势不可挡。建设银行在 12 个城市部署的智慧银行正好诠释了 Bank3.0 时代的深刻内涵。

　　早在 2013 年，建设银行就设立了产品创新实验室，专门研究未来银行的创新趋势，并于 2013 年下半年建成了国内首家真正实现后台集成和业务集约的深圳前海智慧银行，在业内引起了不小的轰动。在这个成果上，建设银行在 2014 年快速进行了智慧银行的试点推广，在北京、上海、广州、天津、长春、南京、沈阳、济南、重庆、郑州、厦门建设投入 11 家智慧银行网点，这 11 家"聪明"的银行网点已经在近期集体亮相，全面拉开建设银行拥抱时代变革、加快银行服务创新的序幕。

智能银行能做些什么？

　　一年前的今天，建设银行首家智慧网点——建设银行前海分行营业部在深圳市福田区开业。"选在这里开设智慧银行网点大有深意。"建设银行深圳产品创新实验室副总经理颜培杰在接受人民金融采访时说，智慧网点地处深圳中心区 CBD 核心地段，辐射市民中心、莲花山公园、关山月美术馆、少年宫、书城、音乐厅等政治、文化、休闲中心。"作为建设银行前海分行营业部，还将服务广大前海入园企业，充分体现前海金融创新和科技创新的融合。"

　　建设银行前海分行营业部行长张晓平说，"这家智能银行网点不仅是一个体验中心，更是一家全功能的综合性网点。它强调以客户为中心的服务体验，代表了未来银行物理网点的发展趋势。"

记者来到建设银行前海分行营业部大厅，发现办业务的客户并不多。首先映入眼帘的就是一台智能机器人，它除了能代替传统的大堂经理回答客户的各种业务问题外，还对深圳的天气状况、当地资讯等生活方面的资料能应对入流。

机器人旁边的智能预处理终端则集业务分流、客户识别、排队叫号为一体，客户只需刷一下身份证，就能把个人信息传输到柜员的操作系统，大大节省了客户手工填单的时间。客户也可以在家里或者路上拿起手机进行预填单，到网点后通过二维码打印出叫号凭条和预处理单据，接下来在等候时间就可以充分享受体验之旅。

令人惊喜的是，在传统的银行自助区，除了我们熟悉的 ATM，还设置了远程银行 VTM。颜培杰介绍说，"通过它，客户可以在远程柜员的视频协助下自助办理开户、电子银行签约、充值缴费等各项业务。"

智能银行的创新不仅仅是在表面

颜培杰说，"智能设备只是表象应用，真正的魅力是后台对业务流程的改造升级以及后台体系的重塑，从而打造银行网点体系化建设，大幅提升服务效能。"目前国内智能银行多处于平台展示或概念阶段，建设银行智慧银行优势在于后台技术力量的支撑。

在深圳市福田区红荔路银荔大厦，人民金融走访了建设银行总行在深设立的产品创新机构所在地，它设在了一个营业厅的旁边，人声鼎沸，似乎不便于进行高难度的创新工作。建设银行深圳分行产品创新实验室总经理王峥在接受人民金融采访时说："设在营业厅旁边就是为了更好地听到客户对业务流程和服务方式的真实想法，对流程设计和客户体验的要素进行调整。"

资料来源：人民网—银行频道，2015 - 01 - 28。

（三）场景化

借助移动互联网、大数据、云计算、智能感知、卫星遥感和增强现实技术（AR 技术），金融机构可以通过"移动智能终端 + 社交网络 + 大数据处理系统 + 传感器设备 + 实时定位系统"构建综合一体化场景体系，为客户提供无处不在的场景化服务，使消费者在使用过程中获得环境的增强感体验。例如，当客户需要租房服务，金融机构业务系统就可以根据消费者的支出状况信息和以前搜寻过的租房记录，通过与房屋租赁中介合作，筛选出与消费者新的需求相匹配的出租信息，向客户推送其所需要的信息与服务。客户一旦签订租约，银行就可以自动提供账户开立、租金支付、押金管理等系列的金融服务。业务流程完全超出传统金融服务的范围，为消费者提供了更加广泛的延伸服务。

【专栏6－5】

场景化金融——让金融触手可及

"场景"，原本是在影视里面用到的词，指在特定的时间空间内发生的行动，或者因人物关系构成的具体画面。而随着移动互联网的到来，"场景"这个词已经广泛地被互联网从业者使用到。那么在这个语境下怎么定义场景呢？知乎的一个帖子总结出了四条关键词，我觉得很恰当：

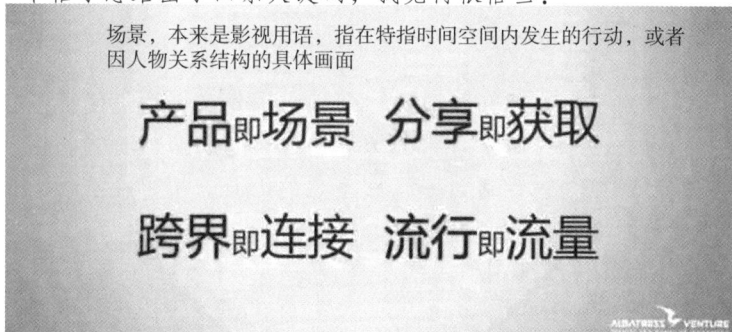

图C6－3　场景的新定义

一、对于场景的新定义

（一）产品即场景

为了说明这一点，我给大家看一个例子，是我们的一个项目，玲珑沙龙。玲珑是针对雅痞女性的社区，未来它也会继续朝内容化电商的方向延伸。

在玲珑的一个沙龙里面讲到，"我穿的是感情，不是衣服"。我们理解一件衣服就是一个产品的存在。而在现在社会中，大家会把一个产品融入到特定场景里面，用户跟这个产品之间产生一些有温度、有交互的行为，使得这个产品具备不一样的特征。

中间这一幅是她自己发的，穿上这个衣服想起了穿上这个衣服的场景。另外右边这一张，这个衣服是她和她妈妈同时穿过的衣服，然后说"岁月没有带走她的身材，也没有褪去15年的那一抹清凉"。可以看到参与的人数以及收藏人数非常活跃，说明用户对这样的题材非常有感觉。

这一点想说明的是，未来的产品，不再是一个静态的概念，而是人们愿意为一个具体的场景下面的方案买单，场景才是赋予产品意义重要的因素。

（二）分享即获取

在这个场景化的年代，以前的渠道已经逐渐地被打破，用户成为新的渠道，而用户基于场景进行各种分享。比如说朋友圈，我们会给小伙伴推荐自己买过的一些很好的东西，同时我们分享的过程当中也会分享一些靠谱的东西，这样的东西可以给我们带来更多信任的溢价。所以分享是场景化红利里面的一个神经中枢。

（三）跨界即连接

跨界能够创造一些比较强势、多变和最为失控场景的案例。以 Uber 为例，2014 年进入中国，一开始选择跟品牌调性相似的知名品牌做各种各样跨界的合作，使得 Uber 在人心目中的形象是颠覆式的、创新式的，不拘泥于现状的一个品牌的存在。

（四）流行即流量

现在已经看到了，移动互联网和这个时代的发展，已经使得年轻人形成一个个亚文化的小圈子，而故事化的场景成为碎片化新的流量。以前大家需要购买流量，而现在如果你通过一个故事化的入口，用户会主动地搜索，形成一个新的流量的增加点，这是我想说的场景化大的定义。

二、互联网金融的 2.0 化

（一）互联网金融 1.0

这里我们引入互联网金融 1.0 的概念，它的定义是"传统的金融机构或互联网企业，利用互联网技术和信息通信技术实现资金融通、支付、投资和信息中介服务的新型金融业务模式。"

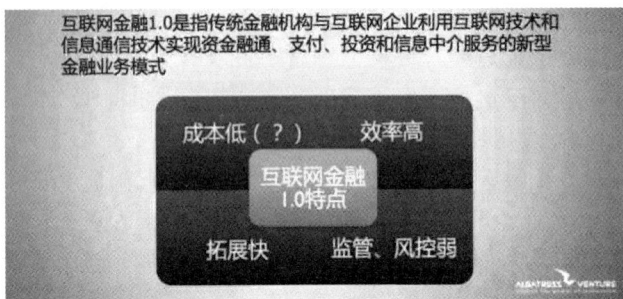

图 C6 - 4　互联网金融 1.0

它有几个特征是：

1. 成本低。最开始大家认为线上化以后，获客的成本开始比较低，当然我这边打了一个问号，也就是说现在线上获客成本也越来越高。

2. 效率高。因为依托计算机网络服务，用户申请到放款、到资金服务，是非常快地完成。

3. 拓展快。这一点像余额宝 2013 年上线以后，短短的半个月时间就积累了几百万的用户，转入几十亿元的资金，这在以往线下时代是难以想象的。

4. 监管、风控弱。P2P 在 1.0 的互联网金融占据了整个互联网金融主题 90% 的业务。但是我们的监管、风控跟不上创新和扩张的步伐，跑路事件频发。

（二）互联网金融 2.0——新型场景化金融

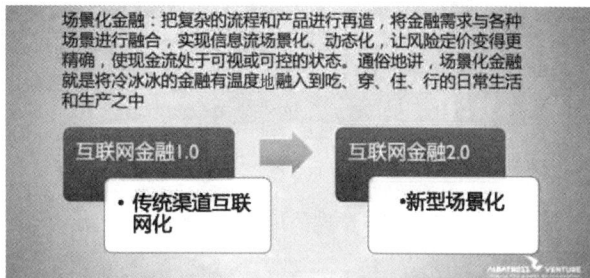

图 C6-5 互联网金融 2.0——新型场景化金融

1. 基于 C 端的场景化金融

互联网金融已经越来越具备了场景化的特征。怎么定义场景化金融呢？我们认为，把复杂的流程和产品进行再造，将金融需求与各种场景进行融合，实现信息流的场景化、动态化，让风险定价变得更加精确，使现金流处于可视或可控状态。

图 C6-6 基于 C 端的场景化金融

2. 场景化金融的场景内容

（1）BAT 场景化金融的打法

基于 C 端的场景化金融可以列举出几十种场景。现在 C 端的场景化金融里面有三类玩家存在：①流量巨头的场景化金融；②传统金融机构的场景化延伸；③创新型公司的场景化金融。

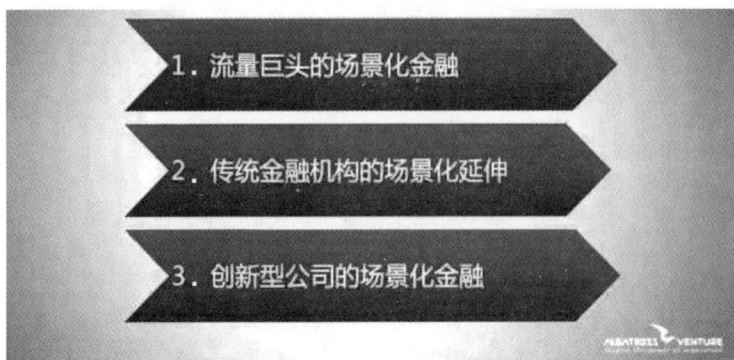

图 C6 - 7　基于 C 端的场景化金融三类玩家

3. 场景化金融的三大玩家

第一个是阿里。阿里从电商切入，一步一步地拓展了它的场景空间，从电商到出行、支付等。从大众化、标准化的需求切入，创新的公司在这个领域创业，就是在巨头阴影下了。基于电商和支付具备非常强大的流量优势，还有阿里云的计算优势，现在阿里布局了银行、保险、基金、征信、第三方牌照等，当然现在阿里的风控等其实时间还不够长，它的风控能力有待被验证。

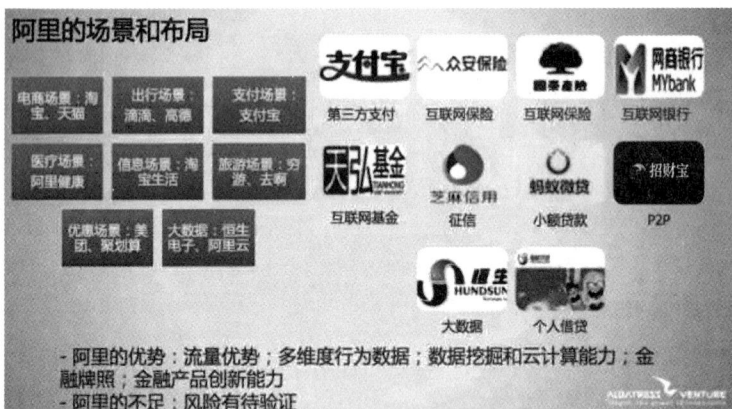

图 C6 - 8　阿里场景化金融的场景和布局

第二个是腾讯。腾讯是基于微信、QQ 的社交化场景，产生了高频的、巨大的流量。同时它也切入了非常多标准化、普适化的场景。同时，腾讯也具备银行、保险、基金、征信、第三方支付等牌照。

图 C6 – 9　腾讯场景化金融的场景和布局

第三个是百度。百度是基于百度的搜索场景，产生了巨大的高频流量，与搜索、兴趣爱好、地点相关的行为，有利于精准获客。百度地图对商户渗透率也越来越高。百度的不足在于，它的金融起步相对比较慢，同时它的交易场景相对薄弱一些，现在步伐落后于前两大巨头。

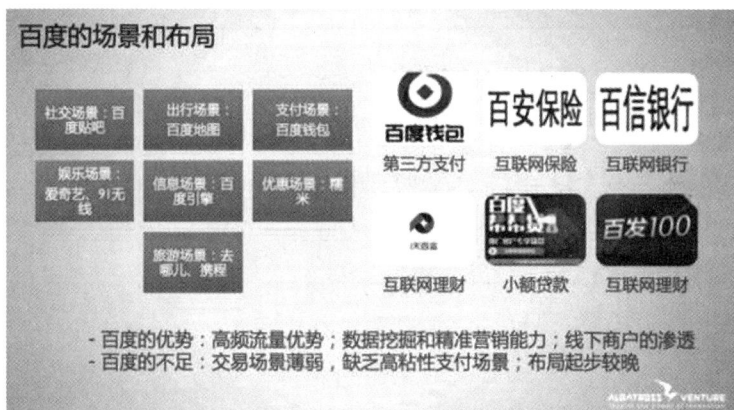

图 C6 – 10　百度场景化金融的场景和布局

（三）传统金融机构的金融场景化

从传统金融机构出发，我们看到传统金融机构也面对互联网公司来势汹汹的客户分流冲击，他们也开始尝试在零售端进行场景化的布局。在这里面，我们认为平安在布局的全面性和探索的深度上面应该是最具有代表性的。但是它们目前受制于体制的文化，布局跟互联网公司相比相对慢了一些。

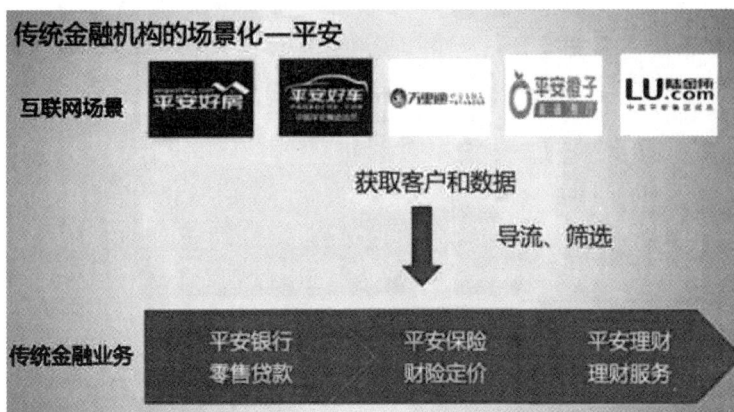

图 C6 – 11　平安场景化金融的布局

（四）场景化金融的案例

1. 分期。以 X 分期为代表，这个领域有非常多的创业创新公司。大家熟悉的，已经成为独角兽的，像分期乐、趣分期等。当然也有非常多针对住房、医疗、教育等，针对特定人群、特定场景的消费创新型的分期公司。

表 C6 – 1　创新公司场景化金融——分期

住房分期	班马王国、房司令、会分期、塔木金融
大学生分期	分期乐、99 分期、人人分期、鼎力分期
医疗分期	爱乐眼科、民众眼科、GE Heajchcare
教育分期	分期学、蜡笔分期、好学贷、信农贷
农业分期	农分期、沐金农、可牛农业、信农贷
蓝领分期	赶集、买单侠

看到这样的分期案例以后，我们发现在可预见的未来，很多分期公司如果不具备场景化的把控能力，这样的公司实际上没有一个低成本获取用户，同时黏住用户的能力，那么其实是不具备竞争力的。我们看好的是那些能够自建场景，具有良好的风控体系、掌握现金流的创业公司，将来有机会成为细分领域的龙头。

在这里我想举一个案例，是信天天使轮投资的一个场景化保险的项目——小雨伞保险。小雨伞保险最近推出了一款非常具有场景感的，几个场景跨界融合的产品，大家在微信上面可以搜索，"一起运动"公号里面的"动力保"。基于微信运动，让用户一键关注以后可以导入微信运动数据，同时引入了非常多的游戏化元素，使得这个保险具备非常高频的特征，同时它的医

图 C6 – 12　场景化保险——小雨伞保险

疗保险的保障功能，尤其在产品上面得到了凸显。

　　这是它的微信公众号界面。这个保险，变成按天来销售，一天 1 元或者 30 天 25 元。这个保险保障的是运动过程中、生活过程当中的各种医疗意外，1000 元的上限。同时给予用户每天的运动激励，2 毛到 1.6 元不等，按照步数的激励，每天晚上 10 点半会发红包。

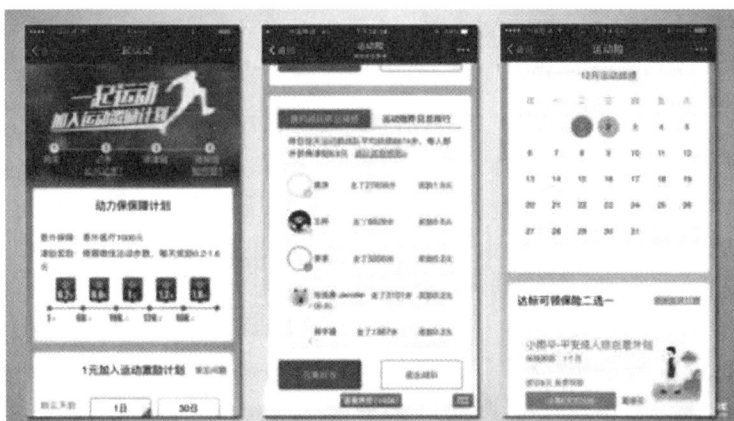

图 C6 – 13　小雨伞保险微信公众号界面

　　右边是我们公司小伙伴们组的一个运动群，显示我们公司成员的运动状态。因为是一个团队，根据这个团队平均的战绩，再给予这个团队额外的奖励。同时，这个运动险可以根据用户每天走路的情况，如果这个用户连续一个月内有超过 6 天以上超过 6000 步，可以免费领取一些更多的保险。这个产品是基于场景获取巨大用户流量的流量型产品。未来小雨伞保险的定位，基于用户，提供有温度、有场景感，从健康、从意外、从保障出发的各种各样的产品，大家可以关注一下。

三、基于 C 端和 B 端的场景化金融浅析

（一）C 端场景化金融的逻辑

渠道类的平台创新公司价值在于深挖用户数据，通过前端场景介入，有效降低信息不对称性，提高风险定价的精准性。而那些传统的只是销售渠道的价值，我们认为会下降，直销方式也会显得比较难，购买流量也会很贵。只有专业性，触达场景，了解用户，可以反向向金融机构定制金融产品的公司，才具备长期的价值。

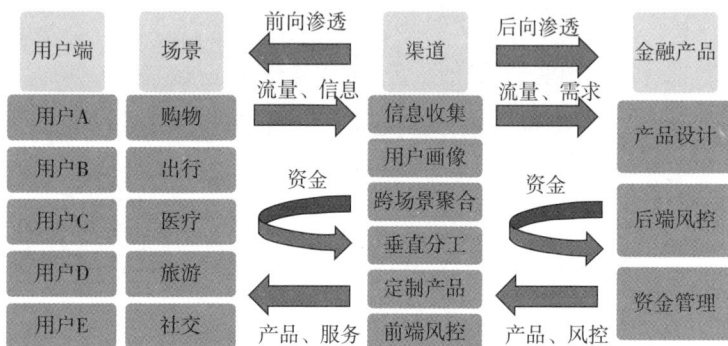

图 C6 - 14　C 端场景化金融的逻辑

但是场景化也要区分，如果这个场景化是唯一性或者排他性行业，渠道公司就难以形成核心竞争力，生存压力很大。比如租房这个行业，如果只是给租房提供分期公司，压力很大，因为房屋具备排他性、唯一性的特征。场景化的产品，如果是同质化的行业，渠道公司专注流量，信息获取能够带来规模效应，提升信息传播的效率，我们认为具备比较大的一个生存空间。

未来，金融端向场景端会不断地去拓展，而场景端也会向金融端渗透。现阶段，场景端具有获客的优势。而最终的结果是，金融端、场景端会达到一个融合。

（二）基于 C 端场景化金融的投资机会

图 C6 - 15　C 端的投资机会

刚才说的巨头阴影下的普适性场景，创新公司如果对这个依赖很重的话，后端没有形成跟金融机构的竞争，单单靠流量导入难以形成壁垒，只有那些针对特定人群、垂直场景，有高黏性的客户能力，在积累客户的基础上，能够拓展相关联的垂直场景，根据针对性的反向定制产品，代表用户与金融机构博弈的公司，最终有可能形成竞争的壁垒。

（三）基于 B 端的新型场景化金融

1. 什么是 B 端新型场景化金融

传统的供应链金融是一种场景化的金融，是上下游企业间基于资金借入方经营数据和资信状况的深入掌握而发生的一种资金融通行为。之前的供应链金融，可能大家往往强调的是商业银行和核心企业的作用，而随着互联网和信息技术的发展，一些创新型公司，通过 SaaS 平台、软件深度获取行业经营数据，进而切入到资金融通领域。基于大数据的供应链金融可以视作一个新型的 B 端场景化金融。

2. B 端新型场景化金融的逻辑

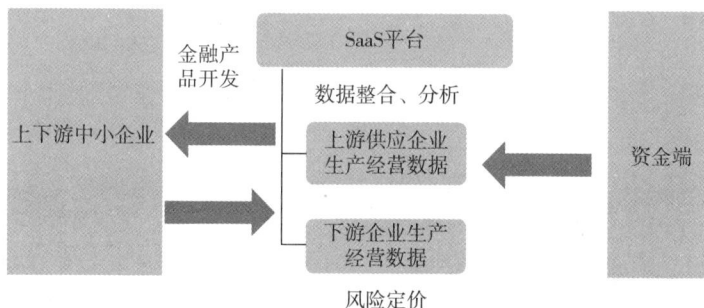

图 C6 - 16　B 端新型场景化金融的逻辑

这是针对创新型金融逻辑，SaaS 平台处于信息流的优势地位，准确掌握产业链上下游的企业生产经营状况，通过数据分析、流量设计，实现有效的风控，弥补了一些传统供应链金融无法触达的空白，可以设计一些相关的金融产品，能够提升整个行业的周转周期、资金利用效率，同时也具备相应丰厚的利润空间。

物银通是一个针对 B 端场景化金融的案例。物银通在垂直领域、物流行业给物流企业提供金融信息化解决方案。我们知道现在物流行业作为最重要的一个生产性的服务行业，占 GDP 的比重非常高，6.8%，物流公司的数量很多，有 80 多万家，货运车辆有一千多万辆，这个市场是很庞大的。但物流方向的企业恰恰多而不强，前十名的集中度不足 5%，存在非常多中小型的，传统银行可能服务不到的一些群体。物银通,能够收集物流公司的业务数据、金融数据、运营数据,通过订单的互联网金融驱动,数据分析,到金融产品的撮合设计,让这些物流公司对接资金成本比较低的金融机构,如银行、非银行的金融机构等,实现在线撮合、在线交易的流程。

它的价值在于,可以为多方创造共同的价值,对于企业来说,显而易见,一些中小型企业可以通过移动化的社交及大数据整合的应用,在企业供应链生产关系中提高融资可能性。对银行来说,可以通过移动互联在银行、中小企业的信贷审核过程中的运用,提升银行获取、开发这些中小企业金融资产的开拓能力,同时也实现对这些中小企业贷款的风控能力。对于中间信息撮合平台来说,通过形成融资产品的搜索、撮合、排名机制,构建出一个多样化、双向匹配的交易市场,从中获取信息服务费用以及后续可以挖掘的增值服务的收益。

3. B 端新型场景化金融的机会

行业	业务模式和特点	案例
物流	产业链长,规模小而散,场景粘性高,数据真实,风控有效	物银通
商旅服务	分散度高、轻资产运营、信息化支持SaaS平台、结合线下风控	觅优商旅云 泰坦云
汽车后市场	分散度高、信息化程度低、动产质押、货权控制	懒投资 全民财富
餐饮、酒店、零售	行业模式清晰、信息化程度高、可复制性强、现金流稳定可控	筷来财、梦哆拉、芥末金融

图 C6 – 17 B 端新型场景化金融的机会

除了这样一个在物流行业的应用以外,我们认为 B 端企业相对小而分散,没有明显的核心企业,同时产业链条比较长,像这种类型的行业公司适用于新型的场景化金融。

资料来源:以太资本,作者:张俊熹,2015 – 12 – 14。

第三节　产品定价管理制度变迁

一、金融机构主要产品定价方法

产品定价制度是金融机构业务管理的重要内容,如何选择适当的定价策略和定价方法是商业银行定价管理的核心内容。传统金融产品定价可以为组合产品定价和单一产品定价两种。组合产品定价以某一类产品为前提，其中的部分产品销售量或价格的波动会对其他产品的销售量或价格产生影响，一般采用结合了产品组合、市场竞争和银企关系等多方面因素的综合定价法。单一产品定价法则是针对单一产品，其定价不会对商业银行本身销售的其他产品产生影响。

单一产品定价法主要有成本导向定价法、竞争导向定价法和需求导向定价法。成本导向定价法以成本为基础，在产品成本基础上加上一定的目标利润来确定价格；需求导向定价法则从需求角度出发，根据消费者所愿意支付的成本来定价，以客户对产品的理解与认识程度、消费者的需求作为定价基础；竞争导向定价法从应对市场竞争出发，以竞争者的价格作为定价依据，按照金融市场上的平均价格或主要竞争对手的价格来制定自己产品的价格。

以上定价方法各有特点，金融机构需要结合市场竞争状态、自身产品特点和市场经营目标等因素来选择适当的定价方法。成本导向定价法主要的特点是保证银行制定的价格可以弥补成本，并获得商业银行的目标利润率；需求导向定价法的特点是产品价格只有与客户的心理、意识、承受能力等相匹配时，才能促进产品的销售；竞争导向定价法的特点是价格不与成本或需求发生直接联系，而只与竞争者的中间业务产品价格产生联系，有利于同业之间的协调处理，避免恶性竞争。

二、影响金融产品定价的主要因素分析

与其他产品定价因素类似，影响金融产品定价的因素主要来自产品自身等内部因素和市场状况等外部因素，具体分析如下。

（一）内部因素

主要包括产品成本、风险状况、利润回报、产品周期。

1. 产品成本

产品成本是金融机构定价必须考虑首要因素，科学测算产品成本是合理定价的基础。金融产品成本一般可以分为资金成本和管理成本：资金成本是筹集资金付出的代价，通常指融资利息成本；管理成本则是金融机构维持业务运行所产生的直接费用（如员工薪酬、设备维护费用等）、营销费用和管理费用。

2. 风险状况

金融机构要实现持续经营，风险管理是前提，需要投入大量的成本。对

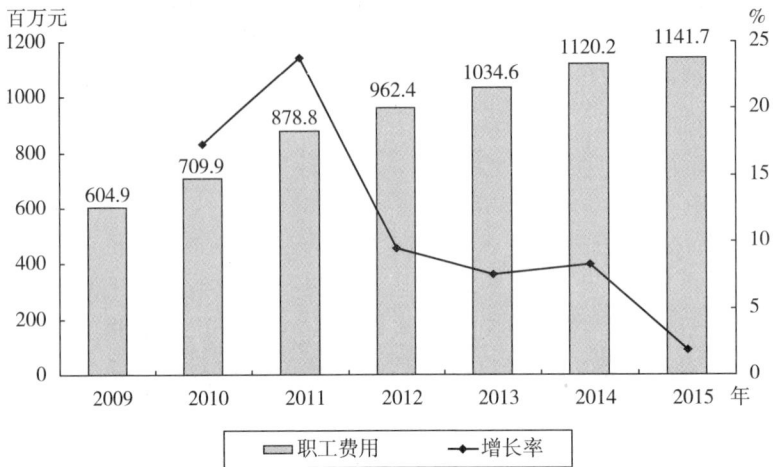

资料来源：中国工商银行股份有限公司 2009—2015 年度报告（A 股）。

图 6 - 3　2009—2015 年工商银行（A 股）职工费用表

于单个产品定价而言，必须坚持风险与收益相匹配的原则，即高风险高收益。换言之，金融机构提供的产品成本中包括风险成本。一方面金融机构对所有产品都要进行主动的风险管理和控制，会直接发生成本；另一方面，金融机构向客户提供产品的过程中自身承担了一定的金融风险（如市场风险、信用风险、流动性风险和合规风险等），都需要体现在产品的价格中。

3. 利润回报

与一般工商企业类似，金融机构要实现商业化持续经营，必须有一定的利润回报，金融产品价格除包括产品成本以外，还要加上一定幅度的利润。具体利润空间大小，还与市场状况、产品周期、竞争策略等因素有关，需要综合考量相关因素。

表 6 - 3　　　　　　　　　2015 年部分全球系统重要性银行盈利情况

银行机构	净利润（亿美元）		ROE（%）	
	2015 年	2014 年	2015 年	2014 年
摩根大通	244.4	217.5	11	10
富国银行	234.1	236.1	12.7	13.4
花旗银行	173.3	75	7.9	3.5
美国银行	158.9	48.3	6.3	1.7
汇丰控股	151	147.1	7.2	7.3

续表

银行机构	净利润（亿美元）		ROE（%）	
	2015 年	2014 年	2015 年	2014 年
桑坦德银行	86.9	92.8	7.6	7
三菱银行	86.1	104.4	7.6	8.7
巴黎银行	78.2	6.7	8.3	0.7
瑞银集团	65.8	39.6	11.8	7
瑞穗集团	60.2	62.4	—	—
巴克莱银行	9.5	13.9	—	—
苏格兰皇家银行	−18.1	−44.7	—	—
德意志银行	−75.2	22.4	—	2.7

资料来源：各银行 2015 年度业绩报告。

4. 产品周期

一般认为，产品周期包括萌芽、成长、成熟和衰退四个阶段。产品随着生命周期的变化，其面临的市场需求和盈利能力都会随之发生显著变化，产品的定价策略必须作出对应的调整，否则难以适应市场。

（二）外部因素

主要包括政策法规、市场结构、供求关系、客户需求、经济环境。

1. 政策法规

金融产品的定价商必须做到依法合规，包括各种国家法律法规、价格管理和金融监管要求。因此，金融机构必须全面地了解有关法律和规定，在合法合规的范围内制定价格，否则将可能受到法律的惩罚，严重影响到产品的市场表现。

2. 市场结构

根据微观经济学的市场结构理论，完全竞争的金融市场上，短期内产品价格以市场均衡价格固定不变，金融机构只有被动接受市场价格，如存款市场比较接近完全竞争市场，存款利率主要由市场均衡价格决定，即使在利率市场化以后，不同金融机构的存款定价也不会有较大的差异，都只能围绕市场均衡利率小幅波动。垄断竞争市场上，金融机构则按照长期平均成本来定价，以实现最大利润。此时，金融机构平均成本对定价起着决定性作用，不同金融机构之间的竞争主要体现为如何降低平均成本。

3. 供求关系

不同的市场供求关系会影响到产品价格的制定或调整。市场供求关系也是其他竞争对手产品价格的集中反映。因此，金融机构要了解竞争者的价格和产品性能，做到知己知彼。在此基础上，根据市场供求关系状况及时制定或调整产品价格。如在产品供不应求、产品性能优于对手的情况下就可以考虑调高价格，反之则应下调。

4. 客户需求

按照市场经济原理，市场均衡价格由供需双方共同确定，因此，要想产品获得市场认可在定价时必须要考虑到需求因素。尤其是根据顾客需求的变化及时调整价格十分重要。同时，不同的顾客对价格的敏感程度不同，金融机构可以据此实施不同的价格策略，以获得最大收益。

5. 经济环境

一方面，宏观经济发展状况会通过影响消费者收入、预期等进而影响到金融产品的需求；另一方面，金融产品市场有很多细分市场，不同产品之间存在一定的替代关系。这些都是在定价过程中需要考虑的因素。

三、物联网对金融产品定价管理的影响

物联网对金融市场结构、供求关系、客户需求都将产生重大影响，具体影响在本书第五章有详细论述。总体而言，物联网使得金融市场对价格更加敏感，客户需求更加多样复杂，产品生命周期大幅缩短，产品定价管理难度增大，自主定价空间大幅缩小。

（一）自主定价空间缩小

物联网将使得金融市场竞争更加充分和激烈，促进形成完全竞争的市场结构。而传统金融市场的更接近垄断竞争的市场结构，金融市场存在一定的供给缺口，存在一定的垄断利润空间，使得金融机构产品定价时可以较好地兼顾利润回报的要求。物联网金融产品的定价将更多地参考市场均衡价格，金融机构的自主定价权将大大缩小。

（二）面对均衡价格的门槛

物联网将使得交易信息更加完备透明，消费者对于市场价格将更加敏感，市场供求关系趋于稳定。对于任何产品市场上的后进入者来说，形成了一定的市场壁垒，只有以不高于市场均衡价格的定价才有可能被市场认可。

（三）定价周期缩短

物联网金融市场上客户需求将更加个性化，产品生命周期将大大缩短。这就需要对产品的定价及时进行动态的调整，同时通过金融创新或技术进步等控制好产品的成本，尽可能延长产品生命周期。

第四节　信息科技管理制度变迁

物联网对金融机构信息科技管理有着双重影响。一方面，随着物联网技术的应用和普及，信息科技管理创造了良好的外部环境和内部条件，大大改善和提高信息科技管理手段，为提高信息科技管理水平奠定了基础。另一方面，新技术的应用在一定程度上增加了信息科技风险，信息科技管理制度亟待加强和改进。

一、物联网对信息科技管理制度带来的影响

（一）信息科技管理更加重要

随着信息技术的应用和普及，信息科技融入金融业务的程度前所未有，信息技术驱动金融业务创新成为金融创新的趋势。信息技术已经从支持保障角色转变为价值创造的重要组成部分。业务运营、市场开发、风险管理都离不开信息科技管理，且对其依赖程度逐步提高。例如，物联网金融背景下，很多金融业务都是通过网络提供 7×24 小时的不间断服务，而信息系统的任何一个很微小的软件或硬件故障都会导致业务的中断，形成风险事件，并影响到客户体验，乃至金融机构的市场声誉。因此，信息科技管理对物联网金融发展至关重要，以至于近年来金融界出现了"金融科技"（Fintech）的概念，以强调技术革新对金融的赋能作用。

【专栏 6 - 6】

从金融科技到金融生活

近来，金融科技（Fintech）一词已成为华尔街投资者和硅谷创业者最时髦的话题，与金融相关的高科技类投资也成为增长最快的领域。根据毕马威（KPMG）和澳大利亚金融科技风投机构 H2 Ventures 发布的榜单，全球排名前50 的金融科技"独角兽"中，半数以上诞生于 2010 年以后。地理分布上，美国以 25 席占据半壁江山，中国以 7 席居其次，而拟将伦敦打造为世界科技金融之都的英国则位列第三。

金融科技、数字金融和互联网金融

从定义上看，金融科技强调技术革新对金融的赋能作用，这个定位和互联网金融完全一致：移动互联改变了金融的触达能力和便捷性，大数据改变了信息收集的成本和处理效率，并进而改变了甄别风险的能力，云计算改变

了金融的成本和效率。西方还有一个相关的概念，叫数字金融（Digital Finance）。金融科技不但强调科技，而且所举案例往往也只包括科技企业做的金融创新；数字金融则更为广泛，不但包括科技企业，也包括金融企业的数字化。从这个角度看，金融科技和狭义的互联网金融有较大的重合，数字金融则包括了狭义的互联网金融和金融互联网。

从国外金融科技的实际发展看，其无论在广度还是深度上都明显落后于中国的互联网金融。以领军企业为例比较：在网络支付领域，支付宝、微信支付等已经服务数亿用户，数倍于 PayPal 的全球活跃账户；在移动端，PayPal 虽连续收购 Braintree 和 Paydiant 两家支付服务提供商，但其 25% 的支付笔数增长速度遥遥落后于国内银行和第三方支付的移动支付增速。在融资领域，Lending Club 在 2009 年至 2016 年间共发放贷款近 160 亿美元；Sofi 累计发放 60 亿美元；Prosper 累计发放 50 亿美元；在中国被广为宣传的 Zestfinance 累计发放不到数亿美元。相较之下，仅蚂蚁小贷在过去五年内累计向小微企业发放贷款超过 6000 亿元人民币，规模达到 Lending Club 的六倍多。在理财领域，美国声名在外的 Wealthfront 管理 30 亿美元的资产，Motif 吸引了 20 万投资者。而东方财富网日均登录者已超 1000 万人；有超过 2.6 亿的账户投资过天弘基金的互联网货币基金产品余额宝，其资产规模超过 1000 亿美元。在互联网保险领域，众安保险在 2015 年"双十一"当日售出 3.08 亿笔退货险，成为人类历史上最大笔数的单类保险。

评价金融创新的标准是服务实体和改善民生

金融创新的益处要落到激活实体经济，并最终改善民生。最早的银行诞生于意大利和荷兰，作为当时从事国际贸易的先驱国家，亟待解决各国货币间的兑换和结算；最早的股份公司——东印度公司诞生于荷兰，出于远洋贸易对稳定资本金的需求。正如诺贝尔奖获得者，英国经济学家希克斯所言："工业革命不得不等待金融革命"，英国作为 18 世纪全球金融中心的地位源自大规模生产对金融创新的需求。信用卡诞生于消费者对消费信贷和支付便利的需求。事实上，历史上有生命力的金融创新的诞生都来源于商业创新对金融的真实需求。

既然金融的目的是为了服务商业和生活，金融成功的标准就不应该只是技术的先进。先进的技术是金融的基石，但金融成功的终局是在多大程度上能够服务实体、便利消费、发展经济。从这个维度衡量，当金融科技还在强调技术优势的时候，中国的互联网金融行业已经以技术为支点，深深扎根在现实应用中，让数亿老百姓和数百万的小微企业能够享受到金融服务，反哺经济。

植根于生活是中美"龟兔赛跑"的决胜点

美国的金融、科技实力全面超越中国，为什么其金融科技发展反而落后于中国互联网金融呢？美国的金融体系较为成熟，民众在习惯并满足于传统金融服务后，接受根植于生活场景的金融创新较慢。以华尔街为代表的金融机构，并没有动力自我革命，其创新点也往往以金融逐利为导向，不少创新脱离实体经济而"空转"，一度引发危机。

中国经济长期处于投资拉动型的增长模式，与之匹配的金融体系专注于大企业融资服务，这也使得大众客户和小微企业在支付、理财、融资、征信等方面都存在巨大发展空间。当经济从投资拉动向消费拉动转型时，这些方面变得更加重要。新金融依托互联网技术崛起，服务消费，基于新技术，消费和金融的密切结合造就其后发优势，帮助中国互联网金融实现"弯道超车"。

技术、金融与生活的三角循环

中国网络购物和网络支付的相伴生长，有助于理解技术、金融和生活的正向循环关系。2010 年，中国的网购规模已在四年内翻了近 18 倍，达到 4610 亿元，淘宝也已经推出"双十一"网购节。当时支付宝的峰值处理能力只有300 笔/秒，面对网购规模的飞速增长有些捉襟见肘。

对小额、高频支付的需求推动了技术创新，2013 年支付宝开始全面运用自主研发的云计算技术，峰值处理能力突破 1.5 万笔/秒，2015 年峰值处理能力跃至 8.59 万笔/秒，远远超过 Visa 原先 1.4 万笔/秒的世界纪录。突破支付瓶颈后的中国网购规模在 2015 年已达 3.8 万亿元，占社会零售总额的12.9%。至此，无论总金额还是比例都已经超过了消费大国美国。与希克斯教授的名言同理，网络消费的革命不得不等待网络支付的革命。在新技术的赋能下，新支付与新消费比翼齐飞。

所以，金融科技强调的技术赋能金融其实只是开端，技术让金融更好地服务和推动商业和生活才是真正发展的方向。中国实体经济对金融的渴求造就了技术、金融和生活的良性循环，也使得新金融的实际影响远远超过了美国金融科技独角兽。至于那些跑路的 P2P 平台，很多属于金融欺诈，是伪互联网金融，与真正服务实体和生活的互联网金融并没有关系。实际上，缺乏技术能力和服务真实生活场景的能力，正是很多问题平台无法持续的原因。我们既要正视问题平台的存在并加以整治，也要看到互联网金融真正的贡献和生命力。

金融科技的启示是什么？

指出西方金融科技企业在影响实体经济和民生的现有局限，并不意味着中国企业不能借鉴其技术优势和模式创新。

PayPal 最早使用互联网技术探索第三方支付的创新，Lending Club 最早配合监管探索出了 P2P 规范发展的模式。事实上，金融科技企业排行榜所展示的，是一幅新金融生机勃勃的图景。举例而言，Credit Karma 帮助消费者管理信用生活，Chain. com 的区块链应用已经被纳斯达克用于 pre – IPO 股票交易，Ripple 帮助银行进行任何币种的即时转账，Braintree 帮助消费者一键支付，Betterment 为投资者提供智能投顾服务，Addepar 为投资者一站式分析和管理资产，Adyen 提供一个跨境电商支付平台，Fundera 比较小贷利率，Kensho 通过机器学习公共大数据来提供高质量的财经资讯。

金融科技企业利用技术和模式的创新，正在提高金融各个领域和环节的效率和能力。其预示的，是一个技术赋能金融，互联网 + 金融的必将到来的未来。这个未来让投资者和创业者们心跳不已，也促使多国政府积极推动金融创新的发展。

中国金融在很多方面与美英相比，仍有巨大差距。但这既是挑战也是机遇。借助技术变革，并将金融真正与生活结合，正是实现"弯道超车"的关键所在。金融科技（Fintech）固然是一个令人憧憬的起点，金融生活（Fin-life）才是其真正有生命力的未来。

资料来源：金融混业观察，作者：陈龙，2016 – 04 – 25。

（二）信息科技管理要求更高

一方面，物联网使得金融生态系统更加庞大和繁杂，金融机构需要获取和利用海量的数据信息，要求有强大的科技系统作为支撑。另一方面，信息时代各种信息瞬息万变，金融机构要对这些变化作出及时有效的反应，否则面临着被市场淘汰的危险。此外，平台经济、分享经济和微经济等新经济模式对金融服务的需求比传统经济更加依赖信息科技设施，对金融机构的信息科技管理也提出了更高的要求。

（三）信息科技风险更加突出

信息科技在促进金融发展，提高金融效率的同时，也增加了金融风险，对信息科技管理提出了新的要求。近年来，国内外金融领域先后发生的多起大案要案，都与信息科技风险管理有直接或间接的联系，暴露出信息科技管理方面的短板和漏洞。信息科技风险，可以通过网络迅速传播和传染，进而引发声誉风险或流动性风险。从风险防范的角度，物联网金融必须加强信息科技风险管理。

二、充分利用物联网技术变革信息科技管理制度

（一）提高信息科技对业务运行的保障水平

一是提高基础资源和应用部署的自动化水平，减少手动操作，降低人工

操作风险；二是加强大数据分析在运营维护领域的应用，进而加强业务风险防控，促进业务创新，积极推动业务流程优化；三是提高运营监控的精细化、自动化和智能化水平，增强系统风险和故障的预警、定位和处置的能力；四是做好金融机构内部的信息共享，增强运行维护与产品开发、安全管理和风险防控的协作，形成信息科技管理的合力。

（二）加大对产品设计和客户服务的支持力度

作为信息化在金融领域的应用，物联网金融的产品设计和客户服务更加依赖来自各个领域的大数据信息。这也正是物联网金融能够降低交易成本、实现完备信息状态的原因。信息科技在承担对业务运行维护的基础上，还要对产品设计和客户服务提供信息保障。

（三）提升信息科技风险应对能力

一是要对运维系统实行一定程度的风险隔离，以加强对核心科技系统的保护。二是要建立信息科技风险快速反应和自动反馈机制，确保及时有效地监测和处置信息科技风险，将损失控制在最低限度。三是加强对外包服务的管理，把握外包服务合作中的主动权，将信息科技风险压力传导给外包服务商。

第五节　金融服务模式制度变迁

一、传统金融服务模式的特点

传统金融重视追求规模，同质化竞争趋势明显，具有劳动密集型特征，存在一定程度的市场准入门槛，这决定了其服务模式也相应地体现出一些突出的特点。

（一）标准化

传统金融机构根据客户类型和业务条线设计出金融服务产品，并制定了统一的标准化的业务操作规程，从而建立起标准化的无差异的服务模式。这样便于金融机构提高服务的效率和规范性，具体的业务经办人员只需要照章办事即可，经历熟能生巧后，可以提高服务的速度，一定程度可以改善客户体验，并以应对庞大的业务量。

（二）程序化

服务模式被分解为各个具体的操作步骤，不同步骤之间有严格的先后顺序要求，严禁逆程序操作。这样最大的好处是有利于内部控制和风险防控，但有可能给客户带来不便，无法做到以客户为中心。

（三）僵固化

传统金融机构由于动力不足，业务模式创新方面往往不够积极，习惯于通过固有的业务模式做大做强，快速实现规模经济效益。加上传统金融市场竞争不充分，存在一定程度的卖方垄断，也在一定程度上抑制了服务模式创新。如此一来，传统金融服务模式容易缺乏灵活性，在相当长时期内保持相对固定的形式。

二、物联网对金融服务模式的影响

随着市场环境和客户需求的变化，物联网不仅会促进金融组织形式和业务流程的变化，而且也会对金融服务模式产生深刻影响。

（一）服务模式个性化

为满足基于客户特征、客户行为、客户流失与客户贡献度等业务分析需要，物联网金融通过构建多维度的客户管理分析系统，结合交易时间、渠道类别、产品服务、行为习惯等心理，实现客户画像，在此基础上为客户提供个性化服务；根据客户在不同渠道的差异化服务需求，通过强化以客户为中心的信息共享及价值创造，实现业务流程的整合优化。例如，银行可以结合生物识别和 RFID 技术推出个性化服务方案。当客户进入营业网点，手中银行卡通过 RFID 技术将相关信息（如消费水平、消费习惯、消费记录、风险偏好等），反馈到大堂经理的移动终端，大堂经理就可以有针对性地为客户推荐或提供量身定制的服务。个性化服务不仅可以提高服务效率，还可以改进客户金融服务体验。

（二）服务模式平台化

平台经济的兴起创造了对金融服务模式平台化的需求，物联网技术的应用则为平台化的金融服务创造了条件。平台金融服务模式是金融机构利用信息技术与网络平台相对接，从平台批量获得客户信息，批量开发目标客户并提供个性化网络金融服务。其实质是金融机构与核心企业在市场开发、资源共享和风险控制方面的互利合作。随着网络金融的快速发展，传统金融机构也纷纷搭建自己的金融服务平台，积极服务平台经济发展的同时深度融入平台经济的生态圈，最大限度发挥金融平台在服务客户方面的优势，提高金融服务的效率。

（三）服务模式场景化

金融服务场景化将以往复杂的金融需求变得更加自然——将金融需求与各种场景进行融合，实现信息流的场景化、动态化，让风险定价变得更加精确，使现金流处于可视或可控状态。为提高金融服务的便捷性，增加客户黏性和拓展潜在客户，金融服务场景化趋势日益明显。场景化金融服务将是未来物联网金融服务的重要服务模式。金融机构通过模块化产品设计，借助网络技术将金融服务融入各种消费或交易场景，成为其中的一个环节，客户在进行消费或交易时可以便捷地享受到金融服务，真正实现"让金融触手可及"。同时，场景化金融服务还有助于提高金融覆盖面，促进普惠金融的发展。

【专栏 6 - 7】

商业银行应提升场景化金融服务能力

在"互联网＋"时代，金融服务的场景化逐渐成为金融业的焦点。目前，互联网机构和第三方支付公司在金融服务场景化上已进行较多布局，并不断完善，以吸引和留住客户。前不久，兴业银行开始探索金融服务场景化，推出一款加载公交应用功能的移动金融支付手环，这款手环还可以在带有"闪付"标识的机具上消费支付。此前，包括平安银行、光大银行等，都已开始在金融服务场景化方面进行尝试。平安银行与去哪儿网在北京签署战略合作协议，通过平安橙子与去哪儿网平台进行产品和服务对接，构建场景化金融，使旅行资金与理财服务无缝衔接。

互联网金融市场竞争的加剧，正推动一些互联网金融机构逐步向场景化方向发展。对商业银行来说，如何在互联网金融服务场景化的大背景下，寻求技术和服务新的创新点，提升风险管控水平，显得更加迫切。

不断增加客户黏性。在移动互联网时代，大量的银行应用场景被互联网企业占据，银行需要寻求突破，促使用户的所有金融服务与社交互动，都融入到具体的场景里。事实上，谁的应用场景丰富、客户体验好，谁就能赢得更多客户。现在，客户对物理距离的敏感度不断增强，客户在哪里有需求，银行就得去哪里，帮助客户整合需求，可以采取金融超市模式，也可以通过间接连接，和场景平台合作实现。不断加快在移动支付领域的布局，通过场景化营销的方式，深入挖掘用户，培养用户的理财习惯，提升用户的黏合度。

深入推进产品创新。银行要在互联网金融激烈的竞争中赢得先机，就应从客户的个性化、多样化和差异化的需求出发，推陈出新，持续推出独特的产品和服务，全面嵌入到众多的消费场景中。加快线上线下融合和业务网络化创新，适时推出金融专营店，强化产品组合包装，推进微门户建设并将网站服务延伸至智能移动终端。充分发挥移动金融在小额支付上的优势，扩展消息服务内容，研发商旅服务、二维码应用等个性功能。利用银行在客户资源、信誉品牌等方面的优势，依托核心客户，加强"电商金融商圈"建设。加快支付结算平台、在线融资平台、电商金融销售支付平台和商圈金融服务平台建设。

　　严格实施风险管控。随着金融服务场景化的不断推进，各场景的金融服务所面临的风险会逐步增加。商业银行要做好金融服务场景化风险防控，建立风险控制机制，可尝试引入第三方专业机构，对互联网交易安全全面评估，重点关注客户身份认定、交易真实性及反洗钱问题。合理确定交易风险等级，实施分层管理，对于交易金额大、交易对象复杂的业务，着力发展全产业链、全资金链金融服务，方便掌握客户在不同时间节点上的金融交易信息。同时，为了保证服务平台可靠、稳定和安全运行，平台需具备严格的身份认证管理，提供统一的服务管理与资源管理。

　　资料来源：周锋荣. 商业银行应提升场景化金融服务能力 ［N］. 中国城乡金融报，2016 - 02 - 24.

第六节　资产负债管理制度变迁

一、传统金融机构资产负债管理的现状

　　作为商业银行重要的管理制度，资产负债管理（Asset Liability Management）产生于20世纪70年代中期，其主要内容是将商业银行的资产和负债作为一个整体，根据市场变化，通过对资产结构和负债结构的共同调整与资产负债两方面的协调统一管理，追求资产、负债项目在期限、敞口和流动性方面的匹配，实现安全性、流动性、盈利性的动态均衡。简言之，即在保持资金流动性和安全性的基础上，实现利润最大化的理论体系和管理方法。

　　以上为广义的资产负债管理，狭义的资产负债管理则主要是指对银行净利差的管理，重点是控制存贷款净利差，即通过控制利息收入与利息支出的差额，达到控制风险、提高收益的目的，其核心是利率风险管理。与商业银行类似，保险公司也要进行资产负债管理，即在风险承受能力和资本约束下，遵循偿付能力约束和全面风险管理要求，实现资产方、负债方、权益方三方面的良性动态平衡。其资产负债管理同样遵循安全性、流动性和收益性原则。

　　西方商业银行在吸取实践经验教训的基础上，先后采取了多种资产负债管理方法，如线性规划法、差额（缺口）管理法、比例管理法。随着金融市场和金融分析技术的不断发展，尤其是计算机和金融工程技术的应用，资产

负债管理技术和工具更加丰富，持续期分析法、模拟分析法、风险价值分析法、套期保值法以及金融工程和数学模型等工具的应用，为资产负债管理提供了更多的操作选择。随着国内利率市场化的逐步实现，物联网作为新一轮信息革命的核心技术，不仅对资产负债管理环境和手段产生了重要影响，也对资产负债管理提出了新要求。

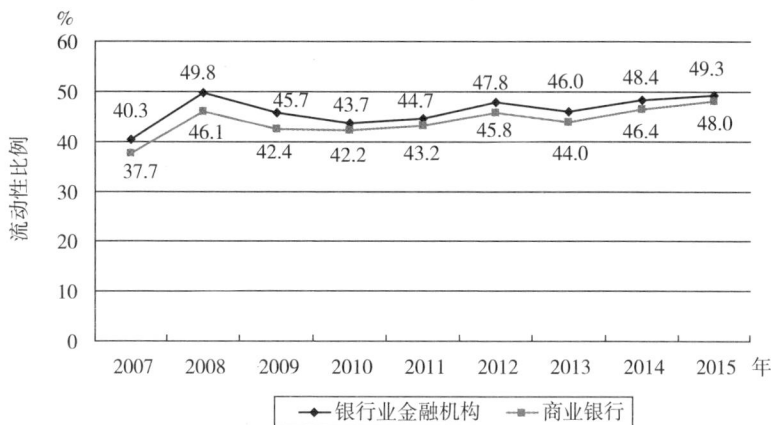

资料来源：《中国银行业监督管理委员会2015年报》。

图 6－4　2007—2015 年中国银行业金融机构流动性比例

二、网络金融生态环境下资产负债管理的新要求

网络金融机构在轻资产化和去中介化的同时，还要为客户提供全天候的智能化金融服务。为维持一定的流动性，金融机构必须加强资产负债管理，做到精细化、动态化和智能化。

（一）精细化

网络时代金融机构的流动性风险更加突出。尤其是在当今自媒体社会，人人都是信息传播者，任何关于金融机构的风险事件甚至负面舆情都会通过网络飞速传播，导致金融风险更加容易被发酵、传染和放大，最终威胁到金融机构的流动性。因此，资产负债管理必须坚持精细化原则，做到明察秋毫，知微见著，不放过任何可能引起流动性风险的细节。

（二）动态化

物联网金融最大的特点就是高度信息化，即金融机构通过万物互联、无处不在的网络感知和利用各种瞬息万变的海量信息，进而作出各种关于资产和负债业务管理的决策。无论是实体经济领域或金融市场，还是客户状态或项

目进展都处在不断地变化中。因此，资产负债管理必须实现动态化，及时根据网络的信息反馈作出调整。

（三）智能化

物联网金融无论是在客户服务还是在风险管理，都高度依赖信息科技设备的智能化处理，人工操作环节极少。与之相适应，资产负债管理也必然要提高智能化水平，避免管理过程中的时滞效应，减少人为的失误。

三、动态的智能化资产负债管理制度应运而生

如何建立一个动态、智能和精准的资产负债管理制度是物联网金融机构必须解决的问题。在传统的资产负债管理基础上，物联网金融机构还要注重以下几个方面。

（一）充分利用大数据科学决策

数据就是资产，数据对于金融机构的重要性不言而喻，不仅可以用来分析客户行为实现主动精准营销，还可以分析预测金融市场趋势和风险变化。金融机构利用数据挖掘和云计算技术，全方位多维度地将金融机构内部数据和外部经济金融领域数据整合，可以更真实洞察到金融市场中的供需关系，进而观测到金融产品在市场上的受欢迎程度，并通过数据分析模型对金融产品现金流信息、市场流动性信息、客户财务信息等关联分析，得到各类缺口报告、资金来源及资金运用、现金流特征、压力测试等分析结果，为资产负债管理提供科学的决策依据。

（二）充分发挥压力测试的作用

压力测试作为流动性风险管理的重要方法，其测试结果对资产负债管理有重要的意义。物联网金融为压力测试创造了有利条件，使得相关压力情景下的风险暴露更加符合实际，测试结果有效性提高。因此，要将压力测试结果充分应用于资产负债管理中，以有效应对特殊情形下的流动性风险。

（三）加强同业之间的协作

随着物联网金融的发展和利率市场化的实现，金融市场的竞争更加激烈，金融脱媒和轻资产化趋势更加明显。为数众多的在某些细分市场具有鲜明特色和竞争优势的中小型金融机构将逐渐成为重要的市场主体。其资产负债规模较为有限，且业务领域各有侧重。因此，通过同业之间的协作来加强资产负债管理将显得尤为重要。例如，为应对新常态和利率市场化对商业银行流动性管理带来的挑战，国内多家城市商业银行签订了《城市商业银行流动性互助合作公约》。

第七节　资本管理制度变迁

一、资本的定义

按照马克思主义政治经济学的定义，资本是指能带来剩余价值的价值，其本质是一种社会生产关系，一般分为不变资本和可变资本、固定资本和流动资本。西方经济学中，资本被视为一种生产要素，包括金融资本和实物资本。作为金融资本的一种，银行资本与非金融企业资本相比有其相同之处，即都包括权益资本和长期债务。但银行资本同时又有其特殊性，其不同之处在于，银行资本还包括为弥补银行预期的贷款和经营损失而提取的储备。在金融理论和实践中，注册资本、会计资本、监管资本和经济资本等概念既有所区别，又相互联系。

（一）注册资本

注册资本是设立各类银行业金融机构的基本法定要求，是银行维持正常经营的资金来源，是工商部门发放营业执照和监管部门颁发"金融许可证"的重要依据之一。

（二）会计资本

会计资本即权益资本，是银行总资产与总负债账面价值的差额，即银行的净资产，在银行财务报表中反映为所有者权益，它包括实收资本、资本公积、盈余公积和未分配利润。

（三）监管资本

监管资本即监管当局规定必须持有的资本，又称最低资本。监管资本除包括权益资本外，还包括债务资本，具有双重性。监管资本必须是具体的，可以计量和监控的。为使监管资本可比较，《巴塞尔资本协议》不仅确立了资本双重性的国际规范，而且统一了其衡量标准和最低限额规定。制定这些标准和规定的目的，是确保银行有足够的资本吸纳正常水平的经营损失，保证存款人和存款保险机构的利益。从银行资本监管角度讲，银行资本是指可以覆盖银行损失的资金，其范围实际上已扩大到所有可以覆盖银行损失的其他金融工具。

（四）经济资本

经济资本又称风险资本，是银行基于内部管理原因而应合理持有的资本，是一种虚拟的、用来承担非预期损失和保持正常经营所需的资本。实施经济资本管理是国际活跃银行实施风险管理的普遍做法，是商业银行约束自身经营行为、合理控制风险资产规模的有效途径。

二、资本监管的变迁历史

（一）国际资本监管方式的演变

国际资本监管伴随银行业的发展走过了漫长的道路。资本监管方式的演变经历了国家标准的发展阶段、国际标准的统一阶级和国际标准的完善阶段。

1. 国家标准的发展阶段

美国监管当局最早关注银行的资本充足程度，1864 年制定的《国民银行法》用资本与人口的比率衡量资本充足程度，其后发达国家纷纷效仿，并不断创新，曾运用资本与存款比率、资本与总资产比率、资本与风险资产比率等多种指标来判断银行资本是否充足。各国银行监管当局基于本国银行业实际，对衡量资本充足程度的标准认识不一，因此，资本监管的做法和发展进程也不尽相同。到 20 世纪 70 年代，美国监管当局仍采用固定的资本/资产比率时，英国、法国等发达国家已开始使用相对复杂的资产风险加权方法，有的国家甚至对本国银行也没有采用统一的资本充足比率，如美国监管当局在 20 世纪 80 年代初仍规定社区银行的资本充足率为 6%，而较大的区域性银行为 5%。

2. 国际标准的统一阶段

1975 年，为应对因经济金融自由化、全球化所带来的银行倒闭危机，加强国际监管合作，十国集团建立了巴塞尔银行监督管理委员会。1982 年，墨西哥发生债务危机，引发多起银行倒闭、挤兑事件和全球经济波动，十国集团为稳定银行体系，恢复公众信心，经过多次协商，于 1988 年 7 月 15 日发布了《统一资本计量与资本标准的国际协议》，首次统一了资本充足率标准及计算方法。该协议要求，1992 年底前，十国集团的国际活跃银行资本与风险加权资产之间的比例应达到 8%，标志着资本监管由国家标准时代向国际标准时代过渡，奠定了统一资本监管的里程碑。《巴塞尔资本协议》在引导商业银行由资产负债管理模式向风险管理模式转变的基础上，也促使银行资本监管思想发生根本性转变。一是明确了资本的内涵和外延。将银行资本划分为核心资本和附属资本，对两类资本的组成进行了明确界定。二是明确了资产风险权重的计算标准。将银行表内和表外资产的风险程度划分为 0、20%、50% 和 100% 四个档次。三是建立了资本与风险两位一体的资本充足率监管机制。将资本与资产的风险含量有机相连，明确两者之间 8% 的最低要求。由于资产结构的差异，使同样的资本量可以保障不同规模的资产，资本的保障能力随资产风险权重不同而异，体现出动态监管思想。1988 年《巴塞尔资本协议》的主要目的是通过提高银行的资本充足率，来增强银行体系的稳定性和尽可能降低商业银行的不公平竞争。1997 年，《巴塞尔资本协议》被写入《有效银行监管的核心原则》，成为银行资本监管的国际标准。目前，全世界有 100 多个国家以不同形式实施了《巴塞尔资本协议》，资本充足率已成为衡量单个银行乃至银行体系稳健性、维护银行业公平竞争的国际标准。

3. 国际标准的完善阶段

20 世纪 90 年代以后发生了多起震惊世界的大银行案件。如 1993 年底巴林银行的资本充足率远超过 8%，1995 年 1 月还被认为是安全的，但到 1995 年 2 月末，就宣布破产并被接管了；爱尔兰联合银行 2002 年由于在过去五年内发生非授权交易，蒙受了 6.91 亿美元的损失。巴塞尔委员会认识到 1988 年《巴塞尔资本协议》的局限性，为应对金融创新和银行业务日益复杂带来的挑战、提高资本监管的有效性，于 1996 年发布了《资本协议关于市场风险的补充规定》，正式将市场风险纳入资本监管框架。随后十国集团国家以及主要的新兴市场国家都陆续要求商业银行对市场风险计提资本。1997 年发布了《有效银行监管的核心原则》，1997 年亚洲金融危机爆发后，巴塞尔委员会决定对《巴塞尔资本协议》进行全面修订，经过历时 6 年的细致研究和广泛征求意见，于 2004 年 6 月 26 日发布了《资本计量和资本标准的国际协议：修订框架》。《巴塞尔新资本协议》吸收了《巴塞尔资本协议》以及有关监管文件的合理内核，借鉴了国际银行监管领域的最新成果，代表了银行资本监管的发展趋势和方向。

《巴塞尔新资本协议》在保留《巴塞尔资本协议》主要内容（核心资本和附属资本的分类及组成不变，附属资本不得超过核心资本；总资本与风险加权资产之比不得低于 8%）的基础上，对资本计量要求做了重大修改。一是扩大了资本覆盖的风险种类和范围。除考虑信用风险外，还要对市场风险和操作风险计量资本要求，风险计量结果按照 12.5 倍相应转化为风险资产总额。二是为提高资本的风险敏感度，鼓励银行开发和采用更加精细的风险管理技术，《巴塞尔新资本协议》提供了两种计量信用风险的方法：标准法和内部评级法。对于风险管理水平较低的银行，建议采用标准法，即银行采用外部信用评级机构的评级结果来确定各项资产的信用风险权重。当银行的内部风险管理系统和信息披露达到一系列严格标准后，银行可采用内部评级法，根据复杂程度分为初级法和高级法。内部评级法是通过先进的风险模型对客户或交易对手违约概率、违约损失率（LGD）和违约时风险暴露水平（EAD）进行估值后，计算风险权重。三是建立了最低资本要求、监督检查和市场约束三位一体的资本监管框架。这是资本监管领域的重大突破，三大支柱互相牵制，低水平或局部地实施某一个或某两个支柱都不足以确保银行体系的稳定。其中，最低资本要求是核心，也是目标；监管当局的监督检查是最低资本规定和市场约束的重要补充，对达不到最低资本要求的商业银行，应及时采取适当的监管措施，对某些内部控制薄弱、风险管理水平较低的商业银行，甚至可要求其持有高于最低标准的资本；市场约束具有迫使银行有效而合理地分配资金和控制风险的"无形"作用，是配合监管当局强化监督工作的有效工具。

（二）中国资本监管发展历程

相比国际资本监管漫长的发展进程而言，我国资本监管起步较晚，从1994 年开始，至今 20 多年。我国银行业资本监管发展轨迹与银行业的改革进程紧密相连。具体可分为三个阶段。

1. 资本监管空白期（1994 年前）

1979 年以前，我国银行属于大一统的体制，人民银行既办理商业银行业务，又行使管理职能；之后，中国农业银行、中国工商银行相继与人民银行分设，与陆续恢复、分立的中国银行、中国建设银行共同组成了国家专业银行，并逐步具有了商业银行的一些特征，但由于国家专业银行没有实行彻底的企业化经营，承担着大量政策性业务和部分金融管理职能，这四家银行尚无资本金概念，资本以信贷基金形式体现，信贷基金全部由财政预算安排。1984 年后，财政不再拨付信贷基金，由各行从利润中提取补充。直到 1994年，随着政策性银行的成立、《商业银行法》的颁布，国家专业银行转变为国有独资商业银行，四家银行的信贷基金及所提取的利润全部转为实收资本。因此，严格意义上讲，1994 年以前四家银行没有资本金。当时人民银行的主要职能是通过信贷规模管理实施货币政策调控，金融监管尚未成为人民银行的主要职能，金融监管主要是以市场准入为主，辅之以行政检查，没有对银行风险实施系统、全面、审慎监管，更谈不上资本监管。

2. 资本监管过渡期（1994—2004 年）

主要包括三个方面：（1）将资本充足率正式纳入监管范畴。标志性文件是 1994 年人民银行制定下发的《关于对商业银行实行资产负债比例管理的通知》，首次将资本充足率的监管纳入金融监管内容，统一了资本构成、各类资产的风险权重、资本充足率的计算方法及 8% 的标准。1995 年颁布的《商业银行法》重申了资本充足率的达标要求。这两部法律规章为人民银行实施对银行风险的全面监管奠定了法规基础，从此资本充足率才成为金融监管的主要内容之一。1996 年底，人民银行对资产负债比例管理指标进行了修订，制定了《商业银行资产负债比例管理监控、监测指标和考核办法》，资本充足率成为第一项监控指标，外币业务、表外业务也纳入了考核体系。但由于人民银行的监管主要以行政管理和合规监管为主，资本监管基本处于软约束状态。
（2）理顺商业银行资本金内部管理机制。1994 年四家国有商业银行将信贷基金以及盈余全部转为实收资本，但资本金由分支机构分级管理，直到 1997 年各行将分支机构实收资本置换为营运资金后，才实现资本金的统一核算和集中管理，从 1997 年底才开始向人民银行报告资本充足率情况。（3）实施了一系列资本达标的政策措施。1997 年 11 月，人民银行以四家国有商业银行 1997 年 6 月末的风险资产为基础进行测算，要补充 2674 亿元的资本金，才能保证四家国有商业银行资本充足率达到 8% 的最低要求。当年，国家调低四家国有商业银行所得税税率，将 55% 的所得税税率和 7% 的调节税税率下调至一般工商企业 33% 的水平，以提高自我积累资本的能力。1998 年 2 月，财政部发行 2700 亿元特别国债，用于弥补四家国有商业银行的资本金缺口。但由于四家国有商业银行资产增长超过预期、呆账贷款大量增加等原因，1998 年底的平均资本充足率仅为 4.64%，未达到预期目标。1999—2000 年，四家国有商业银行向资产管理公司剥离 1.3 万亿元不良贷款，减少风险资产存量；从 2001 年开始，国家分三年将金融保险企业的营业税率由 8% 降低到 5%，并放宽呆账的认定条件和呆账准备金的提取范围。但四家国有商业银行的资本充足率表面上并没有得到提高，2002 年对四家国有商业银行资本金检查结果显示，平均资本充足率仅 4.45%，比 1998 年下降了 0.19 个百分点，主要原因是为支持经济高速增长，四家国有商业银行资产继续迅猛增加。随着审慎监管力度的加大，四家国有商业银行开始全面暴露隐藏的资产损失。

3. 资本监管接轨期（2004 年至今）

2004 年 2 月中国银监会经国务院批准，制定下发的《商业银行资本充足率管理办法》，拉开了我国资本监管的新篇章。该办法借鉴 1988 年《巴塞尔资本协议》和《巴塞尔新资本协议（讨论稿）》，建立了一套操作性强、透明度高的资本监管标准和程序，将商业银行分为三类：资本充足、资本不足和资本严重不足，实施分类监管。不仅将重估储备、长期次级债务工具、可转换债券纳入附属资本，拓宽了资本来源渠道，而且将市场风险纳入资本监管框架，进一步强化了市场约束，对商业银行资本管理、资本覆盖风险状况提出了具体的披露要求。同时充分考虑我国国情，规定商业银行资本充足率的最后达标期限为 2007 年 1 月 1 日，要求未达标的商业银行在过渡期内，制定切实可行的资本补充计划，确保按期达标。

三、资本管理的重要意义

对金融机构和监管当局而言，资本管理制度包括两个方面的含义：一是针对商业银行等机构内部管理而言，通过资本管理来达到合规经营、风险防范和提质增效的目的，对应的是经济资本；二是对于监管部门而言，资本监管是商业银行审慎监管的核心，是《巴塞尔新资本协议》的三大支柱之一，与之对应的是监管资本。物联网金融背景下，资本管理无论是对于金融机构还是对于监管当局，仍然具有重要的意义。

（一）通过资本约束资产促进银行科学发展

在8%的最低资本充足率要求下，分母——资本总额对分子——风险加权资产总额发挥着制约作用，资本的多少决定了资产规模的大小和资产结构的组合，商业银行资产的扩张必须以充足的资本准备为前提。这样，商业银行传统的以存定贷、多存多贷、盲目扩张的旧思维将必然向以资本约束资产的理性发展理念转变，是否持续保持资本充足也成为衡量一家商业银行是否落实科学发展观的主要标准。

（二）通过风险为本的资本规划促进银行稳健经营

表面上看，商业银行经营的是资金，而实际上是作为资金媒介在经营风险、承担风险。风险可以带来盈利，高风险、高回报，如果风险控制不当，也会带来损失。资本监管的出发点和终极目标是督促商业银行对所有的损失采取充分的抵御措施，确保银行的生存和持续稳健经营。一是资本与资产损失准备、减值准备互有分工，覆盖银行面临的所有损失。资本是在各项资产损失准备、减值准备消化银行面临的预期损失的基础上，用于弥补由于经济波动或者自然社会条件变化等因素所造成的非预期损失。二是资本覆盖了银行各类业务所面临的信用风险、市场风险、操作风险等所有风险种类。

（三）通过双重资本结构促进银行规范治理

监管资本的双重性定义将权益资本的代表——股东和债务资本的代表——长期次级债券的持有人两者的利益与银行的风险管理紧密联系起来，而作为拥有众多的机构网点、成千上万的员工，形形色色的客户、处理日益复杂的金融交易的银行，风险管理的成败主要取决于公司治理结构和机制的科学、有效。银行股东将以股东大会的形式，委托董事会、监事会、高级管理层切实加强、监督风险管理，建立职责分明的"三会一层"公司治理结构和配套科学、灵敏的风险管理组织架构、技术操作平台以及高效运作的机制，确保将银行风险控制在最低水平，以保障自身权益。同时，长期次级债券投资者在选择银行时，首先关注的也是银行的公司治理结构和治理机制，只有在确保资金安全性的基础上才会考虑到资金的收益。因此银行无论是在发行新股，还是长期次级债券时，都需要接受市场对其公司治理的检验，只有健康的公司治理才能增强投资者的信心。

（四）通过最低资本设限促进银行合理分配

银行股东的目标是实现财富的最大化，用最小的资本赚取最大的利润，但由于资本监管的最低资本设限，银行赚取的利润在缴纳所得税、对高级管理层等人员实施相关激励后，并不能全部用于股东分红。首先，股东们必须测算银行资本充足率，如果没有达标，为规避可能受到的监管制裁，应当考虑拿出利润弥补资本差额。相对扩股和发债等其他补充资本的方式而言，这种方式成本最低，且有利于保护股东们在银行的现有控制权，避免对银行股东股权收益的稀释。其次，即使银行资本充足率已达标，考虑到下一年度经营地域和业务品种的扩张计划，股东们也需要拿出相当的利润作为资本储备，以满足风险资产增加带来的远期资本需要。

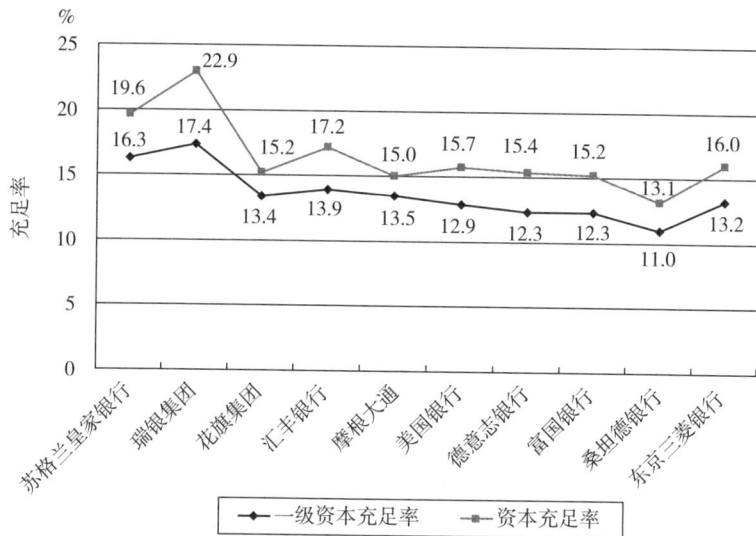

资料来源：各行 2015 年度报告。

图 6-5　2015 年部分全球系统重要性银行资本充足率

【专栏 6-8】

利用经济资本　有效管理金融机构风险

近年来，随着国际金融局势动荡加剧和市场竞争日趋激烈，风险不断聚集。金融机构内部风险管理，需要找到一种新的有效工具，既可全面合理地量化风险、管控风险，又能与监管要求保持动态一致，而经济资本恰恰能够很好地满足这一要求。

经济资本是指在一定置信度下，在一定时间内，为弥补可能面临的非预期损失所需要的资本。非预期损失是在一定条件下最大损失值超过平均损失值的部分，即金融机构所面临的风险。经济资本又可以分为要求经济资本和可用经济资本。要求经济资本是指机构用于抵御它所接受的或所暴露的风险而需要的风险资本，即在某一假定不利情景下保证不破产所需要持有的资本，类似于现行监管体系下的要求资本；可用经济资本是指资产的市场价值减去负债的市场价值，类似于现行监管体系下的实际资本。可用经济资本高于要求经济资本，意味着金融机构有充足的资本抵御所面临的风险。

经济资本能够对主要风险进行相对科学的量化计量，可以为金融机构日常经营管理，特别是在资本充足率评估、外部沟通（如监管机构，外部投资者等）、产品开发与定价、投资避险、商业预算，还有风险调整的业绩考核、战略资产配置、资本配置方案、管理层薪酬制定等方面提供辅助决策支持。

首先是科学评估资本充足性。金融保险机构如果经营杠杆过高，可能会导致财务实力下降，承担更大的债务负担；也可能导致机构资本充足率下降，从而引起过度监管造成成本干预。因此，金融机构在经营管理过程中，需要充分考虑实际的杠杆水平（即实际资本）与所允许的最高杠杆水平（即要求资本）之间的平衡，科学评估资本充足性。利用经济资本计量模型开展的相关工作包括：着眼股东价值最大化使风险结构与风险偏好体系相一致；可用经济资本可以作为机构当前财务资源的评估，要求经济资本可以作为机构整体、各产品线、各分支机构的可量化风险评估；与监管机构、评级机构的资本充足性要求进行对比等。

其次是优化资本配置。金融机构的资本应该优先配置给回报率丰厚、增长潜力大以及利益多元化的业务或产品。资本配置还与机构的风险结构紧密相关，无论是负债端还是资产端，都需要配置一定额度的资本以对冲风险。对于不同的业务条线，应选择最佳的风险结构，实现资本的最有效配置。利用经济资本计量模型进行资本配置优化，主要是通过战略资产配置、贷款策略、产品策略、保险与再保险优化来实现。

再次是对绩效考核与薪酬作出风险调整。金融机构在对业绩进行评估时，不仅要考虑经营收益本身，还要考虑取得该收益所承担的风险，以精确衡量某项业务或经营举措的实际价值。而经济资本是基于风险的潜在财务影响而计量得出的"真实"资本需求和经济价值，以经济资本作为分母来衡量资本回报率，特别适合于将风险管理视为企业生命线的金融机构。

最后是促进与外部利益相关方的沟通。通常而言，不同利益相关方的关注点往往不同。近年来，一些金融机构更加主动地向外部利益相关者说明他们如何运用经济资本这个工具来管理风险，通过展示经济资本的计量结果向外界披露企业目前的风险分布和风险暴露，得到了投资者和评级机构的广泛欢迎。这些沟通主要包括：向利益相关方报告企业的风险承担状况和/或风险偏好；通过细的风险披露显示企业的风险管理实力；从企业自身的风险特征和具体情况显示企业的资本充足性和财务实力等。

按照经营管理的不同逻辑维度，如产品线、业务账户、分支机构等，可以对经济资本进行逐级分解，从而满足风险防控责任化、绩效考核科学化、经营管理精细化的要求。例如在保险行业，能够在险种层面计量的保险风险，可以分解到产品线、分支机构；保险业务的信用风险，可以分解到账户层面。

要求经济资本的分解是指在已经计量总体要求经济资本的情况下，计算更细维度的要求经济资本，如某一分机构的要求经济资本。要求经济资本的分解方法主要有直接计算法和分摊法两种。对于任何维度的要求经济资本计量，只要能够明确该维度（如分机构）所对应的资产与负债，就可以此作为计算基础，直接计算其对应的要求经济资本。该方法理论逻辑简明清晰，但缺点是计算量较大。适用于直接计算法计量经济资本的主要有：资产与负债均单独管理的某些客户维度；分账户维度的要求经济资本；其他资产与负债单独处理的情况等。分摊法是指先在更高维度计算要求经济资本，然后依据相应的分摊原则将高维度要求经济资本分摊到下一个更细维度。根据风险的不同属性选择相应的拆分因子，如市场风险可以选择准备金作拆分因子；保险风险可选准备金、标准保费收入。以保险风险为例，当选取准备金作拆分因子时，有会计准则准备金、市场一致性准备金、偿付能力准备金3种口径；非寿险和短期险业务拆分因子采用保费准备金和未决赔付准备金之和。当保险风险以保费作拆分因子时，为避免拆分因子和风险之间不对应，需要注意区分趸缴和期缴保费，因此采用标准保费分拆；非寿险和短期险业务拆分因子用已赚保费即可。

由于通常分支机构或产品线并不存在净资产和资本充足性的概念，因此，可用经济资本分摊到相应维度并不具有明显意义。但如果基于某些考虑需要对可用经济资本进行分解时，可先将负债在所需维度层面按照险种计量，然后通过数据清分，加总到分支机构或产品线；资产端参照市场风险分摊方法。

从金融监管走向来看，《巴塞尔资本协议》是以降低监管资本为激励，鼓励商业银行开发高级内部风险管理模型的；欧盟偿二代、中国偿二代也明确要求保险公司开发以经济资本为代表的内部风险管理模型，提高风险管控能力。但是，我们也应清醒看到，经济资本计量当前仍然存在一些明显的局限性，具体而言，其置信度统一不够灵活，与外部信息不对接，参数难定的同时估值又很敏感，难以及时反映表外风险。

资料来源：《金融时报》，作者：顾伟，2016 – 09 – 14。

四、物联网金融对资本管理制度的新要求

物联网金融可以降低交易成本，实现完全信息，提高提高金融市场效率和服务实体经济的能力，与此同时，其面临的金融风险也发生了深刻变化，对资本管理也提出了新的要求。

（一）资本管理智能化动态化要求更高

通过泛在和智能感知的网络，利用自动化和智能控制等技术，突破了时空限制，物联网金融能够提供无处不在、随时拥有的金融服务，整个金融系统保持持续不间断的运行状态，充分体现了其实时智能的特点。提供金融服务的过程也就是风险控制、资本消耗的过程，也将处于动态变化之中。因此，作为风险管理的重要手段，物联网金融必然要求实行智能的动态的资本管理，确保任何时点都能够保证资本充足，风险可控。

（二）对系统性风险提出更高的资本要求

物联网金融的网络特征明显，金融机构之间、金融机构与实体经济之间保持高度紧密联系的状态，乃至整个经济体系高度系统化、生态化。尤其是金融市场上为数众多的中小金融机构逐渐成为重要的市场主体，相互之间的同业协助更加广泛而深入。金融风险在不同金融机构之间以及在金融领域与实体经济之间更加容易传播，系统性风险的影响显著增加。因此，增加系统性风险的资本要求对物联网金融的风险防范和稳健运行至关重要。

（三）统一的外部资本监管标准更加迫切

物联网金融机构通过组织形式的虚拟化、网络化，业务流程的智能化和场景化，理论上业务经营范围可以拓展到世界任何有金融需求的国家或地区。尤其是随着我国人民币国际化、汇率市场化，以及资本账户的开放，日益增长的跨境贸易、投资和融资活动将会创造出更多的境外金融服务需求，为金融机构开展国际化经营提供了难得的机遇。

为适应这一发展趋势，确保金融机构在境外有公平的发展环境，各金融监管机构应该加强国际监管协作，缩小不同国家或地区之间进行监管套利的空间，尽量确保各国监管标准，尤其是资本要求标准，保持一致。否则，物联网金融机构可以借助各种金融科技手段，轻易绕过各监管当局设置的国别障碍进行监管套利，甚至出现监管真空，不利于整个国际金融体系的稳定。

五、完善资本管理制度的路径分析

（一）落实和改进《巴塞尔资本协议》

资本管理作为外部监管和内部管理的重要手段，监管引领尤为重要。《巴塞尔资本协议》作为国际金融监管合作的重要成果，对推动银行业发展起到了不可替代的作用。当前，随着各国经济和金融对外开放程度的加深，跨境金融活动日趋频繁，加上物联网金融的虚拟化、网络化特征，落实和改进《巴塞尔资本协议》意义重大。一方面要加速推动协议要求在各国或地区的落地，为统一资本监管标准奠定基础，防止跨境监管套利，促进公平竞争。另一方面，要针对物联网金融的风险特征，改进现行的资本监管框架，增加风险资产计提的类型和方式，充分体现资本在物联网金融风险防范中的作用。

（二）探索建立差别化的资本监管制度

对于同一监管当局而言，除了对系统重要性机构有额外的资本要求外，现行的资本监管制度都实行统一的监管标准。物联网金融机构在服务新经济的过程中，由于运营模式、服务方式、风险暴露等方面都呈现出以往所不具有的新特征，与传统金融机构存在明显的差异。监管部门可以根据金融机构的系统重要性程度、业务规模、业务特征、管理水平、风险偏好等因素综合评估风险水平，实行差别化的资本监管要求。

（三）改进和丰富资本管理工具

一是结合物联网金融的特征设计更加简单、有效，便于操作的资本管理指标体系。二是结合物联网金融对资本管理的新要求，强化对系统性风险的资本计提要求。三是鼓励金融机构利用物联网技术开发实时智能的资本管理IT系统。鉴于物联网技术在电网管理中的成功应用，建议开发类似于智能电网的实时动态的资本管理IT系统，以满足物联网金融对资本充足的要求。

第七章 物联网金融与
金融创新制度变迁

从科技的角度来看，未来二三十年人类社会将演变成一个智能社会，其深度和广度我们还想象不到。越是前途不确定，越需要创造，这也给千百万家企业公司提供了千载难逢的机会，我们如何去努力前进，面对困难重重，机会危险也重重，不进则退。如果不能扛起重大的社会责任，坚持创新，迟早会被颠覆。

——华为技术有限公司创始人、总裁　任正非

物联网的发展使得现实世界数字化、信息网络化，为金融创新注入了全新动力。以物联网为动力源的技术进步、制度变革和市场需求"三驾马车"的协同作用将引发大量金融创新，给经济金融领域带来深刻影响与变革。创新站到物联网技术的"风口"，将打破传统金融模式的路径依赖，不仅拓展了物联网的应用前景，也改变了金融业的运行模式，拉开了一场新金融革命的序幕。

本章基于对金融创新动力理论的回顾，对物联网金融模式创新动力机制的变迁进行了分析，研究了物联网金融创新领域，剖析了其核心特点，即跨界融合、打造"零边际成本社会"及促进金融生态环境变化。最后，介绍了物联网金融创新形态——智慧金融。

第一节　物联网金融创新动力机制变迁

一、金融创新动力理论综述

1912 年，熊彼特（Joseph A. Schumpeter）为了解释经济周期和经济增长以及发展的问题，创立了创新理论，并把创新行为当作"一种新的生产函数的建立"。20 世纪 70 年代，西方国家金融管制放松促进了金融创新理论及实践的发展。所谓金融创新是指金融业各种要素的重新组合，具体是指金融机构和金融管理当局出于对微观利益和宏观效益的考虑而对机构设置、业务品

种、金融工具及制度安排所进行的金融业的创造性的变革。金融创新的核心要义在于重构金融制度和要素体系，通过"内部成本外部化"及"外部收益内部化"，实现资源的优化配置，使收益覆盖风险和成本，增加利益集团的整体效益，实现"帕累托改进"或"卡尔多—希克斯改进"。

综观各国金融创新理论，先后产生了技术推进理论、货币促成理论、财富增长理论、约束诱导理论、制度改革理论、规避管制理论以及交易成本理论七种主要金融创新动因理论。

（一）技术推进理论

该理论认为技术是一切创新的源泉。新技术革命的出现，尤其是计算机、通信设备及互联网在金融行业的运用，为该领域的创新提供了物质上和技术上的支持和保证，大大提高了金融服务的效率，开拓了金融市场的纵深，更新了金融管理的观念，降低了金融经营的成本，并加速了金融全球化的进程。韩农（Hannon）和麦道威（McDowell）是最早从技术创新角度研究金融创新的学者，他们秉承熊彼特的创新理论，从对 20 世纪 70 年代美国银行业新技术的应用和扩散的调查入手，认为与市场结构变化密切相关的新技术的采用是导致金融创新的主要因素。

（二）货币促成理论

与技术推进理论过分强调新技术的重要性以及应用不同，货币促成论认为货币方面的因素在金融创新中起了主要作用。代表性人物是货币学派的米尔顿·弗里德曼（Milton Friedman）。该理论认为，面对 20 世纪 70 年代通货膨胀和汇率、利率反复无常而又戏剧性的波动，金融创新作为抵制通货膨胀和利率波动的产物应运而生，是以促进经济的平稳运行为目的。例如 70 年代出现的可转让支付命令账户（NOW 账户）、货币市场基金（MMF）、外汇期货、货币市场储蓄账户（MMDA）等对通货膨胀率、利率、汇率具有高度敏感性的金融衍生工具都是金融创新的产物，对抵御通货膨胀率、利率、汇率波动造成的冲击，使投资获得相对稳定的收益起到了积极的作用。

（三）财富增长理论

这种理论认为，经济的高速发展所带来的财富迅速增长，是金融创新的主要原因。因为财富的增长，加大了人们对金融资产和金融交易的需求，促发了金融创新以满足日益增长的金融需求。格林包姆（S. I. Greenbum）和海沃德（C. F. Haywood）是该理论的代表人物。他们在研究美国金融业发展史时，得出财富的增长是决定对金融资产和金融创新需求的主要因素的结论。他们认为科技的进步引起财富的增加，随之人们要求避免风险的愿望增加，促使金融业发展，金融资产日益增加，金融创新随之产生。

（四）约束诱导理论

该理论以西尔柏（W. L. Silber）为代表人物。与财富增长理论从需求方着手不同，约束诱导理论主要从供给方面探讨金融创新，并认为金融创新是微观金融组织为寻求最大的利润、回避或摆脱内部和外部对其产生的金融约束而采取的"自卫"行动。一般认为，金融机构面临的内部制约为一些传统的管理指标，比如增长率、流动性比例和资本充足率等，而外部制约则是一国金融管理当局所施加的种种管制和制约，以及所参与的金融市场上的一些约束。当上述因素制约金融机构获取利润最大化时，金融机构就会发明新的金融工具、服务品种和管理方法，以摆脱其面临的各种内部和外部制约，增强其竞争能力。

（五）制度改革理论

该理论主要以制度学派的学者为代表，如诺斯（D. North）、戴维斯（L. E. Davies）、韦思特（R. West）等，认为金融创新是一种与经济制度相互影响、互为因果的制度改革，金融体系的任何因制度改革而引起的变动都可以视为金融创新。因此，政府为稳定金融体制和防止收入不均而采取的一些措施，如存款保险制度，也是金融创新。此外，该理论还主张从经济发展中的角度来研究和考量金融创新，认为金融创新并不是20世纪电子时代的产物，而是与社会制度紧密相关的，是随着社会制度的变迁而产生的。一国政府对金融行业的管制和干预行为本身已经包含着金融制度领域的创新。

（六）规避管制理论

该理论认为，金融创新主要是由于金融机构为了规避政府的管制所引起的，是金融机构被动地追求利润最大化的一种行为结果。规避管制理论的主要代表人物是凯恩（J. Kane）。通过借鉴税收理论的研究成果，该理论把各种形式的政府管制与控制视为金融机构所面临的隐含的税收，这在一定程度上加大了金融行业的生产经营成本，阻碍了金融机构从事已有的盈利性活动和利用管制以外的利润机会，因此，金融机构通过创新来逃避政府管制，减轻自身所面临的生产经营负担。当金融创新危及金融稳定与货币政策时，金融当局会加强管制，新的管制又会导致新的创新，两者不断交替、循环往复，形成一个相互推动的过程。

（七）交易成本理论

与规避管制理论把金融机构面临的管制视为税负不同，交易成本理论从金融机构生产经营过程中面临的实际成本出发，把金融创新归因于交易成本的下降，认为降低交易成本是金融创新的首要动机，如为了降低人工成本所导致的自动取款机的广泛应用。这是因为交易成本的高低决定了金融业务和金融工具的创新是否具有实际价值，而金融创新就是对科技进步导致的交易成本降低的反应。

上述西方金融创新理论主要是侧重于对金融创新形成原因的讨论。各种理论大多是从某一侧面来分析金融创新的原因，而没有对金融创新进行全面、综合的分析。因此，各种理论都存在一定的局限性，都是一定特殊历史时期的产物。

二、金融创新的传统动力

金融创新理论流派繁多，对创新动因的解释也各不相同。归纳各个时期不同的金融创新动力机制理论可以看出，金融企业经营的基本目的是实现利润最大化和风险最小化，因此金融机构的趋利动机是金融创新的核心原因，新技术的应用及金融管制则是创新的外部条件。从我国金融创新实际情况看，可分为以下几种创新动力类型。

（一）政府推进型金融创新

政府推进型金融创新是指在经济转型过程中，政府对新的金融业务、金融机构和金融市场以适应经济改革的要求而进行的创新。在我国经济体制由计划向市场转变的渐进改革中，国民经济运行暴露出许多新的问题，为解决这些问题，政府有进行金融创新的内在动因。政府推进型金融创新主要体现在宏观层面上，对国民经济影响较大，创新的重点在于金融制度、金融市场以及金融机构等方面。例如，1980 年 12 月国务院批准中国银行在北京、上海等大城市开办外汇额度调剂业务，是为了使留成外汇能够转移到急需外汇的单位。又如，1999 年 4 月 20 日成立的中国信达资产管理公司是为了改善商业银行的资产负债结构，对不良资产进行集中处理和管理，划分新旧账，对新增贷款实行严格的责任制而组建成立的。

（二）市场失败型金融创新

市场失败型金融创新是指运用金融创新克服市场金融的缺陷，市场作为调配资源的基础性手段在某些领域会失灵，需要金融创新对市场失败领域进行弥补。我国政策性金融机构的建立可以说是这种类型金融创新的最好例证。四大专业银行作为金融改革初期的代表性成就，在十余年的经营运作中为经济改革和发展提供了巨额的资金支持。但随着社会主义市场经济的发展，专业银行体制就暴露出了明显的局限性和不适应性，其中最大的问题是政策性信贷与商业性信贷混营的问题。专业银行一方面给予政策性贷款在利率和信贷政策上的优惠，另一方面又要按商业银行运作模式运作，显然专业银行在政策性贷款领域失灵。基于这种动因，1994 年国家正式启动了专业银行向国有商业银行转轨的改革，成立了三家政策性银行来承担原有专业银行经营的政策性金融业务。

（三）技术推进型金融创新

技术推进型金融创新的涵义与西方金融创新的技术推进型理论基本一致，该种动因也是目前我国金融创新的主要动因之一。随着现代化进程的深入，以计算机为中心的高新技术在金融领域得到了广泛应用，经过十多年的发展，我国金融机构的电子化装备发展迅速，已形成初具规模的电子化系统格局。此外，我国运用现代通讯技术建立起全国金融专业通讯网络，为资金清算、股票交易和储蓄通存通兑等业务的开展提供了技术保证。

（四）追逐利润型金融创新

追逐利润型金融创新是指以追求利润最大化为目标而进行的金融创新。此种创新可从两个方面着手，一方面通过扩大收入，另一方面通过降低"交易成本"。通过金融创新来扩大收入带有进攻性，如果收入的扩大是以其他金融企业收入减少为基础的，极易遭到其他金融企业的报复，因此收入的扩大不能持久；如果收入的扩大是通过对新业务的开拓而取得的，则收入的扩大较为稳定。目前，在我国银行商业化的进程中，银行间的竞争愈加激烈，只有通过金融创新来降低交易成本或开拓新业务，商业银行才能有立足之地。在这方面的例证有，商业银行开展广泛的表外业务来增加收入，使用计算机技术减少交易成本等。

三、物联网为金融创新提供新动力

物联网掀起了信息技术发展的第三次产业浪潮，成为"万物互联"时代的新风口，为金融创新注入了全新动力。以物联网为动力源的技术进步、制度变革和市场需求"三驾马车"的协同作用引发了大量金融创新①。

（一）推动技术创新

物联网技术是物联网金融的母体。近年来，物联网技术不断孕育发展并风靡全球，谷歌眼镜、小米手环、虚拟现实等智能科技产品不断发展创新，物流仓储、身份识别、移动支付等方面的应用快速拓展，阿姆斯特丹、维也纳、巴塞罗那等地的智慧城市建设日益推进。当前，继美国的"工业互联网"、德国的"工业4.0"计划后，我国也提出了"制造业2025"蓝图，并将发展物联网列入了"十三五"规划。物联网的发展将进入"井喷期"，不仅

---

① 资料来源：吴爱东，陈燕. 基于物联网的金融服务业创新动力机制国际比较［J］. 现代财经（天津财经大学学报），2012（1）.

会成为我国战略性新兴产业的重要组成部分，也将成为落实创新发展理念和推动产业升级的主要引擎。

物联网逐渐引领了互联网之后的新一轮信息技术革命，日益成为未来全球科技竞争的制高点和产业升级的驱动力。有学者指出，物联网及移动泛在技术的发展，已使得技术创新形态发生转变，产生了"创新 2.0"形态，即以用户为中心、用户体验为核心、社会实践为舞台的创新形态，倡导用户创新、大众创新、协同创新、开放创新。物联网的发展以其全新的架构体系，让实体世界实现有组织、主动的感知互动，让虚拟经济从时间、空间两个维度上全面感知实体经济行为、准确预测实体经济的走向，让虚拟经济的服务和控制融合在实体经济的每一个环节中，推动现实世界数字化、信息网络化。① 随着智能感知与识别、云计算、区块链、集成大数据、GPS 定位等技术的应用，物联网将实现海量的信息计算存储和智能化的感知识别，推动资金流、信息流和物流的"三流合一"，促进银行金融资源和实体经济生产资源的重新整合共享，从而产生金融服务新的生产可能性边界。通过物联网基础设施的不断完善和技术的创新发展，将形成持续推动金融创新的动力机制。

（二）变革制度体系

制度是技术创新与产业创新的桥梁，也是金融创新的重要保障。根据诺斯等制度经济学家的研究，决定社会和经济演化的技术变迁和制度变迁都具有较强的"路径依赖"。物联网的产生和发展，将通过新的组织形式、技术创新方式的制度化、市场制度的完善、政府政策支持以及一国产权制度的激励，文化传统、意识形态等非正式制度来提高经济活动的激励水平及降低交易成本，形成新的收益—成本结构，推动现有金融体系走上一条高效率、良性循环的制度变迁路径，使得金融产业创新成为现实②。

当前，我国正不断完善物联网发展的政策体系及法规环境。2016 年政府工作报告中指出，"在'十三五'期间要促进大数据、云计算、物联网广泛应用。"《中共中央关于制定国民经济和社会发展第十三个五年规划的建议》明确提出，"要实施'互联网 +'行动计划，发展物联网技术和应用，发展分享经济，促进互联网和经济社会融合发展。"同时，"十三五"期间，我国将加大中央财政支持力度，统筹国家重点研发计划、科技重大专项等，支持物联

① 资料来源：邵平，刘海涛. 物联网与金融模式新革命［N］. 光明日报，2014 - 05 - 29；武晓钊. 物联网时代的金融服务与创新［J］. 中国流通经济，2013（7）.

② 资料来源：吴爱东，陈燕. 基于物联网的金融服务业创新动力机制国际比较［J］，现代财经（天津财经大学学报），2012（1）.

网企业按高新技术企业认定的相关规定享受所得税优惠政策,并积极鼓励金融资本、风险投资及民间资本加大投入和融资担保支持力度。此外,将不断建立健全完善物联网政策法规体系,开展数据安全和个人信息保护的政策法规研究,促进物联网基础设施建设,加强物联网知识产权评议、保护和使用。这一系列政策"组合拳"为物联网发展提供了强大的保障和动力,为物联网创新解除了后顾之忧,将推动金融创新走上"快车道"。

【专栏 7 - 1】

"十三五"期间工信部将推动物联网规模应用

"当前,物联网正进入跨界融合、集成创新和规模化发展阶段,迎来重大机遇期。"工业和信息化部科技司副巡视员代晓慧在物联网与大数据专题论坛上表示,物联网是新一代信息技术的高度集成和综合运用,对新一轮产业变革和经济社会绿色、智能、可持续发展具有重要意义。"十三五"期间,工信部将推动物联网规模应用,推进物联网在消费领域的应用创新,以及加快物联网与工业、能源、环保等领域的深度融合。

一、力争产业规模突破 1.5 万亿元

"十三五"时期是我国物联网加速进入"跨界融合、集成创新和规模化发展"的新阶段。其机遇主要表现在数以万亿计的新设备将接入网络,形成海量数据,应用呈现爆发性增长。制造业将成为物联网的重要应用领域,以信息物理系统(CPS)为代表的物联网技术将在制造业智能化、网络化、服务化等转型升级方面发挥重要作用。

"十三五"期间,工信部将推动物联网规模应用,推进物联网在消费领域的应用创新。首先,鼓励物联网技术创新、业务创新和模式创新,积极培育新模式新业态,促进车联网、健康服务等消费领域应用快速增长。其次,加强车联网技术创新和示范作用,发展车联网自动驾驶、安全节能等应用,推动家庭安防、家电智能控制等智能家居应用的规模化发展,打造繁荣的智能家居生态系统。再次,发展社区健康服务物联网应用,开展基于智能可穿戴设备远程健康管理。

此外,工信部还将深化物联网在智能城市领域的应用。推进物联网感知设施规划布局,深化物联网在地下管网监测、消防设施管理等重点领域的应用。建立城市级物联网接入管理与数据汇聚平台,推动感知设备统一接入,集中管理和数据共享利用。

"十三五"期间我国物联网的发展目标是,到 2020 年,具有国际竞争力

的物联网产业体系基本形成，产业规模突破 1.5 万亿元。物联网架构、感知技术、操作系统和安全技术取得明显突破，网络通信与信息处理关键技术达到国际先进水平，适应规模应用和产业发展的标准体系初步形成。推进物联网感知设施规范布局，M2M 连接数突破 3.5 亿个。发展物联网开环应用，在工业制造、健康服务、节能环保等领域形成规模化应用。

二、完善技术创新体系

"十三五"期间推进物联网发展的主要任务是，加快构建具有核心竞争力的产业生态体系。以政府为引导、以企业为主体，集中力量构建基础设施泛在安全、产品服务先进、大中小企业梯次协同发展等新业态合作共赢的生态体系，提升我国物联网产业的核心竞争力。鼓励物联网商业模式创新，推广成熟的物联网商业模式，发展物联网、移动互联网、云计算和大数据等新业态融合创新。

"十三五"期间，工信部将进一步完善技术创新体系，加快协同创新体系建设。其中以企业为主体，加快构建产学研用结合的技术创新体系。一是统筹衔接物联网技术研发、成果转化、产品制造、应用部署等环节工作，充分调动各类创新资源，加强研发布局和协同创新。二是继续支持各类物联网产业和技术联盟发展，加强联盟之间的合作和资源共享，有效整合产业上下游协作创新，推进科技成果转化和产需对接。三是支持企业建设一批物联网研发机构和实验室，提升创新能力和水平。鼓励企业与高校、科技机构对接合作，畅通科研成果转化渠道。四是整合利用国际创新资源、技术和鼓励企业开展跨国兼并重组，与国外企业成立合资公司进行联合开发，购买核心技术和专利，引进高端人才，实现高水平高起点上的创新。

在完善技术创新体系的基础上，突破关键核心技术。研究适用于物联网应用的统一标识、解析与寻址技术体系和标准框架，发展支持多应用、安全可控的标识管理体系。推动物联网技术与其他信息技术以及前沿学科的融合发展。

在标准体系建设方面，"十三五"期间将加强标准制定和推进。加快制定敏感材料和元件、传感器、仪器仪表等感知技术和设备标准。组织制定无线传感器网络，窄带物联网（NB-IOT）、网络虚拟化和异化网络融合等网络技术标准。

此外，"十三五"期间将加快物联网与行业的深度融合。开展信息物理系统、工作传感网等物联网应用，提升工业数字化、网络化、智能化水平。加大物联网在污染源监控和生态环境监测等方面的推广应用，提高污染治理和环境保护水平。深化物联网在电力、油气、公共建筑节能等能源生产、传输、存储、消费等环节应用，提升能源管理智能化和精细化水平，提高能源利用效率。

三、五大举措加快发展步伐

"十三五"期间加快推进物联网发展的保障措施主要有以下五个方面：

一是加强统筹协调。充分发挥物联网发展部级联席会议制度的作用，技术研发、标准制定、产业发展、应用推广、安全保障的统筹协调。充分发挥物联网发展专家咨询委员会的智库作用，加强对重大政策和重大问题研究。

二是加强财税和投融资政策扶持。加大中央财政支持力度，统筹国家重点研发计划、科技重大专项等。支持物联网企业按高新技术企业认定的相关规定享受所得税优惠政策。鼓励金融资本、风险投资及民间资本加大投入和融资担保支持力度。

三是健全完善政策法规。开展数据安全和个人信息保护的政策法规研究。合理规划和分配频率、标识、码号等资源，促进物联网基础设施建设。加强物联网知识产权评议、保护和使用。

四是加强国际合作。支持国内企业和国际优势企业加强物联网关键技术和产品的研发合作，联合建立国际产业技术联盟。

五是加大人才队伍建设力度。健全多层次多类型的物联网人才培养和服务体系。

资料来源：慧聪工程机械网，2016 – 05 – 09。

（三）扩大有效需求空间

物联网带来的需求变化将推动基础设施完善和市场规模扩大，是金融创新的方向和驱动力，这将在很大程度上诱致技术进步的方向——物联网技术变迁、物联网基础设施网络的扩展、完善和等级提高，为金融服务业创新最终实现提供技术保证和市场基础。在物联网技术供给充分和制度完善的前提下，需求和相对要素价格的变化将形成需求拉动的金融服务业创新动力机制。

随着各项传感技术、通信技术、计算技术的成熟，物联网在各行业将有越来越多的应用需求出现，并成为未来最受瞩目的长期趋势。根据IDC测算，2020年全球物联网有望影响的下游市场规模将突破3万亿美元，超过250亿台系统/装置联网，而同时使用因特网的用户总数达44亿人。麦肯锡2015年7月发布的最新报告则指出，全球物联网有望渗透的下游应用市场规模将在2025年以前成长达到3.9万亿~11.1万亿美元，达到约11%的全球经济占有率，并与城市管理、生产制造、家庭事务、汽车驾驶、能源环保、物流运输、工作办公、消费结算、个人健康等重要领域结合形成9个千亿级规模以上的细分市场。可以预见，物联网的爆发式增长将成倍扩大市场需求空间，为金融创新带来源源不绝的动力。

（四）促进行动集团良性互动

制度经济学家兰斯·戴维斯和道格拉斯·诺斯指出，制度创新是"第一行动集团"与"第二行动集团"互动协作，共同实施制度创新并将制度创新变成现实的过程。其中，"第一行动集团"是制度创新的决策者、首创者和推动者，将引领制度创新，推动提升经济利益。"第二行动集团"是指在制度创新过程中追随并帮助"第一行动集团"获得经济利益的组织和个人。创新活动分为"自上而下"和"自下而上"两种路径。其中，"自上而下"是指政府部门作为"第一行动集团"提出金融创新的顶层设计、法规框架和制度方案，作为市场主体的"第二行动集团"予以贯彻执行。"自下而上"是指企业或民间组织、个人在市场活动中自主承担"第一行动集团"的职责，自发采取制度创新行动，以达到提高效益、降低成本的目的，政府部门则转换为"第二行动集团"，对创新行为予以监管规范，确保市场健康有序发展。

随着物联网技术的发展，"第一行动集团"与"第二行动集团"的互动将进一步加强。在物联网起步发展阶段，政府部门承担"第一行动集团"的职责，出台了一系列引领物联网发展的战略蓝图及优惠政策，对物联网创新作出了一整套顶层设计，将推动物联网创新进入新阶段。各地积极开展"智慧城市"等行动计划，推动物联网关键技术研发、标准建立和自主产品创制，带动物联网产业的整体发展，对"第二行动集团"的企业及社会组织开展物联网创新创造了良好的政策环境。

同时，随着物联网技术的逐渐成熟，创新不断深入，金融机构、企业及物联网行业协会等社会组织也逐渐承担起"第一行动集团"，将市场需求与物联网技术对接，积极开展全方位创新，对政府部门的政策引领作出了积极响应，为物联网金融创新作出有益探索。此时，政府部门则承担对物联网金融创新监管引领的职责，确保金融创新在依法合规的框架下有序开展。例如，平安银行等多家银行已探索物联网智能仓储服务、供应链金融等物联网金融创新产品。又如，中关村物联网产业联盟提出了物联网加速、真环保加速、投融资加速、全国加速器成长、产业生态共创、商业模式加速六大加速行动，设计了物联网技术创新、商业模式创新及投资金融创新三大路线图，推动物联网创新加快发展。

第二节　物联网金融创新领域及主要特点

一、物联网金融创新领域

物联网的发展与普及打破了传统金融模式的路径依赖，对传统金融业产生了颠覆性的创新与变革，金融创新将从"互联网＋"向"物联网×"全面升级，向越来越多的领域扩展和渗透，涉及了移动金融、支付结算、物流管理、业务流程管理、风险管理等方方面面。

（一）移动金融领域

传统的金融服务由于服务元素之间的信息不对等和服务过程不透明，使得面对面的线下支付收单服务效率低下，物流服务出错率较高及金融安防不易管控。基于物联网的移动金融服务，按照物联网的三层架构，可将移动金融服务分为感知层、传输层和应用层，通过物联网技术和移动金融的融合，能够实现更快、更便捷、更智能的移动金融服务。对于移动终端，可集成摄像头、话筒、NFC、指纹识别器等多种类型传感器，通过多类传感器的协同工作处理，实现更加精确的身份识别和更加安全的信息微处理。移动终端可通过物联网接收海量的数据信息，不仅可以完成传统的金融服务流程，还能与餐饮、购物、旅行等其他商务服务相结合。同时，可通过数据处理，找到金融服务与交通、医疗、办公等其他生活服务的契合点，实现各领域的融合发展，实现移动金融物物互联、无处不在。目前，各大运营商、商业银行、第三方支付等机构已借助微信、支付宝等移动社交工具提供24小时的移动金融即时服务。通过扩展支付宝、微信支付、QQ钱包支付等物联网应用场景，可使朋友圈成员凭借社交活动和信任关系实现快速、低成本的金融交易。

（二）支付结算领域

1. 感知支付

随着移动通信、互联网和通信技术的融合发展，支付手段从面对面的货币现钞支付，演变成随时随地的电子支付，并从密码支付逐渐向指纹、虹膜等生物识别支付发展。根据中国人民银行统计数据，2015年，我国电子支付业务快速增长，银行业金融机构共发生电子支付业务1052.34亿笔，金额2506.23万亿元。其中，网上支付业务363.71亿笔，金额2018.20万亿元，同比分别增长27.29%和46.67%；电话支付业务2.98亿笔，金额14.99万亿元，同比分别增长27.35%和148.18%；移动支付业务138.37亿笔，金额108.22万亿元，同比分别增长205.86%和379.06%；POS机、ATM及其他电子支付业务 547. 28 亿笔，金额 364. 82 万亿元（如图 7 - 1 和图 7 - 2 所示）。物联网的快速发展，将使移动支付、远程结算、区块链技术得到更加广泛的应用，推动"感知支付"新时代的来临。

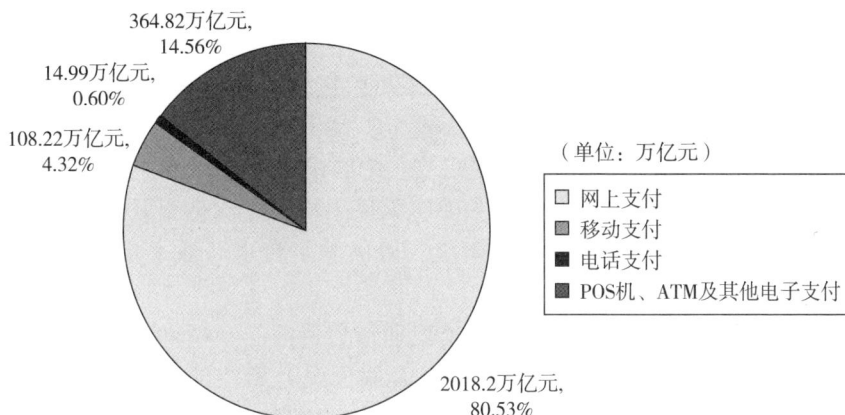

资料来源：中国人民银行支付结算司 . 2015 年支付体系运行总体情况［J］. 支付结算，2016（4）.

图 7 - 1　2015 年我国银行业金融机构电子支付业务金额

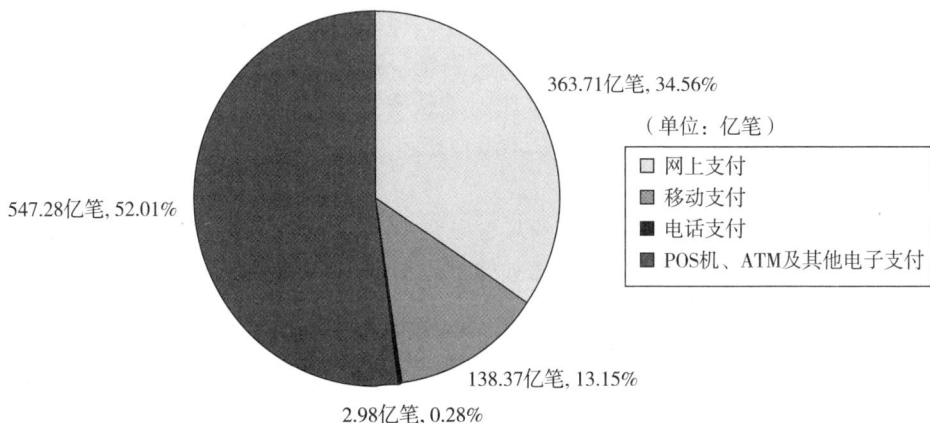

资料来源：中国人民银行支付结算司 . 2015 年支付体系运行总体情况［J］. 支付结算，2016（4）.

图 7 - 2　2015 年我国银行业金融机构电子支付业务笔数

（1）NFC 非接触支付。NFC 支付可以通过感知设备实时感知消费者的周边环境和自身状态，以确保支付者的资金安全、人身安全，还可通过透彻感知将支付行为与企业运营状态、个人健康、家庭情况的动态变化相关联，动态调整支付额度，控制银行的风险。随着非接触式银联 IC 卡的普及，可以实现随时随地离场支付。^① 如，在安装了智能识别装置的书店，当购书者选购图书走到门口时，书店的射频识别即可接收到图书信息并自动计价，同时通过购书者随身携带的银行卡实现自动结算。

（2）指纹辨识支付。指纹支付通过指纹芯片、安全环境、NFC 控制器的资源整合，具有安全、易用、设备高搭载率的优势，正逐渐成为全球生物支付的主流应用。基于指纹认证的 ATM 和 POS 机终端已开始小规模商业化。例如，上海已有商户开通了"指付通"业务，持卡人在消费的过程中不再使用"银行卡＋密码"，只需收银台按压指纹。中国银联于 2015 年同苹果公司合作推出 Apple Pay，顾客在交易时，只要将苹果手机靠近支持银联云闪付的 POS 机终端，通过指纹认证即可。支付宝、微信等平台也开通了指纹支付业务，通过指纹识别即可完成消费支付。

（3）人脸、虹膜识别支付。虹膜识别作为目前已知精确度最高的生物识别技术，也逐步得到了应用推广。蚂蚁金服已经开始在部分场景上使用 Eye-Verify 生物识别技术公司开发的眼纹（EyePrint IDTM）技术，以提升人脸识别的精准度。EyeVerify 的技术通过扫描眼静脉的纹路来进行身份识别，并生成一个数字密匙，它的复杂程度能赶上 50 个字符长度的传统密码。据 EyeVerify 公司表示，该项眼纹识别技术的准确率超过 99.99％，目前已为全球 30 多家银行和科技公司提供眼纹识别技术。此外，2016 年 3 月，武汉市中心医院在全国首家推出了人脸识别医保在线支付系统，通过"银行卡金融身份＋公安身份证信息＋医保身份信息"三重比对确认身份，将人脸图像识别技术集成到医院统一移动应用 APP，患者足不出户即可完成看病缴费流程。

2. 区块链支付

传统金融模式金融支付结算的基本模式为"总行中心化模式"。在行内结算中，当客户通过网点、网银、手机发生转账交易时，信息将传导到总行的数据中心，由其完成信息登记和资金。在跨行结算中，如划转 A 行客户跨行转账到 B 行，则需要通过 A 行核心系统—央行系统—B 行核心系统的信息传导路径，央行成为交易的中心。

在物联网金融模式，区块链将彻底颠覆原有的中心化模式。区块链支付模式下，每个电脑主机都是一个平等的节点，系统中各个节点可以直接交互，没有中心节点概念，同时，任意两个节点的交易信息都向全网加密传播，所有节点都以加密区块存储方式、按时间序列单独记录系统全部交易信息，进

① 资料来源：邵平，刘海涛. 物联网与金融模式新革命 ［N］. 光明日报，2014 - 05 - 29；武晓钊. 物联网时代的金融服务与创新 ［J］. 中国流通经济，2013（7）.

而形成一种全新的去中心化模式（如图7-3所示）。

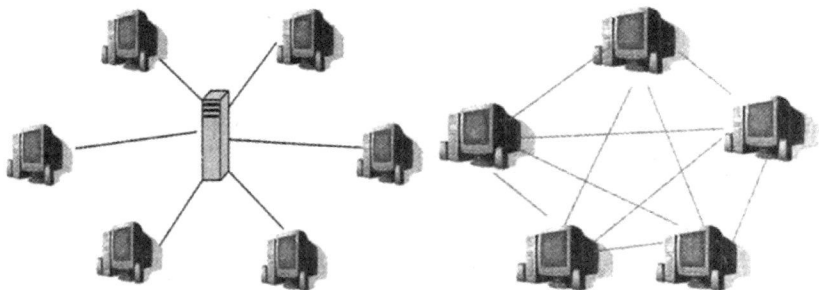

图7-3 中心化模式与去中心化模式对比

区块链支付结算具有以下四个突出特点：一是去中心化。区块链支付没有中心核心系统，也没有一个中央的支付清算机构，节点间直接信息交互，任一节点损坏（或管制）不会影响全网运行，交易效率高，成本低，业务连续性大大提升。例如，希腊金融危机期间，监管当局一度将人均每日取款限额限制在60欧元，但在雅典街头的比特币取款机，由于采用了去中心化的模式，不受监管当局限制，居民可自由取款，不受限额约束。二是去信任化。不同于传统基于政府信用或法律法规强制的信任模式，而是借助开源算法，使得系统运作规则公开透明。在这种模式下，每个节点之间进行数据交换是无需互相信任，可以匿名，同时每笔交易都会被真实记录，以防止数据被控制和篡改，可以有效避免信任主体的违规行为。三是集体维护。支撑金融系统的交易，需要庞大的计算能力。从区块链本身看，单个机器计算能力可能不高，但通过分布式点对点模式，使得计算能力大大提升。如现在比特币挖矿机的整体计算能力，已超过全球Top500大型服务器计算能力之和的9倍，这也是互联网"众筹、众包、合作、分享"精神的体现。四是安全数据库。单个节点可能会被暴力修改，但因为交易数据是分散到全网各个节点，单个节点的数据修改不被全网认可的。理论上分析，只要不是控制超过全系统50%以上的计算能力，数据是无法篡改的，而参与系统中的节点越多，计算能力越强，数据安全性越高。从国内外实践来看，除了在虚拟货币已开展实际应用外，区块链技术在金融领域，仍以探索性实验为主。但该技术在简化结算过程，降低交易成本上的巨大潜力，让众多金融机构，特别是商业银行为之侧目，并已开展了一系列探索和研究（如表7-1所示）。

表 7 - 1   区块链技术在国外部分银行的研究现状

银行	研究现状
花旗银行	在其创新实验室一直探索"花旗币"（虚拟电子货币）的实验项目，目前已开发了 3 条区块链，并开始内测。
西班牙对外银行（BBVA）	2015 年 1 月，通过旗下子公司以股权创投的方式参与了比特币公司 Coinbase 融资；7 月，BBVA 宣布将在区块链技术基础上，提出了完全去中心化金融系统的构建设想。
瑞银（UBS）集团	2014 年，瑞银就在伦敦成立了区块链金融研发实验室，重点探索区块链在支付、电子货币和结算模式等方面商业银行领域的应用。
桑坦德银行	2015 年 6 月，通过金融技术投资基金 Inno Ventures 进行区块链试验，研究如何将区块链技术应用于传统银行业，目前已发现了 20 ~ 25 种可以使用区块链的场景。桑坦德认为，区块链技术或许能实现每年节省 200 亿美元的国际交易及结算成本。
巴克莱银行	通过"巴克莱加速器"选出了三个区块链相关的初创公司 Safello，Atlas Card 和 Blocktrace 开展投资孵化。2015 年 6 月，巴克莱银行与比特币交易所 Safello 开始联合探索区块链技术如何服务传统金融业。
纽约梅隆银行	尝试将比特币的点对点模型基础到银行系统，并在其员工内部系统中推出 BK Coins 虚拟货币。
美国 Cross River 银行等	美国的 Cross River 银行、CBW 银行以及德国 Fidor 银行，与数字货币公司 Ripple Labs 合作，以虚拟货币作为媒介，开展跨境汇款服务实验。

资料来源：王硕. 区块链技术在金融领域的研究现状及创新趋势分析［J］. 上海金融，2016 (2)。

以国际支付为例，目前，除了传统的卡模式外，电汇和西联汇款是两大跨境支付的重要模式。如表 7 - 2 所示，电汇适合大额汇款，手续费稍低，但到账时间较长，且由于采用代理行模式，很难了解具体进程。西联汇款时间比较快，但额度受限，且收费较高。与传统国际支付模式相比，采用应用区块链技术的虚拟货币转接进行支付，额度不受限制，可实现秒级到账，且手续费极低，这正是区块链技术大量吸引国际银行业参与其中的关键。通过利用区块链技术，能够在解决互信的基础上，构建扁平化的全球一体化清算体系，突破现有的系统间割裂的现状，以及额度等监管限制，降低成本。

表 7 - 2　　　　　　　国际贸易支付模式费率和效率对比

业务模式	费用	到账时间	其他问题
电汇（T/T）	手续费：0.1%（美元）；电报费：100 元人民币；外币转换费：1%～3%	一般 1～3 天	没有追踪汇款状态的直接途径
西联汇款	<500 美元（15 美元）；500～1000 美元（20 美元）；1000～2000 美元（25 美元）；2000～5000 美元（30 美元）	一般小于 30 分钟	单笔额度受限制，小额转账成本高
比特币支付	零费率将人民币转换成比特币，兑换外币取决于不同平台和币种手续费（0～3%）	秒级	目前没有大规模应用

资料来源：王硕. 区块链技术在金融领域的研究现状及创新趋势分析［J］. 上海金融，2016 (2).

（三）金融科技领域

随着物联网规模化应用带来的技术革新，"金融科技"（Fintech）作为一种新兴业态，站上了物联网浪潮的风口浪尖。Fintech 是 Financial Technology 的缩写，沃顿商学院对其的定义是"用技术改进金融体系效率的经济行业"，安永提出的定义为"组织机构将创新的业务模式和科技相结合，能够强化、颠覆金融服务"。

相比互联网金融，"金融科技"更聚焦于以大数据、云计算、移动互联、人工智能等代表的新一轮信息技术的应用与普及，对于提升金融效率和优化金融服务将发挥重要作用。据麦肯锡数据显示，2015 年全球投入金融科技的资金高达 191 亿美元，是 2011 年的近 8 倍，过去 5 年有超过 400 亿美元的资金流入这个领域，全球已有超过 2000 家的金融科技公司。目前中国在金融科技领域的投资居世界第二位，仅次于美国，投资增速远高于英国、德国、澳大利亚等发达经济体。普华永道甚至预测，超过 20% 的金融服务业务在 2020 年之前将被金融科技所取代。根据银监会发布的银行业信息科技"十三五"发展规划监管指导意见，到"十三五"末期，银行业面向互联网场景的重要信息系统将全部迁移至云计算架构平台，其他系统前一比例不低于 60%。

2014 年布莱特·金（Brett King）在 *Breaking Banks* 一书中指出，未来 10 年，金融业的变革将远超过去 100 年的总和。当世界已经开始拥抱"第四次工业革命"时，区块链、生物识别、人工智能等等都将是传统金融业可以依赖的技术手段，以赋予自身新的转型驱动力。通过技术提升客户体验将作为变革"核芯"，成为银行业未来数年的一大命题。当前，金融科技应用发展迅速，已逐渐在金融领域形成了多样性的生态圈，包括存贷款、投资、保险、支付结算、企业金融服务等方面。在流程管理方面，金融科技可以推动流程的创新和再造，大幅降低营运和交易成本，使资金的流转更为顺畅，风险管理更为高效。在产品设计方面，金融科技将优化整合庞大的客户交易数据，使金融产品设计更加符合新技术环境下消费者对安全性和便利性的高度偏好。在客户服务方面，通过云计算等手段，金融场景将可以更为精准地嵌入目标客户群的生活之中，而虚拟现实（Virtual Reality）也将使得银行与客户之间的互动变得耳目一新。在智能理财领域，智能理财工具能使用多个实时信息源，结合多种分析工具和人工智能，通过特定算法自动输出并执行何时买何种股票的交易策略，在提高交易速度、预测精确度、降低交易成本方面比人工理财更胜一筹。[①]

例如，汇丰银行等金融机构推出了第三方应用软件，大大改善了客户体验，提高了金融机构的运营效率和服务水平。其中，有的应用软件可以将客户在全世界所有银行的账户都整合起来，并每月出一份财务报告；有的可以在客户购买车险时根据其具体情况给出合理的报价；有的通过对客户诉求、主要性格特征，以及风险偏好、财富管理感知水平、产品需求、社会关系水平、社会、文化等因素的大数据分析，给每个客户作出"基因谱"，客户经理通过这个图谱会很快识别出客户并有针对性地提供产品和服务[②]。又如，智能理财软件 Robo–adviser 通过年龄、工资、投资目标和风险偏好等一系列参数，自动设计投资组合；Future Advisor 是另一款在美国具有影响力的智能理财软件，软件根据现代组合投资理论建模，在市场机会把控、股票的选择等方面模拟优秀金融理财师的思维，利用算法调整投资者年龄和风险偏好。[③]

【专栏 7 - 2】

金融科技的基本特征

"金融科技"这一名词是舶来品，FinTech 是 Financial Technology 的缩写。2011 年 FinTech 被正式提出，之前主要是美国硅谷和英国伦敦的互联网技术创业公司将一些信息技术用于非银行支付交易的流程改进、安全提升，后来这些科技初创公司将车联网（IOV）、大数据、人工智能（AI）等各种最前沿的信息与计算机技术应用到证券经纪交易（Brokers）、银行信贷（Lending）、

---

① 资料来源：廖宜建. 银行的"终结者"还是"成就者"？——金融科技的价值核芯［EB/OL］.（2016 - 09 - 02）. http：//www.cebnet.cn.

② 资料来源：袁蓉君. 金融科技处风口 中国发展势头猛［N］. 金融时报，2016 - 08 - 05.

③ 资料来源：辛乔利. Fintech 崛起［J］. 英大金融，2016（1）.

保险（Insurance）、资产管理（Wealth/Asset Management）等零售金融业务领域，形成不依附于传统金融机构与体系的金融 IT 力量并独自发展起来。广义的金融科技是指技术创新在金融业务领域的应用。狭义的金融科技是指非金融机构运用移动互联网、云计算、大数据等各项能够应用于金融领域的技术重塑传统金融产品、服务与机构组织的创新金融活动。从事金融科技的非金融机构普遍具有低利润率、轻资产、高创新、上规模、易合规的特征。

（一）低利润率

低利润率是金融科技公司的重要特征之一。身处信息时代的人们越来越容易得到各种信息，以信息为载体的服务也越来越免费化。现在，金融科技公司普遍采用互联网平台商业模式（platform mode）改造、提升传统金融服务及产品，以获得强大的网络效应（network effects），然而在此之前，公司必须经历一个高投入、低增长的阶段。

如图 C7 - 1 所示，即在平台商业模式下，平台的用户规模必须达到一个特定的门槛（Y 点），才能引发足够强度的网络效应（network effect）吸引新的用户加入，在网络效应的正向循环作用下，用户规模有望实现内生性的持续高速增长（只需突破 Y 点，用户规模即可自动达到 Z 点），从而使得整个平台能够自行运转与维持，该用户规模门槛被称为"临界数量"（critical mass）。

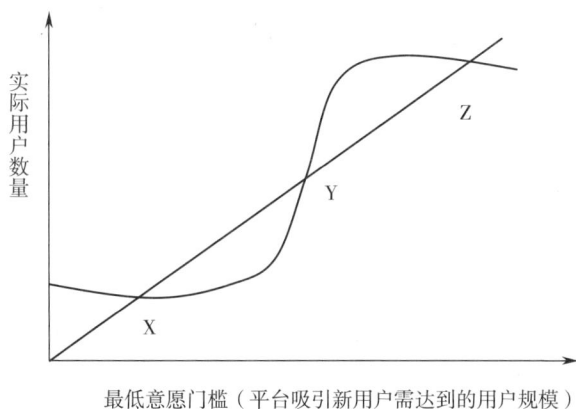

图 C7 - 1　金融科技平台用户市场成长生命周期

由于平台在前期（X 点到 Y 点）需承担较高的沉没成本，如规模庞大的广告营销、用户补贴、研发创新等各项"烧钱"，其通常在用户规模突破临界数量（Y 点）后才能实现大量盈利。同时，由于用户的多边属性，导致平台的各类服务及产品的生命周期都较短（Z 点以后即进入新的瓶颈期），只有平台持续创新，持续"烧钱"，推出新的所谓"爆点"产品，才能形成有效的、持续的用户锁定（lock – in of users）。

因此，金融科技公司不得不更多重视资源投入的效率，而不是将考核重点放在企业的收入或盈利水平上，整体上只能维持相当低的利润率。

（二）轻资产

因金融科技公司利润率低，故其只能选择轻资产的规模增长路径。这里的"轻资产"不仅指金融科技公司只需要很低的固定资产或者固定成本就能展业，还指其成本关于业务规模的边际递减使得其能够以低利润率支持大规模的发展。

与此同时，金融科技公司充分利用技术优势，在其展业初期，普遍使用现成的基础设施，如银行账户体系、转接清算网络、云计算资源等，甚至发挥其独特的平台商业模式优势，用"羊毛出在狗身上"的方式将业务成本转嫁到第三方，从而最小化其运营成本。

另外，也正因为其资产轻，不像传统金融那样"笨重"，使得其战略选择、组织架构、业务发展更加灵活，易于创新创造。

（三）高创新

金融科技公司在"基因"上继承了互联网公司"不创新则死"，其低利润率和轻资产的特性在客观上也为其营造了易于创新的土壤。他们将各种前沿技术与理念拿到金融领域去试验、试错，快速迭代产品，急于推出具有破坏性创新（disruptive innovation）的产品，这已经超越了传统金融语义下的金融市场与产品层面的"金融创新"。

（四）上规模

金融科技公司一般起步门槛较低，需要毫不保留地发挥网络效应以获得快速增长的能力，并且由于其采用的创新技术使得其业务规模爆炸性增长但不必付出对应的成本，反而其边际成本在递减，进一步促使其规模快速增长。

值得注意的是，金融科技公司所使用的技术必须是能够支持业务快速增长的，哪怕这项技术足够创新，如不能或者需要长时间的培育才能形成快速增长的潜力，这项技术也不会被金融科技公司采纳，故而金融科技公司的创新本质上是"拿来即用"，是应用层面的资源整合，很少会主动进行基础层面上的创造，因此从观感上让人普遍感到所谓的"浮躁"。

（五）易合规

如前所述，高创新赋予金融科技公司快速上规模的技术优势，但其资产轻，抵御风险的能力弱，如何在创新收益与合规成本之间权衡是金融科技公司必须面对的。通过技术创新满足合规要求，便利监管从而降低法律合规与风险管理的成本是金融科技公司的不二选择；也就是说，好的金融科技公司不仅有业务增长的技术优势，还应有易于监管合规的技术优势并且这种技术也能够边际递减合规管理的成本。这将是金融科技公司不同于传统金融的重要方面——合规不再源自金融机构的外部约束压力，而是真正内生化为金融机构的发展动力——这将是金融科技所做出的重大制度创新。

资料来源：赵鹞，略论金融科技的特征及其监管，财新网，2016 - 06 - 14。

【专栏 7 - 3】

金融与科技走向融合共赢的机遇来临

一、科技为桨，金融扬帆起航

2016 年 8 月 8 日，国务院发布《"十三五"国家科技创新规划》，规划提出促进科技金融产品和服务创新，完善科技和金融结合机制，提高直接融资比重，形成各类金融工具协同融合的科技金融生态。金融科技正成为当下金融行业新风向。8 月 5 日，工信部电子标准研究院联合从事区块链技术研究和应用实践的重点企业负责人创建了区块链工作小组，旨在加速推进区块链技术的开发和应用。

2016 年 8 月 24 日，银监会正式下发《网络借贷信息中介机构业务活动管理暂行办法》。网贷监管落地标志着金融科技正加速从 1.0 奔向 2.0 时代，从简单业务撮合进化到深度融合阶段，从分立颠覆走向协同共赢，以实现从底层架构到运营到业务全面渗透与革新，聚焦金融服务提效增质。

二、金融发展原动力转移，科技成重要基础设施

"金融＋科技"，不是简单的 1＋1，而是指金融服务与科技行业的动态融合，体现在对信用中介、信息收集、风险定价、投资决策等金融活动本身的深度融合。随着物联网区块链及人工智能技术突破，原先前端展业的金融业发展原动力将出现深刻转移，聚焦金融服务本质。高盛预估，新兴的金融科技产业有望取得超过 4.7 兆美元的营收、4700 亿美元的净利。科技公司与金融机构正积蓄强大的发展动力，运用大数据、云计算、人工智能、区块链等新兴技术，对传统金融服务与产品进行革新与拓展，并广泛应用于支付清算、借贷融资、财富管理、资本资产市场等领域。

在纵深上，物联网大数据、人工智能等科技有助深挖金融需求，使传统业务更具灵活性与延展性，实现个性化风险定价、服务与精准营销；在宽度上，物联网、大数据与风险分担机制创新使金融服务能够覆盖传统金融机构因杠杆经营风险要求而不能覆盖到的金融需求，扩展服务范围与服务能力；

在运营与底层架构上，新型科技如区块链通过重构金融组织方式，颠覆性地实现高效、低成本的服务方式，优化客户体验，解决金融需求痛点。

三、科技＋金融：深度融合推动产业变革

（一）科技助推 P2P 行业新格局

《网络借贷信息中介机构业务活动管理暂行办法》规范了 P2P 的经营范围以及明确信息中介职能。P2P 行业去伪存真、良币驱逐劣币的理性发展趋势开始显现。去担保解决刚性兑付、资金银行存管是 P2P 网络借贷平台符合信息中介本质定位的要求，有良好风控体系、有优质资产选择，有良好背景的平台得以保留和壮大。科技成为 P2P 持续升级的关键驱动力。随着大数据、云计算等技术的成熟提高 P2P 的信用评估能力与挖掘客户个性化需求，技术推进深耕资产端将是 P2P 必然的发展趋势。将金融科技作为基础设施，以技术为手段，提升服务效率，降低成本是网络借贷持续升级的关键驱动力。

（二）区块链打造金融服务新架构

区块链作为高度数字化、安全防干扰的账本能为传统金融机构即银行、证券、保险、征信机构提供低成本高效的服务，提高金融机构服务的竞争力。目前，全球金融资产的储存、转移、交易的清算与结算、信用风险识别、记录主要由金融机构负责，运营与维护成本较高，操作链条较长，而区块链技术的分布式记账将简化流程，兼顾真实性与安全性、最小运行成本。2016 年 8 月 24 日，全球四大银行瑞银集团、德意志银行、桑坦德银行和纽约梅隆银行宣布联手开发新的电子货币，在 2018 年前推出商业级区块链方案以支持清算交易，并成为全球银行业通用标准，借此提高清算效率，释放为交易清算而被占用的上百亿资本。同时，目前区块链领域领先公司正致力于金融资产发行、交易流程的智能化。区块链能够使高度依赖中介的交易模式扁平化，将时长缩至 10 分钟。纳斯达克（NASDAQ）已正式将区块链应用于私人股权市场，产品名称为 NASDAQ LINQ，成为基于区块链的交易所金融服务平台。

（三）智能投顾开辟资产管理新蓝海

智能投顾是一种结合物联网大数据、人工智能、云计算等新兴技术以及现代投资组合理论的在线投资顾问服务模式。智能投顾借助投资理论搭建量化交易决策模型，再将投资者风险偏好、财务状况及理财规划等变量输入模型，生成自动化、智能化、个性化的资产配置建议，并提供交易执行、资产再平衡、税收筹划、房贷偿还、税收申报等增值服务。智能投顾在美国于 2010 年兴起，截至 2016 年 2 月底，领先智能投顾公司 Wealthfront 的资产管理规模近 30 亿美元，Betterment 资产管理规模亦超过 50 亿美元。随着大众多元化资产配置需求觉醒，数据信息爆炸、持续超额收益困难被动投资成为当前

主流投资方式的时代背景下，以寻找聪明的 Beta 的智能投顾以智能化、个性化、低门槛、分散化的特征将抓住新一代的财富管理需求，前景广阔。

　　资料来源：国泰君安证券，《金融与科技走向融合共赢的机遇来临》，东方财富网，2016 - 08 - 30。

　　（四）物流管理领域

　　物联网技术在物流领域的应用具有天然优势，能够覆盖生产、采购、销售、配送、签收等物流活动的各个环节，推动金融服务和物流管理的无缝融合、双向管理，实现网络化、可视化、智能化管理。一方面，物联网将推动供应链管理优化升级。通过"可视化追踪"技术，能够实现资金流、信息流和物流的"三流合一"，全面掌握企业生产和经营情况，使上下游关联企业均能获取有效信息，包括产品销售、资金结算、应收账款清收等信息，从而保证整个供应链的融资安全，如图 7 - 4 所示。

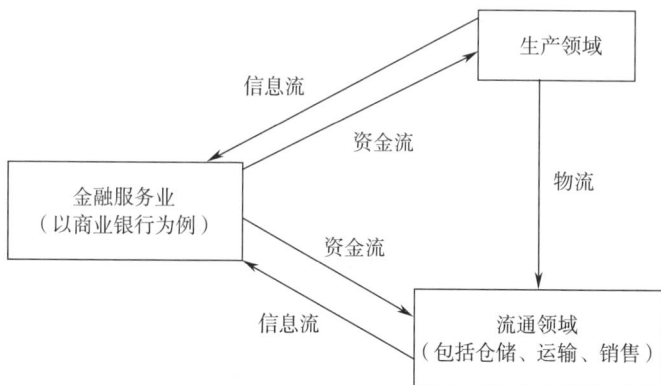

　　资料来源：陈燕. 基于物联网的金融服务业创新动力机制研究［D］. 天津商业大学硕士学位论文，2013.

图 7 - 4　商业银行通过物联网开展供应链管理

　　另一方面，物联网技术将扩展物流金融服务范围。金融机构可以利用获取到的信息资源，为供应链上各个节点的企业提供财务管理、资金托管、贷款承诺、信息咨询等综合金融业务，帮助企业发展壮大。例如，山东省物流与交通运输协会与金融机构合作推出了山东物流金融卡，该产品是基于货运车联网的集成金融服务，实现了卡与车绑定，以车为中心，以车辆运营消费为基础，以物联网技术为支撑的集成金融服务模式，具有小额快速支付、高速通行、加油优惠、车辆保险购买、物流信息服务、交通罚款缴纳等功能。

（五）客户服务领域

物联网的应用将为银行业客户服务注入全新活力，金融服务将更趋人性化、多元化，极大改变金融交易仅限于银行柜台和传统网络的过去式，实现无处不在的贴身金融服务。银监会和银行业协会相关会议指出，银行客服体系的三大最新发展方向为客服的价值化、综合化和智能化。

一是从客户服务向客户经营转型，多元化经营驱动服务更具价值化。银行客服呼叫中心可应用大数据，对客户进行精准细分、精准营销，推荐量身定做的金融服务方案。

二是从单触点服务向全触点协同转型，全渠道融合驱动服务更加综合化，传统客服呼叫中心的整个技术架构和业务将发生颠覆性重构。

三是从人工服务向智能服务转型，智能客服驱动服务更加智慧化。机器自动处理业务的领域将越来越广，人工服务的领域越来越小，有人甚至预言，未来 10 ~ 20 年，银行业务将进入模块化阶段，无人服务业务将会成为银行最主要业务形式。[1] 例如，随着公共服务物联网金融日益兴起，在远程抄表系统的智能卡上集成金融服务，可在燃气、水表、电表等公共服务上应用，借助金融卡的集成作用作为通行证，打通各个公共服务物联网，将抄表系统与公共服务收费系统、银行业务系统相联接，实现实时抄表、远程结算。

（六）保险服务领域

传统保险业务是基于"大数法则"下的概率原理，当保险标的数量足够大时，可根据以往的统计数据计算出损失发生概率。投保数量越多，赔付概率越低，当赔付总和小于投保总额，保险公司就会盈利。物联网大数据使保险企业丰富了风险监测手段，能更准确地识别风险与定价，从而根据客户的风险特性为客户定制保险产品与服务，做到"险前预防、险中响应、险后处理"，改善市场供给。

例如，在未来的医疗保险中，可通过苹果手表、谷歌眼镜等可穿戴设备，实现"人机合一"，定期将被保险人的血压、体温、脉搏、呼吸、脂肪占比等个人健康信息传输到服务器，进行智能管理和监测，提供健康预警及医疗咨询等高附加值服务，这不仅可以减少保险公司的潜在赔偿损失，更能赢得客户信任并增强客户黏性。又如，针对汽车险的恶意骗保问题，可以在投保车辆上安装物联网终端，对驾驶行为综合评判，根据驾驶习惯的好坏确定保费水平；在发生两车碰撞后，车载设备会记录下碰撞前车辆的速度、方向等相

---

① 资料来源：唐智鑫，管勇．物联网技术与我国银行业的金融创新［J］．金融科技时代，2011（19）．

关信息，保险公司可以根据这些信息判断是否属于伪造事故。

当前，我国传统保险公司已开始尝试运用互联网、物联网平台探索技术机制、组织架构创新。根据中国保险行业协会的统计，已有69家保险公司通过自建官网开展经营，大型保险公司纷纷设立了自己的网络经营团队，中国平安、太平洋保险、太平人寿、中国人寿等还成立了独立的电商公司，布局互联网/物联网专业经营。中小保险公司也积极运用在线销售和产品创新，开展全流程金融服务，实现物联网转型发展（如表7-3、表7-4、图7-5所示）。

表 7-3　　　　　　　　寿险公司官网经营前十名情况

名称	投保客户数	目标独立访客（万户）	网站流量（万户）	自主网站转换率（%）
友邦保险	3.97	0.04	488.24	28.54
陆家嘴国泰	0.21	0.01	76.19	5.69
复星保德信	0.14	0.01	24.31	3.84
昆仑健康	0.69	0.05	82.26	3.6
太平人寿	0.65	0.05	43.93	3.55
泰康人寿	127.63	13.3	11860.11	2.63
国华人寿	0.44	0.1	232.87	1.25
新华人寿	0.65	0.17	96.54	1.05
中德安联	3.14	0.84	122.23	1.02
中意人寿	0.36	0.13	98.77	0.77

资料来源：中国保险行业协会.2014互联网保险行业发展报告［M］.北京：中国金融出版社，2015.

表 7-4　　**典型传统保险公司在互联网/物联网保险上的转型情况**

公司名称	互联网/物联网保险发展状况及战略
中国人寿	自有电商平台； 实施"创新驱动发展战略"。如以网站服务、手机App保单服务应用为核心的e宝账项目上线推广；积极拓展网站、微信、IVR自助语音等多种渠道，为客户提供新的通知服务。
中国平安	一站式服务平台； 科技引领金融，金融服务生活的理念，推动核心金融业务和互联网/物联网金融业务共同发展，将金融服务融入客户"医、食、住、行、玩"的各项生活场景，为广大用户提供一站式金融生活服务。
泰康人寿	创新部门、互联网保险牌照； 随着O2O时代的到来，用互联网/物联网来武装自己，实现线上线下合作。

续表

公司名称	互联网/物联网保险发展状况及战略
中国太保	"太保在线""资源＋资本"的模式，联手阿里健康； 加强互联网/物联网布局，运用移动技术，完善在线服务平台，加强互联网/物联网在集团战略中的地位。
新华保险	新华电商、互联网/物联网金融平台和百度的大数据合作； 积极推进互联网/物联网与保险协同发展战略，转型"六大平台"建设。
太平人寿	太平电商； "智慧保险""网络金融"数字化战略。即致力于建立"创新的客户交互能力"、"实时精准的风险控制能力"和"灵活高效的运营模式"三个"智慧保险"核心能力，以打造集立体社交、综合金融、一站式服务和产业生态为一体的四个"网络金融"平台经济新模式。
阳光保险	互联网/物联网创新部门和自有金融平台； 集团三大战略之一，以互联网/物联网视角开发金融产品，对传统模式下的产品、流程、服务进行变革再造。
国华人寿	电商部门、娱乐保和第三方平台的合作模式； 充分利用网络技术平台，加大自助服务力度，积极布局在线服务平台，将运营优质服务向深度、广度延伸，为客户提供更加便捷优质的指尖上的保险服务

资料来源：奚玉莉，杨芮，李耀东，陈辉，杨才勇. 互联网保险新模式［M］. 北京：中信出版集团，2016.

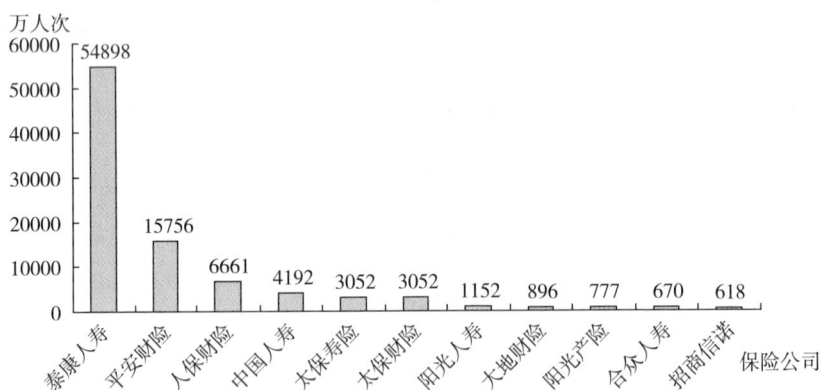

图 7 - 5 2011—2013 年前 11 名保险公司年均网站流量

资料来源：互联网保险行业发展报告、平安证券研究所。

（七）风险管理领域

风险在传统金融的发展过程中无处不在，物联网可以让金融从时间、空间两个维度对信息进行收集与处理。通过物联网金融可以对企业的生产、物流、资金流动等经营活动进行信息采集、整理和监测，有效地对服务对象的历史状态、现在情况、交易习惯、风险偏好进行合理的评估与预计，从而建立起行之有效的金融风险管控体系。特别是对传统的商业银行，抵押贷款的估值问题一直是银行风控中的难点，物联网的发展可以有效地监督抵押物的性质与属性变化，从流通的每个环节监控抵押物，让风险消弭于无形。而基于大数据和物联网联合的风控体系则可以建立起更加完备的征信体系，更好地为金融业服务。①

二、物联网金融创新特点

（一）推动跨界融合

物联网金融是物联网和金融相互影响、渗透并不断融合的产物，实现了资金流、信息流与物资流的"三流合一"。信息科技和金融业务相向而行，经营边界趋于模糊，产业协同成为常态，日益形成你中有我、我中有你的关联互动新格局。

一方面，物联网新技术的突破将推动传统金融模式的变革。物联网不断应用于金融服务的各个领域，如智能安防、VIP 服务、NFC 支付、业务流程管理、远程结算等，实现了物质属性与金融属性的融合，促进现代金融的信息化和数字化发展。物联网通过海量的、客观的、全面的数据建立相对客观的信用体系，依托云计算、人工智能等技术手段，提升风险管控水平，原有的信贷模式、信用评估和风险管理模式将全面升级。

另一方面，金融服务升级将推动物联网发展壮大。金融服务嵌入物理世界的信息交换和网络化管理，有机地结合了商业网络、服务网络、金融网络等网络系统，催生供应链金融、场景化金融服务等全新的商业模式，极大提高了商品生产、交换和分配效率，为物联网的发展壮大提供了有力支持。金融作为物联网产业发展的支点，将撬动数以万亿计的资本蓝海。

（二）打造"零边际成本社会"

科斯第一定理提出，如果交易费用为零，不管产权初始安排如何，当事人之间的谈判都会导致那些财富最大化的安排。一直以来，交易费用为零的假设条件被认为是一种"理想状态"，寻找交易对手、进行讨价还价、订立契

---

① 资料来源：江瀚. 物联网金融——传统金融业的第三次革命 [J]. 新金融，2015（7）.

约并监督执行都要花费成本，这使很多压在"科斯地板"之下的潜在需求无法转变为现实交易。

泛在的物联网把更多的人、物、网互联互通，相当于提供了一个分布式、点对点的平台，通过统一的数据传输、沟通和存储加上云计算技术，发挥"物联网＋大数据＋预测性算法＋自动化系统"的优势，能够推动银行和客户的资源有效整合和共享，促进服务的标准化和透明化，使多方高度有效的协同合作成为现实，从而大幅度降低交易费用。零边际成本的金融行为将全方位覆盖各产业领域，采集企业信息的边际成本近乎为零。物联网金融可以面向"长尾市场"，抢夺入口资源，用免费或低价赚取用户，用增值服务来盈利，实现"羊毛出在狗身上，由猪买单"的利润递延。

同时，物联网金融可实现全过程电子化、网络化、实时化和自动化，能大大降低运营管理成本。对于各产业领域的差异化信贷需求，银行能够作出更加及时、准确的反应，在数据管理平台可以提供财务管理咨询、现金管理、企业信用评价等中间业务服务，银行与企业的联系更加密切，覆盖全产业的金融服务将变得更为智能、便捷且可以节省成本。

更重要的是，未来物联网时代将形成全球性协同共享系统，构建横向规模经济，淘汰垂直整合价值链中多余的中间人，这样每个人都可能变成金融产消者，可以更直接地在物联网上提供并相互分享产品和服务，这种方式的边际成本接近于零、近乎免费。这就像目前成百上千的爱好者和创业公司都已开始使用免费软件，利用廉价的再生塑料、纸张以及其他当地现成的材料，以接近于零的边际成本来打印出自己的3D打印产品，这就是美国趋势学家里夫金预言的"零边际成本社会"的来临。

（三）促进金融生态环境变化

金融生态是指影响金融业生存和发展的各种因素的总和，既包括与金融业相互影响的政治、经济、法律、信用环境等因素，又包括了金融体系内部各要素，如金融产品、金融市场、金融机构及金融产业。按照生态学观点，生态系统核心要素有三点：环境、物种和生态规则。随着物联网金融的蓬勃兴起，金融创新风起云涌，将催生新的"金融物种"，"创造性破坏"现有的金融体系运作生态，使三个核心要素发生变化，金融环境将更趋高效、市场化和富有弹性，金融物种更趋丰富，而金融生态规则也将发生颠覆性的变化，从而塑造新的价值生态链，重构金融生态系统。

首先，物联网催生了新的"金融物种"。物竞天择，适者生存。物联网大数据解决了以往交易中信息不对称、交易成本过高、资源不能最大化利用，以及无法开展大规模协作等四大问题，正在颠覆包括金融在内的众多传统商业模式，既催生了新的"金融物种"，也促进了金融生态圈原有物种的进化升级。例如，在传统移动支付的基础上，升级产生了 NFC 支付、虹膜支付等感知支付模式。又如，物联网技术与供应链金融相结合，产生了智能仓储、智能物流等业务。通过物联网技术与传统金融形态的"嫁接"，物联网保险、物联网典当等新业态如雨后春笋争相涌现，智慧金融、Fintech 等新型商业模式逐渐兴起，改变了金融生态格局。

其次，物联网将重构金融生态环境。物联网技术将推动产业链参与各方的相互渗透和融合，促进金融业的蓬勃发展。物联网金融创新打造了新的服务模式，降低了运营成本，增加了金融交易效率，将形成新的金融生态环境。未来的金融服务创新模式将包括提供消费商品的电商圈、提供相关金融服务的金融圈以及客户与客户、商户与商户、商户与客户之间的社交圈。如，充分借助物联网移动技术的力量构建金融或非金融数字生态型金融模式，通过合作伙伴网络为客户提供超越传统银行产品范畴的服务。银行通过运用互联网思维和技术推进业务流程创新，打造以服务实体经济、客户为中心的金融生态系统，将银行建设成为一个不仅是金融服务场所，更是一个更好体验、更低成本、满足不同客户需求的全方位金融服务生态系统环境。

以中国建设银行为例，该行构建了自身的金融生态系统架构，包括银行、客户、第三方三个生态主体，并通过信息流、商品流、资金流、物流进行连接，构成一个完整的金融流通过程。而该生态系统确定了客户是核心，应紧密围绕客户这一节点，有效整合建行资源、第三方优质产品及服务，满足客户金融需求和相关非金融需求，积极引进物联网、大数据等信息化技术，创新搭建起包括"善融商务、悦生活、惠生活"三大平台，以及创新推出互联网支付、互联网理财、互联网融资三大产品线，实现了客户、银行、第三方之间"三位一体"共存共荣、实时互动的客户金融生态系统。

最后，物联网将推动金融生态规则变革。随着物联网时代的到来，金融生态规则这一金融物种在金融环境中生存、发展的"行动指南"也将发生十大变化。一是"长尾理论"取代"二八定律"。物联网将彻底颠覆传统金融服务的"二八定律"，汇聚小微企业、"三农"、个人客户等"长尾市场"，推动我国普惠金融长足发展。二是"上善若水"取代"赢者通吃"。物联网金融具有的开放、公平、透明的特征，将使整个金融体系发生基因式突变，造就"上善若水"的生态环境，改变大型金融机构"赢者通吃"的格局。三是"协作共赢"取代"同质竞争"。紧密的多方在线协同、联合竞争和合作共赢将成为一种主流商业模式，银行产品将向多元化、综合化方向拓展。四是

"无边界经营"取代"有界经营"。物联网使得银行与一般企业界限趋于模糊，根据市场需求围绕自身优势开发增值服务，通过综合化经营吸引客户，形成自身数据资产。五是"信息资源为王"取代"金融资源为王"。信息资源将成为银行最为重视的核心资产，对数据的掌握将决定对市场的支配权，为追赶者弯道超车提供可能。六是"智者为王"取代"大者为王"。在物联网环境下，银行将摒弃"规模冲动"和"速度情节"，打造全方位的"智慧银行"成为大势所趋。七是"个体风险定量"取代"总体风险定量"。随着物联网大数据时代的来临，信息不对称状况得到进一步缓解，"个体风险定量"成为可能，将标志着银行信用评价体系与风险控制手段的重大进步。八是"小而不倒"取代"大而不倒"。社区银行等小型机构依托物联网技术，将掌握大量第一手的客户"信息资产"，成为具有独特竞争优势的"小而不易倒"机构。九是"为客户树立影响力"取代"为自己树立影响力"。金融机构将通过物联网与客户紧密连接，做到"以客户为中心"，通过创造稀缺性金融服务，在物联网交易链条中为客户树立影响力。十是"为客户创造新的需求"取代"满足客户现实需求"。银行将通过物联网大数据分析客户行为，深入挖掘潜在需求，提供综合金融解决方案。

第三节　物联网金融创新形态——智慧金融

一、智慧金融的概念

正如上一轮的经济发展引擎互联网一样，未来物联网的发展也将对经济社会和金融领域产生重大影响。IBM 在"智慧地球"概念中提出三个重要的维度：更透彻的感应和度量、更全面的互联互通、更智能的客户洞察。随着IBM 推出智慧地球概念，智慧城市建设的热潮也随之升温。智慧概念逐步普及，智慧交通、智慧城管、智慧医疗、智慧金融等概念也逐步映入人们的眼帘。美国已经针对物联网提出将在六大领域建立"智慧行动"方案，其中一项就是建立"智慧金融"。

智慧金融是指通过物联网技术的应用，对核心流程、服务及产品进行更新再造，改善客户体验，降低运营成本，提升服务效率，从而形成创新型服务模式。智慧金融是在信息社会，伴随物联网、云计算、社会化网络等技术在金融领域的深入应用，带来的金融体系和商业模式的变革，其创新性主要体现在两方面：一是无所不在的感知服务，二是数据的互联互通。智慧金融是在互联网时代，传统金融服务演化的更高级阶段，具有透明性、便捷性、灵活性、及时性、高效性和安全性等特点，推动资金更顺畅地流通、更合理地配置、更安全地使用，实现现金业务、管理、安防等金融活动的科学管理及管理能力的智慧化提升。

　　智慧银行是对传统银行的升级，会导致金融业务的进一步模块化、程序化，可以大量减少日益增长的人力资源成本，进一步提高效益。同时，随着物联网技术在银行的普及和推广，使用物联网金融服务的客户会递增，梅特卡夫法则效应[①]将凸显，业务成本会进一步下降，智慧银行的效益是巨大的。这无疑会增加创新对各金融部门的诱惑力，展示金融创新的巨大潜力。金融机构积极拥抱物联网浪潮，不仅有利于摆脱"21世纪灭绝的恐龙"的命运，而且能够迎来广袤无垠的发展空间，成为"智慧城市"建设中的引领者和"弄潮儿"。随着智慧金融内涵和外延的不断深化，构建智能生活平台、推动智慧应用革命将是一项长期的工程。智慧金融将结合硬件支撑、平台建设、应用开发、风险管理、服务维护等多个层面，真正实现实时动态，智能最优，风险可视，最终让金融系统的信息流、资金流、信用流、任务流等散发出智慧的光芒。

【专栏7-4】

物联网时代之下　智慧金融将怎样变革与创新

　　随着数字技术等的发展，经济社会活动愈发平台化、生态化和智能化，传统金融将面临日益复杂的解构与重构过程。智慧金融就是数字技术对金融服务流程的系统再造与重构，使金融服务流程与其他经济活动流程紧凑融合，形成新的产融生态耦合系统，让金融具有自学习能力，让信息具有基因自传导和动态反馈机制，让金融透射智慧光芒。

一、智慧金融的概念、流程及特征

　　从概念上看，金融简言之就是资金融通。智慧金融直观地说就是构建一套确保资金投融更快速、更高效、更安全，且具有内生迭代学习和进化能力的生态系统，使金融机构逐渐走出基于信息不对称获取信用利差的盈利模式。具体而言，要使金融服务变得更具智慧，必须要处理好金融服务主受体的关系、金融系统与环境的关系等。为此，智慧金融系统的内部结构主要包括以下几大子系统：信息和环境感知系统，信息甄别归类系统，任务执行系统，任务与目标评价和矫正系统，自反馈与学习迭代系统等。其运作和工作流程

---

　　①　梅特卡夫法则是指网络价值以用户数量的平方的速度增长。网络价值等于网络节点数的平方。

如下：

第一，信息和环境感知系统是智慧金融的信息捕捉和输入系统。这是由传感器构筑的高效协同的传感系统，负责将与各类金融服务具有相关性的信息收集起来，作为金融服务机构分析市场需求的输入信息，降低信息不对称性和信息的收集成本，进而提高智慧金融体系对经济社会的敏感性适应能力，保持市场供需的动态有效性。

第二，信息甄别归类系统是通过特定的算法运算和经验知识，将信息和环境感知系统收集的信息，根据相关性和拟合值等进行初步的分析、加权和归类，提高信息的配比能力，降低市场白噪音，进而增强金融服务机构的风险识别、筛选和市场的价格发现能力等，如提炼和发现用户的风险偏好、风险可承载能力、预期风险敞口和风险阈值等，并辨析和描述金融服务的外部风险因素，风险限定值等。

第三，经过信息甄别归类系统处理的信息将被传输到任务执行系统，执行系统根据用户的风险偏好、预期风险敞口、外部风险因素和风险敏感性、风险阈值等，为用户提供金融服务框架、金融服务策略、金融服务目标等，并精确制定并靶向执行用户的目的诉求，为用户提供量体裁衣、随需而变的个性化金融服务。

第四，任务与目标评价和矫正系统，是将执行系统、信息甄别归类系统和信息和环境感知系统中的相关情况和问题，输入到学习迭代系统，学习迭代系统对执行、甄别归类和感知过程中出现的各种可能情况、偏离值等进行分析和重新设定，形成新的金融目标、金融策略和金融释缓策略等，然后向信息和环境感知系统、信息甄别归类系统及执行系统发出更新程序，感知系统、信息甄别归类系统、执行系统及任务与目标评价和矫正系统等根据新的更新任务和程序进行修正操作。

这些不同的子系统协同工作，形成人工智能化的、具有自反馈学习迭代能力的生态系统，为用户提供动态并实时响应的金融服务，从而使金融服务模式从原来的同一化、标准化的产品服务，凭借大数据、云计算等手段进行深度挖掘，并在经历和跨越市场细分的基础上真正走向个性化和随需而变的金融服务阶段。

从外部环境和条件分析看，智慧金融是建立在一个实时无缝对接的互联互通的物联网络系统，即各类经济社会部门极大O2O化，电子商务、电子政务等获得极大满足和提升，并建构出一套避免信息孤岛，降低信息收集成本，及强化信息披露制度和促进信息对称性交易的制度场域，实现经济社会各类资源、数据的互联互通和实时共享。

二、智慧金融的本质：金融服务生态化

智慧金融的商业模式不再以信用利差交易为主，而愈发倾向于中间业务的商业运营模式。智慧金融对资金供求双方深度开放，满足了投融双方的参与需求，即在智慧金融系统开展的金融服务中，用户的需求由过去的因变量逐渐前置为自变量，用户的参与使金融服务具有内生的响应—反馈机制，即实时动态的自我改进机制，从而更加迅捷便利地实现更替，使金融产品和服务实时贴近市场、贴近用户，因时而变、应势而变，成为贯穿整个金融生态系统的主要轴线。这使得智慧金融系统相对于传统金融更加富有生命力和创造力，具有以下五种能力。

一是自学习和目标矫正的能力。从对信息的感知捕捉，到对信息的分析甄别和相关性分析，再到信息的执行、任务评价和学习系统等，每一个子系统都不再是简单地执行既定目标，而是在系统运作过程中实效地产生动态完善的迁移矩阵和模型，使金融服务具有动态完善能力，让金融系统的信息流、资金流、信用流、任务流等散放出智慧。

二是海量数据的感知和匹配能力。互联网技术的蓬勃发展和物联设备的不断创新，催生了广义互联网上巨量数据的产生。这些数据都存储在互联网上每一台设备中，形成智慧金融发展的基础。智慧金融需要利用这些离散在互联网空间的海量数据，对其进行收集整理，时序匹配，并分析数据的内在规律，提高金融服务机构对经济社会的敏感性适应能力，及实时应对能力和特定供需资源的匹配能力。

三是广泛的互联互通能力。在互联网及物联网的不同节点之间，需要搭建起广泛的连接，形成一张包罗万象的巨型网络。这样的网络可以使经济社会不同部门的信息，做到动态实时的共享，使经济社会各领域间的关系变成基于各自专业服务能力的协同合作关系，专业的分工合作将逐渐跨越传统的产业链，向整个经济社会开拓蔓延，熔炼成一个有机的生态系统，从而有效降低产融间的信息不对称性，极大地提高产融粘合度。

四是众包协作能力。这将有利于推进金融市场专业化分工的深度。当前金融服务面临的现状是客户需求的个性化和多样化，及金融服务的透明可视化，金融服务将不再是金融服务机构的封闭作业，而是金融服务的每个节点和过程都将通过众包协作共享化，金融服务受体深度参与到金融服务之中，并可审视金融服务的各个过程。从这个角度讲，未来的智慧金融实际就是在资金融通环节的共享经济，使参与智慧金融系统的不同的专业化服务组织，在信息和资源上相互共享，在服务流程上实现众包协作，进而发挥各自的比较优势，共同满足经济社会日益满溢的资金融通诉求。因此，智慧金融系统

中各大专业化的商事主体不再是单纯的竞争抑或竞合关系，而是共生关系，整个行业也将成为一个有张有弛的生态系统。

五是以人为本的用户体验能力。智慧金融让客户可以自主选择服务时间、服务渠道，并参与产品和服务的定制，从而既可以在线上线下全渠道为客户提供"一站式"解决方案，减少客户切换渠道的空间、时间成本，又可以提升客户的参与度，满足客户社交需求。

资料来源：证券时报网，www. stcn. com，2015 – 09 – 01。

二、智慧金融的特点

智慧金融代表未来金融业的发展方向，它与传统金融有着本质的差别。由于各种数据更加全面、真实，传递更加顺畅，因此智慧金融时代的金融运行效率更高、经营成本更低、资产风险更小、资本效益更高。由于智慧金融是基于大规模的真实数据分析，因此智慧金融的决策更能贴近用户的需求。

（一）信息全面性

传统金融面临的一个主要问题就是信息不对称。金融机构、用户以及第三方机构等各方面都很难及时、全面地获取自身需要的信息，由此产生道德风险和逆向选择，增加了金融机构和全社会的经济运行成本，降低了市场资源配置的效率。

在智慧金融时代，各市场参与主体获取的信息更全面，信息资源得到了充分的开发和利用。对个人客户而言，能够通过物联网实时完成账户管理、支付、贷款、理财等各种金融服务需求，及时获取定制化的信息，享受金融机构的贴心服务。对于企业客户来说，通过智慧金融可以实现一站式金融服务。从在线开户、申请业务，到资金管理、汇划，再到财务顾问、投资理财，甚至包括金融资讯、行业信息等等，都可以通过智慧金融平台完成。对金融机构和第三方机构而言，能够通过物联网及时获取客户各种信息，例如，用户是谁、使用状况如何、用户动态、满意度和需求等。在获得充足的信息后，经过统计分析和决策，金融机构能够即时作出反应，为用户提供有针对性的优质服务，满足用户的需求，并为有效防控风险奠定基础。

（二）服务便捷性

基于物联网技术下的金融服务创新目的主要是改变服务理念和改进业务流程，推动金融网点由单纯的"交易处理型"模式向综合的"营销服务型"模式转变，以"智慧、泛在、跨界"为理念，发挥智慧金融的一站式服务优势，以满足客户的金融服务需求。未来的金融服务创新点必将突破传统服务的边界，应用智能的设备和快速发展的互联网技术打造一个新型渠道形态，实现更多的"泛金融"服务功能。

在金融设施日益电子化，金融数据日益集中化，金融业务日益综合化的背景下，通过物联网云计算、移动互联网等技术，能够对客户的金融活动进行关联分析，为客户提供智能化、轻型化、平台化的体验式金融服务。同时，借助物联网平台，银行业机构可采用银企合作、交叉营销模式，挖掘新客户资源，从单点向外延伸逐渐实现网点的社交化、本地化、移动化，不断拓宽综合性跨界服务图谱，打造小型化、专业化的智慧网点。

具体来说，传统网点可从以下四个方面优化转型：一是智能化。随着智能预约号处理、人脸图像识别、智能机器人等智能设备的广泛应用，用户可通过智能设备实时办理业务，将降低柜面人工服务压力，提高服务效率，大大减少排队时间。二是轻型化。传统营业网点面积大、人员多、运营成本高，智慧银行渠道建设则倾向于轻型化、虚拟化，网点将具有面积小、人员少、成本低、业态灵活等特点，网点的营销服务功能将进一步凸显。三是体验化。银行可通过网点的转型升级，探索建立集客户体验与交互、产品创新与展示为一体的综合化创新体验中心，提升金融产品与服务的客户体验度。如，交通银行推出了名为"智慧娇娃"的智能机器人，除了能语音应答、网点导航外，还可办理业务。通过"身份证＋人脸识别"，可以 1 秒查询名下账户余额，为客户办理转账业务。建设银行智慧银行网点在客户等候区座位配备了 iPad，里面预装有建设银行的客户端，客户可以使用 WiFi 上网，查阅互联网信息。在金融超市，客户只要在货架上拿起感兴趣的产品卡片，放入指定区域，电脑屏幕就会自动播放该产品的动漫介绍。四是平台化。一方面，通过建立金融旗舰店模式，提供网络平台式的全流程服务。另一方面，将传统银行服务模式和科技创新有机结合，利用物联网平台、数字媒体和人机交互技术，为客户带来智能、便捷的远程虚拟化的平台服务，并着重提升这种平台服务的"社交参与度"，将客户服务从单一网点延伸至社交网络。例如，在移动金融场景运用区，客户可以通过二维码支付、闪付、刷卡支付，现场体验现代化支付方式的魅力。

【专栏 7-5】

智慧蜕变：网点转型进行时

2013 年以来，国内掀起了智慧银行的建设热潮，最为引人注目的是一批智慧网点如雨后春笋般在北京、上海和广州等一线城市出现，并随之迅速扩展到诸多二线城市。据统计,截至目前,国内已经建成的智慧网点旗舰店已经超过百家,不仅包括大型商业银行、全国性股份制银行,也有地方上的城市商业银行和农村商业银行。

"智慧银行是指建立在泛渠道智慧化基础上的银行与客户关系优化状态。智慧网点是智慧银行的一部分,也是特定历史时期的一种形态。"建设银行对记者谈到智慧银行时表示。中国银行则认为建设智慧银行的目标在于"实现最佳的客户体验,并提供随时、随地、随心的金融服务。"

对于智慧银行的描述,大都是在阐述如何将技术整合到银行业务的各个方面,从而提升客户满意度、提高运营效率并创造新的商业机会。实际上,进入移动互联网时代后,人们的消费方式发生了根本性的改变,生活方式的互联网化以及发达的信息技术的应用,对传统的商业模式进行了重构。银行业面临同样的冲击,传统的银行是否能够满足新时代客户的需求,能不能充分地以客户为中心成功转型,早已是业界讨论的核心问题。与此同时,科技的快速发展和广泛使用,不失时机地为银行的创新和变革提供了契机,

Brett King 在 *Bank 3.0* 一书中谈到:"在 Bank 3.0 时代,银行的宗旨是提高客户服务的能力、充分满足客户的需要。一切要按照'以客户为中心'来设计产品和展现,并与客户充分形成交互。"在此趋势下,很多商业银行将打造智慧网点作为应对之策,重新对网点进行定位和规划。那么,这些智慧网点到底为银行业带来了哪些改变?记者满怀期待走访了一些智慧网点。

一、智能进化　突破效率瓶颈

在中国银行天津市分行智能银行旗舰店,客户不再需要手工填单和等候,通过"自助填单机"就可以完成柜面业务的填单和申请服务。记者看到,客户只需要刷一下身份证,个人信息就会被快速导入系统,此后再输入少量的信息便可以完成填单过程。相较过去手工填单的过程更为简便,出错率也大幅下降。

该分行渠道管理部总经理黄京曾介绍说:"中国银行智能化网点柜员每项业务平均操作时间与过去相比缩短 5～10 分钟。在未预约的情况下,高峰时段客户最长等候时间,已由原来的 45～50 分钟缩短至 20 分钟左右。"诸如此类的智能设备被运用在了网点的各个业务领域,比如客户指引、信息展示、业务办理、产品购买等,通过减少简单、重复的低效率工作,并优化业务办理流程,网点的工作效率得到了提升。据测算,智能化网点新增客户数比非智能化网点高出一倍。

在智能设备的使用上,最为突出的是智能柜员机的使用,它能够办理绝大部分的非现金业务,实现柜台业务向智能设备的迁移。比如,建设银行的

智慧柜员机可办理开户、签约、结算、外汇、理财、单位结算卡等数十种业务。记者试用了储蓄卡办理功能，流程比在柜台简单，并且由于自助签名、身份证识别和影像核实技术的使用，办理的效率也有所提升。从申请到出卡，整个过程大约只需要两分钟。据了解，截至 2016 年 6 月末，建设银行累计投放和升级 2 万余台智慧柜员机，最高业务处理效率比柜面平均提升 5 倍多，客户办理频次高的个人开户业务由柜面的 9 分钟缩短为 3.94 分钟，速度提升 2.25 倍。

另一种和智能柜员机类似的是 VTM（远程视频柜员机），在多家银行的智能网点都能看到，只要在 VTM 设备上插卡输入密码，选择接通视频，就可连通银行的客服人员，客户可以直接与之对话，远程办理业务。建设银行北京丰盛支行行长陈晨在介绍时说："未来 VTM 的部署与 ATM 类似，还可以放置到商场、小区或医院等场所，不同的是 VTM 所提供的虚拟'面对面'服务形式、业务种类、功能实现将远多于现有的自助渠道。"

运用远程视频等技术，贷款、投资理财和产品销售等业务领域的服务模式也在被改变。在北京银行的智能银行，自助设备可以为个人和小微企业提供贷款服务。在其称为"远程银行"的会议室内，集合了互联网、视频连接、远程监控、桌面共享等互联网技术，通过对柜台业务的流程再造，可以达到"自助 + 远程 + 现场"的服务模式。记者尝试使用了个人小额贷款业务，通过连接远程小额贷款客户经理，即可以在客户经理的提示下进入贷款申请流程办理业务。此外，通过远程呼叫，专业的咨询顾问还可在线解答各种问题。

"开始使用的时候我会有些不适应，因为这是从未使用过的新型设备。但使用后我发现它非常便捷，操作就和用平板电脑一样方便，客服人员给出的指令也非常清晰，业务办理的过程很顺利。"一位首次使用 VTM 的顾客说。实际上，对于智能设备的使用，大多数受访者均能接受，并能显著感受到效率的提升。

不过，用户体验仍然需要持续关注。一位受访者称："自助设备上的用户系统常让我感觉到困惑，操作过程中需要不停地按键，有时候我还会卡在某一个环节上，只能找服务人员帮忙。"此外，在采访中，一些客户对于远程客服系统表示了疑虑，他们希望这项技术能帮助他们找到真正合适的业务专家，如果只是换个形式，而服务的质量并不能显著地提升，那这项服务对于他们不会真正具备吸引力，相反可能是不得已而为之的选择。

二、精准营销　提升客户满意度

通过多媒体屏幕和新的交互科技，在智慧网点能够获得一种崭新的体验。中国银行在智慧网点内设立了专门客户体验区，这里有不同的多媒体机具，客户可以查看到本地新闻、市场数据以及中国银行的产品和服务等信息。在大型触摸式屏幕前，客户可以通过使用手臂作出缩放或平移等动作，浏览信息或参与金融游戏，而贵金属展示台使用了全息投影和3D影像技术后，客户只要点击感兴趣的贵金属产品标签，其立体图像就会以360度旋转的方式展示在眼前，视觉效果甚至比实物展示更加逼真，并且能显示详细的产品信息。

"过去对我来说复杂的金融产品似乎变得更易理解，相比简单的图片信息，通过这些屏幕，它们变得更加直观，可获得的信息也更为丰富，有时候我甚至似乎可以'触摸'到它们。"一位受访者说。

"客户可以通过网络或自助设备办理大多数的业务，网点的功能在转变，逐渐将由业务办理中心变为客户体验中心，这是我们在对智慧网点的设计和规划上遵循的重要原则。"北京银行相关人士介绍。

良好的体验不仅能提升客户的对品牌的好感，也能触发购买产品的欲望，从而提升营销的效率。在北京银行的智能银行设有"金融超市"，配有多台智能理财多媒体终端，客户可以通过点击屏幕对产品进行挑选，挑选完成后只需插入银行卡，即可完成购买。如果不确定如何对产品进行选择，还可使用"产品推荐"功能，这里有各种热门产品的推荐，并在对客户进行综合性分析后，根据客户的特点和需要推荐特色金融产品。

多媒体设备除了展示功能外，还可以实现对客户行为和需求的数据收集，这些数据可以与银行的交易数据进行整合，以更好了解客户的关注点并实现精准营销。中国银行智能旗舰店网点内所有的互动设备都能采集到相应的用户行为，并将数据汇集到后台数据分析平台，分析用户的业务偏好，为验证销售具体产品市场策略的有效性能提供重要的依据。凭借客户行为数据和财务数据分析，银行工作人员可以第一时间掌握该客户的潜在消费需求和消费习惯，并在此基础上开展针对性营销。

如何充分利用大数据分析理解客户金融需求，并通过数据挖掘、云平台构建和渠道信息整合提供相应的金融服务与产品帮助客户满足自身金融需求，是智慧银行得以"智慧"的关键。SAS高级副总裁Troy Haines在采访中介绍："银行可以通过内外部各种数据源获取更广泛的数据，尤其是身份、消费、位置、行为等数据，可以形成数据标签和客户画像，领先的公司已经能够实现每个客户数千个数据标签，并利用这些标签和画像深度了解客户。在智慧网点，业务人员可以根据客户标签来划定金融解决方案，并开展更为个性化的服务。"

此外，智慧网点作为银行线下分销的核心渠道，可以整合多渠道资源，全面提升线上和线下渠道的协同能力，确保客户能够在所有渠道享受到一致的金融服务，形成"一点接入、多渠道协同"的服务能力。

比如，建设银行的智慧银行按照 O2O 的交互理念，强调电子银行、手机银行、自助渠道、人工渠道的协同与集成，使线上挖掘的营销线索和需求在网点进行落地的同时，并借助网点内体验式营销促进电子渠道产品签约和使用。在建设银行智能网点等候区，每一个座位都配有一部 iPad，里面预装有建设银行的客户端，客户也可以通过网点的 WiFi 随时使用手机接入网络；在金融产品展示区，客户只要在货架上拿起感兴趣的产品卡片，放入指定区域，电脑屏幕就会自动播放该产品的介绍，客户只需要用手机扫描二维码即可购买；智能互动桌面为客户带来全新的互动方式，客户经理现场为客户设计理财方案，方案能够即时传输到客户的手机上供客户参考。

三、未来的想象

技术的快速发展为未来智能网点的发展提供了无穷的想象。美国大型连锁超市 Target 最近推出了一种利用 Beacon 技术的销售预警系统。本质上来说，这种成熟的应用依靠智能手机将针对性的信息推送给目标用户，包括基于个人购买行为的消费建议，或当消费者到店后针对特定人群的特别优惠。如果将其运用到智慧银行中，便可向大厅中的客户发送高度个性化、有针对性的产品和服务的信息，因此使得客户办理业务之前就了解相关的产品情况。

多媒体墙和电子屏幕也将具有更实用的功能，根据电子分析师的预测，它们在未来几年内将会被能与客户多方互动的数字显示器（Digital Displays）所取代。这种新型的屏幕已经被运用在了商店、餐厅等场所，它们可以通过脸部识别技术，辨识路人的年龄、性别和情绪，从而为其提供不同的产品。所以，也许用不了多久，银行网点内的智能设备就可以自动识别客户的年龄，并基于他们的表情、性别和年龄，提供给他们专属的业务方案。

此外，增强现实（Augmented Reality）、虚拟现实（Virtual Reality，VR）等交互式技术已经在应用领域体现出巨大的活力。据了解，一些银行已经开始尝试相关的体验活动。比如将 VR 技术引入金融业务，利用 VR 设备让客户与理财经理展开虚拟互动：理财经理可以利用虚拟现实设备观察行业交易动向，并在发现交易机会后即时和客户同步画面，佩戴着 VR 设备的客户便可以切身感受到交易员共享的内容。因此，有专业机构预测，在 VR 技术成熟以后，银行办理业务或许会实现全程自助，客户只需戴上 VR 设备跟着指示操作即可，金融交易也会变得更加便捷。

除了技术的发展以外，紧扣场景金融的主题，智慧网点"生态圈"的建立也具有广阔的前景。IBM 全球企业咨询服务部大中华区高级合伙人 Ron Lefferts 指出："生态圈的建立是智慧银行发展的主要方向之一，银行可以通过社交化和技术化的手段使网点、客户以及周边商户形成一个生态圈，通过物理网点或者电子平台，使客户更快地获取其所需要的信息，最终实现银行、客户以及周边商户的共赢。"

智慧网点的建设不会一蹴而就，它涉及如何结合先进科技从内至外的重塑网点，并辅以最新的理念和文化，这将会是一个长久的、综合性的战略。因此，智慧银行的内涵也将不断更新，并处于持续的发展之中。就如花旗银行新加坡公司首席执行官 Anil Wadhwani 所说："银行业务面对的是不断变化的客户需求。智慧网点永远处于变化的最前沿，它是围绕客户精心设计的，并且能够利用新的科技牢牢地把客户的体验放在最为核心的位置。"

无论如何，我们对智慧银行的未来充满期待，期待更加智慧的发展和蜕变。

资料来源：安嘉理，王慧梅. 智慧蜕变：网点转型进行时 [J]. 中国银行业，2016（8）.

（三）创新灵活性

金融机构通过"无所不在"的物联网网络和金融平台，能够为客户提供"润物细无声"的个性化、多样化服务。智慧金融平台通过移动智能终端，以及终端上所集成的各类传感器、定位设备，可实时掌握消费者在金融机构及社交网络上的消费记录、支付偏好、支付习惯等特征，通过高速云计算等技术进行数据挖掘，建立完善用户数据库、行为特征库，从而为消费者提供更加贴心贴身的服务。如，可以将客户使用手机的数据信息购买银行产品的地点与对该客户销售的银行产品的信息进行关联，或将客户与客户对支付渠道的偏好相关联。又如，通过对客户浏览信息记录、资金状况、需求进行实时分析，可以为客户量身定做个性化的产品，包括理财规划、投资建议、融资方案等，使客户能足不出户实现"货比三家"，根据自己的偏好选择理财方案或者投资组合。

通过智慧金融平台，可以构建无处不在的"情境化金融服务"。场景化的物联网服务基于的是物联网增强现实技术，利用大数据与云计算为特征，将数字化的互联网资讯与人们的现实生活相拟合，使消费者在使用过程中获得环境的增强感体验。比如说，当消费者需要租房服务，物联网金融系统就可以根据消费者的支出状况信息、消费者以前搜寻过的租房记录以及消费者的新的需求，向消费者推送其所需要的信息与服务。而基于 AGPS 的定位系统，则可以进一步增强消费者的体验，通过综合分析消费者常去的消费场所、其主要的活动范围，消费者的支付水平，就可以确定消费者的需求偏好，从而更精准地为消费者提供差异化的服务。

【专栏7-6】

数字银行宣言报告

一、概览

我们正在进入一个新的时代，创新将会重塑用户与银行的关系。本质上银行的艺术是一种持续记录的复式分类总账。在微观层面上，银行可以被看做是寻找存款并生产利息的机器，并发放贷款；在宏观层面上，银行是信用货币的创造者。银行活动天然上就是很技术化和数字化的。因此，它非常适合被数字化。得益于数据技术和移动通讯的普及，我们看到银行业创新崛起中的三波变化。我们将在本文中归纳这三波主要的特点、价值和未来数字银行的战略措施。要理解正在演进中的第三波创新，我们把前两波的银行创新归纳如下：

第一波公司：渐进主义者（incrementalists）

互联网公司涉足银行业由来已久。但是，他们是被逐渐加入到已有的银行业务流程中的，既不是完全替代也不是一个简单的扩展。如，在1970年代中期，花旗开始试验自动取款机（ATM）。1990年代，网络银行伴随高速发展的互联网应运而生，使得用户可以在网上办理资金划转、账单查询以及电子支付等业务。

第二波公司：数字混合体（digital hybrids）

类似NetBank这样的公司称作"数字混合体"。例如，美国的Simple Bank成立于2009年，采取了大量的创新去简化账户管理和费用。其他新兴的数字混合银行包括德国的Fidor Bank、英国的Atom Bank等，相较于传统银行建造成本降低60%~80%，维护成本降低30%~50%，就业人数大大降低，预算总额相当于传统银行水平的10%~15%。

第三波公司：数字原生（digital natives）

一整套新的技术正在出现，使得更紧密地与用户的日常生活相结合，可以接入到全球范围内25亿从未获得银行服务或没有得到银行充分服务的人群，并为全世界超过4500万没有得到银行充分服务的中小企业客户提供更大的财务灵活性。未来的数字银行将利用这些技术，并围绕数字原生代的需求进行设计。

二、数字银行的关键要素——用户的视角

在零售端，未来的数字银行需要做到以下几点：

1. 整合和个性化的体验

提供一个统一、交互且直观的客户资产视图，扩展至客户的财务生命周

期，包括当前账户的信息和存款余额、交易明细、贷款余额、固定支出、年金收益和累积，包括证券类账户，并为不同的细分客户提供定制服务。

2. 端到端的数字化平台

为用户提供完整的数字化体验，包括无纸化的申请表格和"了解你的客户"流程。同时提供交互的、直观的数字化财务计划工具，去管理用户的财务生命周期，并优化资金配置，提供智能投资顾问服务。

3. 移动优先

提供原生驱动的移动支付方案，包括国内和国际的支付和汇款服务，账单自动支付，点对点的支付和转账。同时，提供例如人脸和语音识别等生物识别支付技术，将用户的生物特征作为身份登录的核心凭据。

三、数字银行的关键因素——投资者的视角

数字银行没有大量实体网点的开销，也不需要大规模的维护历史遗留下来的 IT 系统。与传统银行相比，数字银行可以在许多方面产生价值，包括数字支付、数字钱包、数字化销售、跨渠道平台、数字财务规划和智能投顾等。数字银行只需要少量的全职员工，就可以在未来几年实现资产规模增长数十亿美元。例如，英国的 Atom 数字银行打算在未来五年内，在仅有 340 名全职员工的情况下，成长为一间资产规模达 50 亿英镑的银行，而对于同样体量的银行，则需要雇佣 2200 名员工。

四、数字银行的关键要素——银行的视角

本质上，数字银行是一个金融科技（Fintech）公司和一间银行的跨界产物。数字银行和传统的银行类似，可以划分为五个部分：零售业务、公司业务、数据分析与 IT、财务管理与运营、风险管理，但各个部分的重要性却是不同的。此外，数字银行众多部门之间的关系格局是不同于传统银行的，数据分析和 IT 部门是数字银行的基石。通常来说，衡量一间银行成败与否，取决于其采用的技术和数据分析方法，而不是它的产品线。

1. 新的 IT 架构

从一个草图开始创建一间全新的数字银行，使得创建一个灵活的 IT 架构成为可能，可以提供领先的风险管理水平，帮助优化银行的资产负债表，获得显著高于现有银行的盈利水平，并通过建立一套现代化的监管科技能力，确保及时响应不断变化的监管要求。

2. 数据库设计

银行 IT 是基于体现最高技术水平的数据库技术，它采用新的互联网技术和分析方法，可以应对指数级增长的数据。这种技术预计将是基于分布式分类账框架的。

3. 高级数据分析

银行掌握大量的用户原始行为数据，能就未来用户的选择提供有价值的见解，这一价值主张可以在数字银行中进一步扩展。银行应该将用户名下的存款、消费金融和其他交易账户的数据整合起来，将用户的行为整合为一个统一视图。例如，在预测一个用户未来的金融活动和信用价值时，参考用户的消费额数据远比常用的用户资料数据（例如，年龄、收入、所在地）更准确。更如，基于用户数据，数字银行可以创造包括支付方案和信息服务、直接通过线上办理储蓄和吸收存款，咨询服务和简单的财务规划等服务。尤为重要的是，可以通过实时评估汇总后的用户交易数据，并将数据联系起来，使用深度学习和其他概率算法来预测将来用户的行为。根据用户的偏好和合法需求，对用户隐私的安全保护也非常重要。

4. 人工智能

基于无序的数据，人工智能技术可以自主选择最佳的方法，使得银行可以根据最新的数据去动态调整，为客户建立一个全面的金融档案，包括信用价值、偿债能力和财务规划的风险偏好。此外，人工智能可以快速地适应用户的需求，在合适的时间为用户呈现最好的选择，并随着用户的变化而动态调整。一个"聪明的银行"可以更快地根据用户生命周期阶段的变化，帮助他们达成财务目标。

5. 全栈商业模式

全栈商业模式（Full – Stack Business Model）对全部的客户体验非常重要。你可能听过全栈工程师，一般而言，银行中的全栈模式是指搭建好整套银行服务，用户甚至不必去了解传统交易中厚厚一叠的交易条件与条件，只需要知道最终的结果。现在各类金融产品中严格的责任分工与用户体验是相背的。这种模式也与监管框架相符，因为监管加强了用户所有权，并要求防止洗钱和欺诈，并保证用户不被误导购买金融产品。

6. 安全与审慎

如果实施正确，系统安全和客户隐私保护将是数字银行相较于其他金融服务机构的一大竞争优势。这就要求在一开始就设计安全的 IT 基础设施，排除数据滥用和向第三方出售数据的行为。另外，当然还包括运用最新的经加密的分布式数据管理系统。

资料来源：麻省理工学院报告，《数字银行宣言：银行的终结》（*Digital Banking Manifesto：The End of Banks*？）。

（四）运行高效性

"天下武功，唯快不破"。由于智慧金融时代信息更全面、传递更顺畅，可以极大地提高金融机构的运行效率。以银行信贷业务为例,传统信贷业务的各个环节从贷前的调查走访、申请审核,到贷中的客户评级、审查审批,再到贷后跟踪检查、押品管理,都需要银行员工亲历亲为,耗时巨大且掌握的信息数据不一定全面、准确,银行运行效率不高。在智慧金融时代,由于银行通过物联网掌握了客户的大量信息,同时通过物联网平台的分工协作,信贷业务流程中的大量工作将在网络上进行,包括申请、调查、审核、发放、贷后管理。而诸如信用评级、信贷审批这些工作则可以通过建立智慧金融模型进行自动预处理,银行员工的工作量将极大地减少,从而提高运行效率。

(五)经营安全性

在智慧金融时代,客户的信用情况、运营情况、纳税情况等都可以及时获得,使得金融机构各个业务领域和业务环节的风险能够被及时感知、测度、分析和预警,并通过行之有效的措施将风险控制在萌芽中。基于云计算的智慧金融平台能够及时有效地对海量数据进行综合、分析和处理,也能够增加风险预测的准确性和及时性。如未来的物联网可以通过透彻感知,将支付行为与企业运营状态、个人健康、家庭情况的动态变化相关联,动态调整支付额度,智能化控制银行的风险。在信用风险管理方面,客户的信用评级将通过大数据得到准确评价,可以有效防止"道德风险"和"逆向选择"造成的风险损失。而客户的第二还款来源(担保抵押)也将置于物联网的有效监控之下,可以有效防止第二还款来源悬空造成的风险损失。在中小企业金融服务方面,智慧金融体系下的中小企业的信息更加透明公开,使得其贷款风险可控、融资成本下降,能够有效缓解中小企业融资难问题。同时,由于智慧金融时代的专业化分工,专业的风险管理公司由于掌握了大数据、具有专业性和丰富经验,信用评价结果更加科学、客观、公正,使得风险能够及时被发现、分析、预警和应对。

(六)决策科学性

一是政府决策依据更充分。从数据来源看,智慧金融拥有最真实、最全面数据库,既囊括了宏观经济数据、又包括了微观主体的运行数据;既包括静态的资金总量数据、结构数据,又包括动态的资金流向数据、转化效率数据。这都有利于了解经济现状,是宏观调控的基础。从数据分析看,依据云计算应用体系,政府部门可以清晰了解一定区域范围内的金融现状、存在的问题和发展趋势,将为国家的政策调控增加更多的灵活性,有助于提高金融政策传导效率,提高政策的有效性。

二是经营决策更契合国家政策。智慧金融可以更充分地发挥投资导向功能,改善投资结构,优先资金配置,从而推动产业结构升级。智慧金融系统能够综合行业信息，判别资金需求项目的优劣和发展潜力，对耗能和污染严重的行业、产能过剩行业等逐步减少投资，有发展前途、增值潜力行业加大资金支持力度，从而优化产业结构，推动经济高水平、高质量的发展。在利率、信贷政策上，智慧金融给予战略性新兴产业更多的优惠政策，推动资金向该领域转移，进行鼓励或限制，最终实现金融筛选功能。

三是业务决策更符合客户实际。借助现代科技技术，智慧金融以用户需求为导向，依靠信息管理系统实现信息流、任务流、信用流和资金流的同步流转，更准确判断用户的需求、资金的增值能力和风险，实时捕获市场信息变化并迅速作出决策，将市场中的闲置资金及时配置到需要资金的客户手中，加快了资金流通速度，提高了资金效率，从而提高企业效益。

三、智慧金融的实现路径

智慧金融能够在获取海量客户数据的基础上，进行智能化分析与处理，提出精准的决策，通过与合作伙伴的分工协作，共同为用户提供高质量的、便捷的、即时的金融服务。智慧金融服务分为事前、事中和事后三个方面：实时的数据获取和分析、科学的服务决策和实施、有效的风险预测和控制。

（一）实时的数据获取和分析

智慧金融以数据为核心，通过物联网技术全面地获取客户信息，包括日常行为情况、经济往来情况、金融服务情况等各个方面的数据，通过对数据的初步分析和归类，纳入数据仓库管理并由数据模型进行分析。这些信息日积月累，汇聚成海量数据库。据估测，当今仅全球银行业每天就会产生的大约15 PB的信息量，是美国图书馆信息量总和的8倍多。如何准确分析如此庞大的数据，提高市场洞察力，挖掘客户潜力，是金融业未来的创新核心。智慧金融基于云计算和数据挖掘等现代信息技术，将感知到的数据进行分类和深入分析，归纳出其中的规律性。分析的目的是有针对性地找到金融服务发展的趋势或者存在的问题，从而发现解决问题的有效办法，并为未来发展做规划。分析内容包括金融服务所涉及的方方面面，例如：用户是谁，金融产品的使用情况如何，有哪些不满意和新的需求，环境变化带来了哪些新的风险和机遇等。云计算技术的出现，使得针对海量数据的分析和挖掘成为可能。利用云计算技术，把计算分布在大量的分布式计算机上，通过网络以按需、易扩展的方式进行分析计算，从而获得所需的数据和结论。

（二）科学的服务决策和实施

在当今时代，金融竞争进一步加剧，业务营销无所不用其极。但是我们看到面对庞大的客户群和多样的业务模式，不加辨别的频繁营销往往只换来极低的客户响应率，不仅成本剧增，也降低了客户满意度，有时甚至遭到客户投诉，造成声誉风险。而基于物联网的智慧金融服务平台能够利用智能标识、智能分析识别客户身份，从海量的客户数据信息中挖掘潜在客户和客户的潜在需求。如金融机构可以将客户使用手机的数据信息与其购买的金融产品关联，可以将客户购买金融产品的地点与其使用的支付渠道关联，可以对客户搜索的各种金融产品类型进行关联。在充分了解客户及其需求的基础上，依据其对市场竞争和客户的理解，智慧金融能够在合适的时机，通过合适的方式，把客户需要的服务或咨询建议送达给客户，为客户提供"一对一"的精准服务，提升服务质量。

例如，黎巴嫩奥迪银行伊斯坦布尔分行（Odeabank）安装了"年龄和性别识别系统"，智能网点入口处的液晶显示器（LCDs）可以迅速辨别不同客户群，并结合其特征开展有针对性的营销。例如，当一个45岁的男人看着LCDs时，会显示关于养老活动的相关页面，而当一个年轻的成年人看着LCDs时，则会显示抵押贷款的宣传页面。

（三）有效的风险预测和控制

一是智慧金融时代的专业分工使得风险监测和预警更加专业化。专业化风险管理公司通过集成式的风险管理，根据外界环境变化和客户资产状况，依据大数据分析实时作出风险分析和预测。金融机构或者消费者都可以订制自身需要的风险管理服务。如金融机构可以订制客户的风险预警信息，企业客户可以订制行业发展信息以及上下游客户的风险预警信息，个人客户可以订制股市分析和行情预测信息。一旦出现情况系统就会预警，专业化风险管理公司就会提醒用户注意风险，调整投资策略，从而降低风险。

二是基于大数据和信息技术条件下的风险管理系统更科学、更高效。诸如信用管理系统、企业运营风险评估系统、管理决策系统、贷后监测系统、风险预警系统等，都将替代传统人工落后的风险管理方式，使得风险管理和控制更加有效。同时，有效地防止了人的主观行为造成的风险损失，如漏报、瞒报风险等。

四、智慧金融的配套措施

（一）技术建设支撑

未来的银行不但将具备获取、量度、建模、处理、分析大量结构化和非结构化数据的能力，更可以在统一集成和互联的流程、服务、系统间共享数据，并将对用于业务决策支持的数据进行智能分析与加工为金融业务服务。从IT建设来看，智慧就是及时响应业务需求的IT基础架构。打造智慧金融需要创建一种智能、安全且适应多变商业环境的灵活的 IT 架构，以满足来自不同部门、客户和合作伙伴的各种需求。在 IT 基础架构实施中，规划应该先行。如果 IT 建设缺乏统一的规划、全局性清晰的应用体系架构和技术体系架构，会出现重复投资现象，导致可有效利用的资源分散，信息的分析和再利用能力降低，无法推动智慧金融的发展。在 IT 基础架构建设中，需要通过业务需求的分析，确定业务发展对金融应用架构的需求，从而明确基础架构的总体规划，自上而下地进行统一 IT 基础设施的部署和建设。同时，IT 部门应该树立贴近市场的研发方式，随需而动，通过建立专业的技术平台应对业务需求变化，形成有效的研发模式，增强研发的价值与竞争力。

（二）人才培养支撑

智慧金融的发展进程中，掌握信息技术及其应用知识、熟悉金融理论与实务并能把握金融业发展脉搏的复合型人才是其基本保证。根据欧美银行业的人力配置标准，未来 5 年，中国银行业的金融信息人才缺口将达 10 万人，金融信息人才的培养迫在眉睫。上海金融学院信息管理学院院长元如林认为，人才培养应该依托金融行业，以学生为主体，以教师为主导，以社会需求为导向，建立"自主学习 + 教师辅导"、项目驱动、导师制、研究型课程、金融行业新技术讲座；"实验室 + 社会实践"以及校企合作培养等综合模式的培养方式，才能培养出德、智、体、美全面发展的应用型、复合型、创新型、国际化的金融信息人才。笔者认为在人才培养方面，应该探索高等院校与金融机构合作模式。一方面，组织大学生到金融机构实习，使大学生在校学习期间有机会参与金融应用系统的开发实践，在实践中学习金融业务和网络应用；另一方面，组织金融机构员工到高校进行短期脱产培训，了解学习新知识、新理论。通过双管齐下，快速培养出一批既有理论基础，有实践经验的复合型人才。

第八章 物联网金融与
金融风险防控制度变迁

风险是一种可以度量的不确定性，是可以衡量的变化；而不确定性则是一种无法度量的风险，是不可衡量的变化。

——美国经济学家、芝加哥学派创始人
富兰克·奈特（Frank Hyneman Knight）

风险与知识呈反向变化。

——欧文·费雪（Irving Fisher）（《利息论》作者）

金融业本质上是经营风险的行业，风险始终是悬在金融发展和创新之上的"达摩克利斯之剑"。物联网金融创新既提高了金融运行效率，也带来了风险和挑战。在物联网"万物互联"的网络效应下，金融风险将呈现出新特征、新变化，形成全新的风险触发机制和传染路径。与此同时，物联网让金融体系从时间、空间两个维度上全面感知实体世界行为，对实体世界进行追踪历史、把控现在、预测未来，让金融服务融合在实体运行的每一个环节中，将使银行业风险管理制度出现脱胎换骨的变化。

本章对物联网金融模式的信用风险、市场风险等各大重点风险新特征进行了全面分析，并进一步分析了物联网对提升风险识别、预警、计量及处置能力的作用，最后剖析了物联网对社会信用体系重构的重大意义。

第一节 物联网金融模式的金融风险新特征

一、信用风险

（一）传统金融模式的信用风险特征

信用风险是指债务人或交易对手未能执行合同所规定的义务或信用质量发生变化，从而给债权人或金融产品拥有人造成经济损失的风险。信用风险是银行业风险管理的核心。信息不对称、经济运行不确定性增加都是产生信用风险的重要原因。特别是在经济下行压力加大的环境下，企业经营困难情况增多，银行业机构贷款质量下迁压力加大，不良贷款管控已成为商业银行风险管理的重中之重。近年来我国商业银行不良贷款情况如图 8 – 1 所示。

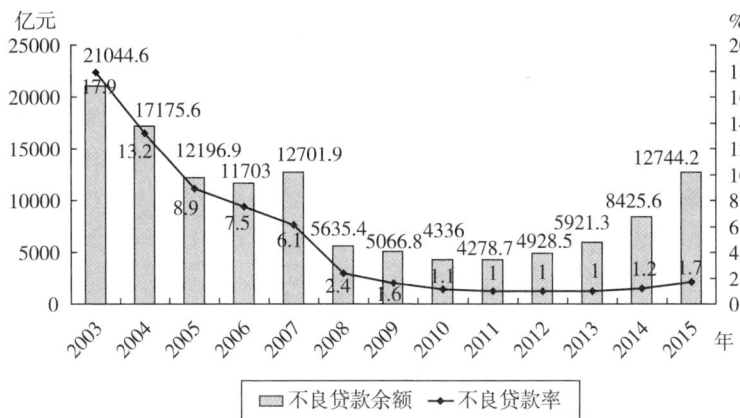

资料来源：中国银监会 2006 年、2015 年年报。

图 8 – 1　我国商业银行不良贷款情况（2003—2015 年）

商业银行是经营风险的金融企业，现代商业银行的标志是准确计量和管理风险，并以此获得收益。不确定性就是风险。人们往往把风险理解甚至定义为损失的可能性，这种理解关注的只是损失的一侧，即所谓"下侧风险"（down – side risk）。与此不同，现代风险观认为，风险具有"双侧性"（double – side nature），既是损失的可能，也是盈利的可能，意味着投资机会，是一种资源，因而在关注"下侧风险"的同时也关注"上侧风险"（up – side risk）。银行业机构的基本使命就是承担风险、管理风险，进而从中获取盈利，即以承担和管理风险换取预期收益。因此，在金融市场上，现代银行业金融机构并非一味回避或降低甚至消除风险，而是在投资和金融产品的风险和收益之间，在稳健经营和竞争活力之间进行平衡和控制，力求风险与收益对称。

风险与收益对称，额外风险需要额外收益补偿是传统经济学里最基本的原理。《巴塞尔协议》中信用风险管理的核心内容同样遵循传统经济学的风险收益对称原理。以信用风险损失为例，高风险贷款或投资的预期收益虽高，但其承担的预期损失和非预期损失也较大，对资本的占用相应也会较多。

根据发生损失的可能性，信用风险损失可分为三类：

（1）预期损失（Expected Loss，EL）。即银行合理预计信贷损失的平均值。EL 是贷款成本的一部分，通过对贷款定价和提取准备金等进行管理。预期损失计算公式为：

预期损失（EL）＝违约概率（PD）×违约损失率（LGD）×违约暴露额（EAD）

（2）非预期损失（Unexpected Loss，UL）。即超出预期水平的损失；随时发生，但不能预知发生时间及严重程度；利差难以弥补，需动用资本。

$$非预期损失（UL）= F（PD, LGD, EAD, M）$$

其中，有效剩余期限（M）≤5 年。

（3）灾难性损失（Catastrophe Loss，CL）。即地震、洪水等灾难不可抗力造成的损失。

其中，预期损失和非预期损失的覆盖和管理是银行信用风险管理的重点。通过以下例子，可以直观理解预期损失（EL）、非预期损失（UL）和灾难性损失（CL）：假设某银行放了 10000 笔贷款：根据历史经验正常情况下平均有 10 笔收不回来，10 笔 = EL；经济形势恶化，无法收回的款项增加到 30 笔，多出的 20 笔 = UL；发生地震，导致很多债务人无法正常生产，致使 90 笔贷款收不回来，多出的 60 笔 = CL 灾难性损失。

《巴塞尔新资本协议》要求银行持有充足的经济资源（包括准备金和资本）来抵御银行在经营活动中的风险和可能遇到的损失。信用风险损失主要通过两种方式抵补：一是资本，主要用来覆盖非预期损失；二是损失准备金，主要用来覆盖预期损失。

首先，从资本管理来看，1988 年巴塞尔委员会在著名的库克（Cooke）委员会报告中提出了资本充足率监管框架。《巴塞尔新资本协议》主要采取二维的风险评估方式，即对债务人及债项进行风险评估。资本充足率为总资本扣除对应资本扣减项与风险加权资产的比率，资本充足率监管要求为不低于 8%，即"库克比率"。银行所计提的资本应充分覆盖非预期损失。传统金融模式的资本充足率 8% 的推导过程如下所示。其中，传统金融模式以下标 q 表示。

$$非预期损失 \ UL_q = 总损失 - 预期损失 = TL（t）- EL$$

$$= 最大可能的违约概率 × 违约损失率 × 违约风险暴露$$

$$- 正常的违约概率 × 违约损失率 × 违约风险暴露$$

$$= PD_{CRISIS} × LGD × EAD - PD × LGD × EAD =（PD_{CRISIS} - PD）× LGD × EAD$$

$$= \left\{ \Phi\left[\frac{\Phi^{-1}（PD + \Phi^{-1}（0.999）\sqrt{P}）}{\sqrt{1-P}} \right] - PD \right\} × LGD × EAD = K × EAD$$

银行的资本要求为：

$$CR_q \geqslant UL_q = K × EAD$$

即：$\dfrac{CR_q}{K × EAD} > 1$，为了形式统一，变为：$\dfrac{CR_q}{K × EAD × 12.5} \geqslant 8\%$

定义：风险加权资产 $RWA = K × 12.5 × EAD$

即：$\dfrac{CR_q}{RWA} \geqslant 8\%$

综上所述，推导得出传统金融模式的资本/风险加权资产大于等于 8%，即资本充足率应大于等于 8%。

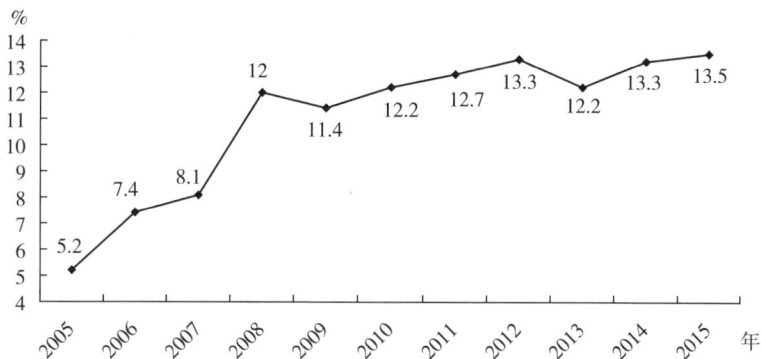

资料来源：中国银监会 2015 年年报、银监会网站。

图 8-2 我国商业银行资本充足率情况（2005—2015 年）

其次，从准备金管理来看，贷款减值准备是信用风险管理的核心内容之一，反映了商业银行的风险覆盖程度和抵御风险能力。我国银行业监管部门针对拨备充足性提出了明确监管要求，一是拨备覆盖率要求应不低于 150%；二是贷款拨备率要求应不低于 2.5%。其中，拨备覆盖率等于拨备余额除以不良贷款余额，反映了拨备对不良贷款的覆盖程度，其值越高，银行风险吸收能力越强。我国商业银行拨备情况如图 8-3 所示。

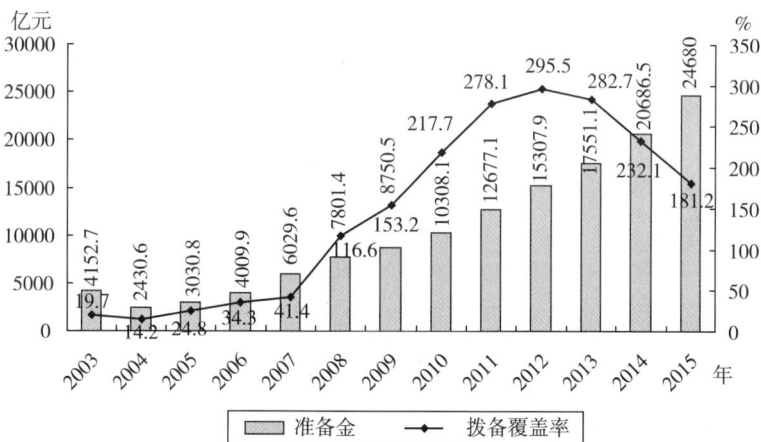

资料来源：中国银监会 2006 年、2015 年年报。

图 8-3 我国商业银行拨备覆盖率及准备金情况（2003—2015 年）

（二）物联网金融模式的"信用风险（违约概率）降低假说"

1. 信用风险（违约概率）降低假说定义

物联网金融模式的信用风险（违约概率）将呈整体下降趋势，即"信用风险（违约概率）下降"假说。

根据风险管理理论，信用风险总损失由预期损失及非预期损失组成，而传统金融及物联网金融模式的预期损失基本一致，因此二者的区别主要在于非预期损失（传统金融模式以 q 表示，物联网金融模式以 w 表示）。公式如下：

非预期损失 = 总损失 − 预期损失

= 最大可能的违约概率 × 违约损失率 × 违约风险暴露

− 正常的违约概率 × 违约损失率 × 违约风险暴露

按照传统金融理论，违约概率（PD）在经济衰退期处于最大值，在经济繁荣扩张期处于最小值。传统金融与物联网金融模式繁荣扩张期的正常违约概率均保持常态，最大违约概率则有所差别。由于物联网金融模式的金融机构处于风险与收益确定的环境，消除了不确定性的风险，最大违约概率将低于传统金融。因此，物联网金融模式的总体违约概率呈下降趋势。在相同信贷规模下，物联网金融模式的银行对于同一企业或同一贷款的违约概率将低于传统金融，对于该企业或贷款的单体信用风险将呈下降趋势，非预期损失将随之下降。如上文所述，物联网金融模式与传统金融模式的预期损失一致，因此物联网金融模式的总体信用风险呈下降趋势，其信用风险将低于传统金融。

从资本要求的角度看，资本金是用来覆盖非预期损失的，将传统金融的非预期损失（UL_q）与物联网金融模式的非预期损失（UL_w）相比较，可得出

传统金融模式与物联网金融模式的非预期损失的差额 = 违约损失率 × 违约风险暴露 × 最大可能的违约概率之差

由于在传统金融及物联网金融模式的资本金均大于等于非预期损失，因此，

传统金融与物联网金融模式资本金的差额 = 违约概率之差 × 违约损失率 × 违约风险暴露

由于传统金融模式的违约概率大于物联网金融，传统金融模式的资本金也大于物联网金融模式所需的资本金。换言之，物联网金融模式将降低银行业机构对资本金的需求。具体公式推导过程如下：

$$UL_q = PD_{qmax} \times LGD \times EAD - PD \times LGD \times EAD$$

$$UL_w = PD_{wmax} \times LGD \times EAD - PD \times LGD \times EAD$$

$$\because PD_{wmax} < PD_{qmax}$$

$$\Delta PD_w = PD_{qmax} - PD_{wmax} > 0$$

$$\therefore UL_q - UL_w = LGD \times EAD(PD_{q\max} - PD_{w\max})$$

$$\because UL_q \leqslant R_q ; \ UL_w \leqslant R_w$$

$$\therefore R_q - R_w = \Delta PD_w \times LGD \times EAD = \Delta R_w > 0$$

$$\therefore R_q > R_w$$

即 $R_w < R_q$

2. 信用风险（违约概率）降低假说的主要意义

物联网金融模式颠覆了传统金融的风险管理模式，改变了信用风险趋势，将对银行业资本管理、风险管理产生全方位的影响，主要有以下三方面的意义。

一是发挥节约资本作用。传统金融模式的银行业机构信贷规模受到资本约束的限制，需留存足够资本用于覆盖非预期损失。由于物联网金融模式的违约概率下降，非预期损失减少，对银行业机构的资本要求将降低，从而能够使银行业机构腾挪出更多资本，增强贷款发放能力，扩大信贷规模，用于支持实体经济发展。

二是熨平经济周期波动。传统金融体系在不确定性环境下运转，具有"亲周期性"或"顺周期性"，对于经济周期波动呈现"强相关性"。而物联网金融在确定性环境下开展经营活动，与经济周期呈"弱相关性"，在经济波动的环境下处于相对稳定状态。在经济扩张期，物联网金融与传统金融模式的违约概率则均保持不变。在经济衰退期，传统金融受经济周期波动的影响则明显大于物联网金融。具体来说，传统金融模式的经济下行趋势越明显，风险越大，违约概率越高，非预期损失不断增加，所需的资本金也越多。而物联网金融模式的银行业机构资本要求与经济周期呈现弱相关，由于消除了不确定性，经济衰退期的最大违约概率低于传统金融，非预期损失不会因经济下行大幅增加，因此经济周期波动对资本金的影响较小，能够起到熨平经济周期的作用。

三是精确计量信用风险。传统金融模式的信用风险计量主要是采用标准法，通过给定的风险权重计量风险加权资产。在物联网金融模式，可以通过物联网技术精确计量违约概率，标准法将逐渐淡出，可以更多地使用内部评级法模型计算违约概率、违约损失率等指标，从而使资本充足率更为精确。同时，由于物联网通过"万物互联"的网络规避了不确定性，使债权人和债项的违约概率下降，风险权重也应同步调整，《巴塞尔协议Ⅲ》对各类风险资产的固定权重规定将不再使用，有可能被迫全面修订。在物联网金融模式，设定弹性风险权重与弹性资本充足率要求将成为常态，风险计量将更加具有精确性、前瞻性（详见第八章第三节）。

3. 物联网金融模式破解信用风险管理"两大瓶颈"

物联网金融模式使金融机构在确定性的环境下从事经营活动，消除了不确定性，解决了传统信用风险管理中"信息不对称"及"信贷市场悖论"这两大瓶颈问题，从而降低了整体信用风险及违约概率。

（1）解决信息不对称问题。阿尔克洛夫和斯蒂格利茨等人创立的信息经济学指出了信息不对称会导致道德风险和逆向选择，极端情形下甚至会产生"格雷欣法则"所描述的劣币驱逐良币的现象，使市场逐步萎缩和不存在。在信贷管理中，借款人与银行信息不对称，借款人相对于银行更加了解自身的信用状况、财务情况、履约能力，可能故意隐瞒真实情况，产生逆向选择及道德风险。抵质押物特别是动产抵质押物的监管一直是银行贷款管理难题。银行对抵质押物管理鞭长莫及，通常委托物流公司外包驻场监管，往往对抵押品"看不住"、"管不了"，难以保障抵质押物如实、保质、保量地存在。近年来，重复质押、虚假仓单现象时有发生，造成了较大损失。例如，2014年发生的青岛港金属贸易融资骗贷事件使银行损失惨重，德正系旗下公司利用仓单重复质押，制造虚假库存向银行贷款。

物联网金融模式的物质世界本身成为了一种信息系统，可以随时随地掌握物品的形态、位置、空间、价值转换等信息，并且信息资源可以充分有效地交换和共享，彻底解决了"信息孤岛"和信息不对称现象。随着物联网金融的快速发展，甚至可能达到经典经济学中所论述的"完全信息"状态，实现对传统金融革命性的颠覆。物联网通过运用 VR 虚拟现实技术、区块链技术、射频识别（RFID）自动采集等，可实现对动产全程无遗漏地监管，使动产融资的"被动管理"变为"主动管理"、"事后追踪"变为"事先防范"。据了解，我国现有 70 万亿动产，其中只有 5 万亿被盘活，可用于贷款质押。而物联网技术通过实现动态监管，将赋予几十亿动产"不动产属性"，大大提高抵质押物管理效率。

在区块链技术应用方面，由于区块链使用分布式记账方式，具有附加价值高、透明度高、数据安全性强的特征。在基于区块链的抵押品管理系统中，抵押品的所有权和交易记录均分布记录在各家机构中，能够实时监控抵质押品状态编号，每个系统参与者能在不依赖于第三方的情况下及时准确掌握完整的、一致的数据，消除信息不对称，降低风险。同时，通过区块链注册的智能资产可作为抵押品，并通过私人密钥随时使用。银行向借款人借出资金时，智能合约将自动执行，锁定被抵押的智能资产，贷款还清后通过合约条件自动解锁。

在 VR、无线传感等技术应用方面，可对抵质押品进行远程动态监控，实现信贷管理各环节的透明化、无死角监管。在贷前调查阶段，客户经理可通过物联网 VR 移动终端采集客户信息，甚至可以实现即时的互动，全面了解企业经营情况、采购渠道、产品库存、成品销售、抵质押品情况等信息。在贷中审查阶段，银行可通过物联网实现对抵质押品的准确估值，并利用大数据形成数据分析模型，纳入客户信用评级体系，制定精准化的信贷政策，进行按需贷款、按进度放款。在贷后管理阶段，可通过物联网 VR 感知终端、RFID 自动采集、无线传感器网络、区块链、GPRS 无线远程传输等技术，构筑全方位监管平台，实时监控抵质押品情况、仓库位置、库存变化、环境变化等情况，并即时传输至银行业机构信贷管理后台，实现抵质押品的实时、无缝、智能监管，避免重复、虚假质押、质押物被转移、调换等问题。例如，在钢铁贸易中，物联网可全过程、全环节地堵住钢贸仓单重复质押、虚假质押等一系列动产监管中的漏洞，极大地降低风险。再如，物联网通过实时监测汽车库存变化情况，可以解决汽车合格证重复质押贷款的管理难题。

（2）解决信贷市场悖论问题。传统商业银行往往依赖于抵质押品作为贷款增信、降低风险的工具。但抵质押品并不是一把"万能钥匙"，反而可能导致"信贷悖论"。理论上，由于抵质押贷款将掌握的抵质押品作为第二还款来源，而信用贷款是以借款人的信用程度作为还款保证，贷款回收主要依赖于借款人的诚信程度，风险排序应当是"信用贷款风险 > 保证贷款风险 > 抵质押贷款风险"。而实践中，不良贷款排序却恰恰相反，为"抵质押贷款风险 > 保证贷款风险 >信用贷款风险"。以湖北省大中小微企业不良贷款情况为例，2013 年以来，按照担保方式区分，不良贷款余额最大的为抵质押贷款，其次为保证贷款、信用贷款、贴现及买断式转贴现；不良贷款率最高的为保证贷款，其次为抵质押贷款、信用贷款、贴现及买断式转贴现（如图 8 -4 和图 8 -5 所示）。

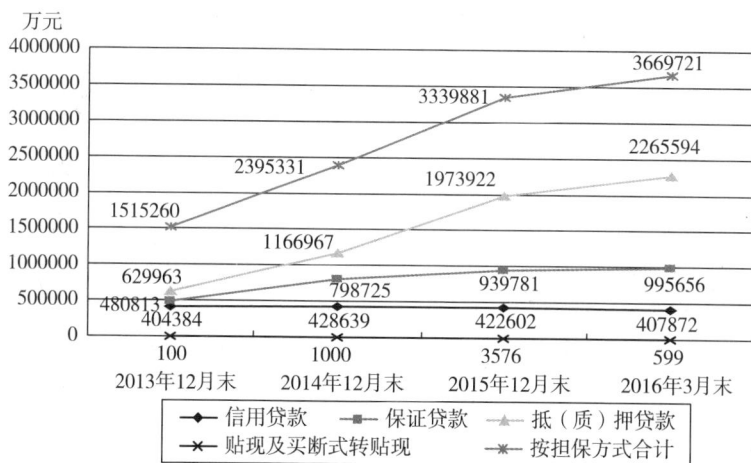

资料来源：阙方平：《"轻"装上阵　做打造"五个银行"的先锋队》，2016。

图 8 -4　不良贷款余额变动情况

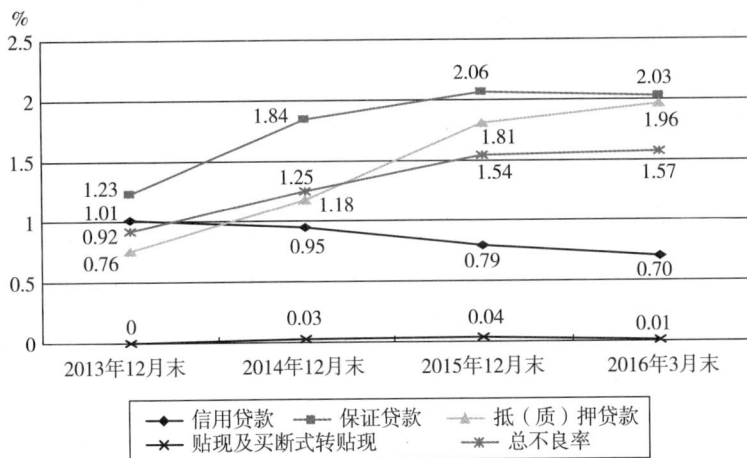

资料来源：阙方平：《"轻"装上阵　做打造"五个银行"的先锋队》，2016。

图 8 - 5　不良贷款率变动情况

产生信贷悖论的原因主要在于：银行在选择发放信用贷款时，因没有抵质押物品，工作人员往往能够尽职履职，做好贷款"三查"等工作，从而能够很好地甄别出信用好的客户。相反，银行在选择发放抵质押贷款时，一些工作人员错误地认为，反正已将贷款者的物品设立抵质押，一旦贷款者无法偿还贷款就可以物抵债，放松了对贷款的管理。只重视抵质押贷款，只会培养银行"懒人文化"和懒惰信贷人员。

要解决信贷悖论问题，切实防控信用风险，关键在于破除"抵押迷信"的路径依赖，打造"轻抵押"银行。由于传统金融模式的商业银行对信用贷款风险控制手段有限，依赖于抵质押品增信，抵押担保难一直以来都是小微企业融资的瓶颈。当前，为解决小微企业融资难问题，银行业机构已开始积极探索"轻抵押"方式。如，浙江泰隆商业银行在多年的实践中，创新出一套独特的小额信贷管理模式——读"三表"、看"三品"工作法。"三品"即人品、产品、押品，"三表"即水表、电表、外贸企业海关报表。通过掌握"三表"，有效验证和补充企业财务报表，掌握客户的数字化信息。但是，以上方面仍主要依赖于信贷管理人员的实地调查，具有一定的主观性，风险评估的准确度和效率仍有待提升。

物联网 VR、区块链等技术的应用，将为银行业机构信用风险管理提供全新的技术手段，推动未来商业银行真正成为"轻抵押"银行。第一，区块链技术的应用将提高企业财务数据的真实性和透明度。区块链是在物联网环境下建立的分布式储存的、集体维护的、可共享的"账簿"，区块链每个参与者作为互联网上的"节点"可实时存储"账簿"的全部数据。由于区块链技术具有数据"分布式"储存和参与者共同维护等特点，每次数据修改都会被每个参与者记录，无法删除、撤销、篡改，使银行业机构可通过区块链技术随时掌握企业真实的财务数据变化，提高工作效率，大大提高了数据的有效性、准确性和时效性。第二，物联网技术将推动企业信息全面共享。通过发挥物联网大数据优势，能将银行业信贷管理系统与工商登记、海关、税务、监管部门等数据库相连，全面掌握企业信用状况变化。第三，通过物联网 VR 感知终端、RFID 自动采集、无线传感器网络等设备，发挥"物物相连"的功能，通过掌握企业缴纳水电费、社保、纳税、员工出勤等"软信息"全方位监测企业经营管理情况，科学评估信用等级，有针对性地发放信用贷款。

【专栏 8 – 1】

平安银行推出物联网智能监管系统

2015 年 6 月，平安银行在上海重磅发布创新成果——物联网金融。目前，这一新技术已在汽车业、钢铁行业破冰，通过物联网技术，赋予动产以不动产的属性，变革供应链金融模式，带来动产融资业务的智慧式新发展。

平安银行原行长邵平表示，物联网可实现对动产无遗漏环节的监管，极大地降低动产质押的风险。物联网的动产质押，将深刻改变供应链金融的模式，也将破解小微企业贷款难的问题。据平安银行贸易金融部负责人分析，传统的动产融资业务，企业将合法拥有且银行认可的动产交由银行委托的物流监管方进行监管，物流监管方通过派驻监管人员实施人工现场监管。在这种业务模式中，物流监管的质量和准确性，主要取决于物流监管公司的管理能力和现场监管人员的履责程度，银行面临重复抵质押、押品不足值、押品不能特定化、货权不清晰、监管过程不透明、监管方道德风险、预警不及时等一系列风险。而物联网新技术的应用，为银行解决上述难题提供了一种可行的方案。

2014 年，平安银行瞄准汽车领域，通过引入感知卡，实现了对汽车的智能监管，并建立起汽车智能监管系统。车押卫士与监管系统的使用，弥补了在传统人工监管模式下信息传递不及时、无法掌握抵质押车辆最新状态等不足，实现了对车辆移动实时跟踪和历史轨迹回放查询，出现异常情况及时预警、报警。

2015 年，平安银行将物联网智能监管拓展到钢铁行业中，与物联网企业感知集团合作，在全国钢材交易重点区域进行仓库智能改造升级，通过引入感知罩等物联网传感设备，建立起"重力传感器＋精准定位＋电子围栏＋仓位划分＋轮廓扫描"的智能监管系统。仓库改造后，可以通过条形码、重力传感器、视频定位、3D扫描等技术，实时采集货物的重量、型号、价格、厂商、存放仓库位置、货物轮廓等信息，传输至仓单管理平台，进而生成仓单，并对仓单锁定。仓单锁定时，货物进行任何未经许可的操作，监控系统将自动报警，并推送至移动监管端APP，库管员和银行人员都及时收到报警以采取行动。基于这样一套物联网监管系统，该银行为钢贸商提供仓单质押贷款等金融服务，实现了对动产存货的识别、定位、跟踪、监控等系统化、智能化管理，使客户、监管方和银行等各参与方均可以从时间、空间两个维度全面感知和监督动产存续的状态和发生地变化，有效解决了动产融资过程中信息不对称问题。

基于物联网技术，商业银行可以进一步把普通仓单打造成具备标准仓单属性的"准标单"，解决重复质押这一最令银行头疼的问题。这种新型仓单将具备唯一性和排他性特点，同时拥有标准化程度高、流通性强等诸多优势。首先，物联网技术使得仓单项下的实物被特定化，且仓单与实物之间可建立一种动态的、实时的对应关系。仓单甚至还可以绑定实物的三维空间坐标，使得仓单具备唯一性和排他性，从而有效解决现行仓单中存在的虚开仓单或重复开单等问题。其次，通过推动仓储企业按照国家标准生成国标仓单，倡导仓单格式和记载要素标准化，并推动仓单编号的生成规则规范化，仓单将成为特定实物的唯一"身份证"。在此基础上，再推动仓单在权威机构进行登记注册或认证，将显著提升仓单的信用度，实现仓单高效流通。基于抵质押物的价值和大数据，动产融资将形成"卖仓单"模式，银行无需提供融资，而是提供标准化的仓单，只需提供标准化仓单，吸引各种资金参与。这就相当于仓单证券化，打造出一个仓单交易市场。

资料来源：《第一财经日报》，2015－07－03。

二、操作风险

（一）传统金融模式的操作风险特征

操作风险自金融机构诞生起就伴随而来，其风险来源、表现形式和损失形态呈现多样性、分散性和复杂性的特点，是银行业风险管理的重要领域之一。巴塞尔委员会将操作风险定义为"由不完善或有问题的内部程序、员工和信息科技系统，以及外部事件所造成损失的风险。"

在传统金融模式，对于既定银行业务，操作风险的发生具备一定周期性，其发生频率可以用"U 状曲线"分布来描述。一般情况下，一项新的业务开展的最初阶段，银行的内控尚不完善，员工操作不是很熟练，管理者的管理能力相对较弱，这时操作风险发生的概率相对较高；随着业务的进一步发展，银行内控逐步完善，员工的操作经验日趋丰富，管理者的能力也逐步提高，这时操作风险发生的概率降低；当已有的业务系统老化或现有的操作环境发生变化时，原有的内控和员工经验适应性相对降低，这时风险发生概率将重新升高（如图 8-6 所示）。

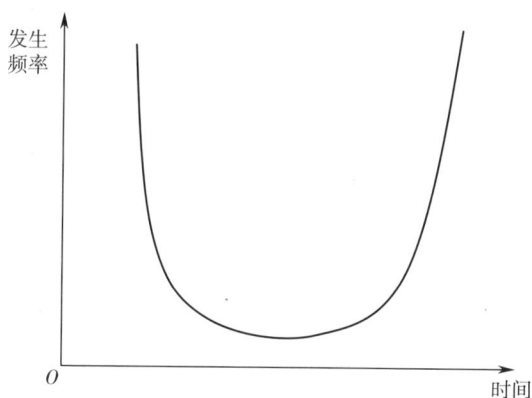

图 8-6　传统金融模式操作风险发生周期性呈"U 形分布"

目前，操作风险防控主要是从规范内控制度和流程管控、加强员工管理等手段，构筑"人防、物防、技防"的防线。随着作案手段日益高科技化、多样化、隐蔽化，风险防控难度日益加大。例如，在票据业务中，犯罪分子通过伪造银行印章办理虚假贴现，将真实票据"移花接木"、"改头换面"。有的银行人员与不法分子内外勾结，在合同签署、接票验票等环节违规操作，实施票据诈骗。又如，在安全保卫方面，由于银行业机构对于金库、运钞车钱箱交接处等重要场所人员身份验证主要靠人为判断，无法保证身份验证的准确性，为不法分子实施抢劫、行窃等犯罪活动留下了可乘之机。

（二）物联网金融模式操作风险"两极端"假说

1. 操作风险"两极端"假说含义

物联网的发展对于操作风险防控是一把"双刃剑"。传统金融模式操作风险发生概率在 0 和 1 之间的区间波动，风险损失由 0 趋向于无穷大。物联网金融模式的操作风险处于 0 和 1 的"两极端"分布，即发生概率服从离散型的 0-1 二项分布。一方面，物联网技术环境的操作风险防控水平将得到显著提高，实现覆盖各业务条线、产品条线、营业场所的"全方位"防控，操作风险发生概率及风险损失均趋向于0。另一方面，当出现物联网系统崩溃、系统被非法操控、操作环节失误等操作风险事件时，将引发绝对的操作风险，即操作风险发生概率为1，风险损失趋向于无穷大（如图8-7和图8-8所示）。

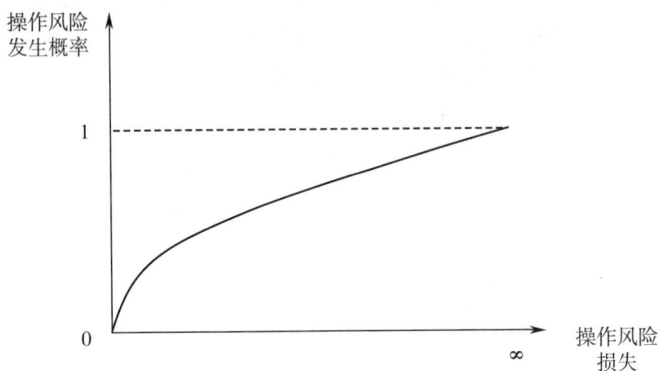

图8-7　传统金融模式的操作风险分布

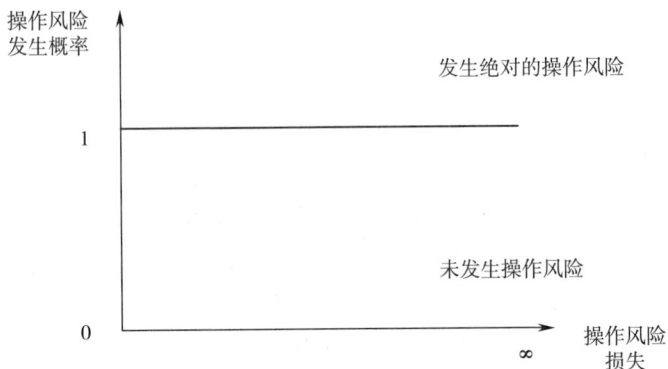

图8-8　物联网金融模式的操作风险分布

2. 物联网技术提升操作风险防控水平

物联网是一种"让物品说话"的金融模式，可以通过视频采集、条码识别、智能定位等多项数据采集技术控制操作风险。通过发挥物联网的物物相连、智能管理优势，将成为风险管理的"千里眼"、"顺风耳"，大大提升关键业务环节和风险多发领域的操作风险防控水平，使操作风险发生概率趋近于零。

（1）强化业务流程管理。通过物联网可将印章管理系统、柜面监测系统、账表系统、营运作业系统、外汇管理等各个业务系统整合、嵌入核心业务系统中，实现各业务流程一体化管理，形成各环节相互制衡的管理系统。例如，在支付结算业务中，设置需通过电子验印方可进行下一步操作。在柜面业务中，可在银行柜面安装物联网感知装置，实时监控业务办理情况，防范操作差错的发生，并通过智能化人脸识别、指纹认证、影像采集等物联网技术，对客户身份、凭证真伪进行精确识别，降低冒名办理业务等操作风险。

（2）实现现金押运智能管理。物联网技术在现金押运流程中具有广泛应用。如，江苏省江阴市将射频识别技术应用到金融资产押运之中。该系统囊括了金融资产押运的全部流程和事项，如任务调配、款箱交接、设备登记、报警处理等多个模块，对于押运流程中涉及的物品（如车辆、枪支、款箱等）和参与流程的押运人员等，均可通过物联网技术进行电子化和智能化的管理，押运全部流程实时进行监控、并且可以在发生突发状况时进行快速的反应和处理。无锡部分银行安装了款箱跟踪系统，该系统采用物联网技术，实现了款箱精细化管理和流程追溯控制，银行可以实时监控款箱状态。

（3）堵塞票据业务风险漏洞。运用区块链技术可建立智能票据物联网，对票据真实性进行智能识别，并实时监控票据项下的货物贸易等实体资产变化情况，有效防控票据诈骗、伪造、变造、虚假贴现等操作风险。同时，可订立智能票据合约，注明票据的要式性条件，例如，发生票据违约时将被数字锁锁住，直至付款人还清票款才能解锁。

（4）加强银行人员管理。可以通过各种传感器对进入营业场所的人员进行后台跟踪记录，将人员信息和行动记录以电子化的方式记录，事后结合监控录像为侦破违法行为提供线索和证据。同时，可通过智能手环、RFID 射频装置等物联网技术对银行员工 8 小时内外行为进行监测，及时发现员工私售飞单、参与非法集资等异常行为。

（5）升级营业场所安全管控。通过在现金柜、重要 IT 设备机柜等物品上加装 RFID 电子标签，在库房、机房出入口安放 RFID 识别设备，结合软件平台，实现资产全面可视和信息实时更新，能够实时监控资产的使用和流动情况，对资产的可疑移动和非正常运行及时报警，确保资金、资产安全，大大提高了金融安防的可靠性。同时，通过物联网可实时监测记录自助营业网点、尤其是无人值守网点、自助机具设备附近的人员情况，并对自助机具的完整性、包括设备的插卡口、键盘等安全状态进行监控，发现异常及时预警并采取应对措施。客户在 ATM 取款被劫时发出求救呼喊，可通过现场声强传感模块通过物联网报警，物联网控制装置迅速启动应急预案并锁闭自助银行房门，发出警讯震慑劫财者，启动音视频设备采集取证，为后续处警人员的到达做好先期处置。

3. 物联网金融模式潜藏操作风险引爆点

与传统金融模式相比，由于物联网具有"泛在性"，将人与物、物与物进行广泛连接，风险的"触发点"从网络世界扩展到了现实世界，在"网络效应"下，物联网金融模式的操作风险传播范围更广、影响程度更深、传染速度更快，将产生新的操作风险引爆点和触发点。

（1）物联网网络崩溃及非法操控风险。物联网是一种全面信息感知和获取、无缝互联与协同、高度智能化的新型网络形态，其特点在于万物互联、相通相融。它是在互联网基础上的延伸和扩展，因此黑客攻击、隐私滥用和网络犯罪等互联网风险在物联网中也同样存在，甚至有过之而无不及。

一方面，物联网存在系统崩溃风险。相对于传统信息系统安全风险，物联网面临的系统风险更为复杂、影响面更广。物联网具有特殊的系统组织架构，其系统风险主要表现在三个层次：感知层、网络层和应用层。其中，感知层所涉及的技术主要有 RFID 技术、无线传感器、物联网终端等，无线传感会受到阻塞、耗尽攻击、非公平竞争、黑洞等的攻击。网络层面临多种网络协议并存、传输范围广泛、网络节点众多、网络拓扑复杂的特点，存在的风险主要是节点物理俘获、传感信息泄露、耗尽攻击、拥塞攻击、非公平攻击、拒绝服务攻击、转发攻击、节点复制攻击等。应用层的安全问题与常规的信息系统安全较为类似，但物联网应用受攻击后的影响可能更为严重，面临的风险主要有非授权访问数据、完整性破坏及拒绝服务等。

另一方面，物联网存在系统被恶意操控的风险。一旦物联网系统被侵入，就将产生多米诺骨牌效应，可能由网络风险扩散到物理世界风险，由节点性风险演变为系统性风险。比如，黑客利用互联网可以远程控制他人的电脑，而利用物联网则可以控制所有接入设备，如门、家用电器、汽车等。如果物联网传感器等设备受到非法操控，家庭、企业乃至政府部门的活动都会被不法分子一览无余。不法分子可能通过截取物联网通信信号或侵入系统，盗取国家秘密及商业秘密，窥探个人隐私。涉及国计民生的输油管道、燃气管道、电力网络、大坝桥梁等关键基础设施信息一旦被敌对国家掌握，通过物联网进行远程控制或攻击，将对国家安全带来极大的威胁。

（2）物联网操作环节失误风险。由于物联网操作环节增多，可能出现操作人员操作失误、指令发送错误等情况引发风险。例如，在银行柜台业务中通过物联网进行客户身份验证，存在感知设备失灵导致验证错误的风险。在营运系统流程管理中，存在后台人员操作不当、系统被攻击导致的业务风险。在重要营业场所管理中，存在危及金库等营业场所安全的风险。

（3）客户隐私泄露风险。物联网隐私问题具有泛在性，无时不在，无处不在，涵盖物联网系统中个人数据的使用、存储和采集等各方面。以无线射频识别、VR技术、感知设备为代表的物联网技术将自动收集个人数据，并上传至物联网数据库，个人可能对这些"被观察"、"被跟踪"、"被分析"、"被定位"等全然不知。在物联网环境下，个人信息泄露问题呈现频发、面广、危害级别高、连带风险大等新特征，个人信息大面积、高精度地泄露，将成为电信诈骗等非法活动滋生的土壤。例如，2014年3月，携程支付系统漏洞导致大量用户银行卡信息泄露。2014年1月，韩国KB国民卡、乐天卡及NH农协卡等三大信用卡公司客户信息遭大规模泄露，涉及约2000万用户的1.04亿条个人信息，内容包括手机号码、个人地址、信用卡账号、有效期限和信用等级等，对涉案信用卡公司造成了巨大损失。2016年，我国连续发生多起大学生遭受电信诈骗的事件，引起强烈社会反响。

【专栏 8 - 2】

物联网操作风险因子分析

物联网是一种全面信息感知和获取、无缝互联与协同、高度智能化的新型网络形态。物联网产业的发展必须建立在信息安全基础之上，没有信息安全保障的物联网产业是不可能发展壮大的。研究物联网安全架构与安全技术，有效保障信息采集、传输、处理等各个环节的安全可靠，并通过完善安全等级保护制度，立体式全面建立健全物联网安全体系，顺利保障物联网的可持续高速发展。

1. 物联网操作风险概述

（1）缺乏整体安全设计。目前物联网安全方面的研究大多集中在 RFID 系统、网络接入等具体技术点上，物联网安全预防、安全保护、安全检测与评估、应急保障、灾难恢复等整体安全的研究较少，尚无统一的安全规划和实施方案，不足以指导物联网的建设与应用。

（2）风险范围更广。相对于传统信息系统安全，物联网系统面临的安全风险更多，感知层数据的伪造、克隆、窃取、阻塞、屏蔽、传感网安全等。感知层到处理层的安全接入和认证风险。海量异构数据带来的处理层和应用层智能技术安全风险，如隐私保护、云计算、虚拟化等。

（3）现有安全等级保护体系不再适用。现有等级保护的划分和测评方案是针对由计算机和服务器等构成的主机系统设计的，不适用于物联网的建设与应用，不能准确评估物联网所面临的安全威胁等级，也不能为不同安全等级的应用配置相应的安全技术，更不能对物联网的安全技术水平进行准确的测试和评估。

2. 物联网安全威胁分析

物联网具备感知层、网络层、应用层三个层次，面临不同的安全威胁。针对这三层，物联网主要增加以下三方面安全风险：感知层安全风险；感知层到处理层的安全接入和认证风险；海量异构数据带来的处理层和应用层智能技术安全风险。下面分层进行描述各层次的安全威胁。

（1）感知层安全威胁

一是终端设备的物理安全问题。由于物联网可以取代人来完成一些复杂、危险和机械的工作，所以物联网的终端设备多数部署在无人监控的场景中。如破坏者接触到这些设备，就可以通过本地操作对物联网系统制造破坏活动。二是感知设备的安全问题。感知设备通常由于功能单一、能量有限，而无法拥有完备的安全防护能力。另外，感知网络多种多样，数据传输和信息没有统一标准，缺乏统一的安全防护体系，这使得感知设备易遭到攻击和破坏。三是嵌入物品内标签的安全问题。RFID（射频识别）标签在计算能力和功耗方面的局限性导致其自身没有足够的防护能力，容易被攻击者操控。攻击者可以利用合法的读写器或者自行构造读写器，直接与标签进行通信、读取、删除甚至篡改标签内存储的数据。例如，如果攻击者通过自行构造的读写器篡改了 RFID 标签内的数据，同时被篡改的标签被嵌入用户常用的日常生活用品中并由用户随身携带，那么攻击者就能不被察觉地扫描、定位和追踪用户所在位置。

（2）网络传输层安全威胁

传输层将感知层的数据实现可靠无误的传送。相比于传统网络，传输层面临多种网络协议并存、传输范围广泛、网络节点众多、网络拓扑复杂的特点。同时，传输层数据传输链路具有脆弱性，节点资源受限（处理能力、存储能力、通信能力有限、低功耗要求高），部署量大。其面临的操作风险主要有以下几种：节点物理俘获、传感信息泄露、耗尽攻击、拥塞攻击、非公平攻击、拒绝服务攻击、转发攻击、节点复制攻击等。

（3）应用层安全威胁

应用层的安全问题与常规的信息系统安全较为类似，但物联网应用受攻击后的影响可能更为严重。主要包括数据库的访问管理认证机制、隐私保护等。物联网信息处理业务和控制策略涉及到的范围广、数据种类多，安全需求各不相同。应用层主要用来对接收的信息加以处理。首先要对接收的信息进行安全甄别：有用信息，垃圾信息还是恶意信息。物联网应用的特别之处是数据分为一般性数据和操作指令。要特别警惕错误指令：操作失误、传输错误还是恶意指令。甄别信息，有效防范恶意信息和指令带来的威胁是物联网应用层面临的主要操作风险问题。

3. 物联网操作风险防控框架

物联网操作风险防控框架，拟从三个横向、三个纵向进行设计。三个横向安全层主要针对物联网的总体技术架构而提出的安全：顶层为应用层安全，中间层为传输层安全，最底层为感知层安全，涉及到安全技术和安全策略，如图 C8-1 所示。感知层涉及到的安全策略主要有设备认证、数据加密、安全编码、可信平台模块（TPM）、安全协议、访问控制等。传输层主要有漏洞扫描、主动防御、安全协议、网络过滤和授权管理等安全策略。应用层主要包括安全审计、入侵检测、热机灾备、虚拟隔离、云杀毒、用户权限、安全管理等安全策略和手段。

三个纵向安全主要针对物联网整体的安全架构与服务、安全标准及安全测评，具体实施内容包括安全架构与服务，安全标准制定、风险评估和安全测评，其中安全测评包括感知设备安全检测服务平台、物联网系统安全检测服务平台、物联网系统风险评估服务平台等；云平台风险评估、虚拟服务风险平台、云资源集成化安全检测等。

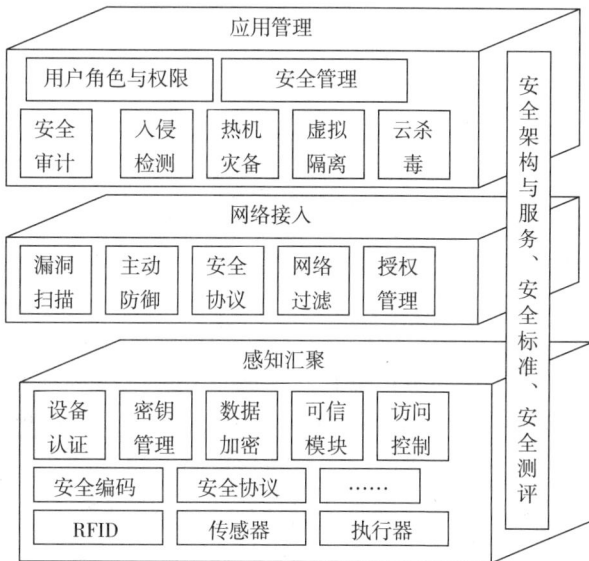

图 C8-1　物联网立体式安全框架

资料来源：黎勇．物联网安全框架与风险评估研究［J］．网络与信息工程，2015（19）．

三、市场风险

（一）传统金融模式的市场风险特征

市场风险是指因市场价格（利率、汇率、股票价格和商品价格）的不利变动而使银行表内和表外业务发生损失的风险，存在于银行的交易和非交易业务中，可以分为利率风险、汇率风险（包括黄金）、股票价格风险和商品价格风险。价格波动是市场风险的主要表现形式。市场风险具有突发性、关联性的特征。近年来，在市场一体化和信息全球化的大背景下，金融业联动和风险共振加大，金融机构之间交叉持有的风险敞口不断提高，风险跨机构、跨领域传递的可能性随之增大，金融市场业务日益成为了风险相互传染的通道。

（二）物联网金融模式的"市场风险上升假说"

1. 物联网将扩大市场风险的内涵及外延

泛在的物联网把更多的人、物、网互联互通，提供了一个分布式、点对点的平台，使金融产品的消费者与供给者通过海量数据实现信息共享、供需对接，使金融市场业务的多样性、复杂性显著提升，从而扩大了市场风险的内涵及外延。

从内涵来看，"跨界融合"是物联网金融的显著特点，在开放的平台和日趋成熟的技术支持下，通过物联网系统能够更高效地将过去流程差异巨大的业务融合在一起，一方面有助于优化流程，提高客户体验及产品市场竞争力，另一方面也使得传统市场风险与其他风险之间的边界趋于融合，不断扩充市场风险的内涵。例如，基于物联网的理财系统将投资交易平台、客户理财平台、支付结算平台等不同系统相整合，将渠道管理、资产托管、产品设计、资金交易、投资/支付终端、机构管理、融资端客户结合为一体化平台，跨界业务的交叉融合使市场风险的内涵不断扩大。

从外延来看，在物联网系统的支持下，银行业机构将加速推进跨境、跨业、跨市场业务发展，实现从存量管理向流量经营，从持有型资产向交易型资产转变，从而改变市场风险的影响范围。例如，依托物联网平台，信贷资产证券化和流通将进一步加快，理财产品在银行间市场甚至更大范围金融市场上加速转让和流通。金融市场业务与各大业务的联系将更趋紧密，由此带来市场风险管理外延的拓展。

随着市场风险的内涵与外延发生显著变化，其风险特征、影响程度及传染机制也将随之变化。随着物联网金融与金融市场业务加快融合，市场业务规模将不断扩大，市场交易量将成倍增长，产品创新效率不断提高，交易复杂程度显著提升，交易频率快速增加。同时，线上交易平台将会更多，由此带来的价格波动将更为剧烈频繁，各市场参与主体之间的联系将更为复杂，从而放大风险。随着物联网和金融市场业务的关系越来越紧密，上述风险特征将更为显著，风险更加难以量化、不可预测程度更高①。

2. 物联网将产生"共振效应"

共振是指物体在周期性外力的作用下，倘若所施加的外力的频率与此物体自身的振动频率相近或相同时，物体的振幅达到最大，相应的会产生最大的效果。这种由共振现象所产生的效果或影响称之为共振效应。例如，18 世纪时法国一队士兵在齐步走通过法国昂热市一座大桥时，桥梁突然发生了强烈颤动并断裂坍塌，正是由于齐步走产生的频率与大桥的固有频率一致，当振幅达到最大化直至超过桥梁抗压力时，导致桥梁断裂。

在共振效应中，共振频率的计算公式为：

$$f_0 = \frac{1}{2\pi} \sqrt{\frac{k}{m}}$$

式中，k 为物体的劲度系数，单位为 N/m；m 为物体的质量，单位为 kg。共振周期与共振频率是倒数的关系，即 $f = 1/T$。

在金融领域，"共振效应"是指当市场上多种重要的利多或利空因素同时出现时，就会导致市场出现大幅上涨与重挫的单边行情，引发市场风险。传统金融模式不同市场之间的联结相对不够紧密，有一定的风险隔离效果，市场风险传染性尚不显著。在由于物联网金融模式本身具有开放性和跨时空性的特点，同业拆借市场、银行间市场、证券市场、外汇市场等市场将得以紧密相连，不同机构及客户将突破时空和地域的约束参与多个市场。在物联网环境下，信息传递速度更快，风险传染范围更广，使不同市场的风险出现叠加，超预期的"黑天鹅事件"（black swan event）发生频率显著增加，从而引发系统性、区域性风险。例如，2016 年英国"脱欧"这一黑天鹅事件发生后，英国富时 250 指数暴跌 11.4%，创历史上最大跌幅，并引发全球金融市场避险情绪陡增，英镑汇率一度暴跌逾 10%，标普 500 指数期货跌 4.5%，美国 10 年期国债收益率跌破 1.50%，金价一度大涨 8.1%。境内外人民币和中国股市随全球风险资产应声下跌，其中在岸人民币下挫 0.49% 至 6.6122，创 2011 年 1 月以来最弱。

3. 物联网将催生"蝴蝶效应"

"蝴蝶效应"一词来源于"混沌理论"，是气象学家洛仑兹（Lorenz）于 1963 年提出的，是指一只南美洲亚马逊热带雨林中的蝴蝶偶尔扇几下翅膀，

---

① 资料来源：阎庆民，杨爽. 互联网＋银行变革与监管［M］. 北京：中信出版社，2015.

就有可能导致空气系统发生变化，由微弱的气流引发连锁反应，在两周后引起美国德克萨斯州的一场龙卷风。蝴蝶效应被用来形容在一个动力系统中，初始条件的微小变化会造成系统巨大变化的现象，其内在机制是系统内诸多因素的交叉耦合作用。在物联网环境下，金融部门通过相互持有资产负债、建立了千丝万缕的关系网络，金融市场之间的联动关系将越来越密切。单一的风险事件将通过网络传染路径迅速流转，使风险不断放大，产生交叉耦合作用，造成不同金融部门的连锁反应和金融市场之间显著的传染冲击，风险将以更快的速度蔓延，危害呈几何级数增长。

四、流动性风险

（一）传统金融模式的流动性风险特征

流动性风险，是指商业银行无法以合理成本及时获得充足资金，用于偿付到期债务、履行其他支付义务和满足正常业务开展的其他资金需求的风险。随着利率市场化加快推进，银行业负债结构日益多元化，资金来源稳定性下降，流动性风险管理难度也显著加大。特别是随着投资理财业务快速发展、互联网金融良莠不齐，银行业机构兑付压力不断上升（如图 8-9 所示）。

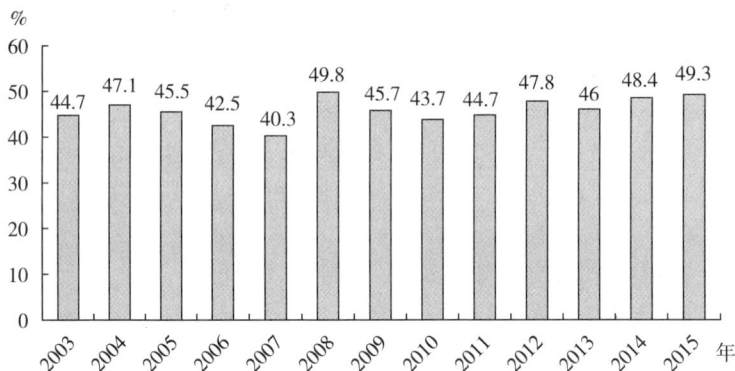

资料来源：中国银监会 2015 年年报、银监会统计数据。

图 8-9　我国银行业金融机构流动性比例情况

（二）物联网金融模式的"流动性风险上升假说"

在物联网环境下，移动支付、感知支付等各类支付转账手段快速发展，资金业务从线下向线上迁移，银行业机构资金结构及客户行为特性都将发生较大转变，导致流动性风险随之上升。

1. 物联网金融模式加剧存款流失

在物联网金融环境下，线上支付转账更为便捷，线上交易平台将成倍增长，原有的余额宝等互联网理财工具应用范围将进一步扩大，吸引海量的客户资金，对线下存款产生显著的"虹吸效应"，使线下存款转化为线上理财资金，继续加剧银行业机构存款流失的压力。

2. 物联网理财导致存款波动幅度加大

物联网技术极大降低了理财业务的信息不对称及交易成本，线上理财客户可以很方便地获取各个线上理财产品的收益率情况，并以极低的成本在各个产品之间切换。由于物联网技术的支持，客户的利率敏感性也大大增强，理财资金追逐高收益产品的行为具有较高的同质性，客户与客户之间的"共振效应"将导致存款波动幅度更高。

3. 物联网支付加大资金兑付压力

随着感知支付、移动支付等物联网支付手段的普遍应用，用户对即时快捷支付的需求将呈几何倍数增长，资金支付的突发性、不可预计性显著提高。同时，物联网金融投资公司广泛发售理财产品，理财产品"T+0"清算支付将成为常态。而线上即时支付势必导致流动性压力向银行业机构传导，增加了对资金清算实时性、集约型的要求。当线上理财产品面临大额、大面积赎回时，将对银行业机构的流动性储备提出更高要求。同时，在"T+0"清算制度下，线上理财客户一天之内可以在多个理财产品之间进出多次，交易频率大大提升，带来了更大的兑付压力。

4. 物联网环境加速流动性风险传染

随着物联网系统的深入推广，金融市场之间的联结性将显著增强。当市场发生流动性紧张时，理财产品可能陷入"赎回—抛售资产—触发更大赎回"的恶性循环。由于理财产品普遍同质性较强，投资者难以甄别不同理财产品流动性管理能力高低，一旦某只线上理财产品遇到兑付问题，可能出现"多米诺骨牌效应"，用户可能集中提出兑付要求，甚至出现挤兑现象，从而引发流动性风险[①]。

第二节　物联网金融模式的金融风险防控"升级版"

一、提升风险识别能力

风险识别是风险管理的第一步，也是风险管理的基础，是指对银行业机

[①]　资料来源：阎庆民，杨爽. 互联网+银行变革与监管［M］. 北京：中信出版社，2015.

构经营活动中面临的风险性质、风险特征、影响因素进行分析鉴别的过程。目前,银行业机构风险识别的方式主要为尽职调查、财务分析、情景分析、模型分析等。当前,金融风险形势日益复杂,当前银行业风险识别技术主观性、局限性较强,对风险新形态、新趋势往往处于"雾里看花"、"水中望月"的境地,无法了解其真实全貌。物联网技术的应运而生极大地丰富了金融风险识别手段,通过将人与物、物与物相连,能够掌握全面客观的风险信息,从而有效识别金融风险,解决道德风险及信息不对称的瓶颈问题。

（一）扩大风险识别覆盖面

物联网作为互联网的延伸,利用通信技术将传感器、控制器、机器、人员和物品相联,进行智能化识别定位和实时动态监控,相当于设置了全天候、全方位的"探头"。银行业机构将获取海量的基于客户生物个体、实际生活、经济行为和经营活动的大数据,实现对银行业机构各类业务、各类产品、各类客户、各类岗位的监控管理"全面覆盖、不留死角"。银行业机构在传统的企业资产负债、现金流量、销售回款等"硬信息"基础上,还能够全面系统掌握企业缴纳水电费、医保、社保、住房公积金、雇工情况、抵质押品变化情况及个人诚信记录、消费行为、社交行为等"软信息"。通过构建物联网的智慧网络,利用物联网技术将银行业机构和贷款企业、金融市场交易对手互联互通,将会形成一个覆盖银行业业务和企业生产经营各环节的智能监控网络,打造完整的"信息闭环",极大地规避道德风险和信息不对称风险。

（二）提高风险识别精确度

银行通过将风险管理系统与物联网构建的信息平台相连接,能够依托物联网传送的数据信息进行大数据分析,建立风险模型,设定不同的风险等级,整合建立统一的风险视图,对风险情况"精准画像"。例如,在信用风险方面,银行业机构可以将信贷与客户的财务状况、健康状况、家庭情况、企业供应链信息等动态变化相关联,得以全面分析个人或企业客户的资产负债表,并通过实时监控抵质押品情况和资金流向,准确掌握抵质押品存续状态及价值变化。同时,可深度挖掘企业集团客户的隐性关联,及时识别企业客户互联互保、过度授信、担保圈等风险。欺诈风险方面,能够准确识别客户真实身份信息,全面掌握企业经营情况,避免骗贷风险。在操作风险方面,可通过安装传感器实时监控各岗位操作情况、资金库、ATM等重要设施安全保卫情况等,精准发现操作失误、外部侵害等风险。在流动性风险方面,银行业机构可以通过物联网监测资金市场价格变化、自身资产负债结构错配情况、融资质押品充足情况、现金流缺口、流动性头寸变化等,对流动性风险进行有效监测和评估。在市场风险方面,可以通过物联网实现跨市场、跨业务系统的互联互通，实时监测资产价格、交易情况、理财产品净值波动等，精确识别市场风险。

（三）实现风险识别高速化

按照 Ray Kurzweil 在《奇点临近》一书中提出的加速回归定律，新技术将以指数模式迅速增长，个人电脑的计算能力将超越人脑的水平。随着物联网大数据、云计算、人工智能、超级计算机等技术应用于金融风险管理领域，将使银行业机构风险管理系统"如虎添翼"，增添强大的运算和模型处理能力，对海量的数据进行超高速运算分析，使风险识别速度更快。例如，我国自主研发的超级计算机"神威·太湖之光"峰值运算速度为 12.5 亿亿次/秒，持续性能为 9.3 亿亿次/秒，如应用于金融风险管理领域，将使风险识别速度成倍增长。又如，2016 年 9 月，NVIDIA 发布了全球首款移动超级计算机"Jetson TK1"，可以进行每秒 326 千兆的浮点运算，其使用场景包括机器人、计算机视觉和图像处理等，在银行风险管理方面将大有用武之地。

【专栏 8 - 3】

技术进化理论：加速回归定律

技术的不断加速是加速回归定律的内涵和必然结果，这个定律描述了进化节奏的加快，以及进化过程中产物的指数增长。这些产物包括计算的信息承载技术，其加速度实质上已经超过了摩尔定律作出的预测。奇点是加速回归定律的必然结果。

技术进化范式的生命周期

每个范式的发展都分为三个阶段：（1）缓慢增长阶段（指数增长的早期阶段）；（2）快速增长阶段（随后的，爆炸性的指数增长期），如图 C8 - 2 所示的 S 形曲线图；（3）趋于平缓的成熟阶段。这三个阶段的进展如字母 S 一样延伸。该 S 形曲线图显示了当前的指数趋势是如何由级联的 S 形曲线组成的。每个后继的 S 形曲线比前一个 S 形曲线更快（花更少的时间，如 X 轴所示）和更高（性能更高，如 Y 轴所示）。

摩尔定律与超摩尔定律

20 世纪 70 年代中期，戈登·摩尔（集成电路的主要发明人、英特尔公司董事长）指出，我们可以每 24 个月在集成电路上集成现在两倍的晶体管。电子的传导距离随着减少，电路也将运行得更快，从而提高了整体计算能力。这些带来的结果是计算机的性价比以指数增长，其翻倍的速度（12 个月翻一番）远快于范式迁移的增长速度（10 年翻一番）。由于芯片功能是双向的，

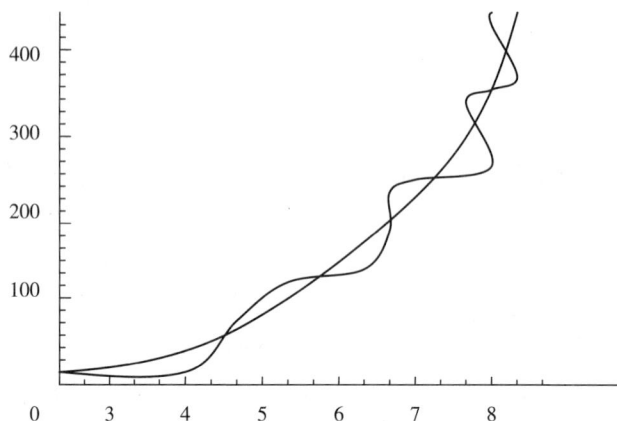

图 C8 - 2　　由一系列级联的 S 形曲线组成的指数增长序列

意味着每2.7年每平方毫米的元件数量将增加一倍。例如，英特尔处理器中的晶体管数量每两年翻一番。处理器的 MIPS（每秒的指令执行数目）性能每1.8年提升一倍。而且，在这段时间内处理器的单位成本也在下降，如表 C8 -1所示。

表 C8 - 1　　　　　　　　计算机性能相关指标翻倍或减半时间

技术指标	翻倍或减半时间
动态 RAM "半间距" 特征尺寸（最小芯片特征）	5.4 年
动态 RAM（单位美元生产的比特数）	1.5 年
晶体管平均价格	1.6 年
每个晶体管周期的微处理器成本	1.1 年
总信息量	1.1 年
以 MIPS 衡量的处理器性能	1.8 年
中央处理器的晶体管	2.0 年
微处理器时钟速度	3.0 年

第五范式

　　当集成电路发明之前，计算性价比以指数级的速度增长有四个不同的范式——机电、继电器、真空管、离散晶体管。摩尔范式是第五范式，但并不是最后的范式。当摩尔定律到达 S 形曲线末端（预计 2020 年前）后，三维分子计算将继续推动指数级的增长，这也将构成第六范式。预测 22 世纪的计算机性能发展趋势，超级计算机将在 2010 年前后达到与人类大脑相当的计算性能，在 2020 年前后，个人电脑的计算能力将媲美甚至超越人脑的水平。IBM 的蓝色基因超级计算机，预计计算能力达到 100 万千兆浮点运算（每秒 10 亿次浮点运算）。这已经达到了人脑计算能力的 1/10——预计人脑的计算能力为每秒 10^{16} 次计算。如果从这个指数曲线进行推断，计算机可以在下一个 10 年的初期达到每秒 10^{16} 计算能力。

根据加速回归定律，范式迁移（也称为创新），可以将任何特定模式的 S 形曲线转变为持续的指数增长。当旧的范式接近它的内在极限时，一个新范式（如三维电路）将接替旧的模式。人造技术从一开始，便以指数模式迅速增长，而且永不停止。

资料来源：Ray Kurzweil. 奇点临近 [M]. 北京：机械工业出版社，2016.

二、提升风险预警能力

风险预警是风险管理的重要环节，是指通过收集相关的资料信息，监控风险因素的变动趋势，并评价各种风险状态偏离预警线的强弱程度，及时发出预警信号，具有金融管理及经营状况诊断的双重作用。我国商业银行现行的风险预警方法在指标设置和指标临界值的确定上比较粗略，风险度量方法不够丰富，风险预警的全面性、精确性和及时性尚显不足。物联网系统是对实体经济及虚拟经济全景式的映射，通过发挥"万物互联"和大数据优势，将大大提高风险预警的覆盖面、时效性及准确性。

（一）充分整合风险预警数据

物联网系统具有互联互通的优势，可以整合银监部门、人民银行、工商部门、外部数据库等不同数据来源的信息，为实现信息共享、联防联控提供了数据支撑。通过无处不在的物联网传感设备，可以布下风险预警的"天罗地网"，捕捉风险状况变化的"蛛丝马迹"，随时随地进行风险预警。

（二）全面提升风险预警能力

物联网、大数据、超级计算机等技术能够推动提升各类风险防控能力。在信用风险方面，基于物联网的抵质押品管理系统能对抵质押品信息异常、存储位置变动等情况进行第一时间预警。同时，系统可根据采集到的抵质押物市场价格、质物数量等信息计算质押率，并将其与预设值进行比较，若低于预设值则通知借款企业补货或增加保证金。在操作风险方面，可在重要营业场所布控具有声强报警、实时定位、环境检测等功能的物联模块，并运用无线网络技术实现数据传输和指令下达，全面升级安防系统。一旦发现遭遇攻击或有人非法侵入，即通过物联网控制装置触发报警系统，迅速启动应急预案，封锁营业场所，启动音频视频设备取证。在流动性风险方面，可通过物联网设定存贷比、流动性覆盖率等流动性监测指标上下浮动区间，进行动态提示。同时，依托物联网系统可对接电子商务、第三方交易平台，并通过感知支付设备监测客户交易行为，全面掌握客户的交易信息、网上社交信息、物流信息等，通过多维度的交叉分析，将静态化、碎片化的数据进行系统化、规律化的挖掘提炼，提取客户交易习惯等数据，预测客户支付需求，提前预警流动性风险。例如，银行可以通过客户网上社交信息、购物网站使用记录等信息，预测"双11"购物节等购物高峰时期的网上交易额，进而判断节日期间支付需求额度、存款波动的可能幅度，做好充分的资金和系统准备。市场风险方面，可通过物联网系统完善市场风险控制流程，对证券、债券价格、汇率、利率波动进行动态监测，一旦触及警戒线即发出预警信号。

（三）推动重塑风险预警流程

通过将风控平台与物联网相连相通，可以重构风险预警流程，从过去偏重事后监控的风险管理模式向事前预警的主动型风险管理模式转变，建立自动识别、快速反应、及时反馈、事后评价的风险预警管理机制，实现全方位信息收集、自动化风险分析、全流程预警应用。如，可通过物联网全面收集各业务条线、产品条线信息，实现一站式信息查询，依托大数据构建风险预警模型，设定不同风险的预警阈值，针对风险预警信号生成预警提示单，并视情况作出暂停业务、冻结防控额度、报警、实施现场检查等智能决策建议。

【专栏 8 - 4】

基于物联网的风险预警管理系统总体设计

基于物联网的风险管理预警管理系统，是一个充分利用大数据技术和物联网思维、全面借鉴同业先进经验的，可以实现风险信息全方位、自动化收集整理、智能化加工分析、授信全流程充分应用的，集信息平台和预警管控为一体的科技系统。通过该系统，可实现预警信息共享、智能决策、线上作业及人机互动等功能，成为分门别类、包罗万象、平稳运行、高效处理的风险信息平台，达到全行预警集中管控、联防联控的目标。从业务架构看，风险预警管理系统包括预警信息中心＋预警调度中心，如图C8 - 3所示。

1. 预警信息中心

预警信息中心执行"信息工厂"＋"信息电子图书馆"两大职能。风险信息平台将规划设计风险信息管理平台中各纬度信息的框架，打好地基，实现原始信息标准化、分析加工工具标准化和信息加工结果标准化，确保平台内数据质量和数据的可用性。预警信息中心主要功能包括：

一是一站式信息查询。以客户、客群、组合为对象，将数据库与外部监管部门及数据提供机构对接，将银监、人民银行、工商税务、公检法数据等各方信息源进行整合，使用户可以一次性获取目标对象全面有效的信息。

二是多维度风险监测。将风险监测对象分为单一客户（法人及自然人）、客户群和资产组合对象三种，针对不同的监测对象需要设计风险主题，根据风险影响因素确定风险因子及监测指标。如，对于法人客户主要监测财务指标、公司治理状况、抵质押品、经营环境等；对于自然人主要监测偿债能力、信用记录、品行表现等；对于客户群主要监测关联方风险、企业集团授信情况等；对于资产组合主要从行业、区域、产品三个维度进行监测。

三是分层级预警信号。按照风险严重程度不同，设定高、中、低三级的预警信号。预警信号通过将风险信息进行加工处理或对预警指标进行计算，并利用预警规则和预警模型获得风险程度的分析结果，由系统自动触发或人工发起方式进行发布，用以提示相关人员进行关注或采取化解措施的预警信息。

四是个性化信息定制。建立信息购物车，针对风险监控对象，支持用户订制关键、敏感、更能揭示对象特有风险的信息，定制信息后，系统将用户定制的信息按期推送至用户终端。

2. 预警调度中心

预警调度中心执行"参谋部＋指挥部"职能，作战单位落地到各业务系统。预警调度中心将实现统分结合的预警管控机制：总行专业团队集中监测风险信息，通过风险排查、预警认定工单，督导下级机构的预警工作；分支行按要求完成上级机构交办的预警任务，同时自主发起风险排查和预警认定任务、向系统提供有价值的风险信息。

预警调度中心预警系统主要功能如下：

一是风险监测及提示。根据风险偏好情况设定风险阈值，针对预警信息中心产生的风险预警信号，自动生成风险提示单，第一时间推送至风险管理部门，提示风控人员根据情况进行持续监测或排查确认，对风险进行分析预判。

二是风险预警及管控。对于达到风险阈值的事件触发预警功能。通过预警系统与风控系统的对接，将预警结果信息应用于贷前调查、贷中审查、贷后检查等风险管理环节，实现预警任务和预警指令的发出、接收和预警结果的反馈，如风险提示、排查工单下发、冻结放款额度、现场检查等。

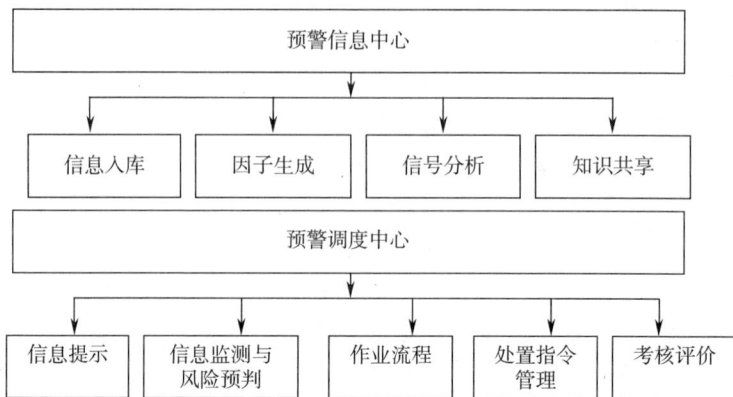

图 C8 - 3 风险预警管理系统架构设计

资料来源：张海峰：《基于大数据之上的银行风险预警系统的研究与实现》，2016。

三、提升风险计量能力

（一）传统金融模式总体风险计量模式

1. 巴塞尔协议风险计量框架

风险计量是风险防控的前提和基础。传统的风险计量方式是通过构建风险计量模型，对各类风险损失及需计提的资本进行评估和量化。最低资本要求是巴塞尔协议的三大基础支柱之一。传统计量方法主要是基于银行业机构的总体风险角度，通过估算潜在损失、计算风险加权资产比例来计算资本要求。以《巴塞尔协议Ⅱ》、《巴塞尔协议Ⅲ》为核心的国际监管体系对各类主要风险计量方法进行了明确规定。如信用风险标准法、内部评级法、操作风险基本指标法、标准法、高级计量法、市场风险内部模型法等，如图 8 - 10 所示。

2. 传统金融模式风险计量方式

根据巴塞尔协议定义，最低资本充足率计量公式为：最低资本充足率 = 资本/风险加权资产。

以信用风险计量为例，在权重法中，风险加权资产 = 风险权重 × 风险暴露。风险暴露指银行业机构表内外金融工具承担风险的余额。

在信用风险计量内部评级法中，对于未违约风险暴露，非零售风险暴露的资本要求（K）计算公式如下：

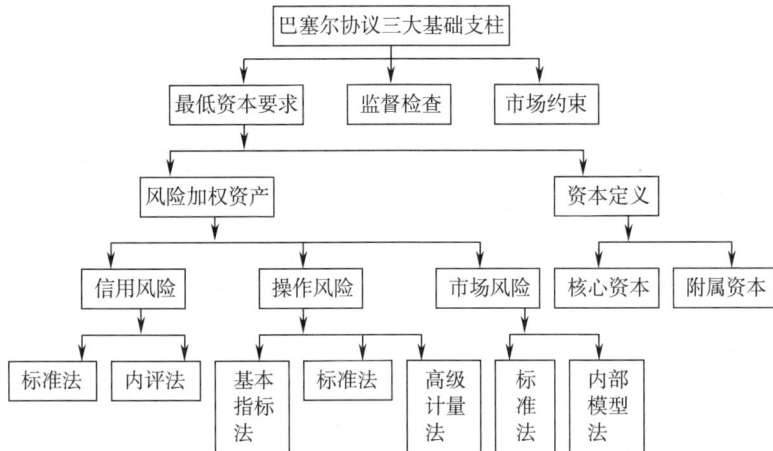

图 8 - 10　巴塞尔协议三大基础支柱

$$K = \left[LGD \times N\left(\sqrt{\frac{1}{1-R}} \times G(PD) + \sqrt{\frac{R}{1-R}} \times G(0.999) \right) - PD \times LGD \right] \times$$

$$\left\{ \frac{1}{1-1.5 \times b} \times [1 + (M - 2.5) \times b] \right\}$$

零售风险暴露的资本要求计算公式如下：

$$K = LGD \times N\left[\sqrt{\frac{1}{1-R}} \times G(PD) + \sqrt{\frac{R}{1-R}} \times G(0.999) \right] - PD \times LGD$$

式中，PD 为违约概率，LGD 为违约损失率，EAD 为违约风险暴露。

信用风险暴露的风险加权资产（RWA）计算公式为：

$$RWA = K \times 12.5 \times EAD$$

对于已违约风险暴露，资本要求 K 的计算公式为：

$$K = Max[0,(LGD - BEEL)]$$

式中，$BEEL$ 是指考虑经济环境、法律地位等条件下对已违约风险暴露的预期损失率的最大估计值。

在传统风险定价理论中，银行业金融机构一般使用风险调整后的资本回报率（RAROC）和经济增加值（EVA）对客户进行信用风险评级和综合效益评价，其核心思想是贷款定价时要体现收益与风险相匹配的原则。具体计算公式为：

$RAROC$ = 风险调整后的收益/经济资本 = ［利息收入 + 非利息收入 - 资金成本 - 营业成本 - 风险成本（预期损失 EL - 税收成本）］/经济资本（非预期损失 UL）≥银行自定最低经济资本回报率

经济增加值 *EVA*（Economic Value Added）

＝风险调整后收益－经济资本×银行自定最低经济资本回报率

实际中，单个个体普遍同时具有一般共性风险和个体特定风险，而内部评级模型是基于大量历史数据得到的统计学规律，是对历史数据共性规律的发现和总结，其实质就是一种总体风险定量的分析方法，对个体风险计量手段仍较为欠缺，在对个体风险进行预测和管理中仍存在偏差，现行风险计量方式对于个体风险计量的敏感性、准确性仍存在不足。

（二）物联网金融模式个体风险计量模式

随着物联网的广泛应用，社交网络、电子商务、第三方支付、搜索引擎等形成了庞大的数据量，加之智能传感、云计算和行为分析理论等大数据挖掘手段的应用，将风险管理的触角延伸到具体的"物"和"人"，信息不对称状况得到进一步缓解，个体风险定量成为可能。风险管理即将迎来个体风险定量取代总体风险定量的时代，这将标志着银行信用评价体系与风险控制手段的重大进步。银行业机构风险管控机制随之改变，"一刀切"方式规定的风险权重及资本充足率要求已不再适用。因此，应积极探索弹性风险权重和弹性资本充足率监管，适时修订《巴塞尔协议Ⅲ》，构建灵活化、差异化的动态资本监管体系。

信用风险方面，物联网大数据优势能够解决传统风险计量中信息不对称等问题，实时采集企业经营情况、抵质押物价值变动及个人诚信情况等个性化、全方位信息，并导入风险管理系统进行系统化的分析，推动信用风险计量精准化。

首先，在信用风险评价权重法下，由于物联网金融模式银行业机构处于风险与收益确定的经营环境，可精确计量个体风险，传统金融所规定的固定风险权重将不再适用，应对《巴塞尔协议Ⅲ》所规定的各类表内外风险资产权重进行下调或取消。可将风险权重系数与物联网系统下的信用评估结果挂钩，设定信用风险权重法下风险权重的动态调整区间，设立弹性风险权重及弹性资本充足率要求。

其次，在内部评级法下，通过物联网技术可对计量模型进行动态调整，有效识别债务人及债项的风险特征，更加精确地估算违约概率（PD）、违约损失率（LGD）及违约风险暴露（EAD），从而推导出弹性资本充足率要求。在物联网金融模式，内部评级法由于其计量模型更加精确、动态调整空间更大，将得到更加广泛的应用，提高风险计量的精确度，权重法则将逐渐淡出。具体来看，对于个人客户，可以通过物联网大数据全面综合分析客户消费行为和诚信记录，并纳入信用评分体系和信用积累管理模型中，构建包括社交行为分析、履约能力分析、客户消费行为分析等方面的多维度、立体化风险评估体系。如，可运用聚类分析法、社会网络分析法对每一个借款人的还款记录、借款频率、消费记录等因素进行挖掘，总结分析个性化的行为模式，有针对性的评估违约风险，实现"一对一"的信用等级评价。对于企业客户，可通过物联网全面掌握企业押品信息、经营情况等信息，并通过大数据分析企业账户变化特征，设定计量模型，对企业的履约行为和履约能力进行评分。

在操作风险方面，新资本协议规定在采用高级计量法计算操作风险资本时，初次使用必须至少具有 3 年的内部损失数据。而当前我国银行业机构操作风险数据积累普遍不足，有效数据缺乏连续性，数据真实性和完整性还有待提高，为操作风险精确计量带来了较大困难。在物联网金融模式，银行业机构能够实时监控各业务条线及操作系统的风险状况，为建立高质量的操作风险损失数据库奠定了基础。基于物联网大数据，可根据《巴塞尔协议》所规定的八大业务条线及七种损失事件类型[①]建立内部损失及外部损失数据库，建立损失分布曲线，并将量化得到的数据与历史损失数据引入高级计量模型，准确计量所需计提的资本。同时，可对银行业机构各业务条线的操作风险发生类型、频率进行特征分析，建立情景分析模型，分析操作风险的薄弱环节，预测风险损失情况。在此基础上，结合情景分析、经营环境和内部控制因素，根据零售业务、公司金融、代理服务等各业务条线不同的操作风险情况，确定弹性资本系数，明确资本要求的波动区间，从而实现动态弹性的资本管理。

在流动性风险方面，通过物联网可动态监测市场资金供求状况、银行机构现金流缺口、资产负债配置情况等，更加准确地计量流动性指标。同时，通过物联网感知系统可及时获取客户支付行为、交易行为等信息，为流动性风险情景分析提供数据基础。基于物联网大数据，可设定资金价格变化、支付需求变化等不同流动性风险影响因素，分析银行对流动性风险的承受能力和损失程度，提高压力测试的准确性。

在市场风险方面，通过物联网系统，可实时监测汇率、利率、证券、债券等价格变化，建立量化模型，并基于大数据模拟未来价格走势，通过参数法、历史模拟法、蒙特卡洛模拟法等方式预测评估损失情况，确定持有期限和置信水平，精确计量金融资产或投资组合的风险价值 VaR。在此基础上，将资本监管要求与市场价格变化挂钩，灵活确定利率风险、股票风险、外汇

---

① 八大业务条线包括公司金融、交易和销售、零售银行、商业银行、支付结算、代理服务、资产管理和零售经纪。七种损失事件包括内部欺诈、外部欺诈、工作场所安全事件和就业制度、业务活动事件以及客户和产品、信息科技系统事件、实物资产的损坏、流程管理事件的执行和交割。

风险、商品风险、期权风险等市场风险的弹性资本计提比率，设定弹性的资本要求。

四、提升风险处置能力

风险处置主要是指银行业金融机构在出现风险后，针对不同的风险等级，采取相应的风险化解措施，保全银行资产，防止出现区域性系统性风险。当前，银行业机构风险处置工作仍存在一些瓶颈问题，例如，在不良资产处置中，存在现金清收难、转让处置难、诉讼执行难，部分借款人失联跑路、人去楼空，有的企业存在恶意逃废债，转移、毁损抵质押物等行为。依托物联网金融云计算、大数据等优势，能够创新金融风险处置模式，提高风险处置的效率和能力。

（一）实现金融风险提前感知

借助物联网技术，能够使银行业金融机构提前感知风险，及时传递风险信息，在风险处置中"打提前差"，关口前移，有效降低预期损失，从而降低总体风险。通过安装物联网传感设备、建立云计算平台、云智能催收系统等方式，能够全流程监督不良资产、坏账处置动态，实时监控抵质押物状况、被查封抵债资产情况，实现"阳光催收"、"阳光处置"。物联网系统可对借款人行为、企业经营情况、贸易情况、人员变动等方面进行实时监测，及时发现企业悬空银行债务、逃废债等"金蝉脱壳"的行为，有效防控信息不对称和道德风险。例如，可通过物联网监控设备及时发现借款人转移抵债资产、假破产、真逃债等情况，并通知银行风险管理及资产保全部门，及时采取措施，保全银行资产。

（二）打造不良资产处置平台

在传统不良资产处置模式，由于不良资产委托方与处置方信息不对称，存在不良资产估值不准、效率不高等"痛点"，可能发生优质资产遭受"差评"的"劣币驱逐良币"现象。通过物联网系统可以极大丰富对不良资产的尽职调查手段，创建贷后评估模型和信息数据库，对海量的基础资产进行逐笔估值，充分挖掘资产回收价值，推动科学化、合理化估值。基于物联网的不良资产处置平台发挥互联互通优势，将金融机构、企业、资产管理公司、专业咨询机构等各方广泛联结。

同时，依托大数据分析，提供量身定做的资产处置方案，开展不良资产转让、重组、催收、资产证券化等一揽子业务，通过撮合催收、众筹投资、竞价拍卖等方式盘活不良资产，为委托方和处置机构提供最优化的资源匹配，实现资产供求双方撮合对接，不良资产合法高效处置。凭借着物联网大数据技术和批量化高效率的处置优势，物联网+不良资产将成为金融市场发展的新一片"蓝海"，站上下一个"风口"。目前，华融资产管理公司、信达资产管理公司已通过淘宝网资产处置平台探索不良资产处置新模式，通过网络公开竞价等方式处置不良资产。东方资产管理公司也与阿里旗下蚂蚁金服签署了战略协议，在不良资产处置方面开展合作。

【专栏 8 - 5】

"久债勾"不良资产处置云平台上线 推动催收模式新变革

2015 年 12 月 23 日，由原动天（北京）资产管理有限公司开发运营的不良资产处置云平台——久债勾正式上线，并首次提出了颠覆行业的免费"玩法"，在为庞大的不良资产处置市场提供新的解决平台的同时，也给传统催收模式的变革提供了新思路。

虽然我国催收公司众多，但传统的催收公司在服务区域、业务规模、议价能力等方面受到限制，很难获取对称的信息，这显然已经不能满足发展需求。作为不良资产处置云平台，此次正式上线的久债勾以免费作为平台切入口，最大程度地降低委案成本，在彻底颠覆传统催收模式的基础上，也创造了一种新的商业模式。久债勾解决了传统催收模式中不良资产委托方和处置方之间的信息不对称、沟通成本高的问题。同时，依托久债勾云计算平台以及大数据分析技术，可以为委托方和处置方提供精准匹配服务，更大范围、更大程度地满足海量数据信息的发布和判断分析。通过该平台，可给企业提供综合化的增值服务内容，具体包含资产不良资产委派、智能风控审核、智能匹配资源优化、全流程监管、不良资产评估及信息全修复等板块，对一部分长期得不到处理解决的不良资产进行重新盘活，从源头上解决不良资产处置问题。

截至目前，久债勾线下网点布局已接近 2 万家，是不良资产处置平台中布局线下网点最多的平台，这就保证了它可根据债权的地域情况因地制宜、属地化的实地外访，提高成功处置债权的几率，进而打破地域壁垒，降低委案成本，实现资源配置最优化。此外，久债勾整合了包括委托方各类信贷企业、征信公司、知名律师事务所等不良资产处置全产业链的各重资源，可以为企业客户提供免费数据分析，其业务范围也已跨越国际。同时，久债勾也在通过免费开放资源平台聚合逐步积累大量客户，并创建贷后评估模型和信息数据库，最终在形成一个垂直的、巨大的生态系统之后再去变现。从这个角度来看，久债勾通过免费模式打入不良资产处置市场，并利用自身多重优势全方位变革用户体验，为金融风险处置提供了新的发展方向。

资料来源：久债勾上线大打免费牌，互联网催收或将有新变革，和讯网，2015 - 12 - 28。

（三）推动高风险企业协同处置

当前，随着经济转型升级步伐加快，"去产能"进程深入推进，高风险企业风险处置成为银行业机构的当务之急。在传统风险处置模式，不同银行业机构基于自身利益最大化的角度，可能各自为战、各行其是，对高风险企业提前抽贷、断贷，出现个体理性导致集体非理性的情况。依托物联网的大数据优势，债权人委员会中的牵头银行可以搭建信息共享平台，对高风险企业的总体债务情况、抵质押品情况、各行授信额度及不良贷款暴露情况进行动态监测，对支持类、维持类、退出类客户进行分类分析，并实时更新各银行业机构授信变动情况，预测风险变化趋势，将数据信息及分析结果在债权银行之间共享，实现对高风险企业信息透明化。同时，建立银行业机构共同协商和联合惩戒机制，基于该平台集体研究增贷、稳贷、减贷、重组等措施，做到"一户一策"，实现各债权银行的同进同退、统一步调，共同推动企业解危解困，稳妥处置风险。

（四）丰富非法集资风险处置手段

当前，互联网金融发展良莠不齐，"地下金融"乱象丛生，P2P 平台"跑路"关闭现象增多，投资理财等领域非法集资案件多发，风险隐蔽性、传染性不断加剧，传统风险处置模式主要依赖于报案、投诉上访等渠道，难以提前发现非法集资风险，局限性日益凸显。随着物联网时代的来临，将推动防范打击非法集资关口前移。物联网具有的互联互通特征，有利于推动公安司法、工商税务、银行业机构、互联网金融公司、担保公司及社交媒体的信息共享、系统相连。通过物联网"云计算"和"大数据"，可以对跑路的 P2P 公司行为特征进行分析，并应用感知设备对互联网金融公司的经营活动进行监测，建立风险评估模型。例如，对于具有一对多、多对一归集、批发等异动特征的资金进行重点监测分析，对短期内提供过高的收益率、频繁变动公司股东、工商登记信息变动等情况及时进行风险提示，向监管部门及公安机关提供风险线索，针对涉嫌非法集资企业及时采取监管措施。

第三节　物联网对社会信用体系重构的重大意义

现代市场经济本质上是信用经济，无论是促进市场经济正常运行、扩大居民消费和防范金融风险，都必须建立完善的社会信用体系。当前，我国社会信用体系发展仍相对滞后，诚信文化并未真正形成。在物联网时代，将逐渐构建完善的社会信用体系，对我国的经济发展起到更大的促进作用。

一、现阶段：社会信用体系发展相对滞后

社会信用体系也称为国家信用体系，是包含规范道德和经济行为的一种社会机制。中国人民银行对社会信用体系界定是"为促进社会各方信用承诺而进行的一系列安排的总称，包括制度安排，信用信息的记录、采集和披露机制，采集和发布信用信息的机构和市场安排，监管体制、宣传教育安排等各个方面或各个小体系，其最终目标是形成良好的社会信用环境"。社会信用体系是一种社会机制，以法律和道德为基础，通过对失信行为的记录披露、传播、预警等功能，解决经济和社会生活中信用信息不对称的矛盾，从而惩戒失信行为，褒扬诚实守信，维护经济活动和社会生活的正常秩序，促进经济和社会的健康发展。

我国社会信用体系萌芽于20世纪90年代初，自2001年国家十部委联合下发《关于加强中小企业信用管理工作的若干意见》开始全面启动，人民银行于2006年建成了全国集中统一的金融信用信息基础数据库（即企业和个人征信系统）。党的十八届三中全会明确提出，要"建立健全社会征信体系，褒扬诚信，惩戒失信"。2014年，国务院发布《社会信用体系建设规划纲要（2014—2020年）》，明确了社会信用体系建设的主要目标，提出了到2020年社会信用基础性法律法规和标准体系基本建立，以信用信息资源共享为基础的覆盖全社会的征信系统基本建成，全社会诚信意识普遍增强，经济社会发展信用环境明显改善等要求。

现阶段，我国社会信用体系发展仍比较滞后，与经济发展水平和社会发展阶段不匹配、不协调、不适应的矛盾仍然突出。部分地区、部分领域的诚信缺失问题仍十分普遍，严重失信问题造成了严重的不良影响。我国企业每年因信用缺失导致直接和间接经济损失高达6000亿元，银行每年因逃废债行为造成直接损失超过1800亿元。主要问题体现在以下四方面：

（一）社会征信系统发展尚不完善

当前，覆盖全社会的统一征信系统尚未形成，社会成员信用记录严重缺失。只有中国人民银行征信中心的企业和个人征信系统对所有企业和个人的信贷信息进行了覆盖，而工商、税务、质检、食品药品、海关等其他政府管理部门内部的信用数据交换往往局限于本行业执法信息层面，中央和地方之间、不同地方之间、地方政府各个部门之间都存在着信用数据的封闭、分离现象，信用体

系建设条块分割、标准多重，信息难以共享，信息壁垒尚未打破，"信息孤岛"痼疾难解，既造成了公共资源的浪费，也降低了社会信用服务体系的效率。

（二）社会信用法律法规有待健全

法制环境欠佳往往容易导致社会信用信息的不对称。我国目前只出台了《征信管理条例》，立法层级低，还没有全国统一的针对信用问题的专门性法律，明显滞后于征信业的迅速发展。现有的一些相关性法律散见于不同的部门规章中，对信用问题的解决针对性不强、调控力弱。同时，有关失信惩戒的法律法规缺失，执法不力。守信激励和失信惩戒机制尚不健全，守信激励不足，失信成本偏低。对于信用信息开放和信用主体隐私保护方面的立法也较为薄弱，使得我国信用信息资源的采集、开发、披露及使用缺乏法律依据。

（三）信用服务体系尚不成熟

当前，我国信用服务市场不发达，服务体系不成熟。有的信用服务中介机构偏离定位，服务行为不规范，以诚信之名，行失信之实，出现了收取过高手续费、提供虚假信息等乱象，引发了不公平交易。例如，有的贷款中介机构帮助贷款企业伪造信用证明，虚增资产规模，从银行获取超额贷款额度，并抽取高额中介费用。同时，由于政府部门对信用中介机构市场准入缺乏管理，缺少统一规范的标准，服务机构普遍公信力不足，信用信息主体权益保护机制缺失。

（四）公民信用意识亟待提高

当前，社会诚信意识和信用水平普遍偏低，履约践诺、诚实守信的社会氛围尚未形成，重特大生产安全事故、食品药品安全事件时有发生，商业欺诈、制假售假、偷逃骗税、虚报冒领、学术不端等现象屡禁不止，政务诚信度、司法公信度离人民群众的期待还有一定差距。尤其是在金融活动的过程中，许多企业出现虚假信息、实施贷款圈钱以及违约等现象；在企业的产生经营中，出现许多造假、售假以及商业欺骗等行为，既破坏了社会正常秩序，也给市场经济的正常运行产生阻碍①。

二、物联网金融模式：社会信用体系建设进入"快车道"

2016 年 6 月，国家社会信用体系建设部际联席会议牵头单位国家发改委、人民银行在社会信用体系建设工作会议上部署了当前社会信用体系建设的"十项硬任务"，提出要从问题出发倒逼改革，运用"四个倒逼机制"，助推共建共享。2016 年 7 月的国务院常务会议也强调要用"大数据"思维理念构

---

① 资料来源：李乖琼. 中国社会信用体系建设研究［D］. 中共中央党校硕士学位论文，2016.

建国家社会信用信息平台。随着物联网时代的来临，社会信用体系建设迎来了新的契机。物联网每天都在源源不断地产生海量的大数据，据 IDC 的预测，到 2020 年由 M2M（机器对机器）产生的数据将占到大数据总量的 42%，必将成为推动我国社会信用体系建设的有力工具。

（一）促进信用体系"物联化"

1. 物联网将推动信用信息整合共享

物联网具有"泛在化"特征，即无线网络覆盖及无线传感器网络、RFID 标识与其他感知手段的泛在化。物联网通过无处不在的射频识别、条形码、磁条、全球定位系统、M2M 终端、摄像头以及各种传感器等技术，可以对企业及个人的经营行为、交易行为、消费行为等进行感触、识别和追踪，并将监测感知情况实时上传至企业（个人）征信管理系统，建立庞大的信用信息数据库。通过海量、即时的信息，能够全面反映企业（个人）的自然属性和行为属性，在丰富信用维度的基础上提高信用体系的可靠性，实现信用记录全覆盖，不留死角、不留盲区。

物联网的互联互通特征，能够破除跨地区、跨部门的信息壁垒，促进各部门（如工商、税务、质检、食品药品、海关等）信息的整合与共享，打破社会信用体系建设中的"信息孤岛"的痼疾。通过打造全国统一的信用信息平台，能够统一信用信息标准，归集整合各行各业信用信息，建立常态化的信用信息共享机制，实现国家与地方、政府部门之间、政府与社会三个维度的共享。

例如，广东省惠州市在民生领域率先应用了信用信息系统化信用评价方法，在全省首推粮油二维码溯源，在粮油产品中推出二维码溯源系统。通过扫码将粮油食品在生产加工、物流配送、质量检测等全过程中的信息传递给消费者、监管者，全程实行信用监管，让广大群众吃上"信用粮油"。目前，全市 64.3% 的粮油产品已进入粮油二维码系统，学校、医院食堂均优先采购有二维码的粮油产品，企业一旦有信用污点记录，将被学校、医院等大中型食堂的粮油采购单位自动屏蔽。

2. 物联网将促进违约概率下降

随着物联网、区块链等技术的广泛应用，信用风险防范技术水平提高，金融机构可以根据自身风险偏好对市场上的交易机会进行筛选，对交易机会对应的损失可能性进行评估，提前发现并剔除掉存在确定损失的不正常交易机会，保留存在确定收益的交易机会。同时，由于信用环境进一步透明化，违约成本增加，不守信用的人数将显著减少。综合来看，物联网金融模式的信用违约概率将随之下降，交易机会及交易量也将增加。如第二章的物联网金融与传统金融收益四象限理论模型图所示，由于违约概率下降，第一象限中确定的损失将被挤掉，存在收益的交易机会将增多，确定的收益也将增加。

3. 物联网有利于形成统一的信用监管体系

2015年7月1日国务院办公厅印发的《关于运用大数据加强对市场主体服务和监管的若干意见》指出，要"提高政府运用大数据能力，增强政府服务和监管的有效性。实现政府监管和社会监督有机结合，构建全方位的市场监管体系"。通过物联网，可以发挥大数据工具的优势，通过统一的信用信息共享系统，将工商、税务、金融监管等政府部门的信用评价结果与评级机构评级结果、信用社会监督员评价等社会监督情况相结合，打造全方位的统一信用监管体系。例如，可将信用服务机构准入及管理纳入信用监管系统，动态监测信用中介服务机构行为，验证资料真实合法性，及时发现伪造资产证明、虚增信用等违法违规行为，并采取相应的监管措施。

依托物联网平台，可实现信用信息共享和信用评价结果互认，建立诚信典型"红名单"和严重失信主体"黑名单"制度，构建政府、社会共同参与的跨地区、跨部门、跨领域的联合激励惩戒机制，并将联合奖惩措施嵌入到政府部门行政审批、公共服务的各个流程中，渗透到重点领域的监管、服务环节中。在守信激励方面，对于诚信良好的行政相对人，可根据实际情况实施"绿色通道"和"容缺受理"等便利服务措施。对于符合条件的诚信企业，可提供便利化服务，优化检查频次。在失信惩戒方面，对恶意逃废债企业等严重失信主体，通过政府部门网站及"信用中国"等平台进行公示，依法依规采取行政性约束和惩戒措施。

例如，作为全国首批创建社会信用体系建设示范城市，安徽省芜湖市构建了公共资源交易诚信评价体系，推进招投标领域的信用应用。在公共资源交易领域，对建设工程项目有关主体及从业人员、货物与服务类供应商进行信用评价，形成信用评价等级和得分，并作为参与招投标的资格审查条件和信用评分依据。2016年以来，芜湖市公共资源交易中心在403个招标项目中启用信用评分，信用评级较好的企业获得了更大的发展空间。

（二）促进信用评估"透明化"

传统金融模式的银行信用评级主要依赖于对客户前端信息的主观调查和人为判断，基于客户的历史行为、信用记录及还款情况预测未来履约情况，因此一定程度上是"主观信用"模式。由于信息相对滞后，对客户伪造信用状况、空买空卖等行为难以识别。物联网金融模式能够实现信用评估"透明化"，通过物联网大数据帮助银行开展贷前调查，贷中管理，贷后预警，全面了解企业，精准定制服务，提高风控水平。通过传感器及云计算技术，可以实时采集企业经营情况、客户还款行为等客观数据，将信贷与客户财务状况、健康状况、家庭情况、企业供应链信息等动态变化相关联，全面分析企业及个人客户的资产负债表，实时调整其信贷及支付额度。基于大数据可以进行深入的挖掘分析，作出科学的信用评价，并实现评价结果与信用信息的同步更新，动态调整信用评级结果，确保了评价结果的客观性、透明性与真实性，规避信息不对称风险。银行业风控模式将从滞后性的"主观信用"进化为实时、全面的"客观信用"体系，打造全新的商业模式。基于物联网和"大数据"重构的社会信用体系，能够帮助金融机构精准判断、提前发现、及时预警风险，将推动金融风险防控体系产生质的飞跃。

例如，以阿里巴巴芝麻信用为代表的大数据征信机构依托大数据及云计算技术建立了个人信用信息数据库，整合了工商、法院、公安部门信息及互联网金融平台、电商平台的交易数据，并将线上信用评分与线下传统征信系统相结合，推出了"芝麻信用分"个人信用评分服务，应用于购物、租车租房、消费金融等不同领域。

【专栏 8 - 6】

大数据征信机构的运作模式及监管对策
——以阿里巴巴芝麻信用为例

一、芝麻信用的运作模式

（一）建立个人信用信息数据库

依托大数据和云计算技术建立数据库，信用数据来源主要有以下四种：一是阿里巴巴集团下属电商的平台交易数据。目前淘宝、天猫等阿里巴巴平台上拥有 3 亿多个人实名注册用户信息以及超过 3700 万户小微企业交易信息。二是蚂蚁金服集团采集的互联网金融数据。主要包括支付宝、余额宝以及蚂蚁微贷采集的个人信用信息数据。三是与阿里集团具有合作关系的外部机构提供的信息数据。如公安网等公共机构向芝麻信用提供政府公开信息、公安、工商、法院等信息。四是用户自我提供的信用数据。芝麻信用正在开辟各类渠道，未来将允许用户主动提供各类信用信息。

（二）提供个人信用评分服务

目前芝麻信用采用国际上通用的信用评分模式，推出"芝麻信用分"评分服务，这也是目前国内首个个人信用评分，特点如下：一是参考国际主流个人信用评分模式设置评分区间。芝麻信用分参考国际做法（如美国著名的FICO 评分，评分区间在 300 ~ 850 分），区间设置为 350 ~ 950 分，评分结果越高代表信用程度越好，违约可能性越小。二是信用评分按从低到高划分为五个等级，代表不同的信用状况。350～550 分为最低等级，表示信用状况"极差"，550～600 分，表示"中等"，600～650 分，表示"良好"，650～700分，表示"优秀"，700～950 分为最高等级，表示"极好"。三是信用评分结果由五个维度共同决定。综合考虑个人用户的信用历史、行为偏好、履约能力、身份特质、人脉关系等五个维度信息，对个人用户信息加工后得出最后评分结果。

表 C8-2 芝麻信用分与 FICO 评分的比较

	芝麻信用分	FICO 评分
评分区间	350～950 分	300～850 分
评分维度	5 个，包括信用历史、行为偏好、履约能力、身份特质、人脉关系	5 个，包括信用偿还历史、信用账户数、信用使用年限、正在使用的信用类型、新开立的信用账户
评分等级	由低到高划分为 5 级：极差（350～550）、中等（550～600）、良好（600～650）、优秀（650～700）、极好（700～950）	不具体划分等级，一般而言，680 分以上代表信用状况卓著，620 分以下代表信用状况极差，620～680 分之间，信用状况还需做进一步核查
应用领域	目前在与芝麻信用开展合作的商户以及部分个人消费金融领域中应用	评分结果被美国三大个人征信机构采用，广泛应用于金融、通信、公共服务、日常生活等领域

资料来源：根据"芝麻信用"网站、FICO 有关信息整理汇总。

（三）推广芝麻信用评分应用

一是芝麻信用分通过线上线下合作方式，接入租车、租房、酒店住宿等生活场景并提供针对性服务。如信用状况在"良好"以上的用户，可享受神州租车提供的免押金租车服务。二是芝麻信用分涉足个人消费金融领域。目前芝麻信用已与蚂蚁微贷旗下"花呗"、"借呗"、招联金融旗下"好期贷"开展合作。例如，可通过"借呗"申请金额最高为 5 万元的个人消费贷款，还款期限最长可达 12 个月。

二、芝麻信用征信模式的特点

（一）覆盖群体广泛

芝麻信用采集信息的主体包括网民群体以及传统征信机构未能覆盖到的草根人群，信用信息覆盖群体广泛，与现有征信系统形成有益补充。此外，利用互联网资源和大数据技术，另辟蹊径采集个人信用信息。数据来源广，种类丰富，时效性强，涵盖了个人网购信息、信用卡还款、互联网理财、租房信息、水电气缴费、社交信息等方面。通过线上信用评分与线下传统征信系统相结合,更加全面的评价个人信用状况。

（二）信息使用便捷

一是采集成本低。依托阿里体系内丰富的个人信用信息数据以及外部合作机构提供的数据,利用大数据、云计算技术和自身开发的数据评分模型开展个人信用评分,具有数据采集成本低、来源广、易获取等特点。二是查询使用便捷。芝麻信用和阿里旗下支付宝合作,将芝麻信用分绑定在支付宝客户端下,经用户授权后开启。用户只需在手机或电脑的客户端上轻轻一按即可查询个人芝麻分。此外,与芝麻信用合作的商户和金融产品也整合在支付宝客户端下,让用户享受"一站式"的便捷服务。

（三）应用前景广阔

芝麻信用通过线上线下合作方式,已对接购物平台、餐饮、住宿、租车租房、个人消费金融等多个领域,通过芝麻信用分衡量信息主体的信用状况,在多个生活场景中为用户提供优惠和便利。未来还将接入婚恋、交友、工作招聘、签证申领、二手交易等更多生活服务领域,应用范围将更广泛、前景更广阔。

资料来源:叶文辉. 大数据征信机构的运作模式及监管对策——以阿里巴巴芝麻信用为例 [J]. 武汉金融,2016 (2).

（三）推动信用环境"纯净化"

在物联网环境下,能够通过征信系统、金融监管、工商税务、海关等各大系统的相连实现信息普遍共享,从工商企业的缴税记录、社保记录、雇佣情况、销售情况,质检及环保情况,到个人征信违约记录、缴纳水电费、燃气费、驾驶违章记录、海关记录、诉讼记录、犯罪前科等,都难逃物联网监测的"法眼",企业及居民的一言一行、一举一动都可与诚信记录直接挂钩。物联网将实时自动更新企业及居民信用记录变化情况,堵塞了人为篡改信用记录的漏洞。同时,居民信用记录可通过统一信用平台实现公开披露,信息披露将更加透明,将创造出更多的"市场监督者",从而使违约行为的成本增加,信用缺失将意味着失去现代社会的"通行证",从而使每个人都心有所畏,行有所止,不守信的人群数量将减少,形成普遍诚信的社会信用环境,营造"人人知诚信、人人讲诚信"的信用文化。

第九章 物联网金融与金融监管制度变迁

> "金融深化"并非越深入越好。如果金融行业扩张超过监管范围，那么对社会的稳定性就有危害作用。
>
> ——国际货币基金组织总裁 克里斯蒂娜·拉加德

当前，在互联网金融的冲击下，西方发达国家纷纷对金融监管领域实行了改革。英国、日本、美国等先前实行金融分业经营制度的主要工业化国家，先后对金融监管制度实行变革，走上了混业经营之路。广大发展中国家也在巴塞尔委员会的指引下，纷纷开始了金融监管改革。世界上没有唯一最佳的金融监管制度模式。各国无论选择哪种监管制度，实际上都是在稳定、效率和公平之间进行权衡取舍。

随着互联网进一步发展到物联网，金融自由化和无界化将加快推进，新的金融工具、金融业务层出不穷，金融风险成倍放大，传统金融监管目标、理念、技术等弊端渐渐显现，并日趋明显，对人们生产生活的影响力巨大。由于制度选择集合、技术、制度服务的需求以及相关的金融经营制度等因素发生变化，使得各国的金融监管处于制度非均衡状态，从而也导致相应的诱致性、强制性金融监管制度变迁。

创新与规范不可偏废，社会经济的发展永远离不开技术创新，离不开金融产品创新的推动，物联网金融作为一种打通虚拟经济和实体经济的全新的金融模式，更离不开配套的监管制度体系，因此构建物联网金融监管体系，完善有关制度法规，为物联网金融的发展建立宽松但有章可循的监管环境势在必行。

第一节 监管目标变迁

一、传统金融模式监管目标：非系统性金融风险防控

单体机构风险，狭义上往往被称为非系统性风险，是指对个别金融机构

产生影响的风险，它通常由某一特殊的因素引起，与整个市场不存在系统的全面联系。单体机构风险与系统风险是两类既有联系又有区别的银行风险。即使每个单体金融机构都是健康的，由于宏观经济、金融制度安排、市场结构及关联关系等方面的原因，也不能保证金融体系是同样的稳健，稳健的金融体系也不意味着所有的金融机构都不会破产。单体金融预警系统和金融体系预警系统是不可相互替代的，根本原因是它们的目标不同。

我国早期的金融监管涵盖了防范单体机构风险和系统性风险，但重点侧重在微观层面，主要关注单体金融机构的稳健程度。例如，1986 年 1 月颁布的《中华人民共和国银行管理暂行条例》第一条明确制定条例的目的是："为了加强对银行和其他金融机构的管理，保障金融事业的健康发展和促进社会主义现代化建设"。1994 年 8 月颁布的《金融机构管理规定》则明确金融监管的目的是"为维护金融秩序稳定，规范金融机构管理，保障社会公众的合法权益"。这是由我国当时的经济发展实际情况决定的，也是由计划经济走向市场经济的道路轨迹决定的。

从监管内容上看，则主要侧重对单纯的表内、表外业务的监管，而非所有的业务。从监管重点上看，则主要侧重于对信用风险的监管，对市场风险、信息科技风险等风险较少涉及，但金融机构可能因为这些风险陷入困境。从监管范围上看，则主要侧重于单纯的对资本充足率的监管，而非之后的发展监管评级程序以及强化市场自律等全方位监管。

在我国现有分业监管体制下，"一行三会"各成体系、各司其职，监管机构更为关注单体或单一行业内部的金融机构的风险问题，而非整个金融体系乃至经济系统的稳定。同时，职责界定和协调机制的缺乏也造成了中央银行与监管部门，以及监管部门之间的行政分割，导致了相互之间的内在冲突外部化，监管真空、监管冲突和监管重复并存：在监管准入审批过程中出现了多头审批、监管权力重复，在某些共管环节政策缺乏协调，导致监管冲突而市场无所适从，在交叉业务风险监管和责任追究方面则出现了监管空白。这些都直接影响着金融监管效率和绩效，形成了监管体系中的潜在风险。

对此，2009 年银监会银行风险早期预警综合系统课题组通过专项研究指出，就银行业而言，原有的注重单体银行风险监管的模式正朝着系统性风险监管的模式转变，具体有以下新的变革动向。

第一，更多的市场信息被加入风险预警系统。在一个有效的市场中，一些市场变量合成了丰富的信息，与银行风险趋势具有很高关联度。为提升预警系统敏感度，一些监管当局正在尝试将市场信息加入预警系统。

第二，预警系统中更加重视宏观经济因素的影响。尽管监管当局的风险预警系统主要是针对单体银行风险的，但宏观经济变量与银行风险之间的交互作用也不可忽视。美国联邦存款保险公司曾指出，对于小型银行和地方性银行，宏观经济变量对其经营表现有很大影响。因此，近期发展的许多工具更多地考虑了外部经济因素。

第三，预警系统与监管纠偏措施的联系将更加直接和密切。目前，预警系统的直接作用是识别潜在的高风险银行、提升监管当局的关注度，但尚未建立起与监管纠偏措施的紧密联系。而随着预警系统可靠性的提高，预警系统输出与正式的监管行动及监管纠偏措施的关系将更加直接与密切。

从以上可以看出，研究领域和监管部门的关注目标发生了明显变化，越来越多的由单体机构风险防控转向系统性区域性风险防控。中国银监会副主席王兆星在 2014 年全球金融论坛上指出，在高度利率市场化的环境当中，金融机构失败与退出是必然的，也是强化市场约束，防范道德风险所必须的，但关键是要防范单体风险引发系统性风险。

二、互联网金融模式监管目标：区域性系统性金融风险防控

系统性风险是指金融机构从事金融活动或交易所在的整个系统（机构系统或市场系统）因外部因素的冲击或内部因素的牵连而发生剧烈波动、危机或瘫痪，使单个金融机构不能幸免，从而遭受经济损失的可能性。区域金融风险是某个经济区域内部某金融产业、某地区所面对的局部性金融风险，通常情况下，区域性风险是系统性风险的一部分。

系统性金融风险特点：一是系统性风险对整个系统的功能构成影响，而不是对某一个单纯的局部。二是它使不相干的第三方也被动地介入其中，并承担一定的成本。三是它具有较为明显的蔓延特性和传染性。四是负的外部性以及对整个实体经济的巨大溢出效应是系统性风险的本质特征。

近几年来，由于计算机技术特别是云计算的飞速发展，以社交网络、移动支付、云计算、搜索引擎等为代表的互联网现代科技的快速发展为起点，使我国的互联网金融得到了前所未有的迅猛发展。这一方面在促进普惠金融、提升金融服务质量和效率等方面，发挥了独特作用。但另一方面，无论是传统金融机构力图拓展的移动互联网业务，还是互联网金融创新带来的第三方支付、人人贷等模式，其中所蕴含的互联网金融风险开始呈现极速扩张态势。在互联网技术推动下，金融综合化经营加快推进，金融业务和金融风险出现跨业、跨市场的交叉与传染，金融行业呈现出风险多发态势，且表现出极易引发系统性风险的发展态势。

究其根本原因，在于互联网金融的本质仍是金融，没有改变金融风险的

隐蔽性、传染性、广泛性和突发性特点。并且由于互联网金融是基于网络信息技术，因此在延续、融合传统金融风险的同时，更新、扩充了传统金融风险的内涵和表现形式。

一是信息技术风险防控重要性急剧增强。互联网金融技术支持系统的安全风险成为最为基础性的风险，不仅关系网络运行的安全问题，还关乎其他风险，如信用风险、流动风险、结算风险等。例如，互联网金融所使用的计算机、路由器等硬件设备和操作系统、数据库等软件绝大部分需要专业人员研发和操作。但金融机构在这些设备与系统的性能方面掌握难以做到全面而专业，在防止黑客袭击等问题时存在困难。在数据加密和身份判别上，也需要拥有自主知识产权的一整套加密和解密技术系统。同时，互联网金融具有传统金融所没有或远不重要的特殊风险形势，如技术选择风险。

二是金融风险更加隐蔽，其突发性和破坏性加大。由于网络信息传递的快捷和不受时空限制，金融交易越来越多地通过互联网开展，这些全天 24 小时连续运转的交易系统，在提供便利的同时，也更容易造成全球范围内影响更大、更广、更深的金融市场风险。互联网金融会使传统金融风险在发生程度和作用范围上产生放大效应，如市场价格波动风险。国际金融风险发生的突然性、破坏性都增强了，危害也更大。因此，互联网金融风险的监管和控制也就具有不同于传统金融风险管理的手段和方式。

三是金融风险传播速度加快，风险关联性和传染性增加，防范金融风险的难度成倍提高。在互联网金融中，借助于云计算、云存储等技术，金融客户交易信息与信用数据较传统金融模式成千上万倍地提高。特别是互联网电子商务平台和第三方支付组织在运营中积累了大量的客户，这些客户的交易记录、买家评价等信息构成了重要的信用记录，进而构建起互联网信用评价体系和信用数据库。一方面，确实有助于识别中小企业的信用情况，消除融资中信息不对称的障碍，通过甄选、识别优秀的企业而发放贷款，这较传统金融模式单纯依靠银行放贷更加便利、高效，但与此同时，面临的信用风险、风险传播、信息保密等问题也随之而来，且风险更加突出。另一方面，高科技网络技术所具有的快速远程处理功能，为便捷快速的金融服务提供了强大的技术支持，但也加快了支付清算风险的扩散速度。往往发生在某地的重大风险事件，几乎在同一时刻就能波及到全球另一端的金融市场。例如，2016年 6 月 24 日，英国脱欧公投结果出炉，超半数以上的选民投票支持英国脱离欧盟。投票结果一经公布，英国金融外汇市场、股票市场均大幅下跌，几乎在同一时刻全球各地金融市场均相应发生剧烈震动。

四是互联网金融风险的立体化趋势显著，"交叉传染"的可能性增加，金融风险通过网络支付潜伏其中。在互联网金融下，第三方支付平台交易量不断增大，支付业务呈现多元化发展态势，为客户提供互联网支付、移动支付、电话支付、银行卡收单以及跨境支付等全方位支付解决方案。网络支付的发展进一步加速金融脱媒，使得商业银行支付中介的功能被边缘化，并使其中间业务受到替代。例如，支付宝、财付通等能够为客户提供收付款、自动分账与转账汇款、机票与火车票代购、水电费与保险代缴等支付结算服务。但其中的风险通过支付而发生，并且与社交网络结合，生成了可以传播、复制、歪曲甚至更改的信息风险。互联网金融中物理隔离的有效性大大减弱，金融业和客户的相互渗入和交叉日趋复杂化。这样，金融机构之间、国家之间的风险相关性日益加强，互联网金融风险"交叉传染"可能性大大增加。

五是相对应的法规体系的建设滞后且不完善。目前，我国整个法制建设还处于一个逐步完善、逐步健全的过程。大量的法律法规尚待出台，在互联网金融方面的法律条文更是屈指可数。除中国人民银行发布的《网上银行业务管理暂行办法》、中国银行业监督管理委员会发布的《网络借贷信息中介机构业务活动管理暂行办法》外，《商业银行法》和《中国人民银行法》针对互联网金融业务的规定与实际监管情况相比明显不足。

此外，从互联网金融的资金来源来看，互联网的资金有别于传统的中央银行、商业银行货币创造和运行模式，传统的货币运行模式可控，而在互联网金融模式，分散的、小规模的资金流通过互联网而聚集，特别是一些不具备特许牌照的网络金融参与进来，形成的合力和规模难以估量。这势必会对传统金融机构形成冲击甚至威胁，对金融监管机构也提出了新的挑战。

从 2008 年国际金融危机的产生和发展来看，互联网时代的金融风险呈现新的趋势，风险的关联度进一步提高，单体风险易转变为系统风险；风险的隐蔽性不断加强，显性风险易变为隐性风险，从而使金融风险更具传染性和隐蔽性。受互联网金融影响，各国监管当局更加关注对系统性和区域性风险的监测和防控，并产生和提出了宏观审慎监管的理念。

【专栏 9 - 1】

2015 年股灾与恒生 HOMS 系统

一、2015 年中国证券史罕见的"股灾"产生的系统性风险

（一）股市呈断崖式大跌，股指从 5178 点到 2850 点

2015 年 6 月 12 日至 8 月 26 日 A 股上证指数从 5178.19 点到 2850.37 点的暴跌主要是由两轮断崖式下跌完成的：第一轮从 6 月 15 日至 7 月 15 日；第

二轮从 8 月 18 日至 8 月 26 日，单日跌幅 3%以上的天数较多。

（二）A 股市场累计 11 天出现"千股跌停"现象

个股集中跌停反映了市场流动性短缺。自 2015 年 6 月 15 日至 8 月 25 日沪指千股以上跌停日多达 11 天，几乎每四日一次，个别时日甚至出现了交易个股全线跌停景象。投资者即使开盘即以跌停价出售，也因无人接盘而卖不出去。这在 26 年中国股市历史上是从未有过的现象。

（三）上市公司出现"停牌潮"

自 2015 年 7 月上旬起，上市公司出现"停牌潮"。以 2015 年 7 月 8 日为例，该日上证综指跌 6.97%，两市逾 1300 只个股跌停，剩下的公司中竟有 1312 个主动宣布停牌，占 A 股市场的 47.2%。这一大面积"停牌潮"现象的产生是因上市公司为避免流动性缺失，股价背离其价值持续下跌而采取的无奈之举。但这也是"双刃剑"，致使很多投资者欲跑不能，束手无策；一旦恢复交易，往往又是多个跌停板，损失很大。

（四）交易总额快速下滑

中国证券登记结算有限责任公司的统计月报显示：从 2015 年 6 月到 8 月的三个月间，经由中登公司结算的交易总额快速下降，由最高的每月日均近 7 万亿元降至 4 万余亿元，减少近 40%。同时，新增投资者人数下降幅度达近 75%。

（五）市值减少数十万亿元

在 2015 年的"股灾"中，仅 6 月 26 日单日，深沪两市总市值就蒸发了近 4.9 万亿元，相当于损失了三家中石油市值。在本轮"股灾"的第一个急跌期（6 月 15 日至 7 月 8 日）中，深沪两市共蒸发市值约 19.45 万亿元。从本轮行情的最高点 5178.19 点（2015 年 6 月 12 日）到最低点 2850.37 点（2015 年 8 月 26 日），深沪两市市值减少了近 33 万亿元。

（六）投资者损失巨大

同花顺数据显示：从 6 月 15 日至 9 月 14 日收盘，3 个月内下跌股票超 2500 只，下跌比例高达 95%。其中，跌幅超过 50%的股票多达 1548 只，接近六成。跌幅最大的 29 只股票，下跌幅度超过 70%，使投资人损失惨重。大批大、中、散户因涨时的杠杆放大而几倍亏损；很多大、中户被强制平仓，十多年心血积累，毁之于几天。

（七）新股停发，直接融资中断，伤及实体经济

为应对"股灾"，7 月 4 日国务院直接决定暂停新股发行，甚至将 7 月 6 日最后一批 28 只新股已冻结申购款提前解冻退回投资者。四个月的新股停发影响企业直接融资，加大了本已下行的实体经济困境，影响了中国经济发展。

（八）局部性金融风险增大

多家机构和个人因大比例融配资，形成巨亏，被强制平仓出局。如果这种状况持续，将导致银行通过配资及"两融"通道进入股市的贷款无法全额收回，出现大规模坏账。极可能形成由证券市场引发、众多银行受冲击的局部性金融危机，危及中国整体经济及世界经济，后果不堪设想。

二、恒生 HOMS 系统

被称为场外配资的核心 HOMS 系统由于证监会的禁止场外配资的规定被推上风口浪尖。恒生电子 HOMS 系统是什么？HOMS 系统是恒生电子 2010 年立项开发的，2012 年正式做出来的，2012 年 5 月才正式上线，大系统的名字叫做恒生订单管理系统。HOMS 是一款以投资交易为核心并兼具资产管理、风险控制等相关功能的投资管理平台，是针对私募等中小型机构定制的轻量级资产管理实现方案。HOMS 提供统一的互联网接入客户端，由恒生公司统一运营维护，降低客户 IT 投入成本，便捷部署迅速开展业务。

恒生电子 HOMS 系统典型客户类型包括：集资投资型私募、投资顾问型私募、结构化阳光私募、非结构化阳光私募、融资借贷业务私募等。恒生电子 HOMS 系统功能具有两个独特功能：一是可将私募基金管理资产分开，交由不同的交易员管理；二是能够灵活地分仓。2015 年初，一些 P2P 公司发现，利用 HOMS 系统既可以灵活地分仓，也可以方便地对融资客户实行风控，因此纷纷加入配资业，并形成负债端给用户固定收益的产品，资产端给股票融资客户融资的商业模式。

在业内人士看来，配资公司以 HOMS 系统为核心，实际上击穿了证监会的监管，场外资金可以通过 HOMS 系统进入股市，并且避开了实名制的限制。与此同时，大量信托公司也开始利用 HOMS 子账户管理系统，把信托账户拆分成多个独立的账户单元，独立地从事证券交易。HOMS 配资和配资平仓数据与 A 股的市值相比虽微不足道，但是由于其交易频率高，使之成为市场风向标，加剧了市场恐慌。

互联网配资平台是如何使用恒生电子 HOMS 系统的？互联网配资平台的客户可通过下载恒生电子提供的客户端进行股票交易，交易委托通过恒生电子交易系统实时进入合作券商在市场上成交。

三、证监会处罚恒生电子

证监会 2016 年 9 月 2 日晚间公布，拟对恒生公司、铭创公司、同花顺公司非法经营证券业务案作出行政处罚，处罚包括三家违法所得共计 1.48 亿元，处罚金 4.5 亿元。其中恒生一家罚款即达 3.98 亿元。

证监会的处罚公告显示：经查，恒生公司、铭创公司、同花顺公司开发具有开立证券交易子账户、接受证券交易委托、查询证券交易信息、进行证券和资金的交易结算清算等多种证券业务属性功能的系统。通过该系统，投资者不履行实名开户程序即可进行证券交易。恒生公司、铭创公司、同花顺公司在明知客户经营方式的情况下，仍向不具有经营证券业务资质的客户销售系统、提供相关服务，并获取非法收益，严重扰乱证券市场秩序。恒生公司、铭创公司、同花顺公司的上述行为违反了《证券法》第一百二十二条的规定，构成《证券法》第一百九十七条所述非法经营证券业务的行为。根据当事人违法行为的事实、性质、情节与社会危害程度，依据《证券法》第一百九十七条的规定，我会拟决定对恒生公司、铭创公司、同花顺公司及相关责任人员依法作出行政处罚。经营证券业务必须经国务院证券监督管理机构批准，任何人未经许可非法从事证券业务都是对资本市场基本法律制度的漠视，是对广大投资者利益的损害，必须予以严惩。

三、物联网金融模式监管目标：保护国家金融安全

（一）物联网金融关乎国家经济社会安全

第一，物联网技术的广泛应用让万物互联，高度智能化、便捷化、定制化催生智慧金融，因此物联网金融是"生态制胜、数据为王"的，商业银行的经营方式可能也将从客户为中心过渡到以信息数据为中心，信息数据驱动将成为不可逆转的发展趋势。并且，物联网产生的数据和互联网产生的数据也不在一个级别上，按照当今上网用户人数统计，至少10亿人可以进入互联网并留下数据信息，但如果没有物联网，即使所有地球人都上互联网，平均每人几台上网设备，几百亿已经是极限了，但在物联网时代，每一个物件都可以上网，每一个物件都可以控制，这个数量远远不是几百亿的级别，这样的数量带来的数据和信息的激增对于网络冲击的冲击是天翻地覆的，因此必然会带来信息和数据的安全和保密问题。

第二，物联网金融产生的数据和信息不仅是海量的，而且是异常复杂的、立体的、个性化的。物联网数据和信息均由物产生，物体产生的信息数据的安全和保密规则与目前互联网数据的有关规则不尽相同，比如，哪些物体产生的数据需要法律的特殊保护，以及保护的范围、边界、程度；哪些物体产生的数据可以作为公开资料或者经授权可以公开，如违法违规使用应承担的责任等；物联网信息数据的合法使用人的具体规则如保密期限、储存标准等。如果前述问题没有更为清晰的规则和边界，可能产生信息安全和保密方面的问题或纠纷，引起系统性、社会性的风险，甚至容易危害到国家安全。

第三，随着各种物联网技术广泛应用，节点与节点的关联度增强，交互

日益频繁，信息传递效率大大提升，信息交换的成本几近于零，信息获取的成本也接近于零，所以信息传递效率更多取决于节点的处理能力和传递意愿。对于单一节点而言，信息量超过节点的处理能力成为常态。正由于此，物联网信息作为调用所有资源的核心要素和杠杆支点，可以无限地加杠杆，放大要素资源的效率。对于生产要素资源如此，对于资本市场核心要素也是如此。在物联网技术之下，通过信息增加杠杆使得要素资源效率的波动急剧放大，在时间轴上反映出来就是冲击。物联网技术进入金融领域，很小规模的业务，通过无限加杠杆、零成本，极短时间就可以放大作用效应，形成冲击。这意味着，即使业务分散，也可能带来系统性风险，一切源于物联网高度互联、规模互联、高效传递、零边际成本的特点。

第四，随着物联网技术被深入应用到生产和生活的方方面面，安全隐患不容忽视。在推进物联网金融产业发展时，尤其要注意其可靠性、安全性及个人隐私保护问题。物联网金融将资金流、社会活动、战略性基础设施资源和居民生活架构在全程互联互通的网络上，所有活动和设施理论上透明化。而物联设备的加密能力相对较弱，一旦遭受攻击，安全和隐私将面临巨大威胁。

第五，物联网金融体系作为一个网络，是由相当数量的微观主体联结而成。由于微观主体的交互反应、传染效应、反馈机制等综合作用，那些曾被认为是理性风险规避者的微观主体，有可能已不再是风险的规避者和化解者，而转化为风险的放大器，并通过网络间的交互式传染，将风险扩散出去。一个看上去强健的金融体系有可能被证明是一个脆弱的系统。

因此，物联网金融的风险可能会对整个国家金融体系产生冲击。物联网金融模式虽然提升了金融的便利性和效率，但与此而来的是整个金融系统的脆弱性也相应提高，金融体系的安全性问题进一步凸显。物联网金融创新发展关乎国家安全和未来经济社会发展方向，应予以高度重视，确保物联网金融发展中决策、监管、运营、服务有效并安全可行。物联网金融模式的监管目标将进一步上升到国家金融安全保护水平上来。

（二）打造物联网金融模式的金融安全网

物联网金融模式风险传播的速度、影响的范围远比传统金融模式要急剧和广泛，为了保持整个金融体系的稳定，防患于未然，当某个或某些金融机构发生风险时，动员各种力量，采取各种措施，防止危机向整个金融体系和其他经济领域扩散和蔓延，这样的保护体系可以形象地比喻为"金融安全网"。金融安全网在一国的经济金融体系中对于稳定金融秩序、维护公众信心，进而保护实体经济不遭受损害方面起关键作用。

1. 金融安全网的概念及三大支柱

金融安全网在国际上最早是由国际清算银行（BIS）于1986年提出来的，但此后很长时间世界各国并未对其引起足够的重视；在国内金融安全网的概念相对较新，比较正式提出金融安全网的概念是在中国人民银行2005年发布的《中国金融稳定报告》中，其指出："目前的金融稳定是相对静态的金融稳定，要想保持长期、动态的金融稳定，除了转变经济增长的方式、保持宏观经济稳定、进一步深化金融机构的改革、改善金融生态环境等因素以外，很重要的就是完善金融安全网的建设工作。"

近年来频繁发生的金融危机，使金融监管对象更多地转移至机构风险管理和内部控制能力，以及银行内和银行间的风险暴露监测，而次贷危机的破坏性冲击更突出了控制系统性风险的战略地位，因此，后危机时代人们将目光投向了旨在防范风险的金融安全网建设。目前，对于金融安全网的认识，国内外学者基本达成了一致，即金融安全网是保护金融体系稳定的一系列的制度安排，是防范金融危机，降低金融机构发生风险的管理措施，是管理金融危机，防止危机蔓延或减轻其破坏性影响的约束机制。

对于金融安全网的构成要素，早在2001年的金融稳定论坛（FSF）曾经提出：狭义的金融安全网局限于存款保险制度（Deposit Insurance System）和央行最后贷款人（The Lender of Last Resort）职能；而当前被普遍接受的观点包括三个支柱，即前两者加上审慎监管（Prudential Supervision）框架：存款保险制度、央行最后贷款人职能、审慎监管。

2. 存款保险制度与央行最后贷款人职能

（1）存款保险制度是一种金融保障制度，由符合条件的各类存款性金融机构集中起来建立一个保险机构，各存款机构作为投保人按一定存款比例向其缴纳保险费，建立存款保险准备金，当成员机构发生经营危机或面临破产倒闭时，存款保险机构向其提供财务救助或直接向存款人支付部分或全部存款，从而保护存款人利益，维护银行信用，稳定金融秩序的一种制度。

中国存款保险制度的建立是以《存款保险条例》的实施为标志，是由国务院牵头，人民银行、财政部、银监会、发改委联合制定，已经2014年10月29日国务院第67次常务会议通过，自2015年5月1日起施行。存款保险制度的建立是落实党的十八届三中全会通过的《关于全面深化改革若干重大问题的决定》有关"建立存款保险，完善金融机构市场化退出机制"的要求，并被纳入我国的金融安全网，为我国金融市场上实行利率市场化和银行业市场退出机制等创造必要的法律前提。

（2）最终贷款人，即在出现危机或者流动资金短缺的情况时，负责应付资金需求的机构（通常是央行）。该机构一般在公开市场向银行体系购买质素理想的资产，或透过贴现窗口向有偿债能力但暂时周转不灵的银行提供贷款。该机构通常会向有关银行收取高于市场水平的利息，并会要求银行提供良好抵押品。

中央银行并不是唯一的最后贷款人。除了中央银行之外，其他机构也可以成为最后贷款人，如美国的财政部、清算中心和 1907 年的摩根集团都承担过最后贷款人的角色，加拿大的财政部和外汇管理局等都曾对出现危机的银行进行援助，成功执行最后贷款人职能。在我国由中国人民银行履行最后贷款人职能。

作为救助问题金融机构的核心手段，最后贷款人和存款保险制度实施的对象都以商业银行为主。当金融机构发生危机后，这两者都有向其提供紧急贷款援助的职能，因而存在互相补充、配合的基础。在极端情况下，当最后贷款人在存款保险机构缺乏资金时，还可以向其提供紧急贷款；而存款保险制度的存在，事实上减轻了最后贷款人的负担。

3. 审慎监管

信息不对称产生的监管漏洞也需要最后贷款人和存款保险制度来予以弥补。同样，金融风险的内生性以及最后贷款人和存款保险制度自身无法克服的道德风险的存在，需要通过审慎监管来减轻这些负面影响。

审慎监管的理念源于巴塞尔委员会 1997 年的《有效银行监管的核心原则》，在该文件中，审慎监管原则被作为其中一项最重要的核心原则确立下来。《有效银行监管的核心原则》包括 7 个部分 25 条原则，从银行业有效监管的前提条件、银行准入和结构、审慎监管法规和要求、持续监管手段、信息披露、监管者的权力、跨境银行监管七个方面，分别对监管主体和监管行为作出规定。这些原则是世界各国近百年银行监管经验教训的系统总结，反映了国际银行业发展的新变化和银行监管的新趋势。在"审慎监管法规和要求"部分，《有效银行监管的核心原则》共提出了 10 条原则，要求监管当局制定和实施资本充足率、风险管理、内部控制、资产质量、损失准备、风险集中、关联交易、流动性管理等方面的审慎监管法规。这些审慎监管法规可以分为两大类，一类涉及资本充足率监管，另一类涉及风险管理和内部控制。由上可知，所谓审慎监管是指监管部门以防范和化解银行业风险为目的，通过制定一系列金融机构必须遵守的周密而谨慎的经营规则，客观评价金融机构的风险状况，并及时进行风险监测、预警和控制的监管模式。伴随宏观审慎监管概念的提出，传统的审慎监管被称之为微观审慎监管，以与之相区别。

针对防范单体金融机构风险的微观审慎监管和针对防范系统性风险的宏

观审慎监管从来都是不可分割的。只不过在 2007 年国际金融危机前，宏观审慎监管长期被忽略或忽视，使系统性风险不断积累，最后酿成全面的金融危机。因此，强化宏观审慎监管成为金融危机后国际金融监管改革的重要内容。

正是在这样的背景下，加强宏观审慎监管也成为国内经济金融监管改革的重要课题，我国"十二五"规划明确提出，要构建逆周期的金融宏观审慎管理制度框架。在实践过程中，中国人民银行会同相关部门在深度参与国际组织关于系统重要性金融机构政策措施制定工作的基础上，结合国内实际，深入研究防范和降低我国系统重要性金融机构风险的政策措施。例如，研究制定了我国系统重要性机构（SIFIs）评估方法。银监会在监管实践中，在不断完善单体金融机构审慎监管的同时，也在履行着防范系统性风险的宏观审慎职责，探索出了一些行之有效的做法。例如，2009 年末，中国经济受刺激计划影响开始出现快速扩张时，银监会前瞻性地要求，大型商业银行和中小商业银行的最低资本充足率从 8% 分别提高到 11% 和 10%，拨备覆盖率从 100% 提高到 150%，以抑制信贷的过快增长，有效防范系统性风险。并从 2006 年起，银监会建立了经济金融形势季度分析通报制度，定期向银行业金融机构通报国家宏观调控政策导向，提示重点领域和区域的金融风险，在引导金融机构更有效服务实体经济的同时，督促其提早防范和化解重点领域的金融风险，控制系统性风险的积累。对房地产、地方政府融资平台、影子银行体系，以及流动性风险和操作风险等领域的重点风险提示，在一定程度上起到了早发现、早关注、早防范、早化解的作用，也成为银监会实施审慎监管的重要组成部分。再如，银监会借鉴国际经验，于 2007 年发布了《商业银行压力测试指引》，一方面用压力测试工具衡量单体金融机构的稳健性。另一方面不断尝试针对宏观经济下行、房地产价格下跌等假定情形的宏观审慎压力测试，对整个银行体系抵御外部冲击的能力进行了摸底，为守住不发生系统性风险底线增强了信心。目前，银监会在进一步完善压力测试工具与方法论的基础上，探索向社会与市场公布压力测试结果，发挥市场监督与约束的作用，形成防范和化解系统性风险的合力。

4. 物联网金融审慎监管在宏观和微观方向上的延伸

建立金融安全网对维护物联网时代的国家安全至关重要。与此同时，我们还应当看到：不仅在宏观方面，物联网金融监管目标进一步上升到保护国家金融安全的地位。在微观方面，物联网金融的监管重心也进一步由银行业机构总体风险的防范延伸至个体金融消费者风险的精准度量和防控，特别是在物联网时代大数据技术使风险精准识别成为可能，同时金融消费者保护意识不断提高的现实条件下。笔者在本书第八章第二节和本章第四节的相关内容中进行了深入分析，在此不再赘述。

【专栏 9 - 2】

加强金融信息整合共享　促进金融安全稳定

当前，中国金融业正在发生深刻变化，新金融业态不断涌现，金融创新层出不穷，金融机构综合经营稳步推进。与此同时，金融风险也变得日益复杂和突出，对现有的金融监管方式提出了挑战。为适应当前金融业的发展趋势，"十三五"规划提出，金融监管应统筹监管系统重要性金融机构、金融控股公司和重要金融基础设施，统筹金融业综合统计，强化综合监管和功能监管。其中，建立金融业综合统计体系，加强金融信息共享是提高金融监管有效性的基础。金融部门对此应高度重视，完善对金融宏观调控、金融监管和系统性风险防范等方面的信息整合共享，促进金融业安全稳定运行。

一、亟须加强金融信息的整合与共享

全面、准确、及时的信息数据是实现金融业有效监管和系统性风险监测的基础与保证。金融危机后，欧美等国监管当局意识到，宏观审慎政策对数据整合的需求与统计零散、标准不一的现行微观金融统计体系之间存在矛盾，需要在一国乃至全球范围内建立开放、标准化的金融数据体系。对中国而言，在当前经济新形势下，金融业资产规模扩张迅速，业务复杂程度大大提高，跨市场、跨行业经营活动愈发活跃，对及时有效的数据整合和跨部门信息共享的需求也尤为迫切。

1. 从大金融观出发，需要加强对金融信息的整合共享

20 世纪 90 年代以来，中国金融业逐渐从单一的银行业，演变为银行、证券、保险等多业并存的大金融业；金融市场不断拓展，交易规模由少到多，交易方式日趋复杂多样；金融工具和融资渠道多元发展，银行贷款在社会融资规模中的比例在下降，其他方式的融资占比明显上升。金融市场的快速发展使得我们有必要从大金融观出发，对银行、证券、保险、信托等行业资产、负债、风险等信息数据进行整合共享，从而对金融业整体状况全面加以了解。

2. 从系统金融观出发，需要加强对金融信息的整合共享

近年来，随着中国金融业改革开放的深化，衍生产品、资产证券化、综合经营等金融创新不断出现。金融创新打破了金融机构表内、表外的界限，使得传统的金融机构通过创新业务相互渗透，例如银行、信托公司、证券公司、保险公司通过银信合作业务、银证合作业务、银保合作业务等途径经营跨机构、跨行业、跨市场业务和产品。金融业务和产品的跨行业、跨市场，

易于引发金融风险的跨行业、跨市场传染，形成系统性金融风险。这就要求我们必须从系统金融观的角度，完善金融信息的整合共享，从而对金融业务链条的全程进行风险监测与监管，防止金融风险在监管真空领域的积聚。

3. 从宏观审慎金融观出发，需要加强对金融信息的整合共享

本轮国际金融危机后，关注系统性风险、加强金融宏观审慎监管成为国际社会普遍共识，金融监管强调微观审慎和宏观审慎监管并重，"既见树木又见森林"。对系统性风险的识别与评估，不仅需要宏观经济数据，还需要市场信息、行业信息、跨境信息以及微观金融机构的资产负债信息。这就要求我们必须从宏观审慎金融观出发，完善经济金融信息的整合共享，既关注单体金融机构和业务的风险与安全，同时也关注系统性风险和整个金融体系的安全。

4. 从整体金融安全观出发，需要加强对金融信息的整合共享

金融安全是国家安全的重要组成部分。近年来，中国经济进入新常态，金融风险在部分领域和地区正在积聚。同时，随着中国金融业对外开放程度加深，金融体系受到外源性影响的渠道增多。总体而言，中国金融安全面临人民币币值波动、宏观债务水平上升、金融市场透明度和稳健性不高、跨境资金异常流动风险加大等方面的挑战。这就要求我们必须从整体安全观出发，完善金融信息的整合共享，加大对金融风险的识别、计量、监测和控制，确保整个金融体系能够有力抵御各种内外部风险冲击，不发生严重的系统性风险和金融危机。

二、亟待完善金融信息的整合与共享

近年来，根据金融业的发展变化，金融部门和其他相关部门在金融信息数据的收集和共享方面作出了很多努力，在金融监管协调部际联席会议制度下，部门间的信息共享也取得了很大成效。各部门已通过协调统计制度、专线传输数据、纸质资料共享和按需提供专门数据等多种方式开展信息共享。但由于统筹规划和顶层设计不足、缺乏规范的跨部门信息共享制度保障、缺乏高效通畅的电子系统支持、缺乏便于对接的标准化数据规范等原因，跨部门金融信息的整合共享仍存在短板。

1. 金融信息的完整性不足

现阶段，各金融部门均按各自业务需求收集信息数据，但由于缺乏统领性规范，部分信息数据未被收集，已收集的数据质量也不够高。首先，金融机构的非传统业务以及跨行业、跨市场业务存在数据盲点。例如，对于银行机构通过信托公司、证券公司、基金公司、期货公司等开展通道类业务的资金流动状况等，目前尚未有完整清晰的统计。这使得各部门难以充分对

跨市场业务开展风险监测，也难以实现对金融风险监测的全覆盖。其次，已收集数据的质量有待提升。中国金融机构数据精细化管理水平不高，有的数据差错率较高，甚至存在一些有意瞒报、漏报问题。随着金融监管更加严格，对数据质量的要求越来越高，如果基础数据不实，风险监测就难以取得实效。最后，对市场信息的关注不够。各部门主要关注系统内部收集的信息，对于国内外研究机构的行业研究报告、咨询公司的分析报告和评级公司的评级报告等市场信息尚未实现实时抓取和有效运用。

2. 获取信息的及时性不足

一方面，各部门数据采集的及时性有待提高。例如，随着金融机构综合化经营趋势的加强，对于金融集团口径数据的需求更加强烈，现有的（半年一次）数据收集频度已难以满足监管需要。另一方面，部门间信息共享的时效性较差。金融部门之间往往在数据发布当天才彼此传送数据，加上系统传输时间，有时获取数据的时间晚于公开披露时间，共享数据的及时性不足。宏观经济部门与金融部门之间，由于共享的多为问题导向的临时性数据，主要通过纸质资料交换，及时性也较差。

3. 信息共享的有效性不足

第一，存在数据孤岛现象。受系统物理分隔的影响，从金融机构收集的大量数据散落在各金融部门，形成数据孤岛，部分监管急需的数据未能实现部门间共享。例如，各部门间现有的信息共享未充分考虑并表监管的需要。对于金融集团子公司的数据，并表监管的主监管部门只能从母公司提取，而缺乏从其他部门获得相关数据的渠道，影响了对金融集团整体风险的判断分析。第二，部分数据口径不统一。各部门定期向金融机构收集数据，其中部分数据有一定的交叉。由于各部门对数据侧重点有所不同，在缺乏统一规范的情况下，数据口径有所差异，导致名称相同的指标数据含义有所不同，降低了数据共享的有效性和数据的使用价值。

4. 信息运用的科学性不足

各金融部门虽能够定期从金融机构收集数据，但部分信息数据呈碎片化状态，科学化整合应用能力有待提升。第一，各部门现有的数据分析应用平台对底层数据的整合和分析功能不足，在将数据及时转化为对单体金融机构风险和系统性风险的判断和预警方面效率还不高。第二，部门工作人员对于信息数据内在涵义的理解还不够深入，对于风险监测工具和分析工具的使用不够熟练，对数据的横向和纵向分析不足，难以挖掘数据资源的潜在价值。

三、关于加强信息整合共享的几点思考

下一步，各金融部门应重点解决信息数据的缺失、碎片和孤岛问题，在此基础上完善信息整合共享，提高分析应用能力与科学决策水平。具体包括以下5个方面。

1. 加强信息数据整合的统筹规划

金融改革的稳步推进和金融市场的快速发展，对于微观和宏观审慎监管都提出更高的信息数据要求。为提高数据使用效率，应梳理各类金融基础数据的统计分类和标准，进一步推动金融统计数据规范化。2015年以来，"一行三会"已开始研究建立金融业综合统计体系，以统计信息标准化为手段，对银行业、证券业、保险业等资产、负债、损益以及风险情况进行统计。可考虑将这一统计体系推广应用到宏观金融、金融监管和系统性风险防范的各个方面。

2. 建立规范的跨部门信息共享机制

第一，梳理当前各部门信息数据采集和共享情况，明确各部门的数据管理职责、数据收集范围、信息共享内容和信息共享时间要求，清理重复收数现象。第二，对有实际需求，但尚未系统性收集的数据，明确数据采集主体和共享方式，消除盲点。特别是解决跨部门、跨行业、跨市场资金流动等数据盲点问题，支持对交叉性金融业务的有效监管，防范系统性金融风险。第三，针对商业秘密和市场敏感信息，制定有针对性的保密规定，对信息数据收集、传输、使用的全过程进行明确授权和规范。

3. 进一步扩大信息数据共享范围

在跨部门信息共享机制下，统一梳理部门之间的信息需求和可提供数据。对各部门已收集的数据打通部门间"数据孤岛"，力争实现各部门数据按收集频度进行最大程度、最大效率的共享。结合有效金融监管和系统性风险监测的需要，部门间可考虑共享的数据包括但不限于：第一，宏观经济金融数据，包括存贷款规模数据、社会融资规模数据、单家银行机构合意贷款规模和存贷款利率数据、央行公开市场操作以及各类流动性工具等数据、人民币国际化和跨境资本流动数据等。第二，金融市场相关数据，包括银行间市场、股票市场、债券市场、场外衍生品市场统计数据，银行业、证券业、保险业、信托业总体运行数据和单家机构数据等。第三，其他风险监测相关数据，包括企业和个人征信数据、支付结算业务数据、股权质押融资数据、房地产抵押融资数据、上市银行股权质押和冻结情况、企业外债和结售汇信息等。

4. 加强金融信息收集、加工、共享的电子化水平

第一，加大数据分析应用平台的开发力度，完善监管能力建设。信息的价值在于运用。各部门应推动数据分析应用平台的开发，加强对底层数据的整合和分析，实现对单体机构风险、重点领域风险和系统性风险的动态监测、

分析和预警。第二，统一规划建设跨部门的电子化数据传输系统，提高部门间信息共享的时效性。数据传输系统应能够有效汇总各部门数据，加强信息共享自动化程度，提高共享效率。

5. 研究建立全国统一的金融信息数据平台

从中长期看，为更有效地整合金融统计数据，可研究在"一行三会"现有信息数据系统基础上整合建立全国统一的金融信息数据平台，涵盖金融机构、金融市场和金融宏观调控，以及银行、证券、保险等各个领域，包括宏观经济数据、市场信息、行业信息、跨境交易信息、交叉性金融产品和跨市场金融创新的信息、互联网金融信息等，形成集中统一的金融数据库，各金融部门按职责和权限提供信息并授权使用，从根本上解决数据标准和口径不一、重复收集、数据共享有效性不足等问题。

金融信息的整合共享是一个系统性工程，对有效应对未来风险挑战、加强金融监管能力建设具有重要意义。当前国内经济进入新常态，金融业的不稳定和不确定因素增多，为守住金融风险底线，必须加强对金融信息的整合、分析和应用，为金融风险的识别、评估和预警提供有力支撑。为此，金融部门应做好统筹规划和制度设计，优化运行机制和管理流程，在保证安全的前提下，实现信息的有效供给、充分共享和深度运用，使信息数据更好地为金融监管服务，更好地为防范金融风险服务，更好地促进金融业安全稳定运行。

资料来源：王兆星. 加强金融信息整合共享　促进金融安全稳定 [J].
金融论坛，2016（8）.

第二节　监管技术变迁

一、监管技术理论基础

传统的金融监管技术理论，主要包括狗抓飞盘理论和放风筝理论，其核心观点为监管者要根据实际情况来适时调整监管技术和监管策略，从而更好地实现监管目标。

（一）狗抓飞盘理论

2012 年 8 月底，在美国堪萨斯联邦储备银行举办的经济政策研讨会"不断改变的政策环境"上，英格兰银行金融政策稳定委员会执行董事安德鲁·霍尔丹（Andrew G. Haldane）和英格兰经济学家瓦西利斯·马德拉斯

（Vasileios Madouros）发表了题为"对当前金融监管改革的反思"的演讲报告，将"金融监管防范金融危机"与"狗抓飞盘"进行了类比。狗抓飞盘是复杂环境下的决策问题或者最优管理问题。为了成功抓住空中飞行的飞盘，狗需要衡量一系列自然因素（包括风速、飞盘转速等），狗还需要目测飞盘运行的轨迹并快速跟踪。与此类似，监管机构为了成功预测和防范金融危机，需要考虑一系列经济金融政策和市场主体因素，包括金融创新、风险偏好、监管套利、个体群体行为等。

遗憾的是，狗能够轻松地抓获飞盘，而监管者却难以有效预测和防范金融危机的爆发。为什么会出现截然不同的结果？道理很简单，狗能成功地抓住飞盘，是因为狗在复杂的不确定环境中遵循了最简单的经验法则：以一定的速度奔跑做到身影相随，保证其注视飞盘的视角大致保持稳定。这是狗的最优选择。相应地，监管之所以会经常失效，是因为其随着金融体系的不断发展，不确定性不断增加，监管也变得越来越复杂。不断复杂的金融监管在增加成本的同时，也在不断提高监管的不确定性，上升的监管成本对冲了监管绩效，这不是监管的最优选择。

狗抓飞盘理论表明，目标明确、简单实用是提高银行监管有效性的可行之路。目前，国际银行监管已经从为数较少的监管工具演变为计算风险和资本充足性、流动性的复杂统计模型。银监会成立以来坚持使用一套简单、实用、有效的监管比率、限额和指标，是中国银行业在 2008 年国际金融危机中表现抢眼的因素之一。因此，我们应该动态完善、不断做实传统审慎监管工具，逐步引入、审慎运用资本充足率、杠杆率等新型监管工具。要防止过分求准、求精、求洋的监管指标体系在耗费大量监管资源的同时，以错误的结论误导金融监管工作。

（二）放风筝理论

放过风筝的人都知道，风筝飞得越高，线才敢放得更长，如果你的风筝飞得不够高，你就把线放得很长，风筝通常很容易掉下来。放风筝的人（监管者）将风筝（商业银行）上举，并就势推向空中。放风筝的人拉着风筝线（监管工具）迎风奔跑，跑的速度（监管力度）取决于风筝上升的情况和手中线的拉力大小。风筝上升慢，线的拉力就小，应加快跑速；风筝上升快，线的拉力大，则要放慢奔跑速度。风筝上升的同时，应根据线的拉力大小，适当放线，这样才能使风筝平稳地飞上蓝天，在天空中自由地翱翔。放风筝原理对银行监管的启示在于监管工作应该适应形势变化张弛有度，通过监管工具指标值以及不同时期监管力度、频次的适时调整，在支持经济发展和有效防控风险之间寻找到最佳平衡，实现银行业的稳健发展。

二、巴塞尔三版协议的资本监管变迁

源自巴塞尔协议的资本充足率监管是现代银行审慎监管的最重要成果，是现代银行审慎监管的核心技术指标。简言之，这一指标就是银行资本金与银行的风险加权资产的比例关系。

（一）1988 年《巴塞尔协议》

1974 年美国富兰克林国民银行和德国赫斯塔特银行的相继倒闭，引起国际金融界的轰动并使人们逐渐关注商业银行风险。1975 年到 1988 年期间巴塞尔委员会颁布了一系列文件保障银行安全，其中 1988 年发布的《巴塞尔协议》成为国际银行监管史上一块重要的里程碑。主要包括以下三个方面的内容。

1. 定义了资本及其构成

该协议按资本吸收风险能力的强弱将资本划分为核心资本和附属资本两类。其中核心资本主要包括银行的永久性权益资本，而附属资本不能全额计入，基于审慎原则需要在本来的金额上部分扣减或者按照规定的比率计入资本。并规定核心资本占总资产的比例应高于 50%，附属资本占总资产比例不得超过 50%。

2. 引入了风险加权资产的概念

《巴塞尔协议》将不同风险程度的资产划分了不同的权重，根据信用风险的大小将商业银行的表内资产划分为五大类，分别对应 1%、10%、20%、50% 和 100% 的权重，以此计算出风险加权资产。

3. 提出最低资本充足率标准

《巴塞尔协议》规定银行在过渡期（5 年）后通过对资本的充足，资本充足率应不小于 8%，核心资本充足率应不小于 4%。

《巴塞尔协议》引入风险加权资产的概念，将银行资本和风险联系起来，促使商业银行加强对资本和风险管理的管理，这是巨大的进步。但是在以后的执行过程中逐渐暴露了缺陷：一是仅仅考虑了信用风险，对其他风险关注不够。二是风险权重的划分过于笼统，造成银行为追求高利润更倾向于选择同一风险等级下风险较高的资产，从而银行的风险不能准确地反映。三是风险计量手段的落后导致资本计提不足。

（二）2004 年《巴塞尔新资本协议》（《巴塞尔协议Ⅱ》）

1988 年的巴塞尔资本协议发布以后，金融创新越来越多，银行面临的潜在风险也越来越多，《巴塞尔协议》暴露出来的问题也就越来越多，2004 年《巴塞尔新资本协议》出台，即《巴塞尔协议Ⅱ》。《巴塞尔协议Ⅱ》提出了

以最低资本要求为核心的三大支柱：最低资本要求、外部监管和市场约束，其中外部监管和市场约束对最低资本要求的实现提供支持。

第一支柱即最低资本要求方面，在原有的一级资本和二级资本基础上提出了能够覆盖市场风险的三级资本，同时在资本充足率的计算上增加了操作风险，并且针对各种风险提出了适合各种情况下银行可以采用的风险计量方法：对于信用风险，《巴塞尔协议Ⅱ》在兼容1988年的《巴塞尔协议》标准法的基础上，提出了基于违约概率（PD）、违约损失率（LGD）和违约风险敞口（EAD）三个指标的内部评级法；对于市场风险主要以VaR模型计量。新资本协议的规定对风险涵盖范围更广、评估更加科学，同时增强了银行在资本配置时对风险的灵敏程度。

第二支柱即外部监管方面，《巴塞尔协议Ⅱ》加强了对商业银行的监管力度，将监管内容从原来的单纯对资本充足水平的监管引导至对银行内部风险评估整体有效性的监管。

第三支柱即市场约束方面，《巴塞尔协议Ⅱ》建立了一套更加完善的信息披露制度，规定银行对有关银行的资本管理特别是关于资本结构以及对应风险状况的内容进行更为具体的信息披露，最大程度地发挥市场对银行资本管理的约束作用，维护金融体系的稳健运行。

金融危机的爆发暴露出《巴塞尔协议Ⅱ》监管框架中的问题，主要表现为三个方面：一是顺周期效应。顺周期性在任何市场经济体中普遍存在，资本监管会通过影响银行的信贷行为导致整体经济周期的波动更加剧烈。二是对系统性风险监管不足[1]。三是没有具体的流动性监管指标，对流动性风险监管不足。

（三）2010年《巴塞尔协议Ⅲ》

2008年的金融危机给国际金融界带来重创，暴露出原有监管框架中的问题。2010年12月推出更为稳健的银行监管框架《巴塞尔协议Ⅲ》。在原有的三大支柱的基础上，强化了资本定义，提高了资本吸收损失的能力，同时引入杠杆率指标以补充资本充足率指标，另外提出了流动性监管以及宏观审慎监管的理念，实现从微观的银行个体和宏观的金融系统两个层次对银行的资本管理实施外部约束。

1. 严格定义了资本

金融危机爆发的一个重要原因是银行体系对资本定义的不明确，在原来的监管框架下出现银行资本虚增的情况，导致部分银行无法抵御风险而陷入

---

[1]　系统性风险，是指金融系统的某一点受到看似微不足道的外力作用，并由这一点扩散至整个系统的各个相互联系的部分，最终触发大面积的金融机构遭受冲击的风险。

危机。《巴塞尔协议Ⅲ》在原有监管框架基础上，对资本进行了简单明确的划分，并规定了每一类资本的具体构成。按能否在持续经营条件下吸收损失将资本重新分为一级资本和二级资本两类，将一级资本又分为核心一级资本和其他一级资本，一级资本主要由普通股和留存收益构成，原来规定的优先股等不再属于一级核心资本。同时，《巴塞尔协议Ⅲ》简化了二级资本结构，不再设立子项目，并取消了专门用于吸收市场风险的三级资本。

2. 资本监管标准的提高

资本监管标准的提高主要体现在资本充足要求的更加严格与资产风险覆盖范围的扩大。《巴塞尔协议Ⅲ》除了延续《巴塞尔协议Ⅱ》所规定的8%的最低资本充足率指标以外，对其他资本充足率指标作出了较大的修订与增补：

（1）核心一级资本占风险加权资产之比由原来的2%提高至4.5%，一级资本充足率由原来的4%提高到6%；

（2）增加了对资本留存缓冲的要求（占风险加权资产的2.5%），减少商业银行过度风险信贷行为，提升资本吸收风险和损失的能力；

（3）增加逆周期资本缓冲要求（占核心一级资本的0~2.5%）。由于资本监管的顺周期效应，《巴塞尔协议Ⅲ》要求商业银行计提占核心一级资本的0~2.5%的逆周期缓冲资本；

（4）引进杠杆率（要求核心资本占风险加权资产的3%）作为对资本充足率监管的有效补充。具体框架如表9-1所示：

表9-1　　　《巴塞尔协议Ⅱ》、《巴塞尔协议Ⅲ》的资本充足率框架

	核心一级资本充足率（%）			一级资本充足率（%）		资本充足率（%）		附加宏观层面资本覆盖（%）	资本充足率补充要求（%）
	最低要求	留存缓冲	监管要求	最低要求	监管要求	最低要求	监管要求	逆周期资本缓冲	杠杆率
《巴塞尔协议Ⅱ》	2	无	无	4	无	8	无	无	无
《巴塞尔协议Ⅲ》	4.5	2.5	7	6	8.5	8	10.5	0~2.5	3

资料来源：根据巴塞尔协议相关资料整理。

3. 引进了流动性监管指标

《巴塞尔协议Ⅲ》引入了流动性覆盖比率（LCR）和净稳定资金比率（NSFR）两个新指标。流动性覆盖比率主要是针对商业银行在短期内的资本流动性管理，净稳定资金比率预防长期流动性风险，衡量商业银行在中长期内的支付能力。

4. 提出了宏观审慎监管观念

宏观审慎监管是对微观审慎监管的延伸和扩展，在对个体银行的监管基础上将视野提升至一个系统性的高度，以全局性和宏观的视角对银行业的整体行为以及银行之间的相互影响力进行监管，关注宏观经济的不稳定因素，维护金融体系的整体稳健，防范系统性风险的发生。

【专栏 9 - 3】

巴塞尔银行监管委员会
《关于巴塞尔协议Ⅲ监管框架实施情况的报告》

2016 年 8 月 29 日，巴塞尔银行监管委员会（以下简称巴塞尔委员会）发布《关于巴塞尔协议Ⅲ监管框架实施情况的报告》，为 2016 年杭州 G20 峰会提供信息参考。报告指出，《巴塞尔协议Ⅲ》监管标准实施进展情况良好，实施《巴塞尔协议Ⅲ》有助于银行增强资本实力，将继续开展监管标准一致性评估以及审慎监管结果分析。

一、《巴塞尔协议Ⅲ》监管框架的实施情况

（一）成员国持续贯彻落实《巴塞尔协议Ⅲ》监管框架。自 2015 年以来，《巴塞尔协议Ⅲ》监管框架实施情况取得重大进展。全部 27 个巴塞尔委员会成员国均已出台最终风险资本监管规则、流动性覆盖率规则和资本留存缓冲要求规则；24 个成员国已出台逆周期资本缓冲规定；23 个成员国已发布或起草国内系统重要性银行监管规则；所有成员国（地区）全球系统重要性银行机构监管都执行了巴塞尔监管规定；目前各成员国继续致力于执行《巴塞尔协议Ⅲ》监管标准，并计划于 2018 年 1 月开始实施杠杆率和净稳定资金比率监管指标。

（二）部分成员国表示监管标准实施仍面临挑战。部分成员国表示，因涉及国内立法和规则制定、银行信息系统调整困难等，在监管要求期限内完成标准实施仍面临一定挑战。包括非集中清算衍生品的保证金要求（2016 年 9 月前实现）、修订后的第三支柱框架要求（2016 年底完成）、测算交易对手信用风险标准法（2017 年 1 月完成）、中央交易对手风险敞口的资本金要求（2017 年 1 月完成）、股权投资基金资本要求（2017 年 1 月完成）等。

（三）非成员国也在积极推进监管改革。2012 年实施《巴塞尔协议Ⅲ》资本监管规则的非成员国数量为 6 个，2014 年增至 44 个，2016 年末有望达到 64 个；2014 年采用流动性覆盖率监管的非成员国数量为 31 个，2016 年末有望达到 63 个。预计至 2018 年，将有约 70 个非成员国发布基于《巴塞尔协议Ⅲ》框架核心要素的最终规则。

二、监管框架一致性评估情况

巴塞尔委员会制定了详细的监管规则一致性评估项目（RCAP）评估方法，促进各成员国提高监管标准应用的一致性（评估结论详见表 C9 - 1）。

（一）风险资本监管框架评估情况。截至目前，巴塞尔委员会已经发布了 24 个成员国实施风险资本监管框架的评估报告。评估认为，14 个成员国与《巴塞尔协议Ⅲ》风险资本监管框架相符，1 个大体符合，9 个不符合。其中，中国和日本的评估结论为符合、美国大体符合、欧盟基本不符合。

（二）流动性覆盖率监管框架评估情况。巴塞尔委员会已发布中国香港、印度等 7 个国家（地区）流动性覆盖率监管框架评估报告。评估认为，5 个与《巴塞尔协议Ⅲ》流动性覆盖率监管框架相符，2 个大体符合。

（三）全球系统重要性银行监管框架评估情况。巴塞尔委员会已发布中国、欧盟、日本、瑞士和美国五个国家（地区）的全球系统重要性银行（G - SIB）监管框架一致性评估报告，评估结论为相符。

三、《巴塞尔协议Ⅲ》实施影响和下一步计划

（一）实施《巴塞尔协议Ⅲ》有助于银行增强资本实力。监测结果显示，在巴塞尔协议Ⅲ监管框架下，国际大型银行平均资本比率持续增加，资本缺口进一步下降。过去五年内，国际大型银行在建立资本和流动性缓冲方面取得了实质性进展。自 2011 年以来，国际大型银行持有的核心一级资本增加了 1.3 万亿欧元，优质流动性资产和资金流入增加了 3.5 万亿欧元，杠杆水平明显下降。

（二）巴塞尔委员会监管框架实施计划。巴塞尔委员会将致力于持续提升成员国国内监管与《巴塞尔协议Ⅲ》监管框架的一致性。2016 年至 2018 年的工作重点为：一是持续监测《巴塞尔协议Ⅲ》的实施情况；二是持续监测《巴塞尔协议Ⅲ》的实施效果；三是 2016 年底前完成对所有成员国风险资本要求实施情况的评估，2017 年底前继续对流动性覆盖率监管指标的执行情况进行评估，同时每年进行后评估；四是总结风险资本评估、流动性覆盖率评估及全球系统重要性银行一致性评估经验；五是谋划下一步一致性评估计划，特别是针对净稳定资金比率以及杠杆率执行情况进行评估。

表 C9 - 1　　　　　巴塞尔委员会监管规则一致性评估项目结论

巴塞尔委员会成员国和地区	评估范围	现状	整体成绩	预计出版日期
澳大利亚	流动性覆盖比率	已计划	—	2017 - 09
巴西	流动性覆盖比率	已计划	—	2017 - 09
加拿大	流动性覆盖比率	已计划	—	2017 - 09

巴塞尔委员会成员国和地区	评估范围	现状	整体成绩	预计出版日期
中国	流动性覆盖比率	已计划	—	2017 – 06
瑞士	流动性覆盖比率	已计划	—	2017 – 06
欧盟	流动性覆盖比率	已计划	—	2017 – 03
美国	流动性覆盖比率	已计划	—	2017 – 03
日本	流动性覆盖比率	进行中	—	2017 – 12
新加坡	流动性覆盖比率	进行中	—	2016 – 12
印度尼西亚	风险资本	进行中	—	2016 – 12
	流动性覆盖比率	进行中	—	2016 – 12
阿根廷	风险资本	进行中	—	2016 – 09
	流动性覆盖比率	进行中	—	2016 – 09
韩国	风险资本	进行中	—	2016 – 09
	流动性覆盖比率	进行中	—	2016 – 09
中国	G – SIB 框架	完成	符合	2016 – 06 已出版
	风险资本	完成	符合	2013 – 09 已出版
欧盟	G – SIB 框架	完成	符合	2016 – 06 已出版
	风险资本	完成	基本不符合	2014 – 12 已出版
日本	G – SIB 框架	完成	符合	2016 – 06 已出版
	风险资本	完成	符合	2012 – 10 已出版
瑞士	G – SIB 框架	完成	符合	2016 – 06 已出版
	风险资本	完成	符合	2013 – 06 已出版
美国	G – SIB 框架	完成	符合	2016 – 06 已出版
	风险资本	完成	大体符合	2014 – 12 已出版
土耳其	风险资本	完成	符合	2016 – 03 已出版
	流动性覆盖比率	完成	符合	2016 – 03 已出版
俄罗斯	风险资本	完成	符合	2016 – 03 已出版
	流动性覆盖比率	完成	符合	2016 – 03 已出版
沙特阿拉伯	风险资本	完成	符合	2015 – 09 已出版
	流动性覆盖比率	完成	大体符合	2015 – 09 已出版
南非	风险资本	完成	符合	2015 – 06 已出版
	流动性覆盖比率	完成	符合	2015 – 06 已出版

续表

巴塞尔委员会 成员国和地区	评估范围	现状	整体成绩	预计出版日期
印度	风险资本	完成	符合	2015 – 06 已出版
	流动性覆盖比率	完成	大体符合	2015 – 06 已出版
墨西哥	风险资本	完成	符合	2015 – 03 已出版
	流动性覆盖比率	完成	符合	2015 – 03 已出版
中国香港特别行政区	风险资本	完成	符合	2015 – 03 已出版
	流动性覆盖比率	完成	符合	2015 – 03 已出版
加拿大	风险资本	完成	符合	2014 – 06 已出版
澳大利亚	风险资本	完成	符合	2014 – 03 已出版
巴西	风险资本	完成	符合	2013 – 12 已出版
新加坡	风险资本	完成	符合	2013 – 03 已出版

　　资料来源：根据巴塞尔委员会 2016 年发布的《关于巴塞尔协议Ⅲ监管框架实施情况的报告》编译。

三、物联网金融对资本监管的影响

　　目前国际上主流的银行业金融监管框架，是基于新巴塞尔协议而设计的。新巴塞尔协议历经数十年考验，被证明在应对金融危机、维护经济稳定、锚定公众信心、协调国际监管合作方面是卓有成效的。其中，新巴塞尔协议下的三大支柱，即最低资本要求、外部监管与市场约束，主要针对传统银行的传统风险而设计，对新兴的物联网金融监管则几乎没有规定，监管的缺位导致网络金融基本处于"野蛮生长"阶段。目前，政府主管部门对其态度尚不明确，而银监会、人民银行等监管部门亦没有出台针对性的特殊监管措施。相关的道德风险、投机风险、洗钱风险、投向风险不断累积。从这个角度讲，物联网金融将极大地影响银行资本经营发展战略，影响未来特定资本监管措施出台。

　　（一）推动"轻资本"化经营战略普及实施

　　物联网带来的新形势，以及当前我国金融领域实施的利率市场化等一系列改革，已将中国金融业带入一个全新的时期，以往"高资本消耗"、"重资产运行"、"拼成本运营"的传统经营模式难以为继。商业银行须全方位加快转型，走"轻资本"、"轻资产"、"轻成本"之路，才能在新形势下摆脱困境，实现健康可持续发展。同时，虽然银行提高资本充足率很必要，但资本充足率并非越高越好，资本充足率应提高到符合金融稳定和资本利用效率要求的协调水平。如图 9 - 1 所示，资本充足率存在一个理论最优值。在最优值左侧，银行资本扩张能力随资本充足率的提高而提高，在最优值的右侧则反之。当资本充足率达 100% 时，银行风险最小，但资本效率最低，银行业务发展受到极大限制。

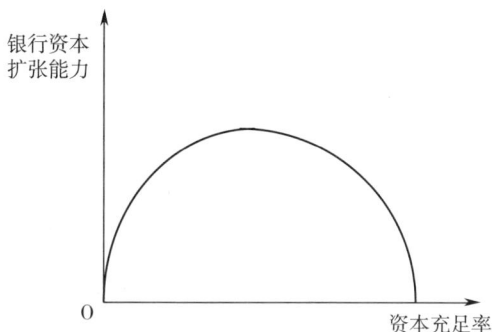

图 9 - 1　银行资本扩张的"拉弗曲线"

伴随"新常态"下经济转型与结构调整，商业银行面临信用风险持续增大的压力，加之利率市场化的全面实施，将大大削弱商业银行的盈利能力和内部资本积累能力；另一方面，随着信用风险暴露和盈利能力的下降，银行的边际资本效率也面临下滑的压力，支撑单位利润所需的资本将会增加；此外，商业银行市净率（即 PB）持续低迷（低于 1 倍），导致依托资本市场筹集资本的效率也大大降低，而在低市净率情形下频繁融资即意味着对股东价值的摊薄与侵蚀（且受监管约束），并将进一步压制市净率水平，陷于恶性循环。新形势下，商业银行实施"轻资本"战略的必要性、紧迫性和重要性已大大增强。

"轻资本"是商业银行经营模式转型的核心所在，而"轻资产"、"轻成本"则是实现"轻资本"的必要前提和重要抓手。

1. 实施"轻资产"，主要指向"物理形态"和"账务形态"

一是从物理形态看，要处理好"线下"与"线上"业态的关系。在劳动力成本、物理网点成本快速上升，利差收益日趋下降的形势下，物理网点的边际成本越来越高，而边际收益则加速下滑，甚至呈现边际负效，依靠物理网点扩张的外延发展模式已不可持续。依托合理、高效、多业态物理网点，大力发展移动互联"线上"业务，满足客户全方位、全渠道产品、服务需求与体验，成为商业银行未来发展的必然选择。二是从账务形态看，就是要处理好"表内业务"和"表外业务"的关系，要改变传统的追逐资产负债表扩张、依托表内业务高耗资本发展的惯性，应着力发展低风险、低资本消耗乃至零资本消耗的表外、表表外业务，打造依托内生资本积累的可持续发展模式。

2. 实施"轻成本"，主要指向"资金成本"和"运营成本"

"资金成本"考验的是商业银行的客户经营能力、产品创新能力和定价管理能力，其核心又在于客户经营能力和产品创新能力。只有立足客户经营，以客户为中心，通过提供全渠道产品与服务，合理满足客户需求与体验，才能最大限度拓展高忠诚度、有粘性的结算性价值客户，以此形成的存款资金，对利率的敏感性将是最低的，进而银行可以最大程度获取低资金成本的优势。"运营成本"考验的是商业银行的流程整合能力、业务整合能力和财务管控能力，而其核心与基础又在于流程及业务整合能力。只有以客户为中心，致力于流程的整合与业务的整合，确保在有效控制风险的前提下，业务决策流程最短、有效，业务操作的流程最优，作业环节至简、高效，单位作业成本最低，才能占据运营成本管控的优势"高地"。

强调"轻成本"，就是要树立"成本为王"的理念，尤其在经济下行、信用风险加速暴露、利率市场化全面实施的新时期，高成本即意味着高风险和潜在的高损失，低成本、"轻成本"即意味更强的产品定价能力与回旋余地、更大的盈利空间、更高的风险吸收能力和更具优势的核心竞争力。在当下存款利率上限全面打开的新阶段，通过提升资金成本快速撬动存款规模已轻而易举，而高成本、无效的存款规模必然派生高风险资产并快速空耗资本，无异于饮鸩止渴。高成本存款最终将沦为诱发商业银行资产质量问题的源头。在同样或相似的"净息差"水平下，资金成本的高或低反映了一家商业银行经营稳健性的差异，因为高成本负债必然要以高收益资产去覆盖，而经济下行期则更容易付出高风险、高损失的代价。因此，在新时期，重视和强调"成本优势"、"轻成本"的意义要远远超出对"净息差"、"账面净利润"关注的意义。

物联网金融时期，商业银行必须加快转型，坚定不移地走"轻资本"、"轻资产"、"轻成本"之路，围绕"轻资本"战略，调整资产负债结构、客户与业务结构，提升非息收入占比，有效管控资金成本和运营成本，才能最大程度规避经济下行期经营风险，占据同业竞争的核心优势"高地"，实现可持续健康发展[1]。

---

[1] 曹国强. 商业银行转型发展战略选择："轻资本""轻资产""轻成本"[J]. 银行家杂志，2016 (7).

（二）影响巴塞尔协议的三大支柱：从独木支撑到三足鼎立

物联网金融将深刻影响《巴塞尔协议Ⅲ》的三大支柱，即：第一支柱最低资本要求、第二支柱监督检查、第三支柱市场约束（信息披露）。影响包括三大支柱的涵盖范围、监管权重、作用方式等方面。目前，巴塞尔协议的三大支柱（最低资本要求、监督检查和市场约束）实施重点主要在第一支柱，第二、第三支柱起辅助补充作用。但在实际风控效用方面，美国学者对150个国家和地区《巴塞尔协议Ⅲ》实施情况的统计显示，从高到低依次为第三支柱、第一支柱和第二支柱[①]。物联网金融将深刻影响三大支柱格局，加强第二支柱和第三支柱的重要性，提高第一支柱的风控效果，从而使三大支柱的地位和效果越来越均衡，由传统的第一支柱"独木支撑"变革为三大支柱的"三足鼎立"，共同发挥作用，相互支撑互补。具体而言包括以下三方面。

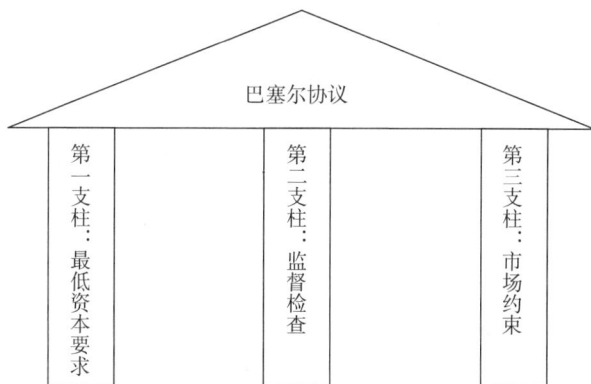

图 9 - 2　巴塞尔协议三大支柱

1. 第一支柱：风险资产资本全覆盖假说

《巴塞尔协议Ⅲ》的最低资本要求对风险加权资产从信用风险、操作风险、市场风险三个方面进行了规定。在风险覆盖上仍留有"空白点"，即存在剩余风险和未涉及的风险。这主要包括三个方面：一是第一支柱虽涉及但未完全涵盖的剩余风险。如信用风险中的贷款集中度风险。单个或一组关联交易对手、同一行业或地域交易对手、财务状况依赖于同类业务或商品的交易对手、单一类抵质押品、保证人风险都可能产生贷款集中度风险。二是第一支柱未涉及的风险。包括流动性风险、战略风险、声誉风险和业务风险等。

---

① *JAMES R. BARTH，GERARD CAPRIO，JR ROSS LEVINE.* 反思银行监管（*Rethinking Bank Regulation*）[M]. 北京：中国金融出版社，2008.

目前，第一支柱的剩余风险主要寄希望于第二和第三支柱来监督化解。三是外部的小概率黑天鹅事件。此类事件在物联网金融模式下会引发蝴蝶效应，从而对金融体系造成极大损失。

物联网金融模式流动性、声誉等风险占比越来越重，风险传播速度越来越快，影响和破坏力越来越大。在第一支柱对此类风险未充分考虑的情况下，单依靠第二和第三支柱监督将无法及时有效地量化和控制风险。因而，物联网金融下的第一支柱的风险加权资产需对目前的剩余风险进一步覆盖，不仅要进一步细化信用风险、操作风险和市场风险的子项目，也需将流动性风险、战略风险、声誉风险、业务风险和小概率事件风险以"其他重大风险"名义纳入第一支柱进行资本计量，并且在降低信用风险权重的同时，提高"其他重大风险"的权重以示重视，详见图9－3。

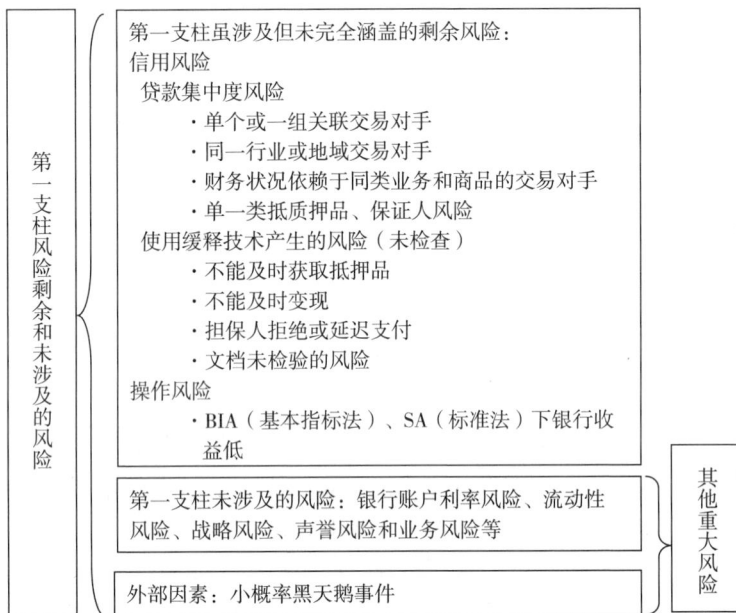

图9－3 第一支柱风险剩余和未涉及的风险

2. 第二支柱：大数据监管工具假说

一方面，物联网金融的创新发展带来了丰富多样的金融服务，各种各样的金融产品及衍生品极大地满足了人们的金融需求，但这同时也给监管当局带来了巨大的挑战。《巴塞尔协议Ⅲ》第二支柱明确要求：监管当局要对银行的风险管理和化解状况、不同风险间相互关系的处理情况、所处市场的性质、收益的有效性和可靠性等因素进行监督检查，以全面判断该银行的资本是否充足。在当前监管基础设施和人力资源配备条件下，金融市场的快速发展、产品的快速创新、不同金融领域的混合交叉使监管当局所面临的监管选择决定因素爆炸性增长，增加了监管工作量和监管工作难度。

另一方面，物联网金融的发展也带来了丰富多样的金融监管工具，尤其是精准大数据监管工具，如银监会的现场检查 EAST 工具（详见本章第三节）。大数据工具的应用能够解决过去部门间数据互通互容性不够，应用数据现时性不强，基层监管力量单薄、监管方式盛行"人海战术"的问题。以大数据为支撑，以信息化监管为手段，对金融运行进行数字化、网络化、自动化、智能化为一体的实时跟踪、动态监管将成为未来监管方式的标配。

物联网金融模式的第二支柱将明确对大数据监管的要求，具体将包括提升数据治理、应用大数据监管提高服务、推进信息共享开放、发展社会化征信等方面。目前，大数据监管受到了越来越广泛的认同和应用。例如，美联储经济学家正在研究用非传统大数据改善经济预测的准确性和时效性，弥补当前预测方法的不足。2015 年 7 月 1 日，国务院印发了《关于运用大数据加强对市场主体服务和监管的若干意见》，布置落实运用大数据理念、技术和资源，推进简政放权和政府职能转变。大数据一词在该文件中共出现了 61 次。

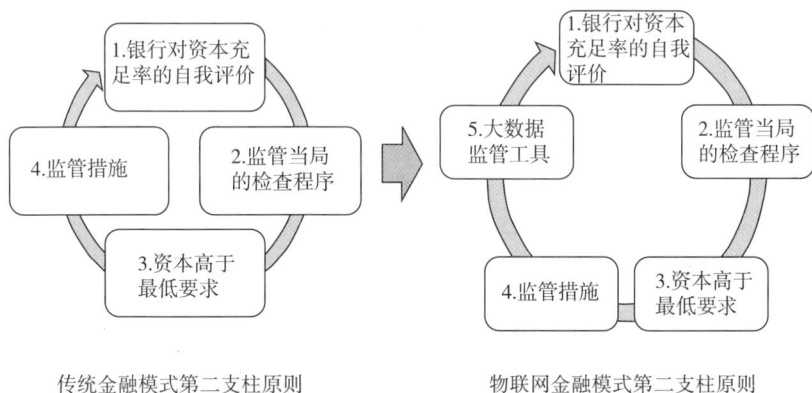

传统金融模式第二支柱原则　　　　　物联网金融模式第二支柱原则

图 9 - 4　第二支柱大数据监管工具原则假说

3. 第三支柱：网络平台监督者假说

物联网时代，各种市场网络平台将成为经济、社会的中枢。在云计算、大数据、物联网、移动互联网、智能硬件等技术快速推进的新局面下，共享的深度有了更大程度的加强。在互联网/物联网层次的结构内，感知层的 RFID、传感器、智能终端等源源不断地收集数据，数据传输到网络层的云计算、大数据平台上以大规模存储和处理，智能系统（含智能制造、智慧农业、智慧商务、智能电网、智慧交通等）开展智能化、自动化、专业化的应用，从而形成强大的统一网络平台，成为经济、社会的神经中枢。网络层的云计算、大数据平台共享化水平前所未有，人们的多样化需求将得到持续满足。如果说原有经济体系中横向分工占上风，那么今后一段时期，纵向共享将成为更主要的新经济特征（详见第十章第四节平台经济）。

《巴塞尔协议Ⅲ》第三支柱市场约束也被称为"市场纪律"，实质是银行债权人、股东等利益相关者，借助于银行的信息披露和有关社会中介机构，如律师事务所、会计师事务所、审计师事务所和信用评估机构等的帮助，通过自觉提供监督和实施对银行活动的约束，把管理落后或不稳健的银行逐出市场等手段来迫使银行安全稳健经营的过程。物联网时代平台经济蓬勃发展，网络平台作为市场的中枢，也必然是重要的社会中介机构，自然而然地对金融机构信息公开起到事半功倍的约束和监督作用。金融机构信息公开由之前泛化的利益相关者监督进一步发展到由各类网络平台和利益相关者共同监督。互联网、物联网网络平台成为新的市场监督者，对金融机构信息披露发挥重要的约束作用（如图9－5所示）。

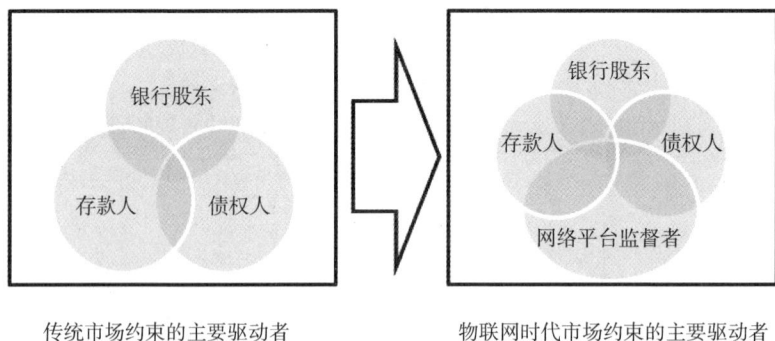

传统市场约束的主要驱动者　　　　物联网时代市场约束的主要驱动者

图9－5　物联网金融网络平台监督者假说

第三节　监管手段变迁

一、传统金融监管的"人海战术"

传统的金融监管手段相对缺乏先进的技术手段，多采用"人海战术"模式的监管手段。由于金融机构众多，尤其是近年来膨胀式急速发展。以银行业为例，截至2015年末，我国银行业金融机构包括3家政策性银行、5家大型商业银行、12家股份制商业银行、133家城市商业银行、5家民营银行、

859 家农村商业银行、71 家农村合作银行、1373 家农村信用社、1 家邮政储蓄银行、4 家金融资产管理公司、40 家外资法人金融机构、1 家中德住房储蓄银行、68 家信托公司、224 家企业集团财务公司、47 家金融租赁公司、5 家货币经纪公司、25 家汽车金融公司、12 家消费金融公司、1311 家村镇银行、14 家贷款公司以及 48 家农村资金互助社。截至 2015 年末，我国银行业金融机构共有法人机构 4262 家，从业人员 380 万人。银行业金融机构资产总额 199.3 万亿元，是 2006 年 44 万亿资产总额的近 5 倍，而同期银行业监管人员基本没有增加。以银监会为例，截至 2015 年末，银监会系统员工总数 23683 人，仅比 2006 年 23269 人增加了 414 人。[①] 银行监管人员的增长和银行业规模的增长极度不匹配。

此外，银行业务和产品种类也呈爆发性增长。例如，银行卡人均持卡数从 2001 年的 0.22 张发展到 2015 年的 5 张，12 年内增长了 22 倍，人均持卡数的飞速上涨一方面带来了消费的便捷性，一方面也反映出金融机构、业务的爆发性增长。在这种情况下，"人海战术"监管模式下监管人力资源不足的问题凸显（如图 9 - 6）。

億元

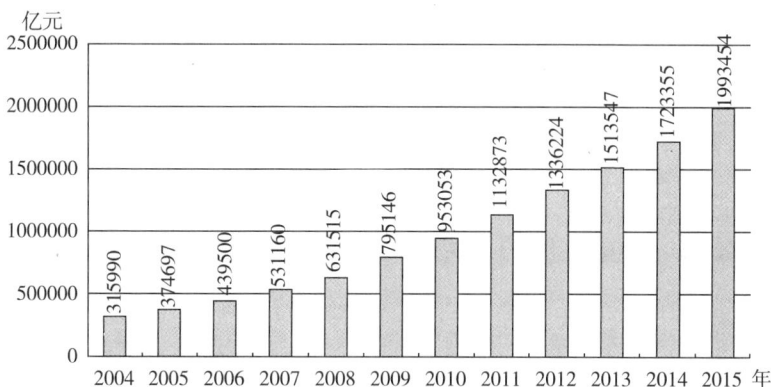

资料来源：中国银监会年报。

图 9 - 6　中国银行业总资产（2004—2015 年）

传统的监管评级体系是由金融监管人员通过实地调研金融机构运营情况并进行信用评级，再给予机构实施对应的监管措施。监管决策更多依赖于主观判断和经验积累，对监管人员数量和工作经验依赖性极强，极大地影响了监管评级开展的效率和准确性。

---

① 资料来源：中国银监会年报。

　　传统现场检查的手段主要是通过翻阅资料、问询人员和实地查看等方式，特别是在当前我国金融业大发展的现实条件下，监管资源相对有限，现场检查人员明显不足。通过这种"人海方式"对所有的银行业机构进行现场检查，面对浩繁的数据资料，宛如"大海捞针"。从表9－2可以看出，银监会近十年来的现场检查平均机构覆盖率呈明显下降趋势。这充分反映出在金融行业不断快速发展的情况下，传统的现场检查手段捉襟见肘，监管资源不足。此外，从检查过程看，传统的现场检查通常是进场后，采取全面检查的方法，一边开展检查，一边调整思路，往往会产生"盲人摸象"的问题。

表9－2　　　　　　　　现场检查情况表（2005—2014年）

项目/年份	2005	2006	2007	2008	2009	2010	2011	2012	2013	2014
查处违规金额（亿元）	7671	10147	8555	12883	11514	15370	12634	11565	23165	51001
处罚违规银行业金融机构（家）	1205	1104	1360	873	4212	2312	1977	1553	1341	2157
取消高管人员任职资格（人）	325	243	177	78	86	49	66	55	38	22
现场检查平均机构覆盖率（%）	34	35	42	24	30	27	19	20	16	15

　　资料来源：中国银监会2015年年报。

二、物联网金融监管的"大数据利器"——EAST系统

　　（一）物联网金融"生态制胜，数据为王"

　　物联网的三层架构决定了其发展的维度和进化路径。物联网的发展将至少包含三大维度：第一个维度是感知层和网络层的万物互联。2010年，思科预测到2015年，全球会有超过71亿个移动设备和互联网连接。事态发展总是超乎预料，2014年，全球的移动设备规模就已达到74亿个。未来十年中，仍将会有250亿个乃至500亿个设备连接至物联网络，连通的线性增长将转变为指数增长，物联网迅速覆盖全球。届时，再也没有线上线下的区分，因为所有设备都已互联。第二个维度是应用层的全面实施。物联网的技术将逐步深入到产业和消费者领域，带来新的商业模式和商业逻辑。据预测，到2025年，全球物联网供应和商业使用的市场规模将可能达到4万亿~11万亿美元的量级。在众多垂直领域中，诸如工业互联网、智慧城市、智能家居所带来的智能生产、智能交通以及智能生活的雏形，新的商业逻辑将逐步形成。

第三个维度是感知层、网络层与应用层的完美统一，物联网最终将成为一个覆盖全球、懂得自我建设和运行的智能系统，这将改变整个社会的形态，使企业得以更智能、更高效地开展商业活动，人类得以享受更加智能化的生活。

因此，物联网的发展可以为金融机构建立起客观信用体系，生成客观的信息大数据，将帮助金融机构打造全新的商业模式。例如，物联网可以帮助银行实时掌控贷款企业的采购渠道、原料库存、生产过程、成品积压、销售情况，甚至用户使用情况，可以帮助银行开展贷前调查，贷中管理，贷后预警，全面了解企业，精准定制服务，提高风控水平。这就使得金融机构依赖的信用体系更加客观化，逐步实现从主观信用向客观信用的转变。

通过物联网技术使银行风控从主观信用转向客观信用模式，将使经营效率大幅度提升。如果个人和企业客户愿意通过物联网与银行分享各类数据，或者物联网企业愿意共享第三方数据，银行将获取前所未有的海量实体行为数据，与互联网时代的虚拟数据相比更加真实有效。以这些基于客户生物个体、实际生活、经济行为和经营活动的大数据为基础，银行可以将信贷与客户的财务状况、健康状况、家庭情况、企业供应链信息等动态变化相关联，得以全面分析个人或企业客户的资产负债表，从而实时调整其信贷和支付额度，并自动提供综合金融服务方案。以此为基础，银行对于客户前端信息的主观调查，被传感器实时采集的客观数据所代替，风控模式将从滞后性的主观信用进化为实时的全面客观信用，风控效率将得到明显提升。

对此，传统银行的最优策略是跳出金融范畴，帮助客户去实现物联网化，包括为传统产业搭建网络基础设施，以及打造涵盖交易、订单分发、支付结算、物流管理等功能的网络系统或者平台，在充分抢占物联网入口的基础上，进一步构建起"物联网＋大数据＋客户洞察"三位一体的新型商业模式，并在此基础上提供其他金融服务。第一，围绕客户洞察，强化数据分析能力建设。作为"互联网＋智能硬件"的自然延伸，物联网将带来体量更加庞大的实时传感器数据，物联网金融必然是"生态制胜，数据为王"，商业银行经营方式将从以产品、客户为中心彻底过渡到以数据为中心，数据驱动成为不可逆转的发展趋势。但互联网和物联网的核心区别在于数据来源，互联网的数据由人产生，人是天然的智能终端，具备自主生成信息的能力，因此传统互联网无须过多关注其他信息源。物联网的数据则由物产生，数据处理变得更加复杂，物理世界的实体必须映射为数字世界的可识别模型才能构建起互联关系。但如今，沉淀在银行系统中的交易数据，90%以上没有得到利用。因此，银行需要不断提高数据分析能力，通过及时分析各种数据，厘清其中的深层含义，进而向客户提供高度个性化、有价值，且具实际意义的产品和服务。

（二）大数据监管利器——EAST系统

为提高对银行业金融机构现场检查的力度和效果，2008年中国银监会启动了现场检查EAST系统的建设。EAST系统是检查分析系统Examination & Analysis System Technology的简称，是应用于现场检查数据分析和检查工作流程控制的信息系统，包括银行标准化数据提取、现场检查项目管理、数据模型生成工具、数据模型发布与管理等功能模块。

EAST系统于2012年初立项，2012年底在浙江、山东、河北银监局完成试点，2013年完成了全国36家银监局的投产应用，2014年底完成了中资法人机构和农村合作机构的数据采集和监管应用。目前系统向银行采集的标准数据主要包括公共信息、会计记账信息、客户信息、授信交易对手信息、卡片信息、信贷管理信息、交易流水信息、统计全科目、客户风险统计、资金业务、理财业务共计11大类数据。

银监会通过建设和推广EAST系统，构建了先进的现场检查系统平台和灵活的系统架构，实现了对银行业金融机构海量数据的有效挖掘和深度分析，不仅大大提高了现场检查效率，而且为"精确打击"提供了技术上的支持，这是我国银行业监管技术的重要突破。

EAST系统是为应对银行业经营管理信息化对监管者提出新挑战而开发的，是落实银监会"管法人、管风险、管内控，提高监管有效性"的"三管一提高"指导思想的有效手段。其主要架构包括三个部分。一是业务检查分析，即使用SAS分析软件建立检查模型，对业务数据进行分析。二是用于检查项目流程管理的子系统。三是监管信息支持共享平台。应用EAST系统的核心内容是通过建立检查模型对法人银行机构业务管理系统中的海量原始业务数据进行筛查，即检查人员在掌握银行数据库结构的基础上，应用EAST工具，将检查思路转变为计算机分析程序，进行批量业务检索，从中找出不符合政策规定和业务逻辑的疑点记录，再根据这些疑点记录进行现场核查取证。在此基础上，进一步追查出现的合规及风险问题是否源于内控制度、管理流程、内部审计等方面的不足，进而对银行机构的管理水平作出客观评价。

（三）EAST检查的有效性

截至2015年末，银监会下属36家银监局合计采集EAST标准化监管数据78T，同比增长25%；覆盖6692万个对公账户和36亿个人账户，同比增长23%和12%，在现场检查方面应用逐步深入、作用越来越显著，在非现场监管方面也逐步涉及、作用越来越大，在推动商业银行完善数据治理、提高管理水平和服务实体经济能力方面的作用也逐步显现。

1. 现场检查效率显著提高

由于前期系统数据资料检索准备工作较为充分，在现场核查环节，除因系统录入数据错误和遗漏外，筛选出被查银行贷款新规方面的各类疑点问题基本得到印证。例如对实贷实付、资金流向等问题，仅通过系统对被查银行信贷系统和核心业务系统数据筛查结果便基本能够得到确认。

2. 现场检查层次得到明显提升

由于检查数据来源为银行底层原始业务信息，真实性相对有保证，批量筛查出的问题为现场检查结论提供了充分的论据，运用检查实现了从验证型检查向管理评价型检查过渡。因此，检查组通过追根溯源，深度分析共性问题的内在原因，提出被查机构在制度建设、岗位职责、管理流程以及系统等方面存在的缺陷，并将这些突出问题逐一提升到对被查机构的管理、内控、系统层面的评价上。

3. 现场检查有效性得以充分体现

对检查人员来说，系统提供了一个强大的辅助检查工具，其关键是将检查思路准确地转变为计算机分析模型。而现场检查经验和思路在检查过程中起到了至关重要的作用，检查人员将检查经验与系统功能有机结合，充分发挥了计算机分析技术在现场检查中的威力，使"下现场找问题"转变为"带着问题下现场"，使"大海捞针"转变为"精确制导打击"，节省了大量检查资源，现场检查有效性大幅提升。

第四节　监管重心变迁

一、传统金融的"三大板块"联动

由于传统的金融监管往往更多侧重的是监管单体金融机构风险，其监管重心主要集中在市场准入、现场检查和非现场监管三个方面。

（一）市场准入

金融机构市场准入制度，是金融监管机构准许法人进入市场，从事金融业经营活动的条件和程序规则的各种制度和规范的总称。

在《中国人民银行金融监管指南》中，市场准入包括三个方面的内容：机构准入、业务准入和高级管理人员准入。机构准入，是指依据法定标准，批准金融机构的法人或其分支机构的设立。业务准入，是指按照审慎性标准，批准金融机构的业务范围和开办新的业务品种。高级管理人员的准入，是指对金融机构高级管理人员的任职资格的核准和认可。

中国银监会 2003 年公布其成立以后的一号令——《关于调整银行市场准入管理方式和程序的决定》，从三个方面规定了银行业市场准入管理方式和程序：机构准入、业务准入、高级管理人员任职资格准入。2014 年银监会又印发了《关于推进简政放权改进市场准入工作有关事项的通知》，取消了一批审批项目，进一步规范行政审批行为，根据监管权责对等的原则，合理分配了一批审批事权，落实属地监管职责，下放审批管理权限，使审批行为进一步贴近市场、贴近基层，提高监管有效性。

（二）现场检查

现场检查是指金融业监督管理机构监管人员通过实地查阅金融机构经营活动的账表、文件、档案等各种资料和座谈询问等方法，对金融机构风险性与合规性进行分析、检查、评价和处理的一种监管手段。以银行业为例，2005 年 11 月 15 日银监会印发了《中国银行业监督管理委员会现场检查规程》（银监发〔2005〕74 号），对现场检查进行了规范。

现场检查按检查的范围和内容可分为全面检查和专项检查，按检查时间也可分为定期检查和不定期检查，

现场检查的优点主要表现在：一是真实性。现场检查人员直接深入被监管单位，通过对会计凭证、账簿、报表和有关资料进行检查、分析、鉴别，直接对有关人和事进行查访，掌握第一手资料。二是目的性。监管方根据有关信息，有目的地深入被监管单位进行检查，提高了针对性。三是灵活性。检查人员可根据需要重点收集有关证据，也可以根据发现的问题灵活地调整检查计划。四是准确性。通过现场查阅、观察、询问、核实等办法，可保证检查结果的客观和可靠。五是全面性。对被监管单位的业务经营和内控状况，检查人员可进行全方位的掌握，反映的信息具有全面性。

现场检查是监管人员发现核实问题的有效手段，但现场检查的成本相对较高，而且存在一定的时间间隔，缺乏连续性。因此，只有综合运用现场检查与非现场监管两种手段，实现优势互补，才能充分提高金融监管的整体效能。

（三）非现场监管

非现场监管是指监管部门在定期或不定期采集被监管机构相关信息的基础上，通过对监管信息的分析处理，持续监测被监管机构的风险状况，及时进行风险预警，并相机采取监管措施的过程。

非现场监管工作通过专业的监管人员审查被监管机构的管理报告、报表以及公开信息等信息，检查和分析被监管机构的财务状况，持续识别、监测、

评估其风险状况和变化趋势，对被监管机构的整体趋势和发展状况进行跟踪。对于被监管机构的风险状况，监管部门应当及时进行风险预警和提示，相机采取监管措施，纠正和制止危及其健康发展的经营行为和趋势，保障稳健运行，维护存款人利益。

非现场监管的工作结果可以反映被监管机构最新、最及时的状况，可以提高监管的时效性。由于监管部门不可能始终在现场，因为这样做不仅成本高昂且对于大多数被监管机构而言并无必要，何况现场检查掌握的情况往往是一定周期的情况，而非现场监管可以通过不同手段获取最近最新的信息。

非现场监管能够帮助监管机构有效地配置资源，降低监管成本。非现场监管可以在第一时间察觉预警信号和存在重大风险和问题的迹象，并据此及时进行现场检查，投入更多的监管资源加强监管，及早处置风险问题。同时，非现场分析结果较好，被监管机构自然可以接受频率低的现场检查。

非现场监管对被监管机构干扰程度小，不会影响到被监管机构的日常运营，更容易得到被监管机构的认同。此外，随着非现场监管系统的不断提升，可以对不断积累的历史数据通过先进的统计模型进行处理分析，及早预测导致被监管机构倒闭的高风险特征。

市场准入、现场检查与非现场监管是金融监管的三种最基本的手段。现场检查和非现场监管是金融业市场准入监管的主要方式，两者之间在监管内容上应根据各自特点而有所侧重。现场检查应重点关注金融机构操作风险、法律风险和策略风险等，坚持合规监管与风险监管并重。非现场监管则应更注重对金融机构整体风险状况的把握，动态监控信用风险、市场风险和流动性风险，贯彻法人监管与持续监管的理念。

市场准入、现场检查和非现场监管的合理搭配是以每个国家的不同情况而定，三者各自的资源配置、政策倾斜、监管重点各有不同。但总的监管框架应该使市场准入、现场检查和非现场监管有机结合，充分发挥三者的互补效应，避免出现监管漏洞。三种手段在实施风险为本的监管理念中，互补互动、三箭齐发，共同发挥监管效能。

二、互联网金融的机构监管与功能监管并重

机构监管是指将金融机构类型作为划分监管权限的依据，即同一类型金融机构均由特定的监管者监管。银行监管由银行监管者负责，证券公司监管由证券监管者负责，保险公司监管由保险监管者负责。这是历史上金融监管的主要方式。在机构监管体制下，特定类型金融机构的所有监管事项由相应机构监管者统一负责，而不论其涉及何种金融业务。

　　机构监管有其历史和现实合理性：一方面，在金融机构业务单一的传统环境下，金融机构之间界限清晰，业务重叠或交叉较少发生，按机构监管或按业务（功能）监管并无本质区别，不致产生混乱；另一方面，机构监管的理念对于审慎监管非常重要，因为审慎监管要求集中考虑某个机构整体上的风险和清偿能力，而业务监管并不能很好地达到这个效果。但是，随着金融机构业务多元化，尤其是金融集团（按照金融集团联合论坛的经典定义，金融集团是指主营业务属金融性质，且在银行、证券、保险这三大类金融业务中至少经营其中两类的有组织商业集团）的出现，机构监管方法逐渐不适应现实发展。最突出的表现就是，银行、证券公司、保险公司等往往提供功能相似的金融产品，而这些业务却受到不同监管机构按照不同标准进行的监管，形成监管差别；监管上的差别会导致激励方面的差异，在其他市场条件不变的情况下，会使得市场竞争条件出现差别，不利于公平竞争。同时，负责监管某类金融机构的监管者通常在监管该类机构的传统业务上有所专长，而并不擅长于业务多元化后金融机构新业务的监管，从而使监管效率和有效性受到影响。

　　功能监管是指依据金融体系的基本功能和金融产品的性质而设计的监管，具体而言，就是将金融监管从通常的针对特定类型金融机构（针对银行、证券公司、保险公司等不同金融机构实施监管），转变为针对特定类型金融业务（针对银行业务、证券业务、保险业务分别加以监管），而对"边界性"金融业务亦明确监管主体，同时加强不同监管主体间合作的监管制度。

　　20世纪90年代，美国学者罗伯特·默顿（Robert Merton）和兹维·博迪（Zvi Bodie）系统提出了基于功能观点的金融体系改革理论。在默顿和博迪看来，金融体系最基本的功能是在不确定的环境中跨时空配置经济资源，而这一的功能又可进一步细分为六大核心功能：（1）为促进商品、劳务和资产的交换提供支付方式；（2）为大企业筹集资金提供资源集聚机制；（3）为经济资源的跨时空、跨行业转移提供便利；（4）提供应付不确定性和控制风险的方法；（5）为协调各经济部门的分散化决策提供价格信息，如利率和证券价格；（6）为解决信息不对称和激励问题提供方法。这些功能中的每个功能都满足一个基本需求，而且很少发生变化。但是这些功能的实现方式，即为实现基本功能所作的制度安排却因国家的不同而不同。这些不同取决于传统的经验、规章、技术水平及其他因素。概而言之就是两点：第一，金融体系的功能相对于金融机构来说更具稳定性；第二，金融体系的制度安排随功能而变化，发现新的更有效率的功能实现方式是金融创新、金融体系制度安排发生变化的主要动力①。

　　金融市场监管既没有独一无二的理论模式，也没有只此一家的实践方法，相关文献对于监管模式和方法的定义和分类也各有不同。机构监管与功能监管其实分别代表着针对不同金融风险主题的两种监管方式与理念，二者实际上没有优劣之分。机构监管适用于对金融机构整体财务风险的监管，而功能监管在保护消费者和投资人的主题上更有成效。机构监管与功能监管间并非一种截然分立的关系，它们是可以并行不悖的。在分业经营下，由于立法对金融机构的业务限制，机构监管与功能监管存在着相当大的趋同性，二者的差异更多体现于银行、证券等具体金融领域。而在互联网时代促进混业经营大发展情况下，由于不同金融机构业务的混同，机构监管与功能监管间的冲突变得明显，但无论如何，不同的金融风险需要不同的监管理念。美国等发达国家采取融合机构监管与功能监管的方式，维持以往多元化的监管架构，以回应近年来金融混业潮流，并使各监管机构能以分工合作的方式达成监管效能的最大化。

　　我国在机构监管与功能监管的探索。在严格的分业经营、分业监管格局下，我国的银监会、证监会、保监会既是银行、证券和保险业的机构监管当局，同时也是银行业务、证券业务和保险业务的功能监管当局，此时并没有区分机构监管与功能监管的必要。进入 21 世纪后，在实体经济和金融业务多元化，以及金融创新的驱动下，金融综合经营探索不断扩大，银行、证券、保险机构之间的横向业务合作、股权交叉投资和业务交叉经营越来越多，金融机构的业务范围和风险暴露已经跨越了原有的传统范围和领域。随着金融机构经营范围的扩大，以机构为对象的监管范围也开始扩大和交叉，监管重叠与监管真空同时并存的问题更加突出，监管套利的空间明显增加，单纯的机构监管理念和架构已越来越不适应金融业务发展的需要。

　　面对新形势新格局带来的新挑战，各监管当局也开始自觉或不自觉地运用功能监管理念，探索更为有效的监管协调与合作机制。如，2005 年，银监会成立了业务创新监管协作部，致力于统一银行创新业务的监管标准。近年来，各机构监管部门与业务创新监管协作部通过会签制度、信息共享等途径不断探索机构监管与功能监管之间的有效协调机制。最近，银监会进行了内设机构调整，其中一个重要的改革思路就是在归并功能监管事项，减少监管套利，提高专业水平与能力的同时，强化功能监管与机构监管的协调配合。同时，银监会、证监会、保监会的监管联席会议制度，以及国务院旬会、金

---

① 廖凡. 金融市场机构监管与功能监管的基本定位与相互关系［J］. 金融市场研究，2012（1）.

融监管协调部际联席会议制度等都是对有效监管协调与合作的有益探索。

【专栏9-5】

我国机构监管与功能监管面临的挑战

我国对金融综合经营下的机构与功能监管进行了一些探索，但总体而言，我国的监管安排与现阶段及未来金融综合经营的实践还有很大的不适应，突出表现在以下几个方面。

第一，现行的分业监管模式与混合的综合经营模式不适应。我国金融综合经营兼有美国法人隔离模式和欧洲全能银行模式的双重特征。到目前为止，我国仍未明确未来金融综合经营的模式选择，部分银行机构的跨业业务，如保险、基金管理，是通过股权投资的法人隔离模式实现的；也有部分跨业业务，如理财、债券承销，是在银行内部实现的。这种错综复杂的金融体系结构，使得金融监管协调与合作的难度更大，在完善监管体制的过程中，也需要统筹配套考虑我国未来的金融体系结构性改革。

第二，对混合、交叉性金融业务的监管，缺少明确的法律授权和清晰的监管职责划分。现阶段的金融监管协调与合作机制主要依靠的是一种行政性安排，如上届政府的金融旬会、"三会"的联席监管会议，本届政府由人民银行牵头的金融监管协调部际联席会议制度等，这些协作机制对于解决金融综合经营带来的新问题发挥了重要作用，但由于缺少基础的法律授权和监管职责划分，当前协调机制的效率是需要进一步提高的。

第三，还没有建立系统、完整、及时、高效的监管信息共享机制。虽然我国的金融综合经营仍处于试点阶段，但现在看来，在整个试点过程中，我们对监管信息共享的紧迫性和重要性的估计是不足的。好在现阶段综合经营业务的总体规模还不大，监管信息共享、定期和不定期信息交换机制的缺失对金融安全与效率的影响还不是非常突出。但随着时间的推移，综合经营业务的规模不断扩大，如果监管信息共享机制不能尽快建立，潜在的风险还是非常巨大的。

第四，分业监管规则的不一致带来较大的跨业套利空间。现阶段，我国有多个监管部门，除银监会、证监会、保监会外，人民银行、财政部及发改委等部门也具有部分功能监管的职能，例如人民银行、证监会、发改委都是债券市场和债券业务的监管者。这种多家监管部门分别制定和实施不同的监管标准规则，分别采取不同的监管措施，必然会形成很多监管的不一致性，产生很多的监管交叉与真空，出现监管套利空间。

第五，对高风险或危机金融机构的处置缺乏清晰、高效的责任与协调机制。现阶段的监管协调机制，主要还是在信息和政策沟通的层面上。在金融综合经营的情况下，金融风险会跨行业、跨市场、跨机构传染，易于引发区域性和系统性金融危机。因此，如何在责任清晰、协调高效的监管合作基础上，构建在综合经营复杂金融环境中的危机金融机构处置机制，对于阻断危机传染和维护市场信心具有非常重要的意义，需要加快建立。

对未来改革的思考：到目前为止，我国金融综合经营仍处于试点阶段，在下一步的改革探索中，仍然需要处理好金融效率与金融稳定之间的关系，审慎对待商业银行的多元化经营，动态评判商业银行的组织架构、治理体系和风险管控能力能否适应综合经营复杂业务结构与管理模式的要求。同时，也要加快研究完善金融监管的架构，特别要积极借鉴发达国家在推进金融混业经营过程中所采用的机构监管和功能监管的相关理念与做法，立足国情实际，提出科学和可操作的改革完善方案。这一方面是应对当前金融综合经营挑战的需要，另一方面也是未来深化综合经营的前提条件和必要基础。金融机构需要在管理和治理能力上满足综合经营的需要，监管当局也要在监管能力和协调机制上做好准备，在此之前过快地推进综合化、多元化经营有可能会带来较大的风险，甚至系统性的危机。未来的监管体制改革与建设至少应当考虑以下几个因素。

第一，要按照机构监管与功能监管并重的原则，打造纵横交错、经纬交织的"金融监管网"。在未来的监管体制中，机构监管与功能监管应当是同等重要的，是有效"金融监管网"的经、纬之纲要。其中，机构监管为"经"，通过对金融机构的全程纵向监管，提高金融机构稳健经营水平，进而提升整个金融体系的稳健性，并要将机构监管延伸至问题金融机构有效处置，防范单体金融机构破产倒闭影响整个金融业的安全。而功能监管为"纬"，通过功能监管实现对同一或类似金融业务大体相当的监管，减少监管套利空间，维护市场效率和公平竞争。而且，机构监管和功能监管不是相互割裂的，应通过高效的协调配合机制形成两者之间的有机结合，使这张纵横交错、经纬交织的"金融监管网"能够在最大程度上防止监管真空与套利，在维护金融稳定的同时，提高金融体系的效率。

第二，在"纬度"建设上，要坚持重点防范监管真空与监管套利的原则，探索加强功能监管的有效途径。首先，需要在法律或国家授权的层面，明确功能监管的职责。在我国分业监管体制下，多个部门具有功能监管的职责。随着金融综合经营的开展，开始出现众多的职责交叉和监管真空，应当明确某个监管当局专门负责或牵头协调功能监管的职责。其次，功能监管的核心实质在于监管标准的一致性，因此监管职责的划分应当有利于这一原则的实现。最后，不断加强功能监管的专业化和独立性。独立性与专业化是相辅相成的，在金融创新加速发展的今天，这是监管能够跟上创新步伐的必然选择。

第三，在"经度"建设上，要按照审慎监管的理念，进一步完善机构监管体系。未来监管体制中的机构监管虽同样是以金融机构为对象的监管，但却与当前分业监管体制有本质的不同。当前是按照法律授权划定不变的监管范围，而未来的机构监管不应如此，而是应当根据系统重要性来划定监管范围。例如，目前美国金融稳定监督管理事会就有权根据系统重要性程度将大型复杂非银行金融机构列为美联储的监管对象。也就是说，未来的机构监管范围应是依据对整个金融体系的影响和系统重要性程度划定的，并据此配置对该家金融机构的监管资源。此外，随着未来金融安全形势的日益复杂，机构监管之"经"也要尽快延伸至问题金融机构处置机制上来，使整个金融体系能够更为有效地隔离单体金融机构的破产传染风险。

第四，在"经纬结合"上，要按照法制化、机制化、常态化的原则，加强机构监管与功能监管的协调与信息共享。无论未来机构监管和功能监管的组织框架如何设计，都会涉及机构监管和功能监管的协调配合。而且，功能监管的专业化和独立性程度越高，就越需要机构监管与功能监管的协调配合。至少包括以下几方面的内容：一是机构监管部门与功能监管部门之间清晰的职责划分。二是高效、定期、频繁、机制化的信息共享安排。三是对于双方监管范围重叠的金融机构或业务，还要特别注意降低监管成本，明确双方监管信息收集的边界，通过更有效的信息共享和监管协调，兼顾了解掌握风险和降低监管负担的平衡。四是通过监管协调减少监管政策的不一致及冲突。五是监管当局之间还要建立有效的、具有可操作性的、能经得起实践检验的危机处置合作机制，一方面来防止风险的传染和蔓延，另一方面也要公平对待各类投资者，维护市场公平竞争。

第五，要尽早明确金融综合经营的隔火墙机制和相关的结构性改革思路，明晰"金融监管网"的制度基础。从全球范围看，开展金融综合经营的模式大体有两种：一是欧洲的全能银行模式，即银行机构可以经营各类金融业务；二是美国的法人隔离模式，即银行法人机构只可以从事传统商业银行业务，而保险、证券跨业经营需要通过控股子公司或附属公司开展。一般而言，不同的混业经营模式往往对应着不同的监管安排。本轮国际金融危机后，全球新的金融结构改革都强调传统商业银行业务与其他金融业务的法人隔离，以防范金融混业经营下滥用金融安全网保护带来的道德风险。因此，我国未来的金融结构改革也应顺应这一大的历史潮流，在金融综合经营过程中，不断总结评价金融实践中包括事业部、专营机构等隔火墙机制的有效性，审慎确定包括法人隔离等在内的风险隔离机制，一方面降低道德风险，另一方面相应做好金融监管安排，这是简化和清晰监管职责划分、减少监管重叠和监管真空的基础。

第六，在全面分析各种监管模式利弊的基础上，从中国国情出发，审慎确定与我国综合经营特点相适应的"金融监管网"的组织架构。面对综合经营提出的一系列挑战，如何实现机构监管与功能监管并重，不断加强功能监管专业化和独立性的理念与中国的具体国情有机结合，需要我们对未来监管体制的组织架构做一些前瞻性思考。从全球范围看，一般有三种监管组织架构：一是在分业监管体制下，通过各监管当局内部的部门设置来强化功能监管的专业化与独立性。银监会正在进行的内设机构调整就属于这一类型的有益探索。对我国而言，该组织形式的优势在于不需要对现有监管体制做大的调整，改革的短期成本较低，但需要加强监管协调，才能解决功能监管标准一致性的问题，减少监管真空与监管套利。二是分设功能监管部门与机构监管部门，优点在于可以较好解决监管标准一致性的问题，有助于提高功能监管的专业化程度和独立性，但协调成本较高，对现有的监管体制需要作出较大调整，有一定的短期改革成本。三是只设一个综合监管部门，实施综合统一监管。优点在于协调成本较低，也能兼顾监管标准一致性的需要。但是，该方案的改革动作和冲击较大，不利于保持监管的连续性与稳定性。

资料来源：王兆星．机构监管与功能监管的变革［J］．中国金融，2015（5）．

三、物联网金融的审慎监管与行为监管结合趋势

（一）行为监管和金融消费者保护

行为监管指的是监管部门对金融机构经营行为的监督管理，包括信息披露要求、反欺诈误导、个人金融信息保护、反不正当竞争；打击操纵市场和内幕交易；规范广告行为、合同行为和债务催收行为；促进弱势群体保护；提升金融机构的诚信意识和消费者的诚信意识；消费争端解决等，围绕这些制定相关规则，建立现场检查和非现场监管工作体系，促进公平交易，维持市场秩序，增强消费者信心，确保金融市场的健康稳健运行。

关于行为监管和金融消费者保护的关系：行为监管和金融消费者保护在很多语境下被等价使用。严格来说，二者不是等价的概念。金融消费者保护，是通过监管部门的监管，规范金融机构经营行为，减少消费者在使用任何金融产品和服务以及与金融机构发展业务关系过程中面临的风险和危害。

从工作内容看，金融消费者保护是行为监管工作的一部分，行为监管外延更宽。行为监管既规范金融机构和自然人消费者之间交易的行为，也规范金融机构之间、金融机构与非金融企业之间交易的行为。操纵同业拆借市场利率、反洗钱等属于行为监管，超出消费者保护的范畴。当然，行为监管的大量工作是涉及金融消费者保护的工作①。

（二）物联网金融模式行为监管与审慎监管聚合发展

审慎监管与金融消费者保护（行为监管）二者的统一性主要表现在以下三个方面。

一是有效的审慎监管本身是对金融消费者权益的有效保护。如果审慎监管失效，金融机构资产质量恶化，经营失败甚至破产清算，金融消费者的利益也将严重受损。

二是有效的行为监管、有效的金融消费者保护可以体现到各项财务指标进而体现到各项审慎监管指标之中。有效的行为监管能够把风险管理、风险监管甚至金融稳定的关口大大前移。

三是有效的行为监管可以提高金融消费者的行为理性，提高其金融素养和风险防范意识及能力，增强其对金融市场的信心，这是维护金融市场稳定和金融机构稳健经营的基石。

正如前文所述，由于物联网金融模式微小的个体风险极易引发系统性区域性风险，行业风险易危害到国家安全。因此，金融监管层需要妥善处理审慎监管与金融消费者保护（行为监管）之间的关系。一旦处理不当，往往会忽视某一方面，不仅会产生微观上的风险问题，而且还会诱发一些系统性风险。

2008年次贷危机反映了监管部门容易局限在微观审慎监管，忽视宏观审慎管理和行为监管（消费者保护）；也反映了金融机构对行为风险的管理重视不够，漏洞百出，客户权益保护不足，个人贷款质量大面积恶化而诱发金融风险。次贷危机前，美国关于金融消费者保护立法很多，金融监管部门分工也很明确，但是实际工作中忽视了金融消费者保护，更多资源投向了微观审慎监管，金融消费者保护不足成为次贷危机的主要原因之一。

次贷危机后，行为监管处罚的力度在加大。在危机后国际上加强金融消费者保护的大背景下，以英美为代表，对金融机构侵害金融消费者权益行为的处罚力度明显在加大。典型的侵害消费者权益的违法行为包括：向不合格

①　资料来源：孙天琦. 金融业行为风险、行为监管与金融消费者保护：国际趋势与启示［J］. 金融监管研究，2015（3）.

主体不当促销、隐瞒金融产品的重要信息、不公平地对待消费者、欺诈或误导消费者、不公平协议、操纵关键性金融产品价格以及不当债务催收等。2008 年次贷危机也表明，很多侵权行为反映了金融机构的不诚信，其与消费者的不诚信交互作用，往往恶化金融生态。

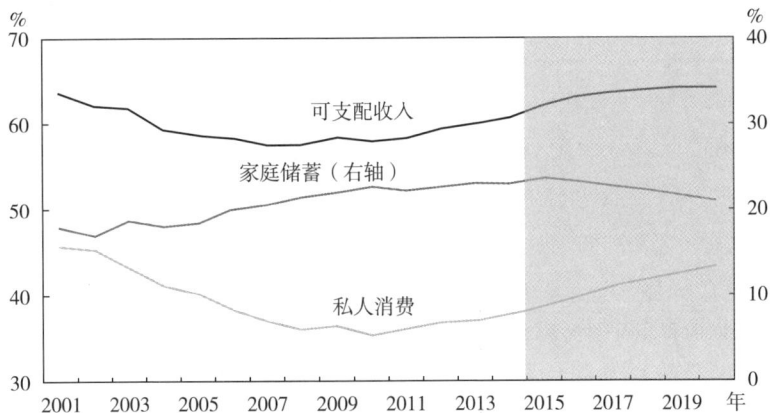

资料来源：2016 年 IMF《中国第四条款磋商报告》。

图 9-7　中国居民可支配收入、家庭储蓄、私人消费占 GDP 百分比

由图 9-7 可以看出，随着中国居民可支配收入（占 GDP 比重）增长和家庭储蓄（占 GDP 比重）下降，私人消费（占 GDP 比重）将出现持续上升。中国乃至世界经济都已经迈入消费经济时代。

物联网金融时代，经济发展向消费倾斜的趋势将更加明显，审慎监管和行为监管结合的趋势也将更加明显。一是更加重视行为监管和消费者保护。表现在监管当局对金融消费者保护的越来越重视，为行为监管提供有力保障。加大对行为监管和金融消费者保护的资源投入。建立行为监管现场检查和非现场监管工作体系。提升行为监管能力，严肃行为监管执法，加大处罚力度。关注金融批发市场参与方行为特点及其潜在的可能风险。探索建立审慎监管与行为监管有效互补的监管机制。尽快建立地方政府负责的相关融资行业的行为监管体系。市场竞争是保护消费者的有效机制，在风险可控的前提下，放开基层市场准入，提升市场竞争度。二是监管当局更加重视金融消费者教育。在物联网金融模式，金融知识、风险知识和纠纷解决渠道信息是金融消费者教育的重点。不断提高普及金融知识的有效性，增强消费者风险识别和自我保护能力，帮助消费者树立"收益自享，风险自担"的意识。基于咨询数据和投诉数据分析，及时更新金融知识普及资料，提高金融知识普及的针对性。

第十章 物联网金融的远景展望：
共享金融

> 在未来的时代，每个人都变成了产消者，可以更直接地在物联网上生产并相互分享能源和实物，这种方式的边际成本接近于零，近乎免费，这与我们已经开始在互联网上进行的制造和分享信息产品的行为相似。
>
> ——杰里米·里夫金（《零边际成本社会》作者）

党的十八届五中全会首次提出"创新、协调、绿色、开放、共享"五大发展理念，"共享发展"是五大发展理念里的新亮点。习近平总书记强调："要坚持以人民为中心的发展思想，这是马克思主义政治经济学的根本立场。要坚持把增进人民福祉、促进人的全面发展、朝着共同富裕方向稳步前进作为经济发展的出发点和落脚点。"这深刻阐明了共享发展就是以人民为中心的发展，就是把实现13亿多中国人的幸福作为目的和归宿的发展。李克强总理也在2016年《政府工作报告》中强调，要大力推动包括共享经济等在内的"新经济"领域的快速发展。

随着物联网技术的推广、社交网络生态的日益成熟，共享经济（Sharing Economy）这一全新的商业潮流已初露端倪，众多的共享经济行业如雨后春笋般涌现。目前，共享经济的商业模式已广泛渗入到从消费到生产的各类产业，有力地推进了产业创新与转型升级，金融业是其中非常重要的一种。物联网、移动终端和云计算的发展，为共享模式创新与应用提供了更多可能，金融业如何充分应用共享模式进行商业模式创新，将具有重要的战略价值。

在中国，物联网的发展和应用如火如荼，尤其是在近年来"互联网＋"行动计划和"大众创业、万众创新"的推动下，共享模式成为众多创业者的重要选择，从在线创意设计、营销策划到餐饮住宿、物流快递、资金借贷、交通出行、生活服务、医疗保健、知识技能、科研实验，共享理念已经渗透到包括金融业在内的几乎所有领域。

美国预言大师凯文·凯利曾在一次演讲中提出"分享、互动、流动和认知"将是未来商业发展的四大趋势。"物联网"、"共享经济"是当下最热门的话题，代表着时代发展的趋势。

表 10 – 1　　　　　　　　　　中国主要共享经济领域

应用领域	部分代表性分享平台
交通出行	滴滴出行、易到用车、PP 租车、友友租车、AA 拼车
房屋短租	游天下、蚂蚁短租、小猪短租、途家网
P2P 网贷	陆金所、红岭创投、宜信、人人贷、点融网
资金众筹	京东众筹、天使汇、众筹网、点名时间、淘宝众筹
物流快递	达达物流、e 快送、人人快递
生活服务	58 到家、功夫熊、e 代驾、爱大厨、我有饭、河狸家
技能共享	猪八戒、在行、K68、时间财富、做到网
知识共享	百度百科、知乎网、豆瓣网
生产能力	沈阳机床厂 I5 智能平台、阿里巴巴淘工厂、易科学

　　资料来源：国家信息中心信息化研究部，中国互联网协会分享经济工作委员会．中国分享经济发展报告 2016。

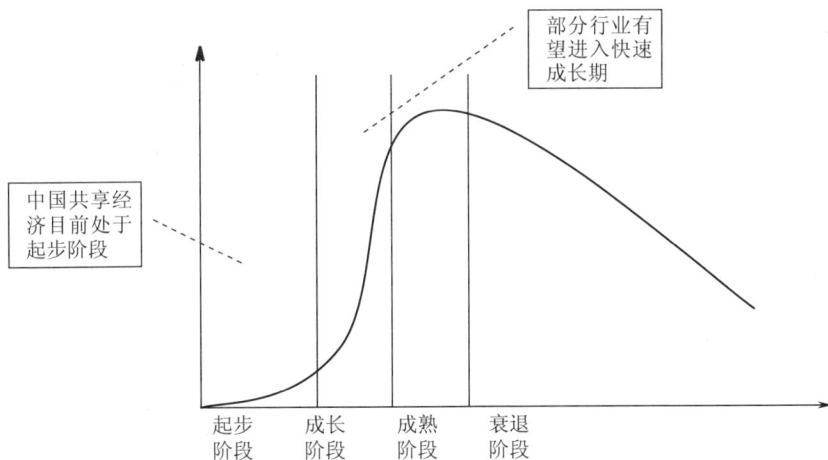

图 10 – 1　中国共享经济正在起步

第一节　物联网金融与共享金融

一、物联网金融发展趋势

（一）物联网金融将促进世界走向智慧经济社会

在物联网金融模式，物质世界本身正在成为一种信息系统，可以随时随地掌握物品的形态、位置、空间、价值转换等信息，并且信息资源可以充分有效地交换和共享，形成智能化、智慧化的金融信息系统，彻底解决"信息孤岛"和信息不对称现象。例如，针对汽车险的恶意骗保问题，可以在投保车辆上安装物联网终端，对驾驶行为综合评判，根据驾驶习惯的好坏确定保费水平；出现事故时，物联网终端可以实时告知保险公司肇事车辆的行为，保险员不到现场即可知道车辆是交通事故还是故意所为。美国已经针对物联网提出将在六大领域建立"智慧行动"方案，其中一项就是建立"智慧金融"。智慧金融是在信息社会，伴随物联网、云计算、社会化网络等技术在金融领域的深入应用，带来的金融体系和商业模式的变革。智慧金融具有透明性、便捷性、灵活性、及时性、高效性和安全性等特点，推动资金更顺畅地流通、更合理地配置、更安全地使用。因为智慧金融解决了信息不对称，重构了社会信用体系，使得风险可量化，风险定价的成本可以随之大幅降低。

（二）物联网金融将促进世界走向零边际成本社会

这也是物联网金融最重要的发展趋势。物联网将把这个集成世界网络中的所有人和物连接起来。物联网平台的传感器和软件将人力、设备、自然资源、物流网络、消费器官、回收流以及经济和社会生活中的各个方面连接起来，不断为各个节点（商业、家庭、交通工具）提供实时的大数据。反过来大数据也将接收先进的分析，转化为预测性算法并编入自动化系统，进而提高热力效率，大幅提高生产率，将整个经济体内生产和分销商品和服务的边际成本降至趋近于零。同时，物联网也将高效整合各类碎片化、分散化的金融市场，最终形成全球性协同共享系统，构建横向规模经济，淘汰垂直整合价值链中多余的中间人，这样每个人都可能变成金融产消者，可以更直接地在物联网上提供并相互分享产品和服务，这种方式的边际成本接近于零、近乎免费。

（三）物联网金融将促进世界走向全球经济社会

传统的"生产可能性曲线"是外凸的，表明在既定资源和技术条件约束下，生产组合不可能无限扩张。这同样适应于传统金融。而物联网的精髓是开放、协作及去中间化，交易成本和信息不对称程度大幅下降，金融产品服务提供的边际成本趋近于零，理论上金融交易可能性的边界就可以无限拓展。即物联网金融的发展和应用将促使国家通信脱离政府和市场控制，形成超越政府和国家的"协同网络"新管理模式。在这种情况下，全球将形成广泛而高度统一的资源整合平台，全球经济时代来临。由于广泛存在的物联网把更多的人、物、网互联互通，相当于提供了一个覆盖全球、分布式、点对点的平台，统一的数据传输、沟通和存储加上云计算技术，能够推动全球银行和客户的资源进行极为高效和全能的整合和共享，促进服务的标准化和透明化，使多方高度有效的协同合作成为现实，从而大幅度提高资源配置效率。

物联网金融将彻底颠覆人类经济、金融发展模式，促进产生极高的生产力将万事万物连接到一个全球性的金融服务网络中，人类向金融商品和服务近乎免费的时代加速迈进。传统金融将走向没落，协同共享金融将取而代之，成为主导性的金融新模式。

二、共享金融的概念与内涵

物联网的发展和广泛应用，不仅将给传统金融带来巨大的冲击，而且对整个人类社会都产生了极其深刻的影响。随着宽带传输技术、移动互联技术、云计算、大数据甚至是"分布式、区块链"技术的广泛应用，我们真正进入了万事万物互联、随时随地互联的新时代。互联互通打破了工业社会分工越来越细、专业化越来越强的社会结构，开始形成产业链垂直整合或横向开放形成产业链、生态圈生态面的格局，由此可以实现去中介化，直接拉近价值创造者和价值需求者、资源拥有者和需求者的供求双方信息的距离，从而使生产更加高效，资源利用更加有效。而这，也正在催生"共享经济"以及与之相适应的"共享金融"。

所谓共享金融，就是通过大数据支持下的技术手段和金融产品及服务创新，构建以资源分享、要素分享、利益分享为特征的金融模式，努力实现金融资源更加有效、公平的配置，从而在促使现代金融均衡发展和彰显消费者主权同时，更好地服务于共享经济模式壮大与经济社会可持续发展。

（一）共享金融是互联网技术发展到一定阶段的产物

互联网（尤其是移动互联网）、宽带、云计算、大数据、物联网、移动支付、基于位置的服务（LBS）等现代信息技术及其创新应用的快速发展，使共享经济成为可能。

（二）共享金融是连接金融资源供需的最优化资源配置方式

面对金融资源结构性供给难题，共享金融借助互联网能够迅速整合各类分散的闲置资源，准确发现多样化需求，实现供需双方快速匹配，并大幅降低交易成本。

（三）共享金融是适应社会发展的新理念

传统金融强调收益最大化，不注重发现和满足微观主体现实需求；共享金融强调人人参与，注重参与主体信息挖掘，实现金融资源在社会各阶层公平平等合理的分配，为整个社会营造平等享受金融服务的环境，推动和谐社会的实现。

第二节　共享金融的特征

一、去时空化

传统金融主要借助物理网点渠道，以人工方式提供金融服务，而在偏远落后地区提供金融服务会面临许多技术性的问题，为了保障经营收益会不得不减少偏远落后地区的机构设置，从而导致偏远落后地区金融服务供给相对不足。此外，传统柜台式业务操作模式为主的办理机制也面临区域限制和时空限制所导致的业务瓶颈，这种模式下的人力成本过高、效率低、服务水平较差等现象一直存在并难以解决。而且，伴随近年来受到经济发展进入新常态、经济结构转型和新兴金融行业大发展等因素的冲击，传统金融机构已经远离过去那种高收益、低风险的环境和状态，亟需变革升级应对新形势新挑战。

物联网技术的发展使金融发展基本不受时空限制，特别是移动物联网技术的快速发展，直接决定了在任何时间任何区域通过移动终端基本都可以办理金融业务，成本也基本没有差异，因而可以有效覆盖到偏远地区。这种去时空化的特点改变了金融传统业务模式。

在物联网技术的应用下，金融企业和机构扩展了业务开展面和范围，解决了局部地区的金融服务空白。而在业务办理流程过程中，传统的柜台式办理也逐渐出现被机器化、网络化办公设备取代的迹象。金融信息在物联网技术支持下，传播模式和渠道的周转速度也出现快速上升，

以远程开户的业务开展为例，远程开户是指银行通过面向社会公众开放的通讯通道、开放型公众网络以及银行为特定自助服务所建设的终端设施受理客户开立人民币账户的申请，并在完成客户身份信息核实后，为客户开立人民币银行账户。远程开户业务简化开户流程和操作，节省了银行的人力成本，同时也为大众创造了更便捷的金融服务。

虽然，这种依靠物联网技术所带来的去时空化在短时间也造成传统金融机构出现大量裁员、降低薪酬等社会不利因素，但是这种趋势所带来的社会效率的提高和行业服务水平的上升是有利于整个金融业的发展，这是行业升级所必然面临和需要解决的问题。伴随更新更先进技术的应用，无论是传统金融行业还是新兴金融行业都需要及时跟进步伐，去时空化的特点将得到更深入更明确的衍化和发展。

以上现象说明在共享金融背景下，以物联网技术为支撑，传统金融的业务开展不受时空限制，降低了信息成本，扩大金融服务范围和领域的同时，

提升了金融服务效率和便捷程度，这种去时空化的特点是物联网金融发展极富特色的一面，同时更是共享金融概念体系下的重要特征，无论是物联网金融在现时的流行，还是日后更复杂级别的信息处理和传播技术的诞生，去时空化的衍化进程将更加清晰明确，那就是对金融服务的整个产业链便捷化、人性化的创新升级。

二、去中心化

在一个分布有众多节点的系统中，每个节点都具有高度自治的特征。节点之间彼此可以自由连接，形成新的连接单元。任何一个节点都可能成为阶段性的中心，但不具备强制性的中心控制功能。节点与节点之间的影响，会通过网络而形成非线性因果关系。这种开放式、扁平化、平等性的系统现象或结构，我们称之为去中心化。与去中心化类似的还有去中介化，去中介化是指在一个给定的价值链中去除负责特定中介环节的组织或业务流程。

在传统的金融经营模式中，出借人和传统金融中介、传统金融中介和借款人之间是两个闭环交易环节，传统金融机构扮演了借款人和贷款人的角色，事实上履行了金融资源再分配职能，隔断了出借人和借款人之间的信息、资金交流，是价值链的中心环节。同时，传统金融中介在获取利润的同时面临着流动性不足带来的冲击。

而共享金融的去中心化是通过采用互联网平台等信息科技手段，使金融资源供需双方直接发生交易，去除了传统的实体金融机构中介（也是传统资金融通的中心），并将互联网的低成本高效优势发挥到极致。借款人能享受到相对低廉的借款成本，投资人通过各种风险对冲手段，增加信用结构，把借款风险降低到和银行理财类似的水平，但收益没有因此降低。去中介和中心化的过程，把两端收益放大了，压缩的是原来中介的费用。

共享金融的去中心化——以 P2P 网贷为例。

P2P 网贷是一种点对点的借贷模式，是一种个人与个人之间的金融交易，通过互联网平台实现资金借贷双方在利率等相关要素上的匹配。它以普惠金融为核心理念，目的在于搭建平台，降低金融门槛，让更多人共享金融服务。P2P 网贷以互联网技术为依托，有效完善资金供需双方沟通，提高资金配置效率，一定程度上缓解了小微企业"融资难、融资贵"的困境。从这一点出发，P2P 网贷利用互联网，在各方面实现了资源要素共享，属于共享金融理念中的一个重要案例。正是由于 P2P 网贷直接沟通资金供需双方，所以很好地体现了共享金融去中心化的特点。

表 10－2　　　　2015 年 12 月成交额排名前七位的 P2P 网贷平台

排名	平台名称	成交量（万元）
1	红岭创投	800554.88
2	PPmoney	469026.27
3	小牛在线	307863.86
4	鑫合汇	299040.97
5	翼龙贷	282777.03
6	微贷网	221210.62
7	金融工场	208852.48

资料来源：根据网贷之家数据整理。

2007 年，拍拍贷在上海成立，这标志了我国 P2P 网贷行业的诞生。随后的几年，网贷行业在中国迅猛发展，截至 2015 年 12 月，我国网贷平台已经达到 3769 家，贷款余额达 4005 亿元，同比增长 493%，网贷平台的企业主要集中在北京、广东、浙江、上海等地，三四线城市的发展相对迟缓。在行业发展过程中，P2P 网贷也面临行业整体监管体系模糊和监管不到位的现象，行业内问题平台时有发生。随着《关于促进互联网金融健康发展的指导意见》等文件出台，P2P 行业开始得到改善和整顿，优秀平台日益发展壮大，一大批问题平台发展受困退出竞争。

表 10－3　　　　P2P 网贷平台数量、成交量和贷款余额状况

年份	平台总数（家）	成交量（亿元）	贷款余额（亿元）
2012	200	212	56
2013	800	1058	268
2014	1575	2528	1036
2015	3769	8486	4005

资料来源：根据网贷之家数据整理。

在共享金融背景下，P2P 网贷发展的作用和价值主要体现在以下几点。

1. P2P 网贷增强了金融资源匹配效率

具体来说，由于传统金融环境中，风险低、收益稳定和信用等级高的企业大多是国有企业，所以金融机构的金融资源一般倾向于流向这一方向，而绝大多数的小微企业和乡镇企业由于自身实力有限，信用等级较低，并不能够有效利用金融资本的辅助而快速发展。此外，金融资源供需不匹配还出现了城乡差异和地域差异等特点。而在共享金融环境下，P2P 网贷由于以互联网技术为依托，不会受到地域和时间限制，不同地区和环境下的借款人和出借人可以通过网贷平台达成交易，从而实现金融资源更广范围内的合理配置，增强了金融资源的匹配效率。

2. P2P 网贷推动金融体系去中心化

金融中介在金融活动中一直扮演着重要角色，但是由于金融中介机构往往受困于流动性不足，如果出现投资者大量挤兑，就会出现流动性风险。而且中介机构的收入来源主要是凭借自身对供需双方的信息收集来赚取差价，这对于整个社会经济的发展来说降低了效率。而 P2P 网贷平台的信息获取方式更加多元化，并且由于平台自身的开放性，这种信息往往不受约束，资金供需双方都能够看到对方的完整信息，也就是我们常说的信息对称。所以在这种模式下达成的交易往往可靠程度更高，成功率也相对较高。此外，P2P 平台并不需要利用自身资金来提供服务，因此也不会出现传统金融中介所面临的流动性风险。从而 P2P 网贷的出现弱化了传统金融中介的作用，也就是去中心化。

3. P2P 平台的包容化、人性化增强了金融服务水平

与传统金融中介机构或者金融服务机构不同的是，P2P 网贷平台把对产品的设计和信息设置权利交给了交易的参与者，这种自主选择权的确立为交易参与方提供了更为人性化的服务。并且，与银行等机构不同的是，P2P 平台往往面向那些小规模资金交易领域，作为银行机构的补充，从小处着手，扩展了金融服务受众的有效边界，使更多的企业和个人从金融发展中直接受益，真正享受更加合理的金融服务和权利。此外，由于 P2P 网贷平台依靠对互联网信息的收取，形成自己专属的信息渠道，并且结合信息掌握情况，针对不同人群定制了不同服务水平和范围，使得金融服务不再标准化、单一化，逐步向个性化和定制化发展。所以，进一步推动了金融服务水平提升。

以上以 P2P 网贷平台为例，从多角度分析说明了共享金融去中心化的特点，去中心化带来的不仅是金融机构和业务内容上的变化，更多的是加快金融服务的快速发展，提升金融服务的效率水平和服务范围。可以说，共享金融的去中心化在未来很长时间内都将给整个金融发展的改革和创新带来更多有价值的创造性内容。

三、去边界化

按照传统金融功能理论，金融体系的基本功能是互补的关系，新技术使得的金融业务的平台化融合成为可能，各参与主体充分发挥比较优势，共享资源，业务边界将逐渐变得越来越模糊。去边界化主要表现在两个方面：物联网金融化与金融物联网化。

（一）物联网金融化

物联网金融化是一种新的金融业态趋势，这种业态在具体表现上是物联网企业运用物联网环境搭建平台，从事传统金融机构业务或者其他创新金融

业务，物联网金融化实质也是处理传统金融体系中所提供的金融服务，比如支付、借贷、融资等，目前物联网企业主要表现为四类金融形态，分别是第三方支付机构、P2P 网络借贷平台、股权众筹机构、网络平台销售金融产品。

1. 第三方支付机构，即一些和产品所在国家以及国外各大银行签约、并具备一定实力和信誉保障的第三方独立机构提供的交易支持平台。在通过第三方支付平台的交易中，买方选购商品后，使用第三方平台提供的账户进行货款支付，由第三方通知卖家货款到达、进行发货；买方检验物品后，就可以通知付款给卖家，第三方再将款项转至卖家账户。第三方担当中介保管及监督的职能，并不承担什么风险，所以确切地说，这是一种支付托管行为，通过支付托管实现支付保证。

2. P2P 网贷平台则类似于民间融资，我们已在前一节进行了详细介绍。

3. 股权众筹机构，是属于 VC（私募基金）在物联网环境下的一种补充，如同 IPO 一样，股权众筹通过向大众发售股权来募集资金。并以股权作为回报的方式。它具有门槛低、解决中小企业融资难、依靠大众的力量、对人才的要求比较高、带动社会经济良好发展等特点。

4. 网络平台销售金融产品，即将传统金融行业中对于金融产品的销售环节转移到网络平台，通过这样的销售模式，达到快速销售产品和增加销售量的效果。此外，对于金融产品的相关属性也做了更好的展示和说明，比如天天基金网等平台利用网络渠道销售基金。

总体而言，物联网金融化是"物联网企业为主导 + 金融模式"来带动物联网企业的发展和产业创新。

（二）金融物联网化

伴随物联网技术的发展，商业银行正在加速实施物联网金融布局，已经在实际中践行共享金融的理念。而这种践行体现的正是金融物联网化。商业银行等传统金融机构主要通过以下几种方式来布局金融物联网化：

1. 渠道替代，发展电子银行、移动银行、直销银行等，将原有的业务流程和组织架构进行创新。

2. 利用新的物联网金融产品或业务，对零售金融领域加大投入，并进而提升该环节中的开发客户能力和业务拓展能力。

3. 开发电商平台或加强与电商等物联网企业的合作，学习物联网模式，通过大力拓展业务场景来增加客户忠诚度。

4. 将部分自有传统业务转移到网络环境中。

5. 开展移动支付为代表的新兴电子支付业务和依靠物联网搭建的中间业务。

6. 对物联网金融新业务模式直接介入或间接合作。

金融机构之所以选择采取相应措施来促进自身业务物联网化，主要原因在于其已经受到了物联网企业的巨大冲击和挑战。物联网企业凭借平台优势，缩短了客户接受金融服务路径，创造出更多的业务盈利点。对于商业银行而言，在发挥传统银行优势的同时，创新式重构服务和模式，可以实现低成本、广覆盖、高黏性、强流量的业务推广。

例如，2015 年 3 月，工商银行发布了 e－ICBC 互联网品牌和升级发展战略，并推出了"三平台一中心"："融 e 行"开放式网银平台、"融 e 购"电商平台、"融 e 联"即时通讯平台，"一中心"为网络融资中心。

"融 e 行"是工商银行对原有网上银行、手机银行整合改造形成的、更加适应移动金融趋势、更为开放的直销网银平台。据工商银行最新披露，"融 e 行"目前已有 1.9 亿的客户基础。"融 e 购"电子商务平台于 2014 年 1 月 12 日正式营业。该平台是整合了用户与商户，链接支付与融资，统一物流、资金流与信息流的电子商务平台。2015 年全年交易额超过 8000 亿元。"融 e 联"是工商银行自主研发的一个社交型金融服务平台。目前该行网络融资总规模超过 5000 亿元。

四、降低边际成本

在微观经济学中，边际成本指的是一单位产量增加带来成本的变动。一般而言，当实际产量未达到一定限度时，边际成本随产量的扩大而递减；当产量超过一定限度时，边际成本随产量的扩大而递增。因为，当产量超过一定限度时，总固定成本就会递增。由此可见影响边际成本的重要因素是产量超过一定限度（生产能力）后的不断扩大所导致的总固定费用的阶段性增加。

由于传统金融模式信息不对称和道德风险的存在，金融服务的供给首先要考虑成本的高低，因此金融资源的供给总是不能保持在最优规模。以物联网为载体的共享经济的商业模式直击行业信息不对称的痛点，以共享经济为商业模式的公司，规模不再由其所占有的生产资料所约束，有望通过盘活潜在的资源实现无边界扩张。其商业模式本质是平衡各方需求，实现利益的合理再分配。也正是因为物联网和大数据的普及，促进了人和人、人和物、物和物之间的连接，人们转变为产销者，在消费的同时也制作和分享自己的产品，使零边际成本成为可能。

作为共享金融的核心，共享金融造就零边际成本。共享金融的发展，首先能消除中介成本。物联网平台具有分布式、点对点的性质，这是由社会企业和个人组成的数百万小型参与者集合成对等网络，形成全球性协同共享系统，构建横向规模经济，从而淘汰垂直整合价值链中多余的中间人，最终使过去让边际成本居高不下的利润暴跌。其次能够根据供求双方风险偏好进行金融资源的直接配置，从而降低了交易成本。最后，广泛的参与主体也为实现规模效应提供了可能。随着参与主体的增加，边际成本持续递减，几乎为零。

《零边际成本社会》的作者里夫金提出，技术和基础设施的发展与变革，即通讯互联网与逐渐成熟的物流互联网、能源互联网而造就的物联网革命，"把这个集成世界网络中的所有人和物都连接起来。物联网平台的传感器和软件将人、设备、自然资源、生产线、物流网络、消费习惯、回收流以及经济和社会生活中的各个方面连接起来，不断为各个节点（商业、家庭、交通工具）提供实时的大数据。反过来，这些大数据也将接受先进的分析，转化为预测性算法并编入自动化系统，进而提高热力效率，从而大幅提高生产率，并将整个经济体内生产和分销产品和服务的边际成本降至趋近于零。"

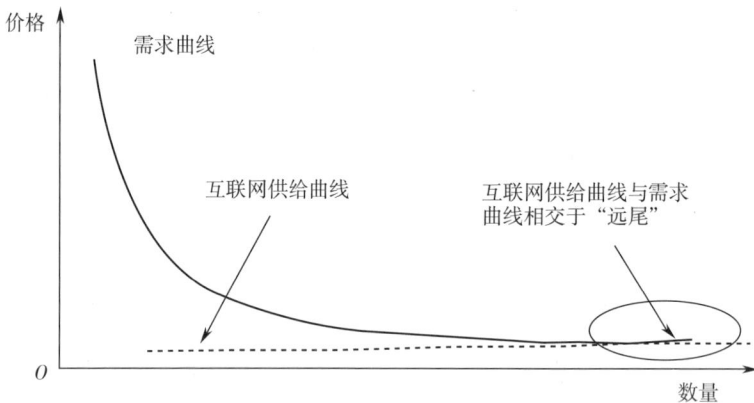

图 10 – 2　互联网技术大幅降低成本

里夫金认为，平媒行业已率先感受到零边际成本带来的冲击。如今报纸的消亡已经只是时间问题。人们只要有一部手机，连上网络，所有的信息都可以获取。人们获取新闻的成本已经接近零。大众报纸就是第一个深切感受到零边际成本带来的冲击的。除了报纸，其他行业也在遭受毁灭性打击，比如唱片行业规模大幅缩水，胶卷生产商几乎已经消亡。以后会有越来越多的行业实现零边际成本生产产品和提供服务，人们将享受到更多的免费服务。

五、填补金融服务空白

传统金融体系中，大量金融资本进入银行业，而银行业更倾向于服务于低风险、收益稳定、信用等级高的大型企业；而由于缺乏抵押物，信用等级偏低且信息不完整等，小微企业、个人的资金需求难以从银行业得到满足。现实中，小微企业、个人对金融服务的需求巨大，但这一需求长期得不到满足，此外，在银行业不愿覆盖的地区形成了金融服务的真空区域，增加了金融消费者的成本，降低了金融服务的可获得性。

由于物联网技术的去时空化特性，使得共享金融天然具有开放性、共享性的优势。这有助于推动金融产品和服务的便捷度、覆盖度、智能化进一步提高，能够广泛融入社会经济的每一个角落，影响人们原有的生活方式和行为理念。拉短金融供给和金融需求之间的距离，缩短金融价值链条，使金融消费者能够更加容易地获取资源信息，增强了金融资源的可获得性，极大地扩展了金融服务受众的有效边界，延伸了金融服务的范围。

共享金融涵盖了包括物联网金融在内的先进科技金融模式，共享金融的发展带来的金融服务的变化主要体现在：一是改变了金融机构服务于大型企业的业务习惯，营造了人人参与金融的良好氛围；二是推动金融企业战略转型和开拓市场；三是为满足客户需求、改善客户服务提供了新的解决方案。

【专栏 10 - 1】

农村"互联网＋金融"带来的冲击和挑战

总体上看，农村"互联网＋金融"仍处于发展初级阶段，不可避免带有新生事物的两面性。一方面，它对正规农村金融体系形成了有益补充，有利于建立多层次、广覆盖、差异化的农村金融体系；另一方面，它在发展中存在一些不规范、不完善之处，蕴藏的风险和挑战不容忽视。具体来看，农村"互联网＋金融"将产生"六大效应"。

一、农村普惠金融的"长尾效应"

日前，中央深改小组审议通过了《推进普惠金融发展规划（2016—2020）》，强调要"提升金融服务的覆盖率、可得性、满足度，满足人民群众日益增长的金融需求"。由于多方面原因，目前农村地区普惠金融发展比较滞后。据调查，目前全国仅有27%的农户能够从正规渠道得到贷款；遇到资金困难时，76%的农户会选择向亲友借钱，非正规融资渠道成为农户筹资首选①。而"互联网＋金融"具有高效率、低成本、便捷性等优势，加上对大数据资源的整合、发掘及运用能力，能够较好解决农村普惠金融存在的"两高一低"（风险高、成本高、收益低）问题，覆盖传统金融机构无暇顾及的

---

① 匡贤明."十三五"：以农村互联网金融为突破重塑农村金融新格局［J］.北方经济，2015（8）.

"尾部"市场,提供碎片化、低门槛的金融服务。以阿里巴巴为例,目前支付宝在农村活跃用户数超过6000万,蚂蚁小贷为18万农村小微企业累计提供了1300多亿的信贷资金,余额宝、招财宝为4000万农村理财用户创收40多亿元。可见,"互联网＋金融"已经为农村普惠金融展开了一幅现实图景。

二、农村金融市场的"鲶鱼效应"

目前,农村金融基本上是"寡头垄断"的市场结构,金融机构和基础设施覆盖率低,市场竞争不充分,是导致"三农"和小微企业融资难、融资贵的重要原因。例如,农村金融网点和从业人员跟全国平均水平相比仍有4倍的差距,2014年末全国金融机构空白的乡镇还有1570个,金融服务的行政村覆盖率只有75.4%。而"互联网＋金融"借助全新渠道和技术优势,能使金融服务的触角延伸到农村乡镇、贫困人口和小微企业,给众多草根"用户"带去高效便捷的金融服务,成为农村金融市场的"搅局者"。以阿里巴巴为例,其10万个淘宝村级服务站一定程度上成为网商银行在农村的"分支行",有贷款需求的农民,可以直接去当地农村淘宝服务站,彻底远离信用社等农村金融机构。这种"鲶鱼效应"将迫使传统农村金融机构转变服务理念,延伸服务网络,提高服务水平,否则将在日益激烈的市场竞争中被淘汰出局。

三、农村金融生态的"粉碎机效应"

"互联网＋金融"从根本上改变和颠覆了农村金融传统的发展理念、发展模式、发展机制,是一场全新的"创造性毁灭"。一是改变农村金融约束条件。大数据、云计算、物联网等降低了信息整合成本,打破了传统金融模式的时间、空间与成本约束,可以有效地兼顾普惠性与商业性,使在传统约束条件下"无解"的农村金融有力破题。二是促进农村信息的资源化和要素化。通过互联网的"痕迹管理",记录真实生产、交易和生活等情况,可以为农户和小微企业提供新的增信方式,极大突破了传统农村金融缺信息、缺信用的梗阻。以阿里巴巴为例,其旺农贷产品就是基于大数据的信用评估模型,通过互联网完成贷款的在线申请、在线审批、在线签约、在线放款,最快3分钟即可完成。从本质上讲,这是让信用等于财富,而不是用抵押物来担保财富!三是再造农村金融发展理念。"互联网＋金融"有利于现代金融文明在乡村社区的传播和普及,培育"平等、公开、共享、安全"的金融观,并进而影响和改变农民的市场观、消费观、价值观和发展观,堪称农村经济社会的"转基因工程"。

四、农村金融风险的"蝴蝶效应"

根据"大金融"理论下的动态网络型传导机制:由于机构之间的交易错综复杂,一旦系统逼近临界状态,任何微小的扰动就可能导致网络关键"节点"的失效，从而引起整个金融网络系统的崩溃。"互联网＋金融"的本质仍属于金融，没有改变金融经营风险的本质属性，而且由于网络关联错综的影响，金融风险的隐蔽性、传染性、广泛性和突发性更强，对金融系统安全的破坏性也胜于以往。尤其值得注意的是，目前互联网企业和传统金融机构已经建立了千丝万缕的业务联系，金融风险可能牵一发而动全身，向金融机构蔓延和传递。以京东"白条"为例，这种"先消费、后付款"的支付方式在功能上等同于信用卡，如果客户选择用银行信用卡进行还款，属于"以贷还贷"行为，可能会将风险转嫁给银行。

五、农村金融监管的"摘樱桃效应"和"破窗效应"

金融风险具有很强的"负外部性"，将严重影响经济社会稳定，这在农村地区意义尤为重大。目前，农村传统银行机构都受到"强度型"监管，不仅有机构网点、业务范围和高管任职等方面的严格要求，还有资本充足率、流动性、杠杆率等方面的指标限制。相对而言，"互联网＋金融"往往从事跨区域、跨行业、跨市场的金融业务，很少甚至不受监管，使其能够利用制度差异性进行监管套利，从而产生"摘樱桃效应"。以阿里巴巴为例，如果其10万个农村淘宝服务站开展贷款等金融业务，就有必要进行市场准入和金融风险监管，否则会产生"社会乱办金融"现象，也使传统金融机构处于不平等竞争的境地。进一步而言，如果这些类金融机构不受监管、不加约束，会引起更多机构纷纷仿效，最终使监管制度形同虚设，形成"破窗效应"。

资料来源：阙方平."互联网＋"时代的农村金融发展之路［J］.银行家，2015（12）.

第三节 共享金融未来的主要业务形态

一、区块链金融

有关资料显示，作为"比特币"等电子货币的支撑技术，区块链技术正在受到广泛重视。美国银行、高盛、纳斯达克、德勤等国际知名企业正在通过建立实验室等方式，积极探索该技术在金融、财务领域的应用，相关趋势值得我国金融业高度关注。

（一）区块链技术

区块链技术最早被运用于比特币等电子货币。依托区块链技术，比特币等电子货币具有不依赖中央发行机构、低交易费用、全球流通等特征。近两年，作为电子货币支撑技术的"区块链"技术越来越受到重视，市场机构和专家认为，电子货币只是基于"区块链"技术的应用之一，未来区块链技术的应用将十分广泛，影响也更为深远。

通俗地讲，区块链就是在互联网环境下建立的分布式储存的、集体维护的、可共享的"账簿"。区块链每个参与者作为互联网上的"节点"实时存储"账簿"的全部数据。每个参与者都可以在取得所有参与者共识的情况下修改"账簿"数据，每次数据修改都会被每个参与者记录，无法删除、撤销、篡改。之所以称为"区块链"技术，是因为每次数据修改是以"区块"方式存储的，不同参与者的修改按时间顺序形成"链条"。

区块链技术的特点：

1. 数据维护呈现"去中心化"特征

区块链的关键环节是通过一套公开透明的规范和机制，各参与者能对数据修改达成共识，都能够在相互无信任、无外界干预、无"中心化"的硬件或管理机构情况下共同维护数据。

2. 数据存储呈现"分布式"特征

每个参与者能在不依赖于第三方的情况下及时准确掌握完整的、一致的数据，降低了在较复杂的组织体系中进行数据更新、汇总、对账的成本，提高数据的有效性、准确性和时效性。

3. 数据内容呈现"高透明度"、"高价值"特征

与传统仅记录最终结果的记录方式不同，区块链技术中，每一次数据修改均被"区块式"记录，并被每个参与者共享，提高了数据的透明度和附加价值，为共享经济打下较好基础。例如，通过区块链技术发起一次物品交易，参与者不仅能掌握此次交易的时间、价格等信息，还能掌握该物品之前的登记流转信息。

4. 数据可靠性、安全性较强

"区块链"中每个参与者都无法私自篡改数据，同时由于分布式存储及修改过程被记录，外部攻击者如果试图修改某个数据，需要攻击每个参与者，并修改这个数据之后的所有数据，成本成倍上升。比特币系统 7 年的运行中经受住了黑客的多次攻击，是对区块链技术安全性的有力验证。

5. 数据呈现"高冗余"特征，处理效率相对较低

随着交易数的增长，目前比特币交易数据最终被打包进入"区块"通常需要 10 分钟左右。

区块链是互联网金融更是共享金融的底层技术架构，只有区块链的成熟才能带来共享金融的成熟。对大众而言，区块链的概念最先出现在比特币的

相关论述中。比特币是一款争议不断的数字货币，区块链就是比特币的底层技术基础。比特币只是区块链的最为出名的一个应用。

（二）区块链与去中心化

区块链技术直击去中心化痛点。凡是涉及到去中心化的记录和交互的都可以考虑在区块链技术上开发相关应用，以下是在探索中的各种可能的应用模式。

一是登记。区块链具有可信可追溯的特点，即区块链采用一种称之为"Proof of work"的算法和共识规则，确保只有合法的区块才能加进来；一个区块经过验证后链接到区块链中，就会永久存储；原生在互联网上的账链数据库是不可摧毁的，所记录信息字段是与生成时间关联并对应，可信账链里面的信息就具有唯一性，不可篡改性，因此区块链可作为可靠的数据库来记录各种信息。

二是确权。区块链的数据源可共享，使各个机构和人均可参与到整个系统的运作，每个参与维护节点都能获得完整数据库的拷贝，从而对信息所有者确权。

三是智能管理。区块链的拥趸认为区块链核心贡献是解决多点信息交互过程中的信任问题——"拜占庭将军问题"，即传统系统中信息交互面临全网系统中任意节点都无法信任与之通信的对方的难题。但基于严密强大算法共识机制和分布式维护原则，区块链可以保证整个网络中的所有节点自动安全地交换数据。

从金融角度来看，区块链的"去中心化"首先会影响到金融基础设施，然后会扩及一般的金融业务。在金融领域之外，区块链技术的应用还将更为广泛。

（三）发达国家探索在金融领域运用区块链技术

近两年，区块链技术得到风险投资机构和国际知名企业的高度关注。据德勤会计师事务所统计，2015 年已经有约 5 亿美元风险投资投向区块链科技企业。美国银行、巴克莱银行、纳斯达克、德勤等知名企业也通过建立内部实验室、开发工作系统等多种方式探索应用区块链技术。主要方向如下：

1. 支付结算

区块链技术去中心化、安全可靠等特征能够简化支付结算中的中后台过程，降低成本，提高效率。目前多个机构已开始利用区块链技术改造支付结算的后台系统、优化基础架构，如环球银行金融电信协会（SWIFT）计划最早于 2016 年将区块链技术集成到其系统中；西班牙桑坦德银行称已经甄别出 20—25 个区块链应用适用于该行支付结算等领域，预计到 2022 年每年将为该行节省约 200 亿美元；花旗集团、瑞银集团等已相继成立研发实验室，重点围绕支付、数字货币和结算模式等方面测试区块链应用，高盛也提出，区块链技术可以彻底改变传统的支付体系，是削减成本的新工具。

2. 资产的登记、确权、交易

在资产登记交易领域运用区块链技术，能大幅压缩交易成本，降低资产交易门槛。同时区块链技术中数据透明度高的特征也使资产的确权和流转更清晰明确。例如，美国证券交易委员会（SEC）于 2015 年批准在线零售商 Overstock. com 通过区块链技术在互联网发行 5 亿美元股票和其他证券计划；纳斯达克已经试点运用区块链技术开展未上市股权交易；高盛已经运用区块链技术开发一套自有电子货币用于交易股票、债券等资产。《经济学人》等媒体和专家还提出，长远看，利用区块链技术建立低成本公共数据库，对土地、艺术品等资产进行登记转让，有助于公共管理、防止腐败等。

3. 财会和审计

区块链技术数据"分布式"储存和参与者共同维护等特点使财会、审计等部门随时掌握整体数据变化，提高工作效率。如德勤近期开发的 Rubix 软件平台运用区块链技术，使审计人员能够实时访问掌握企业财务数据，实施 100% 覆盖率的审计工作，德勤称确信区块链技术将对财务报告和审计的未来带来革命性改变。

4. 抵押品管理

区块链技术具有数据附加价值高、透明度高等特征，可应用于抵押品管理等领域，消除信息不对称，降低风险。如新加坡资讯通讯发展局与星展银行、渣打银行正在共同探索将区块链技术引入发票融资，将企业用于抵押融资的发票信息上传到去中心化账簿，业务参与者能够随时检查发票状态，并确保没有出现重复抵押。

除以上前景已相对较明确的运用外，一些大型银行集团还正在通过投资区块链科技企业，与研究机构合作等方式，寻求占得先机。典型例子是一个名为 R3CEV 的区块链技术研究项目截至 2015 年底得到美国银行、巴克莱银行、摩根大通、花旗集团、汇丰银行、德意志银行、富国银行、法兴银行等 30 家大型跨国银行集团参与，该项目主要致力于金融领域区块链的应用以及制定行业标准和协议。

二、场景金融

"场景"，原本是在影视里面用到的词，指在特定的时间空间内发生的行动，或者因人物关系构成的具体画面。而随着移动互联网的到来，"场景"这个词已经广泛地被互联网从业者使用到。场景化金融，是目前火热的互联网金融领域的一种模式创新。场景化金融就是将以往复杂的金融需求变得更加自然——将金融需求与各种场景进行融合，实现信息流的场景化、动态化，让风险定价变得更加精确，使现金流处于可视或可控状态。场景金融的内涵主要体现在以下四方面。

（一）产品即场景

把产品融入到特定场景之中，用户和购买的产品之间产生有温度、有交互的行为，使得产品具有不一样的属性。未来的产品，不再是一个静态的概念，而是人们愿意为一个具体的场景下面的方案买单，场景才是赋予产品意义重要的因素。

（二）分享即获取

在场景化时代，以前的渠道已经逐渐被打破，用户成为新的渠道，而用户基于场景进行各种分享。通过社交媒体的传播，产品借助多元化的平台渗透到人们的生活之中，引发消费者需求。

（三）跨界即连接

跨界能够创造一些比较强势、多变和最为失控场景的案例。以优步（Uber）为例，2014 年进入中国，一开始选择跟品牌调性相似的知名品牌做各种各样跨界的合作，使得优步在人心目中的形象是颠覆式的、创新式的，是不拘泥于现状的。优步于 2015 年 7 月 9 日联合中国最大综合金融集团中国平安推出"一键呼叫一个亿"活动，在上海地区免费为 10 名幸运用户提供体验当 1 天亿万富翁的机会。这是优步首次与国内金融企业跨界合作，为用户提供全新互联网理财服务体验——理财也可以像一键叫车一样简单便捷。

（四）流行即流量

移动互联网和这个时代的发展，已经使得消费文化慢慢渗透一个个亚文化的小圈子，而故事化的场景成为碎片化新的流量。以前大家需要购买流量，而现在如果通过一个故事化的入口，用户会主动地搜索，形成一个新的流量的增加点，这是场景化大的定义。目前，较流行的场景化金融包括：一是电商场景，如淘宝、天猫等；二是出行场景，如滴滴、高德等；三是支付场景，如支付宝、微信支付等；四是优惠场景，如聚划算等；五是数据场景，如阿里云等。

第四节　共享金融的交易平台

一、互联网金融资产交易平台

随着 P2P 监管政策逐步明朗，网贷行业开始进入洗牌阶段，新兴的互联网金融业态也顺势突起。目前体量达百万亿规模的金融资产交易市场正受到一些平台的青睐（陆金所、网金社和招财宝等），成为互联网金融的另一波掘金阵地。

（一）什么是互联网金融资产交易所

互联网金融资产交易所就是用互联网平台为各类金融资产提供撮合交易，交易对象包含并不限于非标资产及标准化资产，不仅解决投资渠道和融资的问题，也能为资产提供交易；另外和 P2P 相比，从资金端构成来说，不仅包括自然人还包括机构及其他合格投资人；从资产端来说，不仅包括个人借款，还包括各类金融机构及类金融机构的标准化和非标准化资产。互联网金融资产交易平台的生态系统更为丰富，除了 P2P 平台中常见的第三方支付、托管银行之外，还包括信托、券商、保险、基金公司等金融机构、担保、典当、融资租赁等类金融机构，以及登记结算机构、律师事务所、会计师事务所、评估机构、信用评级机构等各种中介及配套服务机构，通过参与主体的互通互联增强资产地流动性。

（二）互联网金融资产交易平台的功能

1. 互联网金融资产交易所的发展是运用互联网工具盘活存量金融资产、增加资产流动性的现实需要。资产从其本性来讲追求风险和收益匹配，希望进行充分地流动。中国的金融机构由于采用分业监管，现阶段银行的标准化产品主要在银行间市场流动，券商的标准化产品主要在证券交易所流动，非标资产除了进行证券化、标准化来增强流动性之外，大多处于沉睡状态，为各类资产构建一个互融互通的平台有其现实意义。

2. 互联网金融资产交易所将以交易为纽带促进互联网金融的互联互通。互联网天生具有互联互通的属性，但目前 P2P 平台主要还是提供融资功能，交易功能偏弱，虽然一些 P2P 平台为投资人提供了债权转让等流动性安排，但交易的活跃度不够，跨平台的资产交易则更是没有。交易功能的缺乏，导致资产定价机制不健全，不能根据资产的风险属性、具体特征由交易双方进行撮合交易形成市场化的定价机制，导致大多数投资者选择 P2P 产品时更多是从平台背景、垫付能力、收益率高低等方面着手，而不是从产品本身考量。另外也导致未能为融资方形成一个合理的借款成本，现在的借款成本更多是由各平台定价，没有形成参与方博弈交易的市场化的定价机制。由于缺乏互联互通及没有统一的开放、包容、共享的平台，造成互联网金融平台各自为政，在技术系统开发、数据的采集分析、征信体系建设方面重复投入，造成巨大的浪费。

3. 与线下的金融资产交易所相比，互联网金融资产交易更有技术优势。不少地方政府都成立了金融资产交易所，比较有代表性的有北京金融资产交易所、天津金融资产交易所等，这些交易所的业务偏线下，虽然也有线上的网站等平台，但更多定位于信息的发布和展示，信息化数据化的水平不高，而互联网金融资产交易所是运用大数据、云计算为投资人匹配相应的资产，运用各种征信数据判断资产推荐机构、融资方的信用状况，解决投资人与融资方信息的不对称。

4. 互联网金融资产交易平台的健康发展有利于打破刚性兑付。互联网金融资产交易平台定位于信息的中介方，不提供担保或者隐形担保，有利于打破 P2P 平台刚性兑付的窘境，还有利于解决 P2P 平台盈利困难的问题。定位于金融资产的交易平台，体量比较大，除了传统收取融资成功的居间费用外，通过提供资产的交易服务，能收取交易服务的相关费用，有利于解决现阶段 P2P 平台普遍盈利难的问题。

5. 有利于投资人的风险教育。由于机构投资者及合格投资人的参与，平台的投资人分为不同的风险类型，对应不同的收益率，机构投资人的审慎专业的投资风格的影响，有利于一般投资人逐步走向成熟和理性①。

【专栏 10 - 2】

平台经济学与新经济框架：从行业分工到平台共享

一、什么是平台

平台是一种交易空间或场所，可以存在于现实世界，也可以存在于虚拟网络空间，该空间引导或促成双方或多方客户之间的交易，并且通过收取恰当的费用而努力吸引交易各方使用该空间或场所，最终追求收益最大化。

其实，平台（Platform）是网络时代市场资源整合和商业模式创新而成的具化形态，是传统自在市场自觉意识觉醒和自主品格升华的经济结果。

二、什么是平台经济学

平台经济学就是对作为传统市场具化形态的平台经济体属性、结构、竞争、演化和模式等核心问题进行全面系统解析，为当代平台经济发展提供一般性的理论指导。

严谨地讲，平台经济学（Platform Economics）是研究平台经济本质与属性、平台组织机构、平台间的竞争与演化情况，强调市场结构的作用，通过交易成本和合约理论，分析不同类型平台的发展模式，探讨平台对社会影响的问题，并提出相应政策建议的新经济学科。

平台经济学是以广泛存在的平台为研究对象，以契约理论、网络外部性

---

① 资料来源：零壹财经网站，作者：仰海波，2015 - 10 - 16。

理论、双边市场理论、博弈论等为理论基础，以发现平台产业的自身规律，推动平台产业健康、健全发展为主要目标。

可见，平台经济学是产业经济学的一个分支。可以说，现实生活中有很多平台产业的例子，如操作系统平台、电信业、银行卡、互联网站、购物中心、媒体广告等，它们涵盖了经济中最重要的产业。平台的存在是广泛的，它们在现代经济系统中具有非常大的重要性，而且这样的重要性会越来越大，成为引领新经济时代的重要经济体。

三、新经济框架：从行业分工到平台共享

迈入 21 世纪的第四个五年，中国经济正经历着前所未有的蜕变。摆脱窠臼、化茧成蝶，是各界对其的殷切期望。达成这一目标，需要对经济大势认知清晰，采取塑造新经济的果敢行动。

要把握此种趋势，须直面四个关键问题：新经济动力何在？新经济分工体系呈现什么特征？新经济基本形态怎样构成？新经济制度又当如何建构？

（一）新经济的动力：三大源泉

"十二五"后期中国经济增速下滑，进入了非高速增长阶段。这一局面的出现，与原有经济增长动力失效密切相关。

新经济的动力，体现为三大源泉，即新基础设施（云 + 网 + 端）、新生产要素（数据）、新结构（大规模协作）。

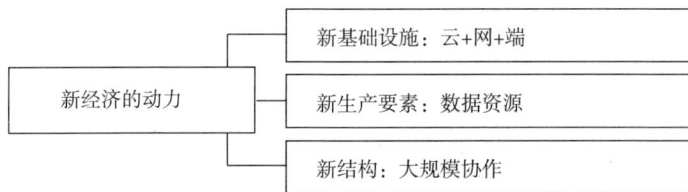

图 C10 - 1　新经济三大动力

1. 新基础设施（云 + 网 + 端）

基础设施是一个时代经济发展的先行资本，承载了经济与社会活动的方方面面。"云"是指云计算、大数据基础设施，生产率的进一步提升、商业模式的创新，都有赖于对数据的利用能力，而云计算、大数据基础设施将为用户便捷、低成本地使用计算资源打开方便之门，像用水、用电一样。"网"不仅包括原有的"互联网"，还拓展到"物联网"领域，网络承载能力不断得到提高、新增价值持续得到挖掘。"端"则是用户直接接触的个人电脑、移动设备、可穿戴设备、传感器，乃至软件形式存在的应用，是数据的来源，也是服务提供的界面。新信息基础设施正"叠加"于（而不是被误读的"替

代"）原有农业基础设施（土地、水利设施等）、工业基础设施（交通、能源等）之上，发挥的作用也越来越重要。

2. 新生产要素（数据）

信息（数据）成为像资本、劳动力一样的独立生产要素、经历了近半个世纪的信息化过程，信息技术超常规速度发展，促成了信息（数据）量和处理能力的爆炸性增长，人类社会步入"大数据时代"。

数据除了作为必要成分驱动业务外（如金融交易数据、电子商务交易数据），数据产品的开发（通过数据用途的扩展创造新价值，如精准网络广告）更是为了攫取数据价值开辟新源泉。经济、社会领域海量数据的积累与交换、分析与运用，产生了前所未有的洞见和知识，极大地促进了生产效率的提高，提供了超乎寻常的创新力量。

随着云计算和大数据技术及应用的兴起，我们依稀感到计算资源正变得成本极低、随处可见，数据正挣脱原有的束缚，在流动和分享中成为真正的生产要素。我们可以持续地从量的角度增加数据投入，从质的角度深挖数据富矿获得新知识模式，从而带来技术进步，生产率提升获得新空间，跨界创新融合源源不断。以集中控制为标志的 IT 被以激活生产力为目的的 DT 取代。

3. 新结构（大规模社会化协作）

我们看到结构性的变化：从强调价值链上下游的分工到提倡价值网络上的交互与协同；从注重内部研发到拥抱众包的力量；从重视领域内的精耕细作到讲求跨界的组合式创新。因此大规模协作实际上包含了网络协同、众包合作和组合式创新这几方面内容。

（二）新经济的分工体系：从行业分工到平台共享

随着技术进步和时间推移，我们社会的核心信息基础设施，从早期的电信网演进到互联网，再发展到物联网，被卷入网络的人、设备、物体数量越来越多，种类越来越丰富。正像历次关键技术突破对人类社会的影响一样，基础设施层次的变化影响最深远，由技术的更迭带来经济的转型，再引起社会的进步。技术演进促使纵向共享程度加深，导致分工形态的根本改变。

分工和共享，从来都是一枚硬币的两面，只不过由于新信息基础设施的崛起、数据资源的流动与释放、大规模社会化协作体系的出现，共享能力的增强与输出才更为显著。如果说原有经济体系中横向分工占上风，那么今后一段时期，纵向共享将成为更主要的新经济特征。输出共享能力的提供者与充分利用共享能力的接收者，将紧密配合、相得益彰。

一国经济繁荣与否，与社会中分工与合作的程度及有效性息息相关。新经济的分工体系，其特征非常鲜明：与原有经济体系注重"行业分工"不同，更强调"平台共享"的重要价值。

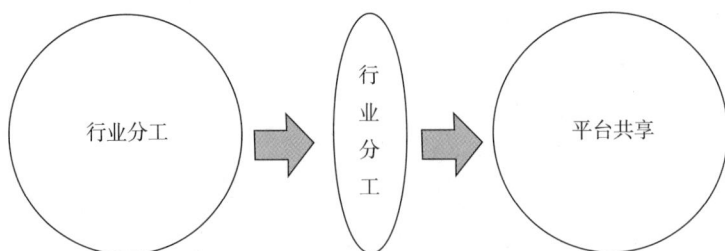

图 C10-2　行业分工向平台共享转变

（三）新经济的基本形态：平台经济、共享经济、微经济三位一体

平台将相互依赖的不同群体集合在一起，通过促进群体间高效互动，创造了独有价值。近年来互联网平台成为新经济引领者。"分享"成为各界瞩目的热门概念。纵观生产、就业、消费、市场和分配方面，微经济的涌现已成为重要的经济发展动向。

"平台经济"、"共享经济"和"微经济"实质上是三位一体，相辅相成，构成了新经济的基本形态。

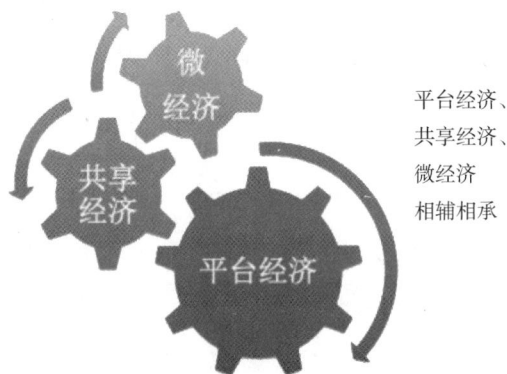

图 C10-3　新经济基本形态

互联网平台显著降低了各方沟通成本，直接支撑大规模协作的形成，向全社会共享能力，从而激发微经济活力，组织内外"平台+小企业（个人）"的模式日益成为主流。计算、物流、金融、交易等能力充分共享，促进竞争水平的增强、创新效率的提升。

"平台经济"是基础，"共享经济"是实质，"微经济"是土壤。中国国情为三者协同发展提供了良好环境。由于中国小企业众多，只有基于互联网平台其规模才可以迅速扩大，越过关键点实现指数级增长，而平台提供了强大的共享能力，赋能小企业，引领新商业生态繁荣，进一步吸引更多的小企业利用平台，也促使更多适应平台特性的小企业涌现，因此平台才有进一步的成长空间。紧密联系的"平台经济"、"共享经济"、"微经济"将是中国新经济的基本形态取得突破的温床。

（四）新经济的制度变迁：三大着力方向

从总体发展考虑，基于对新经济基本形态的认识，应从"平台经济"、"共享经济"、"微经济"协同发展的大局出发，做到：鼓励中国平台经济创新，优化共享能力输出环境，创造激励微经济发展的氛围。

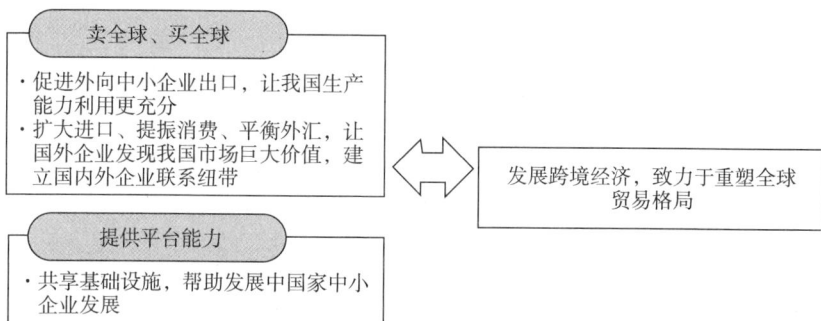

图 C10-4　新经济三大着力方向

发挥新经济"普惠"的作用，需要从能力建设、激励机制、容忍创新的战略宽松和前瞻性的制度设计角度，采取切实举措，从而激发新经济活力。

资料来源：孟晔. 新经济框架：从行业分工到平台共享 [R]. 杭州：阿里研究院，2016。

二、物联网抵质押品处置平台

（一）什么是物联网抵质押品处置平台

目前，第三方物流企业进一步通过联网技术和信息系统的运用，在聚集着众多的中小型生产企业、销售企业的工业园区，利用其具有的得天独厚的资源优势和信息优势，逐渐构建形成了强大的物联网抵质押品中介服务平台。

在处置平台服务中，每个物品被植入二维标签或条形码或 RFID 标签，仓库各区域布置着传感器节点，如 RFID 阅读器、GPS 等传感技术、温湿度感应器，各传感器节点采集数据，并传送到接收器，通过防侵入视频智能分析系统、智能门禁系统等硬件设施，对货物进行检测监控，以此保证货物的安全性，降低员工的操作风险，并通过仓库管理子系统、运输管理子系统、动产评估管理子系统等各种管理系统共同应用一个数据中心服务器，保证数据的一致性，降低信息不对称所带来的道德风险。

（二）物联网抵质押品处置平台的功能

1. 有效检查交易真实性，实时监管抵质押物。物联网抵质押品处置平台是金融机构和第三方物流等企业共同为企业客户提供金融综合服务的平台。物联网技术可以为金融机构提供更加直接监控抵质押物的手段，有效防止抵质押物的监控风险，使金融机构能够放心地选择更多中小型物流公司合作。从技术实现上来看，可以将企业原料或产品上嵌入 RFID 芯片，芯片对物品结构、质地等信息具有感知功能，物品在采购、运输、仓储、加工、销售过程中都能通过 RFID 芯片向外发送信息。安装在仓库、运输设备上的信息接收装置，能随时收集 RFID 芯片发出的信息，并对批次产品的数量、位置、质量等情况进行汇总分析，反馈给企业管理者和金融机构，实现管理者对物品的精准定位，金融机构在开展仓单质押贷款、动产抵质押融资等物流金融服务时，能更有效地开展交易真实性检查，变动产为不动产，进行抵质押物监管，更好地防范风险。

2. 动态控制和管理客户企业抵押的固定资产。固定资产管理是金融业管理中的一个重要组成部分，固定资产具有价值高、使用周期长、使用地点分散、管理难度大等特点。采用先进而成熟的 RFID 技术，赋予每个实物一个唯一的"资产全息身份证"标签，从而实现对固定资产实物在企业中的全流程进行跟踪管理，不仅可以解决常见的账、卡、物不符的现象，也能提高了资产盘点的准确性，而且实现了全程全面、精准细致、及时动态的固定资产管理要求，并能够快速生成各种汇总报表或明细表[①]。

3. 实时为供应链客户提供量身定制的金融产品和服务。金融机构根据物联网抵质押品处置平台传送的数据信息，可以准确把控核心企业与供应链上下游企业交易的商流、物流、资金流信息，准确预测上下游资金需求，更快地识别潜在客户，直观地了解客户需求，以此为及时客户提供定制化的融资金融产品，订制详细的金融服务方案，及时方便地与客户交流，提升客户体验，润滑上下游企业资金链，提高行业竞争力。

三、区块链交易平台

（一）什么是区块链交易平台

区块链交易平台是通过采用区块链技术，为客户提供去中心化的交易基

---

① 许多顶. 用物联网构筑"智慧金融"［J］. 上海金融学院学报，2012（1）.

础架构和存储模式，以及分布式的计算范式和账户系统。在去中心化系统中自发地产生信用，建立无中心机构信用背书的金融市场，从而最终实现"金融脱媒"。而利用区块链自动化智能合约和可编程的特点，能够极大地降低成本和提高效率，避免烦琐的中心化清算交割过程，实现方便快捷的金融产品交易。这都将对第三方支付、资产登记、资金托管、资产管理等存在金融服务机构的商业模式带来颠覆性的大变革。

由于区块链技术特有的安全可靠、去中心化等特性，越来越多金融机构所开始关注这个全新的技术，探索建立基于区块链技术的交易平台。纳斯达克发布了基于区块链技术的股权交易市场 Linq，Overstock 发布了自己的区块链交易系统 T0，澳大利亚证券交易所已经在正式考虑使用区块链技术来重塑自己的交易系统，现在韩国证券交易所也开始探索区块链技术在 OTC 方面的应用，希望可以使用该技术来简化场外经销商交易程序，降低交易成本，并协助寻找交易伙伴。

（二）区块链交易平台的功能

1. 完全实现"去中介化"交易。区块链技术去除了对中央权威机构的依赖，是以点对点的方式处理交易，分布式的结构使其不需要第三方机构来对交易进行记录和结算。因此，建立在区块链基础上的支付系统、融资系统有着彻底"去中介化"的特征。这将改变现有以集中清算为特征的支付系统、融资系统、互助保险系统等金融系统。如，比特币去中心化商品交易市场 Open Bazaar 推出一个多人签名的概念来抢夺 eBay 拍卖市场的份额，通过在比特币的区块链上进行第三方资金托管的方法进行拍卖资金托管和支付，但资金却无须第三方经手。

2. 实现金融基础设施建设需求的大幅降低。由于区块链技术以一种分散化的机制进行价值交换，区块链技术能够近乎实时地自动建立信任，完成交易、清算和结算，因而可以提高金融机构的效率、降低交易成本。在这种情况下，就不需要一个传统意义上的值得信任的第三方中央登记机构进行确认、登记和保管，从而可能会导致以中心化为特征的现有金融基础设施建设需求大幅减少，降低金融基础设施建设成本。

3. 实现"数字智能化"资产登记和管理。区块链交易平台在资产管理方面能够实现有形和无形资产的确权、授权和实时监控。一是对于无形资产来说，基于时间戳技术和不可篡改等特点，区块链技可以应用于知识产权、碳排放权登记和交易等领域。二是对有形资产来说，通过结合物联网技术为金融资产设计唯一标识并部署到区块链上，能够形成"数字智能资产"，实现基于区块链的分布式资产授权和控制。例如，通过对房屋、车辆等实物抵质押资产的区块链密钥授权，可以基于特定权限来发放和回收资产的使用权，有助于 Airbnb 等房屋租赁或车辆租赁等商业模式实现自动化的资产交接。三是在资产托管业务中引入区块链加密数字货币，实现资产的数字化，在功能分工上，设计专用于资产数字化的发行者节点，负责托管资产的发行，实现从资产发布、交易、托管、流通到监督的全流程区块链化，从而最终实现对资产和资金的智慧管理。

当前，世界各国正积极着手致力于区块链交易平台的探索和研发。2015年，由金融技术公司 R3 领导的区块链联盟宣布成立，主要致力于概念验证的试验和区块链技术标准的制定，目前已有包括花旗集团、汇丰银行等在内的全球 42 家大型商业银行（金融集团）加入该联盟，探索将区块链应用到更大范围上去。瑞银集团（UBS）在区块链上试验了 20 多项金融应用，包括金融交易、支付结算和发行智能债券等。这也引发了国内的广泛关注和重视，北京、上海等地相继成立区块链组织并举办相关活动，政府、学术机构、金融机构、互联网公司等纷纷开展相关研究。中国互联网金融协会已专门成立了关于区块链的研究工作组。2016 年 1 月 20 日，中国人民银行召开数字货币研讨会，提出争取早日推出央行发行的数字货币。

【专栏 10 - 3】

2016 年国际重要金融基础机构
关于区块链的最新研究活动

DTCC 发布白皮书和召开研讨会。DTCC 于 2016 年 1 月发布白皮书《拥抱颠覆——探索分布式总账潜力、改善交易后环境》（*Embracing Disruption：Tapping The Potential Of Distributed Ledgers To Improve The Post - trade Landscape*）。白皮书旨在应对区块链技术对金融基础设施的挑战，分析分布式记账在金融市场后台的应用潜力，呼吁全行业合作。

欧清银行和奥纬咨询在 2016 年 2 月联合发布研究报告《资本市场上的区块链》（*Block Chain In Capital Market*），旨在帮助资本市场更好地了解区块链技术及在金融市场中的运用，指出需要克服的障碍，并给金融机构提出了七项建议。

2016 年 3 月，DTCC 召开区块链全球研讨会。参与本次研讨会的人员有行业思想领袖、技术专家和政策制定者，包括 IBM、高盛、贝恩、黑石、R3 联盟等十多家业内及科技界巨头。与会者讨论了各方合作的可能性、区块链的实用案例和将来可能产生的创新。研讨会分为多个讨论板块，包括"为区块链规划发展蓝图：行业合作的标准、协议和实用案例""将区块链技术引入实践当中""区块链适用于证券行业吗？""区块链如何与互联网泡沫区分开来？——未来的发展是什么？繁荣还是萧条？""对话：比特币与数字货币革命"和"区块链对监管者和风险控制机构的影响——区块链技术对监管当局和政策制定目标的影响，以及带来的风险挑战"等。

2016 年 5 月，SWIFT 发布了报告《区块链对证券交易流程的影响及潜力》（*The Impact And Potential Of Blockchain On The Securities Transaction Lifecycle*）。SWIFT 报告在 2015 年 11 月 25 日召开的专题小组会议精神基础上编纂完成。专题小组与会人员包括来自于技术和交易后处理组织的 75 位相关人员。主要成员来自 DTCC、欧清银行、德勤、IBM 以及全球各大银行。SWIFT 报告提出了三大研究判断：第一，公共金融市场交易的任何分布式记账结算都需要采取适当访问级别限制的联盟区块链形式，即只有一部分被授权的网络参与者可以提出更新记账并且参与验证；第二，区块链技术最初会在没有中央托管机构的市场中逐步推广，在股票、债券等公开市场的大规模使用需要一定时间；第三，若想在证券结算中应用区块链技术并获得益处，需要对现有制度和流程进行大量改造。

资料来源：董屹，唐华云，张东．近期国际金融基础设施机构区块链技术研究进展及重要观点［J］．债券，2016（8）．

第五节　共享金融的十大效应

一、金融产品的迭代创新

"迭代创新"从数学概念"迭代计算"和软件开发"迭代模式"演变而来。迭代创新与美国作家埃里克·莱斯（Eric Ries）的精益创业（Lean Startup）理念异曲同工：先在市场中投入一个简单初级的原型产品，然后通过不断的学习和用户反馈，对产品进行快速迭代优化，满足用户需求。

共享金融产品创新蓬勃发展倒逼传统金融业积极创新。由于共享金融迅速崛起，以迅雷不及掩耳之势抢占了小额借贷和金融理财产品等销售市场。对传统金融领域产生巨大冲击，特别是在银行业中低端零售市场上更为明显。共享金融本身发展的过程在主观上就是一部产品创新发展的过程，客观上也起到了推动传统金融加强创新，研发新的产品和服务模式，以应对挑战的作用。因此，迭代创新是共享金融创新的新趋势。

微信和小米的操作系统 MIUI 是迭代创新的典型例子。微信从一个简单产品开始不断迭代,至今已成为中国人的通讯、社交、媒体、娱乐甚至商务、金融平台。MIUI 在三年多里迭代成长为拥有 5000 万用户的手机操作系统。

共享金融迭代创新意义重大——迭代创新是一种产品开发的方法和模式,传统的瀑布流开发包括一个调研、规划、开发、测试、补漏、推出的完整过程,而迭代开发则把这个完整过程短周期多次进行,每次迭代都寻求用户检验、总结经验、提升认知,从而极大降低了创新的整体试错成本,更准确地捕捉用户需求。在高度不确定性的市场条件下,迭代创新的优势更加明显。其启示是市场上没有一款产品一上市就是十全十美的,等研发出十全十美的产品的时候,市场已经被占领了。产品出现就去给用户使用,不断试错,不断提升和创新。

【专栏 10 - 4】

迭代创新——从微信 1.0 到微信 5.0

微信推出的原因:有了 qq 为什么还要有微信呢?因为 qq 的定位在于社交,而微信的定位在于即时通讯;qq 是聊天工具,而微信则是类短信的平台。

类短信平台是微信的基本定位,微信 1.0 也是基于此开发出来,但在上市后,作为免费发短信的工具,在国内并不受欢迎。于是微信 1.2 迅速转向为图片分享,但依旧没有引起轰动。

在经过两次试错后,微信 2.0 再次上市,把微信打造成语音通信的工具,这个语音通信成为微信未来的基调并明确了发展方向。

于是微信 3.0 开始从微处创新,开发出"查看附近的人"和视频功能,不断完善产品和客户体验。

微信 4.0 推出朋友圈分享功能,打造圈内社交,进一步完善功能。

微信 5.0 推出扫描街景和封面,绑定银行卡,在线理财等功能,从而击败了其他竞争对手。

从微信的不断更新迭代过程可以看出,一款产品上市到最终框架的成型,都是不断试错,不断根据用户体验反馈,并快速调整和完善才得到的结果,如果微信没有经过这个迭代过程,等成品出来后再上市的话,市场可能早已被米聊和陌陌占领了。

二、金融市场的跨界融合

(一) 传统金融与非金融部门边界趋于模糊

共享金融带来金融媒介与渠道的共享,带来一个全新的大平台金融时代,平台的参与主体越多，对于供给、需求、中介各方的利益和价值就越大。平台金融的开放特征，与传统金融部门的封闭式发展形成鲜明的对比。这一方面导致传统的金融与非金融部门的边界进一步模糊，越来越多的非金融部门主体参与到金融产品与服务的提供中，成为重要的金融资源流转中介。另一方面，主流金融机构面临更加明显的"脱媒"，越来越多的"金融厂商"转换成为"金融平台服务商"，开展全面的金融业务和非金融的经济业务。

（二）金融要素间的边界趋于模糊

金融机构、产品、市场、制度、文化等要素，组成了我们所熟悉的金融范畴。在共享金融蓬勃发展的情况下，金融要素呈现多元化共享发展趋势，原有的机构、产品、市场等金融要素的边界变得更加模糊。例如：原有银、证、保等分业格局可能逐渐被打破，彼此共享模式架构与比较优势。

（三）银行与一般企业边界趋于模糊

商业银行业务边界会经历四个发展阶段：一是传统的银行业务，即存、放、汇和货币兑换等业务；二是全面的银行业务，包括传统的银行业务和各种形式的金融创新；三是全面的金融业务，包括全面的银行业务和各种非银行的金融业务；四是全面的经济业务，包括全面的金融业务和各种非金融的经济业务，如为企业评级、业务咨询、投资审核、商品营销等。目前，商业银行业务发展已步入第四阶段，从"有界经营"转向"无界经营"，根据市场需求围绕自身优势开发增值服务，通过综合化经营、吸引客户、留住客户，形成自身数据资产。

三、金融资源的优化配置

（一）更加有效地促进闲置资源进入市场发挥效用

共享金融作为依托现代信息平台而构建的直接交易系统，其本质特征是整合线下闲置资源（资金或服务），撮合资源供求双方实现交易。共享金融带来的是对供给端的线下闲散资源效用的释放。

一是促进闲置资源利用和变现。所有者的闲置资产得到有效利用，分享物品或服务可以令其闲置资产变现，从而为整个市场带来更多供给。只要分享价格高于分享需要付出的成本（例如资产折旧），对供给者而言就能获得经济利益。

二是拓宽金融服务劳动者数量。服务时间的灵活自由，促使金融服务提供者可以自行决定对服务提供时间，而不需要受商业组织的制度限制。这促使一批有服务意愿但时间不固定的劳动者进入市场，进一步拓宽供给端劳动者数量。

三是促进闲置资源发现获取。共享金融平台是对公众普遍开发的，需方个体仅需要向平台支付一定的佣金，即可获得金融资源或服务；而供方个体有的仅需在平台注册，即可获得平台中聚集的大量客户资源。

（二）促进金融资源供给与需求的直接配置

共享金融通过整合线下金融资源，优化金融资源供求双方匹配。使金融资源的供需个体借助云计算、大数据、物联网、移动互联网构筑的现代信息技术平台，达成金融资源供给与需求的直接交易，从而实现金融资源的优化配置。共享金融作为一个金融资源供求双方的直接交易系统，在实现"普惠金融"，以及缓解现代金融体系的脆弱性等方面具有独特的优势。

（三）促进金融资源投资收益与风险偏好的匹配

传统金融中介主要采取某种固定的风险偏好进行资金分配，而且在融资时较少关注投资者的风险偏好，当以某种平均水平对资金进行定价时，会造成资金的低效使用，风险低的融资者承担较高的成本，而投资者只能获得一个较低的平均收益。而共享金融资金供求双方的直接匹配机制能够同时关注投资者风险偏好，以及融资者风险收益水平，实现双方的直接匹配，从而提高资金的匹配效率，实现投资项目高风险高成本、低风险低成本，从整体上降低融资成本。

四、金融交易的效率提升

共享金融促进金融性交易还体现在交易时间成本大幅降低，效率大幅提高。共享经济的出现，降低了供给和需求两方的成本，大大提升了资源对接和配置的效率。这不仅体现在金钱成本上，还体现在时间成本上。主要体现在两方面：

一是显著降低时间成本。资金供需双方可以利用现代化的移动支付、网络支付、银行卡等不受时间、空间约束的现代支付方式，实时、全时、全天候、高效完成买卖交易。在这个过程中，金融交易的搜索时间成本、发现时间成本、匹配时间成本、支付时间成本都大幅度降低，效率大幅提高。

二是高效率收集分析交易信息数据。在互联网金融环境下，金融交易通过互联网、移动通信网络或社交网络完成，交易双方之间可以充分实现信息沟通，信息高度对称，交易也因此简单透明化。与此同时，利用现代化支付方式和交易平台，可以收集交易和行为信息，利用云计算和大数据等信息处理技术，对数据进行挖掘和分析，运用到客户评级和风险管理之中，能够高效率地解决因信息不完备而一直困扰着传统金融业务的逆向选择和道德风险问题。这从根本上促进了金融交易高效率完成。

物联网技术的出现，让用户可以随时随地转账，完成支付，查看股市行情，下单买卖证券，就像随身携带着银行和交易所一样。交易随着场景无缝对接，不需要再分离就可以完成。供应链的连接化和生态化，使得融资需求在商业活动发生的场景就被得知和满足。例如，目前，淘宝旗下的蚂蚁小贷已经累计为淘宝商户发放无抵押无担保贷款 3000 多亿元。淘宝卖家申请信贷支持，常常几秒钟内就可以获批并得到资金。

五、金融风险的分散共担

（一）传统金融体系的存在内在脆弱性

以银行等金融机构为核心的现代金融体系，从建立之初就有其内在的脆弱性，根本的原因在于期限错配和信息不对称。

期限错配往往也指银行业务借短放长的特征。借短放长即银行利用自己的行业特点吸收短期存款，发放长期贷款，以达到盈利的目的。这是传统银行的业务，也是现代银行的重要业务之一。借短放长导致银行资产与负债的期限不匹配，也会导致银行盲目扩大资产规模和负债规模，从而潜藏流动性风险。当经济基本面趋坏，或者发生意外的突发性事件，包括一些"自验性的预言或恐慌"，银行等金融机构就会发生流动性危机，而且极具传染性，严重时会引发全国乃至区域性或全球性的金融危机。

信息不对称是指交易中的各人拥有的信息不同。在社会政治、经济等活动中，一些成员拥有其他成员无法拥有的信息，由此造成信息的不对称。信息不对称会导致委托代理、逆向选择、道德风险等问题。委托代理理论是建立在非对称信息博弈论的基础上的，在没有有效的制度安排下代理人的行为很可能最终损害委托人的利益。不管是经济领域还是社会领域都普遍存在委托代理关系。逆向选择问题，是指市场交易的一方如果能够利用多于另一方的信息使自己受益而对方受损时，信息劣势的一方面难以顺利地作出买卖决策，于是价格便随之扭曲，并失去了平衡供求、促成交易的作用，进而导致市场效率的降低。道德风险，是指契约签订之后，代理人知道自己的行动，而委托人由于信息不对称而无法观察代理人的行动，在这种情况下，代理人可能采取满足个人的利益最大化而有害委托人利益的行为。传统金融体系之所以存在许多功能缺失，原因之一就是由于信息不对称，导致风险的不可控或弥补的高成本。例如，在小微金融和普惠金融领域，信息的不确定、信用基础的缺乏等加重了金融服务困难。

（二）共享金融有效缓解现代金融体系脆弱性

1. 共享金融使微观个体风险定量分析成为可能

物联网新技术使得微观金融行为的甄别能力上升及不确定性分析的愈加

准确，通过技术与制度安排对风险进行合理分担和分散，而非"游牧民族"式的驱离或被投机利用，则成为共享金融有助于金融稳定的重要尝试。自然人个人的风险定量分析、监测、定价成为可能，从而解决传统金融信息不对称的内在脆弱性。

2. 共享金融去中心化特征有效化解"期限错配"问题

现代金融体系普遍存在委托代理关系，在信息不对称的条件下，使得金融体系运行存在着严重的"逆向选择"和"道德风险"，尽管现代技术的发展以及更完备的交易合约会对这些问题有所缓解，但仍然滞留了一系列问题。投资领域存在的委托代理关系使得投资银行和基金公司等更倾向于高风险的资产，这会推高风险资产的价格，从而产生金融泡沫，当泡沫破裂时就会产生严重的金融危机。由于共享金融是资金供求双方的直接交易系统，具有去中心化、去中介化的特征，不存在"期限错配"和"委托代理"关系。在这种情况下，个人的金融需求和金融供给也能够实现去中心化的无缝对接，从而消除了流动性危机和因委托代理关系而产生的资产泡沫。

3. 共享金融的探索可以推动社会信用体系完善

尤其是对于难以进入到传统金融体系来积累信用的主体来说，更多的主体介入共享金融实践可以为其创建金融信用基础。在"人人参与"的新模式中，自律与他律成为能否继续参与的前提，这也使得传统金融监管难以覆盖的"盲区"受到公共金融规则的约束。同时，也自然地实现了传统金融风险的分散与防范。

六、金融功能的健全完善

美国哈佛大学著名金融学教授罗伯特·默顿认为，金融体系具有以下六大基本功能：清算和支付功能，即金融体系提供便利商品、劳务和资产交易的清算支付手段；融通资金和股权细化功能，即金融体系通过提供各种机制，汇聚资金并导向大规模的无法分割的投资项目；为在时空上实现经济资源转移提供渠道，即金融体系提供了促使经济资源跨时间、地域和产业转移的方法和机制；风险管理功能，即提供了应付不测和控制风险的手段及途径；信息提供功能，即通过提供价格信号，帮助协调不同经济部门的非集中化决策；解决激励问题，即解决了在金融交易双方拥有不对称信息及委托代理行为中的激励问题。

共享金融实现了金融功能的共享与融合。无论怎样演变，现代货币金融体系的基本功能，仍然是货币基础、资金融通与资源配置、支付清算、风险管理、信息提供、激励约束等。对此，共享金融带来金融功能的完善。

　　一方面在产品与服务层面，过去"泾渭分明"的金融功能逐渐出现融合，金融消费者将更加轻松安全地享受金融"超市"、"专卖店"、"网店"服务，适应这种转变，金融中介部门除了继续优化资金配置、中介、咨询等功能之外，更多则转为第三方平台服务商，旨在提供网络时代的金融资源配置规则与交易生态体系。各种各样基于 P2P 原则的网络金融服务创新，正是其典型表现，有助实现"长尾"型投资者与融资者的资源共享。

　　另一方面，作为金融基础设施的支付清算、信息信用体系等，与传统的金融中前台服务相比，将逐步呈现出更加明显的融合趋势。主要表现在金融基础设施趋于服务多元化与技术标准一致性特点，形成顺畅承载金融资源流动的金融"水利设施"，同时还会引发金融后台服务外包、金融业"轻资产化"、基础设施全球化等新趋势。

【专栏 10 – 5】

金融超市

　　金融超市是金融机构对它经营的产品和服务进行整合，并通过与同业机构比如说保险公司、证券公司、房地产公司等的业务合作，向顾客提供的一种涵盖了多种金融产品与增值服务的一体化经营方式。

　　"金融超市"在发达国家已不罕见。当国外的消费者进入多功能的"金融超市"后，就如同进入一个超级商场。从信用卡、外汇、汽车、房屋贷款到保险、债券甚至纳税等各种金融需求都可以得到满足。

　　在日本，很多银行都为消费者提供集银行、寿险、其他代理服务为一体的交叉业务的一站式金融服务。在美国，老百姓只要到商业银行就可以购买开放式证券投资基金，股市行情、汇市行情在银行里也能见到，如果要进行交易，所有结算在这里都可以一次性办妥。这不但在某种程度上影响着个人传统的消费行为，而且也成为一家银行形象的标志。其经济效益、社会效益都非常好。据统计，在美国，消费信贷占银行贷款总额比例达 20%。在加拿大，银行普通贷款中的 1/3 是向个人提供的，并且全球有名的花旗银行，香港的汇丰银行，其金融超市已成为银行收入的主业务。

　　目前金融超市在中国逐渐兴起，并有望成为商业银行发展的新趋势，北京、上海、浙江、大连等地纷纷建起了金融超市。

　　武汉金融超市 2010 年 10 月开业，是由武汉市人民政府金融工作办公室主办，湖北银监局、湖北证监局、湖北保监局、中国人民银行武汉分行银管部和武汉东湖新技术开发区管委会协办，旨在有效缓解中小企业融资困难，助推东湖国家自主创新示范区建设，打造方便企业融资的"一站式"金融服务机构。

武汉金融超市也是全国首家将公益性服务与市场运作相结合的创新示范金融超市，以实体平台服务与虚拟网络服务相结合，普惠制服务与个性化定制服务相结合，企业融资需求服务与品质提升服务相结合，市场效益与社会效益相结合，为武汉市中小企业提供全方位、立体式、专业化、个性化的效率融资服务。它的成立标志武汉市金融服务创新进入新的发展阶段。

武汉金融超市引进包括银行分支机构、担保公司、小额贷款公司、典当行、创投公司、风投公司、产权交易所、会计师事务所、律师事务所、评估师事务所、券商分支机构、信用评级机构、财务顾问公司等金融机构及各类中介服务机构，并鼓励引导各类融资服务机构开展信用贷款等融资创新业务。吸纳现有政府中小企业融资网站资源，引入新型网络导购、自助发布、业务跟踪与客户管理系统，搭建"武汉金融超市网站"，通过打造武汉金融超市的实体展示与对接平台，力求为武汉市中小企业创造一种全新的融资体验，开启武汉市中小企业"效率融资新生活"。

七、金融规则的颠覆重构

共享经济颠覆性地影响传统商业模式，通过"自由人"的联合，共享经济给了供求双方更自由的选择，也自下而上推动着金融规则发生巨大变革。主要体现在以下十个方面：

（一）"长尾理论"取代"二八定律"

传统金融业信奉"二八定律"，即20%的大客户占有80%的金融需求量、创造80%的金融业利润，这使得金融服务具有集中化、高端化、精英化倾向。但在大数据时代，互联网金融具有的公开透明性能够有效缓解信息不对称，从而降低服务成本，改进服务效率，提高金融服务的覆盖面和可获得性，使边远地区、小微企业和社会低收入群体也能享受方便快捷的金融服务，从而形成庞大的"长尾市场"。也就是说，金融产品和服务的扩张不在于传统需求曲线的"头部"，而是那条微不足道、经常为人遗忘的"长尾"。例如，目前我国网上支付和网上银行已覆盖2.44亿和2.41亿的用户。再如，"余额宝"等互联网基金理财产品1元起售即可迅速积聚大量客户，抢走1%的银行储蓄存款4000亿元。又如，P2P和众筹融资等使得原本被忽视的大量小微企业也能获得贷款。渠道的多元化将促成"长尾理论"取代"二八定律"，对于推动金融体系的扩大化、平民化和人性化，实现普惠金融具有重要意义。

图 10 - 3　共享经济对金融规则的颠覆重构

（二）"上善若水"取代"赢者通吃"

长期以来，我国金融机构在各种行政保护下，凭借规模、物理网点、客户数量等多方面优势，能够轻易赚取超额利润，呈现"赢者通吃"的格局，但这一定程度上挤压了小型金融机构的生存空间、客户的合理利益，甚至实体经济的利润水平。而大数据时代和互联网金融具有的开放、公平、透明的特征，将使整个金融体系发生基因式突变，造就"上善若水"的生态环境。所谓"上善若水"，就是"水善利万物而不争"，追求的是合理回报、利他主义以及和谐共赢。最典型的是阿里巴巴的"余额宝"业务，将原本客户备付金所形成的沉淀资金存于商业银行获得的利息收益，通过货币市场基金的投资收益让渡和返还给客户。可见，未来金融机构必须有勇气对既得利益进行"自身革命"，通过合作来做大市场，通过为客户创造价值来获取利润，通过规范经营与企业和社会共享利益。

（三）"协作共赢"取代"同质竞争"

互联网金融的快速发展给商业银行零售业务带来挑战的同时，也带来了开放合作的契机。在新的竞争时代，协作共赢将取代同质竞争，紧密的多方在线协同、联合竞争和合作共赢将成为一种主流商业模式。对外合作方面，银行应与互联网社区、电子商务等企业进行深入的合作，获取更多的用户行为信息，从而开展"大数据"分析。同业合作方面，未来银行产品将向多元化、综合化方向拓展，必须借助金融市场更广泛的专业分工，与其他金融机构形成更加紧密的合作机制，以满足客户综合金融服务的需要。银行将在产业链上扮演新的角色，其竞争力将主要表现在是否能有效地整合多个行业资源。

（四）"无界经营"取代"有界经营"

互联网使得银行与一般企业界限趋于模糊。商业银行业务边界会经历四个发展阶段：一是传统的银行业务，即存、放、汇和货币兑换等业务；二是全面的银行业务，包括传统的银行业务和各种形式的金融创新；三是全面的金融业务，包括全面的银行业务和各种非银行的金融业务；四是全面的经济业务，包括全面的金融业务和各种非金融的经济业务，如为企业评级、业务咨询、投资审核、商品营销等。目前，商业银行业务发展已步入第四阶段，从有界经营转向无界经营，根据市场需求围绕自身优势开发增值服务，通过综合化经营、吸引客户、留住客户，形成自身数据资产。

（五）"信息资源为王"取代"金融资源为王"

在大数据时代，万事万物数据化，金融业竞争的基础不再是占有金融资源的多少，而取决于其占有数据的规模、数据的活性以及对数据的解释和运用能力，信息资源将成为银行最为重视的核心资产。对数据的掌握将决定对市场的支配权，越靠近最终客户的机构，将在金融体系中拥有越大的发言权。信息资源对培育金融核心竞争力的意义体现在以下四个方面：一是为金融企业特别是大型金融企业克服"大企业病"提供了基础；二是为推动战略转型和开拓新兴市场提供了手段；三是为满足客户需求、改善客户服务提供了新的解决方案；四是为风险管理提供了新的工具和相关数据。总之，大数据和信息资源是发挥后发优势的重要机遇，为追赶者弯道超车提供了可能。

（六）"智者为王"取代"大者为王"

长期以来，我国许多银行在发展中存在浓厚的"规模冲动"和"速度情结"，部分银行近年甚至通过同业资产与同业负债双边扩张的方式，人为做大总资产规模，淡化了安全性、流动性这些最基本的银行经营原则。随着市场化改革深入推进，银行失去"救生圈"的保护，粗放式发展将不可持续。在新的竞争条件下，信息流、信用流、任务流和资金流加速流动，整个金融体系将处在持续动态的变化过程中，与扩大规模相比，更为紧迫的是打造智慧型银行。智慧银行要求与客户、其他金融机构、第三方合作机构及外部环境之间形成良好的互联互通机制，能迅速感知外界变化，及时分析和处理海量数据，从中寻找规律性，清晰地洞察客户的行为、态度、需求和发展趋势，随时调整自己的策略和行动。

（七）"个体风险定量"取代"总体风险定量"

目前，内部评级法作为全球银行业信用风险监管的通行标准，在银行风险管理中处于核心地位。我们知道，内部评级模型是基于大量历史数据得到的统计学规律，是对历史数据共性规律的发现和总结，其实质是一种"总体风险定量"的分析方法。但是，单个个体普遍同时具有一般共性风险和个体特定风险，这样内部评级模型在对个体风险进行预测和管理中就会存在偏差。随着大数据时代的来临，社交网络、电子商务、第三方支付、搜索引擎等形成了庞大的数据量，加之云计算和行为分析理论等大数据挖掘手段的应用，信息不对称状况得到进一步缓解，"个体风险定量"成为可能。"个体风险定量"取代"总体风险定量"，这将标志着银行信用评价体系与风险控制手段的重大进步。

（八）"小而不倒"取代"大而不倒"

2008 年爆发的国际金融危机中，一些曾被认为越大越好的金融帝国丑闻频出、濒临破产，但因为监管当局顾忌大型金融机构破产可能会产生的巨大外部效应和蝴蝶效应，使得相关机构在一定程度上形成了"大而不能倒"的状况。最终政府只能拿纳税人的钱救市，而对大而不倒机构的救助又进一步产生逆向激励，助长了冒险行为。与此形成鲜明对比的是，以扎根社区和服务社区为宗旨的社区银行如美国富国银行，凭借在危机中的优异表现，成为一颗耀眼的明星，得到重新审视。在美国，92% 的银行均为社区银行，社区银行占银行总资产的比例不到 11%，向小企业发放的贷款却占到全行业的近40%。美国联邦存款保险公司的一项数据显示，相对于社区银行，大型银行的破产概率是其 7 倍之多。社区银行坚持服务实体经济，对社区居民和企业更为熟悉，拥有大银行无法比拟的"信息资产"，成为后危机时代具有独特竞争优势的"小而不易倒"机构。

（九）"为客户树立影响力"取代"为自己树立影响力"

可以预期，随着行业竞争的加剧，金融机构的客户对所获得服务品质必将日益挑剔。除基本需求外，金融机构必须进一步满足客户对自尊、自我实现等更高层次的需求，从"坐商"转变为"行商"，从"为自己树立影响力"转变以"为客户树立影响力"。这要求金融机构真正做到"以客户为中心"，甚至以"客户的客户为中心"，应当通过创造稀缺性金融服务，在交易链条中为客户树立影响力，做好不同条件下的三类服务，即以产品定制为基础的个性化服务、以延伸服务为内容增值性服务和以私人银行为标准的尊享型服务。金融机构应该认识到，满足客户"稀缺性需求"优于银行产品推销；金融机构应根据客户面临的难题及市场环境变化而改变；金融机构协调、调动全行各方面的资源为客户提供"稀缺性供给服务"，满足客户多方面的稀缺性需求。

（十）"为客户创造新需求"取代"满足客户现实需求"

金融机构客户的需求分为现实需求和潜在需求，现实需求往往都是基础性的，只有潜在需求才具有超额价值。在新的商业时代，简单地满足客户现实需求已经很难脱颖而出，已不能成为金融机构保持高额盈利的动力，只有创造新需求，让客户需求从"潜在"变为"显在"，才能为金融机构创造真正的价值。"为客户创造新需求"取代"满足客户现实需求"，金融机构可以从以下三个方面来考虑：首先，通过科学的分析替客户识别自己的需求；其次，如果客户的需求难以被有效满足，可以尝试对客户需求进行转换；最后，尝试拆分需求，专注于满足客户的一部分需求，或者合并需求，从单纯的提供金融产品转变为提供综合金融解决方案，从而确立自己的竞争优势。

八、金融福利的强化保障

（一）共享金融促使金融服务由"贵族化"走向"平民化"

现在金融体系是时代发展的产物，随着经济快速的发展，金融已经是现代经济的核心，发挥着越来越重要的作用，但现在的金融体系的弊端也越来越明显，其中突出的一点就是金融服务越来越倾向城市化、大户化、极端化，而忽视了那些发展与潜力的中小企业、微型企业、个体工商户、农户，大金融机构在网点的设立上由农村向城市转移，众多的有发展潜力的农村客户被排除在外，使这些小微企业、个体户、农户往往通过非主流金融机构获得他们需要的金融服务。这些金融服务往往不但不可持续，而且代价高，例如私人借款、高利贷。

共享金融是实现普惠金融的可靠路径。一方面，从金融资源的需求来看，由于高昂的固定运行成本等原因，传统的银行等金融机构有"大客户"偏好，而现实的资金需求者却是一个"长尾分布"，这就使得尾部的需求无法获得金融资源。据有关调查显示，规模以下的小企业90%没有与金融机构发生借贷关系，小微企业95%没有与金融机构发生借贷关系。另一方面，从金融资源的供给来看，我国绝大部分资金都要通过银行等金融机构来实现间接融资，投资者投资渠道窄，收益低。

共享金融模式可以通过现代信息技术平台，实现资金供求双方的直接交易，一方面拓展"融资空间"，尤其是中、小、微企业等"尾部"需求者获得融资；另一方面，也极大地拓宽了广大居民的投资渠道，从而最大限度地实现"每一个人在有需求时都能以合适的价格享受到及时、有尊严、方便、高质量的各类型金融服务"的普惠金融理念。这都有利于金融摆脱"高大上","走下神坛",走向"平民化"。

(二) 共享金融提高了金融个体消费者权益

从国家资金流量表（金融交易）来看，在非金融企业、金融机构、政府、住户这四大部门中，住户部门是典型资金净流出，也是金融资源交易链条的起点。在主流金融运行模式下，住户资金只能通过间接融资市场（银行为主）、直接融资市场（股票和债券市场为主）、结构性融资（复合型的证券化产品）等，进入到一国的"金融血管"之中。在此过程中，住户部门往往缺乏有效的话语权，只能作为金融机构"厂商"的"原材料"提供者。

在共享金融发展模式下，作为金融产业链上游的住户部门，应该在金融产品和服务的提供中发挥更大的作用、拥有更高的地位。因为，住户部门可以借助于互联网技术、开放的平台、众律性的规则，低门槛地直接成为金融资源的供给者，使得金融产业链进一步"前移"，从而对主流金融部门的"谈判权"形成制约，住户部门的"谈判权"得到提高。这就意味着对于住户部门来说，实现了与金融部门的责权"分享"。

【专栏 10 - 6】

共享金融与金融消费者剩余

消费者剩余又称为消费者的净收益，是指消费者在购买一定数量的某种商品时愿意支付的最高总价格和实际支付的总价格之间的差额。消费者剩余的概念，是纽约大学教授马歇尔在《经济学原理》一书中提出来的。消费者剩余是衡量消费者福利的重要指标，被广泛地作为一种分析工具来应用。

完全竞争市场条件下，消费者总剩余可以用需求曲线下方，价格线上方和价格轴围成的三角形的面积表示。如图 C10 - 5 所示，以 Q 代表商品数量，P 代表商品价格，PQ 代表需求曲线，则消费者购买商品时所获得的消费者剩余为图中的灰色面积。

由图可见：第一，如果价格上升，则消费者剩余下降，反之，如果价格下降，则消费者剩余上升；第二，如果需求曲线是平的，则消费者剩余为 0。比如一场电影的票价为 20 元，可消费者对它的价值是 50 元，那么消费者剩余则是 30 元。如果想尊重买者的偏好，那么消费者剩余不失为经济福利的一种好的衡量标准。

垄断降低消费者剩余。西方经济学认为，垄断导致产量减少、资源浪费

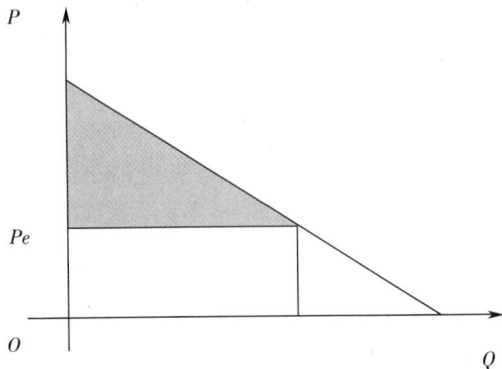

图 C10 – 5　消费者剩余

和技术上的低效率。垄断使消费者剩余向生产者剩余转移。处于垄断地位的厂商作为谋求垄断利润的组织，必然造成较低产量和较高价格，使消费者剩余减少，并造成社会性损失（即无谓损失）。

传统的金融市场为寡头竞争市场，存在寡头垄断。共享金融的发展使得金融市场供给参与主体增多，金融市场更加趋向于完全竞争市场，这使得消费者福利的损失趋于减少，消费者剩余趋于增加，消费者福利得到提高。

九、金融文化的培育引导

（一）金融运行更加体现个性与民主

共享金融理念与模式的发展，进一步有效提高了小微企业、个体户、消费者等群体的权益，这有助于抑制金融部门的过度扩张，使得金融发展中的效率、平等与伦理问题更好地结合起来，有利于在金融运行中更好体现出个性与民主，在决策共举、各方共赢、利益共分、机制共建、风险共担、事业共助的基础之上，构建真正有利于美好社会的"好金融"。

（二）金融主体"创客化"

共享金融将促进金融主体的"创客化"，这与传统的工厂化、公司化模式迥然有异。在《共产党宣言》第二章中，马克思将社会主义和共产主义定义为"自由人联合体"，一个"创客化"的社会将非常接近马克思的这一愿景：具备技能的个人以合伙制形式组织在一起，通过众筹等共享金融获取必要资金，自己把握自己的命运，如同工业革命前的自由农民和手工业者。

在共享金融时代，创业的入门门槛显著降低。例如，在网上开设电子银行、金融公司，成本要远远低于获取和维护线下物业的成本，创业者无须巨额的先期固定资产投入，专用设备、设施等，也可通过租赁实现全社会分享，生产经营的固定成本下降。

同时，导致企业边界收窄。互联网时代，征信的穿透力更强了，对个人信用进行多维度检验成为现实，则工业时代通过企业组织形式降低交易成本的必要性也在下降。这两个因素共同作用，使得企业的边际在收窄。同时，企业的本质也将发生重大变化。创客化的企业，专业将压倒资本，专业化合伙人的地位也将超越股权合伙人。

（三）显著改变人类亘古以来的"囤积"倾向

共享金融极大提升资源，包括实物资源和金融资源的利用效率。以往无法交易的商品、服务和资产变得可交易，消失了的市场和经济组织形式得以更高形式地再生。

共享金融创造价值的核心在于对已有金融资源的充分利用，交易对象可以在协同分享上以接近零成本的方式在消耗更少资源的同时分享更多的商品和服务，实现消费模式从"囤积型"转变为"充分利用型"，既减少了资源浪费，又产生了最大的社会经济效益。

（四）引导市场思维大变革

1. 用户思维

用户思维是互联网时代最核心的思维，用户思维是一切思维的核心。因为用户才是产品最终使用者，客户是产品的付费者。客户不再是上帝。用户思维包括：找到草根，得草根者得天下，草根群体才是社会的最主流群体。提高参与感与荣誉感，给用户信任和认同。体验至上，打动客户。

2. 社会化思维

社会化思维包括：人人都是自媒体，口碑传播。通过利用自媒体达到产品与用户的联结，基于链式传播（社交圈之间传播），实现产品和品牌的推广。众包协作，群体创作。例如，微信红包是 2014 年 1 月微信新开发出来的一个功能，在 2015 年除夕当日微信红包收发总量达 10.1 亿次；18 日 20：00—19 日00：48，春晚微信摇一摇互动总量达 110 亿次。就是这个基于链式传播的微信红包，一夜之间使无数的非微信用户安装上了微信，使无数的微信用户绑定了银行卡。

3. 大数据思维

企业通过对互联网和云计算，对数据库内海量数据进行分析预算，得出用户的身份信息、行为信息和关系信息，为企业进一步营销提供数据基础。具体包括：任何企业都需要大数据，利用大数据驱动商业运营管理。大数据的价值具有普遍性，大数据资产是企业的核心竞争力。例如，支付宝十年账单，就是支付宝与淘宝后台的大数据统计的最简单的一次展示。2014 年 12 月，支付宝推出十年账单，所有的用户可以从账单中看到自己所有的购买记录和消费记录，包括第一次注册、第一次登录、第一次消费破万等信息。甚至还包括自己的转账和借款记录，而且还根据自己的消费状况系统自己评分，和伙伴 PK。从这个大数据中，系统就能清晰地判断这个用户处于什么经济地位，喜欢购买什么形式的物品，具有多大的挖掘价值等分析预测信息。淘宝以及支付宝系统可以根据用户的整体情况，定向投放广告，推荐类似的物品或理财产品。利用大数据分析，找到产品的潜在客户。

4. 简约思维

简约思维就是一目了然，一步到位，产品不用仔细阅读说明书，小孩看到都会用。简约思维包括：简约而不是简单，要求强大的产品设计。去掉复杂化，致力于简约，找到产品的核心根本，少就是多。因为用户喜欢某一项产品往往只需要一个理由。例如，信用卡管家是一款致力于信用卡管理的 APP，只需要简单的注册，即可一键绑定邮箱，使用信用卡账务管理服务，查阅账单余额、消费明细、免息日计算、各种消费报表等，及时获得还款提醒等功能，操作简单快捷，界面非常人性化。从 2012 年 6 月上线到现在，积累到了极多的用户。

5. 流量思维

获取流量的关键，在于免费，而免费这个词更倾向于策略，所以这边用流量思维代替，通过免费获取流量，才能进一步产生收益。流量思维包括：互联网产品边际成本的降低，导致免费成为可能。免费不是目的，吸引关注获取流量才是关键。有流量就有了用户，就有了收入。收入分三种：普通服务免费，增值服务收费；这个服务免费，那个服务收费；个人用户免费，三方公司收费。现行的媒体平台和搜索引擎是最常见的免费思维运营模式，即个人用户免费，三方公司收费的模式。个人用户在互联网浏览信息是不用花费任何资金的，但因为平台的流量巨大，企业想要在平台上广告就必须付费。

十、金融生态的进化升级

金融生态概念最早由中国人民银行行长周小川于 2003 年提出。金融生态是指影响金融业生存和发展的各种因素的总和，既包括与金融业相互影响的政治、经济、法律、信用环境等因素，又包括了金融体系内部各要素，如金融产品、金融市场、金融机构及金融产业。还有人认为，对金融市场而言，金融生态就是指影响金融市场运行的外部环境和基础条件，它包括了法律制度环境、公众风险意识、中介服务体系、市场信用体系、行政管理体制等内容。

金融生态是对金融生态特征和规律的系统性抽象，本质是反映金融内外部各因素之间相互依存、相互制约的有机价值关系。良好的金融生态对于充分发挥金融市场的资源配置功能、降低交易成本、促进经济健康发展具有重要的作用。按照生态学观点，生态系统核心要素有三点：环境、物种和生态规则。当前，在物联网技术发展的推动下，旧的金融生态正在瓦解，新的金融生态正在萌芽，金融生态环境正持续进化升级，不断完善，主要表现在以下三个方面。

（一）金融生态系统更加具有便利性和全面性

共享金融通过互联网触角摆脱空间的限制，金融服务可获得度进一步提高，金融服务覆盖面进一步扩大，金融多层次服务实体经济的能力进一步增强，社会各阶层和群体都能更容易地享受到金融服务的"雨露甘霖"，一个更加便利、更加全面的金融生态系统逐步形成。

（二）金融生态系统更加具有竞争性和包容性

共享金融作为一种新生的金融业态，势必会对原有的金融市场体系形成一定的冲击，打破原有的格局。新的金融市场体系将会面临一次再平衡，促使现有的金融体系更具竞争性和包容性。对此，一方面要坚持规范发展的理念，健全相应的法律框架，多渠道推动共享金融；另一方面要平衡好共享金融与传统金融的关系，促使二者协调发展、互为补充。

（三）金融生态系统更加具有流动性和交互性

以互联网、大数据等信息技术为基础的共享金融是以数据信息的流动性、交互性，带动商品流、金融流的一体化发展与提升配置效率。这同时也会促使金融主体、金融生态系统的流动性和交互性进一步增强。主要表现在金融主体、金融要素在全球市场范围内更加无障碍地快速流动，全球金融生态系统内部的各子系统交互性提高，相互影响的程度加深。

【专栏10-7】

凯文·凯利在武汉预言的12个趋势

第一个趋势：形成（Becoming）

尽管有一些具体的内容，一些具体的小科技我们无法预测，但是一个长期的大的方向的科技是可以被预测的。比如说一个公司的产品可能无法进行预测，但是大的方向是可以预测的。

第一个趋势，就是每个事情尤其是在科技领域当中每个事物在发展的过程就会变成另外一个内容。

比如说从制造世界，从生产企业，这是一个实质的东西，我们可以看得到，如果砸到你的脚会感觉到疼，他们有实际的产品，但是现在由于这些趋势的原因，我们将会转移到另外一个世界，他们会有一些动作，是不可视的，比如说一些服务，而不是实际的产品。有一些产品会变成服务，这样的过程就不会是一些实际的物品。

所以这是一个新的世界，我们将会有很多动词，一些无形的东西，一些服务，可能会比一些实际物体更重要，这就是未来的趋势。这个趋势在过去几十年已经存在，会一直推向接下来的几十年，过去我们会做一些实体的东西，未来我们会做一些无形的东西。

从产品到服务，这就是现在正在加速转变的过程。这样的流动性就会使得这些东西变成液体，它们会改变所有一切，原来一些相对固定的东西将会变成液体，它们会开始进行流动，这些事情会被分化，它们会越来越分散，越来越多的改变，会很快升级。

比如从一个实体产品变成一个汽车方面的服务，比如滴滴或者是优步，我们就转变了。将它变成一个动作，变成一个无形的东西，这就是一个过程，也是未来发展的趋势。

在互联网的时代，改变所有的人，我们将会成为一些新人，我们将会不断学习，不断成为新人，不断成为学生，一旦我们学会操作电脑了，VR 就出现了。

我们一旦掌握了一个东西，突然会有一个另外的新的东西需要学习，我们需要不断成为一个学生。当然我们不一定是在学校里学习，而是要在概念上学习很多新的东西。

第二个趋势：认知（Cognitive）

我们要给任何生产的产品加上智能，现在很多东西都会变得更加智能，我把这个词叫做认知。

就是使什么东西变得更加聪明，我们所创造的所有东西会使其更加智能，这可能是最重要的趋势。

在接下来 20—30 年当中正是如此，AI、人工智能已经出现，但是我们看不见的人工智能，它其实在我们的办公室当中和很多看不见的地方都已经成熟了。在医院诊治过程当中，诊治 X 光线的时候，人工智能甚至比一般医生诊治的效果更好，它同时也使用在一些法律场所。

在一些法定场所也可以看到人工智能，人工智能看这些证据甚至比人类的律师看得更有效果。

第三个趋势：互动（Interacting）

现在的科技需我们创造的东西与我们进行互动，比如汤姆·克鲁斯的一部电影，当时我们和斯蒂芬进行合作，来做未来的电脑是什么样的，人类的指尖就能够创造出电脑屏幕，与大数据进行互动。

这是一个非常小的雷达，如果我们的手有一个小动作，雷达就会有反应，我们可以通过手指与电脑进行对话，未来最重要的就是虚拟现实，也就是VR。

我很早就了解到了虚拟现实，当时他们创造了VR这个单词，1989年就有了虚拟现实的技术，当时认为虚拟现实在五年之内会大规模生产，但是我错了，VR是非常好的东西，我当时所穿戴的设备大概要花费100万美元，这个价格实在是太昂贵了，它的效果还不错，但花费太多了，在当时家里很难拥有这样的设备。

五年之后，智能手机普及了，智能手机有三个技术，虚拟现实可以从智能手机当中获取三个技术。

第一个是追踪系统，手指的追踪，也可以做大脑的追踪，今后虚拟现实可以追踪你的大脑。

第二个是屏幕显示或是屏读，手机屏幕显示今后可以做成屏读。

第三个是用几美元就可以买到的一个手机芯片。

这对于VR来说也是一个非常大的成本上的好处，接下来还有一个非常大的平台，智能手机将来会是非常重要的平台，会有虚拟如何成为现实的问题，也会有大脑影像嵌入式的虚拟现实，如果你现在有这样一个眼镜，你就可以感受到虚拟现实，可以感受到你身处这个影像之中。

与此同时，还有另外一个对教育非常重要的技术，叫做基于混合现实的远程虚拟现实。

你可以戴上一个眼镜，这个眼镜可以展示出一个虚拟的物体状态、图像，比如你在走路，它就会模拟出你所走的这条路，你就可以看到你想看到的一切地方，人就可以感到就在那个地方。你可以将这些图像与你的手相连接，可以触摸到一些实体，这种虚拟现实就是混合现实，这个从技术上来说更难，如果你能够做到的话就可以作出混合的虚拟现实，能够将真实进行增强。现在有很多资金在做混合现实领域。

还有一个领域是远程视在，比如无人机，就可以在无人机中安装一个虚拟现实的装置，这些也可以在虚拟现实中进行使用。比如说使用这些内容进行设计，可以设计一个新的产品，可以在教育中进行使用，你们可以与现存的真实物品相结合，也可以做一些实在的屏幕，这些虚拟屏幕有时候是可读的，你就不需要直接摆一些新的屏幕，只需要将这些新的东西进行投影，就会出现一些虚拟屏幕，让你进行屏读，这也是微软公司现在所做的工作。这都是基于办公场所进行的，你可以将这些图像投影到任何你想投影到的地方，甚至你可以将一些电影印在你的脑海里，你会发现这是一个非常实用的技术。

同时，还有一项技术是人机交互技术，也可以与虚拟现实相结合，他们可以看到一些虚拟的景象，这就是虚拟现实的魅力。

第四个趋势：使用权（Accessing）

优步、滴滴是没有出租车的公司，脸书是没有内容的社交网络，阿里巴巴就是一个没有存货的商店，Airbnb 是没有房产的宾馆。

实际拥有权不是最重要的，使用权才是最重要的，使用权在很多情况之下比所有权更重要。

这就是一个接下来的趋势，我不会去购买电影，我可以使用所有这些电影，我可以在网络上看到所有电影，也不用再去购买音乐了，可以在网上找到这些音乐，随时可以买到。

我们也不用再购买书，可以通过 Kindle 看到所有的书和电子游戏，这种使用比拥有更加重要。

第五个趋势：分享（Sharing）

我们都听说过这个概念，分享会持续，我们还处于分享的初期，还没有达到顶峰，还处于低端，需要共享的还有很多。

当我说共享的时候，我不单单指的是需要分享的概念，不是说共享一些啤酒或者牙刷，而是分享一种合作的方式，是一种协作、共事，任何能够被分享的事物终究一定会被分享，创业家、企业家都可以想一想现在有哪些没有被分享的东西在未来是可以被分享的呢？

现在合作和协作正在驱动着颠覆性的服务，比如说维基百科，借助维基百科，全世界上百万人共同合作，我们能够做的事情就是拥有这上百万人的合作，这就是这项技术的精妙之处。

这就是分享，不仅仅是分享手机这一工具或产品，200 万的人们可以在一个事情上进行合作，这有多么大的可能性。这是非常有趣的，这种区块链技术去集中化，这是一种合作性的，你可以有非常多的方式，相信非常多人，不需要一个完整的核心，租赁、借贷、出口都可以利用这种方式，不需要有一个单一的枢纽或核心，它是一项服务，而不单单是合作，这是一种非常强大的技术。

通过货币也会变成一种通讯方式，它是有价值的，所有这些文本的分享、分工协作、广播都会和金钱、资本结合在一起，因为这是一种沟通的方式，我们可以合作，这些是机遇和挑战共存的。

现在一个很困难的事情是如何利用技术在一种规模下进行合作，这种规模是之前想象不到的，未来 20 年中这种合作规模是令人难以置信的。

第六个趋势：屏读（Screening）

我们到处可以看到屏幕，在中国的高楼上有很多屏幕，还有一些灵活的可调整的屏幕，你们的手机上有屏幕，背后也有一个大屏幕。

甚至在电子书上也会有屏幕，人们现在都认为电子书通过 Kindle 看到，每一页书都是可以灵活的变动的页码，可以把这些页码叠合在一起，当你翻开书的时候，翻的感觉就像是正常的书一样，但其实每一页书都是一个屏幕，是可以放大的，可以把它放到随便一个地方，因为每一个页码都是一个屏幕，你可以换成另外一本书。

当你在屏幕的时候，屏幕也在注视着你们，作出一些回应和调整。

然后我们进行延展，这里可以识别出 26 种不同的人类表情，当你看屏幕的时候，屏幕可以看出来你疑惑的表情，你在害怕，或者是你在分神，又或者是你完全在其中，这些表情可以被追踪起来，可以根据你的情绪进行改变，你们的面部表情可以让我作出回馈，我们所注视的每一个屏幕都在看着我们，它可以适应我们的反应，这就是一种对话，这就是屏幕与我们在对话。

我们是书本的读者，现在我们是屏幕的注视者，屏幕的文化和书本文化是不同的，书本是固定的、精准的，也是非常权威的。但是屏幕是流动的、改变的，它是开放的，也有一点杂乱，我们的文化是从书本文化到屏幕文化。

第七个趋势：流动（Flowing）

我们可以看到很多事物都是流动的，第二个时代是互联网时代，我们有页面、链接和网络。现在我们进入了第三个比喻，现在是信息流，是流动的，它有很大的云储备，是流动的，液态的。

这些像小河流一样在流动，比如有 Twitter、微信等各种各样的信息流，我们也有信息新闻流、照片流，各种信息流是即时的，都是即时更新，即时流动的，所以不会有固定的，其实它是一个流动的信息流，这就是趋向。

万事万物都在变动、在流动，无论是你处于什么行业，现在你的行业都是数据的行业，是流动的，你需要处理这些信息流动，有大批的数量。现在是一个大数据的时代，无论是农业，还是房地产、化工行业，这些流动的数据都需要你处理。

顾客的数据和你的客户同等宝贵，这是非常重要的，数据就是业务的核心。

第八个趋势：重混（Remixing）

你们可以想象一下，每一个行业都是基于数据的，我们接受信息，然后把它们解开，进行组合，混合。

我们会拆解开事物，然后再进行重组、重混。比如说报纸有不同的版块，每个版块有头条、广告、新闻故事、美食专栏等，可能会有上百个不同的门类。如果到了互联网时代，我们会拆解报纸，分成不同的版块，每一个版块可能都会重混成另外一种方式，这是一种分类的报纸形式，进行重混，进行分门别类。如果我们进行重组，还可能会产生新的业务，所以这本身是一个很复杂的产品或服务，你把它拆解成各种不同的数据，然后重新混杂成一个新的业态形式，这就是新经济的变化。大部分的财富并不是来自于创造新事物，而是来自于重新混搭、混合事物，我们会把老的想法进行重混，这样才能够创造新的财富。

比如说一家银行有很多功能，可以贷款，还可以存钱，也可以换货币。银行有很多功能，每一个部门都可以进行拆解，然后与其他新的服务结合在一起。这是一个生态系统，我们可以看到银行中有什么功能，然后把他们拆解，换成新的业态，这是一些新兴的形式，他们可以产生新的心态，给创业公司一些指导性的意见，产生新的价值。

任何事物都可以被拆解，这就是一种改变，然后把这些拆解的东西重新组合，和现有的东西重新进行新型搭配。

第九个趋势：追踪（Tracking）

任何可以被跟踪的一定会被跟踪。我谈谈虚拟现实，在这个世界当中所有的行动都会被捕捉下来，都会进行追踪，这就是虚拟事实的意思，你可以追踪所有的动作，看什么地方，你是否犹豫，是否害怕，都能够被追踪下来。

这里谈到量化自我，量化自我就是可以追踪自己的健康状态，比如iwatch也有这种功能，我们可以利用技术、利用科技追踪我们自己的生活，使我们的生活更加健康，这种量化自我也就是一种信息流，数据信息流都是关于我们自身健康的，它也是实时的。

我们可以测量和追踪所有我们能想到的可以测量的数据，比如说血压、睡眠模式，所有这一切，有数据、有科技都可以进行追踪，这是非常重要的，也会越来越重要。这里有一张表，当我们刚出生的时候，会展现出整个一生的数据。我的准则可能和你的方式不太一样，每个人都有每个人的模块和模板，我的血压会随着不同的季节发生变化，这是我的身体规律，当我生病的时候我会知道平时的规律是什么样，通过这些数据我能够找出我的规律。

通过这些追踪数据进行个体化的药品服务，在硅谷有一家创业公司会有各种不同的药片，把药片组合在一起，组成每天只用吃一颗药，把所有需要吃的药合成一颗。量化自我的技术可以测量出吃了这颗药之后的身体反应，并通过你的身体反应在第二天调整一下药物的用量。通过昨天测量的结果调整第二天的用量，这种实时的医疗服务是个性化的，它取决于自身的基因和身体，也是可以追踪的。我们不仅仅是追踪量化自我，我们也会被很多人所追踪。你可以被你的朋友拍照，全球有 60 亿部可拍照的手机，他们会打上标签，广告也在追踪我们，这部电影是汤姆·克鲁斯的电影，也会被网上广告所追踪。

我们可以使得这种追踪更加文明，就是一种双向监督，双向监督就是我们跟踪的人也会看我们，我们会了解到身边的朋友每天在做什么事情，被跟踪肯定不是一件很好的事情，我们通过手机看到一些朋友，我们可以了解到朋友们每天在做什么。这还有关隐私，是一把"双刃剑"，一边是隐私，另外一边是透明，有时候我们可以将这种砝码往左边或往右边移动，如果往左边就是更加个人化，我们需要有更加个人化的服务，就需要将越来越多的信息告知相关机构，如果我们不需要被跟踪的话，我们就需要有一些更加通用的领域。

如果你希望让你的朋友更加了解你，就更加透明，如果你更注重隐私，就可能无法获得个性化的服务，公司或政府需要给我们这样一个选择，现在越来越多的机构希望都把这个世界推到透明领域当中去，因为有这样一些社交媒体，这也是我们所观察到的现象。

这个世界变得越来越透明，隐私逐渐让位于炫耀。

第十个趋势：过滤（Filtering）

每年会有 60 亿个新的网页，每个人所获得的关注是非常之小的，我们 24 小时不睡觉也获取不到这么多信息，所以我们非常希望能够被重视，我们需要了解未来的金钱到哪里去了，就需要了解人们的注意力在什么地方，金钱就会去什么地方。

与此同时，现在很多东西并没有收费，我们关注某一个人是免费的，我们应该为那些关注某些事件的人而付费，我们必须要给每一个观看广告的人付费，我们需要付费看某些邮件，而且需要给其他的钱让他们帮你做 APP，我们需要去卖一些产品，需要把这些钱给愿意付费看广告的人。如果你们想要做这项社交活动，如果我们给他们更多钱阅读广告，广告可能会获得更好的效果，一些十几岁的少女可能会有很多朋友，如果这些年轻人经常受到关注，我们会给这些女生很多投资。

如果某一个人获得比一般人更多的投资，他会得到更多的投资，这也是一种广告。很多企业或商场都会讲终身消费，不仅仅是顾客花钱，我们还需要做更多扩展式的消费，就可以将我们的关注点放在如何能够取得人们的关注，从而获得更多消费，还可以花更多钱做更多社交广告，并且是点对点的观看更有效。

第十一个趋势：提问（Questioning）

谷歌每天需要回答 10 亿个问题，有很多问题是我们从来不会提出的问题，这样的回答是越来越便宜了。百度给我们一个问题的答案是免费的，它们每天会给我们提供很多问题的答案，这些回答是免费的，什么东西越来越珍贵呢？

就是有价值的，就是我们的提问。有一个学校教我们如何来回答问题，但是并没有教我们如何问问题。如果我们想了解一些问题的答案，就可以直接去问问题。其实我们发现很多问题更加具有价值，每次我们回答一个问题的时候不仅仅局限于提问，我们会创造出很多新的问题，现在我们知道问题的答案，同时也想要创造一些新的问题。

有价值的问题越来越多，回答却越来越少，这种差异就是我们的机会。现在有越来越多地技术，好的问题不仅是带来答案，更重要的是带来有价值的问题。

一个好的问题，就像爱因斯坦在很小的时候问了一个问题，"如果坐在一个光速一样的机器中，在太空中我会是什么样子的？"这有引出了相对论，这样一个简单的问题是所有伟大发现的基础。

一个好的问题不仅仅是带来答案，而且会给我们创造很多价值，更有价值的是引发出越来越多的问题。

从回答的价值转到问题的价值，如果我们需要了解一个答案，就可以问一个机器，我们现在需要教越来越多的人如何问一个好的问题。

第十二个趋势：开始（Beginning）

结束是另一种开始，我们需要开始相信这些改变，未来是很难去被相信的，看起来是不可能的，我们无法去想象告诉 20 年前、30 年前的人现在的人是什么样子的。当时的邻居和家人肯定是不会相信也很难想象我们电脑会变得越来越小。在二三十年前，如果时我们说电脑会很小，甚至可以放在鞋子里，可以将电脑放在门里面，当时的人肯定会嘲笑我们的想法。为什么将那么重要的电脑放在门里面？这是非常荒谬的，也是不可能的，但现在很多门锁里就有电脑系统，可以了解人们的进出时间，能够让这样的门更安全，甚至可以去报警。

这样的想法在当时看起来是不可能，现在就是真实的，包括维基百科，每个人都可以去编辑它，这在原来看起来不可能，但是现在也有可能了。

所以我们可以越来越多地尝试去相信不可能的事情，我们必须要打开思维，尝试相信一些不可能的事情，有很多我们现在认为不可能的事情，通过合作、努力，通过一些时间也许就可以成为事实。就像维基百科、阿里巴巴、滴滴出行，可能以前我们认为它们是不可能的，现在由于有科技的发展，我们能够有合作，在某些领域就可以获得成功。我们需要有更开拓的思维、更开放的思想，有时候会给我们自己带来一些惊喜。一个结束也会是另一个开始，20 年之后看 20 年之前的想法，当时我们认为英特网不存在，现在我们会发现英特网无时无刻都存在于生活当中，我们来想象 20 年之后会发生什么，30 年之后会发生什么，这个未来的世界会是什么样子，我们来想象未来会有什么？会有很多新技术、新科技是现在所没有的，肯定是这样的。

关于 AI 和 VR，就是人工智能和虚拟现实，我并没有说这是未来 20 年最伟大的产品，我之所以没有讲也许是现在根本没有存在，也根本没有被发现，没有人会知道，我们 20 年以后最重要的产品目前还没有问世，现在还为时未晚，每一个在座的人都有可能成为 20 年以后最重要的人，并不取决于你在不在硅谷。

我们正处在一个伟大时代的开始，在接下来 20 年中最伟大的产品现在还没有被发明出来。

也许你就是那个人，你为时未晚。

【专栏 10 - 8】

关于中国命运的 30 个预言

如今中国的变换日新月异，甚至可以移步换景。但是万变不离其宗，当你开始关注变化的本质，而不是变换的结果。你就会越来越深刻地体会到其中的那股规律波。

1. 中国的电子商务正在改变城市格局。"北上广深"正在变成"北上深杭"。传统贸易的衰落将广州拉下马，跨境电商的兴起将杭州扶上位，未来中国的城市格局应该是"北京的调控、上海的金融运作、深圳的智能科技、杭州的电子商务"。

2. 中国今后将无工可打。打工的本质是定价出卖自己的劳动力，并不承担结果。随着雇佣时代的结束，你必须主动思考和去解决问题，并竭力发挥自己的特长，为社会和他人创造价值，否则你就没有存在的价值。中国人的工作方式正在从"谋生"到"创造"升级。

3. 中国今后将无生意可做。传统社会之所以有生意可做，是因为信息的不对称使社会的"供给"和"需求"始终是错位的，这就需要商人的商业行为去对接他们，并从中谋利。而互联网搭建起的商业基础会越来越完善，今后两者可以随时精准连接。所有的中间环节都没有了，赚差价的逻辑也就不存在了。

4. 中国99%的公司和集体都将消失，各种垂直的平台将诞生。大量自由职业兴起。中国社会的组织结构从公司—员工，变成平台—个人。

5. 中国将越来越细分：行业将越来越垂直、协作越来越完善。因此传统的木桶原理不再成立，以前我们总在弥补自己的短板，因为你的短板限制了你的综合水平，但今后我们将不断延展自己长处，因为你的长处决定了你的水平。你只需要将自己擅长的一方面发挥到极致，就会有其他人跟你协作，这叫长板原理。

6. 中国未来只有三种角色，自下而上依次是：价值提供者—价值整合者—价值放大者。价值提供者是依靠个体劳动创造直接财富，比如，司机、医生、律师等，影响力大了可以靠名声创富，比如明星、作家、大导演、名主持等。价值整合者是依靠配置社会资源间接创造财富，主要指的是企业家和各种组织的领导者，他们促进社会资源向最需要的地方流动。价值放大者是依靠平台或财富的力量去撬动企业和项目的成长，他们往往是大平台的拥有者，比如马云、马化腾、李彦宏、巴菲特、孙正义等，他们促使社会财富呈爆发式增长。三个阶层不是固化的，而是可以流动的。

7. 未来的财富形式一定是估值或市值，趋于虚拟和抽象，只是一个数字。中国人的财富形式先后经历了：粮票（花钱的权力）—存款（现金数字）—房产（固定资产）—估值（虚拟财富）四个阶段。虚拟财富即你拥有多少财富，并不代表你就可以随便花这些钱，而是代表你有支配这些钱的权力，财富多少意味着调动资源的大小。

8. 对于未来每个人来说，有一个东西会变得很重要，那就是信用。行为—信用—能力—人格—财富。在大数据的帮助下，你的行为推导出了你的信用值，然后以信用度是支点，能力为杠杆，人格为动力，联合撬动的力量范围，就是你所掌控世界的大小。

9. 传统社会的总财富是这样创造出来的：人们依托固定公司，在固定时间、固定地点重复固定的劳动，属于被动式劳动。未来社会的总财富是这样创造出来的：人们依靠自身特长，点对点地对接和完成每一个需求，充分融入到社会每一个环节，属于主动式创造。因此整个社会财富将实现裂变式增长。

10. 未来每一个人都是一个独立的经济体。即可以独立完成某项任务，也可以依靠协作和组织去执行系统性工程，所以社会既不缺乏细枝末节的耕耘者，也不缺少具备执行浩瀚工程的组织和团队。

11. 未来如何拥有自己的产品？逻辑应该是这样的：创意—表达—展示—订单—生产—客户。当你有一个想法时，你可以先表达出来，然后在平台上进行展示（这样的平台会越来越多），然后吸引喜欢的人去下单，拿到订单后可以找工厂生产（不用担心量太少，今后的生产一定会精细化和定制化），然后再送到消费者手里。

12. 中国产业链的流向正在逆袭。以前是先生产再消费：生产者—经销商—消费者。未来一定是先消费再生产：消费者—设计者—生产者。因此，传统经销商这个群体将消失，而能够根据消费者想法转化成产品的设计师将大量出现。

13. 中国未来产业分为三种：一维的传统产业—二维的互联网产业—三维的智能科技产业。一维世界正在推倒重建，二维世界被划分完毕（BAT 掌控），三维世界正在形成，高维挑战低维总有优势。所以网店可以冲散实体店，而微信的对手一定在智能领域诞生。因此，真正的好戏还在后头！

14. 中国经济结构进化论：计划经济—市场经济—共享经济—共产经济。从"按计划生产、按计划消费"，到"按市场生产，按利润分配"，再到"按消费生产，按价值分配"，未来中国一定会"按需求生产，按需求分配"，满足人的一切需求。

15. 中国当下的企业分为三个等级：三等企业做服务—二等企业做产品——等企业做平台。今后企业的出路唯有升级成平台，平台化的本质就是给创造者提供创造价值的机会！

16. 中国互联网的进化：PC 互联网—移动互联网—物联网，PC 互联网解决了信息对称，移动互联网解决了效率对接，未来的物联网需要解决万物互联：数据自由共享、价值按需分配。互联网的本质就是搭建一个底层建筑，使上面的每一个人都可以迅速找到目标。无论是找客户、找恋人还是找伙伴。

17. 中国电子商务的进化：B2B—B2C—C2C—C2B—C2F，从商家对商家、到商家对个人、个人对个人、个人对商家、最终是个人对工厂。未来每一件产品，在生产之前就知道它的顾客是谁，个性化时代到来，乃至跨国生产和定制。

18. 中国商业角逐的核心先后经历了：地段—流量—粉丝三个阶段，房地产经营的就是地段，传统互联网经营的就是流量，自媒体经营的是粉丝。而未来是"影响力"和"号召力"之争，"核心粉丝"的瞬间联动是未来商业的"引力波"。

19. 中国今后的私有财产会更加神圣。每个人的行为都会围绕利益展开，而且目标简单而明确。汇聚大家之私，即成社会之公，此乃民富国强。

20. 中国的社会结构将越来越精密细致。以前每一个"需求"和"供给"都是由企业完成，今后都是由个人完成，可以做一个这样的比喻：如果经济是一场血液循环，那么今后它的毛细血管会更加丰富，输送和供氧能量会更加强大。

21. 中国社会的传统关系网被不断撕裂，以价值分配为关系、新的链接正在形成，每个人都是一个节点，进行价值传输。新的社会架构讲究的是"规则"而不是"关系"。而你所处的地位和层级，是由你所带来的价值决定的。

22. 中国人正在由外求变成内求。外求即求关系、求渠道、求资源、求人脉、求机会，内求即坦诚面对自己内心最真实的一面，激发起兴趣、热情、希望、理想，当你做好你自己，外界的东西就会被你吸引过来，这就是所谓的求人不如求己。

23. 依靠利益关联进行互相制衡，在互联网时代，每个人都与外界有无数个连接点，依靠这些连接点，每个人的处境都将直接绑定自己的行为，贪婪、懒惰、无知作为人性的负面，都将被自然克制。

24. 中国商业未来十年内的主题都将离不开"跨界互联"，以互联网为基础，不同行业之间互相渗透、兼并、联合，从而构成了商业新的上层建筑。不同业态将互相制衡，最终达到一种平衡的状态，从而形成新的商业生态系统。

25. 中国未来社会的完善，离不开一批有"匠心"的人：也就是那些脚踏实地的人。比如工匠、程序员、设计师、编剧、作家、艺术家等等，因为互联网已经把社会的框架搭建完成，剩下的就是灵魂填充。所以即便是普通的工作岗位，他们的社会地位也将获得提升，将获得尊重。

26. 中国精神文明的红利期正在到来。传统的物质文明进展步伐已经开始放慢，因为工业化已经将社会各项硬性设施布局完善，物质的野蛮增长期已经过去，而互联网又已经把所有的链接搭建完毕，柔性内容开始凶猛增长，新文化行业是一个增长点。

27. 中国人找回信仰的逻辑是这样的：新规则—新秩序—新精神—信仰。具体来说就是：中国正在建立一套完善而合理的社会秩序，让每个人都能各尽其才，各取所需。在此基础上形成了新秩序，而秩序的运转将产生新的精神，比如契约精神。精神的碰撞激发起内心的向往，一旦我们心有所属，这就是信仰。

28. 中国媒体的进化论：传统媒体—新媒体—自媒体—信息流。媒体正在由集中走向发散，由统一走向制衡。自媒体的兴起将产生两大结果，第一激起了很多人的创作热情，文字作为人的一种基本属性终于被找回，感性的一面被激发，可以滋润这个越来越机械化的世界。第二，中国的话语权开始裂变，普通民众迫切要求参与公共事务的决策权，比如春晚到底该邀请谁。而未来人人都是一个自媒体，信息流的产生让媒体消亡。

29. 中国广告业态的进化论：媒介为王—技术为王—内容为王—产品为王。传统广告总是依靠媒介的力量去影响人，比如央视的招投标。后来的互联网广告开始依靠技术实现精准投放，比如按区域、按收入、按时段投放。再后来社交媒体的崛起使好的广告能自发传播，而未来最好的广告一定是产品本身，最好的产品也一定具备广告效应。

30. 中国未来将出现一个伟大的"超级互联网公司"，通过高效协作和行业细分，来优化配置社会的各种资源，包括各种大大小小的、边边角角的零部件，不浪费一个螺丝、不放弃一个灵魂，将整个社会带入价值创造和吸收的大循环。

资料来源：水木然：《跨界战争——商业重组与社会巨变》，电子工业出版社，2015。

参考文献

[1] 阙方平. 中小企业金融边缘化与融资制度创新研究 [M]. 北京：中国金融出版社，2012.

[2] 阙方平，陶雄华. 金融生态制度变迁研究 [M]. 北京：中国金融出版社，2014.

[3] 阙方平. 中国经济社会发展的新时代即将来临 [J]. 湖北经济学院学报，2012 (5).

[4] 阙方平. 中国金融改革即将来临 [J]. 湖北经济学院学报，2013 (3).

[5] 阙方平. "未来银行" 智者为王？[N]. 经济日报，2014 - 03 - 03.

[6] 阙方平. 民间资本转化为银行资本路径依赖研究 [J]. 银行家，2012 (1).

[7] 阙方平. 大数据时代银行业十大转型趋向 [J]. 银行家，2013 (11).

[8] 阙方平. 以制度红利应对中等收入陷阱 [J]. 银行家，2013 (4).

[9] 阙方平. 我国金融生态规则即将发生十大变化 [J]. 银行家，2014 (3).

[10] 阙方平. 物联网金融：一场新的金融革命正悄然来临 [J]. 武汉金融，2015 (1).

[11] 阙方平. "互联网＋" 时代的农村金融发展之路 [J]. 银行家，2015 (12).

[12] 阙方平. "轻" 装上阵　做打造 "五个银行" 的先锋队，2016.

[13] 阙方平. 颠覆性变革悄然来临：物联网金融 "十大假说" [J]. 银行家，2016 (11).

[14] 科斯. 财产权利与制度变迁 [M]. 产权学派与新制度学派译文集，1991.

[15] 王振山. 金融效率论——金融资源优化配置的理论与实践 [D]. 大连：东北财经大学博士学位论文，1999.

[16] 董丽英. 从入世看我国金融信息化攻关建设 [J]. 中国金融电脑，

2002（3）.

　　[17] 左宏亮. 金融创新与金融衍生工具的发展 [N]. 期货日报, 2003 -
02 - 26.

　　[18] 陈蔼贫. 物业管理与帕累托改进 [J]. 中国物业管理. 2004（2）.

　　[19] 杨韧性. 加强信息化建设促进金融业的可持续发展 [J]. 财经科
学, 2004（S1）.

　　[20] 徐杰. 信息不对称与金融市场脆弱性 [J]. 中央财经大学学报,
2004（4）.

　　[21] 邹颖娟. 中外投资银行的收入及业务结构比较研究 [D]. 长沙:
湖南大学硕士学位论文, 2005.

　　[22] 邹颖娟. 论投资银行的业务创新机理 [J]. 湖南经济管理干部学院
学报, 2005（3）.

　　[23] 赵伟. 金融机构资产负债管理模型和运用的新发展 [D]. 武汉:
武汉大学博士学位论文, 2005.

　　[24] 田超, 隋立祖. 金融衍生品创新的内涵和产出函数模型 [J]. 当代
经济科学, 2005（2）.

　　[25] 郭田勇. 金融监管教程 [M]. 北京: 中国金融出版社, 2005.

　　[26] 余秀荣. 金融资源属性与金融资源效率问题探讨 [J]. 特区经济,
2006（10）.

　　[27] 李刚. 商业银行金融信息化的研究 [J]. 华南金融电脑, 2006
（8）.

　　[28] 滕光进, 邹治平. 美国银行业信息化发展状况与启示 [J]. 中国发
展观察, 2006（6）.

　　[29] 滕光进, 邹治平. 差距何在, 动力何在 [N]. 金融时报, 2006 -
06 - 14.

　　[30] 李政, 王雷. 论金融信息化及其对金融发展的影响 [J]. 情报科
学, 2007（11）.

　　[31] 池振球. 我国商业银行资产负债管理的动态匹配模型研究 [D].
广州: 暨南大学硕士学位论文, 2007.

　　[32] James R. Barth, Gerard Caprio, Jr Ross Levine. 反思银行监管
[M]. 北京: 中国金融出版社, 2008.

　　[33] 李京顺. 中国建设银行信息化建设问题 [D]. 长沙: 湖南大学硕
士学位论文, 2008.

　　[34] 牛彦秀. 我国银行支付结算体系的发展与完善 [J]. 安徽商贸职业

技术学院学报, 2009 (4).

　　[35] 秦加林. 计及环保因素的电力系统安全经济调度研究 [D]. 北京：华北电力大学硕士学位论文, 2009.

　　[36] 骆鉴. 论国外金融信息化风险管理与控制 [D]. 长春：吉林大学硕士学位论文, 2010.

　　[37] 陈宝玉, 陈清长. 物联网应用：让银行更加智慧 [J]. 华南金融电脑, 2010 (11).

　　[38] 彭博. 纠正市场失灵的对策分析 [J]. 经济与管理, 2011 (4).

　　[39] 唐智鑫, 管勇. 物联网技术与我国银行业的金融创新 [J]. 金融科技时代, 2011 (19).

　　[40] 王晓辉, 张翠翠. 金融业模块化组织形成路径研究 [J]. 工业技术经济, 2011 (12).

　　[41] 张峥嵘. 创新 2.0：升级我们的图书馆服务 [J]. 图书与情报, 2011 (2).

　　[42] 卢现祥. 新制度经济学 [M]. 武汉：武汉大学出版社, 2011.

　　[43] 陈熙. 我国商业银行中间业务创新与发展研究 [D]. 昆明：云南大学硕士学位论文, 2011.

　　[44] 工业与信息化部电信研究院. 物联网白皮书 [M]. 2011.

　　[45] 叶秀敏. 智慧金融的特征及与传统金融的区别 [J]. 信息化建设, 2012 (9).

　　[46] 叶秀敏. 智慧金融的概念、流程和特点 [J]. 中国信息界, 2012 (10).

　　[47] 严莹莹. 金融信息化发展战略分析 [J]. 当代经济, 2012 (9).

　　[48] 许多顶. 用物联网构筑"智慧金融" [J]. 上海金融学院学报, 2012 (1).

　　[49] 吴爱东, 陈燕. 基于物联网的金融服务业创新动力机制国际比较 [J]. 现代财经（天津财经大学学报）, 2012 (1).

　　[50] 文洪武. 金融宏观与微观审慎监管协调机制研究 [D]. 天津：天津财经大学博士学位论文, 2012.

　　[51] 汪高磊. 物联网在金融交易过程中的应用研究 [D]. 焦作：河南理工大学硕士学位论文, 2012.

　　[52] 廖凡. 金融市场机构监管与功能监管的基本定位与相互关系 [J]. 金融市场研究, 2012 (1).

　　[53] 李学民, 龚鸿雁, 宋敬林. 物联网时代金融服务的切入点 [J]. 中

国城市金融，2012（3）.

[54] 李东卫. 银行业金融信息化：我国发展现状、美欧经验及建议[J]. 中国房地产金融，2012（9）.

[55] 李东卫. 美欧发达国家银行业金融信息化的启示及建议[J]. 改革与开放，2012（19）.

[56] 叶秀敏. 智慧金融的"四流"及实现条件[J]. 金融电子化，2013（5）.

[57] 武晓钊. 物联网时代的金融服务与创新[J]. 中国流通经济，2013（7）.

[58] 王作文. 宏观审慎监管理论与实证分析[D]. 长春：吉林大学博士学位论文，2013.

[59] 王宏. 物联网技术在我国金融领域中的应用决策研究[J]. 商场现代化，2013（4）.

[60] 宋坤. 金融机构操作风险的度量及实证研究[D]. 成都：西南财经大学硕士学位论文，2013.

[61] 舒晴. 物联网产业万亿元"网住"大市场[N]. 中国改革报，2013 – 05 – 21.

[62] 李成，李玉良，王婷. 宏观审慎监管视角的金融监管目标实现程度的实证分析[J]. 国际金融研究，2013（1）.

[63] 雷梦. 我国网上银行法律监管之研究[D]. 南昌：江西财经大学硕士学位论文，2013.

[64] 冯毅. 基于流程银行的商业银行管理创新研究[D]. 吉首：吉首大学硕士学位论文，2013.

[65] 陈燕. 基于物联网的金融服务业创新动力机制研究[D]. 天津：天津商业大学硕士学位论文，2013.

[66] 赵天行. 我国金融市场的发展与经济增长浅谈[J]. 财经界（学术版），2014（6）.

[67] 张维功. 互联网金融不能永远草根[N]. 金融时报，2014 – 05 – 14.

[68] 吴磊. 淮北农村商业银行的信息化建设研究[D]. 合肥：安徽大学硕士学位论文，2014.

[69] 吴标兵. 物联网隐私风险及其控制策略[J]. 自然辩证法研究，2014（4）.

[70] 邵平，刘海涛. 物联网金融推动银行进入新时代[N]. 现代物流报，2014 – 06 – 02.

［71］邵平，刘海涛. 物联网与金融模式新革命［N］. 光明日报，2014 - 05.

［72］努尔丁·祖农，王文宏，黄佩. 网络社交游戏发展现状及发展趋势研究［J］. 北京邮电大学学报（社会科学版），2014（1）.

［73］马蔚华. 传统银行与互联网金融优势互补将成趋势［N］. 人民政协报，2014 - 05 - 20.

［74］罗明. 走向十字路口的互联网金融：创新与监管［J］. 时代金融. 2014（21）.

［75］柳立. 商业银行大数据应用的战略与实施［N］. 金融时报，2014 - 05 - 12.

［76］刘鑫. 我国互联网金融的发展情况及模式浅析［J］. 当代经济，2014（24）.

［77］林志翔. 物联网物流金融创新分析［J］. 经营管理者，2014（35）.

［78］李扬. 完善金融的资源配置功能［J］. 经济研究，2014（1）.

［79］杰里米·里夫金. 零边际成本社会［M］. 北京：中信出版社，2014.

［80］蒋洪印，李沛强. 物联网金融及其在现代物流创新发展中的应用［J］. 商业时代，2014（10）.

［81］郭帅，马凌霄. 金融监管演进的制度逻辑与中国的选择［J］. 金融发展研究，2014（10）.

［82］高晓琴. 物联网技术下的物流金融创新探讨［J］. 信息通信，2014（6）.

［83］丁欢欢. 长尾理论在互联网金融中的应用——以小微企业信贷为例［J］. 中国电子商务，2014（16）.

［84］周江. 互联网金融的发展现状浅析［J］. 知识经济，2015（18）.

［85］中国信息通信研究院微信公众号. 中国信通院发布《2015中国信息经济研究报告》，2015 - 10 - 09.

［86］中国保险行业协会. 2014互联网保险行业发展报告［R］. 北京：中国金融出版社，2015.

［87］支宝才，洪凤，张杨. 银行网点渠道变革的"五大趋势"［J］. 银行家，2015（1）.

［88］赵燕，张成虎，王雪萍. 中国互联网金融创新发展动力机制研究［J］. 科技管理研究，2015（12）.

［89］张沂. 物联网技术在商业银行中的应用分析——以江苏银行南通分

行为例 [J]. 江苏科技信息, 2015 (1).

[90] 张俊熹. 场景化金融——让金融触手可及 [EB/OL]. 以太资本, 2015 - 12 - 14.

[91] 张成虎, 胡啸兵. 互联网金融平台组织结构、演化路径与发展机制探析 [J]. 中共贵州省委党校学报, 2015 (5).

[92] 于忠义. 商业银行资产负债管理的价值创造 [J]. 银行家, 2015 (9).

[93] 杨再平. 互联网金融为何让银行家彻夜难眠? [N]. 东方管理评论, 2015 - 01 - 06.

[94] 杨开新. 物联网能为中国带来什么? [J]. 中国职工教育, 2015 (10).

[95] 阎庆民, 杨爽. 互联网 + 银行变革与监管 [M]. 北京: 中信出版社, 2015.

[96] 许志平. 引导促进互联网金融健康发展 [N]. 金融时报, 2015 - 07 - 20.

[97] 物联网时代之下智慧金融将怎样变革与创新 [EB/OL]. 证券时报网, www. stcn. com, 2015 - 09 - 01.

[98] 吴晓灵. 提升资源配置效率防范化解金融风险 [N]. 联合时报, 2015 - 08 - 28.

[99] 王兆星. 我国微观与宏观审慎监管变革 [J]. 中国金融, 2015 (5).

[100] 王兆星. 机构监管与功能监管的变革 [J]. 中国金融, 2015 (5).

[101] 王燕, 康滨. 商业银行欺诈风险管理的问题与对策 [J]. 中国管理信息化, 2015 (12).

[102] 王炜, 徐虔. 三个转变提升银行信息科技治理能力 [J]. 银行家, 2015 (1).

[103] 王胜邦. 后巴塞尔III时期资本监管改革: 重构风险加权资产计量框架 [J]. 金融监管研究, 2015 (2).

[104] 王春. 金融遇上物联网, 会擦出怎样火花? [N]. 科技日报, 2015 - 06 - 30.

[105] 孙天琦. 金融业行为风险、行为监管与金融消费者保护: 国际趋势与启示 [J]. 金融监管研究, 2015 (3).

[106] 孙会峰. 互联网金融变革与趋势 [J]. 互联网经济, 2015 (3).

［107］孙会峰. 互联网＋金融推动行业重构［J］. 中国电信业，2015（6）.

［108］水木然. 跨界战争——商业重组与社会巨变［M］. 北京：电子工业出版社，2015.

［109］邵平. 物联网金融与银行发展［J］. 中国金融，2015（18）.

［110］平安银行推出物联网智能监管系统［N］. 第一财经日报，2015－07－03.

［111］马树娟. 揭秘：北京用大数据打击非法集资［N］. 法治周末，2015－06－04.

［112］刘智. 当今物联网面对的风险及应对策略［J］. 中国管理信息化，2015（12）.

［113］黎勇. 物联网安全框架与风险评估研究［J］. 网络与信息工程，2015（19）.

［114］赖秀福. 湖北银监局助力普惠金融发展　服务网格化金融添活力［EB/OL］. 人民网－人民日报，2015－09－10.

［115］匡贤明. "十三五"：以农村互联网金融为突破重塑农村金融新格局［J］. 北方经济，2015（8）.

［116］克里斯·斯金纳. 互联网银行［C］. 张建敏，译. 北京：中信出版社，2015.

［117］科普中国. "光脑"来了　性能比超级计算机快一万倍［EB/OL］. 新浪科，http：//tech. sina. com/d/i/2015－11－25/doc－ifxkxfvn9005968. shtml.

［118］久债勾上线大打免费牌　互联网催收或将有新变革［EB/OL］. 和讯网. http：//tech. hexun. com/2015－2－28/181459475. html.

［119］蒋伟，杨彬，胡啸兵. 商业银行互联网金融生态结构与系统培育研究——基于平台经济学视角［J］. 理论与改革，2015（4）.

［120］江瀚，向君. 物联网金融：传统金融业的第三次革命［J］. 新金融，2015（7）.

［121］过国忠，韩义雷. 物联网能为中国带来什么？［N］. 科技日报，2015－09－12.

［122］工业与信息化部电信研究院. 物联网白皮书［M］. 2015.

［123］付向核. 物联网会造就零成本社会吗？［N］. 光明日报，2015－04－17.

［124］董希淼，杨芮. 银行转型两大战略PK：全资产与轻资产谁更胜一

筹 ［N］. 21 世纪经济报道，2015 - 12 - 09.

［125］崇阳. 大数据时代下的物联网浅析 ［J］. 数字技术与应用，2015 （5）.

［126］程艳. 互联网金融趋势下的商业银行发展研究 ［J］. 当代经济，2015 （25）.

［127］陈小慧. 行走在卡车上的物联网金融 ［J］. 大众理财顾问，2015 （9）.

［128］中国银监会. 中国银行业监督管理委员会 2015 年报 ［R］. 2016 （8）.

［129］中国人民银行支付结算司. 2015 年支付体系运行总体情况 ［J］. 支付结算，2016 （4）.

［130］中国工商银行城市金融研究所. 网点转型 4.0 的探索与启示 2016 ［R］. 2016 （44）.

［131］中国电子技术标准化研究院，国家物联网基础标准工作组. 物联网标准化白皮 ［M］. 2016.

［132］谢平. 中国金融改革展望 ［N］. 凤凰财经，2016 - 11 - 04.

［133］赵鹞，略论金融科技的特征及其监管 ［EB/OL］. 财新网，http：//zhuanti. cebnet. com. cn/20160719/101879814. html，2016 - 06 - 14.

［134］张苑. 区块链技术对我国金融业发展的影响研究 ［J］. 宏观经济与市场，2016 （5）.

［135］张海峰. 基于大数据之上的银行风险预警系统的研究与实现 ［D］. 长春：吉林大学硕士学位论文，2016.

［136］运用好四个倒逼机制 探索社会信用体系建设可行路径 ［EB/OL］. 信用中国网，http：//www. creditchina. gov. cn/newsdetail/6735，2016 - 06 - 15.

［137］袁蓉君. 金融科技处风口 中国发展势头猛 ［J］. 金融时报，2016.

［138］余静波，智能化重新定义银行网点 ［J］. 中国银行业，2016 （8）.

［139］银行的"终结者"还是"成就者"？ ——金融科技的价值核芯 ［EB/OL］. 中国电子银行网，http：//mini. eastday. com/a/16090 2092916737. html，2016.

［140］叶文辉. 大数据征信机构的运作模式及监管对策——以阿里巴巴芝麻信用为例 ［J］. 武汉金融，2016 （2）.

［141］杨剑勇. 物联网大潮下的金融变革——智慧银行时代到来 ［EB/OL］. 东方头条网，http：//mini. eastday. com.

［142］杨才勇，严寒，李耀东，朱倩雯，孙爽．互联网消费金融模式与实践［M］．北京：中国工信出版集团，2016．

［143］辛乔利．Fintech 崛起［J］．英大金融，2016（1）．

［144］夏斌．超级计算机有何过人之处［N］．解放日报，2016 - 07 - 04．

［145］奚玉莉，杨芮，李耀东，陈辉，杨才勇．互联网保险新模式［M］．北京：中信出版集团，2016．

［146］王兆星．加强金融信息整合共享　促进金融安全稳定［J］．金融论坛，2016（8）．

［147］王硕．区块链技术在金融领域的研究现状及创新趋势分析［J］．上海金融，2016（2）．

［148］邵平．物联网金融法律问题研究及完善建议——以商业银行物联网金融业务为视角［J］．银行家，2016（2）．

［149］孟晔．新经济框架：从行业分工到平台共享［R］．杭州：阿里研究院，2016．

［150］麻省理工学院．数字银行宣言：银行的终结［R］．2016．

［151］刘伟林，殷俊．大数据时代背景下的冠字号码查询追踪货币物流管理系统的研究与实现［J］．武汉金融，2016（4）．

［152］刘海涛．物联网金融全面解决互联网金融信用危机［EB/OL］．中国科技网，http：//www. wokeji. com．

［153］刘芳．物联网金融试破动产融资难题［J］．中国银行业，2016（5）．

［154］零壹研究院．中国 P2P 借贷服务行业发展报告［M］．北京：中国经济出版社，2016．

［155］凌雪．专业律师关于最新网贷管理办法的解读［J］．信贷风险管理，2016（9）．

［156］林晓轩．区块链技术在金融业的应用［J］．中国金融，2016（8）．

［157］李乖琼．中国社会信用体系建设研究［D］．中共中央党校硕士学位论文，2016．

［158］洪志生，薛澜，周源．以"共享理念"驱动产业创新和经济转型［N］．光明日报，2016 - 05 - 11．

［159］国泰君安证券．金融与科技走向融合共赢的机遇来临［EB/OL］．东方财富网，http：//fund. eastmoney. com/news/1591. 2016083065949675. html，2016 - 08 - 30．

［160］国家信息中心信息化研究部，中国互联网协会分享经济工作委员

会. 中国分享经济发展报告 2016 ［R］. 2016.

［161］郭为民. 基于银行视角的区块链应用挑战与机遇 ［EB/OL］. 财新网，http：//www. caixin. com/，2016 – 04 – 23.

［162］关伟哲，隋菱歌. 基于物联网的智慧金融创新研究 ［J］. 科技创新导报，2016 （6）.

［163］顾伟. 利用经济资本　有效管理金融机构风险 ［N］. 金融时报，2016 – 09 – 14.

［164］段国圣. 主动资产负债管理是保持竞争力的关键 ［EB/OL］. 中国保险报—中保网，2016 – 09 – 08.

［165］董屹，唐华云，张东. 近期国际金融基础设施机构区块链技术研究进展及重要观点 ［J］. 债券，2016 （8）.

［166］周锋荣. 商业银行应提升场景化金融服务能力 ［N］. 中国城乡金融报，2016 – 02 – 24.

［167］陈青龙. 社会信用体系建设的问题与对策分析 ［J］. 投资与理财，2016 （13）.

［168］Ray Kurzweil. 奇点临近 ［M］. 北京：机械工业出版社，2016.

［169］McKinsey & Company. 麦肯锡大中华区金融机构咨询业务. 区块链——银行业游戏规则颠覆者 ［R］. 2016 （5）.

［170］陈龙. 从金融科技到金融生活 ［J］. 金融混业观察，2016 – 04 – 25.

［171］曹国强. 商业银行转型发展战略选择："轻资本""轻资产""轻成本"［J］. 银行家，2016 （7）.

［172］安嘉理，王慧梅. 智慧蜕变：网点转型进行时 ［J］. 中国银行业，2016 （8）.

［173］阿里研究院. 平台经济 ［C］. 北京：机械工业出版社，2016.

［174］张晓添. 金融业为何对虚拟现实技术如此热衷？［EB/OL］. 界面网，http：//www. jiemian. com/article/594119. html，2016.

［175］Luigi Atzori，Antonio Iera，Giacomo Morabito. The Internet of Things：A Survey. Computer Networks，2010.

［176］Internet of Things Global Standards Initiative. ITU. Retrieved 1 June，2016.

后 记

　　纵观人类社会发展历史，大危机之后的恢复期往往是新技术革命的孕育期。当前，物联网、区块链、人工智能、虚拟现实、量子通信等科技纷至沓来，令人眼花缭乱、目不暇接，我们正在迎来一个科技"大爆炸"的时代。爱因斯坦说："科学的不朽荣誉，在于它通过对人类心灵的作用，克服了人们在自己面前和在自然界面前的不安全感。"的确，新的科学技术将过去不确定的东西变得确定，但也可能产生新的不确定性，典型的例子是人工智能是否会取代人脑的争论以及与此相关的伦理问题。可以预见，世界发展的"奇点"正在临近，可能颠覆人类传统的思维和理论，诸如经济学、哲学、物理学等也将因此而改写，其结论往往出人意料甚至是"匪夷所思"。

　　新技术革命的到来，也催生了金融领域日新月异的变化。过去几年，我们见证了区块链技术和比特币对央行制度的冲击、余额宝对银行理财产品的颠覆、人脸识别和人工智能对网点柜台的替代，等等。甚至有的金融企业插上高科技的翅膀，变身为Fintech（金融科技）公司，为我们展现了场景金融和分享金融的美好愿景。银行业作为一个古老的行业，唯有与时俱进、拥抱变革，才能经受大浪考验、实现基业长青。例如，银行业通过物联网技术的运用，可为风险管理装上"千里眼"、"顺风耳"，使抵质押品监控难题迎刃而解。但与此同时，物联网金融也产生了一些新的不确定性，如风险收益矩阵会发生什么变化？风险权重和资本充足率是否需要动态调整？信息科技风险如何防控？这些问题恰恰是传统金融理论的空白区，等待有识之士去发掘和研究。

　　基于近年来新兴科技特别是物联网在金融领域的运用，产生了大量新趋势、新特点、新问题，我和中南财经政法大学朱新蓉教授牵头编著了这本《物联网金融制度变迁研究》，书中既有很多原创性的理论和假说，也广泛吸收了业内专家学者的真知灼见，湖北银监局邓江峰、钟文迪、罗继康（中南财经政法大学2014级博士研究生）、朱运立、黄丹、李飞等同志也参与了本书部分资料的收集、整理和研究工作，本书在出版过程中还得到了江汉大学文理学院的大力支持，在此一并表示感谢。由于物联网金融属于新生事物，其发展变化可以说是日新月异，因此本书只是一个初步的探索和研究，不可能包罗万象、穷尽真理，希望能起到抛砖引玉的作用，吸引更多专家学者共同研究探讨新科技浪潮下的金融业改革发展之路。由于学识水平和工作之余的研究时间有限，书中疏漏、错误之处在所难免，敬请专家和广大读者批评指正。

最后，我们要特别感谢中国金融出版社的编辑，本书的顺利出版凝聚了他们的智慧和汗水，其严谨的工作态度、高效务实的工作作风让我们深受感动和难以忘怀。

作者
2017 年 1 月于武汉东湖